中国藝術研究院 学术文库

将 无 同

现代学术与文化展望

刘梦溪 著

北京时代华文书局

图书在版编目（CIP）数据

将无同：现代学术与文化展望/刘梦溪著.--北京：北京时代华文书局,2024.7
（中国艺术研究院学术文库/王文章主编）
ISBN 978-7-5699-5163-9

Ⅰ.①将… Ⅱ.①刘… Ⅲ.①社会科学-文集 Ⅳ.① C53

中国国家版本馆 CIP 数据核字 (2024) 第 063488 号

JIANGWUTONG：XIANDAI XUESHU YU WENHUA ZHANWANG

| 出 版 人：陈　涛 |
| 责任编辑：徐敏峰 |
| 装帧设计：程　慧 |
| 责任印制：刘　银　訾　敬 |

出版发行：北京时代华文书局 http://www.bjsdsj.com.cn
　　　　　北京市东城区安定门外大街 138 号皇城国际大厦 A 座 8 层
　　　　　邮编：100011　电话：010-64263661　64261528

印　　刷	三河市嘉科万达彩色印刷有限公司		
开　　本	710 mm×1000 mm　1/16	成品尺寸：	170 mm×240 mm
印　　张	36.5	字　　数：	520 千字
版　　次	2024 年 7 月第 1 版	印　　次：	2024 年 7 月第 1 次印刷
定　　价	98.00 元		

版权所有，侵权必究
本书如有印刷、装订等质量问题，本社负责调换，电话：010-64267955。

《中国艺术研究院学术文库》
出版委员会

主　任　田海明

副主任　韩　进　　陈　涛

委　员　余　玲　　杨迎会　　李　强　　宋启发
　　　　　宋　春　　陈丽杰　　周海燕　　赵秀彦
　　　　　唐元明　　唐　伽　　贾兴权　　徐敏峰
　　　　　黄　轩　　曾　丽

总　序

王文章

　　以宏阔的视野和多元的思考方式，通过学术探求，超越当代社会功利，承续传统人文精神，努力寻求新时代的文化价值和精神理想，是文化学者义不容辞的责任。多年以来，中国艺术研究院的学者们，正是以"推陈出新"学术使命的担当为己任，关注文化艺术发展实践，求真求实，尽可能地从揭示不同艺术门类的本体规律出发做深入的研究。正因此，中国艺术研究院学者们的学术成果，才具有了独特的价值。

　　中国艺术研究院在曲折的发展历程中，经历聚散沉浮，但秉持学术自省、求真求实和理论创新的纯粹学术精神，是其一以贯之的主体性追求。一代又一代的学者扎根中国艺术研究院这片学术沃土，以学术为立身之本，奉献出了《中国戏曲通史》《中国戏曲通论》《中国古代音乐史稿》《中国美术史》《中国舞蹈发展史》《中国话剧通史》《中国电影发展史》《中国建筑艺术史》《美学概论》等新中国奠基性的艺术史论著作。及至近年来的《中国民间美术全集》《中国当代电影发展史》《中国近代戏曲史》《中国少数民族戏曲剧种发展史》《中国音乐文物大系》《中华艺术通史》《中国先进文化论》《非物质文化遗产概论》《西部人文资源研究丛书》等一大批学术专著，都在学界产生了重要影响。近十多年来，中国艺术研究院的学者出版学术专著在千种以上，并发表了大量的学术论文。处于大变革时代的中国艺术研究院的学者们以自己的创造智慧，在时代的发展中，为我国当代的文化建设和学术发展做出了当之无愧的贡献。

为检阅、展示中国艺术研究院学者们研究成果的概貌，我院特编选出版"中国艺术研究院学术文库"丛书。入选作者均为我院在职的副研究员、研究员。虽然他们只是我院包括离退休学者和青年学者在内众多的研究人员中的一部分，也只是每人一本专著或自选集入编，但从整体上看，丛书基本可以从学术精神上体现中国艺术研究院作为一个学术群体的自觉人文追求和学术探索的锐气，也体现了不同学者的独立研究个性和理论品格。他们的研究内容包括戏曲、音乐、美术、舞蹈、话剧、影视、摄影、建筑艺术、红学、艺术设计、非物质文化遗产和文学等，几乎涵盖了文化艺术的所有门类，学者们或以新的观念与方法，对各门类艺术史论做了新的揭示与概括，或着眼现实，从不同的角度表达了对当前文化艺术发展趋向的敏锐观察与深刻洞见。丛书通过对我院近年来学术成果的检阅性、集中性展示，可以强烈感受到我院新时期以来的学术创新和学术探索，并看到我国艺术学理论前沿的许多重要成果，同时也可以代表性地勾勒出新世纪以来我国文化艺术发展及其理论研究的时代轨迹。

中国艺术研究院作为我国唯一的一所集艺术研究、艺术创作、艺术教育为一体的国家级综合性艺术学术机构，始终以学术精进为己任，以推动我国文化艺术和学术繁荣为职责。进入新世纪以来，中国艺术研究院改变了单一的艺术研究体制，逐步形成了艺术研究、艺术创作、艺术教育三足鼎立的发展格局，全院同志共同努力，力求把中国艺术研究院办成国内一流、世界知名的艺术研究中心、艺术教育中心和国际艺术交流中心。在这样的发展格局中，我院的学术研究始终保持着生机勃勃的活力，基础性的艺术史论研究和对策性、实用性研究并行不悖。我们看到，在一大批个人的优秀研究成果不断涌现的同时，我院正陆续出版的"中国艺术学大系""中国艺术学博导文库·中国艺术研究院卷"，正在编撰中的"中华文化观念通诠""昆曲艺术大典""中国京剧大典"等一系列集体研究成果，不仅展现出我院作为国家级艺术研究机构的学术自觉，也充分体现出我院领军国内艺术学地位的应有学术贡献。这套"中国艺术研究院学术文库"和拟编选的本套文库离退休著名学者著述部分，正是我院多年艺术学科建设和学术积累的一个集中性展示。

多年来，中国艺术研究院的几代学者积淀起一种自身的学术传统，那就是勇于理论创新，秉持学术自省和理论联系实际的一以贯之的纯粹学术精神。对此，我们既可以从我院老一辈著名学者如张庚、王朝闻、郭汉城、杨荫浏、冯其庸等先生的学术生涯中深切感受，也可以从我院更多的中青年学者中看到这一点。令人十分欣喜的一个现象是我院的学者们从不故步自封，不断着眼于当代文化艺术发展的新问题，不断及时把握相关艺术领域发现的新史料、新文献，不断吸收借鉴学术演进的新观念、新方法，从而不断推出既带有学术群体共性，又体现学者在不同学术领域和不同研究方向上深度理论开掘的独特性。

在构建艺术研究、艺术创作和艺术教育三足鼎立的发展格局基础上，中国艺术研究院的艺术家们，在中国画、油画、书法、篆刻、雕塑、陶艺、版画及当代艺术的创作和文学创作各个方面，都以体现深厚传统和时代特征的创造性，在广阔的题材领域取得了丰硕的成果，这些成果在反映社会生活的深度和广度及艺术探索的独创性等方面，都站在时代前沿的位置而起到对当代文学艺术创作的引领作用。无疑，我院在文学艺术创作领域的活跃，以及近十多年来在非物质文化遗产保护实践方面的开创性，都为我院的学术研究提供了更鲜活的对象和更开阔的视域。而在我院的艺术教育方面，作为被国务院学位委员会批准的全国首家艺术学一级学科单位，十多年来艺术教育长足发展，各专业在校学生已达近千人。教学不仅注重传授知识，注重培养学生认识问题和解决问题的能力，同时更注重治学境界的养成及人文和思想道德的涵养。研究生院教学相长的良好气氛，也进一步促进了我院学术研究思想的活跃。艺术创作、艺术教育与学术研究并行，三者在交融中互为促进，不断向新的高度登攀。

在新的发展时期，中国艺术研究院将不断完善发展的思路和目标，继续培养和汇聚中国一流的学者、艺术家队伍，不断深化改革，实施无漏洞管理和效益管理，努力做到全面协调可持续发展，坚持以人为本，坚持知识创新、学术创新和理论创新，尊重学者、艺术家的学术创新、艺术创新精神，充分调动、发挥他们的聪明才智，在艺术研究领域拿出更多科学的、具有独创性的、充满鲜活生命力和深刻概括力的研究成果；在艺术创作领域推出更多具有思想震撼力和艺术感染力、具有时代标志性和代表性的精品力作；同时，培养更多德才兼备的优秀青年人才，真正把中国艺术研究院办成全国一流、世界知名的艺术研究中心、艺术教育中心和国际艺术交流中心，为中华民族伟大复兴的中国梦的实现和促进我国艺术与学术的发展做出新的贡献。

2014年8月26日

目　录

题　叙 / 1

卷一

王国维与中国现代学术的奠立 / 3

王国维、陈寅恪与吴宓 / 32

陈寅恪学术思想的精神义谛 / 61

陈寅恪的阐释学 / 88

陈寅恪的"家国旧情"与"兴亡遗恨" / 125

慈禧戊戌政变和陈宝箴之死 / 149

卷二

学术独立与中国现代学术传统 / 211

熊十力和马一浮 / 232

马一浮和"六艺论" / 254

"花开正满枝"
　　——马一浮的佛禅境界和方外诸友 / 279

中国现代史学人物一瞥 / 305

学兼四部的国学大师
　　——张舜徽先生百年诞辰述感 / 319

卷三

中国传统文化的特质及其价值取向 / 329

百年中国之文化传统的流失与重建 / 338

当代中国与传统文化 / 358

中国传统价值理念的现代意义 / 371

论国学 / 374

国学辨义 / 408

卷四

为生民立命
　　——"横渠四句教"的文化理想 / 435

汉译佛典与中国的文章体制 / 451

汤若望在明清鼎革之际的角色意义 / 470

《牡丹亭》与《红楼梦》
　　——他们怎样写"情" / 489

陈寅恪与《红楼梦》 / 501

人文与社会科学研究的几个问题 / 528

卷五

"将无同"
　　——文化融合是人类未来的大趋势 / 541

对话是人类的生活准则
　　——在中美文化论坛最后一次圆桌会议上的发言 / 546

《中国文化》创刊词／554
《世界汉学》发刊寄语／557
孔子为何寄望"狂狷"
　　——《中国文化的狂者精神》韩文版序／560
季羡林先生九十寿序／566

题　叙

　　余所治学，早年为古典文学和文学思想史，特别对《红楼梦》与明清文学思潮用力较多。现当代文学和文学理论也曾涉猎，出版过几种论著。但上世纪八十年代中期以后，开始转入学术史和思想史研究。引领我"出文入史"的是王国维、陈寅恪、钱锺书三位学术大师。读他们的书，如醉如痴，足以忘我，结果自己不想写文章了。于是编纂了一套《中国现代学术经典》，收晚清民国以还现代学者的著作四十四家、三十五卷、两千多万字，1997年出版，历时七年时光。好处是使我有机会系统接触现代学术的谱系，王、陈、钱之外的其他学者，也成了我熟悉的前辈老师。此处"老师"一词，我用的是《史记·孟子荀卿列传》"齐襄王时，而荀卿最为老师"之典意。他们为我打开的学问世界，广阔无垠而又绚丽多彩，不禁为之流连忘返。1996年出版的《传统的误读》，2004年出版的《学术思想与人物》，2008年出版的《中国现代学术要略》，可视为此一方面研究的一个结点。

　　我重点研究的个案是王国维、陈寅恪和马一浮。研陈的书，2012年出版了《陈宝箴和湖南新政》，2014年出版了《陈寅恪的学说》，还有众多积稿待从容整理。研究马一浮的专书，不久前竣稿，已交出版社，今年上半年应可出书。王国维我是和陈寅恪一起研究的，将来当合稿成书。遗憾的是研究钱锺书的书，一直未能著笔。我研钱所下的功夫，可是不少，单是笔记就有好几册。原因是研陈研马花了太多的时间。而近年我的学术又有了新的转向。马一浮先生带领我进入到宋学，又返归到"六经"。如今我正在"六艺之学"和先秦诸子里打转呢。国学的义涵及缘起与流变，中国传统文化价值理念如何在今天发用，是近年着力研究的课题，意在寻找传统与现代的接榫点，为当代社会文化价值的建构提供传统资源。

故本书所收文字，卷一为研究王国维、陈寅恪的文章，尽量选取研究角度的不同侧面，以示区别与联系。卷二以马一浮为主，连带研究熊十力、梁启超、蔡元培、胡适、傅斯年、张舜徽等其他学者的文字，以及对中国现代学术的思想通论。卷三是关于传统文化与国学，及传统文化价值理念在今天可能有的意义，这是我近年研究的课题。这部分内容蕴涵的文化反思的初衷异常明显。我认为国学和传统文化是两个不同的概念，不宜混淆。国学的内涵，应以中国文化的最高形态"六经"为主导，而以小学为进阶，辅之以公民的国学教育。青少年进入国学，则以《论语》、《孟子》为入门途径，由浅及深，日积月累，必获成效。这样庶几可使国学与文史哲各科门区分开来。此义《论国学》、《国学辨义》两长文析论甚详，有兴趣的朋友不妨便中一览。

卷四是古典文学和思想文化史研究。红学的文章没有单独选录，只以晚近写的《牡丹亭与红楼梦》和《陈寅恪与红楼梦》两篇别一角度的涉红文作为代表。《为生民立命》是为论述宋代大儒张载的"横渠四句教"，并兼及对清学和宋学的关系的探讨。《汉译佛典与中国的文章体制》属于文学思想史范围，以《文心雕龙》的文体论为研究重点。盖平生雅好《文心》一书，此为心得之一。《汤若望在明清鼎革之际的角色意义》，系1992年出席在德国召开的"纪念汤若望400周年诞辰国际学术研讨会"提交的论文，一篇以明清鼎革为背景的异域宗教人物的专论，写得自己感到了喜欢。《人文与社会科学研究的几个问题》，是一次给研究生讲课的提纲，原刊2002年《文汇报》，《新华文摘》曾予转载。文中所谈的偏于己身为学经验的十二个问题，也许可为博雅好学之士提供相与斟详参酌的谈资。

卷五的文字是关于文化展望部分，以《将无同——文化融合是人类未来的大趋势》为题群主旨。2010年10月，中美文化论坛在伯克利大学举行，最后一次圆桌会议，我应邀代表中方学者发言，讲了文化的"异同"这个话题，提出对话应该成为人类的生活准则。这个题旨恰好可以和"将无同"相呼应。宋儒张载的哲学四句教："有象斯有对，对必反其为，有反斯有仇，仇必和而解。"是我尊仰的哲学命题。窃以为人类未来走向何所，实与对此一命题的理解有关。孔子"和而不同"的思想，是此一命题最精要的概括，实际上是中国人和中国文化面对这个世界的本有的原则。人类的"同"终归是主要的，不同只是文化的差异，即"化迹的不同"。王国维强调的"学问之事，本无中西"，陈寅恪力主的"文化高于种族"，均可归之于《易》之一语："天下同归而殊途，一致而百虑。"甚至陈三立叙述陈宝箴的行事："府君独知时变所当为而已，不复较孰为新旧，尤无所谓新党旧党之见。"也可以看作是此一理念的遗绪。只不过人类的良知为世间的利欲力势所汩没，正所谓"利令智昏"，而今亟待去魅"复性"，恢复人之为人的本然之知和本然之善。

新时期改革开放以来，我先后创办了两种刊物，一为《中国文化》，一为《世界汉学》。《中国文化》迄今已二十有七年，至今还在有兴味地办。《世界汉学》只出版四期，因资金不济而停刊了。我办刊物的宗趣与我的为学是一致的，因此特将两刊的创刊致词附载于此。《中国文化》创刊词写于1988年，当时就提出："为学之道，尚同比求异更重要而且深刻得多。"并引钱锺书先生的名言"东海西海，心理攸同；南学北学，道术未裂"作为证词。《世界汉学》发刊寄语陈述的我的学术目标是："祈望以汉语的方式构建不同文化背景、不同文化系统之间的沟通与对话，构建国际汉学研究的学术桥梁，为实现人类在21世纪的梦想稍尽绵薄。"可见笔者为学之理念不无前后相承相续的一贯性。

最后一组文字还收录有两篇序言。一是我的《中国文化的狂者精神》一书的韩文版序，去年5月草创，今年初改润定稿，刊于2015年3月30日

《光明日报》。该书中文原著2012年由三联书店出版，韩文版今年3月在首尔发行。虽标示为"序"，实则是一篇完整的学术论文。另一篇是《季羡林先生九十寿序》，更是属于百年以来学术思想史的别体写作。季先生的寿序用文言写就，似稍能表作者对有恩于己的学界长辈的临文以敬之微意。至于以"将无同"名书，则是我的一种文化期许。"将无同"是魏晋清谈有名的"三语掾"，意思是没有什么不同。

2015年3月29日改定于中国文化研究所

卷 一

陈寅恪对中国学术史有一重要假设，即认为汉以后学校制度废弛，学术中心逐渐转移到家族。而家族所起的作用在于："士族之特点既在其门风之优美，不同于凡庶，而优美之门风实基于学业之因袭。"换言之，中国传统社会的文化传承，家族是一重要渠道，其出自学养厚积的家族的人物，才性与德传必有最大限度的融和。

王国维与中国现代学术的奠立

中国传统学术向现代学术转变是一个长时期的历史过程。

早在十八世纪中叶，乾嘉诸老的治学观念和治学方法中，已在一定程度上有了现代学术思想的一些萌芽。"为学术而学术"的倾向，乾嘉学者的身上程度不同的有所体现。至十九世纪末、二十世纪初，也就是清末民初时期，中国社会处于急剧的变动之中，学术思想也因所依托的社会结构的崩解塌陷而开始了烈性的化分化合过程。这其间诞生了一批无论学识累积还是文化担当力都堪称一流的大师巨子，他们既是传统学术的承继者，又是现代学术的奠基人。王国维是他们之中最具代表性和最杰出的一个。当我们爬梳这段历史之后发现，在传统学术走向现代学术的途路中，举凡一些关节点上都印有静安先生的足迹。

一

中国传统学术向现代学术转变，是与引进、吸收、融解外来的学术思想分不开的。在这点上，王国维是个先行者，是最早觉醒的中国人之一。他出身在一个传统的家庭里，父尊王乃誉"亦吏亦儒"、"亦商亦文"，喜诗艺，精通书法金石，四十岁守父丧，从此居家不出，而专事课子读书，使王国维从小受到了良好的教育。但这个家庭并不保守，上海《申报》刊载的同文馆课程和翻译书目，王乃誉也抄回来拿给王国维看，认为是"时务之急"。甲午战败之后，王氏父子受到极大的刺激，更加关心时局，向往新学①。1898年，王国维离开海宁家乡到上海《时务报》馆任职，并在东文学社学习日文和英文。翌年底，受罗振玉资助留学日本，开始了广泛吸收新学的时期。他凭借初步掌握的外国语言文字工具，尽力阅读哲学、心理学、社会学方面的原著，有时自己还动手翻译。当然主要兴趣是哲学，尤其对叔本华的著作"大好之"②。他也喜欢康德，但开始没有啃动，后来反过来再读，才克服了"窒碍"。为满足自己的哲学嗜好，他学了德文。他说自己从1903年夏天到1904年冬天，"皆与叔本华之书为伴侣"③。结果写出了两篇重要研究文字，一是《叔本华之哲学及其教育学说》，一为《叔本华与尼采》。

可以认为，王国维对西方学术思想的涉猎、吸收和介绍，在清末民初学者群中，是站在前沿的。故他是新学者，不是旧学者。这里，需要提到当时的一本刊物《教育世界》。《教育世界》是罗振玉在1901年所创办，半月刊，宗旨是译介世界各国的教育制度及其理论，又特别注重日人编译的著作。开始罗氏创办于湖北，后移至上海。1904年开始，由王国维任译编（实即主编），方针起了变化，改为译介西籍为主，哲学、伦理学成为介绍的重点，而不局限于教育方面。康德、休谟、叔本华、尼采等许多西方思想家的学说和传记资料，都是王国维在《教育世界》上译载的。单是介绍康德哲学的就有好几篇④。而歌德、席勒、拜伦、莎士比亚等文学家的生平和著述，王氏主编的《教育世界》上，也都有长短不一的译介，有的很可能直接出自静安先生的

---

① 王国维而立之年所作的《自序》云："甲午之役，始知世尚有所谓新学者。家贫不能以资供游学，居恒怏怏。"见《王国维全集》第一卷，浙江教育出版社2009年版，第119页。

② 王国维：《静安文集》自序，《王国维全集》第一卷，浙江教育出版社2009年版，第3页。

③ 同上。

④ 据陈鸿祥先生考证，刊载于1904至1906年《教育世界》上的《汗德之哲学说》、《汗德之伦理学及宗教论》等未署名的文章，也出自王国维之手。见陈著《王国维与近代东西方学人》，天津古籍出版社1990年版，第36页。

手笔。还有小说，《教育世界》上辟有专栏，包括教育小说、心理小说、家庭小说、军事小说，均有所介绍。值得注意的是，托尔斯泰的作品首次介绍到中国，也是王国维主持的《教育世界》杂志走在了前面。当时王国维正在南通师范学堂任教，他把包括托尔斯泰在内的翻译作品作为学堂的教材，供学子学习。①研究者一般都知晓王氏年轻时曾一度醉心于西方哲学和美学思想，而对于其在译介西方学术著作方面所做的贡献，未免估计不足。

王国维所以如此重视西学、西典、西籍的介绍，当然有晚清之时西学东渐的大的历史背景，同时也导因于他对异质文化思想影响本民族文化思想的历史渊源有清醒的认识。他作于1905年的《论近年之学术界》一文写道：

外界之势力影响于学术，岂不大哉？自周之衰，文王、周公势力之瓦解也，国民之智力成熟于内，政治之纷乱乘之于外。上无统一之制度，下迫于社会之要求，于是诸子九流，各创其学说，于道德、政治、文学上灿然放万丈之光焰，此为中国思想之能动时代。自汉以后，天下太平，武帝复以孔子之说统一之。其时新遭秦火，儒家唯以抱残守缺为事，其为诸子之学者，亦但守其师说，无创作之思想，学界稍稍停滞矣。佛教之东，适值吾国思想凋敝之后。当此之时，学者见之，如饥者之得食，渴者之得饮。担簦访道者，接武于葱岭之道；繙经译论者，云集于南北之都。自六朝至于唐室，而佛陀之教极千古之盛矣。此为吾国思想受动之时代。然当是时，吾国固有之思想与印度之思想互相并行而不相化合。至宋儒出而一调和之，此又由受动之时代出而稍带能动之性质者也。自宋以后以至本朝，思想之

---

① 《教育世界》乙亥（1905年）第八期上刊有托尔斯泰的《枕戈记》，前面有"编者的话"，写道："《枕戈记》，为俄国现代文豪脱尔斯泰所著。假一军人口吻，述俄管情状者也。日本二叶亭译之。江苏师范学堂取作习和文课本。本社据其译稿润色之。"润色人应该就是王国维，且此编者的话，也合是静安的手笔。

停滞略同于两汉。至今日而第二之佛教又见告矣——西洋之思想是也。①

王氏此论，是对整个中国学术嬗变过程的一种概括，但他的着眼点在外缘的因素对学术的影响，特别是域外学术思想的影响。这点上他与晚清开明官吏的变革思想不同，他看重的是思想和精神的学习和引进。1904年他发表于《教育世界》的《教育偶感》一文阐述得更明确，其中写道：

> 今之混混然输入于我中国者，非泰西物质的文明乎？政治家与教育家坎然自知其不彼若，毅然法之。法之诚是也，然回顾我国民之精神界则奚若？试问我国之大文学家有足以代表全国民之精神，如希腊之鄂谟尔（荷马）、英之狄斯丕尔（莎士比亚）、德之格代（歌德）者乎？吾人所不能答也。其所以不能答者，殆无其人欤？抑有之而吾人不能举其人以实之欤？二者必居其一焉。由前之说，则我国之文学不如泰西；由后之说，则我国之重文学不如泰西。前说我所不知。至后说，则事实皎然，无可讳也。我国人对文学之趣味如此，则于何处得其精神之慰藉乎？②

盖王国维所期望者，是一国的精神思想给国人带来的慰藉，所以他重视哲学，重视文学，重视美术（艺术）。故同一文章他强调，大文学家的地位应高于政治家，希腊人引以为荣的是荷马，意大利人引以为荣的是但丁，英国人引以为荣的是莎士比亚，而政治家无法荷此使命。追溯根源，则由于物质上的利益是短暂的，而精神的价值是永久的。他说："物质的文明，取诸他国，不数十年而具矣。独至精神上之趣味，非千百年之培养与一二天才之出

---

① 王国维：《论近年之学术界》，《王国维遗书》第五册之《静安文集》，第93页。又《王国维全集》第一卷，浙江教育出版社2009年版，第121页。

② 王国维：《教育偶感四则》，《王国维遗书》第五册之《静安文集》，第107页。又《王国维全集》第一卷，浙江教育出版社2009年版，第138—139页。

不及此。"①

王国维关于"能动"、"受动"之说的提出，说明他在追寻学术思想发生、嬗变的外部动因和内部动因。他的本意显然更赞赏学术思想的能动时代，所以极力表彰晚周学术之光焰灿烂，而对带有能动性质之宋学也给予高度评价。高度评价宋代思想文化，可以看出王国维在强调引进西方思想的同时，对本国的思想文化亦不乏自信的眼光。他在另外一篇文章中也曾写道："故天水一朝人智之活动与文化之多方面，前之汉唐，后之元明，皆所不逮也。"②其实陈寅恪先生也高度评价宋学，特别对宋代的理学和史学极口称赞。他说："天水一朝之文化，竟为我民族遗留之瑰宝。"③但学术思想的受动时期隐发着学术的大变迁，王国维同样看重，观其上述对佛教东传之盛的描绘可知。他尤其看到了"第二之佛教"即西洋之学术思想的东来，对促进中国传统学术走向现代学术转变的意义，这应该是他顺乎世界潮流、站在时代前沿、自觉翻译与介绍西方思想学说的主观思想动因。

二

王国维一方面是西方学术思想的积极介绍者和研究者，另一方面，他又是运用西方学术思想解释中国古典的躬行者。最有代表性的是写于1904年的《红楼梦评论》，这是他运用西方的哲学、美学思想诠释本国作品的一次重要的尝试，为后来者树立了一个典范。

王国维之前，《红楼梦》研究是评点派和索隐派的天下。评点是对作品的片断鉴赏，是把中国传统的诗文评移之于小说批评。在评点的时候，可以断

---

① 王国维：《教育偶感四则》，《王国维全集》第一卷，浙江教育出版社2009年版，第139页。
② 王国维：《宋代之金石学》，《王国维遗书》第五册之《静安文集续编》，第70页。又可参见《王国维全集》第十四卷，浙江教育出版社2009年版，第315页。
③ 陈寅恪：《赠蒋秉南序》，《寒柳堂集》，三联书店2001年版，第182页。

章，可以借题发挥，而不一定要求对艺术整体做出诠释。索隐则是求作意于文本之外，寻找政治的社会的家族的背景在书中的影像。只有到了王国维，才第一次从美学的和哲学的角度，从整体上来揭示《红楼梦》的悲剧性质及意义。我们看这篇文章的结构，第一章为"人生及美术之概观"，首先提出文学批评的观念。第二章论"红楼梦之精神"，第三章论"红楼梦之美学上之价值"，第四章论"红楼梦之伦理学上之价值"，都是围绕文学作品的基本问题展开的论述。而结论则曰："红楼梦一书，与一切喜剧相反，彻头彻尾之悲剧也"[1]、"悲剧中之悲剧也"[2]。然则《红楼梦》除了美学上的价值，还有伦理学上的价值，在王国维看来其对人生比对艺术更为重要。

《红楼梦评论》的第四章在探讨《红楼梦》伦理学上的价值时，静安先生同样依据的是叔本华的学说。盖叔氏学说的基本假设是人生有欲，欲不得满足则产生苦痛，欲求无限，苦痛亦无限。即使愿望偶尔得以满足，为时亦甚暂；况一愿甫圆，十愿已至，仍不免处于欲望不得满足的苦痛之中。叔本华说："原来一切追求挣扎都是由于缺陷，由于对自己的状况不满而产生的；所以一天不得满足就要痛苦一天。况且没有一次满足是持久的，每一次满足反而只是又一新的追求的起点。"[3]而精神的苦痛比肉体的痛苦更为深重，智力愈发达，痛苦的程度愈高，因此"具有天才的人则最痛苦"[4]。然则人生之苦痛可有解脱之出路乎？叔本华给出了三种途径：一是由于欣赏艺术而进入"纯观赏状态"，在此一瞬间，"一切欲求，也就是一切愿望和忧虑都消除了，就好像是我们已摆脱了自己，已不是那为了自己的不断欲求而在认识着的个体了"[5]。当此时刻，人的精神苦况有可能获致解脱。二是经过深创剧痛，对

---

[1] 王国维：《红楼梦评论》，《王国维全集》第一卷，浙江教育出版社2009年版，第65页。
[2] 同上，第67页。
[3] 叔本华：《作为意志和表象的世界》，石冲白译，商务印书馆1982年版，第422页。
[4] 同上，第422—423页。
[5] 同上，第531页。

"意志"的本质产生自觉的解悟,意识到一切生命的痛苦,不只是自己的痛苦,感到了"身外之物的空虚"。换言之亦即:"由于这样重大不可挽回的损失而被命运伤到一定的程度,那么,在别的方面几乎就不会再有什么欲求了;而这人物的性格也就现为柔和、哀怨、高尚、清心寡欲了。"①叔本华把这种境界描绘得很富于诗意化,认为"这是在痛苦起着纯化作用的炉火中突然出现了否定生命意志的纹银,亦即出现了解脱"。三是皈依宗教信仰的途径。当一个人的信仰获得之后,"嘉言懿行完全是自然而然从信仰中产生的,是这信仰的表征和果实",而不是"邀功的根据"。因而个体生命之身,"首先出现的只是自愿的公道,然后是仁爱,再进为利己主义的完全取消,最后是清心寡欲或意志的否定"②,实现解脱。

自裁的方法是否也是实现解脱的途径之一?叔本华不认可此种方法。他说这种行为,是作为生命意志的自相矛盾的"最嚣张的表现",是"完全徒劳的、愚蠢的";如果说对个体生命而言不无一定"解脱"的作用,那也不过相当于"一个病人,在一个痛苦的、可能使他痊愈的手术已开始之后,又不让做完这手术,而宁愿保留病痛"③。故依叔氏义,静安先生认为《红楼梦》中的"金钏之堕井也,司棋之触墙也,尤三姐、潘又安之自刎也,非解脱也,求偿其欲而不得者也"。真正能获得解脱者,顾书中只有最后出家之宝玉、惜春、紫鹃三人。笔者尝以今译之《作为意志和表象的世界》对照王国维《红楼梦评论》的相关引文,发现王译至为博洽,而且随时以中国古代之学术资源给以补充解说,其对叔氏学说领悟之深,如同宿契,看来"大好之"的说法自有己身的渊源。

王国维对叔本华的学说并非没有商榷、质疑,其在《红楼梦评论》第四

---

① 叔本华:《作为意志和表象的世界》,石冲白译,商务印书馆1982年版,第540页。
② 同上,第556页。
③ 同上,第544—545页。

章的末尾写道：

> 夫由叔氏之哲学说，则一切人类及万物之根本一也，故充叔氏拒绝意志之说，非一切人类及万物各拒绝其生活之意志，则一人之意志亦不可得而拒绝。何则？生活之意志之存于我者，不过其一最小部分，而其大部分之存于一切人类及万物者，皆与我之意志同。而此物我之差别，仅由于吾人知力之形式故，离此知力之形式而反其根本而观之，则一切人类及万物之意志，皆我之意志也。然则拒绝吾一人之意志而姝姝自悦曰解脱，是何异决蹄踦之水而注之沟壑，而曰天下皆得平土而居之哉！佛之言曰：若不尽度众生，誓不成佛。其言犹若有能之而不欲之意。然自吾人观之，此岂徒能之而不欲哉？将毋欲之而不能也。故如叔本华之言一人之解脱，而未言世界之解脱，实与其意志同一之说不能两立者也。①

静安先生的批评在于，叔氏所论只能停止在"一人之解脱"而已，对整个世界而言，无异于"蹄踦之水而注之沟壑"，并不能给人类世界以救赎（王国维译为"救济"）的出路。甚而王国维诘问道："释迦示寂以后，基督尸十字架以来，人类及万物之欲生奚若？其痛苦又奚若？吾知其不异于昔也。然则所谓持万物而归之上帝者，其尚有所待欤？抑徒沾沾自喜之说而不能见诸实事者欤？果如后说，则释迦、基督自身之解脱与否，亦尚在不可知之数也。"②此一诘问是极为有力量的。静安先生并引自己的一首七律作为意蕴的补充，其诗曰：

> 平生颇忆挈卢敖，东过蓬莱浴海涛。

---

① 王国维：《红楼梦评论》，《王国维全集》第一卷，浙江教育出版社2009年版，第72—73页。
② 同上，第74页。

何处云中闻犬吠，至今湖畔尚乌号。

人间地狱真无间，死后泥洹柱自豪。

终古众生无度日，世尊只合老尘嚣。①

　　这首七律的写作时间当与《红楼梦评论》约略同时，亦即1904年，故诗的意象和文的内容足可互为映照。盖静安先生无法相信人间苦痛真能有最终解脱之日，即佛氏的涅槃，也不过一理想而已。实际上叔本华本人在其著作中也提出了同样的疑问。而《红楼梦》的可贵处，恰在于"与吾人以二者之救济"②，既写出了解脱的出路，又带来艺术的欣赏，所以不愧为"宇宙之大著述"。而《红楼梦评论》在红学研究的历史上，是为第一次用哲学和美学的方法来批评中国古典小说，其在中国现代学术史上的奠基意义实不容忽视。

　　《红楼梦评论》之外，王国维也是最早对中西方哲学思想作比较研究的现代学人之一。1904年至1906年，他先后发表《论性》、《释理》、《原命》三篇论文，就是结合西方哲学思想分梳中国传统哲学理念的有创见之作。由于他把西方哲学（主要是康德、叔本华哲学）作为参照，出发点是"纯粹哲学"，因而对孔子学说的哲学意义有所保留，认为"孔子教人以道德，言政治，而无一语及于哲学"③，倒是老子、墨子涉及了本体论的问题，有追求万物本原的意向。以此之故，他对晚出但同属儒家统系的《周易大传》、《中庸》两部著作格外重视，提出"儒家之有哲学，自《易》之系辞、说卦二传及《中庸》始"④的观点。因为《中庸》凸显了"诚"的概念，里面有"诚者物之终始，不诚无物"的话，王国维认为已经接触到了根本宇宙观念问题。对宋明理学

---

① 王国维：《红楼梦评论》，《王国维全集》第一卷，浙江教育出版社2009年版，第74页。

② 同上，第75页。

③ 王国维：《书辜氏汤生英译中庸后》，《王国维全集》第十四卷，浙江教育出版社2009年版，第71页。

④ 同上。

的核心观念"理",王国维持的是分析的态度。他说:

> 宋代学术,方面最多,进步亦最著。其在哲学,始则有刘敞、欧阳修等脱汉唐旧注之桎梏,以新意说经;后乃有周(敦颐)、程(颢)、程(颐)、张(载)、邵(雍)、朱(熹)诸大家,蔚为有宋一代之哲学。①

又说:

> 周子之言太极,张子之言太虚,程子、朱子之言理,皆视为宇宙人生之根本。②

这是从纯哲学的角度给宋明理学以高度评价。朱熹《语类》有载:"问天与命、性与理四者之别。天则就其自然者言之,命则就其流行而赋予物者言之,性则就其全体而万物所得以为生者言之,理则就其事事物物各有其则者言之。到得合而言之,则天即理也,命即性也,性即理也,是如此否?然。"王国维在引用了朱熹上述论断之后写道:"朱子之所谓理,与希腊斯多葛派之所谓理,皆预想一客观的理存于生天、生地、生人之前,而吾心之理不过其一部分而已。于是理之概念,自物理学上之意义出,至宋以后而遂得形而上学之意义。"③王国维对宋儒求理于事物之外的作法,并没有表示认同,相反,他更倾向于戴震的理存于事物之中的说法。可是他对朱熹立论的形上意义却不轻忽,说明采取的是现代的具有思辨意味的学术方法。他引据叔本华哲学的充足理由律,指出"天下之物绝无无理由而存在者。其存在也,必有

---

① 王国维:《宋代之金石学》,《王国维全集》第十四卷,浙江教育出版社2009年版,第315页。
② 王国维:《书辜氏汤生英译中庸后》,《王国维全集》第十四卷,浙江教育出版社2009年版,第71—72页。
③ 王国维:《释理》,《王国维全集》第一卷,浙江教育出版社2009年版,第25页。

所以存在之故，此即充足理由也"①。在阐释"理"、"性"这些概念的时候，他总是既援引西哲之论，又结合中国固有观念，来加以解说，这是王氏一生为学的基本方法。

《释理》一文的篇章结构也很值得注意。第一部分为"理字之语源"，第二是"理之广义的解释"，第三是"理之狭义的解释"，第四是"理之客观的假定"，第五是"理之主观的性质"。整篇文章近七千言，有强烈的理论思辨色彩，而著论则完全是现代论文的写法，逻辑严密，引据丰富，思理清晰。其第五部分论"理"之主观性质，首先引证王阳明的观点："物理不外于吾心，外吾心而求物理，无物理矣。遗物理而求吾心，吾心又何物？"王国维认为，这是中国先哲论述"理"这个概念最深切著明的例子。接着又引西哲的例证，从斯多葛派的"理"说，到休谟、康德、叔本华的论述。最后得出结论："所谓理者，不过'理性'、'理由'二义，而二者皆主观上之物也。"②但古今东西谈论"理"者，往往附以客观的意义，为什么会这样？王国维写道：

> 盖人类以有概念之知识，故有动物所不能者之利益，而亦陷于动物不能陷之谬误。夫动物所知者，个物耳。就个物之观念，但有全偏明昧之别，而无正误之别。人则以有概念故，从此犬彼马之个物之观念中，抽象之而得"犬"与"马"之概念；更从犬马牛羊及一切跂行喙息之观念中抽象之，而得"动物"之观念；更合之植物矿物，而得"物"之观念。夫所谓"物"，皆有形质可衡量者也。而此外尚有不可衡量之精神作用，而人之抽象力进而不已，必求一语以核括之，无以名之，强名之曰"有"。然离心与物之外，非别有所谓"有"也。离动植矿物以外，非别有所谓"物"也。离犬马牛羊及一切跂行喙息之属外，非别有所谓"动物"也。离此犬彼马之外，非

---

① 王国维：《释理》，《王国维全集》第一卷，浙江教育出版社2009年版，第19页。
② 同上，第27页。

别有所谓"犬"与"马"也。所谓"马"者,非此马即彼马,非白马,即黄马、骊马。如谓个物之外,别有所谓"马"者,非此非彼非黄非骊非他色,而但有马之公共之性质,此亦三尺童子所不能信也。故所谓"马"者,非实物也,概念而已矣。而概念之不甚普遍者,其离实物也不远,故其生误解也不多。至最普遍之概念,其初故亦自实物抽象而得,逮用之既久,遂忘其所自出,而视为表特别之一物,如上所述"有"之概念是也。夫离心物二界,别无所谓"有"。然古今东西之哲学,往往以"有"为有一种之实在性。在我中国,则谓之曰"太极",曰"玄",曰"道",在西洋则谓之曰"神"。及传衍愈久,遂以为一自证之事实,而若无待根究者,此正柏庚所谓"种落之偶像",汗德所谓"先天之幻影"。①

王国维借助他长于思辨的特点,把人脑获得知识的特殊功能,即借助概念进行逻辑思维,从具体、个别事物中抽象出事物的共同性质,形成概念的能力,并从语源学的角度追溯"理"之为理的形成过程,把这样一个极为抽象复杂的问题,论述得步步紧扣,条理分明。他的这些思想固然来源于叔本华,但论述的清晰说明他理解的准确。

王国维肯定"理性"具有构造概念和推演概念之间关系的作用,而"理由"则为人类知识的"普遍之形式"。但联系中国古代的思想资源,他无法不稍加分解"理"之一字是否亦有伦理学的意义。《礼记·乐记》云:"人生而静,天之性也。感于物而动,性之欲也。物至知知,然后好恶形焉。好恶无节于内,知诱于外,不能反躬,天理灭矣。夫物之感人无穷,而人之好恶无节,则是物至而人化物也。人化物也者,灭天理而穷人欲者也。"②于是"天理"、"人欲"两大概念由是而生。《乐记》援引之后,静安先生又具引孟子、

---

① 王国维:《释理》,《王国维全集》第一卷,浙江教育出版社2009年版,第27—28页。
② 《礼记·乐记》,《四书五经》本,上册,岳麓书社1991年版,第566页。

二程子、上蔡谢氏，证明"理"之伦理学的内涵。朱子论"天理"和"人欲"有云："有个天理，便有个人欲。盖缘这个天理，须有个安顿处，才安顿得不恰好，便有人欲出来。"又说："人欲也便是天理里面做出来，虽是人欲，人欲中自有天理。"[①]王国维认为朱子之说颇值得玩味。戴东原解"理"则说："理也者，情之不爽失也"、"天理云者，言乎自然之分理也。自然之分理，以我之情，絜人之情，而无不得其平者也"[②]，王国维也极为重视。他写道："朱子所谓'安顿得好'，与戴氏所谓'絜人之情而无不得其平'者，则其视理也，殆以'义'字、'正'字、'恕'字解之。于是理之一语，又有伦理学上之价值。"[③]然而依西方哲人的观点，"理"除"理性"、"理由"的含义之外，实别无他义。所以好人行善和恶人为恶，并非缺少理性所致。因此王国维在文章结尾总括写道："理性者，不过吾人知性之作用，以造概念，以定概念之关系，除为行为之手段外，毫无关于伦理学上之价值。"[④]我们无法不看重《释理》一文的现代思维方式和它所体现的形上的学术求索精神。

　　《论性》也是一篇典型的有现代理念渗透其中的学术论文，王国维在这篇文章中提出，"性之为物"是超乎我们的知识之外的。而所以如此的缘故，是由于世间的知识可区分为"先天的"和"后天的"两类，"先天的知识，如空间时间之形式，及悟性之范畴，此不待经验而生"；"后天的知识"，乃指"一切可以经验之物"。所以他进而论述说："今试问性之为物，果得从先天中或后天中知之乎？先天中所能知者，知识之形式，而不及于知识之材质，而性固一知识之材质也。若谓于后天中知之，则所知者又非性。何则？吾人经验上所知之性，其受遗传与外部之影响者不少，则其非性之本来面目，固

[①] 《学七》，《朱子语类》卷第十三，第一册，中华书局标点本1986年版，第223—224页。
[②] 戴震：《孟子字义疏证》，《戴震集》，上海古籍出版社1980年版，第265、266页。
[③] 王国维：《释理》，《王国维全集》第一卷，浙江教育出版社2009年版，第30页。
[④] 同上，第33页。

已久矣。"①这些论述可视为他的观念的框架，而取资举证则为中国古代的人性论学说，从先秦诸子的孔子、孟子、荀子，到汉之董仲舒，再到宋明的王安石、苏东坡、周敦颐、张载、二程、朱熹、陆九渊、王阳明等，举凡中国思想史上的涉"性"言论，都被静安先生引来作为自己立说的依据。"性"在中国哲学史上是一个最常见也最易生歧义的概念。孔子说："饮食男女，人之大欲存焉。"（《礼记·礼运》）告子说："食、色，性也。"（《孟子·告子上》）孟子说："口之于味也，目之于色也，耳之于声也，鼻之于臭也，四肢之于安佚也，性也。"（《孟子·尽心下》）这说的是饮食男女、声色欲求是人的本性使然。荀子说："性者，天之就也；情者，性之质也；欲者，情之应也。"（《荀子·正名》）董仲舒说："性者，天质之朴也。"（《春秋繁露·实性》）这指的是人的自然本性。朱熹说："性即理"、"性只是理"。（《朱子语录·性理》）则是纯哲学化的解释。至于"性善"、"性恶"的种种说法，就更其多了。王国维用标准的哲学语言写道："人性之超乎吾人之知识外，既如斯矣，于是欲论人性者，非驰于空想之域，势不得不从经验上推论之。夫经验上之所谓性，固非性之本然。苟执经验上之性以为性，则必先有善恶二元论起焉。"②事实确然如此，宋以前中国古代各家的人性论思想，除董仲舒外，大都是就性论性，很少涉及形而上学的问题。至宋代随着新的哲学思潮理学的兴起，方有人性论的形而上学的思考。可是静安先生同时又强调，抽象的人性是不可知的，超越经验事实之外去探讨人性，容易导致自相矛盾。

王国维与他在上述文章中论及的古代先哲一样，思想是充满矛盾的，构成自己哲学理念的思想资源颇为驳杂，古今中西兼相牵引，显示出思想过渡期的特点。但他有浓厚的哲学兴趣，有理论思辨的能力，是非常自觉地对中西思想作比较研究的尝试，而且能够上升到形上之层次，包括思维逻辑、概

---

① 王国维：《论性》，《王国维全集》第一卷，浙江教育出版社2009年版，第5页。
② 同上。

念的运用、行文方式和文章结构，都已具有现代学术表达方式的意味应无异义。就文章体制思理而言，《释理》比《论性》更高一筹。我所说的王氏三篇哲学论文的另一篇《原命》，比之《理》、《性》两篇，无论规模还是理趣，都要简略浅显许多，兹不具论，斯举"二"不妨以"三"反可也。

三

王国维在吸收西学的同时，他的学术思想又是坚实地立基于中国传统学术思想的基地之上的。这一点同样非常重要。他的由哲学与美学转向古器物、古文字和中国古史的研究，由对西方学术思想的介绍和阐释转向对中国古典学问的探究，其转变过程颇富传奇性。具体地说，他的治学历程有三变：一是前期，主要研究哲学、美学和教育学；二是中期，重点在文学和戏曲；三是后期，集中研究古器物、古文字和古史。每一期都有重要学术成果问世。如果以哲学家、美学家称之，则第一期之学术可谓代表。如果以戏曲史专家概之，第二期的以《宋元戏曲史》为代表的成果使他当之无愧。如果论其金文、甲骨文、古器物和古史研究方面的成就，第三期的学术创获，可谓车载斗量、蔚为大观，其中尤以《殷周制度论》堪称典范。传统学术的所谓文史之学，王氏在现代学人中是最富根底的一个。他的学问之路是由新而旧，而结果则是旧而弥新。他开始时介绍新思想固然不遗余力，后来释证古器物、古史，也是以旧为新，创意纷陈。中西、古今、新旧的畛域，是王国维率先起来打破的。他曾说：

> 学之义不明于天下久矣。今之言学者，有新旧之争、有中西之争、有有用之学与无用之学之争。余正告天下曰：学无新旧也，无中西也，无有用无用也。凡立此名者，均不学之徒，即学焉而未尝知学者也。①

---

① 王国维：《国学丛刊序》，《王国维全集》第十四卷，浙江教育出版社2009年版，第129页。

这是王氏为《国学丛刊》作序写出来的话，时间在1911年，可谓开篇正告之语，带有宣言性质，不能不引起我们的重视。其实这些话，正是从学理上开启现代学术的枢纽。晚清以还困扰学者的古今、中西、新旧之辨，王国维已经给出了正确的答案。

王国维立基于中国传统学术来建构自己的学术理念，其在观念和方法上的超越同侪之处，一是明其源流，二是知其利弊。下面，不妨看看他对宋代学术和清代学术的关联以及如何评价清代学术，来透视这位现代学者的学术追求和学术思想的特点。

宋代学术的总体成就显示出其为我国思想文化的最高峰，王国维、陈寅恪有几近相同的论述，前面已经谈到。王国维并进而写道："宋代学术方面最多，进步亦最著。其在哲学，始则有刘敞、欧阳修等脱汉唐旧注之桎梏，以新意说经。后乃有周（敦颐）、程（颢）、程（颐）、张（载）、邵（雍）、朱（熹）诸大家，蔚为有宋一代之哲学。其在科学，则有沈括、李诫等，于历数、物理、工艺，均有发明。在史学，则有司马光、洪迈、袁枢等，各有庞大之著述。绘画则董源以降，始变唐人画工之画，而为士大夫之画。在诗歌，则兼尚技术之美，与唐人尚自然之美者，蹊径迥殊。考证之学，亦至宋而大盛。"[①]这是我所看到的在当时的背景下对宋代学术的最全面的评价。因此当他提出"近世学术多发端于宋人"就可以理解了。特别是晚清之际足称发达的金石学，其源头可以直接追溯到宋朝。王国维说："金石之学，创自宋代，不及百年，已达完成之域。"又说："宋人于金石、书画之学，乃凌跨百代。近世金石之学复兴，然于著录、考订，皆本宋人成法，而于宋人多方面之兴味，反有所不逮。故虽谓金石学为有宋一代之学，无不可也。"[②]王国维特别强调宋代

[①] 王国维：《宋代之金石学》，《王国维全集》第十四卷，浙江教育出版社2009年版，第315页。
[②] 同上，第321页。

金石学和书画学的鉴赏兴味与研究的兴味，举苏东坡、沈括、黄庭坚、黄伯思诸人以为例，说明此种情形得力于宋代仁宗以后"海内无事，士大夫政事之暇，得以肆力学问"，因此"赏鉴之趣味与研究之趣味，思古之情与求新之念，互相错综"①，从而形成一代之学术风气和学术精神。

盖金石之学发端于宋，近世之复兴与重振不应忘其源流，而在艺术与学术的精神与兴味方面，后世反而有不逮前贤之处。王氏此论，正是既明其源流，又知其利弊。至于清学的演变过程及其特点，王国维另有专门论述，他写道：

> 我朝三百年间，学术三变：国初一变也，乾嘉一变也，道咸以降一变也。顺康之世，天造草昧，学者多胜国遗老，离丧乱之后，志在经世，故多为致用之学。求之经史，得其本源，一扫明代苟且破碎之习，而实学以兴。雍乾以后，纪纲既张，天下大定，士大夫得肆意稽古，不复视为经世之具。而经、史、小学专门之业兴焉。道咸以降，途辙稍变，言经者及今文，考史者兼辽金元，治地理者逮四裔，务为前人所不为。虽承乾嘉专门之学，然亦逆睹世变，有国初诸老经世之志。故国初之学大，乾嘉之学精，道咸以降之学新。②

对清代学术流变的评价可谓公允而恰切。用一"大"字概括清初学术、用"精"字概括乾嘉汉学、用"新"字概括晚清之学，可谓一字不易。明末清初之学的开创者，王国维以顾炎武标其首，可谓至当。乾嘉之学，以戴震、钱大昕两巨擘为开创者，亦为允当。问题是他如何看待晚清新学之

---

① 王国维：《宋代之金石学》，《王国维全集》第十四卷，浙江教育出版社2009年版，第321页。
② 王国维：《沈乙庵先生七十寿序》，《王国维全集》第八卷，浙江教育出版社2009年版，第618页。

"新"。对龚自珍、魏源今文学之"新",王国维采取理解同情的态度,认为是"时势使之然",但具体评价则不无轩轾:"道咸以降,学者尚承乾嘉之风,然其时政治风俗已渐变于昔,国势亦稍稍不振,士大夫有忧之而不知所出,乃或托于先秦、两汉之学,以图变革一切。然颇不循国初及乾嘉诸老为学之成法,其所陈夫古者,不必尽如古人之真,而其所以切今者,亦未必适中当世之弊。其言可以情感,而不能尽以理究。"①这段话中,"颇不循国初及乾嘉诸老为学之成法"一语,站在学术史的角度,应视作含蓄而正式的一种批评。至认为"所陈夫古者,不必尽如古人之真,而其所以切今者,亦未必适中当世之弊",则措辞更为严厉了。但对龚(自珍)、魏(源)之学,静安先生亦未全然抹杀,指出其学术创获也有清初学术和乾嘉学术所不能范围者,而且其弊端不必尽归学者本人,"亦时势使之然也"。

然则晚清之新学果如王国维所说,并没有承继清初及乾嘉的学术传统,那么这一传统又由谁承继了呢?王氏提到的第一个人是沈曾植沈乙庵先生。理由是他认为沈氏一生为学,既通晓国初及乾嘉诸家之说,又广涉道咸以降的边疆史地之学,而且"一秉先正成法,无咸逾越"。为此他申论说:"其于人心世道之隆污,政事之利病,必穷其源委,似国初诸老;其视经史为独立之学,而益探其奥窔,拓其区宇,不让乾嘉诸先生。至于纵览百家,旁及二氏,一以治经史之法治之,则又为自来学者所未及。"②就是说,王国维认为沈曾植的为学方法实体现了治中国学问的通则。所以他说:"学问之品类不同,而其方法则一,国初诸老用此以治经世之学,乾嘉诸老用之以治经史之学。"而沈乙庵则用此种方法"治一切诸学"③。此种"为学之成法"无他,就是视学问为独立物,而又探其原委,务求有益于世道人心;亦即"趣博而

---

① 王国维:《沈乙庵先生七十寿序》,《王国维全集》第八卷,浙江教育出版社2009年版,第619页。
② 同上。
③ 同上。

旨约，识高而议平"、忧世深而择术精。这种治学方法，既是传统的，又是现代的。表面上看，沈氏之学极古奥不时，但学心却不失现代性。静安先生之学绝似沈氏，陈寅恪先生更继而光大之。

正是在这篇《沈乙庵先生七十寿序》中，王国维提出了学术、学人的命运与国家命运攸关与共的绝大课题。他说：

> 天而未厌中国也，必不亡其学术。天不欲亡中国之学术，则于学术所寄之人，必因而笃之。世变愈亟，则所以笃之者愈甚。①

兹可知静安先生对中国学术之寄望也大矣，其对中国学人的命运之关切也深矣。作为中国现代学术最具典范意义的学人，其学术思想之"忧世之深"以及其为学的"择术之慎"，亦可谓至矣。古圣孔子岂不云乎："作易者其有忧患乎。"王国维的一生毋宁说是充满忧患的一生，包括他的震撼于世的最后之终局。忧患者的学术思想，不仅深与慎，而且能得其正。王国维的为学可以证明，陈寅恪的为学亦可以证明。

晚清新学是中国传统学术向现代学术转变的过渡期，驳杂不纯是晚清新学的特点。自身体现着这驳杂，而又能从驳杂中脱离出来的，是梁启超。梁的为学，基本上采取的是史学的立场，其学术出路亦在史学。中国现代史学的开山祖的角色，就是由梁启超来扮演的。表明他进入角色的是1902年发表的《新史学》一书。史学中学术史一目，也是由梁启超继往开来的。而胡适的史学，在梁的基础上又有所跨越，《白话文学史》、《中国哲学史大纲》，在专史方面已是开新建设的史学。但胡适实验的多完成的少。梁启超是提出的多系统建设少。直承清学传统而不染博杂的是王国维与陈寅恪。王陈的特点，是承继的多开辟的也多。而静安之学，尤得力于清末的学术新发现。

---

① 王国维：《沈乙庵先生七十寿序》，《王国维全集》第八卷，浙江教育出版社2009年版，第620页。

中国传统学术向现代学术转变，有两大意外的契机，这就是甲骨文字的发现和甲骨学的建立，以及敦煌遗书的发现和敦煌学的建立。甲骨文字的发现并开始引起人们的重视，是在1899年，即戊戌政变的第二年。戊戌政变给由今文学发展而来的政治化的新学画了一个悲惨的句号。恰好甲骨文字的发现，为一部分学者提供了致力于更纯粹更独立的学术研究的新资料和新领域。甲骨文字发现的第二年，即1900年，敦煌石室的宝藏重见天日，其中有两万多件卷子，包括佛经、公私文件，以及诸子、韵书、诗赋、小说等。经卷上的文字，除了汉文，还有梵文、藏文、龟兹文、突厥文等。孔子叹为不足征的殷礼，有了着落。宋儒看不到的古本，如今看到了。学者们认为这是可以与埃及金字塔相媲美的重大发现。又不仅此。还有汉晋木简和内阁大库档案，在当时也是极为重要的发现。因此王国维称清末是学术发现之时代。他在《最近二三十年中中国新发见之学问》一文中写道："古来新学问起，大都由于新发见。有孔子壁中书出，而后有汉以来古文家之学；有赵宋古器物出，而后有宋以来古器物古文字之学。"[①]清末的上述四大发现中，任何一种都可以与孔子壁中书、汲冢竹简相抵挡。这些发现，大大拓展了学术研究的学科领域，为学术的新机启运作了必要的材料准备，同时也创造了与世界学术对话的新契机。

王国维的"二重证据法"就是在此种背景下提出来的。《古史新证》里有一段经常为研究者征引的话，原文如下：

> 吾辈生于今日，幸于纸上之材料外，更得地下之新材料。由此种材料，吾辈固得据以补正纸上之材料，亦得证明古书之某部分全为实录，即百家不雅驯之言，亦不无表示一面之事实。此二重证据法，唯在今日始得为之。

[①] 王国维：《最近二三十年中中国新发见之学问》，《王国维全集》第十四卷，浙江教育出版社2009年版，第239页。

虽古书之未得证明者，不能加以否定，而其已得证明者，不能不加以肯定，可断言也。①

历史文化遗产的研究一方面须靠文献资料，另一方面也需要借鉴实物，这在今天已成为常识范围内的事情，但在中国古代，人们的认识却不如此简单。可以说相当长的历史时期之内，研究者依据的都是文献资料，而不曾意识到实物的重要性。宋代金石学兴起，刻在金石上的铭文引起人们的注意，并逐渐与考订史实结合起来。赵明诚在《金石录序》中说："诗书以后，君臣行事之迹，悉载于史，虽是非褒贬，出于秉笔者私意，或失其实；然至于善恶大迹，有不可诬而又传说既久，理当依据。若夫岁月、地理、官爵、世次，以金石刻考之，其抵牾十常三四。盖史牒出于后人之手，不能无失，而刻词当时所立，可信不疑。"②赵说已开实物证史之先河矣。至清中叶，钱晓徵等史家的许多金石题跋，用历史遗物来证史，成为比较常见的方法了。因此王氏的"二重证据法"，自有其渊源，只是他运用得比任何前贤更加自觉，且有理念上的提升。换句话说，王国维古史研究的成绩确得力于他的具有实证意味的方法论。同时，这种方法也影响到了人文社会科学其他学科领域，使得中国现代学术思想在其始建期就呈现出各学科交错影响的现象。

直承今文学而来的疑古学派的出现，本来是传统学术走向现代的重要一步，但在甲骨学、敦煌学新发现面前，它遇到了巨大的挑战，简直足以在事实上拆毁其赖以建立的理念根基。王国维说："疑古之过，乃并尧舜禹之人物而亦疑之。"③王氏以甲骨文字、敦煌遗书等新发现为基地，走上了释古的道路，对疑古之偏颇有所是正。而中国现代学术中考古一门的建立，也是与

---

① 王国维：《古史新证》，《王国维全集》第十一卷，浙江教育出版社2009年版，第241—242页。
② 赵明诚：《金石录序》，见赵明诚著、金文明校正：《金石录校证》，广西师范大学出版社2005年版，第1—2页。
③ 王国维：《古史新证》，《王国维全集》第十一卷，浙江教育出版社2009年版，第241页。

清末的学术新发现相联系的。古代并非没有考古，北宋吕大临曾作过《考古图》，但当时之考古不出金石之范围。现代考古则增加了田野研究的内容，由金石考古扩展到了田野考古。二十世纪初，以发掘工作为基础的现代考古学的建立，李济、董作宾、郭沫若诸人，与有功焉。因此之故，郭对王的评价甚高，称王留下的知识产品"好像一座璀璨的楼阁，在几千年来的旧学的城垒上，灿然放出一段异样的光辉"[1]。对罗振玉的评价也不低，认为罗的功劳在于"为我们提供出了无数的真实的史料"，称赞"他的殷代甲骨的收集、保藏、流传、考释，实是中国近三十年来文化史上所应该大书特书的一项事件"[2]。郭的甲骨文、金文研究，是以罗王为起点，他自己并不讳言。

陈寅恪在《王静安先生遗书序》里所总结的王国维为学的特点：一曰取地下之实物与纸上之异文互相释证，二曰取异族之故书与吾国之旧籍互相补正，三曰取外来之观念与固有之材料互相参证，固不是王氏一人的特点，而是当时学术中坚力量的共同特点，也即是中国现代学术的最基本的观念和方法。所以陈寅恪肯定地说："吾国他日文史考据之学，范围纵广，途径纵多，恐亦无以远出三类之外。"[3]由此我们可以看出，王氏为学的基本观念和方法，在现代学术史上实具有轨则和典范的意义。

四

王国维学术思想的现代内涵，尤其表现在他对学术独立的诉求上。在这方面他可以说是身体力行，不遗余力。在《论近年之学术界》一文中他写道："学术之发达，存于其独立而已。"[4]而要实现学术独立，必须做到以学术本

---

[1] 郭沫若：《中国古代社会研究》自序，《郭沫若全集》历史编第一册，人民出版社1992年版，第8页。
[2] 同上。
[3] 陈寅恪：《王静安先生遗书序》，《金明馆丛稿二编》，三联书店2001年版，第248页。
[4] 王国维：《论近年之学术界》，《王国维全集》第一卷，浙江教育出版社2009年版，第125页。

身为目的，而不以学术作为达致某种目的之一种手段。但中国历来的传统，都是视学术为政治的附属物，学者缺少为学术而学术的精神。特别是清中叶以来兴起的今文学派，毫不掩饰问学的现时政治目的。王国维对此颇致不满，认为即使是影响巨大的严复的翻译，亦不能完全避免脱此窠臼。而当时通过日本对法国十八世纪自然主义的介绍，则不过是"聊借其枝叶之语，以图遂其政治上之目的耳"①。对康有为、谭嗣同等变法维新派人物，静安先生也颇有微辞。他说：

> 其有蒙西洋学说之影响，而改造古代之学说，于吾国思想界上占一时之势力者，则有南海□□□（康有为）之《孔子改制考》、《春秋董氏学》，浏阳□□□（谭嗣同）之《仁学》。□（康）氏以元统天之说，大有泛神论之臭味。其崇拜孔子也，颇模仿基督教。其以预言者自居，又居然抱穆罕默德之野心者也。其震人耳目之处，在脱数千年思想之束缚，而易之以西洋已失势力之迷信。此其学问上之事业不得不与其政治上之企图同归于失败者也。然□（康）氏之于学术，非有固有之兴味，不过以之为政治上之手段，荀子所谓今之学者以为禽犊者也。□（谭）氏之说，则出于上海教会中所译之治心免病法。其形而上学之以太说，半唯物论、半神秘论也。人之读此书者，其兴味不在此等幼稚之形而上学，而在其政治上之意见。□（谭）氏此书之目的亦在此而不在彼，固与南海氏同也。庚辛以还，各种杂志接踵而起，其执笔者非喜事之学生，则亡命之逋臣也。此等杂志，本不知学问为何物，而但有政治上之目的。②

对于晚清以来的文学，王国维同样认为没有体现出文学本身的价值，而

---

① 王国维：《论近年之学术界》，《王国维全集》第一卷，浙江教育出版社2009年版，第122页。
② 同上，第122—123页。

是把文学当做了进行政治教育的手段。他说："欲学术之发达，必视学术为目的，而不视为手段而后可。"[1]并且引康德关于"当视人人为一目的，不可视为手段"的名言，引申说："岂特人之对人当如是而已乎？对学术亦何独不然？"[2]总之，政治的归政治，艺术的归艺术，文学的归文学，学术的归学术，不要把艺文与政治混为一谈。王国维也不是完全无视政治的影响，他知道那是社会的最重要的势力，只是他告诫人们，哲学家和艺术家也是社会的最重要的"势力"，而且比之政治有久暂之别。

在《论哲学家与美术家之天职》一文中，王国维通过对我国传统哲学和古典文学的特性的分析，得出了我国没有"纯粹的哲学"以及也少有"纯文学"的结论。他说："披我中国之哲学史，凡哲学家无不欲兼为政治家者，斯可异也。"[3]先秦之孔、墨、孟、荀，西汉之贾、董，宋朝的张、程、朱、陆，明朝的罗、王，都不仅仅是哲学家，同时还是政治家。文学家中，杜甫、韩愈、陆游等，也无一例外地希望在政治上一显身手，曲折点或如杜甫所说"致君尧舜上，再使风俗淳"。所以王国维慨叹"美术之无独立之价值也久矣"。他写《红楼梦评论》以及研究宋元戏曲，与他追求学术独立的思想有直接关系。因为他注意到传统小说戏曲发展中有一个问题，即"有纯粹美术上之目的者，世非为不知贵，且加贬焉"。出现这种情况，文学家和艺术家自身也不是毫无责任，至少是"自忘其神圣之位置"。为了解除艺术家自身这层障壁，王国维又从人的欲望的角度作了详尽的说明。他写道："夫势力之欲，人之所生而即具者，圣贤豪杰之所不能免也。而知力愈优者，其势力之欲亦愈盛。人之对哲学及美术而有兴味者，必其知力之优者也，故其势力之欲亦准之。今纯粹之哲学与纯粹之美术，既不能得势力于我国之思想界矣，则彼

---

[1] 王国维：《论近年之学术界》，《王国维全集》第一卷，浙江教育出版社2009年版，第123页。
[2] 同上。
[3] 王国维：《论哲学家与美术家之天职》，《王国维全集》第一卷，浙江教育出版社2009年版，第132页。

等势力之欲不于政治将于何求其满足之地乎？且政治上之势力有形的也，及身的也。而哲学美术上之势力，无形的也，身后的也。故非旷世之豪杰，鲜有不为一时之势力所诱惑者矣。"①尽管如此，当一个哲学学者经过长期的研究，一旦领悟了宇宙人生的真理，或一个艺术家把胸中惝恍不可捉摸的意境，表诸文字、绘画、雕刻之上，就是一个人的天赋能力得到了实现。王国维认为："此时之快乐，决非南面王之所能易者也。"②在文章结尾处，他进一步寄望于哲学家和艺术家的自悟和自觉："若夫忘哲学、美术之神圣，而以为道德政治之手段者，正使其著作无价值者也。愿今后之哲学、美术家，毋忘其天职而失其独立之位置，则幸矣。"③由此我们可以看出，静安先生对学术独立的诉求有多么强烈。

王国维的由哲学美学而宋元戏曲而古史研究的学术转向，和他的极力主张学术独立的思想有一定关系。他当然明了文学和美学的学术根性比较脆弱的特点。古史研究则可以与现实的浅层政治保持一定的距离。1904年他写的一首《偶成》诗，似乎流露出了这方面的感慨。诗中写道：

>文章千古事，亦与时荣枯。
>并世盛作者，人握灵蛇珠。
>朝菌媚朝日，容色非不腴。
>飘风夕以至，零落委泥涂。
>且复舍之去，周流观石渠。
>蔽亏东观籍，繁会南郭竽。
>比如贰负尸，桎梏南山隅。

---

① 王国维：《论哲学家与美术家之天职》，《王国维全集》第一卷，浙江教育出版社2009年版，第133页。
② 同上。
③ 同上。

> 恒干块犹存，精气荡无余。
> 小子曹无状，亦复事操斛。
> 自忘宿瘤质，揽镜学施朱。
> 东家与西舍，假得紫罗襦。
> 主者虽不索，跬步终趑趄。
> 且当养毛羽，勿作南溟图。①

这是他自道学术心境的一首诗，叙述自己早年"东家与西舍"地采集新思潮，结果只是借得别人的衣裳，己身独立之学术并没有建立起来。庄子说的"朝菌不知晦朔"，正可以用来比喻那些不以学问本身为目的的新学家们。他自己则决心积学储宝，不断提升自己的学问修养，让学术体现出永久的价值，而不使之"与时荣枯"。因此他最终转向了从经史小学入手研究古史的艰难道路，这是王国维实现自己学术独立主张的至关重要的一步。

中国现代学术传统的建立，是从自觉地追求学术独立开始的。晚年的梁启超对此体会尤深，他在《清代学术概论》里慨乎言之曰："而一切所谓新学家者，其所以失败，更有一种根源，曰不以学问为目的而以为手段。"②《清代学术概论》写于1920年。王国维对同一题义的慨乎言之，比任公先生早出十五年以上，说明他是从理念上推动学术独立的最早觉醒者。

五

中国传统学术向现代学术转变，有一学术理念上的分别，即传统学术重通人之学，现代学术重专家之学。钱穆在《现代中国学术论衡》一书的序言

---

① 陈永正：《王国维诗词笺注》，上海古籍出版社2011年版，第85—86页。
② 梁启超：《清代学术概论》，朱维铮校注：《梁启超论清学史二种》，复旦大学出版社1985版，第80页。

中写道："文化异，斯学术亦异。中国重和合，西方重分别。民国以来，中国学术界分门别类，务为专家，与中国传统通人通儒之学大相违异。循至通读古籍，格不相入。此其影响将来学术之发展实大，不可不加以讨论。"①钱穆先生所揭示的民国以来学术界之重分类，追求专家之学，是吸收了西方学术观念和方法的中国现代学术的特征，与传统学术的重会通，通人通儒有至高的地位，两者不尽相同。这里通人之学与专家之学的分野，实际上有古今的问题，也有中西的问题。

中国传统学术的分类，大类项是经、史、子、集四部之学。史部为史学，集部为文学，其义较为明显，历来学者也大都这样界定。唯子部的内涵，通常人们认为属于哲学的范畴，似尚待分解。诸子百家之说，与其说是哲学莫若称为思想学说更加恰当。所以中国历史学科中有思想史一门，而中国学术史实即为学术思想史也。至于经部，分歧更大。近人张舜徽尝云："盖经者纲领之谓，凡言一事一物之纲领者，古人皆名之为经，经字本非专用之尊称也。故诸子百家书中有纲领性之记载，皆以经称之。"②后来儒家地位升高，孔门之"六艺"，即《诗》、《书》、《礼》、《易》、《乐》、《春秋》，遂成为有至尊地位的经典。如果用现代的眼光来看，经学毫无疑问是需要分解的。《诗经》是文学，不成问题；《尚书》和《春秋》应属于历史的范围；《易经》是哲学。因此传统学术向现代转化，有一个学科整合的问题。我这样说丝毫不含有轻视经学的深层文化意蕴的意思，相反，在一定意义上，却可以认为经学原典是中国一切学术的源头，是中国文化的最高形态③，甚至就人文学科而言，亦可以在现代文史哲的学术分类之外，另设经学一科。现代学术分类的方法，淹没了经学的地位。但对于传统学术的四部分类法如何向现代

---

① 钱穆：《现代中国学术论衡》，岳麓书社1986年版，第1页。
② 张舜徽：《爱晚庐随笔》"学林脞录"卷三，湖南教育出版社1991年版，第48页。
③ 马一浮"六艺统摄一切学术"的思想殊堪注意。这方面的论述请参见马著《泰和会语》。亦可参阅拙著《国学与红学》上编，上海辞书出版社2011年版，第5—120页。

学术分类转变，晚清之时的学子在理念上并不是都很明确。严复、康有为、梁启超、章太炎、王国维等现代学术大家，走的还是通人之学的路，在他们身上，学科的界分并不那么明显，或至少不那样严格。

王国维是首先意识到现代学术需要重新分类的现代学者。这里涉及他写的一篇极重要而又鲜为人注意的文章，即作于1902年的《奏定经学科大学文学科大学章程书后》。这是他写给张之洞的一封信，在这封信里他明确提出反对把经学置于各分科大学之首，强调必须设置哲学一科。他直言不讳地指出，由张南皮制定的分科大学的章程没有设哲学一科是个重大的错误。他说：

> 其根本之误何在？曰在缺哲学一科而已。夫欧洲各国大学无不以神、哲、医、法四学为分科之基本。日本大学虽易哲学科以文科之名，然其文科之九科中，则哲学科衰然居首，而余八科无不以哲学概论、哲学史为其基本学科者。今经学科大学中虽附设理学一门，然其范围限于宋以后之哲学，又其宗旨在贵实践而忌空谈，则夫《太极图说》、《正蒙》等必在摈斥之列，则就宋人哲学中言之，又不过一部分而已。吾人且不论哲学之不可不特置一科，又不论经学、哲学二科中之必不可不讲哲学，且质南皮尚书之所以必废此科之理由如何？[①]

这涉及的可不是一个细小的分歧，而是与现代学术的分类直接相关的大学分科问题。王国维强调了哲学的重要性，这一观念是现代的。用以取譬的例证，是欧洲各国和日本的例证。可见他的强调现代学术分类方法的思想，是相当自觉的。而在另外一个地方他还说过："今之世界，分业之世界也。一

[①] 王国维：《奏定经学科大学文学科大学章程书后》，《王国维全集》第十四卷，浙江教育出版社2009年版，第33页。

切学问，一切职事，无往而不需特别之技能，特别之教育。一习其事，终身以之。治一学者之不能使治他学，任一职者之不能使任他职，犹金工之不能使为木工，矢人之不能使为函人也。"①在《欧罗巴通史序》一文中又说："凡学问之事其可称科学以上者，必不可无系统。系统者何？立一统以分类是已。分类之法，以系统而异。有人种学上之分类，有地理学上之分类，有历史上之分类。三者画然不相谋已。"②王氏对学术分类问题一论再论，说明他对此一问题是何等重视。而在这方面，恰好反映出他的学术观念已进入现代学术的范畴，并为现代学术的发展奠定了学理的基础。

（原载《学人》1996年第10期）

---

① 王国维：《教育小言十三则》，《王国维全集》第十四卷，浙江教育出版社2009年版，第102页。
② 王国维：《欧罗巴通史序》，《王国维全集》第十四卷，浙江教育出版社2009年版，第3—4页。

王国维、陈寅恪与吴宓

一 王国维与陈寅恪

（一）陈寅恪《王观堂先生挽词》和王国维《颐和园词》

清华国学研究院的四大导师，王国维、梁启超、陈寅恪、赵元任，王陈关系最近，盖因气类相投也。陈寅恪《王观堂先生挽词》"许我忘年为气类，北海今知有刘备"句，即实写此意。而《挽词》中"风义生平师友间"，则是两人关系的理则概括。四大导师的年龄，梁启超生于1873年，王国维生于1877，陈寅恪生于1890年，赵元任生于1892年。梁最长，比王大四岁，比陈大十七岁。王比陈大十三岁。1925年清华国学院成立时，梁五十二岁，王四十八岁，陈三十五岁，赵三十三岁。吴宓生于1894年，当时是三十一岁，任国学院主任。吴对王赞佩礼敬而疏于交谊，对陈则视同手足，情牵梦萦，终生为友。

王国维1927年6月2日昆明湖自沉，陈寅恪写有挽联、挽诗和挽词。挽联为："十七年家国久魂销，犹余剩水残山，留与累臣供一死；五千卷牙签新手触，待检玄文奇字，谬承遗命倍伤神。"[①]上联写王国维1911年辛亥革命以来的己身处境，故最后之终局殊可理解。"累臣"显系将王国维比屈原了。下联是王先生遗嘱"书籍可托陈、吴二先生处理"的本事，兹可见寅恪先生对王之所托的看重。"谬承遗命倍伤神"一句，义理、情理、心理尽在其中

---

① 陈寅恪：《诗集》，三联书店2001年版，第180页。

矣。挽诗以《挽王静安先生》为题，全诗作："敢将私谊哭斯人，文化神州丧一身。越甲未应公独耻，湘累宁与俗同尘。吾侪所学关天意，并世相知妒道真。赢得大清干净水，年年呜咽说灵均。"[①]第三句下有注："甲子岁，冯兵逼宫，柯、罗、王约同死而不果。戊辰，冯部将韩复榘兵至燕郊，故先生遗书谓'义无再辱'，意即指此。遂践旧约，自沉于昆明湖，而柯、罗则未死。余诗'越甲未应公独耻'者，盖指此言。王维《老将行》'耻令越甲鸣吾群'，此句所本。事见刘向《说苑》。"《挽诗》可以和挽联互相印证，"湘累"、"灵均"云云，完全是以王国维的自沉和屈子的投汨罗相提并论。

而首句"敢将私谊哭斯人"，证实两人的交谊非比寻常，"文化神州丧一身"则指兹事件于文化中国之影响和损失之大。五、六句"吾侪所学关天意，并世相知妒道真"，则慨叹学者的因缘际会与当时后世的知与不知耳。昔王国维撰写《沈乙庵先生七十寿序》尝说："国家与学术为存亡，天而未厌中国也，必不亡其学术。天不欲亡中国之学术，则于学术所寄之人，必因而笃之。世变愈亟，则所以笃之者愈至。使伏生、浮邱伯辈，天不畀以期颐之寿，则诗书绝于秦火矣。"[②]似可移来诠解"吾侪所学关天意，并世相知妒道真"句，盖王、陈均为吾国的"学术所寄之人"。

《王观堂先生挽词并序》称得上陈寅恪韵体文字的大著述，写法上很像王国维的《颐和园词》。王词长一百六十二句，作于1912年，随罗振玉客居日本京都时期，并经罗氏手写石印。王先生亦甚看重己作，认为"虽不敢上希白傅，庶几追步梅村"[③]。王词所写为清室的"末路之事"[④]，陈之《挽词》长一百一十二

[①] 陈寅恪：《诗集》，三联书店2001年版，第11—12页。
[②] 王国维：《沈乙庵先生七十寿序》，《王国维文集》第一卷，中国文史出版社1997年版，第98页。
[③] 王国维：《致铃木虎雄》（1912年5月31日），吴泽主编：《王国维全集·书信》，中华书局1984年版，第26页。
[④] 王国维：《致铃木虎雄》（1912年6月23日），吴泽主编：《王国维全集·书信》，中华书局1984年版，第27页。

句，实系观堂其人学问与政治命运的哀歌。《挽词》第五、六句"曾赋连昌旧苑诗，兴亡哀感动人思"，即指王国维写作《颐和园词》一事。孰料把颐和园的沧桑写得如此哀感动人者，竟于二十五年之后，自沉于此园，终与自己推许的"昆明万寿佳山水"为伴，可谓诗可成谶矣。故寅老《挽词》以"岂知长庆才人语，竟作灵均息壤词"句及之。不过《挽词》之主旨在于抒写王国维的学问历程和高才隆遇，包括张之洞入阁主持学部，经罗振玉举荐充任学部图书馆编辑，此时之王国维专意搜罗研究宋元戏曲；清帝退位后随罗振玉东游扶桑，日夜披览罗氏"大云书库"之收藏，转而研究金石古文和殷商古史，五年之期，学问为之大变；回国后之数年时间，学问果实江涌河泻，而东西汉学巨擘缪荃孙、沈曾植、伯希和、沙畹、藤田丰八、狩野直喜、内藤虎次郎等，因倾慕相惜而相与切磋酬唱；1923年升允荐为逊帝溥仪的南书房行走；1925年胡适之荐为清华国学院之导师。此一系列人生变迁和事业隆替，并连同迁移变换之家国政治变局之背景，《挽词》俱以清词丽句编织结构而成绝唱①。

《挽词》中的名句多如过江之鲫，譬如"当日英贤谁北斗，南皮太保方迁叟"、"总持学部揽名流，朴学高文一例收"，是为写张之洞，这和乃父陈三立对张的评价完全相同。"大云书库富收藏，古器奇文日品量"，则摹写旅居日本的学术收获。"当世通人数旧游，外穷瀛渤内神州。伯沙博士同扬攉，海日尚书互倡酬"，写东西大儒与之交往，寥寥数语，便跃然纸上。"南斋侍从欲自沉，北门学士邀同死"，写冯玉祥逼宫时，王与罗振玉、柯劭忞的"同死"之约。"鲁连黄鹞绩溪胡，独为神州惜大儒"，写王国维的应聘清华，系胡适所荐。其实王开始并未依允此议，胡适托人说动逊帝，经溥仪下了一道"诏书"，王才前往就聘。"清华学院多英杰"，更是百年来不磨的名句了。特别是在写到己身与王国维的关系时，寅恪先生写下如下诗句："鲰生瓠落百无成，敢并时贤较重轻。元祐党家惭陆子，西京群盗怆王生。许我忘年为气类，北

---

① 陈寅恪：《王观堂先生挽词并序》，陈寅恪《诗集》，三联书店2001年版，第12—17页。

海今知有刘备。曾访梅真拜地仙,更期韩偓符天意。回思寒夜话明昌,相对南冠泣数行。犹有宣南温梦寐,不堪灞上共兴亡。"陈寅恪当时和梁、王相较,自是后进"小生",故以"鲰生"自比,可谓合乎法度;但其积学之厚,亦足可与梁、王等"时贤"较量,也是寅恪先生自己未遑稍让的。"元祐党家"和"西京群盗"两句,为自道家学来历。清华国学院同为导师之前,王、陈并不相识,寅恪当然知道观堂的大名,然观堂却不知世间有此一陈。所以《挽词》以"北海今知有刘备"的"古典"来比拟王陈初交相识的"今典"。而一经相遇,无论在陈在王,都不禁有气类相投之感。故"许我忘年为气类"一句,可以说写尽了王陈关系的深涵。有意思的是,王之《颐和园词》以"汉家七叶钟阳九"为起句[①],陈之《挽词》则以"汉家之厄今十世"为起句,全诗结句,王为"却忆年年寒食节,朱侯亲上十三陵",陈是"他年清史求忠迹,一吊前朝万寿山",缭绕之余味亦复相同。

(二) 陈寅恪《挽词》序的文化义涵

陈寅恪所撰之挽王国维词的题目,为《王观堂先生挽词并序》,盖在挽词的前面有一长序,阐述作者的文化观点暨王之死因。鉴于此序的重要,下面全文具引在此:

> 或问观堂先生所以死之故。应之曰:近人有东西文化之说,其区域分划之当否,固不必论,即所谓异同优劣,亦姑不具言;然而可得一假定之义焉。其义曰:凡一种文化值衰落之时,为此文化所化之人,必感苦痛,其表现此文化之程量愈宏,则其所受之苦痛亦愈甚;迨既达极深之度,殆非出于自杀无以求一己之心安而义尽也。吾中国文化之定义,具于《白虎通》三纲六纪之说,其意义为抽象理想最高之境,犹希腊柏拉图所谓 Idea 者。若以君臣之纲言之,君为李煜亦期之以刘秀;以朋友之纪言之,

---

[①] 王国维:《颐和园词》,《王国维文集》第一卷,中国文史出版社1997年版,第260—263页。

友为郦寄亦待之以鲍叔。其所殉之道，与所成之仁，均为抽象理想之通性，而非具体之一人一事。

夫纲纪本理想抽象之物，然不能不有所依托，以为具体表现之用；其所依托以表现者，实为有形之社会制度，而经济制度尤其最要者。故所依托者不变易，则依托者亦得因以保存。吾国古来亦尝有悖三纲违六纪无父无君之说，如释迦牟尼外来之教者矣，然佛教流传播衍盛昌于中土，而中土历世遗留纲纪之说，曾不因之以动摇者，其说所依托之社会经济制度未尝根本变迁，故犹能藉之以为寄命之地也。

近数十年来，自道光之季，迄乎今日，社会经济之制度，以外族之侵迫，致剧疾之变迁；纲纪之说，无所凭依，不待外来学说之掊击，而已销沉沦丧于不知觉之间；虽有人焉，强聒而力持，亦终归于不可救疗之局。盖今日之赤县神州值数千年未有之钜劫奇变；劫尽变穷，则此文化精神所凝聚之人，安得不与之共命而同尽，此观堂先生所以不得不死，遂为天下后世所极哀而深惜者也。至于流俗恩怨荣辱委琐龌龊之说，皆不足置辨，故亦不之及云。①

陈寅恪先生此篇序言，不仅对王国维的死因给以正解，同时也是解开二十世纪中国文化与社会变迁谜团的一把钥匙。"中国文化"这个概念，实际上是晚清和近代知识分子自我反省检讨传统的用语，对中国文化本身而言，是"他"者的概括。所以上一个百年，这个概念虽被旋转不停地给以讨论给以解说，而终无结果。以至于晚年的钱锺书先生，与来访的学人开玩笑，说谁再讲东西方文化，我"枪毙"他（说的时候他拿起一支笔）。这和陈寅恪《挽词》序开头所说"近人有东西文化之说，其区域分划之当否，固不必论，即所谓异同优劣，亦姑不具言"，属同一义谛。

---

① 陈寅恪：《王观堂先生挽词并序》，《诗集》，三联书店2001年版，第12页。

所以然者，是因为通常所讲的文化系泛指。陈寅恪不同，他揭示的是与一定社会结构相连接的基本文化价值，或曰主流文化的核心价值，不是泛指一切文化现象。我国传统社会家、国一体，社会的运转，以家庭为中心，以家为本位，反映家国伦常秩序的"三纲六纪"，是传统社会的核心文化价值。《挽词》序所说"吾中国文化之定义，具于《白虎通》三纲六纪之说"，即指此一层意涵而言。《白虎通》也称《白虎通义》，东汉班固根据章皇帝招聚官员和儒生在白虎观对《五经》所作讲论辑撰而成。卷八论"三纲六纪"，"三纲"指君臣、父子、夫妇，自不待言；"六纪"包括诸父、兄弟、族人、诸舅、师长、朋友[①]，与后来的"五伦"互有异同。传统士人所谓"明大义"，就是指知晓这些纲纪伦理而行为上又无所违迕。西方历史上当然也有君主和臣工，也有家庭和家族，但并没有这种以普遍性形式出现的专门规范君臣家庭各种角色关系的系统道德律令。纲纪之说纯属中国的文化秩序（的确应该叫文化秩序），而且也是社会秩序。因为它是笼罩全社会的一面大网（家庭是中国传统社会的基本单位）。职是之故，当社会的经济结构变迁之后，以有形的社会制度、特别是社会的经济制度为依托物的文化秩序，必然随之发生变化。二十世纪的中国，就处于这种文化与社会的剧烈播迁与变化之中。现代学人所热衷的文化上的新旧之争、东西之论、古今之辨，皆缘于此一变化过程。

陈寅恪《挽词》序的过人之处，是指出以纲纪之说为表征的中国主流文化的意义，具有"抽象理想之通性"，也就是柏拉图的所谓理念（Idea）。实际生活中是否能够完全做到是另一回事，但它是传统士人伦理上的人生规范。翻览史册，君不君、臣不臣、父不父、子不子的乱况，触目皆是。魏晋时期、宋元市井、明清之际，亦不乏反对纲纪之说的束缚、主张以情抗礼的思想家和艺术家。但整体上，迄于晚清"三纲六纪"的基本文化价值和文化秩序一直得以维持。即使是持无父无君之论的佛教传入中土，也没有动摇这一

---

① 陈立撰：《白虎通疏证》上，中华书局1994年版，第373页。

秩序。原因是"藉之以为寄命"的社会经济制度未变。晚清以降的剧烈变动（陈寅老称"钜劫奇变"），既是社会结构的变迁，又是文化思想的变迁。简言之传统文化的核心价值从此崩塌了。因此为传统文化所化之人的失落与痛苦，可想而知。王国维就是这样的人。但失落与痛苦，可以有不同的走向。由痛苦而新生，为更多的知识人士所选择。即使未趋步入于新潮，也不必即死。《挽词》"海日尚书互倡酬"的"海日尚书"，即沈曾植——王国维最服膺的清末大儒，曾出任宣统复辟时学部大臣，对共和共产自不认同，但晚年逍遥海上，平安而终。同为溥仪老师的罗振玉、柯劭忞虽有殉主之约（《挽词》"南斋侍从欲自沉，北门学士邀同死"），但并未践履，没有因1924年皇帝被赶出宫而自裁。

然则王国维究竟缘何而死？《挽词》序在强调纲纪之说的意义"为抽象理想最高之境"时，举出两个例证："若以君臣之纲言之，君为李煜亦期之以刘秀；以朋友之纪言之，友为郦寄亦待之以鲍叔。"读者很容易认为不过是寻常举证，意在说明纲纪的理想远高于现实而已。其实独创阐释前人著述须"古典"、"今典"并重的寅恪先生，论静安之死这样的大题目，岂有虚设例证之理。李煜自是古典，但今典指谁？我以为指溥仪。刚愎无能的溥仪正好与孱弱得"以泪洗面"的李煜为比。然而按纲纪之说，即使是溥仪、李煜这样不中用的"君"，也希望他们能够成为使汉室得到"中兴"的光武帝刘秀。很不幸，静安先生对他的"学生"宣统皇帝，就抱有这样的幻想。《挽词》叙述王国维入值南斋，像其海宁同乡、康熙朝掌尚书房的查初白一样勤勉敬谨（《挽词》"文学承恩值近枢，乡贤敬业事同符"）；而《挽词》"君期云汉中兴主，臣本烟波一钓徒"，白纸黑字，明明白白——不是讲王国维希望溥仪成为"中兴主"而何？因此"君为李煜"的"君"，必指溥仪无疑。

那么"友为郦寄"的"友"又系何指？不是别人，而是罗振玉。罗、王之为友，自无疑问。而王自沉之前，两人交恶，也是不争之事实。历史上管鲍之交的美谈和郦寄卖交的不德，是朋友相交的两个极端的例子。但按传统的纲纪之说，即使友是郦寄这样的不友之人，仍然应待之以鲍叔。王国维就是这样对待罗振玉的。罗王是儿女亲家，晚年交恶，也是因儿女之事所引发。1926年9月26日,王之长子、罗的女婿王潜明病逝于上海。静安先生将潜明所遗之二千四百二十三元洋银寄给住在天津的罗女,罗振玉以女儿拒收为由欲退回,引起静安不满,信中致有"蔑视他人人格,于自己人格亦复有损"①的极强烈的措辞。实际两人的矛盾,由来已久。王国维大半生的学术活动,多得到罗振玉的经济资助,因此一涉及经济问题,王格外敏感。《白虎通》释朋友之纪有言:"货则通而不计。"②依王的文化理想,他会感到罗之所为不合于纲纪之说。当然王罗交恶,还有政治观点不合的方面。1925年8月罗六十大寿,王祝寿诗有句:"百年知遇君无负,惭愧同为侍从臣。"③问题就发生在同为溥仪老师,而对溥仪离宫后的出路,却有不同的预设。这个问题复杂,容笔者另文论述,此不多赘。

  总之晚年的王国维越来越认识到,先是逊位尔后又被赶出宫的宣统皇帝溥仪,毕竟不是刘秀,几十年与之相交的罗振玉也不是鲍叔。他失望了,痛苦了。不是一般的失望,而是极端失望;不是寻常的苦痛,而是苦痛得"达极深之度"。寅恪先生说:"迨既达极深之度,殆非出于自杀无以求一己之心安而义尽也。"而所以死之故,也不是由于"具体之一人一事",而是此人此事所代表的"君臣之纲"和"朋友之纪",即具体之人事反映的文化精神和文化理想,已彻底破灭,身为"此文化精神所凝聚之人,安得不与之共命而同尽"。因此王国维之死,不是殉清,而是殉为其所化的那种文化、那种文化理想、那种文化精神。

  论者或认为,尽管王国维是为传统文化所化的大文化人、大学者,而晚清以还的文化与社会,确是传统价值崩塌的时期,但完全可以在保存自身生命的情况下,使个人(不是社会)的文化精神得以保持,何必一定自陷绝境?陈

---

① 王国维:《致罗振玉》(1926年10月31日),吴泽主编:《王国维全集·书信》,中华书局1984年版,第373页。
② 陈立撰:《白虎通疏证》上,中华书局1994年版,第377页。
③ 王国维:《罗雪堂参事六十寿诗》,《王国维文集》第一卷,中国文史出版社1997年版,第289页。陈

寅恪先生昔年撰写《元白诗笺证稿》一书时，曾写下如下一段关涉社会与文化变迁底里的警世骇俗之语：

> 纵览史乘，凡士大夫阶级之转移升降，往往与道德标准及社会风习之变迁有关。当其新旧蜕嬗之间际，常呈一纷纭综错之情态，即新道德标准与旧道德标准，新社会风习与旧社会风习并存杂用。各是其是，而互非其非也。斯诚亦事实之无可如何者。虽然，值此道德标准社会风习纷乱变易之时，此转移升降之士大夫阶级之人，有贤不肖拙巧之分别，而其贤者拙者，常感受苦痛，终于消灭而后已。其不肖者巧者，则多享受欢乐，往往富贵荣显，身泰名遂。其故何也？由于善利用或不善利用此两种以上不同之标准及习俗，以应付此环境而已。①

这段话陈寅恪直接针对的是中晚唐的社会风习和道德标准的变迁，但其普遍意义适用于任何新旧更替、社会与文化变迁的时代。尤其对知识阶级的"贤不肖拙巧之分别"，其今典之意涵，可延长至今天。而"贤者拙者，常感受苦痛，终于消灭而后已"，不是明显指王国维吗？王之所以死之故，不仅因为晚清以来的社会与文化变迁，毁灭了他的文化理想，也因为求诸个人品质他不是巧于用世的"巧者"，而是"贤者拙者"。

（三）陈寅恪的王国维《纪念碑铭》和《遗书序》

王国维自沉后的第二年，即1929年，清华国学研究院之师生议决为王先生建立纪念碑事，碑文请陈寅恪先生撰写。陈先生毕生秉持的"独立之精神，自由之思想"，就是此碑文中首次提出的。其中写道："士之读书治学，盖将以脱心志于俗谛之桎梏，真理因得以发扬。思想而不自由，毋宁死耳。斯古今仁圣所同殉之精义，夫岂庸鄙之敢望。先生以一死见其独立自由之意

---

① 陈寅恪：《元白诗笺证稿》，三联书店2001年版，第85页。

志，非所论于一人之恩怨，一姓之兴亡。呜呼！树兹石于讲舍，系哀思而不忘。表哲人之奇节，诉真宰之茫茫。来世不可知者也。先生之著述，或有时而不章。先生之学说，或有时而可商。惟此独立之精神，自由之思想，历千万祀，与天壤而同久，共三光而永光。"①对王之死，再次重申《挽词》序的观点，即不是"殉清"，而是殉自己的文化理想。此处尤点明，既与罗振玉的"一人之恩怨"无关，也与爱新觉罗氏"一姓之兴亡"无关，而是要摆脱"俗谛之桎梏"，追求"独立自由之意志"。陈之《碑铭》是写王，也是写他自己，寅恪先生学术思想的力度和学术精神的理性光辉在此《碑铭》中得以集中体现。

王国维逝世的当年，罗振玉编辑的《海宁王忠悫公遗书》即石印出版，但所收王氏著作多有遗漏，体例未称完备，故罗编之《遗书》流传不广。越五年，王之弟子赵万里重新编校董理王的著作，以《王国维遗书》名之，分十六册由商务印书馆出版。王弟哲安当时请序于陈寅恪先生，陈慨然允之。此序是陈先生继《挽词》、《挽词》序、《纪念碑铭》之后关于王国维的又一篇大著述，写于1934年农历六月初三。此序的贡献，主要在于对王国维平生学术的为学范围和治学方法作了精辟的概括。

陈寅恪先生说："自昔大师巨子，其关系于民族盛衰学术兴废者，不仅在能承续先哲将坠之业，为其托命之人，而尤在能开拓学术之区宇，补前修所未逮。故其著作可以转移一时之风气，而示来者以轨则也。"②这等于给人们常说的人文学术的"大师"，下了一个定义，即必须是能够"为往圣继绝学"，成为文化托命之人，同时有超越前贤的新的开拓，其学术成果能够自开风气并建立足可启导未来的新典范。具备这些要件，才能荣获名副其实的大师的称号。而具备这些要件的大师，必然与民族的盛衰和学术的兴废有一种关

---

① 陈寅恪：《清华大学王观堂先生纪念碑铭》，《金明馆丛稿二编》，三联书店2001年版，第246页。
② 陈寅恪：《王静安先生遗书序》，《金明馆丛稿二编》，三联书店2001年版，第247页。

联。此义实即观堂《沈乙庵七十寿序》所说的"天不欲亡中国之学术,则于学术所寄之人,必因而笃之",亦即寅老《挽王静安先生》诗所谓"吾侪所学关天意"。王国维在中国现代学术史上最堪此义,陈寅恪亦最堪此义。

陈寅恪《遗书序》对王之为学内容和治学方法所作之概括如下:

> 先生之学博矣,精矣,几若无涯岸之可望,辙迹之可寻。然详绎遗书,其学术内容及治学方法,殆可举三目以概括之者。一曰取地下之实物与纸上之遗文互相释证。凡属于考古学及上古史之作,如《殷卜辞中所见先公先王考》及《鬼方昆夷玁狁考》等是也。二曰取异族之故书与吾国之旧籍互相补正。凡属于辽金元史事及边疆地理之作,如《萌古考》及《〈元朝秘史〉之主因亦儿坚考》等是也。三曰取外来之观念,与固有之材料互相参证。凡属于文艺批评及小说戏曲之作,如《红楼梦评论》及《宋元戏曲考》《唐宋大曲考》等是也。此三类之著作,其学术性质固有异同,所用方法亦不尽符会,要皆足以转移一时之风气,而示来者以轨则。吾国他日文史考据之学,范围纵广,途径纵多,恐亦无以远出三类之外。此先生之书所以为吾国近代学术界最重要之产物也。①

这里,陈寅恪先生把王国维的学术方法概括为三目,即一是取地下之实物与纸上之遗文互相释证,二是取异族之故书与吾国之旧籍互相补正,三是取外来之观念与固有之材料互相参证,而且各举代表著作以为证明。中国现代学术的一大特征就是重视科学的研究方法,这方面王、陈均为典范性的代表。而陈的方法与王完全一致,两人之"气类相同"即使见诸学术观念和学术方法亦复如是。所以可以说陈是最了解王的学术之人。

王国维逝后,陈寅恪先生接连发表的关于王的三大著论,《挽词》序、《纪

---

① 陈寅恪:《王静安先生遗书序》,《金明馆丛稿二编》,三联书店2001年版,第247—248页。

念碑铭》、《遗书序》,可谓给静安先生的学术与人格盖棺论定之著。倘加分别,则《挽词》序写的是文化理想,《纪念碑铭》写的是学术精神,《遗书序》写的是学术方法。有此三著论,静安先生可以瞑目矣。因此王国维的学术知音,我敢说也许不是罗振玉,而应将陈寅恪先生排在最前面。

二 王国维、陈寅恪与吴宓

(一) 吴宓和《雨僧日记》

当我们讲王国维、陈寅恪的时候,不能不讲到吴宓。吴宓的学术成就自然不能与王陈相比,但亦自有精彩处,如果不是因为吴宓,我们对王陈的人格与学术的细节,不会了解得那般清晰。1935年上海良友图书公司出版的《二十今人志》给吴宓画的一幅肖像,是这样的:"世上只有一个吴雨生,叫你一见不能忘,常有人得介绍一百次,而在第一百次,你还得介绍才认识。这种人面貌太平凡了,没有怪样没有个性,就是平平无奇一个面庞。但是雨生的脸倒是一种天生禀赋,恢奇的像一副讽刺画。脑袋形似一颗炸弹,而一样的有爆发性,面是瘦黄,胡须几有随时蔓延全局之势,但是每晨刮得整整齐齐。面容险峻,颧骨高起,两颊瘦削,一对眼睛亮晶晶的像两粒炙光的煤炭——这些都装在一个太长的脖子上及一副像枝铜棍那样结实的身材上。"[①]《二十今人志》传写的二十个人当中,有严复、林纾、王国维、章太炎、梁漱溟、胡适、周作人、徐志摩、齐白石等,很多都是"五四"前后学苑艺坛的胜流,而吴宓被列在第一名。作者是温源宁,发表的当初,曾有人误会为钱锺书先生所写,钱先生尝作诗解嘲:"褚先生莫误司迁,大作家原在那边;文苑儒林公分有,淋漓难得笔如椽。"此事成为二十年代文坛的一段佳话。

吴宓字雨僧,又作雨生,1894年生于陕西泾阳,早年留学美国,师从新

---

① 《二十今人志》,上海良友图书公司1935年版,第1—2页。

人文主义大师白璧德，与陈寅恪、梅光迪、汤用彤等哈佛同窗相友善。归国后历任东南大学、东北大学、清华大学、西南联大、武汉大学等校教授，主讲西洋文学，阐发中国文化。1949年以后，隅居四川重庆，执教西南师范学院，但1965年开始已不再任课，史无前例时期肉体精神备受摧残，1978年在泾阳老家逝世，终年八十四岁。《二十今人志》"志"的是任清华大学外文系教授的吴宓，那是他相对较为平稳少波折的时期。除此之外，世道人心便与他捉迷藏、闹别扭、造误会，一生矛盾痛苦，终于赍志以殁。中国现代文化人的遭遇不幸，吴宓是最突出的一个。

他的不得志，不是生不逢时，而是不肯趋时。白话时兴的时候，他提倡文言；新诗走俏，他作旧诗。"五四"新文化运动把传统打得七零八落，他与梅光迪、柳诒徵、胡先骕等创办《学衡》，主张"昌明国粹，融化新知"，竭力回狂澜于既倒。他的不趋时，一方面基于新人文主义的文化信仰，反映出个人文化思想的恒定性；另一方面由于具有严正认真的个性，为人坦荡无伪，对事真诚不欺。至于1929年与原配陈心一女士离异，曾酿起轩然大波，师友同事悉皆反对，认为言行相失，不足取信。唯陈寅恪不以为异，说在美初识吴宓，就知其"本性浪漫，惟为旧礼教、旧道德之学说所拘系，感情不得发舒，积久而濒于破裂，犹壶水受热而沸腾，揭盖以汽，比之任壶炸裂，殊为胜过"[①]，并认为其他种种说法都是不了解吴宓。《二十今人志》的作者用"慷慨豁达，乐为善事"，"孤芳自赏，不屈不移"概括吴宓，是说对了的。而前引肖像描写中传出的奇崛不驯的神气，也确为雨僧先生所独具。

吴宓的躁动不安的心灵可以感到安慰的是，中国现代思想文化史上许多第一流的人物，都与他结有深厚的友谊，不仅同道合志，而且情意相通。1922年至1924年他主持编纂《学衡》杂志时期，往还与共者有梅光迪、柳诒徵、汤用彤等。他一生与陈寅恪的友爱尤为深挚。早年留学哈佛，两个人就

[①]《吴宓日记》第五册，1930年4月22日，三联书店1998年版，第60页。

一见如故，吴宓写信给国内友人，说"合中西新旧各种学问而统论之，吾必以寅恪为全中国最博学之人"①。而对比自己小十六岁的钱锺书，他同样推崇备至，曾说"当今文史方面的杰出人才，在老一辈中要推陈寅恪先生，在年轻一辈中要推钱锺书，他们都是人中之龙，其余如你我，不过尔尔"②。由此可见他的慧眼与卓识。萧公权1918年考入清华，当时吴宓已在美一年多，等到他赴美留学，吴宓已经回国。直至1934年，彼此才有所交往，这使得爱才若渴的吴宓深感遗憾，所以《空轩诗话》第四十五则在全录萧作《彩云新曲》后，特补笔写道："予交公权最晚，近一年中，始偶相过从，然论学论道论文论事，皆极深契合。"③只要有可能，他从不放过任何一个与同时代第一流学者雅相爱接的机会。

我们今天不能忘怀于吴雨僧的，最主要是他生平中的三件大事：一为创办《学衡》；二为筹建并实际主持清华国学研究院的工作；三是慧眼识陈、钱以及与陈寅恪建立的终生不渝的诚挚友情。这三件事，都是为中国学术和中国文化传薪续命的伟绩，时间过得愈久愈显出它们的价值。至于讲《红楼梦》，授西洋文学，撰写《空轩诗话》，出版《吴宓诗集》，比之这三件事，还是小焉哉。当然吴宓生平中还有一件事也足以嘉惠士林，传之久远，就是他几十年如一日、不间断地记日记，中国现代思想和学术的许多人与事、问题与主义、轶事与趣闻，以及他个人的心路历程，困扰与矛盾，特定历史时期的文化与文化人的命运，日记中都有忠实的具体而微的记录。吴宓自己称他写日记的特点："体例一取简赅，以期能不中断，如电铃之扣码、书库之目录。凡藏诸脑海者，他日就此记之关键，一按即得。故惟示纲目，而不细叙，藉免费时而旋中辍云。"④《雨僧日记》实际上是一部内容丰富的日记体

---

① 吴宓：《空轩诗话》第十二，吴学昭整理：《吴宓诗话》，商务印书馆2005年版，第196页。
② 郑朝宗：《但开风气不为师》，《海夫文存》，厦门大学出版社1994年版，第1页。
③ 吴宓：《空轩诗话》第四十五，吴学昭整理：《吴宓诗话》，商务印书馆2005年版，第249页。
④ 《吴宓日记》第二册（1917～1924）卷首文字，三联书店1998年版，第19页。

中国现代学术史叙录，也是一部现代学人的文化痛史，其史料价值和学术价值，均不可低估。①

（二）王国维、陈寅恪、吴宓在清华研究院的交谊

清华国学研究院成立于1925年，是为大学毕业和又有学问根底者的进修之地，因此是一高深的学术机构，目的是培养国学门的通才硕学。认真说来，当时清华大学的正式名称叫清华学校，还没有定名为清华大学，直到1928年，才定名为国立清华大学。而国学研究院的正式名称，也应该叫清华学校研究院。那么何以又称国学研究院？因为清华研究院之设，略同于北大设研究所国学门，本来想涵盖自然科学、社会科学等各个学科，由于经费的限制，也有学科的成熟程度的问题，最先办起来的只有国学一科。所以就把清华学校研究院，简称而偏好地叫做清华学校国学研究院了。吴宓几次提议正式定名为国学研究院，都未能获准。可是约定俗成的力量是不可抗拒的，虽未获准，人们还是那样叫，而且叫开了，到后来大家以为当时成立的就是清华大学国学研究院。吴宓当时担任清华研究院国学部主任（月薪三百元），四大导师的到职，都经他亲自礼聘。《吴宓自编年谱》在1925年2月13日条下，记载有礼聘王国维的情形："宓持清华曹云祥校长聘书，恭谒王国维静安先生，在厅堂向上行三鞠躬礼。王先生事后语人，彼以为来者必系西服革履，握手对坐之少年，至是乃知不同，乃决就聘。"②从而可知吴宓对王国维怀有特殊的礼敬。

陈寅恪的就聘清华国学院导师，更是吴宓一手所操办。当时陈正在德国柏林大学研究梵文、巴利文、藏文等古文字，对应聘颇感迟疑。1925年4月27日《雨僧日记》载："陈寅恪复信来。以(一)须多购书；(二)家务，不即

---

① 《吴宓日记》正续编，正编十册，1910~1948，续编十册，1949~1974。前后计五十四年，二十巨册，起自1910年十月初一日，讫于1973年十二月三十一日（1974年日记失去），已由三联书店于1998年和2006年先后出版。

② 《吴宓自编年谱》，三联书店1995年版，第260页。

就聘。"①致使吴宓大为失望,在日记中写道:"介绍陈来,费尽气力,而犹迟疑,难哉。"②陈寅恪所说的"多购书",是指创办国学研究院须多购置书籍,这是他的一贯主张,因此虽没有立即就聘,对研究院的发展建设已有所建言。他自己1923年在《与妹书》中,曾因筹措购书款无着而焦灼不安,说:"甚欲筹得一宗巨款购书,购就即归国。此款此时何能得,只可空想,岂不可怜。"③所以如此急迫,盖由于他需要的藏文《大藏经》和日本印行的中文《大正藏》,还有字典及西洋类书百种,如不能购得,"一归中国,非但不能再研究,并将初着手之学亦弃之矣"④。是否就聘,何时回国,对陈寅恪来说,书籍是个先决条件。

1925年6月25日《雨僧日记》记载:"晨接陈寅恪函,就本校之聘,但明春到校。"⑤8月14日《雨僧日记》又载:"陈寅恪有函来,购书殊多且难。"⑥为了解决书款问题,吴宓向当时的清华校长曹云祥提出申请,特批四千元,其中二千元作为陈寅恪的预支薪金,另二千元为研究院购书。但会计处只准予支出一千元的薪金。1925年9月3日《雨僧日记》:"陈寅恪预支薪千元,按1.76,合美金五六八元一角八分。花旗银行支票一纸,由会计处取来,寄柏林,寅恪收。"⑦9月18日又载:"陈寅恪购书及预支薪金,续汇三千元(连前共四千元)支票二纸。"⑧研究院的购书款,《雨僧日记》10月8日条记载甚详:"下午,领到会计处交来汇陈寅恪购书款二千元。按1.78,合得美金一千一百二十三元五角九分,花旗银行支票一纸,No. 25/7790,由本处附函

---

① 《吴宓日记》第三册(1925~1927),三联书店1998年版,第19页。
② 同上。
③ 陈寅恪:《与妹书》,《书信集》,三联书店2001年版,第1页。
④ 同上。
⑤ 《吴宓日记》第三册(1925~1927),三联书店1998年版,第37页。
⑥ 同上,第56页。
⑦ 同上,第65页。
⑧ 同上,第73页。

中挂号寄去。"①陈寅恪之就聘清华国学研究院，确让吴宓耗费了许多心力，至有"难哉"之叹，应属可以理解。

就陈寅恪一方面而言，他的应聘与否完全出自学术的考虑，因而派生出一个购书的问题。至于1925年4月27日《雨僧日记》所载的"家务"一项，系指寅恪先生的母亲俞淑人和长兄陈师曾先后于前一年逝世，1925年8月在杭州安葬事。陈寅恪离德回国的实际日期为1925年12月18日，《雨僧日记》有明确记载。而到清华报到是1926年7月7日，此时的吴宓已辞去国学研究院主任的职务，改任外文系教授，但迎接陈寅恪到校一应事务，如安排住处，游观研究院环境，看赵元任，访王国维，都由吴宓陪同。7月中旬，陈寅恪身体不适，又回南方养病，至8月25日国学研究院开学前夕返回北京，始正式任教于清华。

1926年9月新学年开始的清华园，迎来了前所未有的学术收获季节。国学研究院的"四大导师"王、梁、陈、赵全部到齐，还有专任讲师考古学家李济，工作人员包括学富才隽的浦江清，真可以说是皆一时之选，风景极一时之盛。陈寅恪的应聘过程虽然曲曲折折，一旦到校，倍增生气。事过四十五年以后，蓝孟博回忆起当时的盛况，写道："自十五年秋，陈寅恪先生到院，导师已增至四位，秋季开学，新同学及留院继续研究的同学，共有五十余人，院中充满了蓬勃气象。"又说："研究院的特点，是治学与做人并重。各位先生传业态度的庄严恳挚，诸同学问道心志的诚敬殷切，穆然有鹅湖、鹿洞遗风。每当春秋佳日，随侍诸师，徜徉湖山，俯仰吟啸，无限春风舞雩之乐。"②国学研究院的同学，说来着实幸运，不知不觉中便成了"南海圣人再传弟子，大清皇帝同学少年"③，而且有缘享用有"字字精金美玉"之誉的陈寅恪的讲课。

---

① 《吴宓日记》第三册(1925～1927)，三联书店1998年版，第78～79页。
② 蓝文徵：《清华大学国学研究院始末》，《谈陈寅恪》，台北传记文学出版社1979年版。
③ 陈寅恪：《赠清华国学研究院学生》，《诗集》，三联书店2001年版，第179页。

据《清华周刊》披露的材料，当时陈寅恪讲授与指导的学科范围包括《年历学》、《古代碑志与外族有关系者之研究》、《摩尼教经典与回纥译文之研究》、《佛教经典各种文字译本之比较研究》等，以精通多种语言文字之长，使传统国学平添许多现代气息。吴宓经常前去听课。此时之吴宓已开始代理外文系主任的职务，行政事务缠绕着他，但涉及与陈寅恪有关的物事，他总是挺身而出。浦江清是他在东南大学教过的学生，到国学研究院工作也是他所介绍，本欲调外文系当他的助手，因陈寅恪也需要，他就作罢。1926年9月9日《雨僧日记》记载此事："寅恪不愿失去浦君，乃止。"[1]

可惜清华国学研究院好景不长，1927年春节过后，随着国民革命军北伐的步伐加快，研究院师生已无法安心向学。1927年4月3日《雨僧日记》："近顷人心颇皇皇，宓决拟于政局改变，党军得京师，清华解散之后，宓不再为教员，亦不从事他业。"[2]4月6日上午则已协助陈寅恪往城里转移暂时不用的西文书籍，"恐清华为党人解散之时，匆促忙乱，检取不及。"[3]6月2日，王国维在颐和园鱼藻轩自沉。6月7日，梁启超因肾病复发，同时也由于王死之巨烈刺激，离开北京到天津调养身体，期间两次住进协和医院，国学研究院事，实际上已无法董理。而赵元任，1927年10月以后，主要精力都放在了方言调查方面。"四大导师"只剩寅恪先生一人勉力维持，中间曾有增聘章太炎、罗振玉、陈援庵三位为导师之议，但章、罗均逊谢不就，陈更以"不足继梁、王二先生之后"为词不肯应聘。1928年6月北伐军攻入北京，清华由外交部改隶教育部。不久，直接隶属于国民政府的中央研究院在南京成立，蔡元培出任院长。吴宓所担心的"解散"虽未发生，但到1929年1月19日梁启超又病逝，国学研究院继续办下去已无可能。

---

[1] 《吴宓日记》第三册（1925~1927），三联书店1998年版，第219页。

[2] 同上，第327页。

[3] 同上。

就这样，在20世纪二十年代盛极一时的以造就通才硕学为目标的清华国学研究院，仅延续了四个春秋，终于在"四大导师"凋零其半而"长安弈棋"变幻莫定的氛围中，于1929年正式停办。陈寅恪所作《王观堂先生挽词》有句云："但就贤愚判死生，未应修短论优劣。"这指的是人，对物事和举措恐怕也应作如是观。清华国学研究院的命运反映了中国现代学术和现代文化的命运，她留给后来者的遗产既包含有光荣和骄傲，也含孕着悲哀与酸辛。

（三）王国维自沉前后的王、陈与吴宓

王国维自沉昆明湖后的第四天，即1927年6月6日，北京《顺天时报》刊出一篇题为《王国维在颐和园投河自尽之详情》的文章，对6月2日至6月3日王国维自沉前后一应情形叙列甚详，足可为不知底里而又想探知究竟的好奇的公众解开疑窦。文章的作者没有具真实姓名，只在文末署"清华学校一分子、爱敬王先生之一人启"，因而《顺天时报》发表时，也只是标明："兹接清华学校某君来函，叙其经过尤详。"文章实为宓所写，1927年6月5日《雨僧日记》载："上午，作函致《顺天时报》总编辑，详述王先生死节情形。意在改正其新闻之错误，并附录王先生遗嘱原文。"[①]

吴宓与王陈在此前后一段时间往来频密。1926年3月，吴宓辞去国学研究院主任职而专任外文系教授以后，他与王陈仍保持密切的接触。1926年9月15日《雨僧日记》："夕，王静安先生来，久坐"；11月3日："王静安与陈寅恪来此小坐"；11月11日："下午，王静安、陈寅恪、刘崇鋐等，悉来此晤柳公（指柳翼谋——引者注）。"12月3日："晨8—9偕寅恪赴西院祝王国维先生五十寿。"特别是1927年3月份以后接触更为频繁。3月13日："午，陈寅恪来谈"；3月28日："晚，王静安先生招宴于其宅"；4月8日："晚，陈寅恪来"；4月18日："夕，约陈寅恪、楼光来、winter来宓室中赏花，并用酒膳"；4月30日："陈寅恪于晚间来访，谈中

---

① 《吴宓日记》第三册（1925~1927），三联书店1998年版，第347—348页。

国人之残酷,感于李大钊等之绞死也";5月2日:"夕,王静安先生来谈";5月12日:"晚,寝后复起,王静安先生借陈寅恪来";5月19日:"陈寅恪日夕常来谈";5月24日:"夕,与陈寅恪、赵万里、周光午散步,并至寅恪家中坐谈";5月26日:"上午访寅恪晤王静安先生"。[①]这最后一次晤谈,距6月2日惨剧的发生只有六天时间,对王国维自沉前的心境和情绪,了解得最透彻的第一个是陈寅恪,第二个就是吴宓。所以王国维的遗嘱特别提出:"书籍可托陈、吴二先生处理。"这无异于文化托命,反映出三个人之间交谊之深。

但吴宓与陈寅恪对王国维死因的理解,彼此并不一致;1927年6月2日王国维自沉当天《雨僧日记》写道:"王先生此次舍身,其为殉清室无疑。大节孤忠,与梁公巨川同一旨趣。"[②]梁巨川是梁漱溟的父尊,名梁济,当1918年11月10日六十岁生日时,投北京净业湖即积水潭自杀身亡,遗书中称是为了"殉清朝而死",在知识界引起一场讨论,陈独秀、陶孟和、徐志摩等都写了文章,梁漱溟也写信给《新青年》倾述己见。但梁济之死更多的是道德的自我完成,不必像王国维那样具有自觉的文化意义。吴宓把两者等同并列,是对王之死尚缺乏深层了解。

读者也有的认为王是怕北伐军攻入北京遭遇不幸,所以选择了自杀。对此吴宓在同一篇日记中据理据实给予了反驳,他说:"若谓虑一身安危,惧为党军或学生所辱,犹为未能知王先生者。盖旬日前,王先生曾与寅恪在宓室中商避难事,宓劝其暑假中独游日本,寅恪劝其移家入京居住,己身亦不必出京。王先生言'我不能走'。"[③]吴宓分析说:"一身旅资,才数百元,区区之数,友朋与学校,均可凑集。其云'我不能走'者,必非缘于经费无着可知也。今王先生既尽节矣,悠悠之口,讥诋责难,或妄相推测,亦只可任之

[①] 所引1926年9月15日至1927年5月26日吴宓日记诸条,见《雨僧日记》第三册(1925~1927),三联书店1998年版,第222—342页。

[②] 《吴宓日记》第三册(1925~1927),三联书店1998年版,第345页。

[③] 同上。

而已。"①作为王国维的同事和同道，吴宓始终站在替王辩诬的立场。只是他接受了王之死是为了"殉清室"的看法，使得他的辩护带有一定局限。

陈寅恪的看法则倾向于王之死主要是文化哀痛所致，与其说殉清室，不如说是殉中国几千年来的固有文化，《王观堂先生挽词》的序言于此点有极细密的申论。《挽词》作于1927年10月，在痛定之后，但陈氏的上述看法，6月14日的《雨僧日记》已有所透露，其中写道："寅恪谓凡一国文化衰亡之时，高明之士，自视为此文化之所寄托者，辄痛苦非常，每先以此身殉文化，如王静安先生，是其显著之例。"②吴宓在认知上虽未能达到此一高度，但听了陈寅恪的论议，他也表示认同。因为自哈佛订交以来，无论为人为学论诗论事，他都佩服陈寅恪的高见卓识。因此《空轩诗话》对陈之挽词给予极高评价，认为在哀挽王国维之死的诸多作品中可"为第一"，并称赞其序言"陈义甚精"。因此当他为《挽词》"一死从容殉大伦"句作解释时，对自己持之"无疑"的"殉清室"说，作了事实上的修正，而向陈寅恪的殉文化说靠拢。这条疏解是这样写的：

> 五伦，第一是君臣，以下父子、兄弟、夫妇、朋友，故曰大伦。宣统尚未死，王先生所殉者，君臣（王先生自己对清朝）之关系耳。③

"宣统尚未死"，因而"殉清室"的说法无所着落，吴宓意识到了这一点，于是强调所殉者为王国维对清朝的君臣之关系，也就是作为抽象理想的纲常伦理，这和陈寅恪在《挽词》序中所阐述的思想就一致起来了。他在1927年6月14日的《日记》里引述了上面的思想之后，还进一步发挥说："宓

---

① 《吴宓日记》第三册（1925～1927），三联书店1998年版，第345页。
② 同上，第355页。
③ 吴学昭：《吴宓与陈寅恪》所引，见清华大学出版社1992年版，第59页。

则谓寅恪与宓皆不能逃此范围,惟有大小轻重之别耳。"①这正是吴宓的可爱处,他与友朋相交,总是自低位置,涉及文化苦痛问题,也认为王国维的文化程量固然比自己宏阔,陈寅恪所受苦痛的深度也大于自己。虽不无自谦之意,按之后来人生遭际崎岖演变的事实,又可见出吴宓不乏智识者的自知之明和先见之明。

王国维自沉之后,包括陈寅恪在内许多人都有诗作面世,以志哀悼,唯独最爱写诗也长于写诗的吴宓,却没有写,这是什么缘故?吴宓自己也感到是个问题,所以在《空轩诗话》第十一则里特地加以说明:"王静安先生(讳国维,浙江海宁人)于丁卯(民国十六年)五月初三日(阴历此日,即阳历六月二日)自沉于颐和园之鱼藻轩,一时哀挽者极多(黄晦闻师、张孟劬先生、陈寅恪君等,均有诗。载《学衡》六十期),宓仅成短联。尝欲仿杜甫《八哀》诗,为诗述诸师友之学行志谊,久而未成。所列八贤,已先后作古人矣。"②但何以只有短联,而没有诗作,就中原由,还是没有说出。现在细详吴宓日记的有关记载,似可稍加猜测。第一,王国维之死,对吴宓的精神震动是太大了,6月3日《雨僧日记》所记载的凄惨情景:"王先生遗体卧砖地上,覆以破污之芦席,揭席瞻视,衣裳面色如生,至为凄惨。"③这一幕印在他的心头脑际,不是短时间可以抹去的,势必阻滞诗思。第二,对王国维之死持"殉清室"说,不利于把自己的诗情升华到澄明幽渺的境界,所以他的挽联:"离宫犹是前朝,主辱臣忧,汨罗异代沉屈子;浩劫正逢此日,人亡国瘁,海宇同声哭郑君。"④措意也只是平平。第三,陈寅恪既有挽诗又有挽词,而且诗词均臻妙境,在这种情况下,作为平日互相唱和的诗友,是可以无作。当然这只是我的猜测,不敢说此中已无进一步待

---

① 《吴宓日记》第三册(1925~1927),三联书店1998年版,第355页。
② 吴宓:《空轩诗话》第十一"王国维咏史诗",吴学昭整理:《吴宓诗话》,商务印书馆2005年版,第192页。
③ 《吴宓日记》第三册(1925~1927),三联书店1998年版,第345页。
④ 同上,第347页。

发之覆。

1928年6月1日和2日，值王国维逝世一周年之际，吴宓连作《落花诗》八首，起因是王国维逝世前为国学研究院同学谢国桢录韩偓和陈宝琛的诗各二首，书于扇面之上，陈之诗即为《前落花诗》，一时以为王此举是以落花明殉身之志(《空轩诗话》十三)。吴宓的《落花诗》，其中五首作于6月1日，另外三首是6月2日伏枕而作，然后又成一首五律：

> 心事落花寄，谁能识此情。
> 非关思绮靡，终是意凄清。
> 叹凤嗟尼父，投湘吊屈平。
> 滔滔流世运，凄断杜鹃声。①

《雨僧日记》对诗成经过有所解释，见于1928年6月2日条："是日为王静安先生逝世周年之期，宓又作五律一首吊之。"②后收入《吴宓诗集》，题目作《六月二日作落花诗成，复赋此律，时为王静安先生投身昆明湖一周年之期也》。不妨把这首五律和八首《落花诗》看作是吴宓挽王国维之死的补作，但题旨已不是一年前特定心境的反映，如同《落花诗》序语所标示的，乃是借春残花落，对"所怀抱之理想，爱好之事物，以时衰俗变，悉为潮流卷荡以去，不复可睹"，"致其依恋之情"③。伤悼的对象由王国维的自沉一变而为自我"感伤身世"，虽可以视为后补的挽诗，意义却因时过而境迁了。

吴宓没有留下挽诗，却有一篇誓词留了下来。1927年6月3日，吴宓与清华国学研究院师生一起送殡，最后将王国维的遗体停放在清华园附近的刚

---

① 《吴宓诗集》，商务印书馆2004年版，第174页。
② 《吴宓日记》第四册（1928~1929），三联书店1998年版，第69页。
③ 《吴宓诗集》，商务印书馆2004年版，第173页。

果寺，前后经过使吴宓蒙受巨大刺激，在当天的日记中写道："王先生忠事清室，宓之身世境遇不同。然宓固愿以维持中国文化道德礼教之精神为己任者。今敢誓于王先生之灵，他年苟不能实行所志，而溘忍以没，或为中国文化道德礼教之敌所逼迫、义无苟全者，则必当效王先生之行事，从容就死，惟王先生实冥鉴之。"①吴宓的以自觉维系中国固有文化为己任，终其一生是一以贯之的，所以他才办《学衡》，不惮于和当时的新派人物唱对台戏。但他的文化信仰虽坚挚，内心却充满矛盾，不仅是文化理想不能实现的矛盾，也有寄情文章学术与谋求事功的矛盾，他自己比喻为二马并驰，足踏两背，倘若握缰不紧，两马分途，"将受车裂之刑"，适成自己的"生之悲剧"②。

不幸的是，这种悲剧一直延续到他生命的晚期。只不过晚年的吴宓，在精神苦痛之外，又增加了肉体的苦痛。十年浩劫期间，左腿被迫害扭折，右目全盲，每月领38.5元生活费，约有两年时间，早、晚餐各食一只馒头，不吃菜，午餐有食堂菜一份，米饭三两，住室则为无顶席墙的工棚，雨天上漏不止。吴宓身材魁伟，素不耐饥，当年在颐和园为王国维送殡，等到晚八时灵柩始运到，"饥不能忍"，还曾"与戴元龄等四人，在青龙桥镇中，一小店内进面食糕饼等"③。可知晚年的雨僧先生怎样为饥饿所折磨。

陈寅恪以学术作为文化托命的根基，一心向学，从不旁骛，因此没有二马分途所带来的矛盾，但在蒙受精神与肉体双重苦痛这点上，与吴宓又是一致的，借用吴宓的话说，"惟有大小轻重之别耳"。1950年9月18日，陈寅恪在致吴宓的信中写道："吾辈之困苦，精神、肉体两方面有加无已，自不待言矣。"④1944年底寅恪先生双目失明，1962年跌断右腿，还不要说多年来频发频遇的病魔与流离。就王、陈、吴的一生遭际而言，陈比吴平稳而少曲折，

---

① 《吴宓日记》第三册（1925～1927），三联书店1998年版，第346页。
② 同上，第355页。
③ 同上，第346页。
④ 陈寅恪：《致吴宓》，《书信集》，三联书店2001年版，第268页。

王比陈、吴更超脱省净。"世移势变，是非经久而论定，意气阅世而平心，事过境迁，痛定思痛"（钱基博语），安知王国维1927年6月2日之逝不是正确的选择？至少，他为中国文化精神所凝聚之人树立一种风范。当年梁济自杀，陈独秀还曾热情肯定其"真诚纯洁的精神"，说这样做"比那把道德礼教纲纪伦常挂在嘴上的旧官僚，比那把共和民权自治护法写在脸上的新官僚，到底真伪不同"（《独秀文存》卷一）。王国维为文为学为人真实不欺，更是有目共睹。吴宓的誓词就是在王的文化精神的感召下悄悄写在日记中的。

也许有人会提出疑问，问吴宓晚年经受那许多精神和肉体的折磨，何以不践履自己的誓词。这个问题说来复杂，亦甚难言者也。兹有一点可以论定，即便吴宓选择了王国维的结局，由于"世移势变"，也不可能产生震动社会的文化效应。清华国学研究院英杰才隽之中，不乏大义凛然的气节之士，当年看到陈寅恪向王国维遗体行跪拜大礼，而放声痛哭的刘盼遂先生，即死于浩劫开始之年，然而有如黄英堕溷，无任何声息，人们仿佛忘却了这桩悲剧。因为当时的时代情势，是"铁骑横驰园作径，饥黎转死桂为薪"（吴宓《落花诗》之三）。"殉道"已不知"道"在何处，"成仁"亦不知"成"谁家之"仁"。作为文化所托命之人，反不如以己身之经历为中国的反文化传统留一实证。

连陈寅恪在饱观世运之后也有新的反省，作于1957年的《题王观堂"人间词"及"人间词话"新刊本》写道："世运如潮又一时，文章得失更能知。沈湘哀郢都陈迹，剩话人间绝妙词。"[1]但陈、吴和王一样，文化信仰和文化精神始终如一，未尝稍有变异。1964年夏天，陈寅恪在《赠蒋秉南序》中，特标举欧阳修撰《新五代史》"贬斥势利，尊崇气节"之义，并以"默念平生固未尝侮食自矜，曲学阿世"[2]告慰友朋，即为明证。1974年，吴宓在自身莫保的境况下起而谴责批孔伐儒的谬举，致使遭遇更大的不幸，遣送回陕西泾

---

[1] 陈寅恪：《诗集》，三联书店2001年版，第129页。
[2] 陈寅恪：《赠蒋秉南序》，《寒柳堂集》，三联书店2001年版，第182页。

阳老家，终于赍志以殁。王国维遗嘱云："五十之年，只欠一死。"陈寅恪在诗中一再重复咏叹："大患分明有此身。"陈、吴的结局，从文化精神的指归来说，与王并无不同。1935年出版的《吴宓诗集》，关于《王观堂先生挽词》的诗话，只录诗而未录序，晚年吴宓重订《诗集》，诗序并录，且写下按语："此序陈义甚高，而至精切。寅恪在1927年，已看明1949年后之变。"[①]

吴宓一生受王、陈文化精神的影响至深至巨，直到晚年独卧病榻，仍不忘从王、陈身上汲取支撑的力量。1971年1月29日《雨僧日记》载："阴，晦。上午，身体觉不适。心脏痛，疑病。乃服狐裘卧床，朗诵(1)王国维先生《颐和园词》；(2)陈寅恪君《王观堂先生挽词》等，涕泪横流，久之乃舒。"[②]1973年6月3日，又梦陈寅恪诵释新作的诗句"隆春乍见三枝雁"[③]。哪"三枝雁"？是王国维、陈寅恪、吴雨僧么？不过应改"隆春"为"隆冬"才是呵。

三 晚年的陈寅恪与吴宓

陈寅恪在《王观堂先生挽词》的序言里，为说明王国维1927年6月2日自沉昆明湖不是为了"殉清室"，而是殉延续几千年的中国固有文化，提出中国文化的最高境界具有"抽象理想之通性"，比如"以朋友之纪言之，友为郦寄亦待之以鲍叔"。郦寄是西汉时期有名的出卖朋友的小人，史家称为"卖交"，为后世所不耻。而鲍叔则以能知人著称于世，少年时发现管仲有出息，就始终不变，不论管仲有什么小的缺点，处境如何，都"善遇之"，直到推荐给齐桓公，使居于自己之上，感动得管仲不知如何是好，说"生我者父母，知我者鲍子也"。

[①] 吴宓：《空轩诗话》第十二整理者所加之脚注，吴学昭整理：《吴宓诗话》，商务印书馆2005年版，第193页。
[②] 《吴宓日记续编》第九册(1969~1971)，三联书店2006年版，第178页。
[③] 《吴宓日记续编》第十册(1972~1974)，三联书店2006年版，第401页。

管鲍故事是中国人友朋相交的最高境界，向为人们所称道，但复按历史，真正达到这一境界的例证并不很多。不过我在这里要说，我国现代学术文化史上的两位巨子——陈寅恪与吴宓，他们之间的友谊，是可以比之管鲍而不愧疚的。两个人自1919年在哈佛订交，以后在半个多世纪的时间里，不论顺利也好，挫折也好，他们总是真诚不欺，相濡以沫。共事于清华国学研究院时期两个人的深厚情谊已如上述。感人的是1944年10月底，吴宓从昆明西南联大去成都看望在燕京大学任教的陈寅恪。当时寅恪先生右眼已失明，左眼因劳累过度也于12月12日不能辨视物象，两天以后住进医院治疗。

　　我们打开1944年12月14日至1945年1月24日的《雨僧日记》，几乎是天天、有时一天两次，吴宓都去医院看视、陪同寅恪先生。例如《雨僧日记》1944年12月14日："寅恪以目疾，住陕西街存仁医院三楼73室，宓1—2往探视，久陪坐谈。"12月15日："10—11存仁医院探寅恪病……4:00再探寅恪病，以万元付寅恪作家用。"12月16日："在燕京大礼堂讲《红楼梦》评论"，"探寅恪病"。12月17日："下午1:30始得至存仁探寅恪病。"12月18日："12—1探寅恪病。今日下午，左目将行割治。"12月19日："往存仁视寅恪，仅得见夫人筼，言开刀后，痛呻久之。"12月21日："探寅恪病，甚有起色。"12月23日："夕，探寅恪病，仅见筼夫人，言寅恪不如前。"12月24日："上午探寅恪病，转佳。"12月25日："探寅恪病。逢陈医检查其病目。"12月26日："探寅恪病，医方检视，宓急退出。"12月28日："夕，探寅恪病，方眠。"12月30日："探寅恪病，方食，后筼夫人送出，秘告：医云割治无益，左目网膜，脱处增广，未能粘合，且网膜另有小洞穿。"12月31日："探寅恪病。方眠。"1945年元旦："9:30探寅恪病。""下午，阴，2—3以借得之张恨水小说《天河配》送与寅恪。"1月3日："夕5—8探寅恪病，陪坐。"1月5日："探寅恪病，方眠。"[①]吴宓几乎是天天去医院"陪坐"、"久坐"、"陪谈"。这一时期的《雨僧日记》，如同

[①] 《吴宓日记》第九册（1943～1945），三联书店1999年版，第376—403页。

寅恪先生眼病的病历卡一样，纤毫不漏，很少见到朋友之间有如此至爱亲情的。陈寅恪的特点是深挚，吴宓的特点是投入。1961年吴宓赴广州最后一次看望老友，陈寅恪赠诗有句说："幸有人间佳亲在"，这"佳亲"二字，不妨可以看作也包括两个老友的关系在内。

吴宓和陈寅恪在1949年以前，尽管有战乱和流离，总有机会倾心谈叙，互相切磋；1949年以后，本来是寰宇已定的和平环境，反而天各一方、相见时难了。因此1961年已是六十七岁的吴宓亲赴广州看望七十有一的陈寅恪，可不是一件小事。吴宓于8月23日乘船到武汉，会见老友刘永济先生，然后于8月30日抵广州，到中山大学已是夜里12时，寅恪先生仍在东南区一号楼上相见。这一天的《雨僧日记》写道："寅恪兄双目全不能见物，在室内摸索，以杖缓步。出外由小彭搀扶而行。面容如昔，发白甚少，惟前顶秃，眉目成八字形。目盲，故目细而更觉两端向外下垂(八)。然寅恪兄精神极好，撮要谈述十二年来近况。"[①]读这篇《日记》，令人感到凄然。吴宓9月4日离开广州，与寅恪先生有四个整天在一起叙往谈心，学术、政治、人事，无所不及，又交流诗作，劝吴宓与陈心一女士复合。陈寅恪《赠吴雨僧》诗第一首："问疾宁辞蜀道难，相逢握手泪汍澜。暮年一晤非容易，应作生离死别看。"[②]不料想这首记实的诗，后来竟成为谶语，果然是"生离死别"，从此这两位结管鲍之谊的老人再没有见过面。

1964年暑期吴宓本来还计划有广州之行，因政治风云忽变而未果。陈寅恪1962年跌断右腿，盲目膑足，在十年内乱期间备受摧残。吴宓处境更为不利。1969年挨批斗，被猛向前推跌倒，左腿扭折，至1971年6月又盲了右目。扣发工资，每月只给三十七八元生活费。但此情此景，他担心、眷念的是寅恪先生，竟于1971年9月8日写信给"中山大学革命委员会"，问询老友的消

[①] 《吴宓日记续编》第五册（1961~1962），三联书店2006年版，第159页。
[②] 陈寅恪：《赠吴雨僧》，《诗集》，三联书店2001年版，第138页。

息。他在信中说:"在国内及国际久负盛名之学者陈寅恪教授,年寿已高","且身体素弱,多病,双目已久盲。不知现今是否仍康健生存,抑已身故(逝世)?其夫人唐稚莹(唐筼)女士,现居住何处?此间宓及陈寅恪先生之朋友、学生多人,对陈先生十分关怀、系念,极欲知其确实消息,并欲与其夫人唐稚莹女士通信,详询一切。故特上此函,敬求贵校(一)复函,示知陈寅恪教授之现况、实情。(二)将此函交付陈夫人唐稚莹女士手收。请其复函与宓,不胜盼感。"[①]其实寅恪夫妇早在1969年10月和11月去世,吴宓的信晚了差不多两年。不过即使两年前写此信,他大约也得不到回复吧。

使我们感到格外钦敬的是吴宓的勇气,身处自身莫保的险境,他居然敢于写这样一封充满对老友系念、礼敬的信,这只有吴宓才做得出。而且十分细心,开头即说明陈寅恪是"国内及国际久负盛名之学者",在当时恐怕也包含有对迫害知识精英的抗议吧。"身故"一词后面加一括号,注明是"逝世"的意思,想得也极周到,因为当时以戕贼文化为使命的文化环境,可能读不懂雨僧先生的至诚无华的信,连吴宓的"宓"是否识得都在未知之数。当时吴宓下放在四川梁平县,不久又由于为孔子和儒学辩护,所受迫害更变本加厉,以至于不得不回到陕西泾阳老家,终于孤独地死去,比陈寅恪更加不幸。

而当晚年的吴宓独卧病榻时,他还在不停地思念老友。一生以维系中国固有文化为己任而又具有诗人浪漫情怀的吴宓,到生命的晚期,把他与寅恪先生的友谊升华到醇美的诗的境界,管鲍地下有知,也要为后世有如此气类知音之士而额手至再罢。

1992年7月19日初稿,2013年8月17日改定

(原载《中国文化》2013年秋季号)

[①] 吴学昭整理、注释、翻译:《吴宓书信集》,三联书店2011年版,第434页。

陈寅恪学术思想的精神义谛

我不认为现在已经有了什么"陈寅恪热"。但近年学术界、文化界越来越多的人开始注意到陈寅恪其人其学,这个特指名词的报刊引用频率日见增多,则是事实。不过迄今为止我们对这位大史学家的了解还有限得很,对他的学术创获、学术贡献和学术精神尚缺乏深在的研究。下面,以平日研习所得,对义宁之学的精神义谛稍作分疏。

一 陈寅恪是最具独立精神最有现代意识的历史学者

陈寅恪的学术精神的旨归,就是他一生之中一再表述的"独立之精神,自由之思想"。1929年,他在《清华大学王观堂先生纪念碑铭》中,最早提出这一思想。他在碑铭中写道:"士之读书治学,盖将以脱心志于俗谛之桎梏,真理因得以发扬。思想而不自由,毋宁死耳。斯古今仁圣所同殉之精义,夫岂庸鄙之敢望。先生以一死见其独立自由之意志,非所论于一人之恩怨,一姓之兴亡。"[①]王国维1927年6月2日自沉于颐和园之昆明湖鱼藻轩,是二十世纪学术思想史上的大事,百年以降,异说异是,不胜纷纭。岂知寅恪先生在观堂逝后的第二年,就以为追寻"独立自由之意志"而"殉之精义",对此一

---

① 陈寅恪:《清华大学王观堂先生纪念碑铭》,《金明馆丛稿二编》,三联书店2001年版,第246页。

课题给以正解。事过二十四年，也就是1953年寅恪先生在撰写《论再生缘》一书时，又提出：

> 撰述长篇之排律骈体，内容繁复，如弹词之体者，苟无灵活自由之思想，以运用贯通于其间，则千言万语，尽成堆砌之死句，即有真情实感，亦堕世俗之见矣。不独梁氏如是，其他如邱心如辈，亦莫不如是。《再生缘》一书，在弹词体中，所以独胜者，实由于端生之自由活泼思想，能运用其对偶韵律之词语，有以致之也。故无自由之思想，则无优美之文学，举此一例，可概其余。此易见之真理，世人竟不知之，可谓愚不可及矣。①

《再生缘》在弹词体小说中所以一枝独秀，寅恪先生认为原因非他，而是由于其作者陈端生具有自由活泼之思想，并引申为论，提出"无自由之思想，则无优美之文学"的绝大判断。

而1954年通过《柳如是别传》一书的撰写，陈寅恪把"独立之精神，自由之思想"升华到吾民族精神元质的高度。也可以说《别传》的历史写作的宗趣就在于此。所以他在《别传》的《缘起》章里郑重写道："盖牧斋博通文史，旁涉梵夹道藏，寅恪平生才识学问固远不逮昔贤，而研治领域，则有约略近似之处。岂意匪独牧翁之高文雅什，多不得其解，即河东君之清词丽句，亦有瞠目结舌，不知所云者。始知禀鲁钝之资，挟鄙陋之学，而欲尚论女侠明姝、文宗国士于三百年之前，诚太不自量矣。虽然，披寻钱柳之篇什于残阕毁禁之余，往往窥见其孤怀遗恨，有可以令人感泣不能自已者焉。夫三户亡秦之志，九章哀郢之辞，即发自当日之士大夫，犹应珍惜引申，以表彰我民族独立之精神，自由之思想。何况出于婉娈倚门之少女，绸缪鼓瑟之

---

① 陈寅恪：《论再生缘》，《寒柳堂集》，三联书店2001年版，第73页。

小妇,而又为当时迂腐者所深诋,后世轻薄者所厚诬之人哉!"①则《柳如是别传》一书的思想题旨,寅恪先生已秉笔直书,即欲"表彰我民族独立之精神,自由之思想"。

特别是1953年与汪籛的谈话,陈寅恪把"独立之精神,自由之思想"的义谛,表述得更为直接,更加不容置疑。这就是有名的《对科学院的答复》。他往昔的学生汪籛受命前来广州,试图说服老师不拒绝科学院的邀请,能够北上就任历史第二所所长之职。寅恪先生未能让弟子如愿,反而出了一个天大的"难题"——如果让他屈就,他说需要有两个条件:"第一条"是"允许中古史研究所不宗奉马列主义,并不学习政治";"第二条"是"请毛公或刘公给一允许证明书,以作挡箭牌"。而所以如此,他是觉得唯有这样做,他的学术精神才能够得以坚持。他说:

> 我认为研究学术,最主要的是要具有自由的意志和独立的精神。所以我说"士之读书治学,盖将以脱心志于俗谛之桎梏"。"俗谛"在当时即指三民主义而言。必须脱掉"俗谛之桎梏",真理才能发挥,受"俗谛之桎梏",没有自由思想,没有独立精神,即不能发扬真理,即不能研究学术。学说有无错误,这是可以商量的,我对于王国维即是如此。王国维的学说中,也有错的,如关于蒙古史上的一些问题,我认为就可以商量。我的学说也有错误,也可以商量,个人之间的争吵,不必芥蒂。我、你都应该如此。我写王国维诗,中间骂了梁任公,给梁任公看,梁任公只笑了笑,不以为芥蒂。我对胡适也骂过。但对于独立精神,自由思想,我认为是最重要的,所以我说"惟此独立之精神,自由之思想,历千万祀,与天壤而同久,共三光而永光"。我认为王国维之死,不关与罗振玉之恩怨,不关满清之灭亡,其一死乃以见其独立自由之意志。独立精神和自由意志是必须争的,且须

---

① 陈寅恪:《柳如是别传》(上)第一章"缘起",三联书店2001年版,第4—5页。

以生死力争。正如碑文所示，"思想而不自由，毋宁死耳。斯古今仁贤所同殉之精义，其岂庸鄙之敢望"。一切都是小事，惟此是大事。碑文中所持之宗旨，至今并未改易。①

"没有自由思想，没有独立精神，即不能发扬真理，即不能研究学术"，"一切都是小事，惟此是大事"，他说得再清楚不过了。通观五十年代以后的中国思想学术界，在中国现代学人之中，没有第二人，能够像陈寅恪这样，把为学的这种精神义谛保持到如此的强度和纯度。

二 陈寅恪的基本文化态度是不忘记本来民族之地位

陈寅恪在为冯友兰的《中国哲学史》下册撰写审查报告时说得明白："窃疑中国自今日以后，即使能忠实输入北美或东欧之思想，其结局当亦等于玄奘唯识之学，在吾国思想史上，既不能居最高之地位，且亦终归于歇绝者。其真能于思想上自成系统，有所创获者，必须一方面吸收输入外来之学说，一方面不忘本来民族之地位。此二种相反而适相成之态度，乃道教之真精神，新儒家之旧途径，而二千年吾民族与他民族思想接触史之所昭示者也。"②这是陈寅恪在深入研究几千年中西文化交通之历史之后，得出的不容移易的结论。

外来之学说，只有与本民族的思想文化传统结合起来，才能更好地发用。佛教传入中国的过程是其显例。佛教一变而为禅宗，二变而实现宋代的思想大合流，经由本土儒学、道教的思想、佛教之禅宗三者化合而成为理学。宋之濂、洛、关、闽诸大儒，秉持的已不是先秦、两汉之儒学，而是有

---

① 引自陆键东：《陈寅恪的最后20年》，三联书店1995年版，第111—112页。
② 陈寅恪：《金明馆丛稿二编》，三联书店2001年版，第284页。

佛、道参与其间的新的儒学。寅老所谓"新儒家之旧途径",即本此一义谛。而玄奘唯识之学的后不为继,其主因就是没有"经过国人吸收改造之过程"。因此寅恪先生颇怀疑输入北美的思想或者东欧的思想,如果与"本来民族之地位"相游离,而不"经过国人吸收改造之过程",即使是"忠实"地输入,也未必获致预期的效果。他甚至将此种情形与玄奘唯识之学在中国思想史上的处境加以比较,从而对其终局作出并不乐观的估量。

1961年8月30日,吴宓赴广州探望陈寅恪,两位老友相见甚欢。据当天吴宓日记的记载,陈寅恪明确表示中国在国际关系上不应"一边倒"。他说:"必须保有中华民族之独立与自由,而后可言政治与文化。"[①]则又与三十年前《审查报告》之所言如出一辙。寅老立此一义谛,如今距《审查报告》已过去七十余年,距陈吴之会也有四十五年之遥,证验与否,知者知之,不知者不知。

三 陈寅恪的主要文化理念是文化高于种族

陈寅恪是史学家,也是文化学者。种族与文化问题,是他向来所关注的学术大课题。1940年撰写的《隋唐制度渊源略论稿》和1942年撰写的《唐代政治史述论稿》两书,于此一义谛发挥最为详尽。

隋唐直承魏晋南北朝,寅恪先生认为其制度之渊源有三:一为北魏、北齐,二为梁、陈,三为西魏和周。而北魏、北齐一源,直接涉及胡化和汉化问题。北魏是鲜卑族建立的政权,孝文帝拓跋宏锐意改革,语言、服饰、典制,一例以汉化为尚,虽遭鲜卑旧部反对,亦无退缩。其中尤以将首都自平城迁往洛阳一举,最为关键。此一过程,种族之矛盾固有,文化之冲突更为激烈。曾参与孝文律令改革的源怀,本来是鲜卑秃发人,但当其孙源师以看

---

① 《吴宓日记续编》第五册(1961~1962),三联书店2006年版,第160、163页。

见龙星为理由,请为祭祀,当时的宠臣高阿那肱却斥责他说:"汉儿多事,强知星宿,祭事不行。"对此一事件,《通鉴胡注》写道:"诸源本出于鲜卑秃发,高氏生长于鲜卑,未尝以为讳,鲜卑遂自谓贵种,率谓华人为汉儿,率污诟之。诸源世仕魏朝贵显,习知典礼,遂有雩祭之请,冀以取重,乃以取诟。"寅恪先生详引上述史料,得出结论说:

> 源氏虽出河西戎类,然其家族深染汉化,源怀之参议律令尤可注意,观高阿那肱之斥源师为汉儿一事,可证北朝胡汉之分,不在种族,而在文化,其事彰彰甚明,实为论史之关要。①

此义经论述北魏洛阳新都的建筑风格,及东魏邺都南城和隋代的大兴(即唐之长安)所受之文化影响,然后寅老复申前此关于种族与文化的义谛:"故修建邺都南城之高隆之为汉种,计划大兴新都之宇文恺为胡族,种族纵殊,性质或别,但同为北魏洛都文化系统之继承人及摹拟者,则无少异。总而言之,全部北朝史中凡关于胡汉之问题,实一胡化汉化之问题,而非胡种汉种之问题,当时之所谓胡人汉人,大抵以胡化汉化而不以胡种汉种为分别,即文化之关系较重而种族之关系较轻,所谓有教无类者是也。"②而随后在证论高隆之对营建邺都所起的作用时,又续为申说:"观于主持营构者高隆之一传,即知东魏及高齐之邺都之新构,乃全袭北魏太和洛阳之旧规,无复种族性质之问题,直是文化系统之关系,事实显著,不待详论也。"③

至于《唐代政治史述论稿》一书,开篇就援引朱子的言论:"唐源流出于夷狄,故闺门失礼之事不以为异。"据此则提出:"朱子之语颇为简略,其意

---

① 陈寅恪:《隋唐制度渊源略论稿》,三联书店2001年版,第46页。
② 同上,第79页。
③ 同上,第80页。

未能详知。然即此简略之语句亦含有种族及文化二问题。"[1]而在论述唐中叶的安史之乱时，寅恪先生旋又以种族与文化的观点来诠释相关的人物，指出"唐代安史乱后之世局，凡河朔及其他藩镇与中央政府之问题，其核心实属种族文化之关系也"[2]。他颇怀疑神州东北一隅的河朔地区是"一混杂之胡化区域"，里面汉化之胡人和胡化之汉人，同时并存。所以必柘羯与突厥合种之安禄山，始得为"此复杂胡族方隅之主将"。直到晚年撰写《柳如是别传》，寅恪先生还念念不忘他探究隋唐制度渊源得出的这一关乎种族与文化的结论。因探寻钱牧斋陷入黄毓琪逆案而得免其死的因由，涉及辽东佟氏一族之家世及所受满汉文化的熏习影响，他重提旧案，再一次申论前说，认为在种族与文化的问题上，文化比种族要重要得多，并且对已往的研究作了一番梳理回顾：

> 寅恪尝论北朝胡汉之分，在文化而不在种族。论江东少数民族，标举圣人"有教无类"之义。论唐代帝系虽源出于北朝文化高门之赵郡李氏，但李虎、李渊之先世，则为赵郡李氏中，偏于勇武，文化不深之一支。论唐代河北藩镇，实是一胡化集团，所以长安政府始终不能收复。今论明清之际佟养性及卜年事，亦犹斯意。[3]

由此可见陈寅恪的文化高于种族的观点，具有前后相通的一贯性，是深研中古史事的积年所得，而非披寻感发的偶然之见。他阐发的此一义谛，其要义是在于强调不同民族的同化与共存，主张文化可以超越种族，这在今天仍不失积极之义涵。

---

[1] 陈寅恪：《唐代政治史述论稿》，三联书店2001年版，第183页。
[2] 同上，第212页。
[3] 陈寅恪：《柳如是别传》下册，三联书店2001年版，第1002页。

四 陈寅恪从根本上说是一位贵族史家

明乎此,我们方有可能对他的立身行事表一种了解之同情。谁能够设想,一位大学问家由于未能看到一场昆剧演出就会大发雷霆呢?然而这样的事情恰恰发生在陈寅恪身上。那是1962年,由俞振飞、言慧珠领班的上海京剧团赴香港演出,回程过广州加演四场,其中一场是专为政要和名流献艺。有陈寅恪的票,但当他拿到时,演出时间已过去好几天。他愤怒了。没有人描述过发怒的具体情形,但这个故事或者说事件,下至中山大学的教授和校方管理者,上至粤省最高领导,无不知悉。以至于后来国家动乱期间还有人以此构陷陈寅恪。在物质和精神同陷贫瘠的六十年代初,能够有意外的机缘观赏昆剧名伶的演出,对一般的知识人士而言,也不啻幸运之星的降临,何况一生苦嗜京昆的寅恪先生,为不该丧失而丧失的机缘而懊恼,自是情理之常。但懊恼和大发雷霆是不同的两回事。不仅仅是对待学者的态度引起的反应,还有寅恪的世家子弟的身份赋予他与生俱来的对自我尊严的维护。

陈寅恪出身于晚清世家,他的祖父陈宝箴是1895至1898年的湖南巡抚,无论曾国藩、李鸿章,还是张之洞、郭嵩焘、王文韶等晚清大吏,无不对其投以青睐。而他的尊人陈三立,是同光诗坛的巨擘,襄助乃父推行湘省新政的翩翩佳公子。诚如吴宓所说:"先生一家三世,宓夙敬佩,尊之为中国近世之模范人家。盖右铭公受知于曾文正,为维新事业之前导及中心人物,而又深湛中国礼教,德行具有根本;故谋国施政,忠而不私,知通知变而不夸诬矜噪,为晚清大吏中之麟凤。先生父子,秉清纯之门风,学问识解,惟取其上,而无锦衣纨绔之习,所谓'文化之贵族'。"①

---

① 吴宓:《读散原精舍诗笔记》,北京大学中国传统文化研究中心编:《国学研究》第1卷,第550页。

正是这一特殊身份决定了陈寅恪的贵族史家的立场。

所以当1902年寅恪随长兄陈师曾游学东瀛路过上海时,遇到支持中国变法的李提摩太教士,李用华语对陈氏兄弟说:"君等世家子弟,能东游甚善。"四十年后寅恪卧病英国伦敦医院治眼疾,听读熊式一的英文小说,叙及李提摩太戊戌上书光绪皇帝事,不禁发为感慨,作七律一首:

> 沈沈夜漏绝尘哗,听读佉卢百感加。
> 故国华胥犹记梦,旧时王谢早无家。
> 文章瀛海娱衰病,消息神州竞鼓鼙。
> 万里乾坤迷去住,词人终古泣天涯。

此诗的题目极长,为《乙酉冬夜卧病英伦医院,听人读熊式一君著英文小说名〈天桥〉者,中述光绪戊戌李提摩太上书事。忆壬寅春随先兄师曾等东游日本,遇李教士于上海,教士作华语曰:"君等世家子弟,能东游甚善。"故诗中及之,非敢以乌衣巷故事自况也》①。观诗题引李提摩太"君等世家子弟"语及诗中"旧时王谢早无家"句,可以看出寅恪对自己家世的重视与怀恋。虽然,他从来不曾夸饰自己的世家身份,晚年撰写《寒柳堂记梦未定稿》,特申此义于弁言之中:"寅恪幼时读《中庸》至'衣锦尚絅,恶其文之著也'一节,即铭刻于胸臆。父执姻亲多为当时胜流,但不甘冒昧谒见。偶以机缘,得接其风采,聆其言论,默而识之,但终有限度。"②即《乙酉冬夜卧病英伦医院》诗题里面,也不忘声明"非敢以乌衣巷故事自况也"。

然而他的特殊的家世身份给予他的影响,还是像烙印一样反映在诸多方面。他看人论事,格外重视门第出身。不是蓄意了解选择,而是不自觉地与

---

① 陈寅恪:《诗集》,三联书店2001年版,第55页。
② 陈寅恪:《寒柳堂记梦未定稿》,《寒柳堂集》,三联书店2001年版,第187页。

出身高门者有一种文化上的亲近感。最明显的是他的择偶。陈夫人唐篔，系故台湾巡抚唐景崧的孙女，寅恪晚年对此一姻缘过程叙之甚详。他写道：

  寅恪少时，自揣能力薄弱，复体孱多病，深恐累及他人，故游学东西，年至壮岁，尚未婚娶。先君先母虽累加催促，然未敢承命也。后来由德还国，应清华大学之聘。其时先母已逝世。先君厉声曰："尔若不娶，吾即代尔聘定。"寅恪乃请稍缓。先君许之。乃至清华，同事中偶语及：见一女教师壁悬一诗幅，末署"南注生"。寅恪惊曰："此人必灌阳唐公景崧之孙女也。"盖寅恪曾读唐公请缨日记。又亲友当马关中日和约割台湾于日本时，多在台佐唐公独立，故其家世知之尤谂。因冒昧造访。未几，遂定偕老之约。①

  寅恪先生择偶的经过，充分说明家世的因素在他心目中占有何等分量。不是见婚姻对象而钟情，而是因其家世而属意；而且终生相濡以沫，白头偕老，也算人生的异数了。而那轴署名"南注生"的诗幅，便成了他们定情的信物，伴随他们度过一生。当1966年的端午节寅恪先生为纪念这段人生奇缘，对诗幅重新作了装裱，并题绝句四首，其中第二首为："当时诗幅偶然悬，因结同心悟夙缘。果剩一枝无用笔，饱濡铅泪记桑田。"②陈寅恪与唐篔1928年农历七月十七在上海结缡，四十一年后的1969年农历八月二十六寅恪先生逝世，四十六天后的同年农历十月十二唐篔先生亦逝。我们晚生后学能不为他们因家世出身而偶然相遇并结同心的姻缘称贺感叹吗？

  陆键东先生的《陈寅恪的最后20年》一书的一大贡献，是他经过近乎人类学者进行田野调查般的取证，对陈寅恪晚年所处文化环境之真相作了一次历史的重构。他复活了寅老身边的一些不为人所知的人物。冼玉清、黄萱、

---

  ① 陈寅恪：《寒柳堂记梦未定稿》，《寒柳堂集》，三联书店2001年版，第236页。
  ② 同上，第237页。

高守真这三位曾经给晚年的陈寅恪以精神慰安的"奇女子",她们的家世都不无来历。黄萱为一华侨富商的女儿,冼玉清教授是被散原老人评为"澹雅疏朗,秀骨亭亭,不假雕饰,自饶机趣"①的女诗人,有《碧琅玕馆诗稿》之作,"碧琅玕馆"的斋名就是陈三立所题,高守真的父亲则是香港一位通晓近代掌故的名流。

前论寅老的文化高于种族的学说,多见于《隋唐制度渊源略论稿》和《唐代政治史述论稿》,其实此两书的另一文化观点,是强调地域和家世的作用。陈寅恪先生对中国学术史有一重要假设,即认为汉以后学校制度废弛,学术中心逐渐转移到家族。但"家族复限于地域",所以他主张:"魏、晋、南北朝之学术、宗教皆与家族、地域两点不可分离。"②而家族所起的作用在于:"士族之特点既在其门风之优美,不同于凡庶,而优美之门风实基于学业之因袭。"③换言之,中国传统社会的文化传承,家族是一重要渠道,其出自学养厚积的家族的人物,才性与德传必有最大限度的融和,故寅恪先生与此一类人物有一种前缘夙契的亲近感,就不是偶然之事了。

五 陈寅恪是学术奇迹的创造者

1945年下半年,陈寅恪先生的双目即已失明,此后三十余年的著述,都是在目盲体衰的极端困难的情况下完成的。特别是《论再生缘》和《柳如是别传》两部杰构,总共近百万言,全部都是经他口授而由助手黄萱笔录而成。如果说世界上有什么奇迹的话,这应该是一个奇迹。古希腊的诗人荷马据说是位盲人,但诗歌创作不同于学术著作,即使是讲述历史故事的英雄史诗,与史学著作也迥然有别。太史公"左丘失明,厥有《国语》"之说,固

---

① 转引自陆键东:《陈寅恪的最后20年》,三联书店1995年版,第43页。
② 陈寅恪:《隋唐制度渊源略论稿》,三联书店2001年版,第20页。
③ 陈寅恪:《唐代政治史述论稿》,三联书店2001年版,第260页。

然也，但史述与研究著作亦应有别。盖撰写以研究人物和历史事变为主线的史学著作，必须凭借经过甄别的历史资料和考信为实的他者的叙述，来证实并复原当时当地的历史文化结构。这方面，寅老典籍之熟、记诵之博，回观二十世纪的文史学界，似少可并俦者。

1958年郭沫若写信给北京大学历史系师生，提出："就如我们今天在钢铁生产等方面十五年内要超过英国一样，在史学研究方面，我们在不太长的时期内，就在资料占有上也要超过陈寅恪。"最早引用这条材料的是余英时先生，他诠释为"是要用举国之力来和陈先生一人在史料掌握方面作竞赛"[①]。虽然英时先生提炼出来的这一历史图景，今天看来无疑是一幅深具讽刺意味的漫画，但历史图景本身千真万确是郭的原版，余先生并未对其做浓淡的皴染和增减的剪裁。

郭老是声名显赫的历史学家，他当时口出此语，可见陈寅恪史学功底的超常和不可比并。郭老原本是要大家通力合作一起来创造学术奇迹，结果却反证陈寅恪是不可动摇的史学奇迹创造者。

六 陈寅恪创立了独特的解释学

王国维逝世的第二年，有罗振玉编辑的《海宁王忠悫公遗书》付梓，五年后又有其胞弟王国华及弟子赵万里等编印的《王静安先生遗书》问世，陈寅恪先生在为第二种《遗书》所撰之序言里，把静安之学的内容和治学方法概括为"三目"，一曰取地下之实物与纸上之异文互相释证，二曰取异族之故书与吾国之旧籍互相补正，三曰取外来之观念与固有之材料互相参证，并说："吾国他日文史考据之学，范围纵广，途径纵多，恐亦无以远出三类之

---

① 余英时：《陈寅恪晚年诗文释证》"增订新版"，台北东大图书公司1998年版，第5页。

外。"①寅恪先生的为学方法自然也未"远出三类之外",但他的独特处在于对吾国传统解释学的丰富与发挥。也可以说他一手创立了中国近代的文本阐释系统。不妨先看看他为文本阐释设定的一种诠释理论,这就是《冯友兰中国哲学史上册审查报告》提出的:

> 对于古人之学说,应具了解之同情,方可下笔。盖古人著书立说,皆有所为而发。故其所处之环境,所受之背景,非完全明了,则其学说不易评论,而古代哲学家去今数千年,其时代之真相,极难推知。吾人今日可依据之材料,仅为当时所遗存最小之一部,欲借此残余断片,以窥测其全部结构,必须备艺术家欣赏古代绘画雕刻之眼光及精神,然后古人立说之用意与对象,始可以真了解。所谓真了解者,必神游冥想,与立说之古人,处于同一境界,而对于其持论所以不得不如是者之苦心孤诣,表一种之同情,始能批评其学说之是非得失,而无隔阂肤廓之论。否则数千年前之陈言旧说,与今日之情势迥殊,何一不可以可笑可怪目之乎? ②

这段文字中有三个关键语词特别值得我们注意:一是"了解之同情",二是"窥测其全部结构",三是"真了解"。"了解之同情"是今人对古人和古人的学说的态度,也可以叫做阐释的态度;"借此残余断片,以窥测其全部结构",是阐释的方法;"真了解"是阐释的目的。我曾说陈寅恪先生游学欧西有年,掌握多种西方文字,其受西学之影响自不待言;但其著述全然是中国作风,几乎看不到西学的痕迹。但此处讲阐释学的理论,其第二项关于阐释的方法,曰"借此残余断片,以窥测其全部结构",却无意中露出了西学的"马

---

① 陈寅恪:《王静安先生遗书序》,《金明馆丛稿二编》,三联书店2001年版,第247—248页。
② 陈寅恪:《冯友兰中国哲学史上册审查报告》,《金明馆丛稿二编》,三联书店2001年版,第279页。

脚"。因"结构"一词,系出自西学原典,是西方解释学的关键语词,中国传统载籍未之见也。那么,怎样才能"窥测其全部结构"呢?寅老提出一特异的观点,即认为阐释者必须具备"艺术家欣赏古代绘画雕刻之眼光及精神"。这是我们在无论任何东西哲人的著作中都找不到的命题。

陈寅恪一生为学不离"释史"两个字,而"释史"的途径就是通过今天我们所能看到的历史资料的"残余断片",来重建历史事实真相的全部结构。他的《隋唐制度渊源略论稿》、《唐代政治史述论稿》、《元白诗笺证稿》、《论再生缘》、《柳如是别传》等专著以及许多单篇考辨之文,无一不是如此这般"释史"的典范,而实现了对历史真相的"真了解"。时贤于寅老释史过程所使用的"以诗证史"的方法著论较多,兹不赘论。仅就其"诗文证史"之"今典"和"古典"之学说,略陈鄙见。1939年他在昆明西南联大撰写的《读哀江南赋》一文,最早提出古典、今典的概念。他在该文的开头写道:

> 古今读《哀江南赋》者众矣,莫不为其所感,而所感之情,则有浅深之异焉。其所感较深者,其所通解亦必较多。兰成作赋,用古典以述今事。古事今情,虽不同物,若于异中求同,同中见异,融会异同,混合古今,别造一同异俱冥,今古合流之幻觉,斯实文章之绝诣,而作者之能事也。自来解释《哀江南赋》者,虽于古典极多诠说,时事亦有所征引。然关于子山作赋之直接动机及篇中结语特所致意之点,止限于诠说古典,举其词语之所从出,而于当日之实事,即子山所用之今典,似犹有未能引证者。①

又说:

> 解释词句,征引故实,必有时代限断。然时代划分,于古典甚易,于

---

① 陈寅恪:《读哀江南赋》,《金明馆丛稿初编》,三联书店2001年版,第234页。

今典则难。盖所谓今典者,即作者当日之时事也。①

寅恪先生把"古典"和"今典"的义涵界说得非常明确,即古典是词句故实之所从出,今典是作者所经历的当日之事实。庾信《哀江南赋》结尾四句:"岂知灞陵夜猎,犹是故时将军;咸阳布衣,非独思归王子。"前两句用汉李广家居时夜猎灞陵的古典故实,后两句用楚顷襄王太子完质于秦的故实,这对长期去国、羁留长安的庾子山来说自是贴切。但寅恪先生认为,此四句中尚有"作者当日之时事"即"今典"存焉。此即当后来周、陈交好之际,陈文帝之弟安成王顼得以还国,陈宣帝提出羁旅关中的庾信、王褒等"亦当有南枝之思";而"子山既在关中,位望通显,朝贵复多所交亲,此类使臣语录,其关切己身者,自必直接或间接得以闻见",所以赋中"犹是故时将军",固然包含子山自己曾是故梁右卫将军的"今典","布衣"、"王子"云云,也是对陈宣帝"欲以元定军将士易王褒等"的回应。这样,庾信在赋中就不仅表现出自己的乡关之思,而且流露出归心之疾了。陈寅恪就这样通过对庾信《哀江南赋》的古典和今典的通解,重建了羁旅长安二十五年之久的庾信心理情境的历史真相。

《柳如是别传》对钱柳因缘诗所涉之古典和今典的辨认与疏解更具有系统性。寅恪先生在《别传》"缘起"章提出:"自来诂释诗章,可别为二。一为考证本事,一为解释辞句。质言之,前者乃考今典,即当时之事实。后者乃释古典,即旧籍之出处。"而"解释古典故实,自当引用最初出处,然最初出处,实不足以尽之,更须引其他非最初而有关者,以补足之,始能通解作者遣辞用意之妙。"又说:"若钱柳因缘诗,则不仅有远近出处之古典故实,更有两人前后诗章之出处。若不能探河穷源,剥蕉至心,层次不紊,脉络贯

---

① 陈寅恪:《读哀江南赋》,《金明馆丛稿初编》,三联书店2001年版,第234页。

注，则两人酬和诸作，其辞锋针对，思旨印证之微妙，绝难通解也。"①例如河东君《次韵答牧翁冬日泛舟》诗中，有"莫为卢家怨银汉，年年河水向东流"句，应与《玉台新咏》"歌词"二首之二"河中之水向东流，洛阳女儿名莫愁"，及李义山"本来银汉是红墙，隔得卢家白玉堂。谁与王昌报消息，尽知三十六鸳鸯"有关，也与牧斋《次韵答柳如是遇访山堂赠诗》"但似王昌消息好，履箱擎了便相从"有关，又与牧斋《观美人手迹戏题绝句七首》之三"兰室桂为梁，蚕书学采桑，几番云母纸，都惹郁金香"，以及钱氏《永遇乐》词有关，等等。只有"循次披寻，得其脉络"，才能对钱柳因缘诗"真尽通解"。

特别明南都倾覆之后，钱柳的有关诗作不少都与反清复明活动有关联，往往今典、古典交错互用，给笺释者造成一定困难。钱牧斋的《钱注杜诗》是一显例。所以寅恪先生说："细绎牧斋所作之长笺，皆借李唐时事，以暗指明代时事，并极其用心抒写己身在明末政治蜕变中所处之环境。实为古典今典同用之妙文。"②《柳如是别传》既是陈寅恪以诗证史的杰构，又是辨认和疏解古典和今典的文本阐释范例。

七 《柳如是别传》是陈寅恪一生最大著述

陈寅恪一生的最大著述是《柳如是别传》，其历史书写的旨趣是"借传修史"，即通过为一代奇女子立传来撰写明清文化痛史。如果易名为《明清易代史》也名副其实。当然寅老不会同意易名，他宁可叫做《别传》，也不愿意修一部类乎所谓"正史"的史著。论者多有为陈寅老未能写出一部通史而遗憾者。可是这部七八十万言的《柳如是别传》，我敢说它的价值绝不在一部通史

---

① 陈寅恪：《柳如是别传》上册，三联书店2001年版，第7、11、12页。
② 陈寅恪：《柳如是别传》下册，三联书店2001年版，第1021页。

之下。虽然通史之作和断代史之作，在书写体例上宜有不同，但修史之功力和价值却可以得到同样的彰显。

《别传》是陈寅恪一生著述的集大成之作，他的史学理念、治史方法、学术精神，都在此书中得以集中凸显。《别传》也是陈寅恪一生学问的结晶，此有第一章"缘起"所说，著书目的之一是"欲自验所学之深浅"可证。虽然，《别传》的资料排比和诠释方法与已往著述一脉相承，但所涉内容的复杂以及历史场景的范围，前此任何一部陈著都不能与之并观。《别传》同时也是著者寄托遥深之书，这有"缘起"章自述撰著目的时所说之"温旧梦，寄遐思"为证。

至于《柳如是别传》的卷首和书写行进之中，何以插入众多著者的诗作，只要知道《别传》不是寻常的史学著作，而是陈寅恪先生开创的一种史著新体例，就不会感到诧异了。关于此点，拙稿《陈寅恪与〈柳如是别传〉的撰述旨趣》一文，对之析论甚详，读者便中不妨参看。而最早研究陈寅恪史学的余英时先生，不久前在《陈寅恪晚年诗文释证》"增订新版"的"书成自述"里，写下一段极富征验的话："更重要的是通过陈寅恪，我进入了古人思想、情感、价值、意欲等交织而成的精神世界，因而于中国文化传统及其流变获得了较亲切的认识。这使我真正理解到历史研究并不是从史料中搜寻字面的证据以证成一己的假说，而是运用一切可能的方式，在已凝固的文字中，窥测当时曾贯注于其间的生命跃动，包括个体的和集体的。"[①]可谓知者之言。

诗无定式，史无定法。"运用一切可能的方式"，自然包括传写之不足，则论议之，论议之不足，则感叹之，感叹之不足，则歌之诗之等等。《别传》卷前最后一首题诗的尾联云："明清痛史新兼旧，好事何人共讨论。"则寅老为河东君作传不仅有预期而且有预见也。

[①] 余英时：《陈寅恪晚年诗文释证》"增订新版"，台北东大图书公司1998年版，第15页。

八 陈寅恪的"哀伤"与"记忆"

世间凡读寅老之书者,知寅老其人者,无不感受到他内心深处蕴藏着一种挥之不去的哀伤和苦痛,而且哀伤的意味大于苦痛。按心理学家的观点,"哀伤"和"记忆"是连在一起的。那么都是一些什么样的"记忆"使得陈寅恪如此哀伤以至哀痛呢?说到底,实与百年中国的文化与社会变迁以及他的家族的命运遭际有直接关系。义宁陈氏一族的事功鼎盛时期,是1895至1898年陈宝箴任湖南巡抚时期,当时陈宝箴在其子陈三立的襄助下,湖南新政走在全国的最前面,梁启超、黄遵宪、江标、徐仁铸、谭嗣同、唐才常、邹代钧、熊希龄、皮锡瑞等变法人士,齐集右帅的麾下,以至于有天下人才都到了湖南的说法。改革措施不断出台,董吏治,辟利源,变士习,成绩斐然。更有时务学堂之设、湘报馆之办、南学会之开,一时名声大震。义宁父子"营一隅为天下倡"的理想实现在即。

但百日变政、一日政变的戊戌之秋突然降临,慈禧杀谭嗣同等"六君子"于京师菜市口,通缉康、梁,陈宝箴、陈三立则受到"革职,永不叙用"的处分。这一年的冬天,陈宝箴离开长沙抚院,携全家老幼扶夫人的灵柩迁回江西南昌。当时陈三立大病,三立大姊痛哭而死,寅恪长兄师曾之妻范孝嫦(范伯子之女)不久亦逝。陈寅恪这一年九岁。而1900年农历六月二十六日,刚住到南昌西山崝庐仅一年多的陈宝箴,"忽以微疾而终"(实为慈禧密旨赐死)[①]。突如其来的"重罚其孤",致使陈三立锻魂锉骨,悲痛欲绝。如果不是"有所待",他已经不想活在这个世界。此后每年春秋两季都到崝庐祭扫哭拜。眷属和子女暂住南昌磨子巷,主要靠亲友借贷维持生活。一个家族的盛衰荣悴之变如此之速,其所给予年幼成员的心理影响势必至深且巨。

[①] 我的《慈禧密旨赐死陈宝箴考实》一文对此一问题作了较详尽的辨析考论,载《中国文化》2001年第17、18期合刊,读者可参阅。

而国家在戊戌之变后大故迭起。1899年，慈禧大规模清剿"康党"，欲废掉光绪未果，义和团开始变乱。1900年，慈禧利用义和团，激化了与西方诸国的矛盾，致使八国联军攻陷北京，演出近代史上第二次洋人占领中国都城的悲剧。1901年，清廷与十一国公使团签订"议和大纲"，首当其冲的重臣李鸿章病死。1902年，仓皇出逃的两宫还京。李鸿章后的另一个重要人物袁世凯登上历史舞台。1904年，日俄战争在中国领土打起，结果日本占领更多中国领土。清廷在这一年开始赦免除康、梁之外的戊戌在案人员。1905年，废科举，设学部，孙中山领导的同盟会成立。1906年，宣示预备立宪。1907年，张之洞入军机。1908年，慈禧和光绪均逝，宣统即位。慈禧死于农历十月二十二日，光绪死于前一天的十月二十一日。1909年，张之洞病逝。1911年，辛亥首义成功。1912年，中华民国成立，清帝逊位。1915年，袁世凯称帝。1917年，张勋复辟。尔后北洋政府，军阀混战，五四运动，溥仪出宫，国共合作，北伐战争。1931年，日本占据东北。1937年至1945年，全民抗战。1945年至1949年，国共内战。五十年代以后，则土改，镇反肃反，三、五反，院系调整，抗美援朝，公私合营，合作化，科学进军，大跃进，锄四害，反右派，反右倾，三年困难反苏修，城乡四清，文艺整风，直至文革大劫。此百年中国之一系列大变故，均为陈寅恪所亲历，早为目睹，后则耳闻心感。

如果是普通细民或庸常之士，可能是身虽历而心已麻木。但陈寅恪是历史学家，而且是有特殊家世背景的极敏感的历史学家。他对这些愈出愈奇的天人变故能不留下自己的记忆吗？能不为之哀伤而三叹息吗？

抑又有可言者，同为哀伤，宜有深浅程度之分别。陈寅恪之哀乃是至痛深哀。其所著《王观堂先生挽词并序》有言："其表现此文化之程量愈宏，则其所受之苦痛亦愈甚。"故此语虽为静安而设，其普世价值与寅恪亦应若荷符契。所以《陈寅恪诗集》中，直写流泪吞声的诗句就有二十六联之多。兹将相关联句依《诗集》所系之时间顺序摘录如次，以见其至哀深痛之情状。

残域残年原易感
又因观画泪汍澜　1913

回思寒夜话明昌
相对南冠泣数行　1927

闻道通明同换劫
绿章谁省泪沾巾　1936

楼高雁断怀人远
国破花开溅泪流　1938

得读新诗已泪零
不须藉卉对新亭　1939

世上欲哭流泪眼
天涯宁有惜花人　1945

万里乾坤迷去住
词人终古泣天涯　1945

泪眼已枯心已碎
莫将文字误他生　1945

去国欲枯双目泪
浮家虚说五湖舟　1946

五十八年流涕尽
可能留命见升平　1948

惟有沈湘哀郢泪
弥天梅雨却相同　1951

儿郎涑水空文藻
家国沅湘总泪流　1951

赵佗犹自怀真定
惭痛孤儿泪不干　1951

葱葱佳气古幽州
隔世相望泪不收　1951

文章存佚关兴废
怀古伤今涕泗涟　1953

论诗我亦弹词体
怅望千秋泪湿巾　1953

掩帘窗牖无光入
说饼年时有泪流　1954

浊醪有理心先醉
残烛无声泪暗流　1955

衰泪已因家国尽
人亡学废更如何　1955

死生家国休回首
泪与湘江一样流　1957

玉溪满贮伤春泪
未肯明流且暗吞　1958

会盟长庆寻常事
谁为伤春泪湿衣　1959

铁锁长江东逝水
年年流泪送香尘　1959

问疾宁辞蜀道难
相逢握手泪汍澜　1961

檀槽天壤无消息
泪洒千秋纸上尘　1964

开元全盛谁还忆
便忆贞元满泪痕　1964

此二十六联是三联版《陈寅恪集》之《诗集》中直接关乎泪流的诗句，

不一定很全，可能还有遗漏①。《柳如是别传》"稿竟说偈"结尾四句："刻意伤春，贮泪盈把，痛哭古人，留赠来者"，就没包括在内。陈寅恪不是一般的流泪，而是"泪汍澜"、"溅泪流"、"泪不收"、"涕泗涟"、"泪湿巾"、"贮泪盈把"，可见悲伤之情状和哀痛之深。这是很少能在另外的文史学者的文字中看到的。即使是现代的诗人、文学家，也不多见。南唐后主李煜有"以泪洗面"的传说，但形诸文字中也没有写得如此泗泪滂沱。然则陈寅恪深度哀伤的缘由究竟为何？此无他，惟"家国"二字而已。故上引诗联有"衰泪已因家国尽"的句子，他自己已讲得非常清楚。

我十余年前写过一篇《陈寅恪的"家国旧情"与"兴亡遗恨"》的文章，解析《陈寅恪诗集》里所反映的他的家国情怀，曾举出多组关于"家国"的诗句，如"家国艰辛费维持"、"死生家国休回首"、"频年家国损朱颜"、"家国沅湘总泪流"，等等。并且发现陈三立的诗里面，也不乏类似的句子，如"羁孤念家国"、"旋出涕泪说家国"、"百忧千哀在家国"等，父子二人都在为家国的不幸遭遇而流泪。散原老人的诗句是："百忧千哀在家国。"陈寅恪的诗句是："衰泪已因家国尽。"其措意、遣词、指归，以及情感的发抒，完全一致，哀伤的程度似乎也大体相同。所以然者，则是与陈氏一家在戊戌之年的不幸遭遇直接有关。故陈寅恪的诗句反复强调："家国沅湘总泪流"、"泪与湘江一样流"，明确透露出与此哀此痛直接相关的湖南地域背景。

但陈氏家族的遭遇是与国家的命运联系在一起的。慈禧政变对近代中国的影响难以言喻，包括八国联军攻入北京等许多伤害国族民命的后续事变，都是那拉氏的倒行逆施结出的果实。因此陈寅恪作为历史学者，他不仅有"哀"，其实也有"恨"。所"恨"者，1898年的变法，如果不采取激进的办法，国家的局面就会是另外的样子。他的祖父陈宝箴和父亲陈三立就不赞成康有为的激进态度，而主张全国变法最好让张之洞主持，以不引发慈禧和光

---

① 所引诗联见于《陈寅恪集》之《诗集》的页码，恕不一一注出，依诗联后面的署年自可找到。

绪的冲突为上策。这就是陈寅恪在《寒柳堂记梦未定稿》第六节"戊戌政变与先祖先君之关系"里所说的:"盖先祖以为中国之大,非一时能悉改变,故欲先以湘省为全国之模楷,至若全国改革,则必以中央政府为领导。当时中央政权实属于那拉后,如那拉后不欲变更旧制,光绪帝既无权力,更激起母子间之冲突,大局遂不可收拾矣。"①

此亦即陈寅恪在《读吴其昌撰梁启超传书后》一文里所说的:

> 当时之言变法者,盖有不同之二源,未可混一论之也。咸丰之世,先祖亦应进士举,居京师。亲见圆明园干霄之火,痛哭南归。其后治军治民,益知中国旧法之不可不变。后交湘阴郭筠仙侍郎嵩焘,极相倾服,许为孤忠闳识。先君亦从郭公论文论学,而郭公者,亦颂美西法,当时士大夫目为汉奸国贼,群欲得杀之而甘心者也。至南海康先生治今文公羊之学,附会孔子改制以言变法。其与历验世务欲借镜西国以变神州旧法者,本自不同。故先祖先君见义乌朱鼎甫先生一新《无邪堂答问》驳斥南海公羊春秋之说,深以为然。据是可知余家之主变法,其思想源流之所在矣。②

陈寅恪对戊戌变法两种不同的思想源流作了严格区分,以追寻使国家"大局遂不可收拾"的历史原因。

1965年冬天,也就是陈寅恪先生逝世的四年前,他写了一首总括自己一生的哀伤与记忆的诗篇,这就是《乙巳冬日读清史后妃传有感于珍妃事为赋一律》,兹抄录如下与读者共赏。

---

① 陈寅恪:《寒柳堂记梦未定稿》第六节"戊戌政变与先祖先君之关系",《寒柳堂集》,三联书店2001年版,第203页。
② 陈寅恪:《读吴其昌撰梁启超传书后》,《寒柳堂集》,三联书店2001年版,第187页。

昔日曾传班氏贤，如今沧海已桑田。

伤心太液波翻句，回首甘陵党锢年。

家国旧情迷纸上，兴亡遗恨照灯前。

开元鹤发凋零尽，谁补西京外戚篇。①

这是一首直接抒写戊戌政变对中国社会变迁以及对义宁陈氏一家的深远影响的诗。首句之班氏即汉代的才女文学家兼历史家的班昭，作者用以指代珍妃。珍妃是戊戌政变的直接牺牲品，慈禧因光绪而迁怒珍妃，故庚子西行先将珍妃处死。第二句说珍妃的故事已经很遥远了，国家如今发生了天翻地覆的变化。三四两句是关键，句后有注："玉溪生诗悼文宗杨贤妃云：'金舆不返倾城色，玉殿犹分下苑波。'云起轩词'闻说太液波翻'即用李句。"玉溪生是李商隐的号，寅恪所引诗句见于其《曲江》一诗，全诗为："望断平时翠辇过，空闻子夜鬼悲歌。金舆不返倾城色，玉殿犹分下苑波。死忆华亭闻鹤唳，老忧王室泣铜驼。天荒地变心虽折，若比伤春意未多。"②注家对此诗讽咏内容的考证结论不一，要以写悲惋唐文宗甘露之变者为是，寅恪先生采用的即是此说。

不过这应该是"古典"，"今典"则是文廷式的《念奴娇》词中与珍妃之死有关的"闻说太液波翻"句。文廷式是珍妃的老师，慈禧因不喜珍妃而牵及其师，早在政变之前就把文廷式赶出宫，并于政变后连发多道旨意，勒令地方督抚捕后就地正法。但当时正在长沙的文廷式为陈宝箴、陈三立父子联手所救免，以三百金作为路资，使其先走上海，尔后逃赴东瀛。珍妃遇难，

---

① 陈寅恪：《乙巳冬日读清史后妃传有感于珍妃事为赋一律》，《陈寅恪集》之《诗集》，三联书店2001年版，第172页。

② 见《李商隐诗歌集解》第一册，中华书局1988年版，第132页。

文廷式异常悲痛，作《落花诗十二首》为悼①。另《念奴娇》两首也都关乎珍妃事。第一首有"杜鹃啼后，问江花江草，有情何极。曾是灯前通一笑，浅鬟轻拢蝉翼。掩扣持觞，轻盈试剪，此意难忘得"②句，自是回念珍妃无疑。后者即是寅恪先生所引录者③。至于"太液波翻"之典故义涵，只有用来比喻宫廷政争一解。所以李商隐用此，指的是唐代与牛、李党争有关的文宗甘露之变。文廷式用此，指的是因帝、后党争引发的戊戌政变。那么陈寅恪诗中所伤心者（"伤心太液波翻句"），实与文廷式同发一慨，正是戊戌惨剧而非其他。故第四句由戊戌之变想到了东汉的党锢之祸，那次党祸接连两次，杀人无算。盖义宁一家最恶党争，陈三立说："故府君独知事变所当为而已，不复较孰为新旧，尤无所谓新党旧党之见。"④正是历史上无穷无尽的党争给国家造成了无数灾难，戊戌之年的所谓新党和旧党、帝党和后党之争，则使中国失去最后一次渐变革新的好时机。陈寅恪所哀伤者在此，所长歌痛哭者亦在此。

所以《乙巳冬日读清史后妃传有感于珍妃事为赋一律》的第五六两句尤堪注意："家国旧情迷纸上，兴亡遗恨照灯前。"此不仅是这首诗的点题之句，也可以看作是陈寅恪全部诗作的主题曲，同时也是我们开启陈寅恪精神世界隐痛的一把钥匙。明乎此，则晚年的大著述《柳如是别传》有解矣，他的一生著述有解矣，他的哀伤与记忆有解矣。诗的最后一联："开元鹤发凋零尽，谁补西京外戚篇。"盖寅恪先生所慨叹者，熟悉晚清掌故的老辈都已作古，谁还说得清楚当时宫掖政争的历史真相呢？当然我们的大史学家是洞悉当时历史事变的底里真相的，他晚年撰写的《寒柳堂记梦未定稿》，就是试图重建历

---

① 汪叔子编：《文廷式集》下册，中华书局1993年版，第1331页。
② 同上，第1451页。
③ 同上，第1452页。
④ 陈三立：《湖南巡抚先府君行状》，《散原精舍诗文集》下册，上海古籍出版社2003年版，第855页。

史结构的真相的重要著作,虽原稿多有散佚,但我们运用陈寅恪的方法,以陈解陈,应大体可以窥知。《寒柳堂记梦未定稿》写于1965年夏至1966年春,《乙巳冬日读清史后妃传有感于珍妃事为赋一律》在时间上,相当于《记梦未定稿》竣事之时,故不妨看作是对《记梦》的题诗。因此补写"西京外戚篇"的伟业,我们的寅恪先生事实上已经践履了。

2006年7月30日于中国文化研究所

(原载《学术月刊》2007年第6期)

陈寅恪的阐释学

陈寅恪先生坚执中国文化本位的思想，以种族与文化的学说治史说诗，目的是在史中求史识，通解历史上的文化中国。而实现此一学术目标的主要途径，是在充分占有和甄别史料的基础上，对摄取来作为研究对象的古代载籍和历史人物，进行诠解和阐释，以重建历史的真实面貌和历史人物的心理结构。在这点上所有历史学者概莫能外。陈寅恪的贡献，是在说诗治史的过程中，创立了一种独特的具有现代精神的阐释学，就中所包含的观念与方法学的意义，足可启示当代，并"示来者以轨则"[①]，使做中国学问的人文学者取径有门而知其以古为新的前行之路。

陈寅恪先生的阐释学，可约略概括为六目，即第一，"了解之同情"：阐释的先验态度；第二，"释证"、"补正"、"参证"：阐释的多元途径；第三，"既解释文句又讨论问题"：阐释的思想向度；第四，比较阐释和心理分析：阐释的现代意味；第五，古典、今典双重证发：阐释的学问境界；第六，环境与家世信仰的熏习：阐释的种子求证。姑名之为陈氏阐释学，下面请分别试论之。

[①] 陈寅恪：《王静安先生遗书序》，《金明馆丛稿二编》，三联书店2001年版，第247页。

一 "了解之同情"：阐释的先验态度

面对历史人物和古代的载籍，我们首先须假设一先验的态度，即你准备怎样来对待古人和古人的立说。这需要谈到陈寅恪先生为冯友兰《中国哲学史》上册所写的审查报告，他在这篇报告中说过一句很有名的话，就是"对于古人之学说，应具了解之同情，方可下笔"[①]。这句话可以看作是他对古代作者和古代典籍的基本态度。至于为什么以及怎样做才称得上对古人的学说具有"了解之同情"，他解释说：

> 盖古人著书立说，皆有所为而发。故其所处之环境，所受之背景，非完全明了，则其学说不易评论，而古代哲学家去今数千年，其时代之真相，极难推知。吾人今日可依据之材料，仅为当时所遗存最小之一部，欲借此残余断片，以窥测其全部结构，必须备艺术家欣赏古代绘画雕刻之眼光及精神，然后古人立说之用意与对象，始可以真了解。所谓真了解者，必神游冥想，与立说之古人，处于同一境界，而对于其持论所以不得不如是之苦心孤诣，表一种之同情，始能批评其学说之是非得失，而无隔阂肤廓之论。否则数千年前之陈言旧说，与今日之情势迥殊，何一不可以可笑可怪目之乎？[②]

这是说古人著书立说总有一定的环境与背景，经受特定物事的刺激和诱发之后，方产生形诸笔墨的冲动；但由于时代湮远，可资依据的直接材料常常残缺不全，要想窥知其时代真相，洞悉古人著作的运思过程和精神底里，实在是一件至繁至难之事。在这种情况下，寅恪先生主张今之作者要具备艺

[①] 陈寅恪：《冯友兰中国哲学史上册审查报告》，《金明馆丛稿二编》，三联书店2001年版，第279页。

[②] 同上。

术家的精神和眼光，对古人的学说采取如同对待艺术品般的欣赏态度，使自己神游冥想，进入对象，设想与立说之古人处于同一境界，然后始能达成对古人立说之用意和对象的"真了解"。就是说，得先进入境界，具赏鉴之心，然后方能知得失。而"真了解"的关键，在于对古人立说"不得不如是之苦心孤诣"，能够产生设身处地的同情之心。"不得不如是"一语，实际上是问题的关键。其隐含义，就是对古人不仅要了解，而且还要体谅。此义和章学诚《文史通义》"文德"篇同发一慨，章氏尝谓：

> 凡为古文辞者，必敬以恕。临文必敬，非修德之谓也。论古必恕，非宽容之谓也。敬非修德之谓者，气摄而不纵，纵必不能中节也。恕非宽容之谓者，能为古人设身而处地也。①

寅老所陈述之阐释态度，亦即章氏"论古必恕"的态度，妙在章氏不以"宽容"一词与"恕"相混淆，而以"为古人设身而处地"给以说明，此与寅恪先生同曲同工矣。不同的是，寅老给出的总括概念为"了解之同情"，故引来"对待艺术品般的欣赏态度"一语，使得"恕"、"同情"、"设身处地"，均得入径之着落。只有秉持这样一种态度，才有条件批评古人学说的是非得失，而与任何一种超越时代环境和作者条件的苛求前贤的作风划清界限。

但陈寅恪先生接着便指出："此种同情之态度，最易流于穿凿傅会之恶习。因今日所得见之古代材料，或散佚而仅存，或晦涩而难解，非经过解释及排比之程序，绝无哲学史之可言。然若加以联贯综合之搜集及统系条理之整理，则著者有意无意之间，往往依其自身所遭际之时代，所居处之环境，

---

① 章学诚：《文史通义·文德》上册，叶瑛校注，中华书局1985年版，第278页。

所薰染之学说，以推测解释古人之意志。"①这是寅恪先生最不能容忍的"以今例古"，实即将古人的思想现代化，故以"恶习"称之，然而这又是时人最易犯的毛病。其结果是："今日之谈中国古代哲学者，大抵即谈其今日自身之哲学者也。所著之中国哲学史者，即其今日自身之哲学史者也。其言论愈有条理统系，则去古人学说之真相愈远。"②对冯友兰所著之《中国哲学史》，他所以郑重予以推荐，原因之一就是冯著划开了古今的界限，没有把古人现代化，对古人的立说大体采取了"了解之同情"的态度。他希望通过出版冯著，能够矫正当时学界的令人"长叹息"的"傅会之恶习"，特别彼时的墨子研究，此种风气显现得尤为突出。可以认为，陈寅恪先生提出的"对于古人之学说，应具了解之同情"，是阐释学的一绝大判断，非常准确地概括出今之学人对古人著述所应采取的态度，此说在他的阐释学的结构中起精神柱石的作用。

陈寅恪先生对待古代著作和古人著述立说的这种态度，贯穿于他的全部著述之中。《元白诗笺证稿》对元稹的评价是其显例。由于元稹一生数娶，对青年时期的恋爱对象"崔莺莺"始乱终弃，自己非但不愧疚，反而写成《传奇》，以所谓"忍情"说为自己辩护，其为人巧宦热中，无以复加。如果不了解唐代贞元以后的社会风俗，以"今"例"古"，或以"后"例"前"，对绝代才华之微之除了诟病已无所取长矣。

但由于寅恪先生对唐代仕宦制度和社会风俗文化有独到的研究，为他衡人品文提供了可以取信的历史依据。盖唐代自高宗和武则天以后，世风实起一极大变化，即"此种社会阶级重辞赋而不重经学，尚才华而不尚礼法"，乃至进士科亦为"浮薄放荡之徒所归聚，与倡伎文学殊有关联"③。所以唐代娼

---

① 陈寅恪：《冯友兰中国哲学史上册审查报告》，《金明馆丛稿二编》，三联书店2001年版，第279—280页。

② 同上，第280页。

③ 陈寅恪：《元白诗笺证稿》，三联书店2001年版，第89页。

伎文学发达，显宦高官以及文人学士概莫能外，倘不拥伎自炫，便无社会地位，即以道学自命的韩愈亦在所不免。故杜牧的《感怀诗》有句："至于贞元末，风流恣绮靡。"①这种情况，不明唐代风俗者，无法与言。寅恪先生在大量引证有关唐代社会风俗的史料之后写道：

>盖唐代社会承南北朝之旧俗，通以二事评量人品之高下。此二事，一曰婚，二曰宦。凡婚而不娶名家女，与仕而不由清望官，俱为社会所不齿。此类例证甚众，且为治史者所习知，故兹不具论。但明乎此，则微之所以作《莺莺传》，直叙其自身始乱终弃之事迹，绝不为之少惭或略讳者，即职是故也。其友人杨巨源、李绅、白居易亦知之，而不以为非者，舍其寒女，而别婚高门，当日社会所公认之正当行为也。②

这样来看待元稹，即不以道德好恶代替历史分析，才有可能做到对古人的"真了解"。虽然，寅恪先生并没有扮演元稹辩护士的角色，他对其婚、宦的取径亦曾深责痛诋，于《元白诗笺证稿》第四章论"艳诗及悼亡诗"之时，有如下的批评："然则微之乘此社会不同之道德标准及习俗并存杂用之时，自私自利。综其一生行迹，巧宦固不待言，而巧婚尤为可恶也。岂其多情哉？实多诈而已矣。"③只不过是其社会风气所致也，故友朋及社会舆论视之平常而又正常，并不以此为非者。当然亦不影响对其文笔才华之评价，所以寅恪先生又写道："微之绝世之才士也。人品虽不足取，而文采有足多者焉。"④则士人之文采风流，微之尽占也夫。然回到陈氏阐释学，此历史的批评与道德的批评互不为掩而双重取义，正所谓对古人的"同情"而又"了

---

① 杜牧：《感怀诗》，《全唐诗》卷五百二十，中华书局标点本，第十六册，第5937页。
② 陈寅恪：《元白诗笺证稿》，三联书店2001年版，第116页。
③ 同上，第99页。
④ 同上，第93页。

解"者也。

《柳如是别传》对钱牧斋的评说也颇能说明问题。

稍具明清史常识的人无不知晓钱氏的始附东林，后结马（士英）、阮（大铖），明朝南都倾覆时又率尔降清，名节有亏，殊不足取，以至于士林史乘有"自汉唐以来，文人之晚节莫盖，无如谦益之甚者"的恶评。陈寅恪先生并不否认这一点，但他主张对钱牧斋的行事尚须作环境和自身性格的具体分析，即使成为"一生污点"的降清一事，也需看到"亦由其素性怯懦，迫于事势所使然，若谓其必须始终心悦诚服，则甚不近情理"①。因此他不赞成陈子龙的弟子王胜时"挟其师与河东君因缘不善终之私怨"，原诬钱氏寓复明之旨的《列朝诗集小传》之苦心孤诣，因此批评说："胜时自命明之遗逸，应恕其前此失节之怨，而嘉其后来赎罪之意，始可称为平心之论。"②而对于钱牧斋和柳如是夫妇当南明小朝廷苟延残喘之际，所谓"日逢马阮意游宴"一节，寅恪先生说自然是极可鄙之事，但亦认为可增加一层分析，即不排除钱牧斋和阮大铖都是文学天才，两人也有"气类相近"的一面；而柳如是与阮大铖皆能度曲，就中或不无"赏音知己之意"③，不必只以"谦益觊相位"的潜在未显之目的来加评。这些话，非寅老谁能说出。人物是立体的，历史的动因是多重的，正不必把复杂的历史现象简单化。

不仅钱牧斋的降清"纡污有因"，就是清初的许多志在复明之人，也不得不违心地去应乡试，对此一现象也应明察其时代环境的因素，尔后再作批评。寅恪先生考释牧斋晚年从事复明活动，与当时许多同此胸怀之士有往还，故明大宗伯松江陆文定的曾孙陆子玄就是其中一个。但这位志在复明之士，却在顺治丁酉（公历1657年）应乡试，因涉及"权要贿赂"的科场案，被发往

---

① 陈寅恪：《柳如是别传》下册，三联书店2001年版，第1045页。
② 同上，第1005页。
③ 同上，第867页。

辽左。寅恪先生针对陆子玄一案,论之曰:"故子玄亦必是志在复明之人,但何以于次年即应乡试?表面观之,似颇相矛盾。前论李素臣事,谓其与侯朝宗之应举,皆出于不得已。子玄之家世及声望约略与侯李相等,故疑其应丁酉科乡试,实出于不得已。盖建州入关之初,凡世家子弟著声庠序之人,若不应乡举,即为反清之一种表示,累及家族,或致身命之危险。"又说:"关于此点,足见清初士人处境之不易。后世未解当日情势,往往作过酷之批评,殊非公允之论也。"[1]这些地方都体现出寅恪先生对待古人的"了解之同情"的诠释态度。

梁启超在近现代思想文化史上一直是个有争议的人物。戊戌变法前夕,陈寅恪先生的祖父陈宝箴和父尊陈三立曾聘请其主讲于长沙时务学堂,后又与寅恪先生共同任导师于清华国学研究院,可以说与寅恪先生有三代之谊。尽管如此,当梁启超脱离开具体的历史环境,以自己的思想经历来解释古人的志尚行动,寅恪先生仍直率地给予批评。他在《陶渊明之思想与清谈之关系》一文中,通过详细探究陶渊明的家世和姻族联系及宗教信仰,确认沈约《宋书》本传所说的渊明的政治主张是,"自以曾祖晋世宰辅,耻复屈身异代,自[宋]高祖王业渐隆,不复肯仕"最为可信[2],认为这与嵇康是曹魏国姻,因而反抗司马氏政权正复相同。接着他把笔锋一转写道:

> 近日梁启超氏于其所撰《陶渊明之文艺及其品格》一文中谓:"其实渊明只是看不过当日仕途混浊,不屑与那些热官为伍,倒不在乎刘裕的王业隆与不隆"、"若说所争在什么姓司马的,未免把他看小了",及"宋以后批评陶诗的人最恭维他耻事二姓,这种论调我们是最不赞成的"。斯则任公先生取己身之思想经历,以解释古人之志尚行动,故按诸渊明所生之

---

[1] 陈寅恪:《柳如是别传》下册,三联书店2001年版,第1142页。
[2] 陈寅恪:《陶渊明之思想与清谈之关系》,《金明馆丛稿初编》,三联书店2001年版,第227页。

时代，所出之家世，所遗传之旧教，所发明之新说，皆所难通，自不足据之以疑沈休文之实录也。①

"取己身之思想经历，以解释古人之志尚行动"，就是以今例古，很容易将古人的思想现代化，从而曲解古人，这与寅恪先生的阐释学原理格格不入，即使面对有通世之谊的梁任公，也不能不辩驳清楚。但另一方面，如有人离开时代条件苛求新会其人，寅恪先生也当仁不让，立即起而为之辩诬。

1945年，他在《读吴其昌撰梁启超传书后》一文中，写有下面的话：

> 任公先生高文博学，近世所罕见。然论者每惜其与中国五十年腐恶之政治不能绝缘，以为先生之不幸。是说也，余窃疑之。尝读元明旧史，见刘藏春、姚逃虚皆以世外闲身而与人家国事。况先生少为儒家之学，本董生国身通一之旨，慕伊尹天民先觉之任，其不能与当时腐恶之政治绝缘，势不得不然。忆洪宪称帝之日，余适旅居旧都，其时颂美袁氏功德者，极丑怪之奇观。深感廉耻道尽，至为痛心。至如国体之为君主抑或民主，则尚为其次者。迨先生《异哉所谓国体问题者》一文出，摧陷廓清，如拨云雾而睹青天。然则先生不能与近世政治绝缘者，实有不获已之故。此则中国之不幸，非独先生之不幸也。②

由对梁任公的一驳一辩，我们可以看出，寅恪先生提出的对立说之古人要有"了解之同情"是何等重要。其实不只对古人，凡涉及己身以外的其他文字作者，均应采取此种态度。在寅恪先生看来，以今例古固然不对，以己例人同样不足取。

---

① 陈寅恪：《陶渊明之思想与清谈之关系》，《金明馆丛稿初编》，三联书店2001年版，第228页。
② 陈寅恪：《读吴其昌撰梁启超传书后》，《寒柳堂集》，三联书店2001年版，第166页。

二 "释证"、"补正"、"参证"：阐释的多元途径

陈寅恪阐释学的又一特点，是对材料的阐释采取多种方法和多种途径，一句话，属于多元阐释。1934年，他在为王国维《遗书》撰写的序言里，用"释证"、"补正"、"参证"三目，来概括王国维著述的学术内容和治学方法，这就是"取地下之实物与纸上之遗文互相释证"、"取异族之故书与吾国之旧籍互相补正"、"取外来之观念与固有之材料互相参证"[①]。此三目也是寅恪先生说诗治史经常使用的方法，成为陈氏阐释学基本内涵构成的重要部件。我们看《金明馆丛稿初编》、《金明馆丛稿二编》、《寒柳堂集》所载诸文，以及《元白诗笺证稿》、《柳如是别传》等专著，"释证"、"补正"、"参证"字样随处可见。《柳如是别传》的最初命名就是《钱柳因缘诗释证稿》，而单篇论著之行文过程，也动辄直标"与旧史及他书之文互相释证"、"取旧史及他书以为参证"[②]、"然于道教仅取以供史事之补证"[③]等等，无须更多列举，可以说寅恪先生的全部著作，使用的都是此种方法，组成"释证"、"补正"、"参证"的和声大曲，特以阐释的多元途径概括之。

需要指出的是，寅恪先生用以释证材料的这三种方法，虽然与吾国传统文史考据之学相重合，但统率此方法的证释观念和精神指归却不完全相同。就吸收传统而言，寅恪先生赞许宋儒治史的方法，而不赞成清儒治经的方法。清代史学和经学并有朴学之目，但史学的地位远不如经学。所以如此，爱新觉罗氏以外族入主中国，屡兴文字之狱，株连惨酷，学者有所畏避，不敢致力于史事研究，固是一因，但寅恪先生认为还有史学与经学的释证材料的方法不同途的因素在内。他说：

[①] 陈寅恪：《王静安先生遗书序》，《金明馆丛稿二编》，三联书店2001年版，第247页。
[②] 陈寅恪：《四声三问》，《金明馆丛稿初编》，三联书店2001年版，第369、373页。
[③] 陈寅恪：《论许地山先生宗教史之学》，《金明馆丛稿二编》，三联书店2001年版，第360页。

所差异者，史学之材料大都完整而较备具，其解释亦有所限制，非可人执一说，无从判决其当否也。经学则不然，其材料往往残阙而又寡少，其解释尤不确定，以谨愿之人，而治经学，则但能依据文句各别解释，而不能综合贯通，成一有系统之论述。以夸诞之人，而治经学，则不甘以片断之论述为满足。因其材料残阙寡少及解释无定之故，转可利用一二细微疑似之单证，以附会其广泛难征之结论。其论既出之后，固不能犁然有当于人心，而人亦不易标举反证以相诘难。比诸图画鬼物，苟形态略具，则能事已毕，其真状之果肖似与否，画者与观者两皆不知也。往昔经学盛时，为其学者，可不读唐以后书，以求速效。声誉既易致，而利禄亦随之。于是一世才智之士，能为考据之学者，群舍史学而趋于经学之一途。①

寅恪先生将清代史学与清代经学作如此区分，说明他的建立在传统考据之学基础上的阐释学，与清代朴学是相合而不相同之物，尤其与清儒治经的方法迥不相眸。所以别者，在于他的名为"释证"、"笺证"诸作，都是能够"综合贯通，成一有系统之论述"的学术典要之著述，不仅"夸诞之人"不足与论，即"谨愿之人"亦异途难并。

清儒治经常犯的毛病，如"解释无定"、"利用一二细微疑似之单证"、"不易标举反证"及"以附会其广泛难征之结论"等等，实为寅恪先生的阐释学所深戒。他在释证材料方面，可以说是在为清儒所不能为之事。因此当他看到杨树达的《论语疏证》是用宋儒治史的方法来治经，不胜感慨，欣然为序，写道："夫圣人之言，必有为而发，若不取事实以证之，则成无的之矢矣。圣言简奥，若不采意旨相同之语以参之，则为不解之谜矣。既广搜群籍，以参证圣言，其言之矛盾疑滞者，若不考订解释，折衷一是，则圣人之言行，终不可明矣。今先生汇集古籍中事实语言之与《论语》有关者，并间

---

① 陈寅恪：《陈垣元西域人华化考序》，《金明馆丛稿二编》，三联书店2001年版，第269—270页。

下己意，考订是非，解释疑滞。此司马君实、李仁甫长编考异之法，乃自来诂释《论语》者所未有，诚可为治经者辟一新途径，树一新楷模也。"①其中，"取事实以证之"和"采意旨相同之语以参之"两种解释途径，是陈寅恪先生经常使用的方法，也是陈氏阐释学的要义所在。

这种方法运用的极致，是他对《乐毅报燕惠王书》中"蓟丘之植，植于汶篁"句的独特解释。历来解此句者，或如俞樾认为是倒句，实即汶篁之植，植于蓟丘的意思；或如杨树达以"于"、"以"同义为由，并引《韩非子·解老篇》"慈，于战则胜，以守则固"及《老子》"以战则胜，以守则固"作为参证，释其意为"蓟丘之植，植以汶篁"等等。寅恪先生避繁就简，欣然论道，而提出此句按普通文义即可通解，而不必求诸于"以"、"于"相通或"倒句"之妙等等。因为按照司马迁《史记》文本所载："乐毅留徇齐五岁，下齐七十余城，皆为郡县，以属燕。"②以此燕为战胜国，大队人马在齐徇留五年之久，自然可以将蓟丘之植移植于汶篁。寅恪先生于是写道：

> 战胜者收取战败者之珠玉财宝车甲珍器，送于战胜者之本土。或又以兵卒屯驻于战败者之土地。战胜者本土之蔬果，则以其为出征远戍之兵卒夙所习用嗜好之故，辄相随而移植于战败者之土地。以曾目睹者言之，太平天国金陵之败，洪杨库藏多辇致于衡湘诸将之家。而南京菜市冬苋紫菜等蔬，皆出自湘人之移种。清室圆明园之珍藏，陈列于欧西名都之博物馆，而旧京西郊静明园玉泉中所生水菜，据称为外国联军破北京时所播种。此为古今中外战胜者与战败者，其所有物产互相交换之通例。燕齐之胜败，

---

① 陈寅恪：《杨树达论语疏证序》，《金明馆丛稿二编》，三联书店2001年版，第262页。
② 《史记》卷八十"乐毅列传"，中华书局标点本，第七册，第2429页。

陈寅恪的阐释学

何独不如是乎？①

寅恪先生的阐释简直妙绝，连生平闻见所历的知识掌故一并招引进来，让大家一起来佐证，说明"蓟丘之植，植于汶篁"，无非是燕国蓟丘的植物，随着留徇齐地的燕国军队，而移植于齐国的汶篁而已。汶即汶水，齐国的一条河流；篁是竹田的意思。

作为"参证"，寅恪先生又引《齐民要术》"种枣"条为例："青州有乐氏枣，肌细核小，多膏肥美，为天下第一。父老相传云：乐毅破齐时，从燕赍来所种也。"②此条材料为寅恪先生所援引，进而证明其对"蓟丘之植，植于汶篁"句的解释妥帖无误。而且在文法上，《乐毅报燕惠王书》此句的前面的文句为："珠玉财宝车甲珍器尽收于燕，齐器设于宁台，大吕陈于元英，故鼎反乎磨室"③。"蓟丘之植，植于汶篁"之句，正好与"故鼎反乎磨室"句是对文，因此寅老的解释不仅于词义，于文法句式也无减无增，恰到好处。为此寅恪先生进而申说道：

夫解释古书，其谨严办法，在不改原有之字，仍用习见之义。故解释之愈简易者，亦愈近真谛。并须旁采史实人情，以为参证。不可仅于文句之间，反复研求，遂谓尽其涵义也。④

此一阐释方法，虽曰"不改原有之字，仍用习见之义"，初看似不难掌

---

① 陈寅恪：《蓟丘之植植于汶篁之最简易解释》，《金明馆丛稿二编》，三联书店2001年版，第298页。
② 同上。
③ 《史记》卷八十"乐毅列传"，中华书局标点本，第七册，第2431页。
④ 陈寅恪：《蓟丘之植植于汶篁之最简易解释》，《金明馆丛稿二编》，三联书店2001年版，第299页。

99

握,但究其实却并非易事。所难者,在"旁采"的两目,就是"史实"与"人情"。"史实"易明,试想如果不引证《齐民要术》的"种枣"条,说服力显然会有所减弱。而太平天国领袖们使用的轿子为湘军将领所获,南京的冬苋紫菜原系湘人所种,北京西郊静明园的水菜竟是外国联军所植等等,这些"史实"都是作者所"目睹者",一起拿来作为"参证",立论便不容易被置疑了。

但何谓"人情"？考据学是需要汰除情感因素的干扰的,谨严如寅恪先生难道不在意此一学术纪律？寅恪先生说:"盖昌国君（乐毅攻入齐之临淄后,燕昭王亲至济上劳军,封乐毅于昌国,遂为昌国君——笔者注）意谓前日之鼎,由齐而反乎燕,后日之植,由燕而移于齐。故鼎新植一往一返之间,而家国之兴亡胜败,其变幻有如是之甚者。并列前后异同之迹象,所以光昭先王之伟烈。而己身之与有勋劳,亦因以附见焉。此二句情深而词美,最易感人。"[①]呵呵！陈寅恪先生所说的"人情",原来是历史叙述中的当事者的"人情"之常,亦即乐毅向燕王报告:"故鼎反乎磨室,蓟丘之植植于汶篁,自五伯已来,功未有及先王者也。"正是以"前后异同之迹象",颂先王之伟功及自己的勋劳,此即用来"参证"解释文句的"人情"是也。

说到以"史实"与"人情"作参证,笔者想到了陈著中另外一个例证。《元白诗笺证稿》第四章释证元稹"艳诗及悼亡诗",发现元、白二人对《法句经》和《心王头陀经》颇感兴趣,比如白居易和元稹《梦游春》诗的结句为:"法句与心王,期君日三复。"且自注云:"微之常以《法句》及《心王头陀经》相示,故申言以卒其志也。"白氏自己的诗里也有句:"心付《头陀经》。"陈寅恪先生针对此点写道:

[①] 陈寅恪:《蓟丘之植植于汶篁之最简易解释》,《金明馆丛稿二编》,三联书店2001年版,第299页。

寅恪少读乐天此诗，遍检佛藏，不见所谓《心王头陀经》者，颇以为恨。近岁始见伦敦博物院藏斯坦因号贰肆柒肆，《佛为心王菩萨说投陀经》卷上，五阴山室寺惠辨禅师注残本（大正续藏贰捌捌陆号）乃一至浅俗之书，为中土所伪造者。至于《法句经》，亦非吾国古来相传旧译之本，乃别是一书，即伦敦博物院藏斯坦因号贰仟贰壹《佛说法句经》（又中村不折藏敦煌写本，大正续藏贰玖零壹号），及巴黎国民图书馆藏伯希和号贰叁二伍《法句经疏》（大正续藏贰玖零贰号），此书亦是浅俗伪造之经。夫元白二公自许禅梵之学，叮咛反复于此二经。今日得见此二书，其浅陋鄙俚如此，则二公之佛学造诣，可以推知矣。①

此则寅恪先生以己身直接接触到的佛教经卷，来反观称颂此经卷的古人之佛学造诣究竟是何种程度，应该是最可信赖的参证方法了。此是实物原存为证，又经对佛教经典研究有素的慧眼之审鉴，纵元白在世，亦瞠目无以为对了。当然这样做的前提条件，是研究者本人必须对遗存原典有广泛的了解和深入的研究，然后才敢于下判断。

可以与此相连类的是，陈寅恪先生还发明一种以后世作者的成句，来解释前人诗赋的方法。比如用杜甫来解释庾信。庾信《哀江南赋》结尾处有句："天地之大德曰生，圣人之大宝曰位。用无赖之子弟，举江东而全弃。惜天下之一家，遭东南之反气。以鹑首而赐秦，天何为而此醉。"其中"无赖子弟"是何所指？庾集倪璠注认为，系指代梁而建陈朝的陈霸先。曾国藩《经史百家杂钞》认为是子山"追咎武帝不能豫教子弟而乱生"。寅恪先生认为，两者均非"真解"。他顺手引来杜甫《咏怀古迹》诗第一首的"羯胡事主终无赖"句，指出杜诗之"羯胡"系指安禄山，庾赋之"无赖之子弟"则是指侯景。前面所引庾赋的前四句的意思是，梁武帝以享国最久之帝王，而用无赖之侯

---

① 陈寅恪：《元白诗笺证稿》，三联书店2001年版，第102—103页。

景,卒致丧生失位,尽弃其江东之王业。寅恪先生归结说:"《哀江南赋》必用《咏怀古迹》诗之解,始可通。"他称此种阐释方法为"以杜解庾"[①]。

三 "既解释文句又讨论问题":阐释的思想向度

陈寅恪先生在为陈援庵先生的《元西域人华化考》所写的序言里,对清儒治经的方法所作的批评,前已引述。不过寅老在批评的同时,还提出了一项重要的阐释学的学理问题,这就是解释文句和讨论问题两者的关系为何。他说:

> 其谨愿者,既止于解释文句,而不能讨论问题。其夸诞者,又流于奇诡悠谬,而不可究诘。虽有研治史学之人,大抵于宦成以后休退之时,始以余力肆及,殆视为文儒老病销愁送日之具。当时史学地位之卑下若此,由今思之,诚可哀矣。此清代经学发展过甚,所以转致史学不振也。[②]

清儒治经的"夸诞者"可无论,其"谨愿者"也只是"止于解释文句,而不能讨论问题"。如此刚好和陈氏解释学相反,寅恪先生的方法,是"既解释文句,又讨论问题",而且主要是为了讨论问题才去解释文句,所以陈先生的学问是有文化生命的学问,他不是寻常的历史学者,而是研究历史的思想家。

兹举一例。一为《元白诗笺证稿》第二章,寅恪先生针对洪迈《容斋五笔》卷七"琵琶行海棠诗"条所谓:"唐世法网虽于此为宽,然乐天尝居禁密,且谪宦未久,必不肯乘夜入独处妇人船中,相从饮酒,至于极丝弹之

[①] 陈寅恪:《庾信哀江南赋与杜甫咏怀古迹诗》,《金明馆丛稿二编》,三联书店2001年版,第302—303页。
[②] 陈寅恪:《陈垣元西域人华化考序》,《金明馆丛稿二编》,三联书店2001年版,第270页。

乐，中夕方去。岂不虞商人者，它日议其后乎？乐天之意，直欲摅写天涯沦落之恨尔"。①寅恪先生对洪氏此说深表置疑，认为洪说在两个问题上存在显误，其一是对文字叙述的理解，其二则涉及唐代风俗问题。白诗《琵琶行》有句："移船相近邀相见，添酒回灯重开宴。千呼万唤始出来，犹抱琵琶半遮面。"洪迈据此认为白居易进入了"独处妇人"的船，而且深夜（"中夕"）方离去，与乐天身份不符。寅恪先生据诗中叙述，裁定是江州司马白居易邀请琵琶女来到自己送客的船中，"故能添酒重宴，否则江口茶商外妇之空船中，恐无如此预设之盛筵也。"②此处我们须注意"茶商外妇"一语，因此语涉及这位琵琶女的特殊身份，而由此牵及唐代的社会风俗问题。

唐代的社会风俗，在男女问题上相对比较自由，甚至朱子也有"唐源流出于夷狄，故闺门失礼之事不以为异"的说法。故寅老解《琵琶行》相关语句，首先提出："关于男女礼法等问题，唐宋两代实有不同。"然后申而论之曰："关于乐天此诗者有二事可以注意：一即此茶商之娶此长安故倡，特不过一寻常之外妇。其关系本在可离可合之间，以今日通行语言之，直'同居'而已。元微之于《莺莺传》极夸其自身始乱终弃之事，而不以为惭疚。其友朋亦视其为当然，而不非议。此即唐代当时士大夫风习，极轻贱社会阶级低下之女子。视其去留离合，所关至小之证。是知乐天之于此故倡，茶商之于此外妇，皆当日社会舆论所视为无足重轻，不必顾忌者也。"③亦因此，诗前叙引写琵琶女自道出身，坦承自己是"长安倡女"，即在女性一方同样不以为异也。只有知晓唐代当时有如此这般的社会风俗，才能解江州司马的所为作，以及琵琶女的不讳来历，真实平静地讲述自己的前后身份变化。

而此义在《元白诗笺证稿》第四章附论《莺莺传》中，寅恪先生亦有清

---

① （宋）洪迈撰、孔凡礼点校：《容斋随笔》下册，中华书局2005年版，第911页。
② 陈寅恪：《元白诗笺证稿》，三联书店2001年版，第53页。
③ 同上，第53—54页。

晰论证，写道："盖唐代社会承南北朝之旧俗，通以二事评量人品之高下。此二事：一曰婚，二曰宦。凡婚而不娶名家女，与仕而不由清望官，俱为社会所不齿。此类例证甚众，且为治史者所习知，故兹不具论。但明乎此，则微之所以作《莺莺传》，直叙其自身始乱终弃之事迹，绝不为之少惭或略讳者，即职是故也。"[1]由此可见寅恪先生的解《琵琶行》之词句文义，是为讨论唐代社会风习及当时士大夫生活道路的时代价值取向，为人物的行为言动寻找社会的文化依据，岂是寻常篡解文句之拘拘小儒所能比并哉。

而陈著《柳如是别传》第三章在重构河东君与平生最喜欢的男性陈子龙的爱情生活时，考证出崇祯七年十二月至崇祯八年春季，两人尝同居于松江城南门内徐氏别墅之南楼。但河东君对陈子龙而言此时的身份，并不是如给河东君作传的顾云美所说，是"妾"，而是"目之为'外妇'，更较得其真相"[2]，陈寅老于此点特予辨明，可视为探讨唐代社会风俗的历史延续，其在明末之江南一带亦复如是。至于徐氏别墅的主人徐致远之兄长徐孚远，乃是与陈子龙在"南园读书楼"共同游息之人，其对陈、柳同居事知之甚稔，故所著之《钓璜堂存稿》涉陈者甚多。就中《旅邸追怀卧子》一诗有句云："墙内桐孙抽几许，房中阿鹜属谁家。"陈寅恪先生对诗句中之"阿鹜"一词至为敏感，对之作了详密考订。盖"阿鹜"典出《三国志》魏书之朱建平传，系指家中之"妾"而言。然则徐诗"房中阿鹜属谁家"之"阿鹜"，究系何指？是否指河东君？陈寅恪先生的考订结论是否定的，写道："据此，阿鹜非目河东君，乃指卧子其他诸妾而言。盖河东君已于崇祯十四年辛巳夏归于牧斋，阎公岂有不知之理。"又说："若就陈杨之关系严格言之，河东君实是卧子之外妇，而非其姬妾。"[3]

---

[1] 陈寅恪：《元白诗笺证稿》，三联书店2001年版，第116页。
[2] 陈寅恪：《柳如是别传》上册，三联书店2001年版，第239页。
[3] 同上，第283页。

重要的是河东君本人的性格特征,在于绝不情愿作人姬妾。寅恪先生于此特为强调而言之曰:"职是之由,其择婿之难,用心之苦,自可想见。但几历波折,流转十年,卒归于牧斋,殊非偶然。此点为今日吾人研考河东君之身世者,所应特加注意也。"①故长途跋涉,解"外妇"典,解"阿鹜"典,阐释的目标非徒为语词文句本身,而是为了讨论女主公的性格特征和思想追求以及晚明江南的士风习俗。陈氏此种阐释学的学理和方法的内涵,真令人绝倒而为后来者所不及也。

四 比较阐释和心理分析:阐释的现代意味

陈寅恪先生的阐释学,还包括比较分析的方法和心理分析的方法,这使得他对材料的阐释明显带有现代学术的意味。《元白诗笺证稿》对元稹和白居易诗作的释证,集中使用的是比较分析的方法。

元、白二人诗歌创作的关系至为密切,依白居易《与元九书》所说,两人"小通,则以诗相戒;小穷,则以诗相勉;索居,则以诗相慰;同处,则以诗相娱"②。诗缘如此,则同声、同韵、同一主题各有所作的情形每每发生,就不足为奇了。对此,最适宜的阐释方法是比较阐释。例如白氏之《琵琶行》系元氏之《琵琶歌》的改进,题目和性质完全类同,孰高孰低,不能不求以比较研究之法。寅恪先生说:"今取两诗比较分析,其因袭变革之词句及意旨,固历历可睹也。后来作者能否超越,所不敢知,而乐天当日实已超越微之所作,要为无可疑者。至乐天诗中疑滞之字句,不易解释,或莫知适从者,亦可因比较研究,而取决一是。斯又此种研究方法之副收获品矣。"③元白在当时唐代的文学环境中与众多作者竞求超胜,不自觉中已形成互相比

---

① 陈寅恪:《柳如是别传》上册,三联书店2001年版,第283页。
② 白居易:《与元九书》,《白居易集》第三册,中华书局1979年版,第965页。
③ 陈寅恪:《元白诗笺证稿》,三联书店2001年版,第47页。

较之趋势，因此寅恪先生告语"今世之治文学史者，必就同一性质题目之作品，考定其作成之年代，于同中求异，异中见同，为一比较分析之研究，而后文学演化之迹象，与夫文人才学之高下，始得明了"①。

所谓"比较分析之研究"，就是比较阐释的方法，寅恪先生在《支愍度学说考》一文中，正是以此种方法来释证支愍度创立的"心无义"学说，并由此探讨我国晋代僧徒研究佛典所使用的"格义"的方法和"合本子注"的方法。支愍度是东晋时的僧人，撰有《经纶都录》（一卷），及《合维摩诘经》（五卷）、《合首楞严经》（八卷）等。据《世说新语》的记载，他与一伧道人过江时，创立了"心无义"学说。寅恪先生始引肇公《不真空论》的解释，认为"心无"即"无心于万物"，"此得在于神静"②。然后引元康《肇论疏》所记之"心无义"说被"破"的经过：

> 心无者，破晋代支愍度心无义也。《世说》注云："愍度欲过江，与一伧道人为侣云云。"（已见上，不重录）从是以后此义大行。《高僧传》云："沙门道恒颇有才力，常执心无义，大行荆上。竺法汰曰：'此是邪说，应须破之。'乃大集名僧，令弟子昙壹难之。据经引理，折驳纷纭。恒仗其口辩，不肯受屈。日色既暮，明旦更集。慧远就席攻难数番，问责峰起，恒自觉义途差异，神色渐动，麈尾扣案，未即有答。远曰：'不疾而速，杼柚何为？'坐者皆笑。心无之义于是而息。"今肇法师亦破此义。先叙其宗，然后破也。"无心万物，万物未尝无"者，谓经中言空者，但于物上不起执心，故言其空。然物是有，不曾无也。"此得在于神静，失在于物虚"者，正破也。能于法上无执，故名为"得"。不知物性是空，故名为"失"也。③

---

① 陈寅恪：《元白诗笺证稿》，三联书店2001年版，第46页。
② 陈寅恪：《支愍度学说考》，《金明馆丛稿初编》，三联书店2001年版，第161页。
③ 元康《肇论疏》所记之"心无义"被"破"经过，系陈寅恪先生文中所引录，见《支愍度学说考》，《金明馆丛稿初编》，三联书店2001年版，第162页。

僧肇所破的"心无义"的持论者是道恒，已在支愍度立说之后了。日人安澄的《中论疏记》有"支愍度追学前义"的说法，寅恪先生特为之辨说，确认支氏是"心无义"的立说者。

问题是对"心无"二字如何寻得正解？陈寅恪先生说："'心无'二字正确之解释果如何乎？请以比较方法定之。"[①]如何比较？寅恪先生一是遍引佛典的不同文本进行比较，包括西晋无罗叉共竺叔兰译《放光般若波罗蜜经》、东汉支娄迦谶译《道行般若波罗蜜经》、竺法护译《持心梵天所问经》，以及支谦译《大明度无极经》、昙摩蜱共竺佛念译《摩诃般若波罗蜜钞经》、鸠摩罗什译《小品般若波罗蜜经》、玄奘译《大般若波罗蜜多经》、宋施护译《佛母出生三法藏般若波罗蜜多经》，并藏、梵文《八千颂般若波罗蜜经》等佛藏典籍，证得"心无"两字盖出自道行《般若波罗蜜经》，但各家翻译解释纷纭歧出也甚，令人不知所从。所以然之故，则由于晋代以来的"以内典与外书互相比附"，也就是"格义"所生出的结果。

所谓"格义"，晋僧人竺法雅所说的"以经中事数拟配外书，为生解之例，谓之格义"[②]，是给"格义"下的最明确的定义。而所谓"事数"者，按刘孝标注《世说新语》的理解，应为佛教的"五阴，十二入，四谛，十二因缘，五根，五力，七觉之声"，寅恪先生对刘注表示认同。"格义"作为早期佛典研究的一种比较方法，即外典与佛经"递互讲说"，包括支愍度等所做的对佛典同本异译的比较，寅恪先生给予肯定评价，认为："据愍度所言，即今日历史语言学者之佛典比较研究方法，亦何以远过。"[③]这个评价可不低。事实上，佛典与外书的互阐，魏晋南北以降一度成为风气，如同《颜氏

---

① 陈寅恪：《支愍度学说考》，《金明馆丛稿初编》，三联书店2001年版，第165页。

② 同上，第168页。

③ 同上，第185页。

家训·归心篇》所说："内外两教，本为一体，渐积为异，深浅不同。内典初门，设五种禁；外典仁义礼智信，皆与之符。仁者，不杀之禁也；义者，不盗之禁也；礼者，不邪之禁也；智者，不酒之禁也；信者，不妄之禁也。至如畋狩军旅，燕享刑罚，因民之性，不可卒除，就为之节，使不淫滥尔。归周、孔而背释宗，何其迷也。"①此种"格义"的方法，使佛典与外书、周孔释宗，互相吸收而两不相背，在中国文化背景下，对外来之佛教而言，无异为自己谋一合法生存的途径，而中国文化本身亦因新资源的注入而获得"生解"。前引竺法雅称这种"以经中事数拟配外书"的"格义"的方法，为"生解之例"，此"生解"一词，可谓不同文化比较研究阐释的最生动的写照。

职是之故，陈寅恪先生才以晋僧支愍度的"心无义"为案例专题探讨此一问题，并在梳理毕"格义"的出典经过之后，归结阐述道：

> 尝谓自北宋以后援儒入释之理学，皆"格义"之流也。佛藏之此方撰述中有所谓融通一类者，亦莫非"格义"之流也。即华严宗如圭峰大师宗密之疏《盂兰盆经》，以阐扬行孝之义，作《原人论》而兼采儒道二家之说，恐又"格义"之变相也。然则"格义"之为物，其名虽罕见于旧籍，其实则盛行于后世，独关于其原起及流别，就予所知，尚未有确切言之者。以其为我民族与他民族二种不同思想初次之混合品，在吾国哲学史上尤不可不纪。②

甚者为言，寅恪先生已把"格义"之说视为"我民族与他民族二种不同思想初次之混合品"来看待，足见其重要了。而宋儒的援释入儒从而引起宋

---

① 王利器集解：《颜氏家训集解》，上海古籍出版社1980年版，第339页。
② 陈寅恪：《支愍度学说考》，《金明馆丛稿初编》，三联书店2001年版，第173页。

代思想的大汇流，寅恪先生认为也可以看作是"格义"的流风所及，自属可理解。大而言之不同国家与民族的思想接触史又何尝不是吸收与合流的趋势，其实这也就是寅老一生所标举的"文化高于种族"的学说。

但由支愍度的"心无义"所引发的寅老对佛典与外书的"格义"的探讨，只是"佛典比较研究方法"的第一种形态。此外还有第二种形态，也和支愍度其人有关，这就是寅老极为重视的"合本子注"。魏晋南北朝时期佛教盛行，佛典翻译名家辈出，往往同一经文有多种译本问世，译文歧出的现象多有发生。因此汇聚各家不同译文的"合本"应运而生。这类书的刊行，经文一般用大字，各本的异文以小字列入夹注之中，故有"母本"、"子注"之称。僧祐《出三藏记集》卷第二载："《合维摩诘经》五卷，合支谦、竺法护、竺法兰所出《维摩》三本合为一部；《合首楞严经》八卷，合支谶、支谦、竺法护、竺法兰所出《首楞严》四本，合为一部。"①此二种合本，均为支愍度所集。故寅恪先生以"合本之学者"称许支愍度其人。

至于此两种不同的比较方法，陈寅恪先生写道："'格义'之比较，乃以内典与外书相配拟。'合本'之比较，乃以同本异译之经典相参校。其所用之方法似同，而其结果迥异。故一则成为傅会中西之学说，如心无义即其一例，后世所有融通儒释之理论，皆其支流演变之余也。一则与今日语言学者之比较研究法暗合，如明代员珂之《楞伽经会译》者，可称独得'合本'之遗意，大藏此方撰述中罕觏之作也。当日此二种似同而实异之方法及学派，支愍度俱足以代表之。"②以此我们知道，寅恪先生撰此《支愍度学说考》一文的目的，实在于发掘佛教中国化过程中"融通儒释之理论"的早期形态的存在及其意义，所以他说支愍度其人"于吾国中古思想史关系颇巨"。而作为陈寅恪先生阐释学的比较阐释的方法的重要性，由此也可以得到证实。

---

① （梁）释僧祐撰：《出三藏记集》，中华书局1995年点校本，第45页。
② 陈寅恪：《支愍度学说考》，《金明馆丛稿初编》，三联书店2001年版，第185页。

不过需要说明，陈寅恪先生虽然对比较阐释的方法特为看重，但对比较语言学学科本身，尤其是对比较语言学的观念和方法的要求，是极为严格的。他强调"治吾国语言之学，必研究与吾国语言同系之他种语言，以资比较解释，此不易之道也"①，同时又说："迄乎近世，比较语言之学兴，旧日谬误之观念得以革除。因其能取同系语言，如梵语波斯语等，互相比较研究，于是系内各个语言之特性逐渐发见。印欧系语言学，遂有今日之发达。故欲详知确证一种语言之特殊现象及其性质如何，非综合分析，互相比较，以研究之，不能为功。而所与互相比较者，又必须属于同系中大同而小异之语言。盖不如此，则不独不能确定，且常错认其特性之所在，而成一非驴非马，穿凿附会之混沌怪物。因同系之语言，必先假定其同出一源，以演绎递变隔离分化之关系，乃各自成为大同而小异之言语。故分析之，综合之，于纵贯之方面，剖别其源流，于横通之方面，比较其差异。由是言之，从事比较语言之学，必具一历史观念，而具有历史观念者，必不能认贼作父，自乱其宗统也。"②

要之在比较语言学的观念与方法的界定上，必须是属于同一语系中大同而小异之语言方能互相比较，否则便有可能导致"认贼作父，自乱其宗统"。至于在三十年代已经流行的比较文学研究，寅恪先生认为，也必须"具有历史演变及系统异同之观念"，例如白居易在中国以及在日本的影响，或者佛教故事在印度和中国的影响与流变等，可以作为比较文学研究的课题（亦即比较文学的主题研究和影响研究）。如果反其是，"则古今中外，人天龙鬼，无一不可取以相与比较。荷马可比屈原，孔子可比歌德，穿凿附会，怪诞百出，莫可追诘，更无所谓研究之可言矣"③。可见寅恪先生对用比较研究的方法释证材料和作

---

① 陈寅恪：《西夏文〈佛母大孔雀明王经〉夏梵藏汉合璧校释序》，《金明馆丛稿二编》，三联书店2001年版，第224页。
② 陈寅恪：《与刘叔雅论国文试题书》，《金明馆丛稿二编》，三联书店2001年版，第251页。
③ 同上，第252页。

为学科的比较语言学及比较文学研究,在认识上是严加区别的,这反映出陈氏阐释学比较阐释方法的严谨性。

把心理分析的方法引入阐释学更是陈寅恪先生的发明。特别是《柳如是别传》一书,由于作者旨在借为河东君等人物立传,来修明清文化之史,因而在材料的释证过程经常深入到人物的心理层面。明清易代所引发的知识人士的家国情怀及其在心理上的反应,是《别传》揭橥的重点。明崇祯十四年(公元1641年)夏天,钱谦益以"匹嫡之礼"与河东君在茸城舟中结缡,这在牧斋是平生最欢娱之事,前后有许多诗作记录其情其事,而河东君也多有唱和之作。但柳氏对牧斋最重要的《合欢诗》和《催妆词》共八首,却眇无回应,就中原因何在?寅恪先生分析说,也许由于河东君平生作诗"语不惊人死不休",倘不能胜人,宁可无作,所谓藏拙也。但如此解释似不能完全得其真相,故寅恪先生进而分析道:

> 鄙意此说亦有部分理由,然尚未能完全窥见河东君当时之心境。河东君之决定舍去卧子,更与牧斋结缡,其间思想情感痛苦嬗蜕之痕迹,表现于篇什者,前已言之,兹可不论。所可论者,即不和《合欢诗》、《催妆词》之问题。盖若作欢娱之语,则有负于故友。若发悲苦之音,又无礼于新知。以前后一人之身,而和此啼笑而难之什,吮毫濡墨,实有不知从何说起之感。如仅以不和为藏拙,则于其用心之苦,处境之艰,似犹有未能尽悉者矣。由此言之,河东君之不合两题,其故倘在斯欤?倘在斯欤? [①]

盖柳如是的最爱是陈子龙,弃陈就钱实出于不得已,故与钱结合后柳如是有过一段情绪极低迷时期。以此可见,寅恪先生对河东君不和《合欢诗》、《催妆词》的当时心理情境所作的分析,虽事过三百年之后,揆情度理,仍

[①] 陈寅恪:《柳如是别传》中册,三联书店2001年版,第662页。

堪称的论。

陈寅恪先生对钱柳结缡前后之千般曲折的事实经过，都是通过释证两人有关之诗作一一考论清楚，唯河东君不和《合欢》、《催妆》两诗之因由，无诗作可资依凭，幸引来现代心理分析之方法，使得释证钱柳因缘的绝妙好辞，不仅无空白留下①，且增添无限现代的意味。

五 古典、今典双重证发：阐释的学问境界

古典和今典的双重证发，是陈氏阐释学的核心内容。1939年他在昆明西南联大所作《读哀江南赋》一文中，最早提出古典、今典的概念。他在文章的开头写道：

> 古今读《哀江南赋》者众矣，莫不为其所感，而所感之情，则有浅深之异焉。其所感较深者，其所通解亦必较多。兰成作赋，用古典以述今事。古事今情，虽不同物，若于异中求同，同中见异，融会异同，混合古今，别造一同异俱冥，今古合流之幻觉，斯实文章之绝诣，而作者之能事也。自来解释《哀江南赋》者，虽于古典极多诠说，时事亦有所征引。然关于子山作赋之直接动机及篇中结语特所致意之点，止限于诠说古典，举其词语之所从出，而于当日之实事，即子山所用之"今典"，似犹有未能引证者。②

又说：

---

① 关于陈寅恪先生考证钱柳结缡前后之心理过程，拙稿《陈寅恪与〈柳如是别传〉的撰述旨趣》，于此析论至详，读者可参看。文载莱顿汉学院主办之《史学：东与西》。

② 陈寅恪：《读哀江南赋》，《金明馆丛稿初编》，三联书店2001年版，第234页。

解释词句，征引故实，必有时代限断。然时代划分，于古典甚易，于"今典"则难。盖所谓"今典"者，即作者当日之时事也。①

寅恪先生这里把古典、今典的概念界说得非常明确，即古典是词句故实之所从出，今典是作者所经历的当日之事实，两者在文章大家的笔下可以"融会异同，混合古今，别造一同异俱冥，今古合流之幻觉"，形成特有的一种艺术境界。而研究者的能事，则在于通过对作品中古典、今典的双重释证，以达到对作者和作品的世界的通解。

一般地说，释古典较易，解今典更难。因为古典出自此作品之前的载籍，只要释证者并非腹笥空空，而且毕竟有诸多工具书可依凭，解释起来相对要容易或至少有线索可寻。但诠释今典，则必须了解作者当时当地的处境和心境。具体说来，寅恪先生认为"今典"的诠释宜有"二难"：一是"须考知此事发生必在作此文之前，始可引之，以为解释。否则，虽似相合，而实不可能。此一难也"。二是"此事发生虽在作文以前，又须推得作者有闻见之可能。否则其时即已有此事，而作者无从取之以入其文。此二难也"②。比如庾信《哀江南赋》结尾四句："岂知灞陵夜猎，犹是故时将军；咸阳布衣，非独思归王子。"前两句用汉李广家居时夜猎灞陵的古典，后两句用楚襄王太子完质于秦，遂有"去千乘之家国，作咸阳之布衣"的慨叹的故实，对长期去国、羁留长安的庾子山来说自是贴切。但寅恪先生认为此四句中尚有"作者当日之时事"即"今典"在，指的是周、陈交好之后，陈文帝之弟安成王顼得以还国，陈宣王提出羁旅关中的庾信、王褒等"亦当有南枝之思"，而"子山既在关中，位望通显，朝贵复多所交亲，此类使臣语录，其关切己身

---

① 陈寅恪：《读哀江南赋》，《金明馆丛稿初编》，三联书店2001年版，第234页。
② 同上，第234—235页。

者,自必直接或间接得以闻见"①,所以赋中"犹是故时将军"固然包含子山自己曾是故左卫将军的"今典","布衣"、"王子"云云,也是对宣帝"欲以元定军将士易王褒等"的回应。这样,庾赋不仅表现己身的乡关之思,而且流露出归心之疾了。

《柳如是别传》对钱柳因缘诗所涉及的古典和今典的辨认和疏解更具有系统性和典范性,可以说这是《别传》撰著的基本义法。寅恪先生在《别传》之缘起章里提出:"自来诂释诗章,可别为二:一为考证本事,一为解释辞句。质言之,前者乃考今典,即当时之事实。后者乃释古典,即旧籍之出处。"②钱遵王注释牧斋《初学》、《有学》两集,阐证本事之处虽然不少,但因其深恶河东君,于钱柳关系多讳其出处,"在全部注本之中,究不以注释当日本事为通则"③。鉴于此,寅恪先生在释证钱、柳因缘诗之时,对每一首诗所涉及的有关时、地、人的各种错综复杂之情形,都力求"补遵王原注之缺",使钱柳因缘诗中的僻奥故实、庾词隐语,因发覆而有着落。当然这是一件极困难的工作,不用说辨疏今典,即释证古典,亦非易事。故寅恪先生说:"解释古典故实,自当引用最初出处,然最初出处,实不足以尽之,更须引其他非最初而有关者,以补足之,始能通解作者遣辞用意之妙。"④

陈先生又说:"若钱柳因缘诗,则不仅有远近出处之古典故实,更有两人前后诗章之出处。若不能探河穷源,剥蕉至心,层次不紊,脉络贯注,则两人酬和诸作,其辞锋针对,思旨印证之微妙,绝难通解也。"⑤例如河东君次韵奉答钱牧斋《冬日泛舟有赠》诗中,有"莫为卢家怨银汉,年年河水向东流"的句子,其实此二句诗与《玉台新咏》"歌词"二首之二"河中之水向

---

① 陈寅恪:《读哀江南赋》,《金明馆丛稿初编》,三联书店2001年版,第238—239页。
② 陈寅恪:《柳如是别传》上册,三联书店2001年版,第7页。
③ 同上,第10页。
④ 同上,第11页。
⑤ 同上,第12页。

东流,洛阳女儿名莫愁"以及"平头奴子擎履箱"、"恨不嫁与东家王"等句相关联;也与李商隐诗《代[卢家堂内]应》"本来银汉是红墙,隔得卢家白玉堂。谁与王昌报消息,尽知三十六鸳鸯"有关;又与钱牧斋次韵答柳如是过访半野堂赠诗里面的诗句"但似王昌消息好,履箱擎了便相从"相关;还与牧斋《观美人手迹戏题绝句七首》之三"兰室桂为梁,蚕书学采桑,几番云母纸,都惹郁金香"①,以及钱氏《移居诗集》之《永遇乐》词"八月十六夜有感再次前韵"有关②。今典故实如此丰富繁复,如果对钱柳当时当地的身份处境和前后情感经过的曲折少有了解,绝难获致通解。

特别是当明之南都倾覆之后,钱柳的有关诗作许多都与反清复明的主题有关,往往今典、古典交错互用,给笺释者造成的困难尤大,即使是影响后学的《钱注杜诗》,寅恪先生也认为:

> 细绎牧斋所作之长笺,皆借李唐时事,以暗指明代时事,并极其用心抒写己身在明末政治蜕变中所处之环境。实为古典今典同用之妙文。③

《柳如是别传》是陈寅恪先生平生最大著述,既是以诗文证史的杰构,又是辨认和疏解作品中的古典今典的典范。所以如是者,盖由于寅恪先生坚信古人的撰著都是有所为而发,因而作品中"必更有实事实语,可资印证者在,惜后人不能尽知耳"④。此实又涉及他对古人作品的一种特殊的理解,他

---

① 钱牧斋:《初学记》卷十六,《钱牧斋全集》第一册,上海古籍出版社2003年版,第562页。
② 钱牧斋《永遇乐》词"十六夜有感再次前韵"写的是:"银汉红墙,浮云隔断,玉箫吹裂。白玉堂前,鸳鸯六六,谁与王昌说?今宵二八,清辉吞雾,还忆破瓜时节。剧堪怜,明镜青天,独照长门鬓发。莫愁未老,嫦娥孤零,相向共嗟圆阙。长叹凭栏,低吟拥髻,暗与阴蛮切。单栖海燕,东流河水,十二金钗敲折。何日里,并肩携手,双双拜月。"《钱牧斋全集》第一册,上海古籍出版社2003年版,第609—610页。
③ 陈寅恪:《柳如是别传》下册,三联书店2001年版,第1021页。
④ 陈寅恪:《读哀江南赋》,《金明馆丛稿初编》,三联书店2001年版,第242页。

曾说："诗若不是有两个意思，便不是好诗。"①所以，辨认和疏解古典和今典的工作，在陈寅恪先生的阐释学中，宜占有核心之位置，可以看作是他学术建构的重要观念和重大学术创获。

六 环境与家世信仰的熏习：阐释的种子求证

陈寅恪先生是历史学家，他面对的是错综复杂的历史事件和各式各样的人物与思想学说。然则历史人物的行动依据到底是什么？都有哪些直接或间接的因素促使历史人物做出这样的而不是那样的选择。在此一问题上，寅恪先生特别重视人物的家世与信仰的影响作用。当然还有地域环境的因素，寅恪先生也很重视。不独专门探讨隋唐制度之文化渊源的《隋唐制度渊源略论稿》和《唐代政治史述论稿》直接涉及此一问题，《金明馆丛稿初编》里面的许多篇章，包括《天师道与滨海地域之关系》、《述东晋王导之功业》、《魏书司马睿传江东民族条释证及推论》、《崔浩与寇谦之》、《陶渊明之思想与清谈之关系》等，也都有关于此一问题的集中考论。

盖依寅恪先生的释史特见，环境、家世与信仰好比佛教唯识家所说的"种子"，亦即"阿赖耶识"，其对后世子孙的"熏习"，无代不存，无时不在。其他的历史学家当然也重视家世与信仰对历史人物的言动所起的作用，但都没有像寅恪先生这样，强调到如此的程度，而且可以作为他的阐释学理论的"种子因缘"的求证部分。

这里特别需要提到《天师道与滨海地域之关系》这篇文字，写作时间为1933年任教清华时期，最初发表于中央研究院《历史语言研究所集刊》1933年第三本第四分。此文之主旨如标题所示，乃在探讨天师道的信仰与滨海地

---

① 黄萱：《怀念陈寅恪教授——在十四年工作中的点滴回忆》，《纪念陈寅恪教授国际学术讨论会文集》，中山大学出版社1989年版，第71页。

区实际存有的关系。天师道属于道教的一支，又名正一道，因学道之人须奉献五斗米，后人又称为五斗米教。文章直接引入的话题固然是以汉末的黄巾起义、西晋赵王伦的废立、东晋的孙恩之乱和南朝的刘劭弑逆，作为历史的案例，来考证此四起变端和天师道之间如何相关联；但学理层面则是为了释证"家世遗传"和"环境熏习"两项内容，对一个人的信仰和行为会产生怎样的影响。例如赵王伦之乱，谋主为孙秀，大将是张林。据《晋书》孙恩传记载："孙恩字灵秀，琅邪人，孙秀之族也。世奉五斗米教。"①则孙秀必为天师道的信徒无疑。而张林其人，据寅恪先生考证，也是"黄巾同类黑山之苗裔，其家世传统信仰当与黄巾相近"②。甚至赵王伦，由于是汉宣帝的第九子，先封为琅邪郡王（后改封于赵），而琅邪是天师道的发源地，手下又有他所赏识的天师道信徒孙秀，因此他本人也信奉天师道，并没有什么奇怪。故如寅恪先生所说："感受环境风习之传染，自不足异。"③

至于东晋的孙恩、卢循，他们的队伍，系以水师为主，事败后孙恩逃走海隅自沉，妓妾婴儿从死者无算，谓之"水仙"。寅恪先生认为此种做法，实带有海滨宗教的特征，而且有家世门风的习惯影响。孙恩是孙秀的族孙，当年孙秀"欲乘船东走入海"，和"后来其族孙败则入海"，同为"返其旧巢之惯技"。因此寅恪先生得出结论："若明乎此，则知孙、卢之所以为海屿妖贼者，盖有环境之熏习，家世之遗传，决非一朝一夕偶然遭际所致。"④卢循是孙恩的妹婿，变乱起义他们固然是同道，在信仰方面也互相冥契，都是天师道的信徒。恩死后循被推为首领，转战数年，终为刘裕所灭。卢循是卢谌的曾孙，史载"双眸冏彻，瞳子四转"，佛学大师慧远相之为："虽体涉风素，而志

---

① 《晋书》卷一百孙恩传，中华书局标点本，第八册，第2631页。
② 陈寅恪：《天师道与滨海地域之关系》，《金明馆丛稿初编》，三联书店2001年版，第4页。
③ 同上。
④ 同上，第7页。

存不轨。"①而卢循的中表兄弟崔浩，当其父病笃之时，尝"剪爪截发，夜在庭中仰祷斗极，为父请命"②，同时又与道士寇谦之往还频密，其信仰天师道自无问题。《金明馆丛稿初编》有寅恪先生撰写的《崔浩与寇谦之》一文，析论此义甚详，读者不妨参看。

尤其引发我个人兴趣的是，寅恪先生对天师道信徒取名常带"之"字，虽祖孙父子有所不避的考证。《北史》卷二十七寇谦之兄长寇讚传载："寇讚字奉国，上谷人也，因难徙冯翊万年。父修之，字延期，苻坚东莱太守。讚弟谦，有道术，太武敬重之。"③此处的"讚弟谦"即指寇谦之，但却少一"之"字，颇令清代史学巨擘钱大昕、王鸣盛、吴士鉴等深所置疑，认为寇传有脱漏。寅恪先生对此一变征情况，作出了独到的解释，他在《崔浩与寇谦之》一文中写道：

> 盖六朝天师道信徒之以"之"为名者颇多，"之"字在其名中，乃代表其宗教信仰之意，如佛教徒之以"昙"或"法"为名者相类。东汉及六朝人依公羊春秋讥二名之义，习用单名。故"之"字非特专之真名，可以不避讳，亦可省略。六朝礼法士族最重家讳，如琅邪王羲之、献之父子同以"之"为名，而不以为嫌犯，是其最显著之例证也。④

然后寅老又连举《南齐书》卷三十七胡谐之传，祖廉之、父翼之，《南史》卷六十二朱异传，祖昭之、叔谦之、兄巽之等成例，进一步证实寇谦之"父子俱又以'之'字命名，是其家世遗传，环境熏习，皆与天师

---

① 《晋书》卷一百卢循传，中华书局标点本，第八册，第2634页。
② 《魏书》卷三十五崔浩传，中华书局标点本，第三册，第812页。
③ 《北史》卷二十七寇讚传，中华书局标点本，第四册，第990页。
④ 陈寅恪：《崔浩与寇谦之》，《金明馆丛稿初编》，三联书店2001年版，第121页。

道有关"①。

不仅此也，寅恪先生还拈出东西晋南北朝时期多个最具代表性的天师道世家，比如琅邪王氏、高平郗氏、会稽孔氏、义兴周氏、陈郡殷氏、吴郡杜氏、吴兴沈氏、丹阳葛氏、许氏陶氏等等，说明"家世信仰之至深且固，不易剪除，有如是者"②。其论王氏曰："特上溯其先世，至于西汉之王吉，拈出地域环境与学说思想关系之公案"③，以见其"地域熏习，家世遗传，由来已久"④。其论殷氏曰："殷仲堪为陈郡长平人……妻为琅邪王氏，本天师道世家，然疑仲堪之奉道，必已家世相传，由来甚久"，"仲堪之精于医术，亦当为家门风习渐染所致"⑤。其论沈氏曰："则休文（指沈约）受其家传统信仰之熏习，不言可知"⑥。他甚至归结说："明乎此义，始可与言吾国中古文化史也。"⑦盖魏晋南北朝时期，大族门第和宗教信仰，是两大关键词，寅老治中古文化之史，处处都是在关键问题上做文章，其史学的思想深度人所不及，殊不足怪。

《天师道与滨海地域之关系》的最后一节，又涉及天师道和书法艺术的关系，这是由于当时的书法世家同时也是天师道的世家。寅恪先生说："东西晋南北朝之天师道为家世相传之宗教，其书法亦往往为家世相传之艺术，如北魏之崔、卢，东晋之王、郗，是其最著之例。旧史所载奉道世家与善书世家二者之符会，虽或为偶值之事，然艺术之发展多受宗教之影响。而宗教之传播，亦多依艺术之资用。治吾国佛教美艺史者类能言佛陀之宗教与建筑雕

---

① 陈寅恪：《天师道与滨海地域之关系》，《金明馆丛稿初编》，三联书店2001年版，第15页。
② 同上，第38页。
③ 同上，第18页。
④ 同上，第21页。
⑤ 同上，第30—31页。
⑥ 同上，第37页。
⑦ 同上，第38页。

塑绘画等艺术之关系，独于天师道与书法二者互相利用之史实，似尚未有注意及之者。"①所谓"北魏之崔、卢"，"崔"即崔浩及曾祖悦、祖父潜、父亲玄伯，一门四代均擅书法，《魏书》玄伯传对此记之凿凿；"卢"则指卢谌及子偃、孙邈，《魏书》玄伯传亦有记载，称"谌法钟繇，悦法卫瓘，而俱习索靖之草，皆尽其妙"②。而此两家同为天师道世家，我们前面已经知道了。所谓"东晋之王、郗"，"王"自然是王羲之、王献之父子，"郗"则是指郗愔、郗嘉父子，僧虔称郗氏父子为"二王"之"亚"。问题是郗王两家也都是天师道世家，既擅长书法，又信奉天师道，而且世代相传，那么天师道信仰和书法又是何种关系呢？这正是寅老要为我们解决的问题。

　　陈寅恪先生对这一问题的解释颇为简单，亦即天师道信徒需要抄写符箓经典，且出于信仰的原因不能不抄得虔敬工整，日久天长，自必使书法的水准得以提升。虽然书法之成为艺术系由多种因素构成，其中天赋的成分亦无法排除，但寅恪先生以东晋之王、郗两世家为例，把书法和宗教信仰联系起来，不能不说是孤明先发之见。论者每将王羲之与山阴道士换鹅的故事，作为右军学书的趣行轶事，但寅恪先生一反旧说，认为鹅有解五脏丹毒的功用，与服食丹铅之人颇为相宜，这在陶隐居《名医引录》和唐孟诜《食疗本草》中均有著录。因此他写道：

　　　　医家与道家古代原不可分。故山阴道士之养鹅，与右军之好鹅，其旨趣实相契合，非右军高逸，而道士鄙俗也。道士之请右军书道经，及右军之为之写者，亦非道士仅为爱好书法，及右军喜此鹅鹅之群有合于执笔之姿势也，实以道经非倩能书者写之不可。写经又为宗教上之功德，故此段故事适足表示道士与右军二人之行事皆有天师道信仰之关系存乎

---

① 陈寅恪：《天师道与滨海地域之关系》，《金明馆丛稿初编》，三联书店2001年版，第39页。
② 《魏书》卷二十四崔玄伯传，中华书局标点本，第二册，第623页。

其间也。①

寅恪先生认为，王羲之换鹅的传说故事，虽是一真伪莫辨的"末节"，但由于直接关系到艺术与宗教的关系，则又不能不辨别清楚。

写到这里，读者也许会向笔者以及寅恪先生提出一个问题，即天师道的信仰既然如此家世相传，那么面对儒家思想取得统制地位之后的强势，以及佛教的巨大冲击，天师道信仰者如何应对呢？难道就没有任何变化吗？幸运的是，寅老在《陶渊明之思想与清谈之关系》一文中，对此一问题作了详尽的回答。他说两晋南北朝的士大夫，"其家世素奉天师道者"，对佛教的态度可分为三派：一是保持"家传之道法"，而排斥佛教，典型例证是写《神灭论》的范缜；二是"舍弃家世相传之天师道，而皈依佛法"，这可以梁武帝萧衍为代表；三是"调停道佛二家之态度，即不尽弃家世遗传之天师道，但亦兼采外来之释迦教义"，南齐的孔稚珪是其显例②。陶渊明和范缜一样，属于第一派。虽然五柳先生与佛学大师慧远，身处同时同地，亦有过接触，但终其一生与佛教教义绝缘。原因在于他的家世信仰牢固，且在学理上有发挥，故精神世界不必与释氏合流，也可以自我安身立命。

所以寅恪先生在援引陶诗《形影神》三首之《神释》之后写道：

> 或疑渊明之专神至此，殆不免受佛教影响，然观此首结语"应尽便须尽，无复独多虑"之句，则渊明固亦与范缜同主神灭论者。缜本世奉天师道，而渊明于其家传之教义尤有所创获，此二人同主神灭之说，必非偶然也。③

---

① 陈寅恪：《天师道与滨海地域之关系》，《金明馆丛稿初编》，三联书店2001年版，第43页。
② 陈寅恪：《陶渊明之思想与清谈之关系》，《金明馆丛稿初编》，三联书店2001年版，第218页。
③ 同上，第223页。

又说：

> 子真所著《神灭论》云:"若知陶甄禀于自然,森罗均于独化,忽焉自有,悦尔而无,来也不御,去也不追,乘乎天理,各安其性。"则与渊明《神释诗》所谓"纵浪大化中,不喜亦不惧。应尽便须尽,无复独多虑",及《归去来辞》所谓"聊乘化以归尽,乐夫天命复奚疑"等语旨趣相符合。惟渊明生世在子真之前,可谓"孤明先发"(慧皎《高僧传》赞美道生之语)耳。陶、范俱天师道世家,其思想冥会如此,故治魏晋南北朝思想史,而不究家世信仰问题,则其所言恐不免皮相。①

历来研陶者多为渊明与慧远之特殊关系所困,因而无法对五柳先生的《形影神》诗作出正解。寅恪先生则不存任何疑滞,结论明晰有断——此无他,无非是其家世的天师道信仰所使然,而且因为渊明是大思想家,他对道教的自然说有新的创辟胜解,无须为其他思想所左右。

兹还有一例,即武则天的笃信佛教,寅恪先生认为也与家世信仰有关。太宗李世民对释迦的态度有些模模糊糊,虽优礼玄奘,但大半出于政治上的深谋远虑,究其本心,则"非意所遵"也。武则天不然,其母杨氏系隋朝宗室观王雄弟始安侯杨士达之女,史载为笃信佛教之人,唐龙朔二年(公元662年)西明寺僧人道宣等曾上书则天之母杨氏,请求沙门不合拜俗之事。因此寅恪先生在《武曌与佛教》一文中写道:"隋文帝重兴释氏于周武灭法之后,隋炀帝又隆礼台宗于智者阐教之时,其家世之宗教信仰,固可以推测得知。而武曌之母杨氏既为隋之宗室子孙,则其人之笃信佛教,

---

① 陈寅恪:《陶渊明之思想与清谈之关系》,《金明馆丛稿二编》,三联书店2001年版,第223—224页。

亦不足为异矣。"①又说："至杨氏所以笃信佛教之由，今以史料缺乏，虽不能确言，但就南北朝人士其道教之信仰，多因于家世遗传之事实推测之（参阅拙著《天师道与滨海地域之关系》），则荣国夫人之笃信佛教，亦必由杨隋宗室家世遗传所致。荣国夫人既笃信佛教，武曌幼时受其家庭环境佛教之薰习，自不待言。"②这些例证均见出，陈寅恪先生的阐释学对历史人物所受之家世信仰和环境熏习是何等重视。

最后，我想对环境熏习问题再附一言。

寅恪先生认为著立之人的环境熏习、家世遗传和宗教信仰至关重要，研究者不能有所稍忽。例如四声之说经寅恪先生考证，系当时文士摹拟转读佛经之声，除入声外，其余分别定为平、上、去三声，合为四声。但四声之说何以出现在南齐永明之世，而不在其他时期？创说者为什么是周颙、沈约，而不是另外其他的人？寅恪先生遍引慧皎《高僧传》所载支昙籥、释法平、释僧饶、释道慧、释智宗、释昙迁、释昙智、释僧辩、释昙凭、释慧忍诸传，参证旧史及他书之文，得出了南朝政治文化中心建康当时是善声沙门最集中之地，南齐初年即永明之世是善声沙门最盛之时的结论。据史载，南齐武帝永明七年二月二十日，竟陵王萧子良曾大集善声沙门于京邸，造经呗新声，盛况空前。但此前早已形成审音文士与善声沙门互相讨论研求的风气，实由于当时之建康"胡化之渐染"，"受此特殊环境之熏习"所致。而沈约与谢朓、王融、萧琛、范云、任昉、陆倕等文士，是竟陵王萧子良的座上客，经常聚集在鸡笼山西邸，并称"八友"。周颙则为文惠太子的东宫掾属，两人"皆在佛化文学环境陶冶之中，四声说之创始于此二人者，诚非偶然也"③。

---

① 陈寅恪：《武曌与佛教》，《金明馆丛稿二编》，三联书店2001年版，第161页。
② 同上，第163页。
③ 陈寅恪：《四声三问》，《金明馆丛稿初编》，三联书店2001年版，第377页。

盖依寅恪先生的特见，环境、家世、信仰此三因素，为历史人物言动之所以不得不如是的"种子"熏习之因缘，我们诠释历史事件、研究历史人物和重建历史真相的结构，不能不视此为一条不宜或缺的求证途径。

1991年初稿，2007年8月22日增补改订竣稿于京东寓所

（原载《中国文化》2007年秋季号，后经增补）

陈寅恪的"家国旧情"与"兴亡遗恨"

1980年上海古籍出版社出版的《陈寅恪文集》之第一种《寒柳堂集》，附有《寅恪先生诗存》，收诗197首，是为残编。受寅恪先生委托负责整理文集的蒋天枢先生在识语中说："寅恪先生逝世前，唐晓莹师母曾手写先生诗集三册，1967年后因故遗失。现就本人手边所有丛残旧稿，按时间先后，录存若干篇，藉见先生诗之梗概云尔。"[①]

关心陈寅恪先生学行志业的人，一直为不能窥见陈诗的全豹而深感遗憾。1993年清华大学出版社出版的《陈寅恪诗集》，系寅恪先生的两位女公子流求和美延所编定，共收诗329首[②]，比《诗存》多出132首，虽仍然不一定是陈诗的全部，主要的部分应该都包括在内了。因此搜集得比较齐全，是这本诗集的第一个特点。其次，是编排顺序大体上按照寅恪先生夫妇生前编定的诗稿目录，除其中13首不能确定写作时间，其余216首都有具体署年。三是《诗集》后面附有唐晓莹先生的诗作64首，为我们从另一个侧面了解陈氏夫妇精神世界的全体，提供了极可宝贵的资料。至于流求、美延两姊妹十几年来为搜集遗失的诗稿所作的努力，则是千难百折，委曲动人，编后记中所叙

[①] 陈寅恪：《寒柳堂集》所附之《寅恪先生诗存》，上海古籍出版社1980年版，第3页。
[②] 陈美延、陈流求编：《陈寅恪诗集》，清华大学出版社1993年初版。此《诗集》包括寅老所撰之联语，笔者统计时未包括在内。又同一首诗前后歧出者，以一首计算。依此《诗集》共收诗为329首。

只不过是波涛中的一抹微沫，实更有文字难以言传者。1961年寅恪先生《赠吴雨僧》四首之三所说的"孙盛阳秋存异本，辽东江左费搜寻"[1]，可为搜集过程之连类比照。

陈寅恪先生的诗篇和他的学术著作一样，同是他生命的一部分，展读之下有一股深渊磅礴之气和沉郁独立的精神，充溢于字里行间。《诗集》中最早一首写于1910年，结束在1966年，时间跨度为半个多世纪，牵及百年中国众多的时事、人物、事件、掌故，释证起来，殆非易事。但《诗集》中有几组再三吟咏、反复出现、贯穿终始的题旨，这就是兴亡之感、家国之思、身世之叹和乱离之悲。下面让我们依照寅恪先生倡导的"在史中求史识"[2]的方法，具列出与此四重主题有直接关联的诗句，以为验证。诗句后面的数字，即为清华版《诗集》的页码，为节省篇幅，不以全称注出。

甲 "兴亡"

兴亡今古郁孤怀，一放悲歌仰天吼。3

西山亦有兴亡恨，写入新篇更见投。5

犹有宣南温梦寐，不堪灞上共兴亡。15

欲著辨亡还搁笔，众生颠倒向谁陈。19

辨亡欲论何人会，此恨绵绵死未休。22

玉颜自古关兴废，金钿何曾足重轻。34

歌舞又移三峡地，兴亡谁酹六朝觥。40

别有宣和遗老恨，辽金兴灭意难平。44

兴亡总入连宵梦，衰废难胜饯岁觥。53

---

[1] 陈寅恪：《赠吴雨僧》第三首："围城玉貌还家恨，桴鼓金山报国心。孙盛阳秋存异本，辽东江左费搜寻。"《陈寅恪诗集》，清华大学出版社1993年版，第114页。

[2] 俞大维：《怀念陈寅恪先生》，台北传记文学出版社出版的"传记文学丛书"之四十五，第3页。

陈寅恪的"家国旧情"与"兴亡遗恨"

兴亡自古寻常事，如此兴亡得几回。58
审音知政关兴废，此是师涓枕上声。60
同入兴亡烦恼梦，霜红一枕已沧桑。65
古今多少兴亡恨，都付扶余短梦中。77
红杏青松画已陈，兴亡遗恨尚如新。85
白头听曲东华史，唱到兴亡便掩巾。86
兴亡江左自伤情，远志终惭小草名。87
如花眷属惭双鬓，似水兴亡送六朝。92
好影育长终脉脉，兴亡遗恨向谁谈。100
兴亡遗事又重陈，北里南朝恨未申。110
病余皮骨宁多日，看饱兴亡又一时。132
家国旧情迷纸上，兴亡遗恨照灯前。141

乙　"家国"

一代儒宗宜上寿，七年家国付长吟。33
故国华胥犹记梦，旧时王谢早无家。48
儿郎涑水空文藻，家国沅湘总泪流。69
频年家国损朱颜，镜里愁心锁叠山。77
衰泪已因家国尽，人亡学废更如何。97
死生家国休回首，泪与湘江一样流。104
狂愚残废病如丝，家国艰辛费护持。129
家国旧情迷纸上，兴亡遗恨照灯前。141

丙　"身世"

万里乾坤孤注尽，百年身世短炊醒。25
万里乾坤空莽荡，百年身世任蹉跎。30
山河已入宜春槛，身世真同失水船。63

127

身世盲翁鼓，文章浪子书。98

文章岂入龚开录，身世翻同范蠡船。116

山河来去移春槛，身世存亡下濑船。120

石火乾坤重换劫，剑炊身世更伤神。122

年来身世两茫茫，衣狗浮云变白苍。129

丁　"乱离"

莫写浣花秦妇章，广明离乱更年年。19

群心已惯经离乱，孤注方看博死休。21

残剩河山行旅倦，乱离骨肉病愁多。26

人心已渐忘离乱，天意真难见太平。33

风骚薄命呼真宰，离乱余年望太平。33

女痴妻病自堪怜，况更流离历岁年。39

临老三回值乱离，蔡威泪尽血犹垂。55

道穷文武欲何求，残废流离更自羞。61

七载流离目愈昏，当时微愿了无存。69

《诗集》中寅恪先生诗作部分只有130页，共329首诗，"兴亡"、"家国"、"身世"、"乱离"四组词语凡四十六见，重复率如此之高，超乎想象。而且这些词语大都居于诗眼位置，反复咏叹，一往情深，实具有接通题旨的意义。就中缘由、委曲安在？兹可以断言：这四组词语背后，一定有寅恪先生内心深处幽忧牢结不得摆脱的什么"情结"，以至于昼思夜想，萦回不散，吟咏之间总要自觉不自觉地流露于笔端。

那么埋藏在寅恪先生心底的"情结"究竟是什么呢？

"乱离"之悲比较容易理解。寅恪先生以1890年农历5月17日出生于湖南长沙，正值近代中国大故迭起，社会发生剧烈变动时期。特别是中岁以后，1937年卢沟桥事变，日人占领北京，北大、清华等高等院校南迁，寅恪先生挈妻携女，下天津、奔青岛、至济南、转郑州、经长沙、绕桂林、过梧州、抵香港，一路上颠沛流离，饱尝了逃难的苦痛。唐晓莹先生写有《避寇拾零》一文①，记此次逃难的前后经过甚详。不久，太平洋战争爆发，寅恪先生又从香港往内地逃。好不容易盼到1945年抗战胜利，以为可以安立讲堂了，谁知国共两党内战又起，结果1948年12月再一次离京南逃。所以寅恪先生才有"临老三回值乱离"的感叹。包括1950年6月发表于《岭南学报》上的《秦妇吟校笺旧稿补正》，虽是严格的学术考证之作，通过避难秦妇由长安逃往洛阳一路所闻所见，对自己的乱离之思亦有所寄托。寅恪先生并且援引《北梦琐言》"李氏女条"，认为该条所记的唐末"李将军女"因避乱而失身，是"当日避难妇女普遍遭遇，匪独限于李氏女一人也"②。因此完全可以说，寅恪先生在诗中发抒的乱离之悲，也不专属于先生一人，而是当时特定时代的共同感叹。

至于"身世"、"家国"、"兴亡"这三组题旨语词所包含的内容，释证起来则需要稍多一些的笔墨。笔者因近年涉猎中国近现代学术史，颇读寅恪先生之书，因而对先生的身世微有所知。现在一提起陈寅恪的名字，国内外学术界几乎无人不晓。可是他的祖父陈宝箴和父尊陈三立，在晚清及近代中国实享有更高的知名度。陈宝箴字右铭，籍江西义宁州(民国以后改为修水)，为咸丰元年辛亥恩科举人，六年后，即1856年，会试不第，留京师三年，得交四方才俊之士。当时恰值英法联军火烧圆明园，右铭先生遥见火光，在酒楼搥案痛哭，四座为之震惊③。其吏能、治才、识见、心胸，为曾国藩、沈葆

---

① 唐晓莹：《避寇拾零》，陈流求、陈小彭、陈美延著：《也同欢乐也同愁》之附录，三联书店2010年版，第287—295页。

② 陈寅恪：《韦庄秦妇吟校笺》，《寒柳堂集》，上海古籍出版社1980年版，第124页。

③ 陈三立：《湖南巡抚先府君行状》，《散原精舍文集》卷五，《散原精舍诗文集》下册，上海古籍出版社2003年版，第846页。

桢、席宝田等名公巨卿所推重，曾国藩尝许其为"海内奇士"[1]。但陈宝箴负气节，秉直道，仕途并不顺畅。直到1890年，当他60岁的时候，经湖南巡抚王文韶力荐，清廷授右铭以湖北按察使之职，不久又署理布政使。这一年，也就是寅恪先生出生那一年。甲午战败后的1895年，陈宝箴被任命为湖南巡抚，开始主持领导湖南新政，走在全国改革潮流的最前面。

而陈三立，是清末有名的"四公子"之一，另三位是湖北巡抚谭继洵之子谭嗣同、广东水师提督吴长庆之子吴保初、福建巡抚丁日昌之子丁惠康。"四公子"中，陈三立以生性淡泊、识见过人和诗学成就为世人瞩目。他于光绪八年即1882年考中举人，又于光绪十二年即1886年会试中式，此时他三十六岁。但未经殿试，还不能算作正式进士。至1889年（己丑）才正式成为进士，受命在吏部行走。《一士类稿》记载一则陈三立初到吏部所遭遇的故事：

> 时有吏部书吏某冠服来贺，散原误以为缙绅一流，以宾礼接见，书吏亦昂然自居于敌体。继知其为部胥，乃大怒，厉声挥之出。书吏惭沮而去，犹以"不得庶常，何必怪我"为言，盖强颜自饰之词。散原岂以未入翰林而迁怒乎？[2]

陈三立字伯严，散原是他的号。《一士类稿》的作者徐一士写道："部吏弄权，势成积重，吏部尤甚。兹竟贸然与本部司员抗礼，实大悖体制。散原折其僭妄，弗予假借，亦颇见风骨。"[3]不知是不是与这次误会有关系，不久陈三立便引去，长期侍亲任所，从此再未接受任何官职。

1895年值中国甲午战败，士论汹涌，中国社会到处一片变革之风。有识

---

[1] 陈三立：《湖南巡抚先府君行状》，《散原精舍文集》卷五，《散原精舍诗文集》下册，上海古籍出版社2003年版，第846页。
[2] 徐一士：《谈陈三立》，《一士类稿》，见《近代稗海》第2册，四川人民出版社1985年版，第141页。
[3] 同上。

之士都意识到，不变革，中国便没有出路。就中尤以陈宝箴、陈三立父子最能身体力行。张之洞以提倡新学闻名于世，当时督理湖广，湖北新政亦甚见成效，但最见实绩的还是湖南新政。为了董吏治、辟利源、开民智、变士习，湖南先有矿物局、官钱局、铸洋圆局之设，后有湘报馆、算学堂、武备学堂、南学会、保卫局和课吏馆的开办。特别是设在长沙的时务学堂，聘请梁启超为主讲，各方面人才奔竞而至，实际上成了培养改革派人才的一所学校。但义宁父子是稳健的改革者，主张渐变，反对过激行动，尤其与康有为的思想异其趣，而与郭嵩焘相契善。他们希望稳健多识的张之洞出面主持全国的改革。所以然者，由于明了能否把改革推向全国，关键在握有实权的西太后的态度，没有慈禧的首肯，什么改革也办不成。应该说，这是义宁父子的深识。

但这边筹划未定，那边康有为已经说动光绪皇帝上演颁定国是诏的大戏，立即将慈禧与光绪母子的政争引向激化，遂有戊戌政变发生。于是通缉康、梁，杀谭嗣同、杨锐、刘光第、林旭四章京和康广仁、杨深秀，史称"戊戌六君子"。刚刚起步的改革，竟以流血惨剧告终。而陈宝箴、陈三立父子，也因推行改革获罪，被革职，永不叙用。陈宝箴的罪名是"滥保匪人"，因"六君子"中，谭嗣同来自湖南，而刘光第、杨锐都是陈宝箴所保荐。陈三立的罪名是"招引奸邪"，盖由于聘请梁启超主讲时务学堂，系散原的主张。以是，义宁父子实难辞其"咎"了。不过我真佩服慈禧的情报，她对散原所起的为改革网罗人才的作用何以掌握得如此清楚？也有的说，先时已决定赐死义宁父子，后经荣禄等保奏，方改为永不叙用。不管是哪种情况，革职后迁居江西南昌的陈氏父子，实际上处于被圈禁的状态，应无问题。而且在戊戌政变一年多以后，即1900年的6月26日，右铭先生突然逝去，享年七十整。而死因，如今有充分的材料证明，极有可能是被慈禧派专员赴南昌西山赐死①。当时陈三立四十八岁，寅恪十一岁，寅恪长兄陈衡恪师曾二十四岁。

1898至1900这两年，对陈寅恪的家族来说，是非常不幸的年份。1898年新正，散原先生的母亲过世。10月，陈宝箴、陈三立父子免归南昌。这之前散原的一个堂姊竟然昼夜痛哭而死。隔年即为宝箴逝。宝箴逝前一个月，陈师曾的妻子、年仅二十五岁的范孝嫦（清末名诗人范肯堂之女）亦逝。而在由湖南扶母柩赴南昌的前后过程中，散原两次卧病，第二次险些病死。可见戊戌惨剧给义宁陈氏一家带来的打击是何等沉重，真不啻浩天之劫。国家政局在戊戌政变后更是不可收拾。1900年有义和团之变和八国联军攻入北京，两宫皇太后因此仓促出逃。陈氏一家的"家国"陷入巨变奇劫之中。吴宗慈的《陈三立传略》于此写道："先生既罢官，侍父归南昌，筑室西山下以居，益切忧时爱国之心，往往深夜孤灯，父子相对唏嘘，不能自已。越一年，先生移家江宁，右铭中承暂留西山崝庐，旋以微疾逝。先生于此，家国之痛益深矣！"②

我们不妨看看陈三立为纪念尊人所撰写的《崝庐记》，几乎是泣血陈词：

> 呜呼！孰意天重罚其孤，不使吾父得少延旦暮之乐。葬母仅岁余，又继葬吾父于是邪。而崝庐者，盖遂永永为不肖子烦冤茹憾、呼天泣血之所矣。尝登楼迹吾父坐卧凭眺处，耸而向者，山邪？演迤而逝者，陂邪？畴邪？缭而幻者，烟云邪？草树之深，以蔚邪？牛之眠者、斗者邪？犬之吠、鸡之鸣、鹊鸲群雏之噪而啄、呴而飞邪？惨然满目，凄然满听，长号而下。已而沉冥以思，今天下祸变既大矣，烈矣，海国兵犹据京师，两宫久蒙尘，九州四万万之人民皆危矗，莫必其命，益恸彼，转幸吾父之无所睹闻于兹

---

① 参阅拙著《陈宝箴和湖南新政》之第九章"陈宝箴之死的谜团及求解"，故宫出版社2012年版，第246—322页。

② 吴宗慈：《陈三立传略》，参见李开军校点之《散原精舍诗文集》下册"附录"，上海古籍出版社2003年版，第1196页。

世者也。其在《诗》曰：谁生厉阶，至今为梗。又曰：莫肯念乱，谁无父母。曰：凡今之人，胡憯莫惩。然则不肖子即欲朝歌暮哭，憔悴枯槁，褐衣老死于兹庐，以与吾父母魂魄相依，其可得哉？其可得哉？庐后楹阶下植二稚桂，今差与檐齐。二鹤死其一，吾父埋之庐前寻丈许，亲题碣曰"鹤冢"。旁为长沙人陈玉田冢，陈盖从营吾母墓工，有劳，病终靖庐云。①

既奠祭尊人，又忧伤国事，"家国"之情融合为一，令人恸心裂肺，不忍卒读。特别是他们父子的改革宏图中途夭折，更使散原有攀天无梯、斫地无声之感。他在《巡抚先府君行状》中写道：

盖府君虽勇于任事，义不反顾，不择毁誉祸福，然观理审，而虑患深，务在救过持平，安生人之情，以消弭天下之患气。尝称曰："非常之原，黎民惧焉。造端图大，自任怨始。要以止至善为归，自然之势也。"论者谓府君之于湖南，使得稍假岁月，势完志通，事立效著，徐当自定时，即有老学拘生、怨家仇人，且无所置喙。而今为何世也？俯仰之间，君父家国，无可复问。此尤不孝所攀天斫地、锥心泣血者也。②

散原的"家国"之情、"家国"之痛如此深挚，岂能不感染正值少年时期的陈寅恪先生？如果当时的改革能够按照陈宝箴、陈三立父子的主张，缓进渐变，不发生康有为等人的过激行动，清季的历史就是另外一番景象了。

后来陈三立为陈夔龙（前直隶总督，号庸庵尚书）的奏议写序，进一步申明他的渐变主张，写道："窃惟国家兴废存亡之数，有其渐焉，非一朝夕之故也。有其

---

① 陈三立：《靖庐记》，《散原精舍诗文集》下册，上海古籍出版社2003年版，第859页。
② 陈三立：《湖南巡抚先府君行状》，《散原精舍诗文集》下册，上海古籍出版社2003年版，第856页。

几焉，谨而持之，审慎而操纵之，犹可转危为安，消祸萌而维国是也。"①也就是本着"守国使不乱之旨"。这个思想来源于郭嵩焘。陈三立说："往者三立从湘阴郭筠仙侍郎游，侍郎以为中国俦行新政，尚非其人，非其时。辄引青城道人所称'为国致太平与养生求不死，皆非常人所能。且当守国使不乱，以待奇才之出，卫生使不夭，以须异人之至'，郑重低徊以寄其意。侍郎，世所目为通中外之略者也，其所守如此。"②可是历史没有按照郭嵩焘、陈宝箴、陈三立的预设发展，相反走了一条从激进到激进的路，致使百年中国，内忧外患，变乱无穷。

当然历史是已发生之事实，站在后来者的角度，只能总结历史经验，却无法让时光倒流，希望重走一遍。但事变的当事人不同，痛定思痛，愈觉自己主张正确可行，甚至有所怨尤，是可以理解的。何况渐变的主张常常两面受敌：旧势力固然视其为代表新派，激进者则目为保守，不屑与之为伍。散原老人的处境正是如此。戊戌政变后，有轻薄者写了一副对联：

> 徐氏父子，陈氏父子，陈陈相因
> 礼部侍郎，兵部侍郎，徐徐云尔③

"徐氏父子"指礼部侍郎徐致靖，和他的在湖南任学政的公子徐研甫，都因参与变法遭遣。"陈氏父子"自然指的是陈宝箴和陈三立。"兵部侍郎"云云，是由于清廷规定，巡抚例加兵部侍郎衔。另外还有一副对联，系王闿

---

① 陈三立：《庸盦尚书奏议序》，《散原精舍诗文集》下册，上海古籍出版社2003年版，第885页。
② 同上。
③ 徐一士：《谈陈三立》，《近代稗海》第2册，四川人民出版社1985年版，第142页。

运《湘绮楼日记》所载，实专攻陈三立，曰："不自陨灭，祸延显考。"①意谓陈宝箴的遭遭，是陈三立遗祸的结果。事实当然不是如此，若说推动湖南新政，陈宝箴的态度比陈三立还要坚决。只不过由此可见守旧势力对持渐变主张的义宁父子嫉恨之深。而激进变革者如谭嗣同，当湖南新政行进中已流露出对陈三立的不满②。

戊戌以后之近代中国历史虽然没有按散原预想的路线走，却一再证明他的渐变主张不失为保存国脉的至理铭言。欧阳竟无大师的《散原居士事略》，对1922年梁启超与散原的一次会面有所记载，行文甚蕴藉有趣。这是戊戌之后两位"湘事同志"的第一次会面，时间已过去了二十年，因而不免"唏嘘长叹"、"触往事而凄怆伤怀"。这时的梁任公，与散原的思想已经相当靠近了。但彼此之间的话语似乎不多，只互相称赞了一番蔡松坡。任公说："蔡松坡以整个人格相呈，今不复得矣。"散原说："蔡松坡考时务学堂，年十四，文不通，已斥，予以稚幼取之。以任公教力，一日千里，半年大成，今不可复得矣。"欧阳建议任公"放下野心，法门龙象"。散原说："不能。"任公则默然。③事隔二十年，散原仍洞察深微，知人见底，识见、境界终高人一筹。以散原的心胸，决不是"封建遗老"四个字所能概括的。

事实上，1904年西太后下诏赦免戊戌获罪人员未久，便有疆吏荐请起用陈三立，但三立坚辞不就，宁愿"韬晦不复出，但以文章自娱，以气节自砥

---

① 王闿运：《湘绮楼日记》光绪二十八年六月十日记载："公卿会集，严介溪不至，客问东楼：'相国何迟？'谢曰：'昨伤风，不能来也。'王元美举《琵琶记》曲文云：'爹居相位，怎说出这伤风的语言。'以此陷其父死罪。忍俊不禁，唯口兴戎，不虚也。陈右铭革职，或为联云：'不自陨灭，祸延显考。'一若明以来四百年俗套计文，专为此用，亦绝世佳文也。"见点校本《湘绮楼日记》第四卷，岳麓书社1997年版，第2476页。

② 参阅拙著《陈宝箴和湖南新政》之第八章"戊戌政变和湖南新政的失败"，故宫出版社2012年版，第215页。

③ 欧阳渐：《散原居士事略》，《欧阳竟无先生内外学》乙函"竟无诗文"，民国二十二年（1933）五月刊本。

砺，其幽忧郁愤，与激昂磊落慷慨之情，无所发泄，则悉寄之于诗"[1]。民国以后，很快就剪去辫子，"与当世英杰有为之士亦常相往还"，未尝以遗老自居。他赞许蔡松坡，主要由于松坡反对袁世凯复辟帝制，豪侠肝胆，义动九州。今存《散原精舍诗》里，明确透漏出反对袁世凯称帝的诗就有多首，如《上赏》、《使者》、《双鱼》、《玉玺》、《旧题》、《史家》六绝句[2]，即是为嘲讽袁氏称帝的闹剧而作。紧接着写于民国五年（1916）年初的《丙辰元旦阴雨逢日食》，至有"蚀日愁云里，儿童莫仰天"[3]之句，其反对袁氏倒行逆施的态度甚明。而《雨夜写怀》的结句则为："只对不臣木，青青牖下松。"[4]直是以窗前的青松自譬，无论如何坚决不买袁氏的账了[5]。写到这里，不妨稍及一当时的时事掌故，即戊戌后讽刺散原"不自陨灭，祸延显考"的王闿运，虽当时已逾八十高龄，却扮演了支持"洪宪"的"耆硕"的角色。

盖散原的"家国"之情，终其一生未尝稍减。1931年日人占领东北，次年发动沪战，寓居岵岭的散原日夕不宁，一天晚上在梦中突然狂呼杀日本人，[6]全家惊醒。1937年卢沟桥事变，北京再次遭劫，散原忧愤益甚，终致病，拒不服药而死。而当生病的时候，听到有人说中国打不过日本，散原立即予以驳斥："中国人岂狗彘不若？将终帖然任人屠割也？"[7]再不与此种人交接一言。欧阳竟无大师对散原的评价是："改革发源于湘，散原实主之。散原

---

[1] 吴宗慈：《陈三立传略》，《散原精舍诗文集》下册"附录"，上海古籍出版社2003年版，第1196页。
[2] 陈三立：《散原精舍诗文集》上册，上海古籍出版社2003年版，第504—505页。
[3] 陈三立：《丙辰元旦阴雨逢日食》，《散原精舍诗文集》上册，上海古籍出版社2003年版，第506页。
[4] 陈三立：《雨夜写怀》，《散原精舍诗文集》上册，上海古籍出版社2003年版，第507页。
[5] 高阳撰：《清末四公子》于此节考订甚详，台北南京出版公司1980年版，第56—68页。
[6] 吴宗慈：《陈三立传略》，《散原精舍诗文集》下册"附录"，上海古籍出版社2003年版，第1197页。
[7] 同上。

发愤不食死，倭虏实致之。得志则改革致太平，不得志则抑郁发愤，而一寄于诗，乃至丧命。彻终彻始，纯洁之质，古之性情肝胆中人。发于政，不得以政治称；寓于诗，而亦不可以诗人概也。"①这是我所见到的对散原老人的最准确无误的评价。可惜当时后世不理解散原的人多多。这就是陈寅恪先生何以一而再、再而三地提到自己的"身世"，并要辨别清楚百年中国的"兴亡遗恨"的原因。

职是之故，陈寅恪所说的"身世"，主要指义宁陈氏一家在近代中国的遭逢际遇，这里面隐忍着他们祖孙三代的极为深挚的"家国"之情。所以寅恪的诗中，在提到"家国"的时候，常常与湖南联系起来，如"家国沅湘总泪流"、"死生家国休回首，泪与湘江一样流"等等。散原的诗，也每每"家国"并提，如"百忧千哀在家国"②、"旋出涕泪说家国，倔强世间欲何待"③、"合眼风涛移枕上，抚膺家国逼灯前"④、"满眼人才投浊流，家国算余谈舌掉"⑤、"时危家国复安在，莫立斜阳留画图"⑥、"发为文章裨家国，只供穷海拾断梦"⑦、"家国忽忽同传舍，不烦残梦续南柯"⑧、"家国只余伤逝泪，

---

① 欧阳渐：《散原居士事略》，《欧阳竟无先生内外学》乙函"竟无诗文"，民国二十二年（1933）五月刊本。

② 陈三立：《上元夜次申招坐小艇泛秦淮观游》，《散原精舍诗文集》上册，上海古籍出版社2003年版，第5页。

③ 陈三立：《与纯常相见之明日遂偕寻莫愁湖至则楼馆荡没巨浸中仅存败屋数椽而已怅然有作》，《散原精舍诗文集》上册，上海古籍出版社2003年版，第32页。

④ 陈三立：《晓抵九江作》，《散原精舍诗文集》上册，上海古籍出版社2003年版，第41页。

⑤ 陈三立：《黄小鲁观察游西湖归过访携虎跑泉相饷赋此报谢》，《散原精舍诗文集》上册，上海古籍出版社2003年版，第47页。

⑥ 陈三立：《絜漪园为海观尚书故居过游感赋》，《散原精舍诗文集》上册，上海古籍出版社2003年版，第440页。

⑦ 陈三立：《乙卯花朝逸社第二集蒿庵中丞邀酌酒楼用杜句分韵得纵字》，《散原精舍诗文集》上册，上海古籍出版社2003年版，第449页。

⑧ 陈三立：《过籀园旧居》，《散原精舍诗文集》上册，上海古籍出版社2003年版，第466页。

乌号记堕小臣前"①、"收拾家国一团蒲，非忏非悟佛灯映"②、"十年家国伤心史，留证巫阳下视时"③，等等。斯可见散原老人的"家国之情"，与其子寅恪相比，亦未惶稍让。

实则他们父子的"家国"之思如出一辙。如果说戊戌事败之时，寅恪尚处稚龄，刚八九岁，对祖父与父亲的主张不会有深的理解，后来长大成人，四海问学，历经故国的种种变局，已身经验逼使他不能不向陈宝箴、陈三立的思想认同。1945年夏天，他在《读吴其昌撰梁启超传书后》一文的结尾部分，说出了积郁多年、"噤不得发"的思想。他写道：

> 自戊戌政变后十余年，而中国始开国会，其纷乱妄谬，为天下指笑，新会所尝目睹，亦助当政者发令而解散之矣。自新会殁，又十余年，中日战起。九县三精，飑回雾塞，而所谓民主政治之论，复甚嚣尘上。余少喜临川新法之新，而老同涑水迂叟之迂。盖验以人心之厚薄，民生之荣悴，则知五十年来，如车轮之逆转，似有合于所谓退化论之说者。是以论学论治，迥异时流，而迫于时势，噤不得发。因读此传，略书数语，付稚女美延藏之。美延当知乃翁此时悲往事，思来者，甚忧伤苦痛，不仅如陆务观所云，以元祐党家话贞元朝士之感而已。④

南宋大诗人陆游的祖父陆佃，是北宋改革家王安石的门人，少年时期曾

---

① 陈三立：《题赵芝山同年亡室紫琼夫人梅花小影》，《散原精舍诗文集》上册，上海古籍出版社2003年版，第503页。

② 陈三立：《虞山纪胜三篇康更生王病山胡琴初陈仁先黄同武同游》，《散原精舍诗文集》上册，上海古籍出版社2003年版，第567页。

③ 陈三立：《病山成亡姬兰婴小传题其后》，《散原精舍诗文集》上册，上海古籍出版社2003年版，第595页。

④ 陈寅恪：《读吴其昌撰梁启超传书后》，《寒柳堂集》，上海古籍出版社1980年版，第149—150页。

跟随王安石学经学，但在变革问题上与临川的意见不尽相同，后来名列反王安石的元祐党人碑。王安石死后，他又率诸生前往哭祭，而不怕当朝宰相司马光的打击。这种情况，和陈宝箴、陈三立在戊戌变法中的处境颇相类。所以寅恪经常以陆游自比。1927年撰《王观堂先生挽词并序》，已有"元祐党家惭陆子"①的句子。1958年写康有为《百岁生日献词》，又哀叹："元祐党家犹有种，平泉树石已无根。"②1945年寅恪先生卧病英伦医院，听读熊式一的英文小说《天桥》，因书中涉及戊戌年间李提摩太传教士上书一事，所以回忆起1902年随长兄陈师曾赴日本留学，在上海遇到李提摩太，李曾用中文说过"君等世家子弟，能东游甚善"的话。因此该诗中有句："故国华胥犹记梦，旧时王谢早无家。"盖虽为"世家子弟"，寅恪先生却很谦逊，在此诗的题序中说明不过是偶涉旧事，"非敢以乌衣故事自况也"。③

话虽如此，寅恪先生对自己的家族世系，以及这个家族世系在近百年以来的中国的传奇式的遭逢际遇，始终系念于怀。他担心后人由于不了解历史真相，可能会误解自己的先祖和先君，特别是他们在晚清维新变法潮流中所扮演的角色的性质，因此趁阅读吴其昌氏《梁启超传》之便，特补叙陈宝箴、陈三立在戊戌变法中的真实思想走向。寅恪先生写道："当时之言变法者，盖有不同之二源，未可混一论之也。咸丰之世，先祖亦应进士举，居京师。亲见圆明园干霄之火，痛哭南归。其后治军治民，益知中国旧法之不可不变。后交湘阴郭筠仙侍郎嵩焘，极相倾服，许为孤忠宏识。先君亦从郭公论文论学，而郭公者，亦颂美西法，当时士大夫目为汉奸国贼，群欲得杀之而甘心者也。至南海康先生治今文公羊之学，附会孔子改制以言变法。其与历验世务欲借镜西国以变神州旧法者，本自不同。故先祖先君见义乌朱鼎甫

---

① 陈寅恪：《王观堂先生挽词并序》，《诗集》，三联书店2001年版，第17页。
② 陈寅恪：《南海世丈百岁生日献词》，《诗集》，三联书店2001年版，第130页。按陆游《闲游》诗有句："五世业儒书有种"（《剑南诗稿》卷六十八），寅恪先生诗句疑本此。
③ 陈寅恪：《诗集》，三联书店2001年版，第55页。

先生一新《无邪堂答问》驳斥南海公羊春秋之说,深以为然。据是可知余家之主变法,其思想源流之所在矣。"①他把严格区分戊戌变法中两种不同的思想源流,划清陈宝箴、陈三立与康有为的界限,当作一件隆仪无比的大事,郑重付交稚女美延收藏,显然有传之后世之意。这就是寅恪先生的"百年身世",这就是寅恪先生的"家国旧情"。目睹戊戌以来变生不测的畸形世局,他已经不相信在他有生之年,还会有机缘打开近百年中国的历史真相。他感到这是一盘永远下不完的棋,而且是无法覆盘的棋。"百年谁覆烂柯棋"②、"伤心难覆烂柯棋"③、"一局棋枰还未定,百年世事欲如何",④《诗集》中不乏这类感叹。1923年6月29日,寅恪先生正在德国柏林大学求学,母亲余淑人病逝于南京,一个月后长兄师曾又病逝,年只四十八岁。1925年,应清华国学研究院之聘(因母兄之丧请假一年,1926年7月始到校),与王国维、梁启超、赵元任并列为四大导师,在他个人应是很荣耀的事情,但他并无欢娱,写于1927年春天的《春日独游玉泉静明园》,仍然牢愁百结:"回首平生终负气,此身未死已销魂。人间不会孤游意,归去含凄自闭门。"⑤诗成不久,王国维就投昆明湖自杀了。隔年,即1929年,梁启超病死,国学研究院难以为继,只好关门。寅恪先生的《春日独游》诗"归去含凄自闭门"句,不料竟成谶语。又过一年,"九一八"事变发生。尽管1937年之前的清华园生活,在寅

---

① 陈寅恪:《读吴其昌撰梁启超传书后》,《寒柳堂集》,三联书店2001年版,第167页。

② 陈寅恪:《戏赋反落花诗一首次听水斋落花诗原韵》:"岭南不见落英时,四序皆春转更悲。初意绿荫多子早,岂期朱熟荐英迟。东皇西母羞相会,碧海青天悔可知。遥望长安花雾隔,百年谁覆烂柯棋。"《诗集》,三联书店2001年版,第155页。

③ 陈寅恪:《十年诗用听水斋韵》:"天回地动此何时,不独悲今昔亦悲。与我倾谈一夕后,恨君相见十年迟。旧闻柳氏谁能次,密记冬郎世未知。海水已枯桑已死,伤心难覆烂柯棋。"《诗集》,三联书店2001年版,第43页。

④ 陈寅恪:《甲辰五月十七日七十五岁初度感赋》:"吾生七十愧蹉跎,况复今朝五岁过。一局棋枰还未定,百年世事欲如何。炎方春尽花犹艳,瘴海云腾雨更多。越鸟南枝无限感,唾壶敲碎独悲歌。"《诗集》,三联书店2001年版,第154页。

⑤ 陈寅恪:《春日独游玉泉静明园》,《诗集》,三联书店2001年版,第11页。

老是相对平静的,是他读书治学的佳期,和唐晓莹先生结缡就在此期,但未久卢沟桥事变,前面提到的抗战时期的乱离人生就开始了。好不容易盼到抗战胜利,寅恪先生的眼睛又失明了。[①]《乙酉八月十一日晨起闻日本乞降喜赋》,是寅恪多年以来少有的流露出喜悦之情的一首诗,但结尾两句:"念往忧来无限感,喜心题句又成悲"[②]。本来是"喜赋",却又转成悲歌。

尽管如此,1945年抗战胜利毕竟使寅恪先生的精神情绪为之一畅。这是他生平写诗最多的一年,共33首[③]。别人"大酺三日"[④],他卧病不能出去共庆,但已经有兴趣"自编平话"与小女儿相戏了。对日本人在东北导演的让溥仪当皇帝的闹剧,寅恪先生予以辛辣的嘲讽:"漫夸朔漠作神京,八宝楼台一夕倾。延祚岂能同大石,附庸真是类梁明。收场傀儡牵丝戏,贻祸文殊建国名。别有宣和遗老恨,辽金兴灭意难平。"[⑤]首句下面有注:"《海藏楼诗》有句云:'欲回朔漠作神京。'"《海藏楼诗》的作者是郑孝胥,因此这首诗嘲讽的主要对象,是策划溥仪投降日本,后来任伪满洲国总理大臣的郑孝胥,并揭破郑的野心在于希图借助外力,反对民国,恢复清朝。这是寅恪《诗集》中非常值得注意的一首诗。诗中直称郑孝胥为"遗老"。"辽金"自是暗指清朝。"兴灭"云云,当然说的是由后金发展而来的清朝的兴起与覆亡。在寅恪先生看来,海藏楼主人的作为不过是扮演日本人牵线的一个傀儡,他的

---

① 陈寅恪先生右眼失明的时间很早,左目失明是在1944年底,时在四川成都,任教燕京大学。《雨僧日记》1944年12月12日载:"访寅恪于广益学舍宅,始知寅恪左目今晨又不明"。《雨僧日记》第九册,三联书店1999年版,第374页。同年12月18日遵医嘱手术,但效果不佳,实际上已失明。

② 陈寅恪:《诗集》,三联书店2001年版,第49页。

③ 《陈寅恪诗集》所收诗,起自1910年,至1937年共有诗27首,平均每年一首不到,最多的年份也只有4首。1938年至1949年共85首,其中1945年33首,1949年10首,余者每年最多不超过7首。1950年至1966年共204首,其中1964年最多,为23首。都没有打破1945年32首的最高纪录。

④ 陈寅恪:《连日庆贺胜利,以病目不能出,女婴美延亦病,相对成一绝》有句:"大酺三日乐无穷,独卧文盲老病翁。"《诗集》,三联书店2001年版,第50页。

⑤ 陈寅恪:《漫夸》,《诗集》,三联书店2001年版,第49页。

"欲回朔漠作神京"的旧梦,像"八宝楼台"一样,"一夕"之间就倾倒了。

寅恪先生在这首诗里对郑孝胥企图恢复清朝的"遗老"旧梦,明显地持否定态度。这一点很重要,因为这涉及寅恪《诗集》里那些反复咏叹的"兴亡"之感,到底该如何解释的问题。如果不是有直接批评郑孝胥这首诗,人们很容易心存疑问:已经进入民国,寅恪先生却不断地哀叹"兴亡",莫非是留恋前朝,甚而希图恢复旧仪?何况他还有祖父和父亲那样的家庭背景,更容易令人加深置疑的理由。可是读了写于1945年的《漫夸》诗,我看疑问可以取消了。

然则寅恪先生的"兴亡"之感究竟缘何而发?

首先,在寅恪先生笔下,"兴亡"二字不仅是历史和政治的概念,主要是文化的概念。1927年王国维自沉,寅恪先生的《挽王静安先生》诗,有"文化神州丧一身"句,自是从文化的角度哀挽无疑。而《王观堂先生挽词》的序文更强调中国文化具有"抽象理想之通性"①。特别是后来写的《清华大学王观堂先生纪念碑铭》,明确提出:"先生以一死见其独立自由之意志,非所论于一人之恩怨,一姓之兴亡。"②严驳所谓"殉清说"。王国维尚且如此,寅恪先生的兴亡之感当然不是为一朝一姓所发。不仅如此,对党派私见,寅恪先生也素所深恶,以此《诗集》中有"唯有义山超党见"③的句子。说来这也是义宁陈氏的家风。当年散原在回忆陈宝箴的治略时曾说过:"府君独知时变所当为而已,不复较孰为新旧,尤无所谓新党旧党之见。"④此其一。

其二,我们不要忘记寅恪先生是历史学家,他的敏锐而深沉的兴亡感,

---

① 陈寅恪:《王观堂先生挽词并序》,《诗集》,三联书店2001年版,第12页。
② 陈寅恪:《清华大学王观堂先生纪念碑铭》,《金明馆丛稿二编》,三联书店2001年版,第246页。
③ 陈寅恪:《题小忽雷传奇旧刊本》,《诗集》,三联书店2001年版,第155页。
④ 陈三立:《湖南巡抚先府君行状》,《散原精舍诗文集》下册,上海古籍出版社2003年版,第855页。

恰恰是他的史学天才的表现。因为历史就是过程,发生发展的过程,兴衰寂灭的过程。不只政权的更迭和社会制度的变迁,连人事、物态都有自己的兴衰史。看不到兴亡,不懂兴亡,不辨兴亡,不具有历史学家的资格。

其三,寅恪先生叹兴亡、辨兴亡,是为了总结历史的经验教训,即"审音知政关兴废"[①],而不是充当一家一姓的历史辩护人的角色。

散原老人涉"兴亡"的诗句亦不在少数,兹作为案例特摘录几组如次:"我阅兴亡话耆旧,竞侪稷契歌唐虞"[②]、"倚栏眺茫茫,兴亡到胸臆"[③]、"兴亡阅石马,舜跖亦何有"[④]、"此物配人豪,应痛兴亡速"[⑤]、"兴亡不关人,狂痴欲成德"[⑥]、"死生兴亡无可语,唤人空落乳鸦声"[⑦]、"俯阅几兴亡,有碑忍卒读"[⑧]、"兴亡细事耳,人气延天命"[⑨]、"变乱散唐宫,历历兴亡史"[⑩]、"了却兴亡骆驼坐,好依双树养风烟"[⑪]、"此才颇系兴亡史,魂气留痕泣送

[①] 陈寅恪:《歌舞》:"歌舞从来庆太平,而今战鼓尚争鸣。审音知政关兴废,此是师涓枕上声。"《诗集》,三联书店2001年版,第69页。

[②] 陈三立:《黄忠端泼墨图题应余与九》,《散原精舍诗文集》上册,上海古籍出版社2003年版,第343页。

[③] 陈三立:《除夕》,《散原精舍诗文集》上册,上海古籍出版社2003年版,第395页。

[④] 陈三立:《雨霁游孝陵》,《散原精舍诗文集》上册,上海古籍出版社2003年版,第403页。

[⑤] 陈三立:《蓝石如同年所藏史忠正负笈砚》,《散原精舍诗文集》上册,上海古籍出版社2003年版,第414页。

[⑥] 陈三立:《五月二十九日子申酒集胡园分韵得德字》,《散原精舍诗文集》上册,上海古籍出版社2003年版,第473页。

[⑦] 陈三立:《出太平门视次申墓归途望孝陵》,《散原精舍诗文集》上册,上海古籍出版社2003年版,第538页。

[⑧] 陈三立:《上巳后二日携家至钟山天保城下观农会造林场憩茅亭赋纪十六韵》,《散原精舍诗文集》上册,上海古籍出版社2003年版,第562页。

[⑨] 陈三立:《王编修泽寰偕族人笃余明经自庐陵游江南携示文信国画像及手札墨迹谨题其后》,《散原精舍诗文集》上册,上海古籍出版社2003年版,第601页。

[⑩] 陈三立:《题刘聚卿枕雷图》,《散原精舍诗文集》上册,上海古籍出版社2003年版,第625页。

[⑪] 陈三立:《为狄平子题药地大师乔木孤亭图》,《散原精舍诗文集》上册,上海古籍出版社2003年版,第679页。

春"①、"头白重来问兴废,江声绕尽九回肠"②、"树底茶瓯阅兴废,寄生枝又鹊巢成"③。散原这些诗句,可为其子的历史兴亡感作注。因此,清朝的覆亡固然引发了寅恪先生的兴亡之感,明亡清兴他也曾感慨万端,以至于在晚年双目失明的情况下,以十年艰辛卓绝的努力,写出了专门探讨明清兴亡历史教训的巨著《柳如是别传》。这样也就可以理解,为什么1948至1949年国民党政权的垮台,也引起了寅恪先生的兴亡感。写于1948年2月的《丁亥除夕作》有句:"兴亡总入连宵梦,衰废难胜钱岁觥。"④1949年的《青鸟》诗则说:"兴亡自古寻常事,如此兴亡得几回。"⑤如果不了解寅恪先生笔下的"兴亡"一词是一个文化—历史的概念,很容易把诗中的感叹误会为一种政治态度。但《诗集》中紧接《青鸟》一诗,是写于1949年夏天的《哀金圆》,诗中对国民党政权垮台的原因作了富有说服力的阐述:"党家专政二十载,大厦一旦梁栋摧。乱源虽多主因一,民怨所致非兵灾。"⑥力申天下兴亡,系乎民意旨归。似乎并不认为这个政权的败亡是值得诧异之事,只不过觉得如此"亡"法儿(几百万大军如覆巢之卵)颇为少见,所以才有"如此兴亡得几回"之叹。

中国历史的特点,是王朝更迭频繁,而且每次王朝更迭都伴以社会动乱,经济遭受破坏,人民流离失所,统治集团的权力攘夺成为社会与文化的劫难。知识分子、文化人首当其冲,寅恪先生于此感受尤深。1950年5月,他在写给吴宓的信里说:"吾辈之困苦,精神肉体两方面有加无已,自不待言

---

① 陈三立:《拔可寄示晚翠轩遗墨展诵黯然缀一绝归之》,《散原精舍诗文集》上册,上海古籍出版社2003年版,第717页。
② 陈三立:《过黄州因忆癸巳岁与杨叔乔屠敬山汪穰卿社耆同游》,《散原精舍诗文集》上册,上海古籍出版社2003年版,第162页。
③ 陈三立:《携家游孝陵》,《散原精舍诗文集》上册,上海古籍出版社2003年版,第541页。
④ 陈寅恪:《丁亥除夕作》,《诗集》,三联书店2001年版,第61页。
⑤ 陈寅恪:《青鸟》,《诗集》,三联书店2001年版,第67页。
⑥ 陈寅恪:《哀金圆》,《诗集》,三联书店2001年版,第68页。

矣。"①光是抗战时期书籍的损失，在寅恪先生个人已属浩劫。晚年当他回忆起这段往事时，曾写道：

> 抗日战争开始时清华大学迁往长沙。我携家也迁往长沙。当时曾将应用书籍包好托人寄往长沙。当时交通不便，我到长沙书尚未到。不久我又随校迁云南，书籍慢慢寄到长沙堆在亲戚家中。后来亲戚也逃难去了，长沙大火时，亲戚的房子和我很多书一起烧光。书的册数，比现在广州的书还多。未寄出的书存在北京朋友家中。来岭大时，我自己先来，将书籍寄存北京寡嫂及亲戚家中。后某亲戚家所存之书被人偷光。不得已将所余书籍暂运上海托蒋天枢代管。卖书的钱陆续寄来贴补家用。②

对于以学术为托命根基的知识分子来说，书籍不啻自己生命的一部分。王国维1927年自沉前留下的只有百十六字的遗嘱，特标出："书籍可托陈、吴二先生处理。"吴是吴宓，陈即寅恪先生，这是王国维最信任的两位国学研究院同事。可以想见书籍的损失对寅恪先生的精神打击有多么沉重。《诗集》中一咏三叹的"劫灰遗恨话当时"③、"劫终残帙幸余灰"④、"灰烬文章暗自伤"⑤、"劫灰满眼堪愁绝，坐守寒灰更可哀"⑥，就中一定包含有丢失书籍的精神创痛。他向吴宓说的知识分子经历的精神与肉体的双重困苦，在他个人，精神苦痛是最主要的亦最不堪忍受的。

---

① 陈寅恪：《致吴宓》，《书信集》，三联书店2001年版，第268页。
② 转引自蒋天枢：《陈寅恪先生编年事辑》（增订本），上海古籍出版社1997年版，第116页。
③ 陈寅恪：《己丑夏日》，《诗集》，三联书店2001年版，第66页。
④ 陈寅恪：《丁亥春日闵花随人圣庵笔记深赏其游旸台山看杏花诗因题一律》，《诗集》，三联书店2001年版，第59页。
⑤ 陈寅恪：《己丑除夕题吴辛旨诗》，《诗集》，三联书店2001年版，第71页。
⑥ 陈寅恪：《香港壬午元旦对盆花感赋》，《诗集》，三联书店2001年版，第32页。

职是之故，寅恪先生诗作中流露出来的"兴亡"之感，实具有非常丰富的精神历史的内容。而他使用的"家国"概念，亦超越了单一的政治内涵。传统社会的一家一姓的王朝体系既不能与家国划等号，那么政权的更迭也并不意味着国家的灭亡。说到这里，不妨用"以陈解陈"的方法，提供一条旁证。《柳如是别传》第五章释证钱牧斋《西湖杂咏》诗，因诗序中有"今此下民，甘忘桑梓。侮食相矜，左言若性"之语，寅恪先生考证出，牧斋此处是用《文选》王元长《三月三日曲水诗序》之典，目的是"用此典以骂当日降清之老汉奸辈，虽己身亦不免在其中，然尚肯明白言之，是天良犹存，殊可哀矣"①。这里表现出寅恪先生对历史人物一贯所持的"了解之同情"的态度。而《四库全书总目提要》，却借《愚庵小集》作者朱鹤龄赞扬元裕之对于元朝，"既足践其土，口茹其毛"，就不"反噬"，以之为例证，指摘钱牧斋降清以后仍"讪辞诋语，曾不少避，若欲掩其失身之事"。②对此，寅恪先生写道：

> 牧斋之降清，乃其一生污点。但亦由其素性怯懦，迫于事势所使然。若谓其必须始终心悦诚服，则甚不近情理。夫牧斋所践之土，乃禹贡九州相承之土，所茹之毛，非女真八部所种之毛。馆臣阿媚世祖之言，抑何可笑。回忆五六十年前，清廷公文，往往有"食毛践土，具有天良"之语。今读提要，又不胜桑海之感也。③

寅恪先生对四库"馆臣"的反驳非常有力量。意思是说，中国这块土地是自古以来就有的，并非为清朝统治者所专有；所种之稼穑，亦为全体人民所共享，而不应为清廷所独据。即使对清朝统治者有所微辞，甚或"讪辞诋

---

① 陈寅恪：《柳如是别传》下册，三联书店2001年版，第1044—1045页。
② 同上，第1045页。
③ 同上。

语",也不牵及故国的"毛"和"土"的问题,因此与"天良"无涉。这一条旁证,足可帮助我们理解寅恪先生关于"家国"和国家概念的深层内涵。

那么以此我们可以说,陈寅恪先生写于1965年的《乙巳冬日读清史后妃传有感于珍妃事为赋一律》:"昔日曾传班氏贤,如今沧海已桑田。伤心太液波翻句,回首甘陵党锢年。家国旧情迷纸上,兴亡遗恨照灯前。开元鹤发凋零尽,谁补西京外戚篇。"①诗中以"家国旧情"和"兴亡遗恨"对举,完全可以视作《陈寅恪诗集》的主题曲。而"伤心太液波翻句"下有小注写道:"玉溪生诗悼文宗杨贤妃云:'金舆不返倾城色,下苑犹翻太液波。'云起轩词'闻说太液波翻'即用李句。"此注大可究诘。按历史上的太液池有三个:一是汉太液池,汉武帝建于建章宫北面;二是唐太液池,位置在长安大明宫内;三是清太液池,原来叫西华潭,也就是现在北京的北海和中南海。不管是哪一个太液池,都是用来喻指宫廷无疑。因此诗中"太液波翻"四个字的确切所指,则是宫廷的政治争斗。首句"甘陵党锢年",指东汉的党锢之祸。李商隐(玉溪生)的诗,则说的是唐文宗时期以牛李党争为背景的"甘露之变"。云起轩即珍妃的老师文廷式,晚清清流的主要代表人物之一,戊戌政变前就被慈禧赶出了宫。引证古典的目的,是为"今典"铺设背景。此诗作者寅恪先生的潜在题旨,无非是说1898年慈禧发动的戊戌政变,至今虽然已过去了一个多甲子,但想起当时那场株连不断的"党祸",仍然感到"伤心",因为自己家族的命运与之紧密相关,而百年中国的兴衰际遇亦由此而植下根蒂。所以这首七律的颔联"家国旧情迷纸上,兴亡遗恨照灯前",就不仅是该诗的题眼,同时也可以视作陈寅恪全部诗作的主题曲了。

然而"谁补西京外戚篇"? "斯人已逝,国宝云亡"。寅恪先生是不能来"补"写这段历史了。但他给我们留下了众多的藏有妙语深识的学术著作,特别是撰写了专门抉发明清兴亡史事的巨著《柳如是别传》,寅恪先生和我

---

① 陈寅恪:《诗集》,三联书店2001年版,第172页。

们都可以无憾了。何况写作此诗的1965年，陈寅恪先生的《寒柳堂记梦未定稿》业已竣稿，其中特别设有"戊戌政变与先祖先君之系"的专章，还有写于1945年的《读吴其昌撰梁启超传书后》，如果我们说关于那场"党锢之祸"已经由大史学家陈寅恪先生"补写"了，也许治义宁之学的诸君子不至存更多的异议。

1993年6月写就初稿，2014年1月增补定稿

（原载《中国文化书院建院十周年论文集》，北京大学出版社1994年版；
《光明日报》亦曾刊发同题之简稿）

慈禧戊戌政变和陈宝箴之死

一 有关陈宝箴之死的一些记载

光绪二十四年九月十七日（1898年10月31日），被罢免的陈宝箴与新任巡抚俞廉三交卸，九月二十日，与陈三立一起携家眷登舟离开湖南，迁往江西南昌。

一年前逝世的陈宝箴夫人的灵柩，也一同迁回，全家老幼扶柩而行。当时陈寅恪九岁，其大兄衡恪（师曾）二十二岁、兄隆恪十二岁、弟方恪七岁、登恪不到两岁、妹新午五岁。没有回江西修水县竹塅乡老家，而是临时在南昌磨子巷赁屋而居，过起贫窘而寂寞的生活。邹沅帆曾前往南昌探望义宁父子，他的印象："右丈家居，天怀泰然，甚是康强。伯严则苦于谋生耳。"[①]

翌年四月，陈夫人灵柩葬于南昌的西山（今新建县境内），并在墓旁筑庐，名为"崝庐"，陈宝箴就住在这里。但六月份开始，陈三立便害了一场大病，持续到七月底方渐痊愈。邹沅帆给汪康年的信中记载："伯严于六七月之交，大病几死，近稍愈矣。昨得伊电，有'幸更生，将痊愈'之语，当无恙矣。"信中还说："此君生计颇难，奈何？"[②]陈三立也自称"囊箧萧然，颇得从婚友

---

① 邹代钧：《致汪康年》第七十八通，《汪康年师友书札》第三册，上海古籍出版社1987年版，第2777页。

② 邹代钧：《致汪康年》第八十通，《汪康年师友书札》第三册，上海古籍出版社1987年版，第2779页。

假贷自给"①。可见陈宝箴一家到江西后经济状况何等拮据,"贫病交加"一语,实为最恰当的写照。

不过陈宝箴很喜欢西山的自然环境,每天吟啸偃仰其中,超然物外,与造物同游。自署对联于崝庐的门楣曰:"天恩与松菊,人境拟蓬瀛。"②离开湖南时,前湖南巡抚吴大澂送给他两只鹤,为寂寞的西山平添了生趣。陈三立的《崝庐记》写道:

> 吾父既大乐其山水云物,岁时常留崝庐不忍去,益环屋为女墙,杂植梅、竹、桃、杏、菊、牡丹、芍药、鸡冠、红踯躅之属。又辟小坎,种荷,蓄鲦鱼。有鹤二、犬猫各二、驴一。楼轩窗三面当西山,若列屏,若张图画。温穆杳霭,空翠蓊然扑几榻,须眉、帷帐、衣履,皆掩映黛色。庐右为田家,老树十余亏蔽之,入秋叶尽赤,与霄霞落日混茫为一。吾父澹荡哦对其中,忘饥渴焉。③

陈三立把崝庐的自然环境写得极其美好,然而越是这样描写,越见出陈宝箴一家悲剧的深重以及义宁父子内心的孤凄和难言之隐,如同陈三立《先府君行状》所叙述:"至其所难言之隐,菀结幽忧,或不易见诸形色,独往往深夜孤灯,父子相语,仰屋唏嘘而已。"④

陈三立从光绪二十四年(1898年)季秋至二十五年(1899年)初夏,先后病了

---

① 陈三立:《湖南巡抚先府君行状》,李开军校点:《散原精舍诗文集》下册,上海古籍出版社2003年版,第856页。

② 同上。

③ 陈三立:《崝庐记》,《散原精舍文集》卷六;李开军校点:《散原精舍诗文集》下册,上海古籍出版社2003年版,第858—859页。

④ 陈三立:《湖南巡抚先府君行状》,《散原精舍文集》卷五;李开军校点:《散原精舍诗文集》下册,上海古籍出版社2003年版,第856页。

两次,一次为从湖南返回江西的途中,第二次即次年的六七月间。陈三立的妻子俞淑人在此期间也屡病不已。十月,陈宝箴胞兄树年之长女德龄死。未几,右铭长孙陈师曾之妻范孝嫦亦逝。而德龄几乎是反常地痛哭而死。陈三立《大姊墓碣表》写道:

> 自吾母以丁酉腊告终湖南巡抚官廨,明年五月,姊遂于家奔数百里来哭。留数月,吾父得罪免。其冬,携家扶柩浮江,绝重湖,抵南昌,偕姊行。以余妻及长儿妇皆病,姊又留数月。既葬吾母,余复得病几死。姊又少留至七月,始告归。将归,大哭连昼夜。别时,遍与家人相向哭,而持吾父裾拜哭,尤绝哀不止。取道过吾母墓,又往哭焉。未三月,则吾姊以病死矣。姊病气逆累月,来吾家稍久,病徐除而归,竟以死。其哭也,果为之兆耶?将非复向者之病,而别有所大戚于心而死耶?①

德龄的牵裾而哭以及后来的哭而致死,通达如散原(因南昌之西山又叫散原山,故陈三立晚号散原)也不能不认为有异兆存焉。此事对他的刺激极大,尔后之相关诗作中亦屡屡提及②。戊戌政变对陈氏一家的打击是极为沉重的。

然而尤其让人不敢置信的是,陈宝箴在南昌西山的崝庐只住了一年多时间,到光绪二十六年庚子(1900年)春夏之间,陈宝箴便突然逝世了。陈三立的记载是:"是年六月二十六日,忽以微疾卒,享年七十。"③而在逝世的前几

---

① 陈三立:《大姊墓碣表》,《散原精舍文集》卷六;李开军校点:《散原精舍诗文集》下册,上海古籍出版社2003年版,第860页。

② 陈三立:《小鲁仍用旧韵见寄兼悼余丧姊次答二首》之二有句:"苦忆牵裾号泣地,犹悬上冢岁时心。同根骨肉今都尽,飘梗江湖孰更寻。"见《散原精舍诗》卷上;李开军校点:《散原精舍诗文集》上册,上海古籍出版社,第106页。

③ 陈三立:《湖南巡抚先府君行状》,《散原精舍文集》卷五;李开军校点:《散原精舍诗文集》下册,上海古籍出版社2003年版,第856页。

天，还曾写过《鹤冢诗》二章；前五天还在给陈三立写信。何以患"微疾"，便会遽尔而逝？再看陈三立呼天抢地、迸发血泪的陈词，一则曰："不孝不及侍疾，仅乃及袭敛。通天之罪，断魂锉骨，莫之能赎。天乎！痛哉！"继则曰："不孝既为天地神鬼所当诛灭，忍死苟活，盖有所待。"①语意之间似有未便明言的隐情。这是作于同年八月的《湖南巡抚先府君行状》里边的话，距宝箴之逝仅一个多月。

而在《崝庐记》中，又进而深情抒愤："孰意天重罚其孤，不使吾父得少延旦暮之乐。葬母仅岁余，又继葬吾父于是邪。而崝庐者，盖遂永永为不孝子烦冤茹憾、呼天泣血之所矣。"②透漏出陈宝箴之死似含蕴有不可排解的冤情。试想，"断魂锉骨"、"烦冤茹憾、呼天泣血"，这是何等严重而深切的情绪表达。如果是正常的患病死亡，陈三立的精神状态以及所使用的语词当不致如是之深重激昂。

那么陈宝箴究竟是怎样死的呢？

江西的宗九奇先生在1983年出版的第87辑《文史资料选辑》上，曾刊布过一条鲜为人知的材料，即近人戴明震的父亲远传翁（字普之）的《文录》手稿，有如下一条记载：

> 光绪二十六年（庚子，1900年）六月二十六日，先严千总公（名闳炯）率兵弁从巡抚松寿驰往西山崝庐，宣太后密旨，赐陈宝箴自尽。宝箴北面匍匐受诏，即自缢。巡抚令取其喉骨，奏报太后。③

---

① 陈三立：《湖南巡抚先府君行状》，《散原精舍文集》卷五；李开军校点：《散原精舍诗文集》下册，上海古籍出版社2003年版，第856、857页。

② 陈三立：《崝庐记》，《散原精舍文集》卷六；李开军校点：《散原精舍诗文集》下册，上海古籍出版社2003年版，第859页。

③ 宗九奇：《陈宝箴之死的真相》，《文史资料选辑》第87辑，文史出版社1983年版，第222—223页。

《文录》手稿系孤证，发表后未引起太大注意。笔者当时的态度，也是将信而有疑。后来细审《文录》手稿之记载，时间、地点、人物均正确无误。遂以为可信度相当之高，因为这样的"假"是不容易造出来的，事实上也没有任何造假的必要。如是，则陈宝箴实系那拉氏密旨赐死，且被害场面之惨毒，实有不可言传者。难怪陈三立要呼"痛哉，天乎！"如果参之以陈三立的有关诗作及相关材料，循陈寅恪提出的释证古籍须结合古典与今典的诠释学原则，破解散原布下的重重迷障，就知道戴氏《文录》之记载不是孤立无助之属，而是完全有可能得以证实的历史故实。

二 《述哀诗》透露的消息

陈宝箴死后的第二年早春，即光绪二十七年二月十日（1901年3月29日），陈三立到崝庐扫墓。此时陈三立已挈妇将雏搬至南京居住，安家在南京头条巷。从南京到江西南昌西山，可以乘船，经九江到达。《散原精舍诗集》上卷的一系列诗作记此次行程甚详。开始一首是《二月十日还南昌西山上冢，取城北驰道，至下关待船作》①，标题即注明了时间、地点、路线。接下去为《侵晓舟发金陵》、《江上三首》、《江上读王义门黄孟乐赠答诗因次韵寄和》、《由江入彭蠡次黄鲁直宫亭湖韵》、《夜舟泊吴城》②，一路行来，次第分明。再接下去，隔一首，就是需要我们着意阐发的《崝庐述哀诗五首》了。③

---

① 陈三立：《散原精舍诗集》卷上，第9页，宣统二年庚戌（1910年）上海商务印书馆代印。本文以下引散原诗均本此商务线装本，版次不再注出；又上海古籍出版社2003年版《散原精舍诗文集》（李开军校点）上下二册，因经过校点亦甚方便，笔者有时会引为参照，有时则全用该校点本。谨在此向上海古籍出版社及校点者致谢。

② 陈三立：《散原精舍诗集》卷上，第9—10页；上海古籍版，第13—15页。

③ 《散原精舍诗集》卷上，第11—12页。笔者先用译叙的方法介绍这五首诗，然后再诠释重点词句。谨附此说明，敬请读者留意。

《述哀诗》五首之一，写自己茫茫然、昏昏然，越荒穿径，来到靖庐，在屋中徘徊扶服，已是气结泪凝。这个平时与父亲一起感时忧国的地方，原来存放的棺木再也看不到了。真怀疑是一场梦，好像父亲并没有死，只不过他躺在那里，没有看到他、听不到他说话的声音而已。可是摇撼他的睡床，不管怎样呼叫，也不答应一声。再去看他日常读书为防蚊挂的帷帐，只剩下灯和蛛网。庭院里面，也只有荒芜的路径和东倒西歪的陶盆瓦罐。唉，父亲到哪里去了？我的不孝之罪，深重得和吞食父母的恶鸟差不多了。神明作证，我将永远成为"孤儿"。

《述哀诗》五首之二，回忆当初选择此地建屋为庐，主要考虑离母亲的墓很近，而且景色很美，抬头就可以看到西山。回环起伏的山岚，既像翱翔天空的龙凤，又像排列整齐的豹子和大象，灵光散射，气象森严。特别是山上的萧仙峰，形态高雅娴静，雨天望去像个戴笠的老翁，晴天则宛然一身材妖娆的少女，云霞缭绕，光翠拂面。父亲见此景观颇感欢悦，旦夕流连其间。然而如今他抛开人间的一切，怀着冤情永远不能回来了。我在这里追思往事，不禁泪洒阑干。

《述哀诗》五首之三，回忆父亲在世之时，靖庐这里墙边有竹十数竿，还有桃树、李树、杏树，以及梅花、牡丹，都是父亲亲手所栽。到了夏日，池里的莲花、院中的海棠，花开烂漫。父亲一个人在琉璃窗前，咳嗽着，来回踱步。有时松树的大片树荫，和古槐连在一起，绿荫叠翠。两只鹤的羽翅大张着，走起来如同跳舞；并且鸣叫，似乎担心有什么意外的事情发生。其中一只后来死了，父亲挖冢而葬，还曾立石写诗凭吊。上天欲降凶灾的不祥兆头，鹤死这件事，已露端倪。想起此事，我悲怆无尽，万种悔恨，凭谁也说不清楚。

《述哀诗》五首之四，写作者来到父母的墓前，跪拜祭扫，哀痛万分。虽然带来了酒盏，涌出的却是血泪。不由想起去年的寒食节，诸孙来到这里，父亲那时腿脚轻健，大家扶携抱拥，孩子们的头上插着野花，互相追逐奔跑。有的骑母亲墓门的石狮，而年幼者尤其勇敢。父亲见此情景，笑说真像一群小鸡子。没有多久,挥戈呼叫者便来了,父亲因而蒙难。我这个儿子简直是个累赘,到南京竟没有很快回来。

《述哀诗》五首之五,陈三立的情绪由深哀而激昂。回想当时埋葬母亲的时候,父亲曾拔下一只牙齿,包好置于墓圹的左侧,以示将来同穴之愿。同时埋下一块碑石,作为纪念,石上所刻悼词,阐述生死之理非常明通。哪里想到一年之后,父亲就永远离开了人世。他一生的报国之心,现在换来的是攻讦和诋毁。不过到底如何评价,我相信历史的公正。都是那些不切实际的人,浸润朝廷,破坏纲纪,结果得罪了太后,致使变法受阻,神州陆沉。其实父亲对此早有警惕,九泉之下他也会为此而悲痛。如今我迫于祸变,蒙愧苟活,又不能直接表达我的见解,纵置身山川美景之中,仍感局促难安。连松涛的声音都好像是在悲泣,陈三立禁不住昏倒了。

这五首诗中的下列诗句尤为关键:

> 终天作孤儿,鬼神下为证。(第一首)
> 天乎兆不祥,微鸟生祸胎。(第三首)
> 儿拜携酒浆,但有血泪涌。(第四首)
> 惊飙吹几何,宿草同蓊茸。(第四首)
> 维彼夸夺徒,浸淫坏天纪。(第五首)
> 唐突蛟蛇宫,陆沉不移晷。(第五首)
> 朝夕履霜占,九幽益痛此。(第五首)

先看第一首"终天作孤儿,鬼神下为证"句,主要是"孤儿"一词该如何解释。赵翼《陔余丛考》"孤哀子"条释"孤子"、"哀子"之义甚详。[①]按古礼,父母之丧,其子皆可称为"哀子",后来母丧称"哀子",父丧称"孤

---

① 赵翼:《陔余丛考》,河北人民出版社1990年版,第665—666页。

子",但也常相混淆。宋以后,界说趋严格,并相沿成习,必须是父死,才能称"孤子"。且《礼注》明文规定:"三十以内,未有室而无父母者,谓之孤子当室。"陈三立生于1853年(清咸丰三年),至1902年作《述哀诗》五首时,已满四十九岁,又有家室,自然不应称为"孤子"。因此可以断言,诗里面的"孤儿"一词,散原取的并不是"孤子"之意。

那么"孤儿"究何所取义?"孤儿"一词的明典,首推《史记》"赵世家"中的"赵孤儿"、"赵氏孤儿"。史家每每提及的"赵盾弑其君"的那位赵盾,有子名朔,娶晋成公的姐姐为妻。后来屠岸贾发动变乱,杀赵朔并灭其族。赵朔妻有遗腹,是一男婴,为赵朔的门客公孙杵臼和友人程婴所救。两人商议的办法是从别处换一个婴儿,由公孙杵臼抱往山中藏匿。然后程婴引诱屠岸贾的人马到山中搜捕,公孙杵臼假意骂程婴卖友,抱着假赵氏孤儿大声呼叫:"天乎,天乎!赵氏孤儿何罪?请活之,独杀杵臼可也。"假孤儿和公孙杵臼都被杀害,真赵孤儿留了下来。十五年后,这位名叫赵武的赵氏孤儿又被立为侯①。故事曲折悲壮,元人纪君祥写成杂剧,全名作《冤报冤赵氏孤儿》或《赵氏孤儿大报仇》,传播中外,为世所重。

好了,陈三立第一首《述哀诗》中的"孤儿"一词,其用典之出处,应来自太史公《史记》的"赵世家",即赵武之父赵朔被宫廷的变乱者屠岸贾所杀害,遂使赵武成为"孤儿"。同样,散原的父亲陈宝箴,也是被变乱中的朝廷所枉杀,所以他才自称"孤儿"。甚至散原撰写的《先府君行状》里,也有"天乎,痛哉"的字样,与公孙杵臼被害前所呼"天乎,天乎"如出一辙。

如果还要寻找例证,《汉书》卷十九"百官公卿表"里有一处关于"孤儿"的记载:"羽林掌送从,次期门,武帝太初元年初置,名曰建章营骑,后

---

① 《史记》卷四十三《赵世家》第十三,中华书局标点本,第六册,第1783—1785页。

更名羽林骑。又取从军死事之子孙养羽林，官教以五兵，号曰羽林孤儿。"①父辈从军被杀而死，子孙称"孤儿"。将这些"孤儿"充实到皇宫近侍护卫队伍中去，颇有安抚遗孤之微意，不失为一个好主意。因此汉唐以后，"羽林孤儿"一词频频出现。《汉书》卷八"宣帝纪"："西羌反，发三辅、中都官徒弛刑，及应募佽飞射士、羽林孤儿……诣金城。"②《汉书》卷七十九："今发三辅、河东、弘农越骑、迹射、佽飞、彀者、羽林孤儿及呼速絫、嚵种，方急遣。"③《汉书》卷八十一：孔子十四世孙孔光，"年七十，元始五年薨……羽林孤儿诸生合四百人挽送"。④《宋史》卷九十三"河渠志"："唯有南北军、期门郎、羽林孤儿，以备天子扈从藩卫之用。"⑤《宋史》卷四百一十九，翰林权直兼玉牒所检讨陈贵谊，"仿成周邦飧必及死王事者之子，与汉置羽林孤儿，专取从军死事之后，教以五兵。"⑥唐的神策军，也保留有汉朝的"羽林孤儿"之制。故唐僖宗《优恤扈驾兵士并训饬神策诸军诏》云："神策军自经乱离，久未训整，孤儿渐散，壮骑多亡，羽林之垂象空存，天阵而疾雷不震。"⑦指的就是此一案例。

后世诗文作者也不乏引用"羽林孤儿"之典者。王维的《为羽林将军祭武大将军文》写道："天子壮之，命居北门。北门伊何？国之重寄。羽林孤儿，旄头突骑。罔不毕劝，为之元帅。"⑧李商隐的《为王侍御瓘谢宣吊并赐赠表》，也有相关语句："昔魏优死事，止分食邑之余；汉养孤儿，但有羽林

---

① 《汉书》卷十九上、《百官公卿表》第七上，中华书局校点本，第三册，第727页。
② 《汉书》卷八、《宣帝纪》第八，中华书局校点本，第一册，第260页。
③ 《汉书》卷七十九，中华书局校点本，第十册，第3298页。
④ 《汉书》卷八十一，中华书局校点本，第十册，第3364页。
⑤ 《宋史》卷九十三，中华书局校点本，第七册，第2320页。
⑥ 《宋史》卷四百一十九，中华书局校点本，第三十六册，第12546页。
⑦ 唐僖宗：《优恤扈驾兵士并训饬神策诸军诏》，《全唐文》卷八十八，中华书局1983年版影印本，第918页。
⑧ 《王右丞集笺注》，上海古籍出版社1998年版，第483页。

之聚。方于今日，惟愧推恩，叫号失容，戴履无所。"①柳宗元《为南承嗣请从军状故某官赠某官南霁云男某官承嗣》奏状，文辞尤为典雅："臣闻周官考艺，国子置车甲之司；汉道推恩，孤儿备羽林之用。"②纯是宋"四六"文的作风。明代东林党人唐顺之的诗里，也有"壮士从来不病死，孤儿今属羽林军"的句子③。要之，"羽林孤儿"一典，特指从军的父辈死于非命，而由其后人充当羽林军的成员，此种情形称为"羽林孤儿"。以此陈三立《述哀诗》中的"孤儿"，无论用的是《史记》"赵氏孤儿"一典，还是"羽林孤儿"一典，都与父尊的非正常死亡有关。

当然"孤儿"一词，并非只有上述两个含义。父亲因故死亡，而遗孤尚未成人，或至少年龄不是很大，也可以以"孤儿"相称。历史文献中亦不乏此一方面的例证。

还是先检视《史》、《汉》两书。《史记》卷十"孝文本纪"："上为立后故，赐天下鳏寡孤独穷困及年八十已上、孤儿九岁已下布帛米肉各有数。"④这里说的"孤儿"为九岁以下。《汉书》卷四十六，武帝元封四年（公元前107年），公卿有将无名数的四十万流民迁徙边远之议，汉武帝不同意，说："今流民愈多，计文不改，君不绳责长吏，而请以兴徙四十万口，摇荡百姓，孤儿幼年未满十岁，无罪而坐率，朕失望焉。"⑤汉武帝显然以"未满十岁"为"孤儿"。《汉书》卷六十四则记载："当此之时，寇贼并起，军旅数发，父战死于前，子斗伤于后，女子乘亭鄣，孤儿号于道，老母寡妇饮泣巷哭，遥

---

① 李商隐：《为王侍御瓘谢宣吊并赙赠表》，《李商隐文集编年校注》，第二册，中华书局2002年版，第712页。
② 《柳河东集》下册，上海古籍出版社2008年版，第626页。
③ 唐顺之：《塞下曲赠翁侍郎总制十八首》之十四，《盛明百家诗·唐中丞集》卷下，《四库全书存目丛书·集部》第三百零六册，齐鲁书社1997年版，第31页。
④ 《史记》卷十，中华书局校点本，第二册，第420页。
⑤ 《汉书》卷四十六，中华书局校点本，第七册，第2198页。

设虚祭,想魂乎万里之外。"①能在道路上号哭的,肯定不是年龄很大的成年人。而且明示,由于父亲已经战死,才有此"孤儿号于道"的惨象发生。《后汉书》卷二十七有载,东平任城人郑均的兄长为县吏,经常接受贿礼,屡劝不听。雅好黄老之书的郑均,便离家做佣人,将所得报酬全部给这位贪财的兄长。兄大为感动,终成廉洁之吏。从此弟兄二人"均好义笃实,养寡嫂孤儿"(他们显然还有死去的哥哥)②。一个需要"养"的"孤儿",肯定尚未成年,甚至更小。《后汉书》卷八十一"独行列传",记载一个叫李善的苍头,因疾病流行,主人家"相继死没,唯孤儿续始生数旬"③。这个叫"续"的婴儿,刚出生几十天,父母皆亡故,所以史家叙述,称作"孤儿"。《后汉书》卷八十九,写战乱给民众带来的痛苦境遇:"父战于前,子死于后,弱女乘于亭鄣,孤儿号于道路。"④此处在道路上号哭的"孤儿",一定年龄很小,或至少也是还没有成年,当然此处所叙是因袭前引《汉书》卷六十四的文字。另外顾炎武的《答徐甥公肃书》,其中也有"至有六旬老妇,七岁孤儿,挈米八升,赴营千里"的记述⑤。"七岁孤儿",年幼可知。其实即使将"孤儿"称谓的年龄界限再加以放大,我想也不致超过"弱冠"之数。古代男子以二十为弱冠,三十岁、四十岁、五十岁,又有家室,无论如何不能再称为"孤儿"。

总之遍查我国史例和文例,"孤儿"一词,要么是"赵氏孤儿"和"羽林孤儿"的特指,要么就是父死而儿尚幼,宽而言之也是尚未成年,或放至极致也不会超过弱冠之岁。绝没有年已半百,因为父亲"患微疾"而终,便自称"孤儿"的。散原何等学识,何等文则诗法,"孤儿"一词的典义,岂能不知!因此《述哀诗》中的"孤儿"一词,他所用必是"赵氏孤儿"或"羽林

---

① 《汉书》卷六十四,中华书局校点本,第九册,第2833页。
② 《后汉书》卷二十七,中华书局校点本,第四册,第946页。
③ 《后汉书》卷八十一,中华书局校点本,第九册,第2679页。
④ 《后汉书》卷八十九,中华书局校点本,第十册,第2951页。
⑤ 《顾亭林诗文集》,中华书局1983年版,第138页。

孤儿"的成典，都寓父尊被杀害之意。而且更大可能用的还是"赵氏孤儿"的典义，直接暗示陈宝箴之死，不是正常死亡，而是被戊戌政变后变乱无序的朝廷所杀害。

实际上，陈三立在陈宝箴冤死之后的诗文中，还有多处使用"孤儿"一词，兹具列如下。

> 无何昊天示灾凶，坐使孤儿仆且叫。(《由崝庐寄陈芰潭》)
> 孤儿犹认啼鹃路，早晚西山万念存。(《返西山墓庐将过匡山赋别》)
> 壁色满斜阳，照照孤儿泣。(《壬寅长至抵崝庐谒墓》)
> 杂花时节春风满，重到孤儿是路人。(《清明日墓上》)
> 坐待村春破荒寂，魂翻眼倒此孤儿。(《崝庐雨夜》)
> 孤儿瞠视眩今昔，掩蔼酸涕增汍澜。(《崝庐墙下所植花尽开甚盛感叹成咏》)
> 明灭檐牙挂网丝，眼花头白一孤儿。(《庐夜漫兴》)
> 群山遮我更无言，莽莽孤儿一片魂。(《雨中去西山二十里至望城冈》)
> 孤儿同飘鹰，下爪无择拣。(《到墓上时节庵按事城中于前七日拜墓而去》)
> 流徙到孤儿，穷海供一掷。(《清明日上冢》)
> 孤儿更有沧桑泪，依倚东风洒翠微。(《雨后晚步墓上》)
> 更怜魂魄望边城，负笈孤儿同负弩。(《正月既望出太平门视次申墓》)①

上述诗中的十二例"孤儿"，加上《述哀诗》的一例，共十三例，每一例均涉及南昌之西山，都带有"冢"、"墓"、"墓庐"、"崝庐"等字样，也就

---

① 此十二项例句，分别见于李开军校点：《散原精舍诗文集》上册，第18、35、55、65、66、112、142、143、180、406、455、510页。

是和陈宝箴之死直接相关。在如此特定的情境下使用"孤儿"一典,我们难道会相信他不过是以未成年的小孩子自比自喻?年已半百的大诗人会如此拟于不伦?那就未免小看虑患幽深、诗笔渊妙的翩翩佳公子了。无疑,散原在上述这些诗句中所用的"孤儿"一典,只能含有父亲是遭遇政治残害而致死的唯一一层寓意。另外一例是挽文廷式的诗中,也有"还家浑是客,海色引孤儿"的句子,这时陈三立已经五十有二岁了。所以此时又使用"孤儿"一典,实由于陈宝箴之死与文廷式生前的活动不无关系,下面将详论此一问题,兹不多赘。

再看第三首"天乎兆不祥,微鸟生祸胎"句。"天乎"二字应为特指,前已论及,不再重复。值得注意的是"祸胎"一词。按"祸胎"一词,义同祸根,但历来文例,都与政治变端和人事的迫害相关联,而且往往指因受迫害而危及身家性命。非政治因素导致的人类生命危殆,一般不使用"祸胎"一词。先秦典籍中,绝少有"祸胎"字样;《史记》、《汉书》、《后汉书》、《三国志》"前四史",不见"祸胎"一词出现。晋唐以后,史书中不无使用的案例,但也不是很多。《晋书》有一处,见于曹毗(字辅佐)的《对儒》,义在探讨士何以自处之道,其中谈到贾谊,说:"贾生之才,拔奇山东,玉映汉台,可谓响播六合,声骇婴孩,而见毁绛灌之口,身离狼狈之灾。由此言之,名为实宾,福萌祸胎,朝敷荣华,夕归尘埃,未若澄虚心于玄圃,荫瑶林于蓬莱,绝世事而隽黄绮,鼓沧川而浪龙鳃者矣。"[①]此处的"祸胎",自是指贾谊不遇而逝的政治遭遇。

新旧两《唐书》,计有十例。一为《旧唐书》卷五《高宗本纪》,"赞曰"的最后四句:"伏戎于寝,构堂终坠。自蕴祸胎,邦家殄瘁。"[②]此处是说,如果处理不好和突厥的关系,将成为影响李唐一朝兴亡的"祸胎"。二

---

① 《晋书》卷九十二,中华书局标点本,第八册,第2387—2388页。
② 《旧唐书》卷五,中华书局标点本,第一册,第112页。

是《旧唐书》卷二十《昭宗本纪》记载，太子宾客崔昭纬和邠州节度副使崔铤，曾交结具有叛意的将领王行瑜，因此说他们"构合祸胎"①。三是《旧唐书》卷九十三，时任鸿胪大卿及朔方军副大总管兼安西大都护的王晙，上疏陈边事三策，认为最不好的办法，是"置之朔塞，任之来往，通传信息，结成祸胎"②。四是《旧唐书》卷一百八，"史臣"论安禄山之乱的教训，认为有仁恕长者之称的卫见素，虽与杨国忠并列朝纲，但与杨宜有不同，理由是："盖祸胎已成，政柄久萦，见素入相余年，言不从而难作，虽有周、孔之才，其能匡救者乎？"③五为《旧唐书》卷一百二十一，涉及朔方军统帅李怀光的叛变问题，陈寅恪先生撰有专文，辨析李叛之缘由④，认为或与中央政府直辖的神策军与朔方军的待遇悬殊，遂因不平而生变。李后为部将牛某杀害。

唐德宗贞元五年（789年），诏赐李怀光的外孙以李姓，并授予左卫率府胄曹参军之职，以示对旧臣的缅怀。其诏云：

> 怀旧念功，仁之大也；兴灭继绝，义之弘也。昔蔡叔圮族，周公封其子于东土；韩信干纪，汉后爵其孥以弓高。侯君集之不率景化，我太宗存其胤以主祀。详考先王之道，洎乎烈祖之训，皆以刑佐德，俾人向方，则斧钺之诛，甲兵之伐，盖不得已而用也。曩岁盗臣窃发，国步多虞，朕狩于近郊，指期薄伐，将振昆阳之旅，以兴涿鹿之功，征师未达于诸侯，卫士且疲于七萃。而李怀光三军凤驾，千里勤王，上假雷霆之威，下逐虎狼之众。议功方始，守节靡终，潜构祸胎，拒违朝命，弃同即异，舍顺效逆。为臣至此，在法必诛，犹示绥怀，庶其牵复。而枭音益厉，猰突莫迁，大

---

① 《旧唐书》卷二十，中华书局标点本，第三册，第757页。
② 《旧唐书》卷九十三，中华书局标点本，第九册，第2988页。
③ 《旧唐书》卷一百八，中华书局标点本，第十册，第3284页。
④ 陈寅恪：《论李怀光之叛》，《金明馆丛稿二编》，三联书店2001年版，第317—319页。

戮所加，曾无噍类。虽自贻伊戚，与众弃之，而言念尔劳，何嗟及矣。①

对唐贞元时期最高统治者施行的"收买将心"的政策，姑置不论。笔者所注意的是诏书在历数李怀光的罪状时，使用了"潜构祸胎"一词，言外之意是，李的杀身之祸是咎由自取，是自己贾祸，自酿祸胎。

第六个例证是《旧唐书》卷一百六十九，唐文宗有鉴于元和时期宪宗被宦官所弑的教训，欲未雨绸缪，先下手为强，以雪仇耻，免得阉竖们"继为祸胎"②。此处之"祸胎"二字，是带有血腥气的。据陈寅恪考证，唐宪宗为内官所弑的经过极为险毒，且为当事者所掩盖讳饰。寅恪先生写道："唐代自中叶以后，凡值新故君主替嬗之际，宫禁之中，几例有剧变，而阉宦实为此剧变之主动者。外廷之士大夫，则是宫禁之中阉宦党派斗争时及决胜后可怜之附属物与牺牲品耳。有唐一代之政治史中，此点关系至巨，特宫禁事秘，外间本不易知，而阉人复深忌甚讳，不欲外廷有所得闻。宪宗为中兴之英主，其声望更不同于他君，故元和一代，其君主与阉人始终之关系，后来之宦官尤欲隐秘之，以免其族类为士大夫众矢之的也。"③此节下面还要提到，此不多赘。

第七例为《旧唐书》卷一百七十一，宰相李吉甫死后，太常寺有拟议谥为"恭懿"或"敬宪"者，侍御史张仲方反对，说李之为人，虽"乘时佐治，博涉多艺，含章炳文"，但他"通敏资性，便媚取容"、"好恶徇情，轻诺寡信，诡泪在脸，遇便则流，巧言如簧，应机必发"；致使"内有害辅臣之盗，外有怀毒虿之孽；师徒暴野，戎马生郊；皇上旰食宵衣，公卿大夫且惭且耻；农人不得在亩，缉妇不得在桑；耗敛赋之常赀，散帑廪之中积；征边

---

① 《旧唐书》卷一百二十一，中华书局标点本，第十一册，第3495页。
② 《旧唐书》卷一百六十九，中华书局标点本，第十三册，第4396页。
③ 陈寅恪：《顺宗实录与续玄怪录》，《金明馆丛稿二编》，三联书店2001年版，第83页。

徽之备，竭运挽之劳；僵尸血流，骴骼成岳，酷毒之痛，号诉无辜"①。而其"祸胎之兆"，实际上就是从李的"佐治"开始的。此处之"祸胎"，指酿成的政治大灾难。

第八例为《旧唐书》卷一百七十七，已经进位到尚书右仆射、弘文馆大学士、食邑三百户的杨收，为掌握机务的杨某所陷害，加上自己不检点，喜欢华靡，结果落得"尽削官封，长流州"的下场，时为唐大中八年（854年）。次年，又令内养郭全穆赍诏赐其死。临刑前他向郭全穆提出，可否写一信给宣宗皇帝，希望能保全胞弟杨严的性命。"祸胎"字样就是其上宣宗皇帝的绝命书里出现的。他写道：

> 臣畎亩下才，谬当委任。心乖报国，罪积弥天；特举朝章，赐之显戮。臣诚悲诚感，顿首死罪。臣出自寒门，旁无势援，幸逢休运，累污清资。圣奖曲流，遂叨重任。上不能罄输臣节，以答宠光；下不能回避祸胎，以延俊义。苟利尸素，频历岁时，果至圣朝，难宽大典。诚知一死未塞深愆，固不合将泉壤之词，上尘天听。伏乞陛下哀臣愚蠢，稍缓雷霆。臣顷蒙擢在台衡，不敢令弟严守官阙下，旋蒙圣造，令刺浙东。所有罪愆，是臣自负，伏乞圣慈，贷严微命。臣血属皆幼，更无近亲，只有弟严，才力尪悴。家族所恃，在严一人，俾存殁曲全，在陛下弘覆。臣无任魂魄望恩之至。②

此信上达帝廷，宣宗还真的宽宥了他的弟弟杨严。那么这里的"祸胎"一词，是在赐死临刑前生命的弥留之际使用的。

第九例是《旧唐书》卷一百八十四"宦官传"中出现的，要在彰显内官

---

① 《旧唐书》卷一百七十一，中华书局标点本，第十四册，第4444页。
② 《旧唐书》卷一百七十七，中华书局标点本，第十四册，第4600页。

宦竖为患之烈，而事之起因，则由于德宗竟将保卫帝王安全的神策军和天威等军，"委宦者主之"。结果，"五十余年，祸胎愈煽，昭宗之季，所不忍闻"①。此处之"祸胎"，明指唐之宦者连弑二帝的宫禁荼毒。

第十例见于《新唐书》卷二百二十四，与《旧唐书》卷一百二十一的事例相同，也是关于李怀光叛而死，德宗缅怀诏书有云："守节靡终，潜构祸胎，大戮所加，自贻伊戚，孤魂无归，怀之恍然。"②前后措辞与《旧唐书》有异，但"守节靡终，潜构祸胎"两句并无不同。

《宋史》一例，见于卷三百四十二《王岩叟传》。王为直臣，长期担任言官，元祐六年（1090年），"拜枢密直学士、签书院事"。他入宫拜谢，太皇太后说："知卿才望，不次超用。"岩叟又拜谢，并建言道："太后听政以来，纳谏从善，务合人心，所以朝廷清明，天下安静。愿信之勿疑，守之勿失。"随后又向哲宗奏曰："陛下今日圣学，当深辨邪正。正人在朝，则朝廷安，邪人一进，便有不安之象。非谓一夫能然，盖其类应之者众，上下蔽蒙，不觉养成祸胎尔。"③此处之"祸胎"，自然也是指朝政的吉凶成败大端。

《明史》一例，卷二百五十五，刘宗周上《痛愤时艰疏》，写道："陛下锐意求治，而二帝三王治天下之道未暇讲求，施为次第犹多未得要领者。首属意于边功，而罪督遂以五年恢复之说进，是为祸胎。"④整个《明史》只此一例。《清史稿》则无有。可见"祸胎"并不是一个寻常的用词，事不关家国朝政的吉凶祸福，只是个人的生老病死，不适合使用此一特殊语词。

笔者上引《晋书》、新旧两《唐书》、《宋史》、《明史》共十三处例证，无一不关涉家国天下生死存亡之政治大变故。以散原的通博，他不会不知道"祸胎"一词在中国历史上的特殊意涵和特殊所指，而将自己尊人的"微疾

---

① 《旧唐书》卷一百八十四，中华书局标点本，第十五册，第4755页。
② 《新唐书》卷二百二十四，中华书局标点本，第二十册，第6379页。
③ 《宋史》卷三百四十二，中华书局标点本，第三十一册，第10896页。
④ 《明史》卷二百五十五，中华书局标点本，第二十二册，第6578页。

而终"，和几天前的一鹤之死视为"祸胎"。而且还须辨明，《述哀诗》第三首中的"天乎兆不祥，微鸟生祸胎"的"祸胎"，绝不是指一年又十个月之前的戊戌政变，陈宝箴所受到的"革职，永不叙用"的"薄惩"，而只能是指庚子年六月六日的右铭突然而逝，是由于慈禧密旨赐死，事涉朝廷的不祥杀机，才使得陈宝箴遭此不测之祸。因此我认为陈三立在《述哀诗》中使用"祸胎"一词，无异为陈宝箴的非正常死亡提供了实证。

第四首《述哀诗》里的"但有血泪涌"句，其中"血泪"一词，也是非寻常用语。《韩非子》"和氏"篇讲述和氏璧的故事，这样写道："楚人和氏得玉璞楚山中，奉而献之厉王，厉王使玉人相之，玉人曰：'石也'。王以和为诳，而刖其左足。及厉王薨，武王即位，和又奉其璞而献之武王，武王使玉人相之，又曰'石也'，王又以和为诳，而刖其右足。武王薨，文王即位，和氏抱其璞而哭于楚山之下，三日三夜，泣尽而继之以血。王闻之，使人问其故，曰：'天下之刖者多矣，子奚哭之悲也？'和曰：'吾非悲刖也，悲夫宝玉而题之以石，贞士而名之以诳，此吾所以悲也。'"① 我疑心散原诗中的"血泪"一词，用的是和氏泣血楚山的典故，寓陈宝箴之死系受朝廷之刑罚所致（何况陈宝箴不就是名副其实的"贞士"吗）。

另外《文选》卷四十一李陵《答苏武书》亦有说："何图志未立而怨已成，计未从而骨肉受刑，此陵所以仰天椎心而泣血也。"② 陈三立《先府君行状》叙写陈宝箴的性格与抱负，也有相类语词：

盖府君虽勇于任事，义不反顾，不择毁誉祸福，然观理审而虑患深，务在救过持平，安生人之情，以消弭天下之患气。尝称曰："非常之原，黎民惧焉。造端图大，自任怨始。要以止至善为归，自然之势也。"论者

---

① 陈奇猷校注：《韩非子集释》上册，上海人民出版社1974年版，第238页。
② 李陵：《答苏武书》，《文选》，第五册（卷四十一），上海古籍出版社1990年版，第1851页。

谓府君之于湖南，使得稍假岁月，势完志通，事立效著，徐当自定。时即有老学拘生怨家仇人，且无所置喙。而今为何世耶？俯仰之间，君父家国无可复问。此尤不孝所攀天斫地、椎心酾血者也。①

这里的"攀天斫地、椎心酾血"八字，以及《崝庐记》中的"烦冤茹憾，呼天泣血"之句，显然都用的是李陵《答苏武书》的原典原意。同时也可以与《述哀诗》的"但有血泪涌"句对观。史载李陵致书苏武，时间在其母亲、兄弟、妻子被斩杀之后，故有"骨肉受刑"的句子。这与陈宝箴被刑（割去喉骨）而死为同一义谛。且李陵《答苏武书》中的"志未立而怨已成，计未从而骨肉受刑"，实际上完全可以为陈宝箴和湖南新政及其结局写照。而"泣血"、"血泪"的另一出典，即和氏自陈悲痛至极的原因："宝玉而题之以石，贞士而名之以诳。"虽然不便于像红学索隐派那样，认为散原引此典，意在用"宝玉"二字来影射陈宝箴，但"贞士"一词的特殊意涵，使《行状》作者不可能不与乃父的风范联系起来。由此可见散原用典之准确严密，不仅见于典之所出处的直接语词，连带文章的背景及相关字句，也无不相合相契。

第四首《述哀诗》中"血泪"一词的出典及其意涵已如上述。此诗的结尾四句："惊飙吹几何，宿草同蓊茸。有儿亦赘耳，来去不旋踵。"也直接关涉陈宝箴的死因。"宿草"指墓地，有时也比喻死亡，典出《礼记·檀弓》："朋友之墓，有宿草而不哭焉。"②"蓊茸"直解为繁密茂盛的意思，但散原用此词，实有具体而详的出处。柳宗元《吊苌弘文》有句："松柏之斩刈兮，蓊茸欣植。"③"蓊茸"一词，必以柳氏文为出典，用以喻陈宝箴之死，如同"松

---

① 陈三立：《湖南巡抚先府君行状》，《散原精舍文集》卷五。
② 参见黄侃手批：《白文十三经·礼记·檀弓上》，上海古籍出版社1982年版，第16页。
③ 柳宗元：《吊苌弘文》，《柳河东集》上册，中华书局2008年版，第332页。

柏之"被"斩刈"一样,是残害国之"贞士"(松柏喻贞士)的大冤案。

然则右铭到底是怎样被残害而死的?换言之,置死的方式为何?让我们来看"惊飙吹几何"的"惊飙"一词。按"惊飙"即"飙骇",直接出典为《抱朴子》外篇的《君道》。《抱朴子》为晋朝葛洪所作,分内外篇,《内篇》二十,讲道教及丹铅等科技史事;《外篇》九十六(存五十二),内容颇驳杂。其《君道》一篇,论为君之道至为详博,包括不偏党私、赏罚分明、激发清流、多提建议、切勿玩物丧志等;但最重要的是记取三代以来帝座兴亡的教训,吉凶祸福莫不由自己所造。如果"肆情纵欲,而不与天下共其乐",就会有极危险的后果等在那里:"削基憎峻,而不觉下坠则上崩,故倾溃莫之扶也。于是箐策去于我手,神物假而不还。力勤财匱,民不堪命。众怨于下,天怒于上。田成盗全齐于帷幄,姬昌取有二于西邻。陈吴之徒,奋剑而大呼;刘项之伦,挥戈而飙骇。"①

这就是散原所用"惊飙"一词的原始出典,寓"奋剑"、"挥戈",总之是以兵器斩杀之义。联系远传翁《文录》手稿的记载,《述哀诗》描写的陈宝箴被杀害于南昌西山靖庐的具体情景似依稀可睹。

至于第五首《述哀诗》,由回忆埋葬母亲之时,父亲拔一只牙齿埋在墓的左侧,预示将来同穴之愿,并撰写一篇阐述生死之理的文字,刻石埋在地下,写到父亲被害的突然,以及认为现今的毁誉并不作数,相信历史的公正。然后情绪转为激昂:"维彼夸夺徒,浸淫坏天纪,唐突蛟蛇宫,陆沉不移晷。"这四句诗中,"夸夺徒"指康有为等激进变法者,应没有问题。由于他们亲附("浸淫"有"亲附"之义)光绪皇帝,破坏天纲朝纪,得罪了慈禧皇太后,终酿成大祸。"蛟蛇",古代传说中的一种似龙犹蛇的动物,恰合慈禧的身份。而"蛟蛇"与"宫"连在一起,也可视作"蛟妾"。任昉《述异记》载:"夏桀之末,宫中有女子化为龙,不可近,俄而复为妇人,甚丽而

---

① 杨明照:《〈抱朴子·外篇〉校笺》上册"君道",中华书局1991年版,第241页。

食人。桀命为蛟妾，告桀吉凶之事。"① "蛟妾"的性格、功能及所为（告桀吉凶），与慈禧发动政变前后之情景非常相似。何况以字面解，"蛟蛇宫"也可以理解为住在"宫"里面的"蛟蛇"，自然也可以称为"蛟妾"。要之，"唐突蛟蛇宫"，散原的意思是指激进的变革得罪了慈禧太后，这样来诠释这句诗，绝无穿凿之嫌。

如其不信，兹还有一力证。散原在后来写的一篇《祭刘忠诚公文》中，提到戊戌政变和此后不久的庚子事变，还曾直接称慈禧为"蛇龙"，与《述哀诗》中的"蛟蛇"为同一义。请看祭文中的有关文字：

> 维公之兴，始率偏旅，儒素奋扬，建威边鄙，遂领名疆，为国藩辅。坐镇东南，前后持节，垂二十年，有炜其烈。戊戌首难，朝野危疑，公矢精诚，抒义陈规，匡于未形，天日回移。亦越庚子，中外骚然，蛇龙之孽，吹沫掀天，海沸江翻，声骢垓埏。几几我公，不愆不恫，阴阖阳开，以施驭控，卒为旋斡，万灵伛俯，天地再清，咸有宁宇。②

刘忠诚不是别人，就是庚子年提倡东南互保、稳住政局、洋人亦不得不仰视的鼎鼎大名的两江总督刘坤一是也。宜乎在祭文中提到戊戌和庚子两大变乱，而首凶则是一会儿听政一会儿还朝的那拉氏皇太后。也就是散原所说的："蛇龙之孽，吹沫掀天，海沸江翻，声骢垓埏。"此处之"蛇龙"，和《述哀诗》中的"蛟蛇"一样，都指的是慈禧，不应该有任何问题。而且用在这里，可以说只此一义，绝无他解。另还有一证，皮锡瑞在戊戌政变发生后极

---

① 任昉：《述异记》卷上，1911年湖北官书处刻本。又《太平广记》卷四二五载有大量蛟蛇食人的故事可参看，见《太平广记》，第九册，中华书局1961年版，第3459—3464页。
② 陈三立：《祭刘忠诚公文》，《散原精舍文集》卷六；上海古籍出版社《散原精舍诗文集》下册，第866页。

端悲愤，亦有诗云："妖孛横侵白日阴，老蟾跳出照森林。"①"老蟾"显系指慈禧，与"蛟蛇"、"蛇龙"为同一取义。

因此笔者有十分把握认为，散原的《崝庐述哀诗五首》，不仅写明陈宝箴之死不是由于患病，而是被残酷杀害，同时最后一首还直接点出杀害陈宝箴的凶手是狠毒如蛟蛇的慈禧太后。

三 其他线索种种

至此陈宝箴之死的真相，我们大体上可以明白底里，有关这个问题的叙论原可以到此为止。但《散原精舍诗》对乃父之死因实在预伏太多，由不得不动人问底寻根之想。紧靠《崝庐述哀诗五首》的前面一首，是题为《过樵舍为明宁藩娄妃殉节处》的七律：

樵舍风光聊可攀，沉沉津鼓吏临关。
至今涸鲋容泥滓，只有轻鸥自往还。
终古英灵笑乡井，片时安稳看江山。
胸中作恶万端过，为借春云照鬓颜。②

《明史》"诸王传"载宁王及其子孙事甚详。宁王朱权是朱元璋的第十七子，封于大宁，永乐元年（1403年）改封南昌。权子盘烒早逝，孙奠培袭王位。奠培死，子觐钧袭，弘治十年（1497年）卒，子宸濠继位。宸濠性便巧，工结纳，有异谋，正德十四年（1519年）叛。当时大学者王阳明任南赣巡抚，与吉安

---

① 皮锡瑞：《师伏堂未刊日记》光绪二十四年八月十四日条，《湖南历史资料》1981年第1辑，第153页。

② 陈三立：《散原精舍诗集》卷上，第11页，上海古籍出版社《散原精舍诗文集》上册，第15—16页。

知府伍文定共讨叛军，几周后就迫使溃败不堪的宸濠率领不多的人马，退至樵舍以自保。第二天官军引大火攻樵舍，"宸濠大败，诸妃嫔皆赴水死，将士焚溺死者三万余人"[①]。宸濠则被擒，正德帝下诏公布其罪状，废为庶人。不久又"搜捕江西余党，民不胜其扰"。第二年十二月，宸濠等在北京附近的通州被斩杀。宸濠妻娄氏，不赞成南昌之叛，宸濠不听，失败后始悔悟，说："昔纣用妇言亡，我以不用妇言亡，悔何及。"[②]

我无意把散原的《过樵舍》诗与宁王之叛的历史故实作任何比附，只是觉得散原在陈宝箴被害的第二年春天首次赴南昌祭墓，路途匆忙，心情忧郁烦闷，何以有诗特地写"过樵舍"，而且以"娄妃殉节处"明标其题？娄妃自然是在官军火攻樵舍之时，与其他妃嫔一起投水自杀的。藩王胡作非为，朝廷出面规劝不听，而起兵叛乱，历来史不绝书。以散原的博通文史，必不会无意而简古。那么引起散原诗兴的触点究竟是什么呢？我以为最值得注意的是"终古英灵笑乡井"句。"乡井"即家乡，与乡党词别义通。"英灵"指谁？泛指还是专指？当然不会是泛指——如系泛指，等于说凡死去的英灵都笑话自己的乡井，岂非拟于不伦？散原断不会出此悖句。然而如果是专指，无它，肯定如诗题所示，是指殉节樵舍的娄妃。那么娄妃这位"英灵"所笑的"乡井"又系何指？自然也不是泛指，而是专指、实指。毫无疑问指的是散原之父陈宝箴这位江西乡党，而且是指陈宝箴之死。

娄妃自尽，是在官军面前不投降而殒命，故散原称为"殉节"。陈宝箴也是自尽而亡，但却是慈禧密旨赐死，是被害而不是殉节。而且以散原当时的意态心绪，面对毒如蛟蛇的慈禧，也不会认为有"节"可"殉"。因此右铭这位娄妃的"乡井"，恐怕要为娄妃的"英灵"所笑了。散原诗句的本义，就在这里。当然也可以设想，娄妃英灵嘲笑的对象，散原难免也包括在内，因为

---

① 《明史》卷一百十七"列传"第五"诸王二"，中华书局标点本，第十二册，第3595页。
② 同上，第3596页。

父亲蒙冤被害，作为人子的散原并没有以身殉，同为乡井，也无法逃脱娄妃英灵的嘲笑罢。百年之后，我们这些不明前贤世事的后生小子，也许会认为散原的想法未免太奇怪，于思维逻辑或有不通。可是求诸当时散原的特殊心理，的确是这样想也这样形诸于诗的。"胸中作恶万端过"——可以想象当时之散原，也许不知有多少离奇古怪的想法都在胸中盘算过呢。

《崝庐述哀诗五首》后面，与之紧相连接的，是一首长达五十二句的七言古风《由崝庐寄陈芰潭》。陈芰潭是广东澄海人，其为人极具性格，早年曾跟随陈宝箴之河北道，后在江西泰和做了近二十年的县丞。右铭与散原都很看重这个不寻常的人物。请看散原诗中所述：

> 凡二十年泰和丞，天穷不死荒江徼。
> 鬓须雪霜胸崛奇，日倚快阁但坐啸。
> 衣裘污敝履决穿，缝毡称身讶奇妙。
> 乡氓指作卖卜翁，又误官舍呼僧庙。
> 厨乏蔬米躬灌园，吏卒逃亡鼠窥眺。
> 时摹金石咏江山，亦用画笔兢炳耀。
> 结舌公堂立木鸡，县尹颔颐簿尉笑。
> 丞哉丞哉何许人，澄海陈君老非少。
> 自从君久悬僻壤，吾亦转徙如鹰鹞。
> 流传文字一赏之，襟期涪翁有同调。①

显然这位陈芰潭老先生可不是等闲之辈。做县丞而不以县丞为然，衣服又脏又破，而且不合身，脚指头露在鞋子外面，老百姓以为他是个卖卜的老

---

① 陈三立：《散原精舍诗集》卷上，第12—13页；上海古籍出版社《散原精舍诗文集》上册，第17页。

翁，县衙门也被当作了和尚住的地方。厨房里无米少菜也不在乎，宁可自己到园子里栽种。有时呆呆地站在公堂上不说一句话，弄得县令、簿尉不知如何是好。但其人能诗、工书、善画，诗的襟怀格调和黄庭坚颇为相似。

就是这样一位多年不见的倜傥奇崛之士，在义宁父子获惩僻居西山、亲友却步、万口嘲谤、世人避之唯恐不远的时候，放船来到崝庐。散原诗继续记其事曰：

> 前年朝政按党锢，父子幸得还耕钓。
> 分应亲故不相收，万口訾謷满嘲诮。
> 独君放船就游衍，感昔伤今谈舌掉。
> 无何昊天示灾凶，坐使孤儿仆且叫。
> 昏昏泣血西山庐，奔忙重辱君临吊。
> 寻声索迹行哭悲，助丧成坟费量料。
> 先公宾客散九州，君也风谊特清劭。
> 尔时北乱逼京阙，西巡方下哀痛诏。
> 臣民悔祸露机械，公卿陈言仍窃剽。
> 君论时变究新法，动得本根中窾窍。
> 提携孤愤到荒山，更剖大义督不肖。
> 瑰才自合老卑冗，安问蹭蹬失津要。
> 今来榆柳换春风，满目川原坐孤峭。
> 雉呴鸦啼朝暮间，思君謦颏渺云峤。
> 国忧家难正迷茫，气绝声嘶谁救疗。
> 岩坳水涯明月空，共君肝胆一来照。①

---

① 陈三立：《散原精舍诗文集》上册，第17—18页。

我是情不自禁地引录了散原这首诗的全文，不仅是为了解词释典，探考陈宝箴的死因，更主要是被近代以来文学史乘上难得一见的好诗所感染。

奇士陈芰潭的到来，给荒寂的西山增添了生趣。"感昔伤今谈舌掉"——这位站在县衙门的公堂里呆若木鸡的县丞，和陈氏父子在一起，就滔滔不绝，有说不完的话。宝箴遇害以后，陈芰潭再次赶到西山，吊唁并帮助散原料理丧事。对于时变，他主张变法维新，所论皆能击中要害。彼时值庚子乱局，八国联军陷落京师，慈禧西逃的路上，已有"悔祸"之诏，但随銮公卿们发为语词，很多都是义宁父子推行新政时讲过的话。因此散原诗中有"臣民悔祸露机缄，公卿陈言仍窃剽"句，其感慨痛愤可以想知。

陈芰潭真不失一位可以与身处逆境的散原肝胆相照之人。陈寅恪《柳如是别传》论钱柳因缘，引《文选》四十一李陵《答苏武书》中句："人之相知，贵相知心。"及同书四十三嵇叔夜《与山巨源绝交书》所云："夫人之相知，贵识其天性，因而济之。"[①]信斯言也。

当然《由靖庐寄陈芰潭》下列诗句："无何昊天示凶灾，坐使孤儿仆且叫。昏昏泣血西山庐，奔忙重辱君临吊。"这四句诗所隐含的寓意，无疑是又一次、用情感更为浓烈、形态更可见的语词（"昏昏泣血"、"孤儿仆且叫"），向读者透露陈宝箴之死的真实因由。"孤儿"和"泣血"两个语词，是右铭被杀害而死的有力证据，前面释证甚详，兹不重复。但"无何昊天示凶灾"句中的"凶灾"二字，以及"国忧家难正迷茫"句中的"家难"一词，仍有待参究之处。

"灾"字可粗分为二义：自然之灾和社会之灾，后者亦称祸，往往与政治相关。《述哀诗》五首之三"微鸟生祸胎"句的"祸胎"之"祸"，如前所释，就是此义。因此"昊天示凶灾"的"灾"为灾祸之灾应无疑义。而"灾"字前又置一"凶"字，成为"凶灾"，就不是一般的灾祸，而是凶残暴

[①] 陈寅恪：《柳如是别传》中册，上海古籍出版社1980年版，第521页。

虐危及生命的灾祸了（"凶"字之常义为凶暴的意思），以之指陈宝箴不是寻常的因病而逝。

"家难"系一特指词。因政治纷争而祸及家庭并造成主要家庭成员的非正常死亡，可称为家难。《史记·乐书》："成王作颂，推己惩艾，悲彼家难，可不谓战战恐惧，善守善终哉？"①指的就是文王被囚羑里，成王因此视为家难，颂而悲之。又《晋书》卷六十八，会稽人贺循，其父名贺邵，为孙皓所杀，所以本传说他"少婴家难，流放海隅，吴平乃还本郡"②。《晋书》卷六十九，晋元帝时期的丞相迁尚书令的刁协，"为人所杀，送首于"正在作乱的王敦，王敦有感于刁协的德范，予以收葬。后来刁协之子刁彝为父报仇，斩仇家之党，"以首祭父墓"，《晋书》对此一情节的叙述作："彝字大伦，少遭家难。王敦诛后，彝斩仇人党，以首祭父墓，诣廷尉请罪，朝廷特宥之，由是知名。"③也是将父亲被杀称为家难。

另唐代的一个显例，是唐中宗遇害以后（史载为"暴崩"），睿宗继位，其《付史馆纪皇太子等劝进诏》说："朕高宗少子，特蒙慈爱，顾复之至，礼绝诸王，运属上仙。时遭家难，中宗出藩，大圣天后临朝，以权立朕为嗣。"④睿宗这里视中宗的遇弑为家难。

我想不必再举更多的例证了。所以陈三立在光绪二十七年正月二十二日（1901年2月21日）写给汪康年的信里，发为感慨说："国变家难，萃于一时，集于一身，呜呼！"⑤这里的"国变家难"一语，含意至为明确。

同样，"家祸"一词也是如此，但寓意不单指自己的亲尊长辈，似亦包括合家骨肉为人所杀害，而且往往是特定政治背景下的党祸家仇，都可以"家

---

① 《史记》卷二十四《乐书》第二，中华书局标点本，第四册，第1175页。
② 《晋书》卷六十八，中华书局标点本，第六册，第1824页。
③ 《晋书》卷六十九，中华书局标点本，第六册，第1845页。
④ 《全唐文》卷十八，中华书局1983年影印本，第一册，第221页。
⑤ 《汪康年师友书札》，第二册，上海古籍出版社1986年版，第1984页。

祸"称之。例如《晋书》卷六十载，晋惠帝时的太子詹事孙旂，由于武库失火，被免官。一年以后，出为兖州刺史。孙的儿子孙弼及弟子髦、辅、琰四人，与孙秀合族，参与了赵王伦起事，并预封官位。孙旂以为不祥，说："以过差之事，必为家祸。"①孙弼等不听，最后"四子皆伏诛"。我们试看此处"家祸"一词的用法，可知一斑。还有《晋书》卷一百五，石勒僭位之后，记室参军徐光担心中山王是最大威胁，说："中山常切齿于吾二人，恐非但国危，亦为家祸，当为安国宁家之计，不可坐而受祸也。"②所谓"家祸"，即一家之性命难保也。以此陈三立在《次答蒿叟叠用东坡聚星堂咏雪韵寄怀》一诗中所写的诗句："老去家祸承国凶，逐迹偷活亦痴绝。"③以及晚年所作《湖吁唱和集序》，其中"余隔岁羁金陵，连遭家祸"④云云，可以说都关乎陈宝箴的被害西山一案。

陈三立于光绪二十七年辛丑（1901年）的岁末，尝又有南昌西山之行，第二次为父亲扫墓祭墓。《散原精舍诗》又有多首诗记录此事。第一首为《返西山墓庐将过匡山赋别》，结尾两句是："孤儿犹认啼鹃路，早晚西山万念存。"再一次自称"孤儿"，并把通往靖庐的荒山小径叫做"啼鹃路"，也就是泣血之路，一如前面所释，陈宝箴系被杀害而非正常死亡的消息，从这些语词中亦可见出。

接下去是《江行杂感五首》⑤，第二首感慨国中无人，知道无人能够收拾庚子事变之后的乱局，不可能有汉代的金日磾那样的忠贞之士。第三首慨叹中国正在被列强撕挦、瓜分，清室之复兴已无可能。第四首写民困之极、士蔽之极。第五首臆想庐山五老松的传说，感叹世变之大，悔恨无地，宁愿终

---

① 《晋书》卷六十，中华书局标点本，第六册，第1634页。
② 《晋书》卷一百五，中华书局标点本，第九册，第2753页。
③ 《散原精舍诗文集》下册，上海古籍出版社2003年版，第645页。
④ 潘益民、李开军辑注：《散原精舍诗文集补编》，江西人民出版社2007年版，第289页。
⑤ 陈三立：《散原精舍诗文集》上册，上海古籍出版社2003年版，第35—36页。

老于五老峰下。《江行杂感五首》之第一首,尤值得注意,写自己在此一年之末,傍晚出城,乘船行江上,由翻腾的江水想到国忧家难,不禁在辉煌的灯火面前泪下如雨。接着写父亲蒙冤而逝,使得自己愿一生一世都襄助父亲成就事业的抱负,再也无法实现("胶漆平生心,撼碎那复整")。这样的个人之仇与国家之耻("人国所仇耻"),想起来就无法平静("曾不一暂省")。不过"人国所仇耻"一语,可大有深义存焉。陈宝箴离去刚刚一年多,国更加不国了。义和团杀洋人,洋人攻入北京,慈禧泥途西行,"悔祸"、道歉、惩罪魁。最后在1901年9月7日,和德、奥、比、西、美、法、英、意、日、荷、俄十一国签订《辛丑条约》。条约签订两个月后,代表清廷签约的老臣李鸿章突然去世。所有这一切,都是慈禧这个老太婆惹的祸。当然是国家的奇耻大辱了。但对散原而言,不仅有国耻,还有"人仇"。所"仇"者何?自然是乃父的被枉杀。

所以散原此次西山之行,所留诗作除上面提到的六首,还有接下去的《长至抵崝庐上冢》、《崝庐书所见》、《月夜步墓上野望》、《崝庐雨坐》四首。其中《崝庐书所见》有"又闻款议成,纠取充赇贿"句,自然指《辛丑条约》。

我想说的是再接下去的一首,即《读〈汉书·盖宽饶列传〉聊短述》,此诗也关乎陈宝箴的死因。原诗如下——

> 五帝官天下,传贤贸君权。
> 韩氏为易传,大谊名其然。
> 次公称引之,摩切世主前。
> 酒狂中感激,道窥天地先。
> 当时坐大逆,大辟遂加焉。
> 拟以萌求禅,列剖无由缘。
> 自尽北阙下,众庶莫不怜。
> 千载去寥寥,迁怪谁复传。
> 激昂郑昌颂,悱亹王生篇。

议者执金吾，今则誉汝贤。①

盖宽饶是汉宣帝时负责整饬吏治风气的官员，以"刚直高节，志在奉公"著称。《汉书》本传说他："刺举无所回避，小大辄举，所劾奏众多，廷尉处其法，半用半不用，公卿贵戚及郡国吏使至长安，皆恐惧莫敢犯禁，京师为清。"有一次，皇太子的外祖父平恩侯许伯喜迁新居，丞相、御史、将军以及两千石以上的官员都前往祝贺，唯独宽饶不去。许伯亲自请他，才不得不去。但宴席上长信少府檀长卿起而舞蹈，为沐猴与狗斗，引得举座大笑。盖宽饶感到不快，说："美哉！然富贵无常，忽则易人，此如传舍，所阅多矣。唯谨慎为得久，君候可不戒哉。"说完即离席而去，并弹劾长信少府失礼不敬。宣帝因此要对少府治罪，许伯出来说情才作罢。

如此刚直不阿，招致权臣贵戚的怨恨，经常在皇帝面前进谗言，虽未怪罪，却不得升迁。太子庶子王生欣赏宽饶的高节，但认为他的做法未免迂执，劝他没有必要"用不訾之躯，临不测之险"，而应该明哲保身。宽饶不以王生之劝为然，反而向皇帝的权威挑战，在宣帝实施以刑法治国的时候，他大谈"圣道"，直接提出："方今圣道浸废，儒术不行，以刑余为周召，以法律为诗书。"又引《韩氏易传》说："五帝官天下，三王家天下，家以传子，官以传贤，若四时之运，功成者去，不得其人则不居其位。"宣帝以"怨谤"为由，撤销了盖宽饶的官职，并交执金吾议处。议处的结果："以宽饶执意欲求擅，大逆不道"，当处以死罪。这时谏议大夫郑昌为之说情，宣帝不听，"遂下宽饶吏，宽饶引佩刀自尽北阙下，众莫不怜之"②。这就是《汉书》所载有关盖宽饶的故事。

我们看盖宽饶其人，为官清廉刚正，固与陈宝箴有相类之处，但究其性

---

① 陈三立：《散原精舍诗文集》，上海古籍出版社2003年版，第39页。
② 《汉书》卷七十七，中华书局标点本，第十册，第3243—3248页。

格气度两个人并不一样。陈宝箴处理事情并不这样刻急。陈三立在崝庐祭扫而想到这个故事，唯一的理由是取其蒙冤自尽而死的意象，用以类比陈宝箴确是那拉氏密旨赐自尽而死。散原是一而再、再而三地致其意，想说而又不便明说但还是要说与自己亲如"胶漆"的父尊的真实死因。

直到事隔十四年之后，即1915年的清明节，陈三立再次到崝庐祭扫父墓，还曾留下"明灭墙头字，曾留血点殷"[①]的诗句，看来陈宝箴崝庐被害的情景，散原是永志难忘。

四 "云旗弓剑"和"猿鹤沙虫"之寓意

光绪三十四年（1908年）十一月二十日晚上，散原又有西山之行。应该是翌日，即十一月二十一日所作的《微雨中抵墓所》一诗，也极为不寻常。

因为1908年这一年，最大的历史政治事件，是光绪和慈禧相继死去。光绪死于这一年的十月二十一日的晚上，慈禧死于十月二十二日下午。现在清史研究界已经基本给出一致的结论，确定光绪是当慈禧自知卧病不治的时候，先下手将其毒死。其实各种野史、回忆一直是这么说的。毫无疑问，散原很快就知道了十月二十一日和二十二日发生的事情。那么他为什么选择刚好在光绪和慈禧死去整一个月的十一月二十一日上冢呢？难道这个时间上的关合，真的没有任何含意？

不妨先看看《抵墓所》这首诗——

将携五噫荡风烟，越陌披榛大冢前。
石气乍寒为抱影，松枝不剪已经年。
云旗弓剑重重恨，猿鹤沙虫稍稍传。

---

① 陈三立：《散原精舍诗续集》卷中，第56页；上海古籍版《散原精舍诗文集》上册，第451页。

微雨独来摩泪眼，千山染血待啼鹃。①

　　此诗的前四句，均为写景写实，不难理解。关键是第五、第六两句应作何解？"猿鹤沙虫"，是直用李白《古风》第二十八的"君子变猿鹤，小人为沙虫"②的句意。那么谁是君子？谁是小人？是君子和小人一起都在"传"什么消息，还是大家在悄悄地"传"或者议论谁是君子，谁是小人？抑或谁能够变成猿鹤，谁只能成为沙虫？如果是前者，即君子和小人都在"传"一个什么消息，似乎不伦。散原诗法不会以君子和小人来状传者。然则必定是后者，即人们在"传"一件事，并杂以谁是君子谁是小人的评论。我以为散原这里写的是光绪和慈禧之死，而且人们都会同情光绪，不同情慈禧。光绪死时只三十八岁，慈禧已七十三岁。大家对光绪如何评价姑不论，至少会认为慈禧是险毒的小人，只能变成人所不齿的沙虫。只有作此解，此一诗句之意涵才能得以正确彰显。

　　那么第五句的"云旗弓剑重重恨"，又系何指？"重重恨"，犹言恨上加恨也，语义至显。而如此的"重重恨"，却是由于"云旗弓剑"所引发的。问题在于"云旗弓剑"何解？弓剑为兵器，无须释证。那么云旗呢？《楚辞》和《汉赋》中常有"云旗"一词出现。屈原《九歌》之《少司命》："入不言兮出不辞，乘回风兮载云旗。"③宋玉《九辩》："载云旗之委蛇兮，扈屯骑之容容。"④张平子《东京赋》："尔乃九宾重，胪人列；崇牙张，镛鼓设；郎将司阶，虎戟交铩；龙辂充庭，云旗拂霓。"⑤又张之《思

---

① 《散原精舍诗文集》上册，上海古籍出版社2003年版，第253页。
② 李白：《古风五十九首》其二十八，《李白集校注》上册，上海古籍出版社1980年版，第144页。
③ 屈原：《离骚》，朱熹：《楚辞集注》，上海古籍出版社1979年版，第25页。
④ 屈原：《九歌·少司命》，朱熹：《楚辞集注》，上海古籍出版社1979年版，第41页。
⑤ 宋玉：《九辩》，朱熹：《楚辞集注》，上海古籍出版社1979年版，第130页。

玄赋》亦有句："拽云旗之离离兮，鸣玉鸾之嘤嘤。"① 又《乐府诗》"迎俎酌献"："雍雍盛典，肃肃灵祠。宾天有圣，对日无期。飘飘羽服，掣曳云旗。睠言主鬯，心乎怆兹。"② 再，涉及郊祀的乐章，歌词中每有"云旗"字样。《宋史》卷一百三十二"乐七"："风驭云旗，聿来歆止。嘉我馨德，介兹繁祉。"③ 卷一百三十四"乐九"："云旗先路，壶浆塞岐。天临日照，宸虑通微。"④ 卷一百三十六"乐十一"："钟石既作，俎豆在前。云旗飞扬，神光肃然。"⑤ 等等。《晋书》卷六十九，孙波上疏称："陛下承宣帝开始之宏基，受元帝克终之成烈，保大定功，戢兵静乱。故使负鳞横海之鲸，僭位滔天之寇，望云旗而宵溃，睹太阳而雾散，巍巍荡荡，人无名焉。"⑥ 不再多所胪列。

这些句例场景表明，"云旗"是朝廷威权仪式的一种象征，即使用在郊祀的场合，除了形容场面的壮阔，更多显示的是权力的庄严。散原在涉及慈禧之死的诗中使用"云旗"之典义，自然与郊祀无关。尤其将"云旗"和"弓剑"一起连用，只能是象征朝廷在使用武力。那么是指朝廷对外使用武力吗？还是对老百姓使用武力？我以为是指庚子年的六月初六日，江西的千总带着一干人马，拿着弓剑（大约不会拿着枪炮），耀武扬威地来到西山崝庐，受命致陈宝箴于死地。所以散原才说"云旗弓剑重重恨"呵！

至于散原此诗句可否作这样的解释，是耶非耶？俟之知者。

---

① 张衡：《二京赋》，《张衡诗文集校注》，上海古籍出版社2009年版，第116页。
② 张衡：《思玄赋》，《张衡诗文集校注》，上海古籍出版社2009年版，第230页。
③ 司马相如：《上林赋》，《文选》第一册，上海古籍出版社1986年版，第370—371页。
④ 谢灵运：《九日从宋公戏马台集送孔令诗》，《文选》第三册，上海古籍出版社1986年版，第960页。
⑤ 《宋史》卷一百三十二"乐七"，中华书局标点本，第十册，第3070页。
⑥ 《宋史》卷一百三十四"乐九"，中华书局标点本，第十册，第3134页。

五 新政反对者的谣诼构陷

关于陈宝箴之死的历史真相,经笔者不敢多废笔墨的发覆索隐,可以说已经大体上有了明确指向。陈三立诗文中留下的蛛丝马迹实在太多,由不得动人寻根究底之想。问题是戊戌政变一年多以后,何以还要对已经给予革职、永不叙用处分的陈宝箴另下密旨赐死?就中原因何在?

中国历史上的1898年(光绪二十四年戊戌)是一极具戏剧性的年份。从天下莫不争言变法维新,到慈禧发动政变,把变法维新人士绑赴北京菜市口,砍头正法,天下翻了一个个儿。天真的梁任公,在陈宝箴为巡抚的湖南时务学堂答生徒课问时,至有"皇帝不过是杂货铺的总管"的极端"自由化"的言论。政变之后,他随同其老师康有为逃亡海外,得免一死。但受其株连者,京城以及外省,不可记数。

湖南是变法维新的先进域区,尤为反对变法者所嫉恨。义宁父子八月二十一日获惩(革职、永不叙用),第二天,福建道监察御史黄桂就上奏慈禧,认为处分太轻,提出:"如陈宝箴之保谭嗣同、杨锐,王锡蕃之保林旭,适以增长逆焰,助成奸谋。此当与发往新疆之李端棻一例重惩,仅予革职,不足蔽辜。"[①]

十月十四日,山东道监察御史张荀鹤又奏陈宝箴巡抚湖南时所设之南学会、湘报馆等虽已裁撤,但保卫局还继续存在,并枉词为说:"闻保卫局皆陈宝箴所用邪党劣绅,希图薪水,而候选道左孝同把持尤甚,不顾虐民敛怨,酿成乱端,且捏称商民情愿捐资,办有成效。"又诬称保卫局已"激变百姓",对打毁分局的非为首之人,"陈宝箴必欲杀之"。[②]甚至还捏造证据,指责陈三

[①]《福建道监察御史黄桂折》,国家档案局明清档案馆编:《戊戌变法档案史料》,中华书局1958年版,第475—476页。

[②]《山东道监察御史张荀鹤折》(光绪二十四年十月十四日),《戊戌变法档案史料》,中华书局1958年版,第489—490页。

立贪赃受贿：

> 臣访闻湖南统领营官内阁中书黄忠浩，与已革吏部主事陈三立交契最厚，以银六千两贿送陈三立，夤缘其父巡抚陈宝箴，派充毅安营统领，驻扎辰州。该营勇上年在辰州抢劫客船行李财物，杀死船客八人，余一人凫水逃出，赴县禀控。当时地方百姓亲见者，知为该营勇丁。后经黄忠浩拿获四名，捏禀陈宝箴，言土匪抢劫，业已拿获，请正法。黄忠浩身为统领，纵勇殃民，形同盗贼，事后复捏词掩饰。陈宝箴徇庇劣员，并不奏参撤调回省，仍令统领新练洋操三营。又候选郎中蒋德钧前任四川知府，与已革主事陈三立、已革庶吉士熊希龄，在湖南省城朋比为奸，复捐升道员，钻营刘坤一，派充上海机器局总办，谬妄更张，两江物议哗然。刘坤一自知误用，旋即撤换。嗣户部以新章捐道员议驳，复改捐郎中，回湖南，陈宝箴派充营务处，又委在省城统领新练洋操三营。此二员皆不知兵，不胜统领之任，而为陈宝箴所任用。①

如此张所奏都是事实，则陈氏父子不仅贪赃，而且枉法。是的，该片中就有"已革主事陈三立、已革庶吉士熊希龄，在湖南省城朋比为奸"的措辞。可惜没有一条有事实根据，全部都是诬枉之词。此张的这一折一片里，涉及左孝同、黄忠浩、蒋德钧诸人，目的是把与义宁父子关系密切的人全部牵连进去。张之洞也未免为之惊异。幸得接替陈宝箴的新任湖南巡抚俞廉三尚能据实回奏②，诬陷的图谋未能得逞。但也可见泼水投石者不乏其人，以及对陈氏父子攻击之烈，当时在舆论上对陈宝箴十分不利。

---

① 《山东道监察御史张萹鹤片》（光绪二十四年十月十四日），《戊戌变法档案史料》，第490—491页。
② 《湖南巡抚俞廉三折》（光绪二十四年十二月十三日），《戊戌变法档案史料》，第501—505页。

不过使慈禧动杀机的直接导火线，我以为有两个。

一是八月政变、陈宝箴和陈三立父子被革回原籍以后，国内外有一种舆论，即认为陈宝箴抚湘时有过造反自立的图谋。戊戌年九月十七日（1898年10月31日），正在日本的康有为和唐才常向日方提出借兵和声援的要求，所陈述的理由，就有："南学会会员约一万二千名，均为上流士子，前任巡抚陈宝箴任会长，徐仁铸、黄公度为首领。湖南势力实在此会。一旦举事，将引军直进，略取武昌，沿江东下，攻占南京，然后移军北上。官军能战者仅袁世凯、聂士成、董福祥三军，合计不过三万人。义军倘能进入湖北，当可得到张之洞的响应。"①康有为和唐才常所叙述的，就是后来自立军举事的思路，不止陈宝箴，连张之洞都牵进去了。当然这只不过是康、唐自己的想象，但其影响不可低估。

再就是湖南守旧势力制造的关于陈宝箴要起兵、自立湘南王的传说。陈寅恪《寒柳堂记梦未定稿》对此记述甚详，这里且将其中有关的一段文字抄录如下：

> 光绪二十五年（1899年）中，先祖先君罢职后，归寓南昌磨子巷。忽接一函，收信人为"前湘抚陈"。寄信人不书姓名，惟作"湘垣缄"。字体工整。启视之，则为《维新梦》章回体小说之题目一纸，别附七绝数首。其中一段后二句云："翩翩浊世佳公子，不学平原学太原。"乃用史记平原君传及新旧唐书太宗纪。先母俞麟洲明诗夫人览之，笑曰："此二句却佳。"当戊戌时，湘人反对新政者，谣诼百端，谓先祖将起兵，以烧贡院为号，自称湘南王。寓南昌时，后有人遗先君以刘伯温《烧饼歌》抄本一册，以其中有"中有异人自楚归"句，及"六一人不识，山水倒相逢"，暗藏"三

---

① 参见杨天石：《寻求历史的谜底》，首都师范大学出版社1993年版，第51页。

立"二字语。①

《维新梦》小说我们看不到了，但所附之诗，则是说陈宝箴和陈三立要学李世民在太原起兵造反的意思，何况陈三立的名字还有与刘伯温《烧饼歌》暗合之处。陈寅恪说他是将这件事"附录于此，以资谈助"。

可是当戊戌政变之后、义宁父子罢职之时，这样的传说可不是一件小事，足可对陈宝箴、陈三立造成巨大威胁，甚至构成杀身的触媒。

六 文廷式与陈宝箴之死

另一导火索则与文廷式有关。文廷式字道希，号芸阁，江西萍乡人。光绪十六年（1890年）赐进士第，授翰林院编修、国史馆编修等职。光绪二十年（1894年）升翰林院侍读学士。因给珍妃做过老师，颇遭慈禧的嫉恨，早在光绪二十二年（1896年）就已将文廷式驱逐出宫。戊戌政变后不久，八月十三日，慈禧发下谕旨："江西巡抚并江苏、湖北督抚密拿文廷式解京。"②随后又有拿获就地正法的密旨。此时文潜逃在湘，文的江西同乡彭铭恭为邀功买赏，将其出卖，报告给当时已罢职但尚未交卸的巡抚陈宝箴，陈假意捕人，其实陈三立已先行派人通消息，令其逃匿。后来日本人出面保护文廷式，致使慈禧捕杀文的计划落空。

当时日本驻上海代理总领事小田切万寿曾有一专函给日本的外务次官，叙述文廷式其人以及与陈宝箴的特殊关系至为详切，特摘抄片段以飨读者。

> 清国江西省萍乡人文廷式以学问精深见闻，而为该国士林所推重。入

---

① 石泉整理：《寒柳堂记梦未定稿（补）》，《陈寅恪集·寒柳堂集》，三联书店2001年版，第216页。

② 中国史学会编：《戊戌变法》第一册，神州国光社1953年版，第349页。

仕以来，官升至翰林院侍读学士，被任命为皇帝（后）的师傅。其时，日清战争爆发，与同僚联名上奏皇帝，弹劾李鸿章、盛宣怀等，名声一时大振。随后，呈交上奏文，称皇太后干预国政，不啻牝鸡司晨，非国家之美事。此事忽触皇太后之怒，发谕旨将其罢官，返回原籍。文返回故乡后，时常往来于上海、湖北、湖南等地，与内外官吏、志士相互交往，议论时势。风传俄国政府欲聘用该人，实在此时。自去年以来，小官与该人结为朋友，来往不断。今年夏日，清浦法相、松平内务次官游历清国时，也曾披露胸襟，畅谈时事。当前不久政变消息传至我国时，据电报所称，该人也被列入捕拿之列，故心中暗怀忧虑。返回上海总领事馆后，经多方探索，得知确有捕拿该人的密旨，其罪名是曾秘密出入宫禁，并潜伏于湖南禁地。该人安全无恙，令人高兴。至于该人曾秘密出入宫禁之事无论有无事实，皇太后力主捕拿该人，是在报复多年来的私怨。昵近皇太后的人物，必然迎合太后之意。该人一旦被捕，纵令未与谭嗣同等一同问斩于菜市口，恐怕也会和张荫桓一样，同尝北国霜雪之艰辛。倘若如此，出于人道之大义，不可漠视不救。由于该人之存亡，事关将来清国之气运，故小官试图运用智谋，以将其从当地救出。或者该人由湖南隐身之处派出密使，或者发出密电，委托于小官，在做出种种考虑后，又密嘱旅居汉口的东肥洋行主任绪方二三，筹划救助该人之策。联络中出现误差，该人与其弟廷楷突然来到汉口。于是，绪方根据小官内嘱的意见，使其更换服装，登上大阪商船会社轮船天龙川丸，并特派人员加以保护。途中平安无事，于19日抵达当地。据该人所言，北京政变时，正滞留在湖南长沙府。巡抚陈宝箴忽然向文提出忠告，劝其尽快逃遁。因此文急忙躲避在长沙府附近偏僻之地。但当时居何地，发生了何事等，一概不知。其后，逐渐明白了北京发生的事情，益感身处危险之中，进退维谷。此时，陈巡抚正值回籍接办事务，命地方官让文乘坐官船，送至汉口，有幸免于被捕。该人与湖广总督张之洞、前任湖南巡抚陈宝箴被公认为清国渐进派的首领人物，与张、陈两员交往亲密。举一例而言，今年夏日，张总督自上海驶往武昌时，特邀文乘坐其所乘之楚材号，同行之镇江。另外，两江总督刘坤一亦器重该人，此前下达捕拿密旨时，答称文目前在海外漫游，待其回国后再行各种处分，对该人加以保护。此次该总督早已耳闻文已自湖南经湖北，来至当地，却故作未曾闻知之态。由此可见文确实是位人物。该人最初的考虑是，平安逃脱后，立即来我国漫游，但眼下急进党失败者康有为在我国，该人一派与康多少有过反目的历史，不愿意与康同时旅居我国。否则，将加深北京政府的疑心，或怀疑该人与康党暗通，而鱼目混珠则难以区分。如此一来，对该人将来非常不利。眼下，暂观察形势以相机劝告其漫游我国。认为前任湖南巡抚陈宝箴与康有为暗通声气的看法，完全是误会。陈巡抚以为康之所为欠妥当，以致曾弹劾康。只是陈巡抚在奏荐末流官吏们从事政事改革方面，与康的意见相同，不过相互提携而已。①

日人小田氏这封函件的重要性在于，不仅透漏出日本人为什么要保护文廷式以及为保护文所用的种种手段，而且说明陈宝箴搭救文确有其事，不只是事先通风报信，还命令地方官用官船把文送至汉口。已经被革职、永不叙用的陈宝箴，对慈禧最痛恨的已通令拘捕的文廷式（八月政变后文成为最敏感的政治人物），居然做出这样重大的保护举动，知情者必不在少数，耳目灵通之慈禧，事后不可能不知情。

文廷式光绪二十六年（1900年）正月在日人保护下去日本，三月中旬回到上海。当时沪上就有公开逮捕他的传说。文的胆子也实在够大，处此险境，还参与了唐才常在上海发起的旨在反对清廷的"中国国会"的筹备活动。何况，当时的报章如《天南新报》、《中外日报》等，对文的行踪也多有报道，

---

① 《日本外务省档案》明治三十年八月至三十七年六月各国内政关系杂纂（支那卷）MT-16143，王宪明等摘译，见《戊戌变法文献资料系日》，上海古籍出版社1998年版，第1237—1238页。

并且都是关于洋人如何看重文廷式的流品才干一类消息①。可以想见，此类舆情慈禧是不会不放在眼里的。当时她正醉心于利用义和团反对列强，越是外国人夸赞保护的人物，她必欲置之死地的决心越大。当事人抓不到手，相关的人就要倒霉。

湖南维新人士的动向尤为慈禧所关注。已经是政变后第二年的正月二十五日（1899年3月6日），谨厚如皮锡瑞者还遭到了惩处："举人皮锡瑞离经叛道，于康有为之学心悦诚服，若令流毒江西、湖南两省，必致贻害无穷。著松寿严饬地方各员，确查该举人现在江西何处，迅速驱逐回籍，到籍后即由俞廉三饬令地方官严加管束，毋任滋生事端。"②

毫无疑问，一定是有人"揣摩到圣意"而施行举报，才有这类追加惩处的谕旨下达。无非是"意在笔先"之作。所以当皮锡瑞在二月二十八日知悉此谕旨词判内容后，称之为"莫须有"的三字狱，愤而自书一联："阅世五十年，所欠一死；著书百万字，不值半文。"③

其实坐观慈禧政变后续风云的王先谦，心里早有成算。皮锡瑞前往拜望，王说去年就有人函告江西大吏，不要留皮于江右，如今仍然是"湘水余波"。还谈到去年七月间，光绪曾密谕湘抚："放胆为之，有官绅阻扰，可即正法。"以及"谕日本速率大兵前来救援"，并属"枢廷勿开"，结果刚毅却开封看了，方知有此特殊谕旨。也许祭酒先生的言外之意，是说政变杀"六君子"，并非偶然罢。皮锡瑞在日记中若有所悟地写道："可见党祸之动杀机矣！"④岂料更大的杀机还在后面。

---

① 中国史学会编：《戊戌变法》第三册，神州国光社1953年版，第460—461页。
② 《戊戌变法》第二册，神州国光社1953年版，第114页。
③ 皮锡瑞：《师伏堂日记》光绪二十五年己亥（1899年）二月二十八日条，第三册，国家图书馆出版社2009年影印版，第456页。
④ 皮锡瑞：《师伏堂日记》光绪二十五年己亥（1899年）二月二十三日条，第三册，国家图书馆出版社2009年影印版，第453—454页。

七 慈禧的第二次杀机

如果说慈禧在戊戌八月大动了一次杀机，那么事过一年之后的庚子之年，这个狡诈的老太婆事实上又动了第二次杀机。而且第二次比第一次更阴险，牵连面更广。第一次是愤怒，第二次是疯狂。

慈禧的疯狂缘于废掉光绪帝的图谋未能得逞。戊戌八月政变那一刻，她就有废帝的潜思隐念。只是碍于上下臣工和中外舆论，没有立即付诸实施。当年十二月十七日（1899年1月28日）慈禧召见溥字辈幼童十余人，是放试探气球。二十天后，即己亥正月初八，向各省督抚通报光绪的"病情"，每五天公布一次太医院的"脉案"，已经磨刀霍霍了。结果舆论哗然，保帝护国的呼声一波紧接一波。特别是康有为出逃后在香港对《中国邮报》发表的谈话，直接视慈禧为光绪的敌体，除了守旧、贪腐、没有受过教育之外，还说她不具有"母后"的合法性，因为皇帝已经"认识到太后并不是他真正的母亲"。① 这篇谈话后来为《新闻报》等一些报刊转载，传播中外，影响至巨。

张之洞得悉后，立即致电刘坤一，称康的谈话"狂悖凶狠，令人发指眦裂"，目的是"摇惑人心，激怒朝廷"，"使中国从此多事，扰乱不安"。② 慈禧自然不会了解谈话的全部内容，但大意一定知晓，其愤怒情形可以想见。张之洞的"激怒朝廷"一语，实际上就是激怒慈禧太后，措辞无比恰切。果然自此以后中国不得安宁了。几位旗人大老认为时机已到，联名具疏请慈禧"速行大事"。荣禄心存顾虑，提议先以他个人名义探询一下刘坤一、张之洞等疆臣的意向。张之洞当然反对，但不敢具名。刘坤一的回电是："君臣之义至重，中外之口难防，坤一所以报国者在此，所以报公者亦在此。"③ 慈禧不

---

① 《戊戌变法》第三册，第501—502页。
② 张之洞：《致江宁刘制台上海蔡道台》，《张之洞全集》第九册，河北人民出版社，第7667—7668页。
③ 胡思敬：《国闻备乘》，中华书局2007年版，第92页。

得已暂置此议，但追杀康梁的密令化作了追杀行动。

光绪二十五年九月二十四（1899年10月28日），一天之内连下三条谕旨，指示刘坤一和驻日本大使李盛铎等，要不惜一切手段捕拿康梁，一旦"弋获，必予重赏"。① 十一月十八日，又下谕旨，强调无论生获还是致死，只要证据认定是康梁，即有重赏。② 然后于十二月二十四（1900年1月24日），封载漪之子溥儁为皇子，即史家所谓的"己亥建储"。改"废帝"为"不废之废"。此一举措遭致强烈反对，上海电报局一位不见经传的名经元善者，振臂一呼，得一千余人具名上书，吁请"圣上力疾监御，勿存退位之思"。③ 章太炎、蔡元培、马裕藻、汪贻年等都列名其中。而且上海、湖广及香港、南洋等地的侨胞，随后纷纷发表谴责声明。"立储"和"反立储"，实即"废帝"和"反废帝"，成为戊戌到庚子震动一时的大事件。慈禧杀机毕现，当即下令逮捕经元善，由于澳门方面的保护使经氏得以逃脱。而对其他具名者也欲逐个拿办，牵连涉案多达二百余人。

一个月后，光绪二十六年正月十二日，下令铲平康有为、梁启超在广东本籍的祖墓。正月十五日（1900年2月14日），开出价码："不论何项人等，如有能将康有为、梁启超缉获送官，验明实系该逆犯正身，立即赏银十万两；万一该逆等早伏天诛，只须呈验尸身确实无疑，亦即一体给赏。"如举报人不愿得赏，而愿升官，也给予破格晋升。并声言连同购买阅读刊有康梁文字的报章者，"一体严拿惩办"。④ 正月二十五日，编修陈鼎因注《校邠庐抗议》，"多主逆说"，而沈鹏则"丧心病狂，自甘悖谬"，命将两人立即严拿监禁。

然而慈禧越是追杀康梁，严惩维新党人，镇压反对者，她遭遇的反对之声愈益强烈。她面对的敌人太多了，而且"非我族类"的洋人似乎也"不通事理"地站在了她的对立面。连刘坤一、张之洞、李鸿章三位股肱

---

① 《戊戌变法》第二册，第114—115页。
② 《戊戌变法》第二册，第116页。
③ 《上总署转奏电禀》，《苏报》1900年1月27日。
④ 《戊戌变法》第二册，第117页。

重臣，对废立问题和她也并不同心。只有荣禄、刚毅、李莲英是她可靠的心腹。可是那个"丧心病狂"的沈鹏，不过是个小小的翰林院编修，竟敢上疏要求"归政皇上"，并提出立诛荣禄、刚毅、李莲英"三凶"①。她感到了孤立。她意识到需要寻找给自己壮胆的支撑力量。她找到了——已经闹了一年多的义和团。

本来开始对这些"乱民"她是要镇压的，但当她势孤力单的感觉占了上风，她立刻决定把"拳匪"作为对付洋人的筹码。这样一来，拳民们更加有恃无恐了，毁铁路，烧教堂，杀教民，杀洋人，到庚子年四五月间，已经一路杀掠到京畿。清政府的犹疑与纵容，洋人心知肚明，于是纷纷调兵遣将，增加各自使馆的兵力。五月十八日，洋人联军和义和团大战了一次。刘坤一、张之洞、李鸿章、盛宣怀等，心急如焚，互相致电，同时致电荣禄，要求立刻歼剿"拳匪"，以免酿成大祸。但慈禧却连续召开"御前会议"，并在五月二十三日的第四次"御前会议"上，公然提出向十一国联军"宣战"——老太婆显然已经疯了。

而如果有谁敢于反对她的一意孤行和倒行逆施，她便恼羞成怒，大动杀机。吏部左侍郎许景澄、太常寺卿袁昶，仅仅提出应保护外国使馆，就被杀害。同时加大了对维新党人的严酷惩处。六月七日，慈禧下令将已遣戍新疆的张荫桓就地正法。这与赐死陈宝箴的时间几乎同时。陈宝箴被害于庚子六月二十六日（西历1900年7月22日）。张荫桓实际行刑的时间为七月二十六日（西历8月20日）。盖由于新疆路途遥远，处死令的到达需较多的时间。江西相对地域较近，谕令到达会比新疆要快。因此很有可能杀张与杀陈的密旨是同时发出的。而且此前已有风声传出，要将陈宝箴"就地正法"。且看宋恕写给内兄孙仲恺的信里透露的消息：

---

① 《知新报》第一○五册，1899年12月13日。

正月函所述客腊京师要闻,及经太守被拿得保情事,想已入鉴。刻下风波大作,经元善已被密使刘学询拿到于澳门,奉荣、刚两相电令"速行正法",而英、葡两国已闻经君忠义之大名,遂极力抗拒荣、刚之命,不肯交出,密使诬经以亏欠公款四万金,欲以是为名骗其交出而杀之。英、葡官民知其诬,乃答曰:"既为公款四万金索追起见,贵国例不过追还而已,我为代赔贵政府四万金,更有何说?遂慨然由英、葡两国合出四万金以塞荣、刚之口,而坚护经君不交,盖西人之重忠义有如此者!经既得保,成济、贾充辈大怒,于是下密电两江,着将翁师相、沈太史立刻就地斩决以绝帝党之领袖。现已监禁苏狱,陆中丞欲免其死,电奏假报疯求宽,未知得免否?翁师相住宅已发兵围守(数日内事),闻有日本义士救之出难,或云已逼令自尽,二说未知孰实?荣、刚又下密电于江西,着将陈宝箴中丞就地正法,其余稍涉帝党,无不着令严拿。上海派密差七八人专拿帝党,除文廷式学士、宋伯鲁御史、张元济主事指拿立决外,计开发电谏阻之五十人,一一严拿,又特指出三人严之又严者:一为叶瀚(杭州诸生),一为王季烈(吴人),一为汪贻年(王康年之胞弟)。以叶、王二君草创《致各省大吏禀稿》,请谏阻废立;汪则为《中外日报》主笔,发传单、集义士之故也。五十人之外又开新党,闻有二百余人,何人在内,何人不在内,尚未能得其的信消息。前数日,上海道拜各国领事,请签名访拿,诸领事斥绝不应许,始得保全此数百人性命。然发电之五十人均不能回家乡矣。忠名震于地球,而身家之际可悲甚矣!看来陈中丞如不出亡海外,必不能免死。本年京察案内勒休之高、张两君,因去冬谏阻废立之故,托于此以去之。闻此外各省指拿名士又共有三百余人(此信已确,惟名单未传于外)。但未知地方大吏实在举行否耳?情形已与明代末年无异。①

---

① 《致孙仲恺书》(一九〇〇年四月),《宋恕集》下册,中华书局1983年版,第700—701页。

慈禧戊戌政变和陈宝箴之死

宋恕字平子,小字燕生,浙江平阳人,生于同治元年壬戌(1862年),卒于宣统二年庚戌(1910年)。学理才性俱佳,惜不遇于世。与章太炎同出德清俞氏之门,然持见不同,又不害为友。太炎许其佛学造诣,称"世人负平子深矣"①。蔡元培亦赞平子"有哲学家的资格"②。瑞安孙锵鸣侍读学士赏其才,择而为婿焉。宋恕写给内兄孙仲恺的信,多言时事,即为读给岳丈听。信中内容多采自《沪报》、《苏报》、《中外日报》、《国闻报》、《同文沪报》、《苏报》、《中外日报》、《天南新报》等各报刊,基本事实应可信。特别欲将陈宝箴"就地正法"一节,绝非空穴来风。③

庚子年的夏天,是一个血腥杀戮的夏天。义和团杀洋人、杀教民;洋人

---

① 章太炎:《交平阳宋恕平子》,《宋恕集》下册,第1031页。

② 蔡元培:《五十年来中国之哲学》,《蔡元培全集》第五册,浙江教育出版社1997年版,第123页。

③ 《宋恕集》在著录1900年4月《致孙仲恺书》之后面,辑有写信人的数则附语,察其语义语气,应为原附,而非编者所拼凑。其最后一则附语有云:"陈六舟中丞闻客腊之变,悲愤痛哭而病殁,闻者服其真忠。"按《宋恕集》编者胡珠生先生在书后所附之"姓氏索引及简注"中,将此附语的"陈六舟中丞"与陈宝箴混而为一(下册,第1206页),显系大误。诚如张求会先生所释证,陈六舟即陈彝,六舟为其字,江苏仪征(一说扬州)人,同治元年(1862年)进士,有直声,曾任浙江学政、安徽巡抚等职。求会兄并征引《翁同龢日记》的材料,令人信服地证明此陈六舟并非散原之尊人、大史学家陈寅恪的祖父陈宝箴。但不知为何,求会先生在证明陈六舟不是陈宝箴的同时,却认为宋恕信里提到的"着将陈宝箴中丞就地正法……看来陈中丞如不出亡海外,必不能免死"一节里的"陈宝箴中丞"和"陈中丞",指的是陈六舟。(见张求会著《陈寅恪的家族史》,广东教育出版社2007年版,第181—182页)如是,则不仅编者混淆了陈宝箴和陈六舟,而是宋恕本人就不知道陈宝箴和陈六舟是两个人。这是绝不可能的。因为宋平子对陈宝箴之为人,知之甚稔,曾于1898年6月15日写信给俞樾,希望乃师能够将章太炎推荐给时任湖南巡抚的陈宝箴。他在信中写道:"同门余杭章枚叔炳麟,悱恻芬芳,正则流亚,才高丛忌,谤满区中。新应楚督之招,未及一月,绝交回里,识者目为季汉之正平,近时之容甫。今湘抚陈公,爱士甚,师可为一言乎? 私且愿之! 非所敢请也,非所敢不请也。"(见《上俞曲园师书》,《宋恕集》上册,第588页)此可知宋平子是万没有可能混淆陈宝箴和陈六舟两人的。而且他明显知道,受到"革职永不叙用"处分的陈宝箴,当时人在江西,所以给孙仲恺之信的叙事方式作"荣、刚又下密电于江西,着将陈宝箴中丞就地正法"。至于荣禄会不会发出如此密电,不取决于荣本人,而是看慈禧有没有杀陈宝箴的决定。当时是老太婆杀红了眼的历史时刻,如果她在下令追杀张荫桓的同时,也要赐死陈宝箴,荣禄是无法矫旨不行的。

杀团民、杀中国人；朝廷杀内臣、杀帝党、杀志士仁人。庚子年五月二十九日（6月25日），载漪、载勋率义和团扰及宫室，欲杀光绪，慈禧没有同意。但我敢说，此时慈禧已决心杀珍妃，应无任何问题。随后在洋人联军攻入京城的第二天，即庚子年七月二十一日，慈禧仓惶出逃之际，投珍妃入井中。而在三天之前的七月十七日，兵部尚书徐用仪、户部尚书立山、内阁学士联元，同时被杀。李秉衡则自杀于通州张家湾。这期间，还有自立军的起义，不料事未举而先泄，唐才常、林圭、傅慈祥等20余位青年精英，被湖广总督张之洞残酷杀害于武昌紫阳湖畔。

陈宝箴就是当慈禧的第二次杀机达至高潮之时，于庚子年之六月二十六日（西历1900年7月22日）被赐死于南昌西山之崝庐的。一个月前的五月十七日，邹沅帆在致汪康年的信里还附语至嘱："陈右丈乔梓行止，祈嘱《中外日报》馆不必登载，千万！陈氏父子实可告无过于天下，公当敦嘱。"①而皮锡瑞早在此前数月，已经在为陈宝箴、陈三立担心了。他在庚子年二月初五的《日记》中写道："闻居停言，萍乡学士又有刊章之捕，汉庭萧傅，恐遭骈首之冤。若戮士不已，至于戮师，元气尽矣！此心怦怦，夜不能寐。不知右老乔梓封神榜无名否？芰舲函云，张变产清账，邹挈眷服官。则将伯之呼，恐又为屠门之号矣！奈何奈何！"②此处"变产清账"之张，指张通典，"挈眷服官"之邹，即邹沅帆。

八 陈三立的"倒后复帝"活动

我们读陈三立在乃父遭遇不幸后所撰之《先府君行状》，其结尾处有一

---

① 《邹代钧致汪康年》第九十二通，《汪康年师友书札》第三册，上海古籍出版社1987年版，第2798页。

② 皮锡瑞：《师伏堂日记》光绪二十六年庚子（1900年）二月初五日条，国家图书馆出版社2009年影印版，第四册，第144—145页。

句不寻常的话，写的是："不孝既为天地神鬼所当诛灭，忍死苟活，盖有所待。"①而写在同时的《书史记礼书乐书后》，也发为感叹，说："太史公其盖喟然而有所待矣！"②然则散原之"所待"，的为何事？现在有足够的材料证明，散原在庚子年的夏天，即陈宝箴遇害的前后，参与了关乎家国天下的一个"大事件"，这个"大事件"如果在陈宝箴逝前暴露，足以致义宁父子于死罪，如果在陈宝箴逝后传出，散原的身命亦将不保。

这个"大事件"，就是当慈禧倒行逆施导致内外交困国将不国之际，八国联军欲犯帝京却又未能实施之时，以"迎銮南下"的名义，逼慈禧释权还政，让光绪重新临御天下。这样既可缓解国内矛盾，又可与洋人达成谅解。其实是为朝廷谋一摆脱困境的久安之计。这一计划既不同于"勤王"，更不同于自立军的武装举动，虽然在内涵上彼此不无交错。但这一计划无疑是一次政变，亦即对戊戌八月慈禧政变的反政变，其危难艰险可想而知。因此陈三立称此一计划为"题外作文，度外举事"。

陈三立的这一主张，在庚子六月十三日（1900年7月9日）写给湖广总督张之洞的幕府人物梁鼎芬的一封特殊的信中，有具体的阐述，下面请看该信的全文：

> 读报见电词，乃知忠愤识力，犹曩日也。今危迫极矣，以一弱敌八强，纵而千古，横而万国，无此理势。若不投间抵隙，题外作文，度外举事，洞其症结，转其枢纽，但为按部就班，敷衍搪塞之计，形见势绌，必归沦胥，悔无及矣。窃意方今国脉民命，实悬于刘、张二督之举措（刘已矣，犹冀张唱而刘可和也）。顾虑徘徊，稍纵即逝，独居深念，讵不谓然？顷者陶观察之

---

① 陈三立：《湖南巡抚先府君行状》，《散原精舍诗文集》下册，上海古籍出版社2003年版，第857页。
② 陈三立：《书史记礼书乐书后》，《散原精舍诗文集》下册，第841页。

说词，龙大令之书牍，伏希商及雪澄，斟酌扩充，竭令赞助。且由张以劫刘，以冀起死于万一。精卫之填，杜鹃之血，尽于此纸，不复有云。节庵老弟密鉴。立顿首。

这封信被称作"陈三立致梁鼎芬密札"，最早公诸于《明报月刊》1974年10月号[①]，台北艺文印书馆1979年出版的《梁节庵先生年谱》（吴天任编），亦有载。

陈三立写此信的庚子六月十三日，距离陈宝箴的遇害，只有九天的时间。我们当然不好断定该信的内容是否已经外泄，但此信的高度敏感性毋庸置疑。梁鼎芬是陈三立的旧交，两人对朝政的看法不一定尽同，大体上梁的态度倾向于不动摇"国体"，戊戌之年张之洞发表《劝学篇》，听了梁鼎芬的意见，改得与变法潮流更加划开界限。但梁当年弹劾李鸿章六大"可杀之罪"，因此开罪慈禧被连降五级，刚直勇敢如此，散原不无欣赏。所以密札开头所谓"忠愤识力，犹曩日也"云云，似即指此而言。

不久前，笔者有幸在《近代史研究》2011年第2期上，读到戴海斌先生专门释证陈三立密札的文字[②]，所征引之资料翔实可靠，颇能解惑取信。戴文援引《张謇日记》庚子五月三十日条"与伯严议易西而南事"、七月二十八日条"与新宁书，请参政府速平乱匪，为退敌迎銮计"，都有力证实陈三立、张謇等确有"迎銮南下"的计划。而一旦慈禧南下，而不是西行，他们就想借助张之洞、刘坤一两督抚的力量，强迫慈禧退位还政。尤其所征引之宗方小太郎给日本海军省军令部的报告，已将此一事件的原委、企图及可行性，抖搂得水落石出，现特转抄该报告在这里，以明散原、张謇等志士"度外举

[①] 周康燮：《陈三立的勤王运动及其与唐才常自立会的关系——跋陈三立与梁鼎芬密札》，《明报月刊》1974年10月号。

[②] 戴海斌：《"题外作文，度外举事"与"借资鄂帅"背后——陈三立与梁鼎芬庚子密札补正》，《近代史研究》2011年第2期，第124—130页。

事"计划的底里真相：

> 因义和团事件之故，北支那局面日坏，如一旦溃裂，日本或独立行动，或与英、美联合，拥光绪帝至湖北武昌，开立新都，组织新政府，满洲出身大臣及汉族固陋有碍新政者一概排除，幽闭皇太后及宗室以下大员，剥夺其干预政事之权，在日本等一二国监督帮助之下，施行各项新政，如能一洗旧貌，卓有实绩，则不啻以革命倾覆满洲政府，极利于名正言顺收揽南方支那人心……此际拥皇帝迁都至中原要地号令天下，即使只是表面文章，亦有利于料理眼前旧时局，收束天下人心。张之洞、刘坤一二人为长江一带最为有力之人物，必预先说服此二人，做好迎驾准备。本日派汪康年（张之洞信任之人）前赴湖北劝说迎驾之事，另派人向刘坤一游说。只是张之洞胆怯，刘坤一过于老成，能否应承此事，难以预料。①

日人宗方小太郎此份报告可谓直陈题义，盖酝酿中的这一计划，就是"拥光绪帝至湖北武昌"，"幽闭皇太后"，"剥夺其干预政事之权"，然后"施行各项新政"。日人有此想应有本国利益的考量，但与陈三立设想的计划大体相符。所要依靠的人事力量，也是刘坤一、张之洞两督抚。而且报告分析的"张之洞胆怯，刘坤一过于老成"，他们能否应承此事尚属未知，也完全符合事实。陈三立密札中的"陶观察之说词"一语，戴文也从日人史料中找到了佐证。陶观察就是陶森甲，字榘林，湖南宁乡人，一位既与晚清诸大吏，又与日人保持联系的特殊人物。陈三立其实与之有旧。说服刘坤一的工作主要由此陶承担，但"刘无所反应"，致使陶等抱怨"刘不足以成事"②。故陈三

---

① 戴海斌：《"题外作文,度外举事"与"借资鄂帅"背后——陈三立与梁鼎芬庚子密札补正》，《近代史研究》2011年第2期，第127页。

② 同上。

立之密札，在"窃意方今国脉民命，实悬于刘、张二督之举措"句旁加注云："刘已矣，犹冀张唱而刘可和也。"可惜后来的结果却是，张也没有"唱"，刘也无从"和"。散原诸人的"度外举事"计划，宣告失败。

这件事让陈三立极为失望，事隔两年之后的癸卯（1903年）闰五月，他在靖庐祭墓所写的诗句中，还痛苦地向乃父陈述："痴儿谬托桑榆计，种树书成酒碗空。"①本来想扭转戊戌政变到庚子拳乱的"东隅"之"失"，以期"收之桑榆"，不料所托非人，计划尽管周密，却无法实施，最后落得"酒碗"空空。头一年即壬寅（1902年）所写的谒墓诗中，也有"国家许大事，长跽难具陈。端伤幽独怀，千山与嶙峋"的句子②。甚至悲伤地说："江南可怜月，遂为儿所私。"亦即自己已成为最可怜的人了。由此可知散原将"题外作文，度外举事"这件事看得有多么重大。可以说，他为此费尽了心力。他和"陶观察"陶森甲的往还显然增多了。仅《散原精舍诗集》所存辛丑（1901年）、壬寅（1902年）、癸卯（1903年）三年的诗里，就有多首与陶有关③。特别是壬寅（1902年）秋写的《槃林五十生日赋赠六首》，尤堪玩味：

初忆逢君蜕宅边④，琼琚玉佩接华筵。
江南再见垂垂老，各抚头颅五十年。

曾听鸣镝天山下，更看飞鹰黑海西。

---

① 陈三立：《靖庐楼夜》，《散原精舍诗文集》上册，上海古籍出版社2003年版，第71页。
② 陈三立：《壬寅长至抵靖庐谒墓》，《散原精舍诗文集》上册，第55—56页。
③ 例如《北固山阁夜时日本结城琢中村兼善及李亦元陶槃林俞恪士同游》、《中秋夜同肯堂喆甫恪士泛舟青溪槃林次申亦各携妓至遂登复成桥步月次肯堂韵》、《槃林五十生日赋赠六首》、《二月三日顾石公招饮龙蟠里》、《饮鉴园玩月》、《陶槃林杜云秋罗顺循由日本阅操还适易实甫亦归自西安》等，分别见《散原精舍诗文集》第27、49、50—51、64—65、155页，及《散原精舍诗文集补编》第257页。
④ 该诗首句有注："长沙周氏蜕园，即唐刘蜕故宅。"

叱咤风云七万里,闲来肝膈自提携。

方丈蓬莱了可攀,楼船持节气如山。
神丹受得青童秘,散落人间只等闲。

滔天祸水龙蛇动,歃血盟言鸡犬安。
毕竟功成不受赏,后人端作鲁连看。

朱家郡国尊游侠,杜牧平生有罪言。
一二流传在天地,酒酣耳热与谁论。

余事还惊世上儿,倒流江海溅霜髭。
英雄自有无穷世,起看瀛寰举一卮。①

此六首诗写于1902年中秋或稍后几日,因《散原精舍诗》卷上该诗之排列位置,前一首为《中秋夜携客棹舟》,后一首为《肯堂为我录其甲午客天津中秋玩月之作》,故可以此推定。散原何等尊贵之人,岂是随意给同辈祝寿的?关于陶森甲的生年,根据散原诗写作时间的光绪壬寅,上推五十年,是咸丰癸丑,即1853年,当为陶森甲的出生之年。如是,陶与散原应为同年所生,都是生于咸丰癸丑(1853年)。故诗中第一首尾句"各抚头颅五十年"句,为实写。

首句"初忆逢君蜕宅边"并自注"唐刘蜕故宅",是指两人第一次晤面,是在湖南长沙陈三立府第的花园。第二首写陶游历之广和声名之著,故有

---

① 陈三立:《槃林五十生日赋赠六首》,《散原精舍诗文集》上册,上海古籍出版社2003年版,第50—51页。

"叱咤风云"的形容语。第三首是说陶负有秘密使命，即陈三立参与的秘密迎銮南下的计划。第四首首句："滔天祸水龙蛇动"，明显指令志士蒙难和国家蒙羞的慈禧，散原称其为"蛇龙"已非一次了。只是此诗不假掩饰，直接称慈禧是一条蛇龙，而且是家国天下的"滔天祸水"。而第二句"歃血盟言鸡犬安"，似乎是说为了此项计划，至少陈三立、陶棨林是举行过"歃血盟言"一类仪式的，可知此举的危险性之大以及他们的决心之大。而且相约"功成不受赏"，只要后人理解，他们之所为不过出于鲁连之大义，就足矣。第五首用杜牧《罪言》典，还是极言此举之风险。第六首说，到写诗的光绪壬寅年（1902年）八月，《辛丑条约》签过了，慈禧也回到京城半年多了，但想起来还未免后怕，故云"余事还惊"。此六首诗是陈三立参与倒后复帝活动的又一证据，以及他与此一事件的主角陶森甲的不寻常关系昭然可见。

而一年前陈三立在《陶棨林杜云秋罗顺循由日本阅操还，适易实甫亦归自西安》诗里①，亦曾涉及业已流产的"度外举事"。诗中三四两句："一驾鼋鼍恣挥斥，一呼鹦鹊共啁喧"，就是当时他们积极从事的写照，认为陶棨林起到了桥梁的作用。结尾句的"我亦奎蹄曲隈虱，相看惟有涕痕存"，是说自己在"举事"的路上也迈开了双脚，可惜没有成功，慈禧没有预期南下，而是在西去的"泥涂"上"歌哭"呢。所以当陶森甲自日本归来，彼此相见，无可奈何，"惟有涕痕存"了。

这段期间，散原变得极为敏感，各方消息都想弄个究竟。大约与庚子六月十三日写给梁鼎芬的密札约略同时，陈三立另外还有一封致梁鼎芬的信，这样写道："侍疾兼盛暑，望公等迟日相过。电稿'还楚皆谈者'等句，仍不

---

① 全诗为："行人觇国过长门，归客题诗认旧村。一驾鼋鼍恣挥斥，一呼鹦鹊共啁喧。海天箭角回三岛，歌哭泥涂剩六魂（实甫诗卷有《魂东》、《魂西》、《魂南》、《魂北》、《魂海》、《魂天》集）。我亦奎蹄曲隈虱，相看惟有涕痕存。"潘益民、李开军辑注：《散原精舍诗文集补编》，江西人民出版社2007年版，第257页。

甚解，告我何如？必不泄露天机也。节弟。立顿。"①信中的关键语词是，梁鼎芬的来电稿中有"还楚皆谈者"字样，陈三立询问梁此语是什么意思。

其实此语只可能有两种解释：一是湖北那里人人都在说，二是湖北到处都是光说不做的人。所"谈"之事，当然是迎銮南下的"度外举事"。两种含义散原都不愿意看到。因为如是第一种，怕泄露天机；如是第二种，那是说张之洞不愿意践行此事。所以陈三立要问个究竟。以梁的身份，与之谈者，不排除有汪康年等人（汪当时在湖北），但主要还是张之洞。"度外举事"能否施行，关键在刘（坤一）、张（之洞），"刘已矣"，主要看张愿不愿意"唱"了。故散原急切、敏感、焦心，无以复加。他希望梁鼎芬的电报里有上好消息。退一步说，虽然没有做，如果张督愿意"谈"此事，也还不无一丝"希冀"。

散原反对慈禧志意的坚决，还表现在他对唐才常和自立军失败持有惋惜和同情的态度。写于光绪辛丑（1901年）的《得邹沅帆武昌书感赋》一诗，就透露出他的这种态度："嗟君横舍冷如水，寄食看人行老矣。乃敢张目论世事，弄笔渍泪洒此纸。洞庭东流江拍天，鲈鲔昼徙蛟龙渊。螳螂黄雀皆眼前，李代桃僵亦可怜。"②邹沅帆即邹代钧，湖南新化人，舆地专家，曾参与湖南新政，与谭嗣同、熊希龄的观点不合，但对义宁父子敬而重之，从无异词。离开湖南后在张之洞督抚门下绘制湖北地图，是一闲差，实际未获重用。诗的头两句盖即指此而言。

邹的文笔不错，淋漓尽致，很见性情。他对义宁之外的很多大吏，包括刘坤一、张之洞，都不信任。庚子北乱，刘、张倡东南互保，他说"以我观之，都系空言搪塞"③。唐才常以自立军举事，他深不以为然，但对张之洞

---

① 陈三立：《与梁鼎芬书》，潘益民、李开军辑注：《散原精舍诗文集补编》，第252页。
② 陈三立：《得邹沅帆武昌书感赋》，《散原精舍诗文集》上册，上海古籍出版社2003年版，第7—8页。
③ 《邹代钧致汪康年书》第九十四通，《汪康年师友书札》第三册，上海古籍出版社1987年版，第2804页。

在庚子七月二十八日残酷杀害唐才常等，又不无微词。他在致汪康年的信中写道："朝廷肆杀于上，督抚肆杀于下，盗贼又逞其屠戮之杀，洋人则逞其火炮之杀，民之免于杀者，当无几矣。"①同样的意思他在致陈三立的信里，当亦有所语及，所以陈三立的诗里，才说他"乃敢张目论世事，弄笔溃泪洒此纸"。五六两句，化用"蛟龙得水"的典故，意即湖北这块土地不简单，各种各样的鱼都到那里去了，唐才常在那里举事，张之洞在那里杀人。可是又怎么样呢？两方面都犯了目光短浅的错误，致使唐才常成了真正的国之虫毒的替死鬼。诗的最后两句，恐怕唯有这样解释，方不失散原的原意。"螳螂"，指的是唐才常，而"黄雀"，自是喻指张之洞无疑。但他的同情主要在唐才常和自立军身上，因此禁不住直接使用了"可怜"这一充满感情色彩的语词。

陈三立始料所不及的是，他的致梁鼎芬密札写后仅过去十二天，陈宝箴就被慈禧赐死了。当时关于义宁父子不利于慈禧临朝的讯息太多了，其中一点点到得"蛇龙"耳边，陈宝箴都难免一死。其实还有自立军起事计划中，唐才常力主由翁同龢和陈宝箴坐镇②。只此一条，陈宝箴也逃不过慈禧的第二次杀机。故陈三立在《罗顺循大令官定兴以受代，仅免团匪外兵之难。冬闲将家避河南，为书上先公，言祸变始末甚备，盖尚未及闻先公之丧也，发书哀感，遂题其后》诗中，直接醒目地使用了"天发杀机"一语：

三千道路书初到，百万生灵汝尚存。

---

① 《邹代钧致汪康年书》第九十五通，《汪康年师友书札》第三册，第2805页。

② 研究晚清史事的桑兵先生在《庚子勤王与晚清政局》一书中，论及唐才常、汪康年诸人与康有为的关系，写道："汪、唐两派对待康有为的态度本质上也是异曲同工。据了解内幕的井上雅二称，按照自立会的布置，因大多数人不赞同康有为的言行，'只是要利用他的筹饷'，而不打算让他出头任事。这一说法可找到相应证据：其一，据章炳麟所述，唐才常主张由翁同龢、陈宝箴坐镇，只有狄平想密召康有为归国主持。不料1900年7月21日（梦溪按：应为7月22日）陈宝箴被西太后赐死，使自立军的周密布置为之一挫，失去援助。"参见桑著该书之第130页，北京大学出版社2004年版。

天发杀机应有说，士投东海更何冤。

破橡骨肉生还地，残烛文章惨澹痕。

哭向九泉添一语，旧时宾客在夷门。①

其实，陈三立即使没有"度外举事"的倒后复帝活动，时当"天发杀机"的庚子之夏，陈宝箴也必死无疑。

九 陈寅恪是否知道祖父之死的真相

剩下的问题是，陈寅恪是否知道他的祖父陈宝箴之死的历史真相？我有充分证据证明寅恪曾熟读《散原精舍诗》（笔者另有文专论，此不具），如是则散原诗中关于陈宝箴之死的一连串用典，以寅恪之博学通识，不应无所解悟。

这里试举一例，即晚年寅老所撰之《寒柳堂记梦未定稿》，第六节"戊戌政变与先祖先君之关系"有这样一段附记："兹有可附言者，即先君救免文芸阁文廷式一事。戊戌政变未发，即先祖先君尚未革职以前之短时间，军机处廷寄两江总督，谓文氏当在上海一带。又寄江西巡抚，谓文氏或在江西原籍萍乡，迅速拿解来京。其实文丈既不在上海，又不在江西，而与其夫人同寓长沙。先君既探知密旨，以三百金赠文丈，属其速赴上海。而先祖发令，命长沙县缉捕。长沙县至其家，不见踪迹。复以为文丈在妓院宴席，遂围妓院搜索之，亦不获。"②所记陈宝箴和陈三立救免文廷式的事实经过，至为详剖，不爽分毫。

接着又引乃父《文芸阁学士同年挽词》六首之四：

---

① 陈三立：《散原精舍诗文集》上册，上海古籍出版社2003年版，第18页。
② 石泉整理：《寒柳堂记梦未定稿（补）》，《寒柳堂集》，三联书店2001年版，第233—234页。

> 元礼终亡命，邠卿辱大儒。
> 孰传钟室语，几索酒家胡。
> 祸兴机先伏，烟涛梦自孤。
> 光芒接三岛，留得口中珠。①

陈三立挽文廷式诗共有六首，陈寅恪独引其第四首，而在引录之后写道："其第一联（应为第二联——笔者注）上句用《史记》九十二《淮阴侯列传》，下句指长沙县搜妓院事。末二句指传播同光胜流之学于东瀛也。"②请注意，诗中第二联上句、下句，全诗的末二句，其所涉之古典、今典，寅恪都一一拈出。那么第三联的首句就不涉取典用事么？寅恪先生何以置之不提？按"祸兴机先伏"之"祸兴"，《散原精舍诗》原作"祸衅"，是正确的；"祸兴"疑为出版者所误植。《孟子·梁惠王上》："臣闻之胡龁曰：'王坐于堂上，有牵牛而过堂下者，王见之曰：牛何之？对曰：将以衅钟。王曰：舍之，吾不忍其觳觫，若无罪而就死地。对曰：然则废衅钟与？曰：何可废也，以羊易之。'不识有诸？"赵岐注"衅钟"云："新铸钟，杀牲以血涂其衅郄，因以祭之。"焦循《孟子正义》也说："衅本间隙之名，故杀牲以血涂器物之隙，即名为衅。"③可见"祸衅"一词，就是杀戮的意思。而"机"，则是机兆、祸根之意。因此"祸衅机先伏"这句诗，可以解释为：遭受杀戮之祸的关键因由事先已经埋伏下了。

那么散原所谓"祸衅"究系何指？是谁后来（相对于"机先伏"）遭到了杀戮？是指文廷式？不，不！文已经在义宁父子救助下逃走了，"钟室"（策划杀人的地方）虽传下谕旨，却没有能够将文廷式正法。按上下文连接解读，这位遭

---

① 陈三立：《文芸阁学士同年挽词六首》之四，《散原精舍诗文集》上册，上海古籍出版社2003年版，第132页。
② 陈寅恪：《寒柳堂集》，三联书店2001年版，第234页。
③ 焦循撰、沈文倬点校：《孟子正义》上册，中华书局1987年版，第80—81页。

受杀戮者，必定与此诗的下一句"烟涛梦自孤"的主体有关。"烟涛"即烟波（用的是常典——崔颢《黄鹤楼》诗："日暮乡关何处是，烟波江上使人愁"），寓愁绝之意。"梦自孤"言自身之孤单，慨叹已经没有人与自己共同实现梦想了。因此这个主体不应该是别人，正是父亲死后孤独无依的陈三立自己。右铭遇害之后，散原一直有"烟涛梦自孤"之感。所谓"祸衃"，自然指的是陈宝箴蒙冤被杀戮之事。而招祸之"机"，则是因为救免文廷式（"机先伏"）而预先种下的根苗。散原的《文芸阁学士同年挽词》，主要是其中的第四首，已经把慈禧密旨赐死陈宝箴的因由透露出来了。

陈寅恪引散原老人的《文芸阁学士同年挽词》六首之四，相关诗句的用典都予标出，独独最关键的"祸衃机先伏，烟涛梦自孤"句置之不顾，不知是否有意回避？也许，站在宝箴之孙、三立之子的特殊立场，他不愿也深知不应该把祖父遇害的历史真相直接注出？事实上陈三立也是把密码藏在诗里，并没有直白地讲述陈宝箴之死的经过。这是完全可以理解的。高贵如义宁陈氏一族，自己的有那等显赫地位的尊人被行刑处死，场面那样惨毒，当然不可亦不必向后人以及外人道也。

兹还有一旁证，就是陈寅恪对慈禧的态度。先生于1966年早春竣事的《寒柳堂记梦未定稿》，特设"孝钦后最恶清流"一节，其中写道："清咸丰之季年，太平天国及其同盟军纵横于江淮区域。英法联军攻陷北京，文宗走避热河，实与元末庚申帝之情事相类。然以国内外错综复杂之因素，清室遂得苟延其将断之国祚者五十年。凡此五十年间政治中心，则在文宗孝钦显皇后那拉氏一人。故述清代同光两朝及宣统朝之史者，必以那拉后为主要之题材，自无待论也。综观那拉后一生之行事，约有数端：一、为把持政权，不以侄嗣穆宗，而以弟承大统。后取本身之侄女强配德宗，酿成后来戊戌、庚子之事变。二、为重用出自湘军系统之淮军，以牵制湘军，遂启北洋军阀之一派，涂炭生灵者二十年。三、为违反祖制，信任阉宦，遂令晚清政治腐败更甚。四、为纵情娱乐，修筑园囿，移用海军经费，致有甲午之败。五、为分化汉人，复就汉人清、浊两派中，扬浊抑清，而以满人荣禄掌握兵权。后来摄政王载沣承其故智,变本加厉,终激起汉人排满复仇之观念。"[1]

此可以视为我们的大史学家对慈禧一生行事的总评价,竟然无一肯定,所陈五端,皆为否定断判。值得注意的是,上述行文在"凡此五十年间政治中心,则在文宗孝钦显皇后那拉氏一人"句下,有作者原注云:"寅恪十余岁时,曾见日本人所著书,言后小名阿翠。曾朴《孽海花》亦有是说,但无从证实,姑附记于此。"此注之深在之意,是强调那拉氏文化层阶之低微及鄙俗,显寓贬抑之义涵。而注中所说"十余岁时"看到日人所著书,时间应在1902至1903或1904至1905两次留学日本期间,值先生十三岁至十五岁,其距乃祖陈宝箴之逝,不出五年左右时间。在晚年的正式史学叙述之中,突然插入此一节少年的经历,意在何耶?意在何耶?此可反证1898年秋天的慈禧政变以及对义宁一家的影响,包括对少年陈寅恪的影响,是何等深著。

另外可注意者,是寅恪作于1965年冬天的《乙巳冬日读〈清史(稿)·后妃传〉有感于珍妃事为赋一律》:

> 昔日曾传班氏贤,如今沧海已桑田。
> 伤心太液波翻句,回首甘陵党锢年。
> 家国旧情迷纸上,兴亡遗恨照灯前。
> 开元鹤发凋零尽,谁补西京外戚篇。[2]

第三句后有作者注:"玉溪生诗悼文宗杨贤妃云:'金舆不返倾城色,下苑犹翻太液波。'云起轩词'闻说太液波翻'即用李句。"云起轩是文廷式的号。李(商隐)、文之"翻太液波"及"太液波翻"之句,都指的是宫廷的争斗或朝

---

[1] 陈寅恪:《寒柳堂记梦未定稿(补)》,《寒柳堂集》,三联书店2001年版,第217—218页。
[2] 《陈寅恪诗集》,清华大学出版社1993年版,第141页。

政之乱局应无异义①。寅恪由文、李的"太液波翻句",回忆起戊戌年的党锢之祸。而隐含的思维路径则是:读《清史（稿）·后妃传》,想到珍妃的被害;由珍妃事想到珍妃的老师文廷式的被逐以及戊戌政变后的密旨追捕;由此又想到自己的祖父和父亲对文廷式的救免;由救免文廷式自然想到祖父陈宝箴的西山蒙难。因而才感到"伤心",并写下"家国旧情迷纸上,兴亡遗恨照灯前"这样的极具个人感情色彩的句子。请注意"遗恨"二字,岂能无指而妄说乎?

我认为《寒柳堂记梦未定稿》附记其先祖先君救免文廷式的具体经过,并引散原《文芸阁学士同年挽词》六首之四注而预留空白,以及这首《乙巳冬日读〈清史（稿）·后妃传〉有感于珍妃事为赋一律》,可以见出陈寅恪对其祖父陈宝箴之死的历史真相,也许并非毫无所知。

十 新发现的证据

2014年7月4日,我们中国文化研究所的陈斐先生写来一信,告诉我从《散原精舍诗》中,发现一首直接与赐死陈宝箴有关的诗作,是为《散原精舍诗》卷上《遣兴二首》之二:

刺绣无如倚市门,区区思绕牧牛村。

---

① 李商隐句见《曲江》一诗:"望断平时翠辇过,空闻子夜鬼悲歌。金舆不返倾城色,玉殿犹分下苑波。死忆华亭闻唳鹤,老忧玉室泣铜驼。天荒地变心虽折,若比阳春意未多。"参见中华书局版张采田《玉溪生年谱会笺》第450页。文廷式《念奴娇》词:"江湖岁晚,正少陵忧思,两鬓衰白。谁向水晶帘子下,买笑千斤轻掷。凄诉鹍弦,豪斟玉斝,黛掩伤心色。更持红烛,赏花聊永今夕。闻说太液波翻,旧时驰道,一片青青麦。翠羽明珰漂泊尽,何况落红狼藉。传写师师,诗题好好,付与情人惜。老夫无语,卧看月下寒碧。"见《文廷式集》下册,中华书局1993年版,第1452页,关于陈寅恪此诗,亦可参阅我的《陈寅恪的"家国旧情"与"兴亡遗恨"》一文,载拙著《传统的误读》,河北教育出版社1996年版,第160—183页。

晓移舣楗溪桥稳，晨听篝车田水喧。
俯仰已迷兰芷地，伶俜馀吊属镂魂。
江长海断风雷寂，阴识雄人草泽存。

陈斐在信中写道："按'属镂'，又作'属卢'、'属娄'等，剑名。《左传·哀公十一年》记吴王夫差赐伍子胥属镂之剑自刎事，'王闻之，使赐之属镂以死。'杜预注：'属镂，剑名。'后《史记》'吴太伯世家'、'越王勾践世家'、'伍子胥列传'皆有记载。散原用'属镂'之典，应是右铭公被慈禧赐死的一个比较有力的证据。"

关于伍子胥为吴王夫差赐死，是历史上有名的冤杀忠臣直臣之案。夫差屡欲征伐齐国，伍子胥每直言力谏。吴王不听，加之有谗奸小人太宰嚭的挑拨陷害，最后吴王竟以"属镂剑"赐伍子胥死。《史记·伍子胥列传》作："乃使使赐伍子胥属镂之剑，曰：'子以此死。'"《史记·吴太伯世家》为："吴王闻之，大怒，赐子胥属镂之剑以死。"太史公于伍子胥被赐死一案，可谓一记再记，而且每记都提到"属镂剑"，表示系吴王亲自赐死。

不仅此也，司马迁并以受赵高迫害而身陷囹圄的李斯之叹来强调伍子胥的冤情。《史记·李斯列传》写道："李斯拘执束缚，居囹圄中，仰天而叹曰：'嗟乎，悲夫！不道之君，何可为计哉！昔者桀杀关龙逄，纣杀王子比干，吴王夫差杀伍子胥。此三臣者，岂不忠哉，然而不免于死，身死而所忠者非也。今吾智不及三子，而二世之无道过于桀、纣、夫差，吾以忠死，宜矣。'"兹可见伍子胥被赐死一案，已然成为与夏桀杀关龙逄、殷纣王杀比干并列的三大上古冤案。

陈三立熟读《史》、《汉》两书，其对伍子胥冤案的来历必了如指掌，绝不致用典有误。故散原《遣兴》二首之二的"俯仰已迷兰芷地，伶俜馀吊属镂魂"句，其所指为陈宝箴之死自是无疑。

（原载《中国文化研究所学报》第1卷，中华书局2009年版，此为重订增补稿）

卷二

马一浮的"六艺论",是试图追寻我国学术思想的经典源头,回归到中华文化的原典精神。一国一族的文化之开新启运,总是伴随着回归原典的重构过程。也就是辨明文化身份,在攘乱纷繁的现世界重新发现主体的意义。作为"文明体"国家,其精神价值必然与本民族的文化血脉相续相接,因而尤需从民族文化的经典中汲取力量的源泉。

学术独立与中国现代学术传统

一 引言

中国现代学术以何时为开端？历史学界通常把1840年鸦片战争至1919年"五四"运动，称为中国历史的近代时期，而以1919年"五四"运动至1949年为现代时期。但学术史和文化史的分期也以此为依据，不容易解释清末民初以来的许多文化现象。用政治事变来例同学术文化变迁，反映不出学术文化本身的嬗变规律。

实际上，中国传统学术向现代学术转型，可以追溯到晚清的经今文学运动，现代学术的种子即埋藏其中。但今文学运动本身还不具有现代学术的特征。1898年严复发表《论治学治事宜分二途》，1902年梁启超发表《论学术之势力左右世界》和《新史学》，1904年王国维发表《红楼梦评论》，现代学术思想和学术规范得到比较集中的体现。因此中国现代学术发端的时间，应为十九世纪和二十世纪之交；标志是承认学术具有独立之价值，并在研究中开始吸收西方现代的观念和方法；代表人物是严复、梁启超、王国维等，而尤以王国维扮演着现代学术开山的角色。

王国维1927年自沉于颐和园鱼藻轩，社会上异说异是，察察为揣。惟史学家陈寅恪能够从文化兴衰和一代学者的命运的角度，对王氏的死因给以正解。包括王、陈在内的中国现代学者中的大师巨子，声闻显晦或有所殊异，但与本民族的文化共同着命运，欲以学术为宗基"承续先哲将坠之业"，同为一代文化所托命之人则一。他们的学术流向包涵着省察传统和回应西学两个方面，既不忘记本民族的历史地位，又能够做到与世界文化对话交流，为中国现代学术奠立了难能可贵的传统。

但中国现代学术的发展仍然困难重重。就学者的主观认知而言，有四重障蔽应予以破除。第一，学术是手段还是目的；第二，"有用之学"与"无用之学"；第三，中学和西学之争；第四，新旧古今之辨。这四个问题所以产生，主要是中国传统学术一向缺少学术独立的传统，特别是"经世致用"之说束缚了人们的头脑，使人们忽视学问本身的独立价值。王国维、梁启超等现代学术的开山人物，为破除这四重障蔽曾作出巨大努力，可是时至今日，也不能说此一问题已获致完全解决。

任公先生说："就纯粹的学者之见地论之，只当问成为学不成为学，不必问有用与无用，非如此则学问不能独立，不能发达。"[①]又说："为学问而学问，断不以学问供学问以外之手段，故其性耿介，其志专一，虽苦不周于世用，然每一时代文化之进展，必赖有此等人。"[②]信哉斯言。学术之求得独立，首先还要有独立的学者。四重障蔽不能破除，宜乎中国现代学者难于安身立命也。

二 从陈寅恪的《王观堂先生挽词》谈起

1927年6月2日(农历五月初三)上午十时，中国现代学术的开山泰斗王国维自沉于颐和园鱼藻轩，年仅五十一岁。这一突如其来的噩耗，在中国现代学术的摇篮清华园引起巨大震撼。第二天傍晚，清华国学研究院师生向死者遗体告别，恭谨致礼，哀默如仪。正在这时，清华四导师之一的史学家陈寅恪莅临现场，出人意外地行三跪九叩大礼[③]。这一举动产生了精神共感效应，在

[①] 梁启超：《清代学术概论》，朱维铮校注：《梁启超论清学史二种》，复旦大学出版社1985年版，第40页。

[②] 同上，第86页。

[③] 王国维逝世后清华国学研究院师生向遗体告别情景，系杭州大学姜亮夫教授向笔者讲述，时在1989年11月4日下午4时，于杭州大学姜先生寓所。

场的姜亮夫、刘盼遂等国学研究院同学，当即痛哭失声，对已故国学大师的哀感和对眼前这位年轻导师的敬意无形中融作一片。

陈寅恪当时三十八岁，与王国维有十三岁之差，但他们相知甚深，既是学术同道，又是精神契友。王国维自沉前一日所写遗嘱，书籍一项，特标出"可托陈、吴二先生处理"①。吴指吴宓，陈即寅恪先生。而书籍之于王国维不啻为生命本身，他早就说过："余平生惟与书册为伍，故最爱而最难舍去者，亦惟此耳。"②托陈寅恪先生为之处理书籍，无异于以生命相托，当然也可以看作是一种文化托命。实际上，很少有像寅恪先生这样，对王国维的精神世界和文化怀抱有如此深切的了解。为了寄托哀思，他写有一诗一词，即《挽王静安先生》诗和《王观堂先生挽词》，后者与王国维的《颐和园词》实可并肩，同为冠绝当世的名篇。③《挽词》的前面有一长序，其中写道：

> 凡一种文化值衰落之时，为此文化所化之人，必感苦痛，其表现此文化之程量愈宏，则其所受之苦痛亦愈甚，迨既达极深之度，殆非出于自杀无以求一己之心安而义尽也。

又说：

---

① 参见1927年7月出版的第二卷第八、九、十期合刊的《国学月报》，其中柏生所作《记王静安先生自沉始末》有载。
② 见1928年清华国学研究院编印之《国学论丛》第一卷第三号"王静安先生纪念号"所载《王静安先生手校手批书目》一文的"跋文"。
③ 王国维的《颐和园词》作于1902年春，在日本留学时期，全诗百四十句，述有清一代之兴亡，是王氏自己最满意的诗作之一。陈寅恪先生《挽词》中"一死从容殉大伦，千秋怅望悲遗志。曾赋连昌旧苑诗，兴亡哀感动人思。岂知长庆才人语，竟作灵均息壤词"，即指《颐和园词》而言。吴宓《空轩诗话》第十二则："王静安先生国维自沉后，哀挽之作应以义宁（今改修水县）陈寅恪君之《王观堂先生挽词》为第一。"罗振玉在致陈寅恪函中亦说："奉到大作《忠悫挽词》，辞理并茂，为哀挽诸作之冠，足与观堂集中《颐和园词》、《蜀道难》诸篇比美。忠悫以后，学术所寄端在吾公也。"

> 盖今日之赤县神州值数千年未有之巨劫奇变，劫尽变穷，则此文化精神所凝聚之人，安得不与之共命而同尽，此观堂先生所以不得不死，遂为天下后世所极哀而深惜者也。①

王国维自沉以后，社会上异说异是，谣诼纷纷，不乏昧于大道者的察察为揣，只有陈寅恪先生能够从文化兴衰和一代学者的命运的角度，对死因给以正解，使那些"流俗恩怨荣辱委琐龌龊之说"②，得到一定程度的廓清。

七年之后，即1934年，陈寅恪又在《王静安先生遗书序》中申论说："自昔大师巨子，其关于民族盛衰学术兴废者，不仅在能承续先哲将坠之业，为其托命之人，而尤在能开拓学术之区宇，补前修所未逮。故其著作可以转移一时之风气，而示来者以轨则也。"又谓："古今中外志士仁人，往往憔悴忧伤，继之以死。其所伤之事，所死之故，不止局于一时间一地域而已。盖别有超越时间地域之理性存焉。而此超越时间地域之理性，必非其同时地域之众人所能共喻。然则先生之志事，多为世人所不解，因而有是非之论者，又何足怪也？"③对王国维死因的探究又进了一步，已达至深层意义的理性升华。

也就是说，在陈寅恪看来，王国维之死是一个"能承续先哲将坠之业"的学者，以生命殉其文化，与纯属为实现道德的自我完成所作的抉择不同。1918年11月10日梁漱溟的父亲梁济在北京净业湖自沉④，虽也有"超越时间地域之理性存焉"，却不带有更多的自觉文化意识，而是当传统秩序解体之际寻

---

① 陈寅恪：《王观堂先生挽词并序》，《陈寅恪集·诗集》，三联书店2001年版，第12—13页。
② 同上，第13页。
③ 陈寅恪：《金明馆丛稿二编》，上海古籍出版社1980年版，第219、220页。
④ 关于梁济自杀问题，林毓生教授撰有《论梁巨川先生的自杀——一个道德保守主义含混性的实例》一文，析论甚详。见林毓生：《中国传统的创造性转化》，三联书店1988年版，第205—226页。又见中国文化书院学术委员编：《梁漱溟全集》第二卷之《自述》，山东人民出版社1990年版，第18页。

找到的心理安顿的一种方式。把两者区分开来的关键，在于是否以文化托命为职志。因为十九世纪末叶以后，由于西学东渐，欧风美雨狂袭而至，延续几千年的中国传统思想文化发生了深刻的危机，站在时代潮流前沿的人文学者在预设种种挽颓救弊方案的同时，必不可免地会激发起续命传薪的历史责任感。王国维如此，陈寅恪亦复如此。王国维死后不久，陈寅恪先生在《国学丛刊》上发表一篇《大乘稻芊经随听疏跋》，由吐蕃沙门法成撰集的经论注疏，如《般若波罗蜜多心经》等，系译自藏文一事，联想到玄奘曾把汉文《大乘起信论》译成梵文，但玄奘的名字家喻户晓，法成却不为人所知，因而发为感慨，说："同为沟通东西学术，一代文化所托命之人，而其后世声闻之显晦，殊异若此，殆有幸有不幸欤。"①。中国现代学者中的大师巨子，声闻显晦或有不同，但与本民族文化的兴衰共同着命运，同为中国传统社会向现代社会转型时期的一代文化所托命之人则一。

只不过在中国现代学者群中，王国维和陈寅恪的文化托命意识更为自觉，毕生奋力以赴，未尝稍懈，不仅发为论议，标举"独立之精神，自由之思想"，主要是以学术为宗基，通过具体的学术创获实现托命之旨；而且尽可能融入现代的比较科学的观念和研究方法，去化解传统思想文化的危机，为中国现代学术传统的奠立树起了新典范。

三 中国现代学术以何时为开端

我所谓中国现代学术，指的是十九世纪末和二十世纪初，随着西学东渐和外来思想的冲击所产生的文化震荡，中国学术衍生出来的新规范和新方向。因此不简单是一个时间的概念，也无法全由政治断限来替代。

历史学界通常把1840年鸦片战争至1919年"五四"运动，称为中国历史

---

① 陈寅恪：《金明馆丛稿二编》，第225页。

的近代时期,而以1919年"五四"运动至1949年为现代时期。把这种划分拿来作为学术史和文化史分期的依据,并不一定妥当。文化的嬗变比政治事变要宽泛得多,也深刻得多,前因后果,简错百端,历史延伸度很长;学术蜕分,也是一个思潮递嬗和历史衍化的过程。以政治事变来例同学术文化的变迁,反映不出学术文化本身的特殊发展规律。中国治学术史和文化史的学者,每困于在研究中难于有所突破,窃以为除了别的原因之外,就与以政治分期来例同于学术断限有很大关系。分期不明,将学术混同于政治,不可能正确评价学者们的学术创获。特别是研究清末民初以来的学术文化,"近代"、"现代"两个概念常常混淆不清。王国维的学术活动始于第一次从日本留学回来的1902年,自然在1919年"五四"运动以前,但他许多学术著作是在生命的最后十年,即1917年至1927年完成的,已跨过"五四"运动很多年。所谓"近代"和"现代"的概念,在王国维身上就不易说清楚。章太炎生于1869年,比王国维大八岁,卒于1936年,时间跨度比王国维长得多,"五四"前和"五四"后都有重要的学术建树,虽然前期作为思想家和革命家的影响更大,后期以国学大师的身份成为学界儒宗。那么站在学术史的角度,章太炎是"近代"学者,还是"现代"学者?政治断限往往不能对学术文化现象作出正确说明。因此笔者认为,不应把"五四"运动作为中国现代学术的起点,而应当振叶寻根,沿波讨源,上溯到在内涵上可以体现现代学术特征的时候开始。

中国学术发展的历史,要而言之,可以说经历了先秦子学、两汉经学、魏晋玄学、隋唐佛学、宋明理学、清代汉学和晚清今文学几个阶段,各个阶段之间斥而相续、异中见同,形成一个个连接而不重复的瑰丽景观。但这些个历史阶段都属于传统学术的范畴,进入现代学术需要铺设新的条件。本来晚清今文学已带有过渡时期的特点,现代学术的种子已开始进一步萌动发芽,只是从根本方面考察,还不能把庄存与和刘逢禄开其端、龚自珍和魏源集其成、康有为殿其后的今文学运动,与现代学术混为一谈。现代学术的奠立,应具备三个起码的条件,即第一,学者的思想自由;第二,以学术独立为目标；第三，在研究方法上尽量吸收新的观念，能够与二十世纪前后的世界学术文化对话交流。用这三个条件来衡量晚清今文学，显然不合现代学术的规范。即以康有为来说，他的目的并不在学术，而是拿了学术去做维新改制的手段，与学术独立大异其趣。他的学术好依傍，恰好是不独立的表现。所用的方法，也不是以新的科学观念去治旧学，而是采取大胆证伪的方法开传统学术的玩笑，自己则未脱传统学术的框架。

那么中国现代学术究竟应该以何时为其开端？笔者认为有四篇文章值得注意。一篇是严复的《论治学治事宜分二途》①，明确提出"治学"与"治事"两者不能相兼，"惟其或不相侵，故能彼此相助"。所以他建议给予学成者以名位，把"学问之名位"和"政治之名位"区别开来，多少已流露出提倡学术独立的思想。严复是晚清时期系统介绍西方学说的第一人，他力主不宜把学术混同于事功，学理上的依据易为人们所接受。这篇文章发表在1898年7月28和29日两天的《国闻报》上。第二篇是梁启超的《论学术之势力左右世界》，对学术在世界上的地位和社会作用，给予超乎常人想象的评价，文章一开头即写道：

亘万古，袤九垓，自天地初辟以迄今日，凡我人类所栖息之世界，于其中而求一势力之最广被而最经久者，何物乎？将以威力乎？亚历山大之狮吼于西方，成吉思汗之龙腾于东土，吾未见其流风余烈，至今有存焉者也。将以权术乎？梅特涅执牛耳于奥地利，拿破仑第三弄政柄于法兰西，当其盛也，炙手可热，威震寰瀛，一败之后，其政策亦随身名而灭矣。然则天地间独一无二之大势力，何在乎？曰智慧而已矣，学术而已矣。②

---

① 王栻主编：《严复集》第一册，中华书局1986年版，第88—90页。
② 梁启超：《饮冰室合集》第一册，文集之六，中华书局1989年影印版，第110页。

称学术为亘古以来天地间独一无二的大势力，就中自然有梁启超式的夸诞，但能够把学术从社会诸因素中抽象出来，置于极尊崇的地位，看到学术具有永久性的品格，在认知上已接近主张学术独立的思想。第三篇文章是梁启超的《新史学》，向传统学术中最具根底的乙部之学发起猛攻，历数过去的史学的"四蔽"、"二病"、"三恶果"，诸如"知有朝廷而不知有国家"、"知有个人而不知有群体"、"知有陈迹而不知有今务"、"知有事实而不知有理想"，以及"能铺叙而不能别裁"、"能因袭而不能创作"，致使读者"难读"、"难别择"、"无感触"等等①。所指虽未必尽是，攻击力还是很强大的。特别针对传统文学的争正统、重书法的史家模式，揭剥得体肤全靡。文章又引来进化论的和文化人类学的历史观，以驳斥历史循环论，确在理论上为新史学的奠立开辟出新的天地。梁启超的这两篇文章都发表于1902年。

第四篇文章是王国维的《红楼梦评论》，这是自有文学批评以来第一次用西方的哲学和美学观点解释中国文学名著的尝试，在此之前从没有人这样做过。只这一点，就足以奠定其在中国现代学术史上的地位，至于尝试的得失利弊是否成功还在其次。说来凑巧，中国传统学术以文学和史学最能反映学科特征，而梁启超和王国维一以史学一以文学为现代学术奠基。当然梁的《新史学》主要是清算过去，王的《红楼梦评论》则直接为未来树立典范。《红楼梦评论》写于1904年，在王氏1902年自日本归来正式开始学术活动之后，同时撰写的还有《论叔本华之哲学及其教育学说》、《国朝汉学派戴阮二家之哲学说》以及《释理》、《论性》等篇②。此时之王国维，一方面迷恋于康德、叔本华、尼采的学说并为之介绍，一方面则尝试着用这几位哲学家的观点来回观和解释中国传统。《红楼梦评论》是其中的代表作。中国现代学术就是在此时开其端，时间在1898年至1902年和1904年前后这一时期，也就是当

---

① 梁启超：《饮冰室合集》第一册文集之九，第1—32页。
② 这组文章后来均收入《静安文集》，载《王国维遗书》第五册，商务印书馆1940年版。

十九世纪和二十世纪交替之时，代表人物为严复、梁启超、王国维，而尤以王国维扮演着中国现代学术开山祖的角色。

马建忠的《马氏文通》一书，也是在1898年出版，著述本身的疏漏舛误，前贤多有是正，兹不论。但这是在西学启示之下中国学者撰写的第一部有系统的文法书，则无异议。不论其题旨其观念其方法其结构，传统学术的固有范围已无法包容，而且在语言文法一科为中国现代学术导夫前路之作。我想这并非偶然。说明十九世纪和二十世纪之交，确是中国传统学术向现代学术转型时期。当然学术思想如江河之流，学术断限只能相对而言，不好一刀断开。梁启超的《论中国学术思想变迁之大势》一文，把中国传统学术划分为七期，即胚胎时代、全盛时代、儒学统一时代、老学时代、佛学时代、儒佛混合时代和衰落时代；但随即亦指出："时代与时代之相嬗，界限常不能分明，非特学术思想有然，即政治史亦莫不然也。一时代中，或含有过去时代之余波与未来时代之萌蘖。"[①]中国传统学术向现代学术转换，自然也有此种情况。

因此笔者认为，当我们把"现代"这一概念运用于学术史的时候，重要的是寻找到只有现代才具有的标志性特征，正是这些特征把现代学术与传统学术区别开来；谁的治学经历和学术论著体现出这些特征，谁就是现代学者；而出现这些特征的时代，就是中国现代学术史的开端。

四 学术独立与中国现代学术传统

如果我们把学者的思想自由和追求学术独立，以及在研究方法上融入了二十世纪以来的新的思想观念，看作是中国现代学术的主要标志性特征，那么在王国维身上确实体现得比较突出，宜乎扮演中国现代学术开山的角色。

[①] 梁启超：《饮冰室合集》第一册文集之七，第3页。

他在研究中最早融入西方的观念和方法，前面已论及。在重视学者个人思想自由方面，王国维也是先期的觉醒者。所谓思想自由，是指学者论必己出，不是为某种现实需要来立说陈义，而是为文化托命，求一己之心安，目的和需要就在研究过程之中。陈寅恪在1929年所作《清华大学王观堂先生纪念碑铭》中写道：

> 士之读书治学，盖将以脱心志于俗谛之桎梏，真理因得以发扬。思想而不自由，毋宁死耳。斯古今仁圣所同殉之精义，夫岂庸鄙之敢望。先生以一死见其独立自由之意志，非所论于一人之恩怨，一姓之兴亡。①

陈氏称王国维有"思想而不自由，毋宁死"的精神，并以"一死见其独立自由之意志"，可谓深得静安先生为学进境之言，反映出寅恪先生自己以及王国维在实现学者个人思想自由方面所达到的高度。王国维在1904年写的《教育偶感》中曾说过："人有生命，有财产，有名誉，有自由，此数者，皆神圣不可侵犯之权利也。"②把自由与生命、财产并列，同视为人类的一种权利，这种认知，只有现代学者才有可能。从而亦可见出，王国维对学者个人思想自由的追求，已不是作为感情的寄托，而成为一种自觉的理性规范。在中国传统学术中我们看不到这种状况。

主张学术独立比之追求学者个人的思想自由更能反映现代学术的特征。因为在中国古代，向来没有学术独立的传统。先秦时期诸子百家各自为说，学术气氛是很宽松的，因而士阶层活跃，国君可以待之以礼以师以友。但诸子竞言的目的，在于为治。儒家不必说，孟子雄辩滔滔，几乎要强加于人。而孔子不惜开空头支票："苟有用我者，期月而已可也，三年有成。"（《论语·子

---

① 陈寅恪：《金明馆丛稿二编》，第218页。
② 王国维：《静安文集》，《王国维遗书》第五册，第105页。

路》)又说:"如有用我者,吾其为东周乎。"(《论语·阳货》)但《史记·儒林列传》称"仲尼干七十余君无所遇"。设身处地,我们今天也不免为之悲凉。齐国稷下学派是以"不治而议论"著称的,可是《史记·孟子荀卿列传》说:"自驺衍与齐之稷下先生如淳于髡、慎到、环渊、接子、田骈、驺奭之徒,各著书言治乱之事以干世主。"我们宁可相信司马迁的史笔。这还不说,据张舜徽先生考证,包括老子五千言在内的先秦道论,讲的都是人君南面之术[①]。如是,则先秦时期最多可以说,尚不失士阶层发表言论的自由,学术独立根本无从谈起。而竞相为别人立说,急不可待地追求现实功利的需要,诸子个人的思想并未获得学术上的自由。即便是当时那种有利于学术发展的自由气氛,也是在"天下大乱,圣贤不明,道德不一,天下多得一察焉以自好"(《庄子·天下篇》)的特定情况下,才有可能维持。大前提是"周室衰而王道废,儒墨乃始列道而议,分徒而讼"(《淮南子·俶真训》)。当时是天下未治,有道无统,如《庄子·天下篇》所说:"如耳目鼻口,皆有所明,不能相通。"不通故不能成统。一旦政权归一,治而有统,"列道而议"的局面便不复存在。所以秦有焚坑之举,汉有罢百家之策。儒学虽被尊为正统,直接的意义是为士子升官晋爵提供机会,促进治、道合一,站在纯学术的立场,会发现尊之适足以卑之,与学术独立无缘。

这种情况直到晚清也未见根本的改变。王国维在《教育小言》中写道:"今之人士之大半,殆舍官以外,无他好焉。其表面之嗜好集中于官之一途,而其里面之意义,则今日道德、学问、实业等,皆无价值之证据也。夫至道德、学问、实业等皆无价值,而惟官有价值,则国势之危险何如矣。"又说:"吾人亦非谓今之学者绝不悦学也。即有悦之者,亦无坚忍之志,永久之注意。若是者,其为口耳之学则可矣,若夫绵密之科学、深邃之哲学、伟大之

[①] 张舜徽:《周秦道论发微》,中华书局1982年版。

文学，则固非此等学者所能为事也。"①王国维对晚清学术界的状况可以说不满意到了极点，尤其对学者不能一心向学、经常受学术以外因素的羁绊疾首痛心。他并且指出，由于我国从来缺少学术独立的传统，致使哲学、美术诸科没能得到应有的发展。他在1905年撰有《论哲学家与美术家之天职》一文，其中写道：

> 披我中国之哲学史，凡哲学家无不欲兼为政治家者，斯可异已。孔子大政治家也，墨子大政治家也，孟、荀二子皆抱政治上之大志者也。汉之贾、董，宋之张、程、朱、陆，明之罗、王，无不然。岂独哲学家而已，诗人亦然。"自谓颇腾达，立登要路津，致君尧舜上，再使风俗淳。"非杜子美之抱负乎？"胡不上书自荐达，坐令四海如虞唐。"非韩退之之忠告乎？"寂寞已甘千古笑，驰驱犹望两河平。"非陆务观之悲愤乎？如此者，世谓之大诗人矣。至诗人之无此抱负者，与夫小说戏曲图画音乐诸家，皆以侏儒倡优自处，世亦以侏儒倡优畜之。所谓"诗外尚有事在"、"一命为文人，便无足观"，我国人之金科玉律也。呜呼，美术之无独立之价值也久矣。此无怪历代诗人多托于忠君爱国、劝善惩恶之意，以自解免。而纯粹美术上之著述，往往受世之迫害，而无人为之昭雪者也。此亦我国哲学、美术不发达之一原因也。②

应该说明的是，王国维所说的"美术"一词，兼有美学与艺术双重涵义，他是站在追求学术独立的角度，批评中国历来"无纯粹之哲学"及"纯粹美术"，认为这种状况是"哲学家、美术家自忘其神圣之位置与独立之价

---

① 王国维：《静安文集续编》，《王国维遗书》第五册，第56—58页。
② 王国维：《静安文集》，《王国维遗书》第五册，第101—102页。

值"①。哲学就是哲学，美术就是美术；哲学与美术的价值即藏于哲学与美术自身。从历史上看，王氏所论也许有偏执一端之嫌，但联系晚清学术界的实际情形，鉴于士大夫"之嗜好集中于官之一途"，不对学术型态作如此分野，从理论上剔除学术以外因素的纷扰，不足以让学术独立的思想得以确立。

不只是王国维，现代学者中的大师巨子许多都对学术应该独立问题有所共识。熊十力大声疾呼："今日所急需者，思想独立，学术独立，精神独立。一切依自不依他，高视阔步，而游于广天博地之间。空诸依傍，自诚自明，以此自树，将为世界文化开辟新生命，岂为自救而已哉。"②冯友兰《南渡集》下编设专节探讨"大学与学术独立"问题，提出"我们必须做到在世界各国中，知识上的独立，学术上的自主"③。陈寅恪1931年撰有《吾国学术之现状及清华之职责》一文，说"吾国大学之职责，在求本国学术之独立，此今日之公论也"。在谈到搜集学术研究资料不易，对有的人视奇书珍本为奇货，秘不示人，甚而"待善价而沽之异国"，寅恪先生认为不仅是辜负了新材料，同时也是"中国学术独立之罪人"④。梁启超晚年对学术独立问题也有极深刻的反省，认为自己平生"屡为无聊的政治活动所牵率，耗其精而荒其业"⑤，是不可挽回的损失。陈独秀更以《学术独立》为题，撰写专论，提出："中国学术不发达之最大原因，莫如学者自身不知学术独立之神圣。"⑥萧公权在《学术独立的真话》一文中则说："所谓学术独立，其基本意义不过就是：尊重学术，认学术具有本身的价值，不准滥用它以为达到其

---

① 王国维：《静安文集》，《王国维遗书》第五册，第102页。
② 蔡仁厚：《熊十力先生学行年表》，台北明文书局1987年版，第121页。
③ 冯友兰：《三松堂全集》第五卷，河南人民出版社1986年版，第482—483页。
④ 陈寅恪：《金明馆丛稿二编》，第317—318页。
⑤ 梁启超：《清代学术概论》，《梁启超论清学史二种》，第74页。
⑥ 陈独秀：《陈独秀著作选》第1卷，上海人民出版社1993年版，第389页。

它目的之工具。"①许多学术大家和思想健将众口一词，共道学术独立之重要，或展望未来，或回思猛醒，都以极沉痛之言表而出之，我们可不能小视这一点。须知，当他们倡言学术独立的时候，为民族文化托命之志未曾有稍许改变，相反，他们从自己的亲身经历中体认到，争得学术独立是实现为民族文化托命的前提条件。

王国维等现代学者这种苦苦追求思想自由和学术独立的精神弥足珍贵。正是这一点构成了中国传统学术向现代学术转换的最重要的标志，并将成为中国现代学术的一个传统规范永远流传开去。至于事实上是否争得了学术独立，是另一个问题，下面笔者将予以探讨。

五 中国现代学者何以难于安身立命

中国现代学者对学术独立的追求，实际上是在为自己寻找和建立文化托命的安立之基。不幸得很，这样一块理想的基地他们并没有找到。原因是多方面的，既有学者主观方面的原因，也有客观环境的原因；既有学术本身的原因，又有学术以外的原因。单就学术本身而言，我认为有四重障蔽在妨碍着学者的主观认知。这些障蔽在现代学术开辟人物比如王国维那里，本来已获得解决，但就学术思想的总体来看一直是论而未断、议而不决的大课题，尤其没有成为社会公认的学术思想潮流。而这些障蔽能否破除，不仅关系到中国学术的独立问题，也关系到如何从思想上完成传统学术向现代学术的转变。下面请分别试论之。

障蔽之一：学术是手段还是目的

在中国传统学术里，学术从来是一种手段，没有人把学术当作目的看待。所以中国古代没有学术独立的传统。其实对研究学术的学者来说，学术

---

① 萧公权：《迹园文录》，台北联经出版公司1983年版，第248—249页。

本身就是目的。就是为了学术而研究学术，为研究而研究，才能保持学术的独立性。王国维对此看得很清楚，他在《论近年之学术界》一文中写道："欲学术之发达，必视学术为目的，而不视为手段而后可。"又说："学术之所争，只有是非真伪之别耳。于是非真伪之别外，而以国家、人种、宗教之见杂之，则以学术为手段，而非以为一目的也。未有不视学术为一目的而能发达者。学术之发达，存于其独立而已。"他竭力反对把哲学、文学当作政治附庸的做法，认为哲学也好，文学也好，自有其独立价值。他说："彼等言政治则言政治已耳，而必欲渎哲学、文学之神圣，此则大不可解者也。"①王氏此文写于1905年，正是他从叔本华转向康德时期。上述对哲学与美术独立价值的看法，不无康德审美超功利理论的影响。但强调学术不是手段而是目的，则是一种现代学术意识，对促进学术的发展甚具助力。

梁启超一生颠簸多变，但对于学问不曾一刻稍忽，越到晚年越能省察自己，尤多明通深识之论。1920年撰写《清代学术概论》，走笔至晚清一节，不觉痛乎言之："而一切所谓新学家者，其所以失败，更有一种根源，曰不以学问为目的而以为手段。时主方以利禄饵诱天下，学校一变名之科举，而新学亦变质之八股。学子之求学者，其十中八九，动机已不纯洁。用为敲门砖，过时则抛之而已。"②谁都知道任公先生是晚清新学家的文化班头，他这样批评新学家，无疑把自己也包括在内了。从而可见他对学术是目的这一真理性认知，持论多么坚决。

障蔽之二："有用之学"和"无用之学"

学者为学，究竟是否一定要求其有用，也是历来争论不休的问题。中国传统上是强调学术的实用性的，所以才认为学术是手段。其实学术的有用与无用，不是可以简单回答的问题。王国维看得最辩证，他认为"凡学皆无用

---

① 王国维：《静安文集》，《王国维遗书》第五册，第96—97页。
② 梁启超：《清代学术概论》，《梁启超论清学史二种》，第80页。

也，皆有用也"，理由是："天下之事物，非由全不足以知曲，非致曲不足以知全。虽一物之解释，一事之决断，非深知宇宙人生之真相者，不能为也。而欲知宇宙人生者，虽宇宙中之一现象，历史上之一事实，亦未始无所贡献。故深湛幽渺之思，学者有所不避焉，迂远繁琐之讥，学者有所不辞焉。事物无大小，无远近，苟思之得其真，纪之得其实，极其会归，皆有裨于人类之生存福祉。己不竟其绪，他人当能竟之；今不获其用，后世当能用之。"① 如果一定要求学问有今天的用处、直接的用处、现实的用处，不用说人文学科，即使自然科学，也不能满足此项要求。梁启超在《清代学术概论》里也曾探讨过这个问题，他写道：

  正统派所治之学，为有用耶？为无用耶？此甚难言。试持以与现代世界诸学科比较，则其大部分属于无用，此无可讳言也。虽然，有用无用云者，不过相对的名词。老子曰："三十辐共一毂，当其无，有车之用。"此言乎以无用为用也。循斯义也，则凡真学者之态度，皆当为学问而治学问。夫用之云者，以所用为目的，学问则为达此目的之一手段也。为学问而治学问者，学问即目的，故更无有用无用之可言。庄子称"不龟手之药，或以霸，或不免于洴澼絖"，此言乎为用不为用，存乎其人也。循斯义也，则同是一学，在某时某地某人治之为极无用者，易时易地易人治之，可变为极有用，是故难言也。其实就纯粹的学者之见地论之，只问成为学不成为学，不必问有用与无用，非如此则学问不能独立，不能发达。②

任公先生所论非常明通达辨，与王国维的看法相得益彰，可以说已经把学术的有用无用问题析论得至为透辟。但理论上获致解决，不等于实践中不

---

① 王国维：《〈国学丛刊〉序》，《观堂别集》卷四，《王国维遗书》第四册，第7页。
② 梁启超：《清代学术概论》，《梁启超论清学史二种》，第40页。

发生纷扰。何况传统学术中的"经世致用"思想根深蒂固，早已影响了中国学术的整体面貌。

"经世致用"之说最早为清初学者顾炎武所力主，在矫正明代读书人空谈心性、以理学为禅学的空疏学风方面，有进步作用。这本来是学术思想的嬗变之常：一则以虚，一则以实，风气相消，流转递长。问题是宋明理学以及心学也未尝不讲究"致用"，只不过它强调"用"在内敛方面，先"正"其"心"，尔后"治国平天下"。在"治平"的中间环节"正心"阶段稍事整顿，人们便认为宋明学者不重视"致用"，实乃大错。要之，这种思想在中国学术史上实在是一以贯之的。影响所及，直到今天仍在起作用。也可以说这是华夏民族的一种思想文化传统，原没有什么不好，与其说是缺点，不如说是特点。只是到了二十世纪以后，这一传统需要加以转化，方能有利于现代学术的发展。梁启超说得好："殊不知凡学问为物，实应离'致用'之意味而独立生存，真所谓'正其谊不谋其利，明其道不计其功'。质言之，则有书呆子，然后有学问也。"①

障蔽之三：中学西学之争

中国现代学术是在西方学术思潮的冲击与刺激之下，传统学术发生蜕变的产物。在流向上包涵着对传统的省察和对西学的回应两个方面。省察传统，必然要联系世界；回应西学，不能不联系传统。因而一开始就有一个如何处置中国学术与西方学术的关系问题。本来在古代学术发展过程中，涉及不同国度和民族之间的文化交流，也碰到过这类关系，但并不成为问题是因为华夏文化的特点，向以强大的融化力著称于世，对外来思想初不以如何迎拒为意。显例是对印度佛教的吸收，一方面化作认知上的幽渺之思，另一方面易地嫁接，开出艺术与文学的灿烂花朵，直到后来演变为禅宗，完全变成本民族的宗教思想体系。可以毫不夸张地说这是中外思想接触史上的奇观。

---

① 梁启超：《清代学术概论》，《梁启超论清学史二种》，第80页。

但到了晚清，情况有所不同，西方思想如狂风暴雨般袭来，而且是伴随着坚船利炮长驱直入，受动一方便大有招架不住之势。一时迎拒乏策，进退维谷，于是发生了激烈的中学西学之争。南皮太保张之洞提出的"中学为体，西学为用"，就是因应西方文化冲击的一种主张。这种主张的政治效果如何，非本文范围，姑且不赘，仅就学术层面而言，则是一种文化防守主义，殊不利于学术本身的发展。可是谁曾想到，张氏的说法却成了近百年来中国思想文化界众说不尽的话题，每到东西方文化剧烈冲突之时，就有人重新议论一番。

其实在这个问题上人为的障蔽比实际分歧要多得多。王国维曾说这是个不成问题的问题，根本否认中西在学问上会有什么不可调和的矛盾。他的结论是"学无中西"。为什么这样主张？他作了详细分析：

世界学问，不出科学、史学、文学，故中国之学，西国类皆有之，西国之学，我国亦类皆有之。所异者，广狭疏密耳。即从俗说，而姑存中学西学之名，则夫虑西学之盛之妨中学，与虑中学之盛之妨西学者，均不根之说也。中国今日实无学之患，而非中学西学偏重之患。京师号学问渊薮，而通达诚笃之旧学家，屈十指以计之，不能满也。其治西学者，不过为羔雁禽犊之资，其能贯串精博、终身以之如旧学家者，更难举其一二。风会否塞、习尚荒落，非一日矣。余谓中西二学，盛则俱盛，衰则俱衰，风气既开，互相推助。且居今日之世，讲今日之学，未有西学不兴而中学能兴者，亦未有中学不兴而西学能兴者。特余所谓中学，非世之君子所谓中学，所谓西学，非今日学校所授之西学而已。治《毛诗》、《尔雅》者，不能不通天文、博物诸学，而治博物学者，苟质以《诗》、《骚》草木之名状而不知焉，则于此学固未为善。必如西人之推算日食，证梁虞𠏉、唐一行之说以明《竹书纪年》之非伪，由《大唐西域记》以发见释迦之支墓，斯为得矣。故一学既兴，他学自从之。此由学问之事，本无中西，彼鳃鳃焉虑二者之不能并立者，真不知世间有学问事者矣。①

这番论述见于1914年王国维为《国学丛刊》所写的序言，正值他的学术成熟期，所谓中学西学，早已在他心目中熔为一炉，不见隔梗。

请注意，王国维讲的是"学"、"学问"，不是泛指东西方文化。对文化现象进行专门研究谓之学。文化联系着人种和民族，不同民族具有不同的文化系统。但学术上的广狭深浅密疏与文化的异同不能等量齐观。由于文化背景殊异，所处社会历史的发展阶段有别，中西学术思想的表现型态和思维惯性纵使参差互见，学理的正误和心理的规律，应该是殊途同归，化百为一。王国维提出中西学术"互相推助"说，反对把两者人为地对立起来，甚具卓识。钱锺书先生在《谈艺录》序言里亦曾说过："东海西海，心理攸同；南学北学，道术未裂。"②此联可为中国现代学术史上的中学西学之争下最后断语。

实际上，现代学术思想必然是一个并纳兼容的具有开放性格的体系。所谓学术上的中西之争，无异于强分畛域，自结牢笼。人类进入二十世纪，为学而不能与世界文化对话，算不得现代学者。王、钱两位现代学术大家在这个问题上异口同音，殊堪玩味。

障蔽之四：新旧古今之辨

如果说中西之争是中国传统学术向现代学术转型必然遇到的问题，那么新旧古今之辨比中西之争要古老得多，只不过发展到清末民初表现得更为激烈。当时社会变动加剧，思想波涛汹涌，新党旧党、新学旧学，人人说得口滑。而时尚趋新，人情恋旧，中外古今歧见旁出，学问之道遂为此无尽的争论所蔽。只有洞明世事、空诸依傍的大家，能够越纷沓而执一，不为新旧之说所惑。散原老人在谈到父尊陈宝箴时说过："府君独知时变所当为而已，不

---

① 王国维：《〈国学丛刊〉序》，《观堂别集》卷四，《王国维遗书》第四册，第8页。
② 钱锺书：《谈艺录》，中华书局1984年版，第1页。

复较孰为新旧，尤无所谓新党、旧党之见。"①陈寅恪为学为文，也是有宗无派，"惟偏蔽之务去，真理之是从"②，殊不以新旧为然。义宁学风，祖孙三代一以贯之。

王国维在驳难学术的中西之争和有用无用的同时，对新旧古今之辨也有极透辟的说明。他认为"学无新旧"，理由是："天下之事物，自科学上观之，与自文学上观之，其立论各不同。自科学上观之，则事物必尽其真，而道理必求其是。凡吾智之不能通，而吾心所不能安者，虽圣贤言之，有所不信焉；虽圣贤行之，有所不慊焉。何则？圣贤所以别真伪也，真伪非由圣贤出也；所以明是非也，是非非由圣贤立也。自史学上观之，则不独事理之真与是者足资研究而已，即今日所视为不真之学说，不是之制度风俗，必有所以成立之由，与其所以适于一时之故。其因存于邃古而其果及于方来，故材料之足资参考者，虽至纤悉不敢弃焉。故物理学之历史，谬说居其半焉；哲学之历史，空想居其半焉；制度风俗之历史，弁髦居其半焉；而史学家弗弃也。此二学之异也。然治科学者，必有待于史学上之材料；而治史学者，亦不可无科学上之知识。今之君子非一切蔑古即一切尚古；蔑古者出于科学上之见地，而不知有史学；尚古者出于史学上之见地，而不知有科学。即为调停之说者，亦未能知取舍之所以然。此所以有古今新旧之说也。"③

王国维把学问分为三大类，即科学、史学和文学。他认为三者之间互相有待，不必自设畛域，是丹非素。斤斤于古今新旧的畛域难通，是学者的自蔽，大不利于学术的发展。况且学术上的新与旧、今与古，彼此之间总会有连结贯穿的思想脉络，今由古时来，新自旧中生，主要看是否合乎科学，接近真理。1961年，当年清华国学研究院的主任诗人吴宓，赴广州

---

① 陈三立：《湖南巡抚先府君行状》，《散原精舍诗文集》，上海古籍出版社2003年版，第855页。
② 陈寅恪：《三论李唐氏族问题》，《金明馆丛稿二编》，第304页。
③ 王国维：《〈国学丛刊〉序》，《观堂别集》卷四，《王国维遗书》第四册，第7页。

中山大学探望清华国学研究院四导师之一的陈寅恪先生，长时间交谈后得一结论："在我辈个人如寅恪者，决不从时俗为转移。"[1]此一结论代表着中国现代学术传统的真精神。而吴、陈两位，就是王国维遗嘱托为处理书籍实即文化托命之人。

王国维写道："学之义不明于天下久矣。今之言学者，有新旧之争，有中西之争，有有用之学与无用之学之争。余正告天下曰：学无新旧也，无中西也，无有用无用也。凡立此名者，均不学之徒，即学焉，而未尝知学者也。"[2]说得激切而不留余地，可见其体认之深。但这个问题当时后世是否已获致解决？应该说没有。几十年后提出的"厚今薄古"、"古为今用"、"洋为中用"，毋庸说也是因应此一问题的一种对策罢。单是在学理的认知上就蒙上这许多障蔽，而且左搪右拄，不得廓清，宜乎中国现代学者难于以学术为宗基求立命安身也。

（1991年11月写定，原载《中国文化》1992年总第6期）

---

[1] 蒋天枢：《陈寅恪先生编年事辑》，上海古籍出版社1997年版，第158页。
[2] 王国维：《〈国学丛刊〉序》，《观堂别集》卷四，《王国维遗书》第四册，第7页。

熊十力和马一浮

一 熊十力的《心书》

熊十力字子真,一八八五年生于湖北黄冈县,几乎没有上过学,只跟父亲及另一乡塾先生就读一极短时间。但他失学而未"废学",即使为邻人放牧,也以苦读为乐,且童幼之年,已有民族思想。一次看戏,见汉唐装好看,问现在何以不穿这样的衣服,父亲告诉他缘故。他问:"胡人与汉人孰多?"当得知汉人多后,他说:"奈何以多制于少?"[①]待到十六七岁时,因读陈白沙书而大悟:"忽起无限兴奋,恍如身跃虚空,神游八极,其惊喜若狂,无可言拟。当时顿悟血气之躯非我也,只此心此理方是真我。"[②]其于中国传统学问,如有夙契焉。

一九〇一至一九一三年,他过了一段长时间的军旅生涯,曾追随辛亥首义的队伍,胜利后以"天上地下,唯我独尊"八字,表达自己的豪迈心境。但民元革命后的乱局,使得他陷于苦闷,于是"誓绝世缘,而为求己之学"。他比梁漱溟大八岁,当梁在北京大学讲授《东西文化及其哲学》的时候,他正在撰写《唯识学概论》。而在此前,已有《心书》印行,蔡元培为之序。蔡序写道:"余开缄读之,愈以知熊子之所得者至深且远,而非时流之逐于物

[①] 《十力语要·王汉传》,《熊十力全集》第四卷,湖北教育出版社2001年版,第154页。
[②] 《十力语要初续·陈白沙先生纪念》,《熊十力全集》第五卷,湖北教育出版社2001年版,第279—280页。

欲者比也。"①又说："自改革以还，纲维既决，而神奸之窃弄政柄者，又复挟其利禄威刑之具，投人类之劣根性以煽诱之，于是乎廉耻道丧，而人禽遂几于杂糅。昔者顾亭林先生推原五胡之乱，归狱于魏操之提奖污行，而今乃十百千万其魏操焉，其流毒宁有穷期耶？呜呼！'履霜坚冰至'，是真人心世道之殷忧矣。"②蔡的《心书序》对晚清以还之社会文化背景所作之说明，实际上也就是新儒家产生之具体历史背景。而《序》中极称熊十力为积学笃行之士，这反映蔡先生衡文品人的识见。

一九二二年经由梁漱溟的推荐，熊被聘为北大"特约讲师"。梁、熊的相识到相契，堪称佳话。《心书》系熊十力一九一六至一九一八年间所作的读书杂记，其中有的刊载于梁启超主编的《庸言》杂志，而涉及佛学的文字，曾受到梁漱溟的批评。后熊于一九一八年到天津南开中学教书，第二年写信给梁，说梁对他的批评有一定道理，希望去京面商。于是一九一九年暑假期间两人在北京的广济寺见了面，交谈极洽，从此订交。一九二〇年，梁漱溟把熊十力介绍给南京内学院的欧阳竟无大师，使熊有了近三年的专门研习佛学的机会。所以在北大他讲的是"唯识学概论"。论者或谓，熊之学，始则"由儒入佛"，即指此一层而言。不过他的学佛，主要是学术兴趣，而非宗教信仰。他的佛学造诣成了他哲学的筋脉。一九三二年，熊十力的文言本《新唯识论》出版，对正统的佛教唯识学持严厉地检讨与批评的态度，这标志着他又"从佛返归于儒"。

二 熊十力与《新唯识论》

当年佛祖释迦牟尼感叹生死无常而创言佛法，后因地域背景和社会状况及述者纷纭而部派林立。上座部、大众部，小乘、大乘，有部、新有部，经

---

① 蔡元培《熊子真〈心书〉序》，《蔡元培全集》第三卷，浙江教育出版社1998年版，第462页。
② 同上。

部、正量部等，不一而足，大乘之外据说就有"十八部"之称；造论则或"有"或"空"，多所取义。大乘学说的创始人龙树（活动的年代约为公元三世纪）的著作中已出现往唯识方面变化的迹象，但真正建立起唯识学说的，是公元五世纪的无著和世亲兄弟二人。弥勒的包括《瑜伽师地论》在内的五部书[①]，就是他们所传。无著和世亲的著作很多，其中的八部后来成为瑜伽行学派的经典[②]。他们同时或其后，传承此一学派的有十家，即护法、德慧、安慧、亲胜、难陀、净月、火辨、胜友、胜子、智月，就中尤以护法和安慧声闻最著。也有记载称安慧和陈那、德光、解脱军为世亲后的四大家[③]。他们虽然彼此的观点互有异同，而且有唯识"古学"和唯识"今学"以及"无相唯识说"和"有相唯识说"的分别，但他们都宗奉唯识之学说，应无疑义。所谓唯识的识，其实就是人的主体对对象的认识，它的基本命题是"唯识无境"，也就是"一切法不离识故"。史载护法是陈那的弟子，属唯识今学一派。护法的弟子为戒贤，而戒贤者，乃我玄奘的老师。玄奘编译的《成唯识论》，就是以护法的《三十唯识论释》为基底，又吸收其他九家的注释编纂而成。

但玄奘之后，大乘唯识之学虽经窥基等张大其说，终因没有参与到佛教本土化的过程中来，实际上未能连贯传衍。诚如陈寅恪所说："佛教学说，能于吾国思想史上，发生重大久远之影响者，皆经国人吸收改造之过程。其忠

[①] 弥勒的五部书为：（一）《瑜伽师地论》、（二）《分别瑜伽论》、（三）《分别中边论》、（四）《大乘庄严经论》、（五）《金刚般若论》。五部书均为弥勒说、无著和世亲为之注释，其中以《瑜伽师地论》最为重要。关于弥勒其人，佛学界有不同的解说，有的说弥勒不是一个实在的人，而是住在兜率天内即将成佛的菩萨；另则是日本学者的说法，即认为弥勒应该有两个，一个是传说中的神，另还有一个同名的实际人物。参见吕澂《印度佛学源流略讲》，《吕澂佛学论著选集》第四册，齐鲁书社1991年版，第2200—2201页。

[②] 无著、世亲的著作，与瑜伽学派有直接关系的共有八部，后来称为"无著八支"，包括《二十唯识论》、《三十唯识论》、《摄大乘论》、《大乘阿毗达磨集论》、《辨中边论》、《缘起论》、《大庄严经论》、《成业论》。参见吕澂《印度佛学源流略讲》，《吕澂佛学论著选集》第四册，齐鲁书社1991年版，2202—2203页。亦可参阅王世安译英人渥德尔《印度佛教史》第十一章，商务印书馆1987年版。

[③] 参见吕澂《印度佛学源流略讲》，《吕澂佛学论著选集》第四册，第2218—2220页。

实输入不改本来面貌者,若玄奘唯识之学,虽震动一时之人心,而卒归于消沉歇绝。"①这种情况直到清朝末造始有所改变,主要由于石埭杨仁山经由日本僧人南条文雄的帮助,从日本得到各种佛书三百余种,其中包括玄奘翻译的全本《瑜伽师地论》以及窥基的《成唯识论述记》,并在南京设立金陵刻经处,为重建唯识之学奠定了根基。特别是杨的弟子欧阳竟无大师是法相唯识学的宗奉者,其影响熊十力等人也最大。

盖晚清西潮汹涌,影响学术界之方法论者莫过于实证论。而我中华学术,向乏思辨之传统,惟有佛学之唯识一派,思辨程度甚高,可作为与西哲对话的逻辑基础。这应该是晚清唯识之学力谋重振的一个原因。熊十力于此最具理性的自觉,他的《新唯识论》就是为此一目的而写。他不满意唯识旧师的理论,欲平章华梵、融会儒释,归本于大《易》流行,建立一体用不二的哲学体系。为此继文言本之后,又于一九四〇年出版了语体文本《新唯识论》,从而完成了他的儒佛杂糅的哲学体系。而到一九五四年撰写《原儒》,他的从中国传统出发的哲学体系臻于完善。

那么熊十力的《新唯识论》与无著、世亲、陈那、护法、玄奘、窥基等唯识旧师的区别在哪里呢?

论者对此有各种各样的说法,也有称其所建之体系破绽百出、佛儒两失者②。我们且看他自己如何评论。他说:"《新唯识论》一书,站在本体论底领域内,直探大乘空宗骨髓,而以方便立论者也。盖空宗善巧,虽复无量义门,而以要言之,则'诸行无常'一语,是其秘密意趣。诸行者,所谓色行

---

① 陈寅恪:《冯友兰中国哲学史下册审查报告》,《金明馆丛稿二编》,上海古籍出版社1980年版,第251页。

② 此可参见朱世龙的《评熊十力哲学》一文,载《熊十力全集》"附卷"上,湖北教育出版社2001年版,第283—333页。文中有"他意志坚,自信强,力求标新立异,有所自显;对于缘生性空,运用过于泛滥,对于生生不息,层次安排有误,乃导致其哲学上根本的失败。他本欲融会儒佛,结果两俱失之"云云(284页)。

心行是。俗所谓宇宙者，即此色心两方面的现象，意即所谓现象界也。世间或执有实心，或执有实物，或计有非心非物的实法，要亦是变相的心或物。总之不外计着有个宇宙，又进而推穷一个客观独存的实法，说为宇宙本体。或云实体。大乘空宗诸师，根本不见有所谓宇宙，不见有所谓现象界，却又不妨随顺世俗，而说色说心。但因凡夫执有实色实心，即执有实宇宙，执有实现象界，成大迷妄，颠倒愚痴。故乃呵破其执，而说色无常，说心无常。色法刹那才生即灭，无有暂住时故，是无常相；心法刹那才起即灭，无有暂住时故，是无常相。"①这是说按照《新唯识论》的观点，"色法"和"心法"均为"无常相"，也就是"诸行无常"，而对宇宙之本体性质则给予认定。在这点上熊之体系与大乘的空宗完全区别开来。

而在另一处熊十力说得更加明白，直接标出他的体系与唯识旧师的两点重大不同。他写道：

> 佛家哲学思想无论若何深广，要之，始终不稍变其宗教的根本观念，即为生死发心，而归趣出世的观念。此是佛家宗旨，万不可不认明者。新论则为纯粹的人生主义，而姑置宗教的出世观念于不议不论之列，此其根本不同者一。佛家本师释迦，其思想最精者，莫如十二缘生之说，此在阿含可见。是其为说，固属人生论之范围，及后来大小乘诸师则始进而参究宇宙论，尤其本体论。旧著《破破论》（《破破新唯识论》之省称，他仿此。）述此变迁概略，颇为扼要。至于大乘空宗直下明空，妙显本体。有宗至唯识之论出，虽主即用显体，然其谈用，则八识种现，是谓能变。现行八识各各种子，皆为能变。现行八识各各自体分，亦皆为能变。是谓生灭。其谈本体，即所谓真如，则是不变，是不生不灭，颇有体用截成二片之嫌。即其为说，似于变动与生灭的宇宙之背后，别有不变不动不生不灭的实法，叫做本体。

---

① 《十力论学语辑略》，《熊十力全集》第二卷，湖北教育出版社2001年版，第252页。

吾夙致疑乎此，潜思十余年，而后悟即体即用，即流行即主宰，即现象即真实，即变即不变，即动即不动，即生灭即不生灭。是故即体而言，用在体；即用而言，体在用。此其根本不同者二。①

其实说到底，《新唯识论》和唯识旧师的区别，主要是熊所建立的哲学体系具有新儒学的种种特征，而不是一个佛学的体系。所以熊自己先在信仰上给以分别，指出他的体系为"纯粹的人生主义"，而不涉及宗教的出世观念。再就是对本体的看法大相径庭。他的哲学本体是心本体，亦即宇宙本体。这点上颇与陆、王心学相像。因此王阳明游南镇的故事，深得熊的激赏。阳明《语录》载："先生游南镇，一友指岩中花树问曰：'天下无心外之物，如此花树，在深山中自开自落，于我心亦何相关？'先生曰：'你未看此花时，此花与汝心同归于寂。你来看此花时，则此花颜色一时明白起来。便知此花不在你的心外。'"②《新唯识论》在引录这一典故之后，盛赞阳明持说精到，而置疑于唯识旧师，认为世亲的《二十颂论》"颇近诡辩"③。

熊十力对唯识旧师的批评是严厉的，包括批评窥基"以妄识认为真心"是"认贼做子"的大胆措辞，自必引起南京内学院师门的不满。故《新唯识论》发表之当年，南京内学院的刘定权（衡如）就在《内学》杂志上发表长篇驳难文章，题目为《破新唯识论》，痛陈熊的"谤佛逞妄"之过④，而欧阳大师

---

① 《十力论学语辑略》，《熊十力全集》第二卷，湖北教育出版社2001年版，第274页。
② 《王阳明全集》上册（卷三"语录三"），上海古籍出版社1992年版，第107—108页。
③ 熊十力：《新唯识论》（文言文本），《熊十力全集》第二卷，湖北教育出版社2001年版，第24页。
④ 刘定权的《破新唯识论》刊于一九三二年十二月出版的第六期《内学》杂志，其中写道："今熊君挟私逞妄，于净位中不许有四，是其自待已贤于释迦矣。"又批评说："熊君书中又杂引《易》、《老》、《庄》、宋明诸儒之语，虽未显标为宗，迹其义趣，于彼尤近。若诚如是，则熊君之过矣。彼盖杂取中土儒道两家之义，又旁采印度外道之谈，悬揣佛法，臆当亦尔。遂摭拾唯识师义，用庄严其说，自如凿枘之不相入。于是顺者取之，违者弃之，匪唯弃之，又复诋之，遂使无著、世亲、护法于千载之后，遭意外之谤，不亦过乎？且淆乱是非，任意雌黄，今世之有志斯学者，莫别真似，靡有依归，是尤不可不辨。"参见《熊十力全集》"附卷"上，湖北教育出版社2001年版，第4—5页。

为之序，加入到讨伐熊的行列中来，写道：

> 三年之丧，不肖者仰而及，贤者俯而就，此圣言量之所以须要也，方便之所以为究竟也。心精飚举，驰骋风云，岂不逞快一时。而堤决垣逾，滔天靡极，遂使乳臭牖窥，惟非尧舜薄汤武是事，大道绝径，谁之咎欤？六十年来阅人多矣，愈聪明者愈逞才智，愈弃道远，过犹不及，贤者昧之。而过之至于灭弃圣言量者，为子真为尤。衡如驳之甚是，应降心猛醒以相从。割舌之诚证明得定，执见之舍皆大涅槃。呜呼子真，其犹在古人后哉。欧阳渐民国二十一年十二月。①

欧阳大师对熊十力的批评，毋庸说也是严厉的，至有"乳臭牖窥"的轻蔑字样。太虚大师也在一九三三年一月的《海潮音》上刊出《略评新唯识论》的文章，肯定刘（衡如）"破之固当"，但对其文中称《起信论》为"伪书"表示不满，责怪欧阳之序"有知人之智而无自知之明"②，则又反映出现代佛学内部传统唯识论与法相唯识论之间的矛盾。

熊十力针对刘的批评，写了《破破新唯识论》一书，于一九三三年二月出版。

---

① 欧阳渐：《破新唯识论》序言，《熊十力全集》"附卷"上，湖北教育出版社2001年版，第3页。
② 太虚在《略评新唯识论》的附识中写道："作《略评〈新唯识论〉》旬有余日，获阅刘君定权之《破新唯识论》，破之固当矣。欧阳居士序之，深致慨熊君十力之毁弃圣言量。然履霜坚冰至，其由来者渐。夫《起信》与《楞严》等，殆为中国佛教唐以来相承之最高圣言，居士虽未获融贯会通，而判为'引小入大之不了义'说，犹未失为方便；乃其门人王君等，拨而外之，居士阴许而不呵止。殊不知即此便开毁弃圣言之渐。迫令千百年来相承《起信》、《楞严》学者，亦敢为遮拨法相《唯识》，仿佛《中论》，依傍禅录，奚有瞽僧狂士，攻讦窥基、护法而侵及世亲、无著。今刘君犹曰'除《起信论》伪书外'，居士亦未拣除，徒责熊君之弃圣言，所谓'有知人之智而无自知之明'欤！二十二年一月九日太虚附识。"参见《熊十力全集》"附卷"上，湖北教育出版社2001年版，第47页。按欧阳、太虚同出金陵刻经处杨仁山门下，因对法相唯识之学看法不同，遂有不同之佛学取径，彼此关系形同冰炭。此处太虚一方面辟熊十力，肯定刘定权之《破新唯识论》，一方面亦连及刘氏之师欧阳竟无，愈见围绕《新唯识论》的论辩葛藤勾连而富有滋味者也。

后来欧阳的另一弟子吕澂也对《新唯识论》持批评态度，与熊作了长时间的往来书信的讨论①。吕对熊的批评也是毫不留情面，如复函第一说熊"完全从性觉（与性寂相反）立说，与中土一切伪经、伪论同一鼻孔出气，安得据以衡量佛法？"复函二则竟称熊论为"时文滥调"。综观两方之驳难，熊似处于守势。盖吕秋逸先生精通梵文经典，就对原始资料的掌握而言，熊子真先生自不是对手。但熊之为文一本真诚，亦有感人处，如认为此次论争带有佛学与哲学之争的色彩亦不无道理。

三 马一浮的学问境界

对熊十力的《新唯识论》给以高度褒扬的是马一浮。

马一浮原籍浙江绍兴，一八八三年生于四川成都，名浮，一浮是他的字。他出生时候，他父亲马廷培正在四川仁寿县做县官。但马一浮五岁时，他父亲因奔母丧，也由于看到官场的腐败，便自动弃官离职，携妻儿回到绍兴长塘乡老家。马一浮早慧，四岁就学，八岁能诗，九岁能诵《楚辞》、《文选》。十岁时即口诵《菊花诗》："我爱陶元亮，东篱采菊花。枝枝傲霜雪，瓣瓣生云霞。本是仙人种，移来高士家。晨餐秋更洁，不必羡胡麻。"使他的母亲感到不祥②。父亲为了儿子的成长，请来乡里非常有声望的举人当家庭教师，但没过多久，

---

① 吕与熊十力讨论唯识学问题，是在一九四三年，来往共十六封函稿，熊来函为九封，时间分别为一九四三年三月十日、十六日，四月七日、十七日、十八日，五月二十一日，六月三日、二十一日，七月十九日；吕复函七封，时间分别为一九四三年四月二日、十二日、十三日、二十二日，五月二十五日，六月十二日，七月二日。人民出版社一九八四年出版的《中国哲学》第十一辑刊载了这些信函，并附熊十力《与梁漱溟论宜黄大师》一文，总共十七篇文字。请参见《中国哲学》第十一辑，人民出版社1984年版，第169—199页。

② 马一浮在《示弥甥慰长、镜涵》中讲述十岁口诵《菊花诗》的故事，写道："先妣色喜曰：儿长大当能诗。此诗虽有稚气，颇似不食人间烟火语。菊之为物，如高人逸士，虽有文采，而生于秋晚，不遇春夏之气。汝将来或不患无文，但少福泽耳。"参见《马一浮集》第二册，浙江古籍出版社和浙江教育出版社1996年版，第178—179页。

请来的先生就辞馆了，原因是弟子才智过人，自感不能胜任。一八九八年农历十一月，十五岁的马一浮参加绍兴举行的县试，他考中第一名，同考者有周树人（鲁迅）、周作人昆仲，分别为三佥三十七名和十佥三十四名。后来出任民国时期浙江省第一任都督及交通总长的汤寿潜，因此看中了马一浮的才华，以长女妻之，结婚时马一浮十七岁，汤女（名仪、字润生）十八岁，夫妻情感甚笃。但仅两年又七个月，汤仪就不幸去世了，马从此终生未娶。

一九〇三年，马一浮被遴选为清政府驻美使馆留学生监督公署的秘书，他到美国以后，使他有机会接触西方的文化，读了许多西方人文与社会科学方面的书籍，还在一个偶然的机会搜求到了英译本《资本论》。他在一九〇四年三月十七日的日记中写道："下午得英译本马格士《资本论》一册，此书求之半年矣，今始得之，大快，大快！胜服仙药十剂，予病若失矣。"[1]可见马一浮当时接受新思潮的热情。旅美期间他也曾赴欧洲游历，在日本还停留过半年。前后在域外的时间虽然不长，所受西学西潮的刺激却不小。他学会了英文和德文，还搜集到一百多家西方学者的著作，准备撰写《西方学林》和《西方艺文志》两书。但他回国后，并没有继续往西学的路径上走，而是走上向中国学术传统回归的道路。

他回国后，先在镇江焦山的海西庵作中西学问的反思。他意识到，如果能够结合中国传统学术，掌握西方学术而又能"辅吾儒宗"，情况就会好些。他想通过阅读传统典籍，找到人生与文化与学术问题的诸种答案。为彻底脱却尘杂，他索性住进杭州西湖边上的广化寺，就近阅读外西湖"文澜阁"所藏《四库全书》，以致学林中有马一浮读完了《四库全书》的说法。马先生读书之多、记诵之博，远非一般学人可望其项背。丰子恺和弘一法师是他的契友，对他最了解。弘一法师说："马先生是生而知之的。假定有一个人，生出来就读书，而且每天读两本（他用食指和拇指略示书之厚薄），而且读了就会背，读到

---

[1] 《马一浮集》第二册，第307页。

马先生的年纪,所读的还不及马先生之多。"①丰子恺则说:"无论什么问题,关于世间或出世间的,马先生都有最高远最源本的见解。他引证古人的话,无论什么书,都背诵出原文来。"②马一浮在青年时期,即以其博学慧识为南国学林高士所推重。

但他居陋巷而不入讲舍,也不轻易著文。他宁愿"刊落声华,沉潜味道,不欲以文自显"③。"六艺"之学、佛教的义学和禅学,是他致力的学术目标。他认为中国的学问终当归之于"六艺",而要融通"六艺",就必须用佛学来解读儒学。宋儒本来受佛学影响巨大,这在程、朱亦复如是。但宋儒的不足是受了影响又不愿承认,还千方百计辟佛。马一浮在"六艺"之学和佛家的义学和禅学领域,把自己的学问升华到超凡入圣的境界。通儒学而又通佛学,以佛解儒、儒佛会通,是他的学问的特点。他的学养和佛禅境界,使南中国的高僧大德无不倾服。李叔同的出家,就直接受了马先生的影响。还不要说在诗学方面的成就,他在二十世纪中国现代学者中,是写诗写得最好的一个。他一生所作诗词有三千首之多,他的诗是他学问的别体,也可以说他的学问大都在他的诗里。他自己也说过,如果要了解他的学问精神,可以在他的诗中窥到门径。但一九三七年以前,马先生一直是西湖边上的一个隐者。蔡元培和后来的北京大学校长,多次邀请他任教北大,他都拒绝了,他给蔡元培的答复是:"古有来学,未闻往教。"

四 熊十力和马一浮最初的文字缘

一九二七年熊十力到杭州养病,他当然极想一会马一浮这位南北知名的大儒,恰好熊的学生乌以风此时亦常在马先生跟前承教,于是熊十力便请乌

---

① 均见丰子恺:《桐庐负暄》,夏宗禹编:《马一浮遗墨》之附录,华夏出版社1991年版,第209页。
② 同上。
③ 马一浮:《致邵廉存》第二函(一九○九年),《马一浮集》第二册,第410—411页。

以风把《新唯识论》的稿本送给马先生，并附一信。但信中"略无寒暄之语，直说就正之意"，另外则说自己"有疾不能亲来"云云。不料马先生欣赏的就是熊的这种坦白豁达的风格，很快就读完了熊的《新唯识论》，然后亲自到熊的住所（熊住广化寺），"对坐谈义"、"各尽底蕴"。虽是第一次见面，彼此无任何应酬，只讲学问，不及其他。遇有异同，熊亦能服马之善。马一浮后来回忆与熊先生的这次晤谈，他称赞熊"虽古人不可多得"①。熊十力请马先生为是书作序，马欣然应允。一九三二年《新唯识论》正式出版时，马序赫然卷首。因这是一篇极有价值的文献，特录马序之全文如下：

> 夫玄悟莫盛于知化，微言莫难于语变。穷变化之道者，其唯尽性之功乎。圣证所齐，极于一性。尽己则尽物，己外无物也；知性则知天，性外无天也。斯万物之本命，变化之大原。运乎无始，故不可息；周乎无方，故不可离。《易》曰："乾道变化，各正性命。"性与天道，岂有二哉？若乃理得于象先，固迥绝而无待；言穷于真际，实希夷而难名。然反身而诚，其道至近，物与无妄，日用即真。睽而知其类，异而知其通，非天下之至精，其孰能与于此！惑者缠彼妄习，昧其秉彝，迷悟既乖，圣狂乃隔，是以诚伪殊感而真俗异致。见天下之赜，而不知其不可恶也；见天下之动，而不知其不可乱也。遂使趣真者颠沛于观空，徇物者沦胥于有取，情计之蔀不祛，智照之明不作，哲人之忧也。唯有以见夫至赜而皆如□，至动而贞夫一，故能资万物之始而不遗，冒天下之韪而不过，浩浩焉与大化同流，而泊然为万象之主，斯谓尽物知天，如示诸掌矣。此吾友熊子十力之书所为作也。十力精察识，善名理，澄鉴冥会，语皆造微。早宗护法，搜玄唯识，已而悟其乖真。精思十年，始出境论。将以昭宣本迹，统贯天人，囊括古今，平章华梵。其为书也，证智体之非外，故示之以明宗；辨识幻之从缘，

---

① 乌以风等编次：《马一浮先生语录类编》"师友篇"，参见《马一浮集》第三册，第1088页。

故析之以唯识；抉大法之本始，故摄之以转变；显神用之不测，故寄之以功能；征器界之无实，故彰之以成色；审有情之能反，故约之以明心。其称名则杂而不越，其属辞则曲而能达，盖确然有见于本体之流行，故一皆出自胸襟，沛然莫之能御。尔乃尽廓枝辞，独标悬解，破集聚名心之说，立翕辟成变之义，足使生、肇敛手而咨嗟，奘、基拂舌而不下。拟诸往哲，其犹辅嗣之幽赞易道，龙树之弘阐中观。自吾所遇，世之谈者，未能或之先也。可谓深于知化，长于语变者矣！且见睍则雨雪自消，朝彻则生死可外，诚谛之言既敷，则依似之解旋折。其有志涉玄津，犹萦疑网，自名哲学，而未了诸法实相者，睹斯文之昭旷，亦可以悟索隐之徒勤，亟回机以就己，庶几戏论可释，自性可明矣。彼其充实不可以已，岂曰以善辩为名者哉？既谬许余为知言，因略发其义趣如此，以俟玄览之君子择焉。马浮。①

还没有第二个人像马一浮这样真正成为《新唯识论》一书的知音，可以想见熊十力对这篇序言有多么重视。他看到序言后立即写信给马一浮，说："序文妙在写得不诬，能实指我现在的行位，我还是察识胜也。所以于流行处见得恰好，而流即凝，行即止，尚未实到此阶位也。'乾道变化，各正性命'，吾全部只是发明此旨。兄拈出作骨子以序此书，再无第二人能序得。漱溟真能契否？尚是问题也。"②

马序的第一部分用极简要、极典雅的语言概括《新唯识论》的内容，第二部分阐述《新唯识论》的特点及学术价值。其中说："十力精察识，善名理，澄鉴冥会，语皆造微。早宗护法，搜玄唯识，已而悟其乖真。精思十年，始出境论。将以昭宣本迹，统贯天人，囊括古今，平章华梵。其为书

---

① 马一浮：《新唯识论序》，《马一浮集》第二册，浙江古籍出版社和浙江教育出版社1996年版，第27—29页。

② 《马一浮集》第二册，《新唯识论序》附录，第29页。

也，证智体之非外，故示之以明宗；辨识幻之从缘，故析之以唯识；抉大法之本始，故摄之以转变；显神用之不测，故寄之以功能；征器界之无实，故彰之以成色；审有情之能反，故约之以明心。其称名则杂而不越，其属辞则曲而能达，盖确然有见于本体之流行，故一皆出自胸襟，沛然莫之能御。"对熊著《新唯识论》一书的评骘，可以说确然了当，一字不易。熊说的"能实指我现在的行位"，即指马序此段文字而言。熊说"我还是察识胜也"，是呼应马序"十力精察识，善名理"的确评。正因为"察识胜"，故能归本《周易》，得阐大化流行；但对万事万物"流即凝，行即止"的认识境界，熊承认"尚未实到此阶位"。我们第二次看到熊的自谦，前一次是对梁漱溟，这次是在马一浮面前。

熊十力还请马一浮代撰过两篇文稿，一是《熊氏丛书弁言》，一是《黄冈某君妻熊氏墓志》。《熊氏丛书》是熊的友人彭凌霄为之策划，准备在南昌印行，其中包括《新唯识论》、《破破新唯识论》、《十力语要》诸书。但该《丛书》之印行计划后来未付诸实施，一九四七年湖北印行的《十力丛书》，应是此一计划的另版。马代撰之序，末署"某年某日，黄冈熊十力记"，内有一对句极工："会万法而显真源，乃吾本愿；尝一滴而知海味，是在当人。"[①]熊先生写不出这样的句子。《黄冈某君妻熊氏墓志》，所志者为熊十力族兄弟熊持中之女言珍的事迹。马先生在文后有"附告"，是对熊先生的一个说明，主要关乎《墓志》的体例、称谓等事项。如说"女子适人者当从其夫之称，未嫁者乃可称熊氏女"、"附记之铭可不作，盖志以纪事，铭以叹德。今以长老为卑幼作志，不必有铭"等等[②]。马先生自是稔熟碑、志、铭、诔等文体，而熊先生也是请而得人。可以想象，两人如不是相契之好友，熊先生是不会做如是请的。

[①]《马一浮集》第二册，第61页。
[②] 同上，第267页。

五 复性书院创办的不同旨趣

但熊、马的学术思想亦存在分歧。

一九三七年日寇犯华，很快祸及浙土，马一浮不能再安于书斋禅舍，不得不于当年十月避兵桐庐，十二月又迁往开化。浙江大学校长、大气物理学家竺可桢先生，早就倾慕马先生的学问，多次欲聘为浙大讲席，均为马先生婉拒。异族入侵，国难当头，改变了马先生的学问态度，他终于接受竺可桢校长的往日相邀之诚，随浙大先后在江西泰和和广西宜山讲授"六艺"之学。《泰和会语》和《宜山会语》两书，就是他在浙大的讲录。一九三八年，国民政府的最高领导人物希望由马先生创办一带有传统书院特点的讲席场所，经马的弟子和友人的劝促，马一浮始同意此议，并写了一篇《书院之名称旨趣及简要办法》，主张以"复性书院"为名。他说：

> 书院古唯以地名，如鹅湖、白鹿洞之类是也。近世始有以义名者，如诂经、尊经之类是也。以地名，虽得名胜之地如青城、峨眉，似含有地方性，不如以义名，使人一望而知其宗旨，观听所系，较为明白广大。今若取义，鄙意可名为"复性书院"。学术人心所以纷歧，皆由溺于所习而失之。复其性则同然矣。复则无妄，无妄即诚也。又尧舜性之，所谓元亨诚之通，汤武反之，所谓利贞诚之复。自诚明谓之性，自明诚谓之教。教之为道，在复其性而已矣。今所以为教者，皆囿于习而不知有性。故今揭明复性之义以为宗趣。[①]

"复性书院"一名，体现了马一浮学术思想的深层内涵。马先生不接受

[①] 马一浮:《书院之名称旨趣及简要办法》（一九三八年八月），《马一浮集》第二册，第1168、1169页。

"院长"的职务，宁愿以"主讲"的身份主掌院务。虽然创办过程直接得到蒋介石以及陈布雷、陈立夫等国民政府高层要员的垂注，并拨款三万元作为建院基金，每年亦有一定的补助，但马先生的学术独立性丝毫未因之改变。他比书院为佛家的"教外别传"，主张"应超然立于学制系统之外，不受任何制限"[1]。

当一九三八年八月书院开始筹备之时，熊十力就被列名为创议人，熊先生对创办书院之举也表现出浓厚的兴趣，因此在与马一浮的通信中两人曾反复商酌此事。马先生没有料到的是，在学问上与他堪称默契的熊十力，对他的办学旨趣提出了激烈的反对意见。本来他以为最能理解他的书院构想者应该是熊先生，所以在给张立民的信里讲到欲以佛氏丛林制施来办书院时，特别提到："吾信熊先生必能深了此义，他人吾未敢必。"[2]没有想到熊先生看了《书院之名称旨趣及简要办法》，竟大不以为然。熊的疑虑，一是按马一浮的设想，使学生与世绝缘，恐将来没有出路。马一浮则认为，书院宗旨在学道，而非为了谋食，如果预设出路以为号召，则来学者已"志趣卑陋"。他说："君子之道，出处语默一也。弟非欲教人作枯僧高士，但欲使先立乎其大者。必须将利欲染污习气净除一番，方可还其廓然虚明之体。若入手便夹杂，非所以示教之方也。"[3]熊十力觉得书院学生应获得一种类似学位的资格，马一浮则说："凡规定一种资格，比于铨选，此乃当官之事，书院实无此权。若令有之，则必须政府授与，如中正之以九品论人而后可，否则为侵越。"又说："未闻先儒讲学，其弟子有比于进士出身者。若回之问为邦，雍之使南面，比如佛之授记，祖师门下之印可，纯为德性成就而言，非同吏部之注选。"又说："西洋之有学位，亦同于中国旧时之举贡，何足为贵。昔之

---

[1] 马一浮：《书院之名称旨趣及简要办法》（一九三八年八月），《马一浮集》第二册，第1168、1169页。

[2] 马一浮：《致张立民》第九函（一九三八年），《马一浮集》第二册，第827页。

[3] 马一浮：《致熊十力》第十三函（一九三九年），《马一浮集》第二册，第537页。

翰林，今之博士，车载斗量，何益于人。"①

马先生还针对熊先生提出的"如全不养无用汉，乌可尽得人才；世法还他世法，岂可尽得天上人"，以及"国家教育明定出路，世法不得不尔，若无出路，学子失业，将诡遇以求活"等理由，回答说："今书院虽受国家资给，然非先行学制所有。即欲要求政府明定出路，亦须俟办有成效，从书院出来人物成就如何，政府自动予以出路，然后可，不能由书院径自规定。若虑学生失业将为诡遇，则书院无宁不办之为愈。且今取得大学、研究院资格亦如麻似粟，谁能保其不失业、不诡遇乎。"又说："兄谓对书院少兴趣，诚少兴也。然不可以少兴而不为，是亦知其不可而为之之一端耳。"②言语之间已带有意气，甚至最后有如下的话："言常患多，今姑置之矣。"③

马先生这封信写于一九三九年农历五月二十四日。六月十六日熊的回函，表示已决定去西南联大，而放弃书院之约。马一浮对熊的决定深感失望，七月一日回信说："今兄欲弃书院而就联大，固由书院根基未固，亦或因弟持论微有不同，故恝然置之。平生相知之深，莫如兄者，兄犹弃之，吾复何望。此盖弟之不德有以致之。弟之用心，初不敢求谅于道路，所以未能苟同于兄者，亦以义之所在，不容径默，绝无一毫胜心私意存乎其间，此当为兄所深信者。"④信的末尾仍恳邀熊十力来乐山共相勷办。熊十力于是又在七月四日致马一浮一函，其中有于"理"应该来书院，于"势"则有所疑的话。马一浮回复说："兄之来与不来，但当问理，不须问势。"又说："书院为讲习之事，有是非而无成败。今兄乃以成败为忧喜，此非弟之所喻也。且兄既闵弟之陷于泥淖，以理则当振而拔之，而兄乃以翱翔事外为得，此亦非朋友相爱之道也。"此是晓之以理。接着又动之以情，继续写道："兄见教之言，弟

---

① 马一浮：《致熊十力》第十三函（一九三九年），《马一浮集》第二册，第536—537页。
② 同上，第538页。
③ 同上。
④ 马一浮：《致熊十力》第十四函（一九三九年农历七月一日），《马一浮集》第二册，第540页。

即有不契者，未尝不反复思绎，知兄相厚之意，实余于词，何敢负吾诤友。但望兄于弟言，亦稍措意焉。察其推心置腹，无或少隐，犹不当在弃绝之科。如是，则兄意可回，必不吝此一行矣。"①还是力邀熊十力能够来书院共襄其事。

有意思的是，熊十力阐述不来乐山的理由，其中还谈到了风水问题，认为自己如入川，方位不合，可能不吉。马一浮回复说："阴阳方位之说，使人拘而多忌。东看成西，南观成北，岂有定体。世俗命书，弟亦曾浏览及之。兄甲木曰元，木曰曲直，就金方，乃成栋梁之用，非不吉也。若弟为丙火日元，日之西沉，以俗言乃真不利，然弟不以为忧。日之西沉，非真沉也，明日复生于东矣。日无出没，世人见有出没耳，此何足计哉。"②其实马先生于堪舆相术，十分精通，这方面熊先生更不是他的言辩对手了。对于熊十力所说的书院有寺院式的缺点，马一浮说如果熊先生能来，书院就会出现生气。

六 乐山不乐而失和

两位老友争论得煞是有趣，几令人忍俊不禁。但争论归争论，马一浮还是一定要熊十力前来，于是在一九三九年农历七月十二日的信里，附上了正式聘任关书，并一百元国币，作为熊来乐山的舟车之费。可是七月十一日熊十力的来书，又对书院的旨趣提出质疑，表示尤其不能赞同把书院办成寺院式。马回复说："弟往日诚有是言，意谓书院经济当为社会性，政府与人民同为檀越，同为护法，不受干涉，庶几可以永久，乃专指此点言之。无可比拟，乃比之于丛林耳。非欲教学生坐禅入定也。"③熊的信里，还希望马先生应以蔡元培为榜样，马一浮对此则回答说："蔡子民之兼容并包，弟亦深服

---

① 马一浮：《致熊十力》第十五函（一九三九年农历七月十二日），《马一浮集》第二册，第540—541页。
② 同上，第541页。
③ 马一浮：《致熊十力》第十六函（一九三九年农历七月十七日），《马一浮集》第二册，第542页。

其度，但其失在无择。彼之所凭借者北大也，以今书院比之，其经费内不逮十之一，而兄乃以蔡孑民期我，吾实有惭德。非不能为蔡孑民，乃愧无吕洞宾之点金术耳。此是笑谈，兄勿嗤其近鄙。譬如贫家请客，但有藜藿，坐无多人，今乃责其何不为长筵广坐，玉食万方，使宾客裹足，为富人所笑，此得谓之近情否？今日之事，无乃有类于是。兄以狭隘见斥，今事实实如此，弟亦无词。但谓弟意志即系狭隘，不肯开拓，则兄不免于误。弟即不肖，未致如此。兄若因是不来，则十余年来以兄为能相知，亦是弟之误。"①他觉得筹备书院诸人不仅对书院无认识，即对他本人也谈不上有认识。言外之意，相知十余年的熊先生对自己也不能算做有知。所以他说："兄犹如此，何况他人。"②

　　马一浮致熊十力信里所表现的一个大儒的理通、情切、意宽，使熊十力无法继续固守己见，最后决定还是前来乐山参与书院讲习之事。马得此讯息，欣悦不已，立即回书："昨晚得兄飞示，允于旧历六月望前首涂，为之喜而不寐。馆舍一切，已嘱二三子速为预备。日来水涨，船行益利，愿速驾，勿再淹留。"③两人虽争论如此，熊先生仍为马的信中流露的友情所打动，终于在一九三九年农历七月底左右来到四川乐山，并参加了农历九月十七日的开讲日活动。

　　但没过多久，熊、马矛盾又起，不独对书院如何办的见解不同，对书院的接待安排以及环境简陋等，熊亦甚有意见。而且中间发生一意外，即日寇空袭乐山，熊先生住所着火，左脚亦受伤，增加了他的焦虑和不祥之感。马与熊曾长谈过一次，但效果似乎不够好，大体熊先生以"义气"，马先生以"义理"，而争论之问题则是书院之章制是否需要改革。熊主张改革章制固然不能认为不对，但在马一浮看来，如变更章制，就不是他出面想办的书院

---

① 马一浮：《致熊十力》第十六函（一九三九年农历七月十七日），《马一浮集》第二册，第544页。
② 同上。
③ 马一浮：《致熊十力》第十七函（一九三九年农历七月二十日），《马一浮集》第二册，第547页。

了。熊于是决定立即离开书院，这给马先生带来了情感的伤痛。当他得知熊有"去志"时，曾写信给熊，痛而言之曰："书院事不待追论，皆由弟无福德智慧，不能取信于人，故令寒俭至此。然兄之来，自是为学术、为道义，与后生作饶益。不独为朋友之私，补弟之阙失而已也。不意遭此巨变，弟不能慎防虑之道于事先，又不能尽调护之责于事后，咎无可辞，兄之见责，宜也。诸子事忙，遂或于承事之际有忽。此亦由弟思虑不周之故。向后兄有所需要，径请直说，苟为弟力所能及者，必当为兄谋之。亦属诸子善为承事。但望兄切勿萌去志，勿再言去，使弟难为心。"①其伤痛难过之情溢于言表。

熊十力离开乐山之后，马一浮亦曾有信给熊，其中写道："所憾者，弟德不足以领众，学不足以教人，才不足以治事，遂使兄意不乐，去我如此其速。然自返于心，实未尝敢有负于兄也。怅惘之怀，靡言可喻。"②可是当马一浮接到熊十力一九三九年十二月七日的来信，他知道问题没那么简单，不是自责难过能够挽回的。原来两人不止是意见分歧，还有熊先生听信了谣言造成的隔阂。马一浮失望了，他在回复熊的信里说：

> 十二月一日来书，乃知获罪于兄者甚大。凡兄所以见诟者，皆弟之疏愚所不及察，是固由弟不德有以致之，初不料朋友之道至于如此。人之相与，其难乎为信也。兄被灾之后，弟不能尽调护之力，此过前已自承。至兄误听流言，以为弟于兄妄有所訾议，使兄不能不亟去，此则弟万万梦想不到者。（上堂教学生善听兄言，初不知此语亦成罪戾。真是转喉触讳矣）。暌之上九曰："见豕负涂，载鬼一车，先张之弧，后脱之弧。"兄之多疑，无乃有似于此。今亦不须申辩，久之兄当有自悟之时。然念兄杂毒入心，弟之诚不足以格

---

① 马一浮：《致熊十力》第十九函（一九三九年农历九月九日），《马一浮集》第二册，第548页。
② 马一浮：《致熊十力》第二十二函（一九三九年农历十一月五日），《马一浮集》第二册，第549页。

250

之，亦深引以为戚。今兄虽见恶绝，弟却未改其初心也。①

这封信看得出两个人确实已经闹翻，在熊十力为"恶绝"，在马先生虽未"恶绝"，恐怕也是大为不怿。"杂毒入心"四字为佛家语，其责斥的分量是很重的。自此之后，这两位新儒学的领军人物便少有往来的信函了。

七 晚年之怀念

但他们彼此仍有关切，马先生宁愿相信熊十力的"怫然遽行"不过是佛五行中的"婴儿行"，所以《送熊十力之璧山》有句："行是婴儿安有悔，心如墙壁岂能瞋。"②对老友表示谅解。马先生后来给弟子的信中，也经常会问起熊先生的情况，尤其五十年代以后更复如是。一九五〇年致云颂天信问起："梁先生是否返蜀？熊先生闻已赴京，想时通问。"③一九五二年致云的信里又问："熊、梁二先生颇常通书否？动定亦希以时见告。"④一九五九年又问云："熊先生著书不辍，想时通问。"⑤一九六三年，马先生已经八十有一，还告诉云颂天："熊先生亦尚健。梁先生去年曾过杭一面。"⑥虽是片言只语，却有拳拳之殷。一九四九年国共两党政权交替之际，马一浮曾写过两首寄怀熊十力的诗，一首作于一九四九年，一首作于一九五一年，兹抄录如次：

寄怀熊十力广州（一九四九）

---

① 马一浮:《致熊十力》第二十三函（一九三九年农历十二月七日），《马一浮集》第二册，第550—551页。
② 《送熊十力之璧山》，《马一浮集》第三册，第810页。
③ 马一浮:《致云颂天》第十一函（一九五〇年），《马一浮集》第二册，第815页。
④ 马一浮:《致云颂天》第十二函（一九五二年），《马一浮集》第二册，第816页。
⑤ 马一浮:《致云颂天》第十三函（一九五九年），《马一浮集》第二册，第817页。
⑥ 马一浮:《致云颂天》第十四函（一九六三年），《马一浮集》第二册，第817页。

自废玄言久不庭，每因多难惜人灵。

西湖别后花光减，南国春来海气腥。

半夜雷惊三日雨，微波风漾一池萍。

眼前云物须臾变，唯有孤山晚更青。①

寄怀熊十力（一九五一）

眚眼观空息众缘，悲心涉境定无偏。

离怀可忆西湖水，时论犹窥一线天。

入俗知君能利物，捐书似我欲忘年。

别峰他日如相见，头白归来守太玄。②

两首诗都流露出因世事变迁而生发的感慨，马先生在向熊先生告示自己的心境的同时，对往日的老友充满深沉的怀念，并相期不改为学之初志。

另一九五一年马先生复有为熊十力题写《红梅馆》诗："硕果从缘有，因华绕坐生。芙蓉初日丽，松柏四时贞。绰约颜如醉，芳菲袖已盈。不忧霜雪盛，长得意分明。"③一九五〇年十月，马一浮接得熊十力发自广州的一封信，系熊女池生代写，信中有"仁未必是，暴未必非；义未必是，利未必非"等语，马先生评为"可怪之至"④。嗣后，一九五四年熊十力七十寿辰，马先生亦有诗寄怀，写道：

孤山萧寺忆谈玄，云卧林栖各暮年。

悬解终期千岁后，生朝常占一春先。

---

① 马一浮：《寄怀熊十力广州》，《马一浮集》第三册，第500页。
② 马一浮：《寄怀熊十力》，载《蠲戏斋诗辑佚》第18页，台北印行。
③ 《马一浮集》第三册，第531页。
④ 《马一浮集》第二册，第342页。

天机自发高文在，权教还依世谛传。
刹海风光应似旧，可能重泛圣湖船。①

"生朝"句后有注："君以正月五日生。"可知马先生对熊先生关切之微。一九五五年马先生还有一诗，题作《代简寄熊逸翁》，是为答熊先生当年的来书而作。熊信中说正在撰写《原儒》书稿，故马先生诗中有句："《原儒》定有膏肓药，争奈时人未肯看。"②

八 不同而相同的终局

五十年代以后，熊终老不停著述，马晚年只写诗而不著文。两人同为政协委员，熊对国政文事颇多建言，但无一采纳；马则默而无言。一九五五年之后，就不见两人具体的文字联系了。

熊逝于一九六八年，终年八十三岁。逝前逢"文革"浩劫，屋中挂自书三条幅：中间为孔子、左王阳明、右王船山。口中不停地念诵："中国文化亡了！中国文化亡了！"马逝于一九六七年，逝前作《拟告别诸亲友》："乘化吾安适？虚空任所之。形神随聚散，视听总希夷。沤灭全归海，花开正满枝。临崖挥手罢，落日下崦嵫。"没有遗憾，似有顺化自然的喜悦。马终年八十四岁。

2013年5月竣稿于京城寓所

（原载《浙江学刊》2004年第3期）

---

① 马一浮：《寄怀熊逸翁即以寿其七十》，《马一浮集》第三册，第561页。
② 马一浮：《代简寄熊逸翁》，《马一浮集》第三册，第577页。

马一浮和"六艺论"

一 "六艺"溯源

马一浮所秉持的为学观念和学术精神,是以"六艺"的思想义理为统领为贯穿的。"六艺"即《诗》、《书》、《礼》、《易》、《乐》、《春秋》六种原初典籍,经过孔子删订,后称为"六经"。《诗》是两周至春秋以来的诗歌作品选录,原传据说有三千余篇,孔子删订为三百零五篇,故称之为"诗三百"。《书》指《尚书》,即上古之书的意思,是为虞夏商周时代的文献记录。孔子经常将《诗》、《书》并提,并说"诗、书、执礼,皆雅言也。"(《论语·述而》)《礼》包括《周礼》《礼经》《仪礼》和《礼记》,《礼记》为孔门所传,马先生很喜欢的一种经典。《易》即《周易》,"六经"中成书最早,相传伏羲画卦、文王演易,孔子作彖辞上、彖辞下、象辞上、象辞下、系辞上、系辞下、文言、说卦、序卦、杂卦等"易传"。《春秋》为鲁国的记事简史,孟子说是孔子所作,但也有主张鲁国原本有春秋,系孔子删订笔削。《乐经》不传,只剩下"五经"。但习惯上,直至后来,学者仍称之为"六经",成为中国学术思想文化的最高经典。

马一浮不称"六经"而称"六艺",是沿用典籍的初称。孔门之教,分技能操作与典籍传习两大类。技能则礼、乐、射、御、书、数,此处之"礼",为"执礼",类似礼仪程序的排演,"乐"则咏歌诵唱,不学无以为能也。典籍传习则《诗》、《书》、《礼》、《乐》、《易》、《春秋》,以为传道之本。两者都称"六艺"而型态不同。马一浮所述论之"六艺",自是后者,故他说:"此是孔子之教,吾国二千余年来普遍承认一切学术之原皆出于此,其余都是六艺之支流。故六艺可以该摄诸学,诸学不能该摄六艺。"①这是他的一贯思想,很早就有过撰写《六艺论》的设想,因故未果。盖马先生之学,始为考据,继而涉猎欧西之学,转而进入宋之程朱之学,并以佛禅之义理为助发,归而究心于"六艺"之学。他是由研究宋学而进入先秦诸子之学的,所以还写过《论老子流失》②一文。《论语》尤为马先生所重,他的独得先发之处,是从《论语》中研究"六艺"的义理。"六艺"既是他为学的思想纲领,又是他为学的思想归宿。他一生为学最是舍之不去的学术兴趣在经术义理,所谓好玄言是也。但玄言并非蹈空,因所讲之理都是实理。认为六经的义理都是实理,人之所能具,求之而不远,这是马一浮拔乎众学的独家发明的看法。

马一浮深明"六艺"之学却很少讲论"六艺"。首次公开讲论是1938年在江西的泰和,为浙江大学师生开设国学讲座。竺可桢校长1936年为聘请马先生到浙大讲学费尽了心力,而终无所成。仅一年之后,他的愿望就轻松地实现了,而且不是他主动去请马一浮,而是马先生自动找上门来——当然不单是为讲学,同时也希望暂时与浙江大学师生一起流亡避寇。

二 "天下虽干戈,吾心仍礼乐"

1937年7月7日,真是一个令人想忘记也无法忘记的日子。祖国的山川这一天因之变色,学人的生活因这一天而改变。而卢沟桥"七七事变"未久,又有"八一三"淞沪战事失利,日寇侵华之气焰直逼杭城。居陋巷、与古贤为伍的马一浮,也不得不于丁丑年九月(1937年10月)避兵桐庐,十二月又迁往

---

① 马一浮:《泰和会语》,《马一浮集》第一册,第10页。
② 马一浮:《论老子流失》,《马一浮集》第一册,第44—48页。

开化。随行者有马先生的外甥丁安期和门人王星贤两家共十五人,及书籍百箱。其所作五言古诗《将避兵桐庐,留别杭州诸友》有句:"妖寇今见侵,天地为改色。遂令陶唐人,坐饱虎狼食。伊谁生历阶,讵独异含识。竭彼衣养资,殉此机械力。铿翟竟何裨,蒙羿递相贼。生存岂无道,奚乃矜战克。嗟哉一切智,不救天下惑。飞鸢蔽空下,遇者亡其魄。金城为之摧,万物就磔轹。海空尚有际,不仁于此极。"①马一浮谴责日寇的残忍强暴,为人类的智慧不能阻止战争而感到惋惜。此诗计四十八句,接下去下面还有:"余生恋松楸,未敢怨逼迫。蒸黎信何辜,胡为罹锋镝。"我自己并不怕死,没什么可埋怨的,只是老百姓何辜,遭此劫难。"衡门不复完,书史随荡析。落落平生交,遁处各岩穴。我行自兹迈,回首增怆恻。"没有了简陋的居家之所,书籍都散失了,朋友则各处逃难,见此情状,越发让他感到难过。马先生这首诗,可谓诗史。

马一浮避兵到开化以后,亦有诗记其事:"斋心思太平,垂老值乱离。凛秋寇始迫,严冬苦奔窜。脱身虎兕间,寄命芝兰畔。"②因在开化住在叶左文家里,故有此句。但马先生的内心是充实而清明的,所以另一首《郊居述怀》诗有句:"天下虽干戈,吾心仍礼乐"、"麟凤在胸中,豺虎宜远却"③。在桐庐时,他的好友丰子恺和他在一起。后来丰子恺在一篇名为《桐庐负暄》的散文里,记下了他还有王星贤共同侍坐马先生左右的情形:

这时候正是隆冬,而风和日暖。我上午去访问,马先生就要我和星贤同去负暄(晒太阳)。童仆搬了几只椅子,捧了一把茶壶,去安放在篱门口的竹林旁边。这把茶壶我见惯了:圆而矮的紫砂茶壶,搁在方形的铜炭

---

① 马一浮:《将避兵桐庐,留别杭州诸友》,《马一浮集》第三册,第59页。
② 马一浮:《旧历丁丑腊月避兵开化,除夕书怀,呈叶君左文》,《马一浮集》第三册,第61页。
③ 马一浮:《郊居述怀,兼答诸友见问》,《马一浮集》第三册,第60页。

炉上，壶里的普洱茶常常在滚。茶壶旁有一筒香烟，是请客的；马先生自己捧着水烟筒，和我们谈天，有时也拿支香烟来吸。有时香烟吸毕，又拿起旱烟筒来吸"元奇"。弥高弥坚，忽前忽后，而亦庄亦谐的谈论，就在水烟换香烟，香烟换旱烟之间源源地吐出来。我是每小时平均要吸三四支香烟的人，但在马先生面前吸的很少。并非客气，只因为我的心被引入高远之境，吸烟这种低级欲望自然不会起来了。有时正在负暄闲谈，另有客人来参加了。于是马先生另换一套新的话兴来继续闲谈，而话题也完全翻新。无论什么问题，关于世间或出世的，马先生都有最高远最源本的见解。他引证古人的话，无论什么书，都背诵出原文来。①

我们从丰子恺的记述里，看到避兵逃难的马一浮仍保持大儒的冲和恬淡，学问和朋友使他得以享受人生。王星贤的一则记载尤耐人寻味，那是1937年的12月7日，与丰子恺等谈礼乐秩序和艺术的关系，使听者如醉如痴，忘却时序，宁愿冬阳长在，永负斯暄。下面是王星贤笔录的全文，让我们共赏。

十二月七日丰君子恺来谒，先生语之曰：辜鸿铭译礼为 arts，用字颇好。arts 所包者广。忆足下论艺术之文，有所谓多样的统一者。善会此义，可以悟得礼乐。譬如吾人此时坐对山色，观其层峦叠嶂，宜若紊乱，而相看不厌者，以其自然有序，自然调和，即所谓多样的统一是也。又如音乐必合五音六律，抑扬往复而后成。然合之有序，自然音节谐和，铿锵悦耳。序和同时，无先后也。礼乐不可须斯去身。平时如此，急难中亦复如此。因不失亨，而不失其亨之道在于贞。致命是贞，遂志即是亨。见得此义理端的，此心自然不乱，便是礼。不忧不惧，便是乐。纵使造

---

① 丰子恺：《桐庐负暄》，《缘缘堂随笔》，天津教育出版社2007年版，第245页。

次颠沛，槁饿以死，仍不失其为乐也。颜子不改其乐，固是乐。乐必该礼。而其所以能如是者，则以其心三月不违仁。故仁是全德，礼乐是合德。以其于体上已自会得。故夫子于其问为邦，乃就用上告以四代之礼乐。会不得者，告之亦无用。即如此时，前方炮火震天，冲锋肉搏，可谓极乱。而吾与二三子犹能于此负暄谈义，亦可谓极治。即此一念，便见虽当极乱之时，活机固未息灭。扩而充之，未必不为将来拨乱反正之因端也。非是漠然淡然，不关痛痒。吉凶与民同患，自然关怀。但虽在忧患，此义自不容忘。亦非故作安定人心之语。克实而言，理本如此。所谓真语者，实语者，如语者，不妄语者也。礼乐之兴，必待其人。苟非其人，道不虚行。吾今与子言此，所谓千钧之弩不为鼷鼠发机。善会此义而用之于艺术，亦便是最高艺术矣。①

这段集中谈礼乐的文字弥足珍贵，因为礼乐是中国古代文化秩序的象征，在先儒"六艺"之学里面居核心地位。当此国家危亡、黎庶蒙难之际，马先生以先儒古义激发大家的信心，可谓适逢其时。吾国学术思想的传统，孔、孟以及宋儒，其精彩之处，在于相信人与天地万物为一体，天地之心，即是吾心。吾心是否不动摇，是历事历艰历难历险的关键。所以"即此一念，便见虽当极乱之时，活机固未息灭。扩而充之，未必不为将来拨乱反正之因端也"。王星贤所记的这段"负暄谈义"，其实谈的就是"六艺之学"的义理。这就是为什么马一浮在抗战军兴以后，要大讲特讲"六艺"之学的缘故。

马一浮的弟子乌以风跟随马先生多年，他对马先生的印象是："平时与先生处，瞻其威仪，仰其德行，见其出处、进退、辞受之间，莫非义理之当

---

① 丰子恺：《桐庐负暄》，《缘缘堂随笔》，第246—247页。马一浮此段谈话实为王星贤笔录，丰子恺抄录于此文之中，故文词之可靠性毋庸置疑。

然而不可易者。每从问学，蒙先生谆谆教诲，竟日不倦。其言亲切，其理简明，不惟启我切己返求之心，且有优游愉悦之趣。如坐春风，不知不觉间潜移默化。"①当丰子恺、王星贤等在桐庐聆听马先生负暄谈义的时候，他们一定与乌以风有戚然相通之感。

但这种战争间隙的平静和谈讲学问的乐趣终未能久长，敌军步步紧逼，马一浮只好再次携亲友逃亡。根据当时的情势，只能逃往江西方向，但江西没有可供马先生投寄的友朋。而这时浙江大学正避寇于江西泰和，已经在那里安顿下来，继续战时授课机制。于是马先生给浙大校长竺可桢写去一信，商问可否"代谋椽寄，使免失所之叹"②。竺可桢接信后立即复电，表示欢迎，并决定聘马先生主持国学讲座③，同时竺可桢还给马一浮写去一信，具道邀请之诚。马先生给竺可桢的回信，其韵致格外深远，信中写道：

迥日复电，计已早达。惠书昨至，期待良殷，兼见君子教思无穷之旨。在浮本以求远兵革，非图附于皋比，何期过见存录，欲使遂预讲筵。念方行乎患难，犹得从诸君子后相与究论，绵邹鲁道化于垂绝之交，亦若可以申其素怀，不孤足望。但恐衰朽之言，无裨后学，若其可得而说者，固亦不敢有隐。窃推贤智之用心，在使多士敦厉气节，仁为己任。是必求之经术，讲明义理，无囿习俗之陋，而克践性德之全。乃可济塞持危，开物成务。向者每见时论嘈沓，何止诋孟氏为迂阔，甚或拨尧舜为虚无。足使马郑捐书，程朱杜口。今承高论，迥异恒流，或者天牗斯民，不致终沦异族。故

---

① 乌以风辑录：《问学私记》序，《马一浮集》第三册，第1130页。
② 马一浮：《致竺可桢》第一函（1938年），《马一浮集》第二册，第579页。
③ 竺可桢在1938年2月20日日记中写道："四点半至迪生处谈马一浮事。因去岁曾约马至浙大教课，事将成而又谢却。现在开化，颇为狼狈，并有其甥丁安期，及门王星贤两家合十五人，愿入赣避难，嘱相容于浙大。迪生与晓沧均主张收容，遂拟复一电，聘为国学讲座。"《竺可桢全集》第6卷，"日记一集"，上海科学技术出版社2005年版，第472页。

谓欲荡膻腥，先须信古，教人必由其诚，斯好善优于天下，庶几匡复不远，丕变可期。既昭感应之同符，复何语默之异致。然则浮之至与不至，于仁者设教之方，固无所加损也。浮虽浙人，生长于蜀，蜀中尚有丘墓，亲故不乏，故入蜀之志，怀之已久，终以年衰，惮于远涉，因思就近入赣，或可相依。但令不陷寇窟，别无余望。①

竺可桢的信我们已无缘看到，不知信的详细内容究竟如何，但从马先生回函里"今承高论，迥异恒流"的评价，可以看出竺氏请他当此民族危难之际讲论国学的现实祈望。马先生之初意，本为避逆寇、远兵戈，殊无预于讲筵之期，不料竺可桢校长执着于一年前多次相邀之诚。他再没有犹豫婉拒的理由了，反而觉得"可以申其素怀"，庶几可使面临垂绝之交的先儒之道得以绵延于万一。而且他意识到，当此特殊的历史时刻讲论"六艺之道"，至少可以"敦厉气节"，提升知识人士抵御异族侵凌和谋取日后匡复的信心。"故谓欲荡膻腥，先须信古，教人必由其诚，斯好善优于天下，庶几匡复不远，丕变可期。"马先生感觉到一种责任，相信我国固有文化之精髓应有"济蹇持危，开物成务"的功用。

三 "楷定国学名义"

1938年3月29日上午10时，马一浮及眷属乘坐的卡车来到江西泰和，竺可桢专门派车派人去迎接，并事先找好房子，安排住在排田村。马先生到达时，竺可桢接车问候，并于当晚宴请。31日，竺可桢又去排田村探望。4月3日，梅光迪、贺昌群等宴请马一浮，钱基博子泉先生在座，竺可桢也在座。膳后竺与马、钱谈至午后四时半始散。

一个月后，即1938年5月14日的下午三时，马一浮国学讲座正式开始，首

---

① 马一浮：《致竺可桢》（1938年），《马一浮集》第二册，第579—580页。

讲"六艺之学"。竺可桢前去听讲。有趣的是，竺可桢作为科学家，对马一浮讲的自然科学也可以统摄于"六艺"之内的观点，也表示能够理解。当天竺可桢在日记里写道：

> 午后睡一小时。三点至新村十号教室，听马一浮讲"西方近代科学出于六艺"之说，谓《诗》、《书》为至善,《礼》、《乐》为至美,《易》、《春秋》为至真。以《易》为自然科学之源，而《春秋》为社会科学之源。盖《春秋》讲名分，而《易》讲象数。自然科学均以数学为依归，其所量者不外乎数目Number、数量Quantity、时间与空间，故自然科学之不能逃于象数之外，其理亦甚明显。惜马君所言过于简单，未足尽其底蕴。①

可见竺可桢真是大科学家，绝不以所从事的专业来限制自己的视域。反之如果在今天，不用说接受，能够对马一浮的论说表一种了解之同情态度的人，恐怕也不是很多吧。我们从《竺可桢日记》里，看到校长兼科学家的竺可桢对马一浮礼遇有加。他对钱基博、柳诒徵两位也是如此。他还特别想礼聘钱宾四先生来浙大任教。尊重学问，礼重大儒，不愧为大学的一校之长。虽然处身战乱流离的艰难时期，浙江大学的学术氛围依然浓厚，马一浮遂以庄敬诚笃的学问态度和博雅超越的学术精神，孜孜于"六艺之学"的讲论。

我们从所辑录的《泰和会语》一书，可窥知马一浮当时讲论的大致内容。共有十二节，包括"引端"、"论治国学先须辨明四点"、"横渠四句教"、"楷定国学名义"、"论六艺该摄一切学术"、"论六艺统摄于一心"、"论西来学术亦统于六艺"、"举六艺明统类是始条理之事"、"论语首末二章义"、"君子小人之辨"、"理气"、"知能"。另有附录三篇：一是《论老子流失》，二是《赠

---

① 《竺可桢全集》第6卷，"日记一集"，上海科学技术出版社2005年版，第519页。

浙江大学毕业诸生序》，三是《对毕业诸生演讲》。马一浮在国学讲座的"引端"中，首先阐明他此次讲学的宗旨，他说："竺校长与全校诸君不以某为迂谬，设此国学讲座，使之参与讲论。其意义在使诸生于吾国固有之学术得一明了之认识，然后可以发扬天赋之知，能不受环境之陷溺，对自己完成人格，对国家社会乃可以担当大事。荀子说：'物来而能应，事至而不惑，谓之大儒。'若能深造有得，自然有此效验。"①他希望诸生通过听他的演讲，能树立一种信念，即"信吾国先哲道理之博大精微，信自己身心修养之深切而必要，信吾国学术之定可昌明，不独要措我国家民族于磐石之安，且当进而使全人类能相生相养而不致有争夺相杀之事"②。可见马一浮不出山则已，一旦答允出而讲论，就以"持敬"的精神，怀抱着温热的期许，对昌明我国固有学术具强烈的自信。

他本来是不认可"国学"之名的，因为当时流行的看法是把"国学"和我国固有学术等同起来。但即便如此，马一浮仍觉得含义过于广泛笼统，"使人闻之，不知所指为何种学术"。所以他另立新说，提出国学就是"六艺之学"的创辟性结论。他说：

今先楷定国学名义。举此一名，该摄诸学，唯六艺足以当之。"六艺"者，即是《诗》、《书》、《礼》、《乐》、《易》、《春秋》也。此是孔子之教，吾国二千余年来普遍承认一切学术之原皆出于此，其余都是六艺之支流。故六艺可以该摄诸学，诸学不能该摄六艺。今楷定国学者，即是六艺之学，用此代表一切固有学术，广大精微，无所不备。③

---

① 马一浮：《泰和会语·引端》，《马一浮集》第一册，第3页。
② 同上，第4页。
③ 马一浮：《楷定国学名义》，《马一浮集》第一册，第10页。

"国学"一词古代就有,均是指国立学校的意思,这和晚清以还由于西学的大规模传入,因而出现的与之相对应的现代国学的概念,大异其趣。胡适曾说,所谓国学,就是国故学的简称。大家觉得这个概念的义涵过于宽泛,遂又有国学指中国固有学术的说法,这是后五四时期被广泛接受的定义。但马一浮认为,以固有学术来定义国学,仍嫌过于笼统,令人会有其所指不知为何种学术之感。所以马先生重新给以定义,提出国学是"六艺之学",这是一个极大判断,也可以看作是马一浮深研中华文化的一大发明。

关于"六艺"的大旨和功能,他借用《礼记·经解》和《庄子·天下篇》来加以说明。《经解》引孔子的话说:"入其国,其教可知也。其为人也,温柔敦厚,《诗》教也;疏通知远,《书》教也;广博易良,《乐》教也;絜静精微,《易》教也;恭俭庄敬,《礼》教也;属辞比事,《春秋》教也。"[①]所说都是针对作为社会的人应该具备的各种修养和德性。换言之,我们可以理解为:"温柔敦厚"是人的品性,"疏通知远"是人的学识,"广博易良"是人的和乐,"絜静精微"是人的玄思,"恭俭庄敬"是人的礼敬,"属辞比事"是人的正见。而《庄子·天下篇》则曰:"《诗》以道志,《书》以道事,《礼》以道行,《乐》以道和,《易》以道阴阳,《春秋》以道名分。"[②]马一浮说:"自来说六艺,大旨莫简于此。"而且他认为孔子是"以人说",庄子是"以道说"。据此,马一浮提出了"六艺之道"、"六艺之教"和"六艺之人"的三个极为重要的概念[③]。

何谓"六艺之道"?六艺的义理内涵和道德规范就是"六艺之道"。以"六艺"的义理内涵和道德规范来教人,即为"六艺之教"。经过"六艺"义理精神的教化、濡染、熏陶,而成为敦厚、知远、良博、庄敬以及懂礼貌、

---

① 《礼记·经解》,《十三经注疏》标点本第六种,北京大学出版社1999年版,第1368页。
② 郭庆藩:《庄子集释》下册,《天下》第三十三,中华书局2004年版,第1067页。
③ 马一浮:《楷定国学名义》,《马一浮集》第一册,第11页。

知分际的理性自足之人，或不能尽其全而得其一二者，就可以称为"六艺之人"。传"六艺之道"，育"六艺之人"，是中国传统社会的教育理想，亦何妨成为现代教育的目标之一。作为现代人，既不可以没有理性，也不可以不修性养德。理性与德性的来源，一方面是人类自己的自具之性，另一方面则需要传统的熏习，从民族固有的思想义理中汲取滋养。"六艺之道"是我国思想义理的恒常的精神型态，其进入现代中国人的精神血脉，自是顺理成章之事，而不必定然与现代教育的知识结构及其导向构成矛盾。而所谓进入现代人的精神血脉，并非是两不相干之物的加减法，而是以"六艺之道"唤醒乃至洗涤"汨没在习气中"的"不仁不智"的世俗之性，使之回归"性分中本具之理"。此一过程也就是"复性"的过程。后来马一浮创办复性书院，直接以"复性"二字立名，其学理义涵即在于此。

四 "六艺该摄一切学术"

问题是凭什么理由可以断言"六艺"能够"该摄一切学术"？马先生的回答分为两个部分：甲、"六艺"统诸子；乙、"六艺"统四部。如果能够证明诸子和四部都可以包括在"六艺"之中，或至少能够从"六艺"中找到渊源，所设定之问题自然能够获致解决。但事实上，证明"六艺"统四部易，说诸子也为"六艺"所统摄则比较困难。

经、史、子、集四部，经部诸书本由"六艺"繁衍而来，包括至宋代足备的《十三经》，其中《周易》、《尚书》、《毛诗》、《周礼》、《仪礼》、《礼记》、《春秋左传》、《春秋公羊传》、《春秋谷梁传》九经，都不离"六艺"之属。《孝经》和《论语》"二经"记载"六艺"的旨趣最为集中。《孟子》因道醇而与《论语》并列。《尔雅》则诠释群经名物。因此，如果把《十三经》分为"经部之书为宗经论、释经论二部"，说它们"皆统于经"，道理上应不成问题。史部，《史》、《汉》皆为《春秋》遗意，而观其多录诏令奏议，又可视为《尚书》之遗意。至于《通典》、《通志》、《通考》、《通鉴》，马一浮说："编年纪事出于《春秋》,多存论议出于《尚书》,记典制者出于《礼》。"以此如果认为诸史均统于《书》、《礼》、《春秋》,恐不致有太大争议。集部,马先生说:"文章体制流别虽繁,皆统于《诗》、《书》。"又说:"《诗》以道志,《书》以道事,文章虽极其变,不出此二门。"又说:"《诗·大序》曰:'治世之音安以乐,其政和;乱世之音怨以怒,其政乖;亡国之音哀以思,其民困。'三句便将一切文学判尽。"又说:"《诗》教通于《书》教。"所以他认为,一切文学都可以看作是《诗》教和《书》教之遗[①]。这样来诠解,认为"六艺"能够统摄"四部",自然也说得通。

那么"六艺统诸子"又作何言说呢?"六艺"是孔门之教,而通常所说的先秦诸子,儒、墨、名、法、道等各家是并列的,后来儒家独占思想之统治位置,遂又有儒学与诸子学对立的倾向出现。这两种情形都对"六艺统诸子"的说法不利。但马一浮提出,若明"六艺统诸子"之理,须先行明白"六艺"的流失问题。他援引《经解》的话:"《诗》之失愚,《书》之失诬,《乐》之失奢,《易》之失贼,《礼》之失烦,《春秋》之失乱。"他认为"六艺"的这种流失情况,表现在诸子身上最为明显。而所以有流失,是因为墨家统于《礼》,名、法家也统于《礼》,道家统于《易》。如果以《经解》的"六艺"之失为准的,则马先生认为:老子得之于《易》者为多,其失也多;庄子得于《乐》者多,失之也多;墨子的《兼爱》、《尚同》出于《乐》,《节用》、《尊天》出于礼,其于《礼》、《乐》是得少失多;法家兼有道家的特点,其于《礼》、《易》,也是得少失多;惠施、公孙龙子得少失少;荀子得多失少;杂家也是得少失少;农家和阴阳家虽出于《礼》与《易》,因末流卑陋,无足判。所以马一浮说:"观于五家之得失,可知其学皆统于六艺,而诸子学之名可不立也。"[②]

[①] 马一浮:《论六艺该摄一切学术》,《马一浮集》第一册,第15—17页。
[②] 同上,第12—13页。

公平地说，以"流失论"看诸子和"六艺"的关系，认为"六艺"可以统诸子，我认为完全可以成立。只不过他需要克服一个学术史的障碍，这就是诸子是否出于王官的问题。《汉志》以及章学诚、章太炎等后世大儒都主张诸子出于王官，只有胡适反其说而立论。马一浮当然知道这是一个不能逾越的问题，于是采用注解的方式，对诸子是否出于王官的问题，作出了尽可能的考证性辨析。他写道：

《学记》："师严然后道尊，道尊然后民知敬学。是故君之所不臣于其臣者二：当其为尸，则弗臣也；当其为师，则弗臣也。大学之礼，虽诏于天子，无北面，所以尊师也。"此明官、师有别，师之所诏并非官之所守也。（《周礼》司徒之官有"师氏掌以媺诏王"，"保氏掌谏王恶"。凡"王举则从，听治亦如之"。师氏"使其属率四夷之隶，各以其兵服守王之门外，且跸"。保氏"使其属守王闱"。此如后世侍从之官。郑注《冢宰》"以九两系邦国之民"，"师以贤得民"，"儒以道得民"，乃以诸侯之师氏、保氏当之，变保为儒，此实于义乖舛，不可从。）《论语》："温故而知新，可以为师矣。"又语子夏："汝为君子儒，毋为小人儒。"此所言师、儒，岂可以官目之邪？《七略》旧文某家者流出于某官，亦以其言有关政治，换言之，犹曰某家者可使为某官。如"雍也，可使南面"云尔，岂谓如书吏之抱档案邪？如谓道家出于史官，今《老子》五千是否周之国史？墨家出于清庙之守，今墨书所言并非笾豆之事。此最易明。吾乡章实斋作《文史通义》，创为"六经皆史"之说，以六经皆先王政典，守在王官，古无私家著述之例，遂以孔子之业并属周公，不知孔子"祖述尧舜，宪章文武"，乃以其道言之。若政典，则三王不同礼，五帝不同乐，且孔子称《韶》、《武》，则明有抑扬，论十世，则知其损益，并不专主于"从周"也。信如章氏之说，则孔子未尝为太卜，不得系《易》；未尝为鲁史，亦不得修《春秋》矣。《十翼》之文，广大悉备，太卜专掌卜筮，岂足以知之；笔削之旨，游、夏莫赞，亦断非鲁史所能与也。"以吏为师"，秦之弊法，章氏必为回护，以为三代之遗，是诚何心！今人言思想自由，犹为合理。秦法"以古非今者族"，乃是极端遏制自由思想，极为无道，亦是至愚。经济可以统制，思想云何由汝统制？曾谓三王之治世而有统制思想之事邪？惟《庄子·天下篇》则云："古之道术有在于是者，(某某)[墨翟、禽滑厘]闻其风而说之。"乃是思想自由自然之果。所言"道德不一，天下多得一察焉以自好"，"各为其所欲[焉]以自为方"，"道术将为天下裂"，乃以"不该不遍"为病，故庄立道术、方术二名。(非如后世言方术当方伎也。)是以道术为该遍之称，而方术则为一家之学。谓方术出于道术，胜于九流出于王官之说多矣。与其信刘歆，不如信庄子。实斋之论甚卑而专固，亦与公羊家孔子改制之说同一谬误。且《汉志》出于王官之说，但指九家，其叙六艺，本无此言，实斋乃以六艺亦为王官所守，并非刘歆之意也。略为辨正于此，学者当知。①

这在马一浮的著作中是难得一见的考证和论辩性文字，其驳刘歆，自有其理据；驳章学诚则嫌证据不足，他说系手边"无书翻检"所致②。章氏"六经皆史"说，是好大的一个判断，其目的在化"经"为"史"，削弱"经"的君临地位。站在维护"六艺"的立场，驳章是必然的。但胡适的《诸子不出于王官论》③，则嫌推理多而证据不足。相比之下马一浮的驳论，似更具说服力。值得注意的是，马先生对章学诚在《文史通义》里把秦的"以吏为师"作为"官师治教、未尝分歧为二"④的理由，表示了极大的愤慨，认为他的这位同乡违背了思想自由的学术原则，乃至于发出质问："'以吏为师'，秦之

---

① 马一浮：《论六艺该摄一切学术》，《马一浮集》第一册，第13—14页。
② 马一浮：《致熊十力》第八函(1938年7月)，《马一浮集》第二册，第530页。
③ 胡适：《诸子不出于王官论》，《胡适全集》第1卷，安徽教育出版社2003年版，第244—251页。
④ 章学诚在《文史通义·原道中》里说："后世服夫子之教者自六经，以谓六经载道之书也，而不知六经皆史也。《易》之为书，所以开物成务，掌于《春官》太卜，则固有官守而列于掌故矣。《书》在外史，《诗》领大师，《礼》自宗伯，乐有司成，《春秋》各有国史。三代以前，《诗》、《书》六艺，未尝不以教人，不如后世尊奉六经，别为儒学一门，而专称为载道之书者。盖以学者所习，不出官司典守，国家政教；而其为用，亦不出于人伦日用之常，是以但见其为不得不然之事耳，未尝别见所载之道也。(转下页)

弊法，章氏必为回护，以为三代之遗，是诚何心！今人言思想自由，犹为合理。秦法'以古非今者族'，乃是极端遏制自由思想，极为无道，亦是至愚。经济可以统制，思想云何由汝统制？曾谓三王之治世而有统制思想之事邪？"马一浮的著作中很少有如此声色俱动的语词，温文如马先生，在面对思想的自由原则时，也要发出迹近破雅的诉求。

马一浮不仅认为"六艺"统摄中国的一切学术，而且认为西来学术也可以统于"六艺"之内。他说："六艺不唯统摄中土一切学术，亦可统摄现在西来一切学术。举其大概言之，如自然科学可统于《易》，社会科学（或人文科学）可统于《春秋》。因《易》明天道，凡研究自然界一切现象者皆属之；《春秋》明人事，凡研究人类社会一切组织形态者皆属之。"①本来论证西来学术也统于"六艺"是尤为困难的问题，但看了马先生列举的理由，我们反倒将疑而有信了。因为他说《易》讲天道、《春秋》讲人事，那么自然科学也好，人文社会科学也好，所研究的对象，还能逾出"人事"和"天道"的范围吗？所以，作为自然科学家的浙大校长竺可桢先生，听了马先生的讲论之后，也表示"其理亦甚明显"（前面已具引）。那么我们似的门外汉，就不必多所置疑了。何况，马先生的另一个命题是"六艺统摄于一心"，举凡世间任你什么学术，还能够与这个"心之全体大用"分离开吗？

（接上页）夫子述六经以训后世，亦谓先圣先王之道不可见，六经即其器之可见者也。后人不见先王，当据可守之器而思不可见之道。故表彰先王政教，与夫官司典守以示人，而不自著为说，以致离器言道也。夫子自述《春秋》之所以作，则云：'我欲托之空言，不如见诸行事之深切著明。'则政教典章，人伦日用之外，更无别出著述之道，亦已明矣。秦人禁偶语《诗》《书》，而云'欲学法令，以吏为师'。夫秦之悖于古者，禁《诗》《书》耳。至云学法令者，以吏为师，则亦道器合一，而官师治教，未尝分歧为二之至理也。"见章著《文史通义》上册，中华书局1985年版，第132页。按章氏所论意在说明古代道器合一的情形，自然不是全无道理，但行文中居然说"秦之悖于古者，禁《诗》《书》耳。至云学法令者，以吏为师，则亦道器合一，而官师治教，未尝分歧为二之至理也"，则激怒了大儒马一浮，认为这是为秦之弊法回护。

① 马一浮：《论西来学术亦统于六艺》，《马一浮集》第一册，第21页。

马一浮于此写道："吾人性量本来广大，性德本来充足，故六艺之道即是此性德中自然流出的，性外无道也。"又说："就其真实无妄言之，则曰至诚；就其理之至极言之，则曰至善。故一德可备万行，万行不离一德。知是仁中之有分别者，勇是仁中之有果决者，义是仁中之有断制者，礼是仁中之有节文者。信即实在之谓，圣即通达之称，中则不偏之体，和则顺应之用，皆是吾人自心本具的。"这就是"六艺统摄于一心"的含义。大关键是，诚、善、知、勇、礼、义、信、圣、中、和这些德谓，或者曰性德，都是人的自心所具有的，不是他者外加的。因此可以看作是"本然之善"。而"本然之善"也就是"天命之性"，也就是事物之"理"。而六艺之道纯是义理，其发用之点在于："使人自易其恶，自至其中，便是变化气质，复其本然之善。"马一浮因此归结说："此理自然流出诸德，故亦名为天德。见诸行事，则为王道。六艺者，即此天德王道之所表显。故一切道术皆统摄于六艺，而六艺实统摄于一心。"又说："曰圣曰仁，亦是因果相望，并为总相。总不离别，别不离总，六相摄归一德，故六艺摄归一心。圣人以何圣？圣于六艺而已。学者于何学？学于六艺而已。大哉，六艺之为道，大哉，一心之为德。"[1]

五 "六艺之道"炳然常存

盖马一浮的"六艺论"，是追寻我国学术思想的经典源头，回归到中华文化的原典精神。因为一国一族的文化之开新启运，必伴随着一次回归原典的精神重构过程。也就是辨明文化身份，知道从哪里来，才知道到哪里去。换言之是在攘乱纷繁的现相世界重新发现自己的角色意义。不是不需要不同文化系统之间的对话与交流，也不是不需要文化的嫁接和移植，但一个"文明体"国家，它的精神的主体价值必与本民族的文化传统血脉相传和相接。特

---

[1] 马一浮：《论六艺统摄于一心》，《马一浮集》第一册，第18—21页。

别在国家危难、民族蹇艰的历史时刻，尤须从民族文化的经典中汲取力量的源泉。

而且马一浮还把六艺之道看作是人类的共德。他说："若使西方有圣人出，行出来的也是这个六艺之道，但是名言不同而已。"①又说："西方哲人所说的真、善、美，皆包含于六艺之中，《诗》、《书》是至善，《礼》、《乐》是至美，《易》、《春秋》是至真。《诗》教主仁，《书》教主智，合仁与智，岂不是至善么？《礼》是大序，《乐》是大和，合序与和，岂不是至美么？《易》穷神知化，显天道之常；《春秋》正名拨乱，示人道之正，合正与常，岂不是至真么？诸生若于六艺之道深造有得，真是左右逢源，万物皆备。所谓尽虚空，遍法界，尽未来际，更无有一事一理能出于六艺之外者也。吾敢断言，天地一日不毁，人心一日不灭，则六艺之道炳然常存。世界人类一切文化最后之归宿必归于六艺，而有资格为此文化之领导者，则中国人也。"②这等于说，"六艺之道"是一种具有普世价值的思想，不独适合于中国，于世界于全体人类也是适用的，或至少应该成为华夏儿女与世界上各种不同的文化系统对话的可依凭的思想资源。世界各国的文化，异则异之，同则同之。在归德、归教、归仁、归义这点上，各个不同的文化系统应该异中有同，所不同者不在学和理和道，而是形式与名言的不同。

马先生不愧是诗人，他为了激励青年人的精神意志，已经在用诗的语言来展望人类文化未来之前景了。他所以这样讲，应直接与"吾国家民族被夷狄侵凌"的大背景有关。笔者虽不敢完全断定，马先生对人类文化的未来所作之预期是否能够完全成为现实，但他欲使青年知识分子对自己的文化经典有一种期许，对民族文化具一份信心，从而"动心忍性"，造成我中华多难兴邦的机遇，其情理之初衷初意，自是苦心孤诣，用心良苦。亦因此，马一浮

---

① 马一浮：《论西来学术亦统于六艺》，《马一浮集》第一册，第23页。
② 同上，第23—24页。

在开讲"六艺"之前，先介绍并讲解张载的"为天地立心，为生民立命，为往圣继绝学，为万世开太平"的"四句教"，目的也是欲使青年人"养成刚大之资，乃可以济蹇难"①。孰谓玄言义理不切于事情？在马先生非是也，在"六艺"非是也。

故马一浮说："今当人心晦盲否塞，人欲横流之时，必须研究义理，乃可以自拔于流俗，不致戕贼其天性。"又说："学者当知，圣学者，即是义理之学，切勿以心性为空谈而自安于卑陋也。"②

马一浮在浙江大学主持国学讲座、讲论"六艺之学"的时间并不长，1938年3月底抵江西泰和，五个月后，即当年的9月下旬至10月上旬，因寇氛紧逼，浙大即由江西迁移至广西宜山，马先生亦随同前往。宜山是古所谓瘴疠之地，环境不如泰和，师生病员大增。马先生亦尝小病。竺可桢校长病历多日，至11月14日全校开课之时，他还因食物中毒而大吐不止。他的发妻在离开泰和前也不幸病故。抗战时期大学之备尝艰辛，可想而知。然环境虽恶，教学与研究的学术秩序一直得到维持，马一浮所称颂的"弦诵不辍"，在浙江大学的搬迁过程固未尝有停也。

六 "尚亨于野，无吝于宗"

1938年11月23日，马一浮的国学讲座又在宜山开讲，地点在文庙，讲题为《说忠信笃敬》。开讲伊始，马先生先致感慨，说道："前在泰和得与诸君共讲论者数月，不谓流离转徙，今日尚得到此边地重复相聚，心里觉得是悲喜交集。所悲者，吾国家民族被夷狄侵凌到此地步，吾侪身受痛苦，心怀危亡，当思匹夫有责，将何以振此垂绝之绪，成此恢复之业，拯此不拔之苦，

---

① 马一浮：《横渠四句教》，《马一浮集》第一册，第8页。
② 同上，第7页。

今实未能焉，能不悲？所喜者，虽同在颠沛之中，尚得有此缘会，从容讲论，得与诸君互相切磋，不可谓非幸。"又说："校长暨教授诸先生不以某为迂阔，仍于学校科目之外，约某继续自由讲论。此虽有似教外别传，却是诸法实相，圣贤血脉，人心根本。诸君勿仅目为古代传统思想，嫌其不合时代潮流。先须祛此成见，方有讨论处。"[1]可谓情真意切，苦口婆心。

竺可桢校长与闻了此次演讲，当天日记有载云："三点半至指挥部晤岑兆熊，不值。至文庙听马一浮讲六艺要旨。谓立国致用，当以立身行己着手。孔子所谓'言忠信，行笃敬，虽蛮貊之邦行矣。言不忠信，行不笃敬，虽州里，行乎哉'云云。"[2]竺可桢所记显然是此次讲论的后半部分，前面的部分，还是强调一切学术都统于六艺，而六艺之根本，则是"吾人内心所具之义理"。因此"天下万事万物，不能外于六艺，六艺之道，不能外于自心"。黄宗羲说的"盈天地间皆心也"，马一浮极为赞赏，但他说："盈天地间皆六艺也。"他批评了一味向外驰求的学问风气，主张"求道会物归己"。而所求之道无他，"六艺"而已。"向外求"和"向内求"，这是两种根本不同的学风。对二十世纪流行的考据学，他也不免略有微词了："其有知治经者，又只为客观的考据之学，方法错误，不知反求自心之义理，终无入头处。"[3]

所谓史学的立场和哲学的立场的分别，我们在这里又看到了。考据学当然不可废，但就"六艺之道"而言，首先不是考据的问题，而是体究省发的问题。在马先生看来，自身之义理一旦省发体究，"一念回机，便同本得，方知此是诚谛之言，方不辜负自己，不辜负先圣，此是夷狄所不能侵，患难所不能入的。"能达致此效果者，应该已经就是"六艺之人"了。如前所说，"六艺之人"和做一个现代人并无矛盾。故马一浮强调："天地一日不毁，此心一

---

[1] 马一浮：《宜山会语》，《马一浮集》第一册，第54页。
[2] 《竺可桢全集》第6卷，"日记一集"，上海科学技术出版社2005年版，第617页。
[3] 马一浮：《说忠信笃敬》，《马一浮集》第一册，第55页。

日不亡，六艺之道亦一日不绝。"①

马一浮在宜山的讲论，汇为《宜山会语》一书，共九篇文字，除第一讲的《说忠信笃敬》，另有《释学问》、《颜子所好何学论》、《说视听言动》、《居敬与知言》、《涵养致知与止观》、《说止》、《去矜上》、《去矜下》，以及附录的《拟浙江大学校歌》。所讲当然不出"六艺之学"的范围，但侧重点与《泰和会语》已有不同。《泰和》主要讲"六艺"的源流和大旨，侧重"六艺之道"，《宜山会语》则主要讲成为"六艺之人"须做好哪些方面的准备和经过哪些过程。换言之，今人学"六艺"，应怎样收拾安顿好自己的精神主体，是一大关键。这一方面，马一浮给出了一个名称，叫作"义理名相论"，这是他在学理上的一大发明，使他的"六艺之学"有了属于自己的学问体系。兹事体大，已另为专题探讨，此处不具。

但浙大由泰和转徙宜山前后，有两件事于马先生于浙大都殊堪一记。

第一件事，1938年6月26日，浙大在泰和举行第十一届毕业典礼，马先生应邀向师生演讲，他提出了足可令人清明理性的思想："国家生命所系，实系于文化，而文化根本在思想。从闻见得来的是知识，由自己体究，能将各种知识融会贯通，成立一个体系，名为思想。"②知识学问界人人都在使用"思想"一词，但什么是思想呢？马一浮给出了一个定义。原来人们从闻见（包括经验和读书）得来的仅仅是知识，不管得到的知识有多么丰富，并不意味着已经有了思想。只有经过自己的"体究"，将得来的"各种知识融会贯通"，而且还要形成"一个体系"，这才有可能成为思想。简言之，人们在体究各种知识的基础上形成自己的见解，见解人人都有，有了系统的见解，才算是有了思想。而当思想诉诸学术型态之时，就有了学术思想。六艺之学是吾国学术思想的最高典范，其珍贵重要可想而知。因此完全可以说，学术思想的兴衰是关系

---

① 马一浮：《说忠信笃敬》，《马一浮集》第一册，第55页。
② 马一浮：《对毕业诸生演词》，《马一浮集》第一册，第50页。

到一个国家和民族的生死存亡的一件大事。"国家生命所系,实系于文化,而文化根本在思想"之判语,讲的是实理,而非马先生故作高言危论。此次演讲实际上是对"六艺论"的补论与发挥。

马先生同时还有一篇文字稿《赠浙江大学毕业生序》,发给参加毕业典礼的师生。本来竺可桢校长担心学生不一定听得懂,看到有文字稿放心了[①]。其实马先生所讲和所写,是两篇不同的内容。《赠序》对知识分子,即古时所谓的"士",作了独特的解释。他引《大戴礼记》所载孔子的话为说:"所谓士者,虽不能尽道术,必有所由焉;虽不能尽善尽美,必有所处焉。是故知不务多而务审其所知,行不务多而务审其所由,言不务多而务审其所谓。知既知之,行既由之,言既顺之,若性命肌肤之不可易也。富贵不足以益,贫贱不足以损,若此则可谓士矣。"[②]这里的"审其所知"、"审其所由"、"审其所谓"三个层次,最为重要。他说"所知是思想主要点,所由是行为所从出的动机,所谓是言论之意义",并将"所知"、"所由"、"所谓"和过去、现在、未来"三世"联系起来。此可知马一浮先生对思想义理是何等精通,而且知行合一,为一事,出一言,下一字,绝不敷衍从事。

值得注意的是,此次浙大的毕业典礼,还唱诵了"横渠四句教",显然是马一浮的主张,而曲调则是马先生请丰子恺觅人所谱写[③]。这使传统学府所谓"弦诵不辍"的大雅之风成为现实。战乱颠沛之际,而有此盛举,固然是竺可桢校长的通达所致,然则如没有马一浮先生的创意,他所讲论的"六艺之教"的熏陶,"礼"与"乐"竟能成此合章,万无此种可能。况张载"为天地立心,为生民立命,为往圣继绝学,为万世开太平"的四句教言,用于山河

[①] 1938年6月26日竺可桢日记载:"唱毕,马一浮演讲,渠所讲学生不易解,幸事先印有《赠浙江大学毕业生序》。"见《竺可桢全集》第6册,"日记一集",第540页。

[②] 《赠浙江大学毕业诸生序》,《马一浮集》第一册,第49页。

[③] 马一浮:《致丰子恺》(1938年6月6日)云:"前承惠大树画并萧而化君制横渠四句教曲,深荷不以老朽之言为迂阔。"《马一浮集》第二册,第565页。此可知谱曲者为名萧而化者。

破碎、避难励学情境下的大学典礼，恰当如仪莫此为最。此是第一件事。

第二件事，马一浮尝为浙江大学写作校歌。《竺可桢日记》1938年11月19日载："午后睡一小时。三点开校务会议，报告迁移经过及新生考取情形（计已发表者已达六百余人之多），及师范学院之成立等。……决定校训为'求是'两字，校歌请马一浮制。"①则请马先生写作校歌，是浙大校务会议的决定。多抄录数语，是为让读者顺便知道，那样的战时，大学招生依然有序地进行，而且录取者有六百人之多，报考者还不知多到凡几。这样的民族，岂强寇所能战胜哉。下面是马一浮所拟《浙江大学校歌》的歌词全文：

大不自多，海纳江河。惟学无际，际于天地。形上谓道兮，形下谓器。礼主别异兮，乐主和同。知其不二兮，尔听斯聪。

国有成均，在浙之滨。昔言求是，实启尔求真。习坎示教，始见经纶。无曰已是，无曰遂真。靡革匪因，靡故匪新。何以新之，开物前民。嗟尔髦士，尚其有闻。

念哉典学，思睿观通。有文有质，有农有工。兼总条贯，知至知终。成章乃达，若金之在镕。尚亨于野，无吝于宗。树我邦国，天下来同。②

歌词分三章，首章昭示大学之包容，天地、江河、道器，"体用一原"，所以"明教化之本"。而"礼乐"则是大学的精神秩序，亦是此校歌之作的义理源泉。次章明大学的理念，求真求是，"靡故匪新"。"无曰"四句，"明义理无穷，不可自足"，可见勖勉之殷。末章言大学为教之分合统类，归于会通，虽徙旷远，亦须大公，而杜绝学术的门户之见。歌词所用典故，悉取自《诗经》、《书经》、《礼记》、《乐记》、《论语》、《孟子》诸载籍，可见此校歌之制

---

① 《竺可桢全集》第6卷，"日记一集"，第614—615页。
② 马一浮：《浙江大学校歌》，《马一浮集》第一册，第98页。

作，实际上是"六艺之教"的一次具体实施。

马一浮为校歌之制作写有一篇"按语"，逐次说明歌诗之立意及各章要旨并所引古典之寓意来源。在解释末章"无吝于宗"一语时，对学术之宗派门户尤所措意，写道："宗者，族党之称，谓私系不忘，则畛域自封，终陷褊狭之过，故吝。"又说："学术之有门户，政事之有党争，国际之有侵伐，爱恶相攻，喜怒为用，皆是'同人于宗'，致吝之道。学也者，所以通天下之志，故教学之道，须令心量广大，绝诸偏曲之见，将来造就人才，见诸事业，气象必迥乎不同，方可致亨。"[①]此又是"六艺"之理，孰谓我们传统的经典至道不切于事情？而词涉处理歌诗之内容和抗战之环境的关系之原则时，马先生更道出超越时俗世俗之学者特见，他说：

又抗战乃一时事变，恢复为理所固然。学校不涉兵戎，乐章当垂久远。时人或以勾践沼吴为美谈，形之歌咏，以寓复兴之志，亦是引喻失义。若淮夷率服，在泮献功，自系当来之事，故抗战情绪不宜羼入歌辞。文章自有体制，但求是当，无取随人。[②]

兹敢断言，如不是马一浮先生，当时很少有人能讲出"学校不涉兵戎"、"抗战情绪不宜羼入歌辞"这样直白无隐的话。至于今天更可想而知。问题是，马先生能够讲出固然不容易，尤其不容易者，是包括竺可桢校长在内的诸教授贤达，一律都予认同。马先生甚至对当时艺文界流行的"卧薪尝胆"主题提出置疑。盖流行者和反映民众一时之情绪者，不一定是学理求真之所必然，学者的论说空间不应因普遍的时俗而缩小。所谓"体用一原，显微无

---

① 马一浮：《拟浙江大学校歌》附说明，《马一浮集》第一册，第100—101页。
② 同上，第101页。

间，道器兼该，礼乐并得，以救时人歧而二之之失"①，即是此义。

七 "救得一分是一分"

校歌之制作和学校毕业典礼上唱诵"横渠四句教"，两事均涉及大学之为教和"礼乐"的关系。而"礼乐"是"六艺"的核心，马一浮直接投身两事，应非偶然。他在浙大的"六艺"讲论，并非所有听讲者都能够领会。即使一向支持马先生的竺可桢校长，有时也难免不无疑虑。那是1938年的12月8日，竺可桢在《新民族》杂志上看到一篇对儒学有所批评的文章，认为孔子所谓"危邦不入，乱邦不居"，是"使人趋于自私自利之一途"，他表示这些话正好与他的想法"相合"。同时他又想到："马一浮讲学问固然渊博，但其复古精神太过，谓'古之学者为己，今之学者为人'，以为人为非，而为己为是，则谬矣。"②显然竺可桢对孔子"为己之学"的论述缺乏了解，从而误会了马一浮的取义。提倡"为己之学"是保持学者独立的必要条件，其与"为人"、"为己"的表面是非根本没有关系。中国秦汉以后长期缺少学术独立的传统，晚清学人如严复等受西方学术思想的影响，旋又重提孔子之旧说，以"为己之学"为学术独立之代名词。

笔者在《竺可桢日记》里看到相关记载，心情颇为矛盾，甚至不忍提撕分疏此事。现稍及此只有一个目的，即让读者明白，马一浮战乱之时讲六艺于浙江大学，听者既无多士，真知者更乏其人。他在到泰和不久写给弟子王星贤的信里写得明白："此间诸友，其知我自不如叶先生，然其意亦良厚。竺祭酒廉谨有余，余子亦各有所长。大都质美而未学，似难骤与适道。衲僧家每谓达磨东来只觅一个不受人惑的人。吾行天下，亦只明得一义，觉人我之

---

① 马一浮：《拟浙江大学校歌》附说明，《马一浮集》第一册，第99页。
② 《竺可桢全集》第6卷，"日记一集"，第624页。

间本无间隔，但习气差别万殊，浅深不同，卒难与除。若令心习顿尽，则全体是性，更有何事。此程子所以言我这里只有减法，减尽便无事也。今学校正是习气窠窟，吾持此术以往，真乃驱耕夫之牛，夺饥人之食。然吾不能变其彀律，救得一分是一分也。"[1]他感到浙大诸贤，人品佳，但对于学问，则谈不上，故有"质美而未学"的考语。至于进而入之于"道"，就更困难了。这种情形直到马一浮离开浙大，也未见根本改变。值得注意的是称大学为"习气窠窟"的判语，置诸七十年后的今天，是否已不应该再用此语，吾未敢必也。

2005年仲秋初稿，2008年7月16日改订定稿

（原载《中国文化》2008年秋季号）

---

[1] 马一浮：《至王培德星贤》(1938年4月3日)，《马一浮集》第二册，第847页。

"花开正满枝"

——马一浮的佛禅境界和方外诸友

马一浮学术思想的特点,是儒佛兼治、儒佛并重、儒佛会通。

论者或云,马先生和梁漱溟、熊十力一样,也经历一个由佛返儒的学问历程。马先生固然是伟大的儒者,其对"六艺"之学和儒家经术义理所做的贡献,可以视他为宋明以后之第一人。但他同时又是不可有二的现代佛学学者。他长期浸润涵永释氏载籍,深谙佛理禅机。即使是1938年至1945年的民族危难时期,他在江西泰和、广西宜山和四川乐山,主要讲论"六艺"之学,也从未忘情于他所钟情的佛氏之义学和禅学。

一 读儒书须是从义学翻过身来

他讲论"六艺"的基本方法,是以佛释儒,"借他禅语来显义"。翻开《泰和》、《宜山》两会语和《复性书院讲演录》,以及与友朋的通信,这方面的例证触处皆是。他甚至认为,如果不引入佛学义理,关于"六艺"的问题是否能说得清楚,也大可怀疑。他的可成为典要的名言是:"读儒书,须是从义学翻过身来,庶不至笼统颟顸。"[①]他的这种立场也曾引起过一些学

[①] 乌以风等编次:《马一浮先生语录类编》,《马一浮集》第三册,浙江古籍出版社和浙江教育出版社1996年版,第1055页。

者的不满，与他相交多年的友人叶左文（1886—1966），就曾提出疑义，说他的《泰和宜山会语》"庞杂"、"入于禅"、"入于鄙诈慢易而有邪心"，批评得相当严厉。

马先生面对责难毫不退却，写给叶的信平静、委婉而意态坚定。他说："浮诚不自量，妄为后生称说。既蒙深斥，便当立时辍讲，以求寡过。然既贸然而来，忽又亟亟求去，亦无以自解于友朋。言之不臧，往者已不及救；动而有悔，来者犹或可追。今后益将辨之于微隐之中，致慎于独知之地。冀可以答忠告之盛怀，消坊民之远虑，不敢自文自遂以终为君子之弃也。世固未有言妄而心不邪者。据浮今日见处，吾子所斥为邪妄，浮实未足以知之。"针对叶左文的"入于鄙诈慢易"和"有邪心"的妄测诬评，马一浮反驳道："盖浮所持以为正理者，自吾子视之则邪也；浮所见以为实理者，自吾子视之则妄也。夫人苟非甚不肖，必不肯自安于邪妄。平生所学在体认天理，消其妄心，乃不知其竟堕于邪妄也。若夫致乐以治心，致礼以治身，亦固尝用力焉而未能有进，不自知其不免于鄙诈慢易之入有如是也。"[①]指出叶的批评与自己的学理学心南辕北辙，不生干系，只不过彼此对于正邪、是非所持的标准不同耳。

至于"庞杂"、"入于禅"之讥，马先生则坦然写道："谓吾今日所言有不期而入于禅者，浮自承之"、"其引用佛书旁及俗学，诚不免庞杂。然兼听并观，欲以见道体之大，非为夸也。罕譬曲喻，欲以解流俗之蔽，非为戏也"。又说："兄不喜佛氏，乃并其所用中土名言而亦恶之，此似稍过矣。浮今以'六艺'判群籍，实受义学影响，同于彼之判教，先儒之所未言。"又说："判教实是义学家长处，世儒治经实不及其缜密。"[②]直接肯定佛学思想之细密和逻辑之圆融，不用说此亦是后世知者所共见。而另一答叶氏函则自道："浮实

[①] 马一浮：《致叶左文》第十函（1938年），《马一浮集》第二册，第438—442页。
[②] 同上。

从义学、禅学中转身来，归而求之六经，此不须掩讳。"①

叶左文是陈介石(1859—1917)的弟子，浙江开化人，生于1885年，比马一浮小两岁，清末尝为广东盐使，治考据之学，早年在杭州时曾与马一浮一起读《论语》，彼此相与甚得。后任职北京图书馆，以所校《宋史》名家。但两人的学术观点多有歧异，尤其对佛学的看法大相径庭。当1918年两人通信时，已涉及对佛氏的不同理解。马一浮当时在信中写道：

旧于释氏书不废涉览，以为此亦穷理之事。程子所谓大乱真者，庶由此可求而得之。及寻绎稍广，乃知先儒所辟，或有似乎一往之谈，盖实有考之未晰者。彼其论心性之要，微妙玄通，校之濂洛诸师，所持未始有异。所不同者，化仪之迹耳。庄、列之书，特其近似者，未可比而齐之。要其本原，则《易》与礼乐之流裔也。此义堙郁，欲粗为敷陈，非一时可尽。又虑非尊兄今日所乐闻，故不敢以进。尊兄一志三《礼》，恪守程朱。虽终身不窥释氏书，何所欠缺。若浮者亦既读之而略闻其义，虽以尊兄好我之深，吾平日信尊兄之笃诚，恨未能仰徇来恉，一朝而屏之。且其可得而扃闭者，卷帙而已。其义之流衍于性道，冥符于'六艺'者，日接于心，又恶得而置诸。不敢自欺以欺吾兄，避其名而居其实，自陷于不诚之域，故坦然直酬，以俟异日之得间而毕其说。②

此可见马一浮先生对佛学之执拗，已到了弃之不可、舍之不能的地步。宋儒对佛氏的态度，他也不敢苟同。二程所谓二氏可以"乱真"的说法，他认为不过是"一往之谈"。他说那不是"乱真"，而是"所持未始有异"，其本原与《易》和礼乐是相通的。他并且想在学理上对此作出系统阐释。他说的

---

① 马一浮：《致叶左文》第十一函(1938年)，《马一浮集》第二册，第445页。
② 马一浮：《致叶左文》第三函(1918年)，《马一浮集》第二册，第429—430页。

"俟异日之得间而毕其说",就是欲会通儒佛的意思。他的这一愿望,二十年后在《泰和宜山会语》和《复性书院讲录》中得到了实现。

对佛氏之义学和禅学,马一浮可谓终其一生,"痴心"不改。

二 李叔同出家所受马一浮的影响

不仅此也,日常生活中的马一浮,也是经常浸润、徜徉于佛禅义海之中。

他的友人中很多都与佛、禅有信仰或学术的因缘。谢无量是他从青年到晚年未曾间断的最好的朋友,谢是诗人、文学史家,对佛学亦有深湛的研究,曾著有《佛学大纲》一书。谢无量的胞弟谢希安,1889年生,复旦大学毕业,后任教于四川高等学堂。由于宿因,"志乐方外",遂于任教四川时出家,先在成都大慈寺剃发,后在贵州高峰山万华寺受戒,法名万慧。复又云游缅甸、印度等国,成为享誉南亚的高僧。马一浮写给谢无量的信中,总是对万慧眷念无已,几次写诗寄意感怀[1]。直到五十年代以后,他还与万慧法师有书信联系。

1959年万慧在仰光示寂,马先生为之撰写塔铭和后记[2],赞扬其在异域游玄栖禅、传播佛法的功德,并以一首七律为悼:"林卧观空隘九垓,法云深护碧崔嵬。行藏语默无差别,幻翳星灯泯去来。梵业早知辞后有,劳民何日靖三灾。孤峰遥礼安禅处,百鸟衔花绕塔回。"诗题为:"万慧法师行印缅垂四十年,末后卓庵于仰光之宝井峰,兹闻示灭,信众为就山建塔,远

---

[1] 1940年马一浮掌复性书院于四川乐山,曾有《寄怀万慧法师仰光》七律一首:"不隔灵光莫系风,梦中流转尚飘蓬。寄书金色拈花侣,可忆西湖卖酱翁。无舌人来应解语,吹毛剑在任挥空。六牙白象何时见,欲问瞿昙那一通。"而当得到万慧法师的书信后,马一浮欣喜若狂,立成五律作答:"片羽来鸡足,高轩忆桂林。干戈成间阻,衰病益愁吟。喜得支公讯,如闻海上琴。嘉君方外趣,识我故园心。"两诗分别见《马一浮集》第三册,第93、111页。

[2] 马一浮:《万慧法师塔铭并后记》,《马一浮集》第二册,第265—266页。

征题咏，寄此以志悲仰。"①同时给谢无量也寄去一诗，写道："隐几冥然识气先，阅人成世悟无迁。雕龙炙毂方盈耳，枯木寒岩自送年。尚及黄冠迎野祭，可能雪夜忆湖船。迩来一事堪惆怅，度岭玄沙竟不还。"诗后注："闻令弟法师已示寂，安住涅槃，脱离尘秽。虽世情所戚，而法性无迁，料哀乐不能入也。"②虽为万慧的四十载不还乡感到惆怅，却对法师的示寂给以佛家的礼赞。

他的另外两位来往甚多的友人，一是彭逊之，一是李叔同，这两人继万慧之后，也都出家了。马一浮1918年农历正月初四在写给谢无量的信里说："彭逊之忽思绍佛种，遂将薙染，李居士叔同亦同修净业，不谓慧师之后，复有斯人。各求其志，在彼法可谓无有增减。他日吾子若来，或视此二僧于大慈山中，亦一段因缘。"③给李叔同的信里也说："故人彭君逊之，耽玩羲《易》有年，今初发心修习禅观，已为请于法轮长老，蒙假闲寮，将以明日移入。他日得与仁者并成法侣，亦一段因缘耳。"④彭逊之出家修行的僧舍，还是马一浮为之向法轮长老请来的，此可见对李、彭二人的出家，马先生采取的是理解和同情的态度。但彭、李的情况宜有区别，马先生对李向无间言，对彭的做法则一直有所保留。

李的出家，与马先生的影响有直接关系。当然李是现代中国发轫时期的极不寻常的文化俊杰，他的诗、书、画、戏剧的成就已载入20世纪的艺术史册，当时后世鲜有异词。他的出家是由于他的慧根，是自觉的理性选择。马与李1902年在上海南洋公学相识，后来李于民国初年执教杭州第一师范，同处一城一地，来往开始频繁起来。当1918年李叔同落发出家时，马先生异乎

---

① 马一浮：《万慧法师行化印缅垂四十年，末后卓庵于仰光之宝井峰，兹闻示灭，信众为就山建塔，远征题咏，寄此以志悲仰》，《马一浮集》第三册，第633—634页。
② 马一浮：《简斋庵》，《马一浮集》第三册，第634页。
③ 马一浮：《致谢无量》第九函，《马一浮集》第二册，第357页。
④ 马一浮：《致李叔同》第二函，《马一浮集》第二册，第498页。

寻常的平静，盖因知其性分使然，不可阻挡，也不必阻挡。今存马致李的五封信函，大都涉及寄佛书给李之事，佛书包括《起信论笔削记》、《三藏法数》、《天亲菩萨发菩提心论》、《净土论》、《清凉疏抄》等[1]。马一浮对弘一法师(李叔同佛号)的影响熏习，此可作为证明。而李叔同1917年3月在写给赴日本留学的弟子刘质平的信里，更明白晓示："自去腊受马一浮大士之熏陶，渐有所悟。世味平淡，职务多荒。"[2]后来，当1924年弘一大师撰写《四分律比丘戒相表记自叙》时，再次提起马一浮对他确立释氏信仰的影响：

> 余于戊午七月，出家落发。其年九月受比丘戒。马一浮居士贻以灵峰《毗尼事仪集要》，并宝华《传戒正范》，披玩周环，悲欣交集，因发学戒之愿焉。[3]

《毗尼事仪集要》和《传戒正范》都是律学宝典，前者为明末高僧智旭(灵峰是其居所)所述，后者的作者是清初宝华山龙藏寺僧人见月。佛教初入中国，戒、定、慧三学，独戒学长期未获重视。公元2世纪中叶，印度僧人昙柯迦罗在洛阳看到的景象仍然是："虽有佛法，而道风讹替，亦有众僧未禀归戒，正以剪落殊俗耳。"[4]于是出所译《僧祇戒心》，供僧众遵行。但直到唐朝以前，虽翻译之戒律著作和本土自订之僧制律议日多，仍不能表示律宗的最后建立；只有经过唐代高僧道宣的"集大成"之创举，特别是南山"三大部"的诞生，我国

---

[1] 马一浮：《致李叔同》第二至第五函，《马一浮集》第二册，第497—499页。
[2] 李叔同：《致刘质平》第六函(1917年3月)，《弘一大师全集》第八册，福建人民出版社1992年版，第94页。
[3] 李叔同：《四分律比丘戒相表记自叙》，《弘一大师全集》第七册，福建人民出版社1992年版，第419页。
[4] (梁)释慧皎撰、汤用彤校注：《高僧传》卷一，中华书局1992年版，第13页。

佛教的律宗即南山宗方正式形成①。但宋明以后，南山宗的地位逐渐式微，清初宝华山诸大德的重建努力，不过是微弱余光之再现而已。马一浮有鉴于此，特推荐灵峰、宝华的著作给李叔同，希望他出家后不随流俗，能够担负起明律振颓的崇高使命。弘一法师果然妙解神会，"披玩周环"，即有"悲欣交集"之感，终于走上发愤学戒、穷研律学的道路。可见不仅李的出家直接受到马一浮的影响，他的佛学信仰的建立，也是马先生宛转启悟的结果。

1942年弘一法师圆寂，马一浮写有哀诗两首，其诗曰：

> 高行头陀重，遗风艺苑思。
> 自知心是佛，常以戒为师。
> 三界犹星翳，全身总律仪。
> 只今无缝塔，可有不萌枝。

> 春到花枝满，天心月正圆。
> 一灵原不异，千圣更何传。
> 交淡心如水，身空火是莲。
> 要知末后句，应悟未生前。②

---

① 佛学研究界普遍认为道宣为中国律宗的真正创主，其所著"三大部"包括《四分律删繁补阙行事钞》、《四分律含注戒本疏》和《四分律删补随机羯磨疏》等。道宣俗姓钱氏，生于隋开皇十六年（公元596年），卒于唐高宗乾封二年（公元667年），《宋高僧传》说他是丹徒人（江苏镇江），也可能是长城人（浙江长兴）。十六岁出家，尝学律于智首律师，后居终南山白泉寺及崇义、丰德两寺。《四分律行事钞》、《四分律羯磨》等著作，就是在崇义寺写就。故道宣创建的律宗，又称南山宗。见《宋高僧传》卷第十四《唐京兆西明寺道宣传》，中华书局1987年版，第327—330页。又汤用彤著《隋唐佛教史稿》第四章第五节"戒律"，介绍道宣事迹甚详，可参看。此见《汤用彤全集》第二卷，河北人民出版社2000年版，第182—187页。

② 马一浮：《哀弘一法师》，《马一浮集》第三册，第166页。又《马一浮集》只载前面一首，第二首兹据《弘一大师全集》之附录补齐，见是书第十册"附录卷"，福建人民出版社1992年版，第233页。

马一浮和弘一法师的交往是真正的君子之交,"交淡心如水"句概括无遗。李叔同出家后皈依律宗,故诗中以"常以戒为师"、"全身总律仪"重叠昭示之。李、马都是有佛性之异人,因此"自知心是佛"既指李,也是马先生自道。"一灵原不异"之"一灵",显然指人的心性、性体,"千圣"所传,无非在此,儒佛岂有二致?

　　弘一法师圆寂的次年,印西等浙江弟子欲为大师在山中建塔,请铭于马一浮先生。此时马先生正在四川乐山担任复性书院主讲,因请铭之书写纸张未及时寄到,迟迟未能下笔。但当他看到一本《弘一法师生西纪念册》,其中"乃无一佳文,深为弘一惋叹"[①],于是触发之下,奋笔疾书,文不加点,一挥而就。这就是写于1943年11月18日的《弘一律主衣钵塔记并铭》,其词曰:

　　　　弘一音公示灭于泉州之明年,其学人印西自北天目以书抵予,言浙中沙门仰师高行,将奉其衣钵,营塔于山中,属予为之记。予惟在昔如来灭度,敕诸弟子以戒为师,故三藏结集,律与经论同重,犹此土之有礼宗矣。自唐以来,讲肆禅林,门庭并盛,独南山宣律师以弘律著。迨及灵芝,其传浸微。晚近诸方受具,虽粗存仪轨而莫窥律文,不究事相者有之。音公生当末法,中岁出家,不为利养,誓以明律,振此颓风。发愤手写《四分律戒相表记》,校正南山《三大部》,并为时所称。讲论尤力,诸方推之,号曰律主。至其秉心介洁,制行精严,俨然直追古德,可谓法界之干城、人天之师范者也。荼毗后,既分藏舍利于泉州承天、开元二寺,造塔之缘,盖犹有待。浙西固师行化之地,四众归敬,欲奉衣钵,同申供养,其孰曰非宜。夫佛种从缘,虽聚沙缚箸,苟以一念恭敬殷重之心出之,在实教中举因该果,即许已成佛道。斯塔所在,十方缁素有来瞻礼者,当念自性清净,

---

① 马一浮:《弘一律主衣钵塔记并铭》之附"文成示学人",《马一浮集》第二册,第259页。

是名为戒。能于日用四威仪中，守护根门，不犯轻垢，遮诸染法，具足一切戒波罗蜜，即不异与师相见，必为师所摄受，亦为诸佛之所护念。视诸造塔功德殊胜，不可称量，岂独纪念云乎哉。系以铭曰：佛三学，戒为首。净意根，及身口。作用是，迷乃否。去邪执，入正受。少持律，法衰久。唯音公，叹希有。敬其衣，念无垢。孰为铭，马蠲叟。[①]

短短四百零一字的塔记，把弘一法师皈宗律学的学理渊源、信仰怀抱和功德建树概括无遗。试想"法界之干城、人天之师范"的十字考语，是何等分量。而记后之三言十六句的塔铭，如同顺口溜般朗朗上口，但所藏之无比渊深的义学内涵跃然纸上。马先生毫不掩饰地说，他这篇塔铭并记"其言质实，可以示后"[②]。

马一浮另外还有一首《题弘一法师本行记》七律："僧宝空留窣堵砖，一时调御感人天。拈华故示悲欣集，入草难求肯诺全。竹苇摧风知土脆，芭蕉泫露识身坚。南山灵骨应犹在，只是金襕已化烟。"第四句下有注云："师出家不领众，临灭手书'悲欣交集'四字。"诗后亦有注："师持律为诸方所推，远绍宣律师，为中兴南山宗尊宿，人谓末法希有。"[③] 称弘一为"中兴南山宗"即律宗的尊宿，对其佛行给予的评价不谓不高，然弘一大师完全当得。

三 彭逊之的"观修"与"返其初服"

彭逊之的情况与弘一法师不同。彭治《易》，有《易注》书稿，得马先生赏识，曾出资请抄工为之誊写。后彭在马先生影响下，倾心向佛，自以为于禅定有所得，遂出家为僧。但马先生并不赞成他这样做，因为在交往中看

[①] 马一浮：《弘一律主衣钵塔记并铭》，《马一浮集》第二册，第258—259页。
[②] 马一浮：《弘一律主衣钵塔记并铭》之附"文成示学人"，《马一浮集》第二册，第259页。
[③] 马一浮：《题弘一法师本行记》，《马一浮集》第三册，第170页。

出他心存间杂，强生知见，未免求证过速。彭出家后，痴迷"中夜起坐"一法，以为此法是"成佛秘要"。马告诫他，如果视此为不二法门，很容易堕入谤法之过。他在给彭的一封信中谆谆启导："经言文殊忽起佛见法见，便贬向二铁围山。今仁者我法二执如此坚固，纵饶智慧如文殊，犹恐不免遭谴，慎之慎之。一入魔宫，动经尘劫。不可背先佛之诚言，信时师之误说。此非小失也。奉劝仁者亟须读诵大乘，深明义解，虚心参学，亲近善友。务使二执俱尽，方可顿悟无生，速成佛道。若如来书之言，正《楞严》所谓譬如蒸沙，终不成饭，甚为仁者惧之。"①

马一浮给彭的另一信涉及佛教的"修观行"问题。佛教的深邃义涵，说来自然浩博无涯。但对信徒的个体生命而言，主要是通过修行寻求解脱之道。这是一个相当曲折、艰难而痛苦的自我体验与反省的过程。首先要对自己的言行动念做每时每刻的省察观照，然后再对与自己有关联的周边世相做细致入微的省察观照，于是发现自己和别人都是很可怜的，悲悯之心油然而生。如此反复体验省察的结果，宜有可能获得"正念"，也就是具备了能够认识自我同时也能认识自我所处世间的能力。这一持续修行实践的过程，佛教叫作"修观"。而"禅定"则是"修观"达至的一种境界。"禅定"本身还有诸多层阶，例如初禅、二禅、三禅、四禅等等。四禅之外还有更高一层的无色定禅。彭逊之给马一浮的信里，妄称自己通过"中夜起坐"一法，"已悟入空"，但却担心"嗔习难断"，所以想求速证，以使"外绝轻毁，内断余嗔"。说法本身已陷入矛盾，说明他连初禅的境界亦未能修得，所以马一浮写道：

  窃恐此语正是生灭根本。菩萨修一切观行，皆以菩提心为本因，不求世间恭敬。伏断烦恼，全在自心，不依缘境。妄心若歇，岂复更有敬慢诸境。须知诸境界相，全由自心妄现计我。我所执取而有当、体本空真，如性中

---

① 马一浮：《致彭俞》第十四函，《马一浮集》第二册，第484页。

本无人我等法，亦无凡圣之相，孰能为智愚，孰能施敬慢耶。取境即是取心，除心不待除境。妄心顿歇，真性自显。如是观行，决定相应。若带惑而修，恐招魔业，切更审谛，不可放过。从上古德修习观行者，莫不先资于教，深明义相，严净毗尼，勤行忏悔。凡此皆以助发观行，令速得相应。[1]

并且告诉他"观"和"教"是一致的："譬如仁者向时治《易》，观象、玩辞决不偏废。今欲习观，加持密咒而废教典，可乎？夫教、观一也。蕅益云：观非教不正，教非观不传；有教无观则罔，有观无教则殆。经、咒亦一也。经是显说之咒，咒是密印之经。拟之于《易》，咒是卦爻，经则象、文言也。"[2] 马先生对彭因"修观行"而陷入的妄执，给予循循善诱的理据说明，从中可见出他的佛学造诣之深湛，不仅精于义理，且对观修经验亦有深切的了解。

马一浮为了帮助他的这位友人步入修行的正途，并烦托李叔同（李当时尚未出家）带去佛书数种，包括《天亲菩萨发菩提心论》一册、《删定止观》一册、《教观纲宗》一册，及《楞严忏法》和《大悲心咒行法》各一册，希望他不以其繁为苦，尽量认真阅读"详味"[3]，把经、教和观行的修炼结合起来。但彭逊之到底不具备弘一法师那样的慧根，观修未果，又因其弟子和寺中长老发生龃龉而愤然不平。马先生又规劝他守持佛门静修之道，宁可"修慈忍辱"，万不可"斗诤瞋恚"，悉心阐发静修之人所以必须如此的佛理因由：

今贤徒之事，或是先业所招，故令魔得其便。正宜从缘省发，痛划人我，悬崖撒手，万事冰消，即转烦恼成解脱道；安可推波助澜，驱使坠坑

---

[1] 马一浮：《致彭俞》第十五函，《马一浮集》第二册，第485页。
[2] 同上。
[3] 同上，第486页。

落堑，增其结业耶。是非不系人口而在自心，果其内省不惂，则诬枉之来，有如把火烧天，无所施做，奚必皇皇求谅道路。况法道果隆，自有龙天拥护。今众缘未附，强之何益。①

读了这段文字，我们可以知道马一浮先生于释氏非止于学者的佛理研究，而是有信存焉。难怪像弘一法师这样的高才大德，也无法不屈服于他的影响之下。他不仅把佛家正修法道讲得如此通透无隔，使得释氏之内省哲学情理昭然，而且相信"法道果隆，自有龙天拥护"。但彭逊之似乎听之藐藐。尽管他不停于著述(不久又有《天命说》新著寄奉马先生)，但他所言所修之道，马先生无论如何不能认可。

何况彭氏对于自己的所谓"道"，还有强人接受的意味。因此马先生在信中写道："公所谓道，虽非浮之所及知，然以朋友之爱言之，可谓至笃矣。浮不慎抱疾，一卧两月，始能出户，公惜其幻质之早衰，闵其朝闻之不逮，此诚是也。然以其不好公之道为罪，则不亦过乎。人之契理各有所会，续凫截鹤，未可强齐。公之谆谆屡以为言者，岂不以实见有生死可出、佛道可成乎？乃若浮则无得无证，不见有生死可出、佛道可成，与公今日见处正别。若今执吝幻色而修如公所示法门，此皆风力所转，终成败坏。公即作佛，浮亦甘处大阐提。"②对彭的执迷于"生死可出、佛道可成"为"实见"，马先生则表示，自己于此"无得无证"，不便按彭的"中夜起坐"法去修行。实际上马先生认为彭之所修是"外道"，不是佛禅的正宗。

后来彭逊之终因不适应空门而"返其初服"，马先生欣然支持，说："末法缁流，难与为伍，实非贤者栖泊之地。"又说："虽在昔持论未能符合，

---

① 马一浮：《致彭俞》第十七函，《马一浮集》第二册，第487页。
② 马一浮：《致彭俞》第十八函，《马一浮集》第二册，第487页。

爱重之心不以是而改也。"①彭于1946年无疾而终，享年七十一岁，马先生甚哀痛，有诗记之曰："零落先秋近月圆，炉香才尽赋游仙。身如聚沫终归海，国是栖苴莫记年。凡圣同居良不碍，形神俱往若为传。多君临化无余事，撒手从心返自然。"诗前小序追叙与彭的交往经过："故人溧阳彭逊之俞，才敏有奇气。壮岁治《易》，于象数独具解悟。四十后出家为僧，号安仁大士，不屑屑于教义，自谓有得于禅定，而颇取神仙家言，以是佛者或外之。晚岁返儒服，治《春秋》、《周礼》，著书不辍。年七十一无疾而终。先一日，预知时至，沐浴更衣，语人曰：吾明日行矣！次日果泊然坐化，莫测其所诣也。余与君交旧，虽持论不同，甚重其专且勤又笃。老居困，不易其所好。今验于君之逝，盖其平日之所存，非可苟而致者。因为诗以哀之，时丙戌八月几望也。"②

马一浮与彭逊之的交往，不仅见出他佛学修养之深，而且见出他宅心之厚。如果不是马先生，换一个另外的人，与彭的交谊早告终了。但马先生看重彭对学问"专且勤又笃"，始终给予耐心的启导和帮助，包括对彭的家人也多有关切（常以润笔之资周济彭之妻儿）。尽管彭"不屑屑于教义"，痴迷不一定可靠的"中夜起坐"，出家多年后又还俗，犯了"出尔反尔"之忌，马一浮仍不弃之，且对其预知大行之期给予肯定，认为是平日精修累积的结果，不是随便可以达致的，因此事愈增加了他对这位老友的敬重。

四 马一浮的"方外三友"

佛教人物中与马一浮来往最多的，是慧明、楚泉、肇安三位法师，马先生称他们为"方外三友"。20世纪初，浙江、福建的佛教，极"末法之盛"，而

---

① 马一浮：《致彭俞》第十九函，《马一浮集》第二册，第488页。
② 马一浮：《哀彭逊之》，《马一浮集》第三册，第419—420页。

杭州尤为高僧大德乐居之所。马一浮的"方外三友"，都是杭州的高僧，慧明法师居灵隐寺，楚泉法师居高旻寺，肇安法师居香积寺。马先生和他们往来唱和，不拘形迹，1942年所作《忆方外三友》诗颇记其事。

《忆方外三友》是一首绝句，写道："慧明叹我祖师相，楚泉哂我文字禅。独有肇安旁不肯，贺予佛祖一时捐。"诗后有记曰："灵隐慧明禅师初见予曰：'好一个祖师相。'予曰：'祖师岂有相邪？'高旻楚泉禅师谓予：'公学禅，从文字入，百滞能路。'予答曰：'除却文字请师道。'皆相与大笑而罢。香积肇安禅师与予交最稔，一日见过，相揖曰：'昨见公诗，开口便道贴颃言句比生冤。且喜公已事已明，特来相贺。'予谢曰：'此间不容著他闲佛祖，敢劳相贺。公幸遇我，若是古人便呼苍天，苍天！'肇亦大笑。今三子者俱迁化已久，予尚游人间，求方外之隽如三子者，不复遇矣。壬午八月病中书。"[①]马先生诗集中多有与此"三友"唱和之作，单是与肇安法师就有三十二题六十一首，其中关于落叶诗的赠答多至九首。如《落叶再和》之四：

> 大地本来无寸土，现前何法可当情。
> 寒岩古木忘缘住，万水千山任意行。
> 雁来雁去非有迹，花开花落总无生。
> 藤萝一觉安然足，谁见浮云点太清。[②]

马先生与方外友人赠答的诗大都类此，不仅诗味足，禅味亦足。"大地本来无寸土，现前何法可当情"和"雁来雁去非有迹，花开花落总无生"等诗

---

① 马一浮：《忆方外三友》，《马一浮集》第三册，第832页。肇安引录的马一浮"贴颃言句比生冤"句，见于马诗《答肇安禅师》，载《马一浮集》第三册，第32页。"楚泉禅师谓予"一段文字，参照了马镜泉《马一浮评传》相关段落，百花洲文艺出版社1993年版，第45页。

② 马一浮：《落叶再和》之四，《马一浮集》第三册，第44页。

句，确可验证楚泉禅师的预断，马先生可以从文字入于禅道。

马一浮和肇安法师的交往，有许多有趣的故事。早在1906年，马先生就曾与谢无量一起，在虎跑寺听肇安讲《法华经》，是为相识之始。十年后，"机语相契"，始相唱和。于是马先生集了一幅联语："大唐国里都无舌，三十年来不少盐。"准备送给肇安，但置于箧中一年多，竟没得到面奉的机会。可巧一日两人相遇于西湖，便邀肇安至马先生家中，"共语终日"，方以旧日所书楹帖相送。第二天肇安登门赠诗致谢，马先生又次韵作答，一口气写了四首五古，其第一首有句云："幻化互相酬，不杂空与色。"[1]两人纯是在佛禅境界中的交往与唱和。

马一浮先生还有一首《答肇师追和象山鹅湖韵》，亦属妙绝。是诗写于1910年，肇安的原唱为："茫茫宇宙若为钦，亘古纲常只此心。涓滴终须成润泽，泰山何敢小微岑。应世已知无愧怍，斯人元不在升沉。幸有慈湖能继述，先生留得到而今。"已是诗思高致，难以酬对。可是马先生的答诗，无异流水行云，更上层楼，其诗云："闲名除却始堪钦，宇宙拈来唤作心。直下虚空如粉碎，谁言大海异蹄涔。夜塘雨过人方戽，天际鸿飞影易沉。不是余殃元不了，儿孙争得到如今。"[2]肇安诗的首联，以宇宙为"钦"，以纲常为心；马先生答诗之首联，是为破肇安句意，认为必欲除去闲名，宇宙方"堪钦"，而径以宇宙为心，寓"纲常"不可为心之义。颔联，肇安以大泽与涓滴、高山与小丘相齐，摄庄入佛，禅机尽显。而马先生视山丘为已被粉碎的微尘，直是虚空而已，因此也就不需要计较大海和蹄涔之水到底孰多孰少的问题了。而肇安颈联的"应世已知无愧怍，斯人元不在升沉"句，未免有计较之心流露，马诗则逐句予以破之。戽为汲水灌田的戽斗，"夜塘雨过"还要他戽斗何用？至于"升沉"云云，马答诗谓，只有飞鸿的影子可云"沉"，飞鸿本

---

[1] 马一浮：《次韵答肇安法师》四首之诗前小序，《马一浮集》第三册，第792—793页。
[2] 《马一浮集》第三册，第799页。

身翱翔天际，自与"升沉"无与。尾联兹不赘，读者意会可也。两人皆为诗中道长，体势玄言无不称妙，高下自然可泯。

有时为探讨佛理的某一义谛，他们禁不住要用禅宗的话头，互相启悟。一次肇安向马先生请教"一阴一阳之谓道"的意旨，马先生以"颂"的方式作答：

一阴一阳，明暗双双。冰河发焰，六月飞霜。

肇安也回一颂，写道：

一阴一阳，八字分张。天无二日，民无二王。

马先生又答以二颂，一为：

一阴一阳，无有乖张。天地合德，日月同光。

另一为：

天际一双孤雁，池边独立鸳鸯。打瓦钻龟莫管，挼旗夺鼓何妨。[1]

机锋相契，诗禅合一，妙不可言。还有一次肇安燕集诸友，座中所举话头无人能会，嗣后马先生戏呈四绝句给肇公，其一曰："刹那销尽见无生，相对空筵两眼明。莫向人间谈果色，云门只合许三平。"其二是："行茶度饼尽酬机，撒果签瓜亦应时。竟日街头看傀儡，何人索唤买油糍。"其三为："花开紫陌聚游人，换水添香个个亲。细柳黄莺输巧舌，空持王膳转饥轮。"其

---

[1] 《马一浮集》第三册，第801页。

四是:"乾坤吞却甚山河,谁道离乡食面多。争奈驴年难梦见,新罗国外有新罗。"①在禅机上两人能够做到彼此完全契合。马先生在致肇安的一封信里说:"叠蒙惠诗,往复数四,极法喜游戏之致。师自忍俊不禁,仆亦如虫御木。"又说:"虽复诗人习气,亦是和尚家风。"②

楚泉法师的佛慧修养也深为马先生所赞许。主讲复性书院期间,一次马先生讲述他与楚泉以及月霞法师交往的经过,感慨颇深。他说:

> 民初识月霞法师。月霞初受哈同供食,办华严大学于哈同花园,僧徒从之者百数十人。既而逻迦陵生日,欲使僧众拜寿。月霞以沙门不礼王者,拂袖而去之杭州,生徒悉从焉。因假海潮寺为校址,聘教授,程演生、陈撄宁皆与焉。其后应袁氏召,入都弘法,不果而还,养疴于清涟寺,未几圆寂。封龛时,吾往吊,因识楚泉法师,听其说法脱口而出,自饶理致。诵偈有云:"水流常在海,月落不离天。"自后颇与往还,时相谈论。是时吾看教而疑禅,尚未知棒喝下事。一日,楚泉为吾言:"居士所言无不是者,但说天台教是智者的,说华严教是贤首、清凉的,说慈恩教是玄奘、窥基的,说孔孟是孔孟的,说程、朱、陆、王是程、朱、陆、王的,都不是居士自己的。"其言切中余当时病痛,闻而爽然,至今未尝忘之。因取《五灯会元》重看,始渐留意宗门。楚泉为吾言:"居士看他书尽多,不妨权且搁置,姑看此书,须是向上一着转过身来,大事便了。"又云:"棒喝乃是无量慈悲。"当时看《五灯会元》有不解处,问之不答。更问,则曰:"此须自悟,方为亲切。他人口中讨来,终是见闻边事耳。"吾尝致彼小简,略云:"昨闻说法,第一义天萨般若海一时显现。"楚泉答云:"心生法生,心灭法灭。

---

① 马一浮:《肇公招预燕集,座中举话,无人领会,戏呈四绝,即以为谢》,《马一浮集》第三册,第55页。

② 马一浮:《肇师将如馀杭住茶亭庵以此赠其行》所附之《与肇师书》,《马一浮集》第三册,第794页。

心既不起,何法可宣?既无言宣,耳从何闻?义天若海,何从显现?居士自答。"其引而不发每如此。楚泉而后,又有肇安,见地端的。吾常觉儒门寥落,不及佛氏有人。以前所见,求如此二人者,殊不可得。①

马一浮与楚泉、肇安不是一般的交往,而是法理禅心互有默契,彼此启悟,受益良多。关于在楚泉法师面前承教一事,马先生曾有诗记之,曰:"面壁亲承教外传,离言有说在忘筌。草庵久契无生谛,内院初明不共禅。入海算沙因智碍,分河饮水只情偏。一从杜口毗耶后,五味俱同昨梦蠲。"②此诗反映出,在佛禅境界的修养方面,马先生与诸高僧大德之间,已看不出有多少分别。如果强生分别,于马先生于方外诸大师,均可谓不遭边界也。

另外还有一次是报国寺重建之后,楚泉法师欲请马先生撰写碑文,没有得到马先生的允诺,而是写了一首七古《赠楚泉禅师》,饶有意味。诗中写道:"相逢一语平生快,天下老僧俱捉败。客来不辞鼠粪拈,开铺更要羊头卖。成都市上识君平,高祖殿前瞋樊哙。卸却项上千斤枷,斩断脚跟五色带。昔年平地攦鱼虾,此日毛端见尘界。早知水墨尽为龙,不假驴驼病已瘥。愧我久如虫御木,于师独许针投芥。即今酬对是谁某,诸有言辞皆分外。置标建刹事既周,本自无成安有坏。但凭鸟迹问行云,莫使他年上碑在。"③非常潇洒诙谐的一首诗,如不是相交至深而在学理上又有默契的老友,是不会这样随意书写的。"相逢一语平生快,天下老僧俱捉败"两句,最能见出马先生对楚泉法师的揄扬,以及和这位高僧交往给马先生带来的喜悦。

---

① 《马一浮先生语录类编》之"师友篇",《马一浮集》第三册,第1089页。
② 马一浮:《赠楚泉禅师》,《马一浮集》第三册,第32页。
③ 同上,第15页。

五 禅诗和题影

马一浮一生不绝于吟咏,诗歌创作的成就之高和数量之多,置诸二十世纪中国现代学人的行列,他的名字应排列在最前面。而且他的诗作,很多都是佛禅义理之诗,这一点我们从他与诸方外友人的赠答诗中,已约略窥到。当然远不止笔者上面引录的这些诗作,这类诗篇在马先生整个诗歌创作中,实占有相当大的比重。下面以年次略举数例。

1920 年
落花常念佛,念佛即花开。
莫向花边觅,俱从佛处来。
落花时不异,花佛理全该。
寄语看花客,门门有善才。①

1943 年
见性不言见,闻道不言闻。
若可从人得,岂惜持赠君。
澄潭映秋月,青山生白云。
只为勤方便,转以滋泯棼。
不如吃茶去,休问麻三斤。②

1945 年
舜若本无身,玄珠并是尘。

---

① 马一浮:《吴建东持念佛法门,而好举"无可奈何花落去"之句为警策,乞予为书之,因成小偈,并以助喜》,《马一浮集》第三册,第791页。
② 马一浮:《非见闻》三首之三,《马一浮集》第三册,第238页。

不逢穿耳客，每笑刻舟人。

弹指成千劫，经天尚两轮。

虚空消陨后，遍界若为春。①

1957年

一真法界，事事无碍。

金翅飞空，牯牛逐队。

蚊虻过前，日月相代。

当生不生，成即是坏。

优哉游哉，无乎不在。②

  以上所引只不过是抽样举证，实不能尽其万一。但我们可以看出在马一浮先生的精神世界里，诗与禅结合得何等紧密，即使不涉及与方外友人的往还，也经常营造出美妙的佛禅境界。

  然而又不仅此也。马先生在日常生活中，也经常以沙门自比自喻，称自己"穷年栖隐迹，壁观近沙门"③、"将此身心奉尘刹，是则名为报佛恩"④。他与佛门和禅道的关系，如庄生梦蝶，不分彼此，两存两忘。而所以能够如此的缘由，则根源于他的天性。当他四岁在家初发蒙的时候，跟随一位叫何虚舟的先生读唐诗，一次先生问他最爱诗中何句，他脱口而出："茅屋访孤僧。"这位先生非常惊异，于是向马一浮的父亲讲及此事，说："您的孩子莫非要当和尚不成？"四十年代马先生已届耳顺之龄，回忆起幼年的这段往事，仍不免感慨万千。他说："时甫四龄，岂知此诗意味，然竟以此对者，过去生

---

① 马一浮：《正观》，《马一浮集》第三册，第391—392页。
② 马一浮：《法界颂》，《马一浮集》第三册，第598页。
③ 马一浮：《江村遣病》第一首，《马一浮集》第三册，第109页。
④ 《马一浮先生语录类编》之"儒佛篇"，《马一浮集》第三册，第1056页。

中习气为之也。"①佛教唯识之学喜讲"种子"与"熏习",认为一个人今生的习气,能够在前生中找到"种因"。马先生看来似不疑此说。他并以《大智度论》中佛弟子过河戏弄河神的故事为例,说明"习气廓落之难"②。此可见,马一浮先生的佛缘是宿因使之,与生俱来。所以他说:"今年已耆艾,虽不为僧,然实自同方外。"③马先生的生命形态,确可以看作是一未出家的"僧人",一位未曾受戒的禅师。"虽不为僧,然实自同方外"这句话,足以概括马一浮的一生。

1960年马先生所作《自题旧稿》诗也写道:"秋虫春鸟不相知,触境逢缘在一时。方外区中俱昨梦,波流电谢有如斯。"诗后自注:"余八岁时,先妣教之学诗。一日,指厅前菊命咏,限麻字韵。应声曰:'本是仙人种,移来高士家。晨餐如可洁,岂必羡胡麻。'先妣喜曰:'儿出语似有宿根。然童幼已见山泽之志,必游于方外,非用世之资也。'今年垂八十,不违先妣记莂之言,庶可没齿无憾。"④此又证明马一浮的方外之思,早在幼年即已深植于心田,他母亲当时就已明白点出,马先生自己也以终生不违为幸。

特别是他的许多影像题词,佛禅味道十足。二十余岁时自题像:"是我相,非我相。佛者心,狂者状。"又题:"烦恼相,怨贼身。究竟灭,何尝生。此是浮,若分明。无机体,有形神。人生观,宗教心。骨肉为石魂为星,挂

---

① 《马一浮先生语录类编》之诗学篇,《马一浮集》第三册,第1010页。
② 关于《大智度论》所记佛弟子过河的故事,马先生引录道:"《大智度论》中有佛弟子毕棱伽婆磋为阿罗汉,尝欲过河,呼河神为小婢。河神诉之佛前,佛嘱赔礼,即曰:'小婢,我今忏谢汝。'河神不悦,以为戏侮。佛云:'是其心中,我慢确已净尽。但彼过去五百生为婆罗门,尚有余习未尽耳。'河神不服,因喻之曰:'如以香水储瓶中,倾泻出之,涓滴无余,不可谓非净尽,但以鼻嗅之,则香气犹在,此即余习之谓也。"亦见《马一浮集》第三册,第1010页。
③ 《马一浮先生语录类编》之诗学篇,《马一浮集》第三册,第1010页。
④ 马一浮:《自题旧稿》,《马一浮集》第三册,第639页。按此处马一浮所述之限韵菊花诗,与《示弥甥慰长、镜涵》(《马一浮集》第二册,第178—179页)信中所述,词句互有异同。信中结尾两句作"晨餐秋更洁,不必羡胡麻",此处为"晨餐如可洁,岂必羡胡麻",而且只取后四句诗。盖系口头叙说,故有所省略也。

之宝镜光英英。"①使用的完全是佛教语言，而且明白坦承，自己的人生观是"佛者心"和"宗教心"。题六十四岁时摄影共有十一则，分别为：

影现有千身，目前无一法。若问本来人，看取无缝塔。
其容寂然，其气熏然。而犹为人，知我其天。
此亦非吾，吾亦非彼。太极之先，于穆而已。
山泽之癯，尘劳之侣。孰与周旋，载罹寒暑。
槁木当前，神巫却走。与子相见，不出户牖。
无名可名，无相而相。烂坏虚空，何处安放。
雁过长空，影沉寒水。孰往孰来，何忧何喜。
无色无心，非生非灭。常寂光中，本无一物。
无我无人，亦隐亦见。何以名之，星翳灯幻。
无位真人，面门出入。离相离名，追之弗及。
四大五阴，毕竟空相。所谓伊人，白云青嶂。②

1952年自题影为：

忧来无方，老至不知。空诸所有，乃见天机。③

题七十九岁时摄影共十一则，分别为：

动亦定，静亦定。尔为谁，形问影。辛丑人日摄，镯叟自题，时年

---

① 马一浮：《二十余岁时自题像》，《马一浮集》第二册，第268页。
② 马一浮：《题六十四岁时摄影》，《马一浮集》第二册，第269—270页。
③ 马一浮：《一九五二年自题影》，《马一浮集》第二册，第270页。

七十有九。

　　非有非无，离名离相。此是何人，眉毛眼上。

　　似有形神，本无名相。遗我故人，见之纸上。

　　窅然者思，侗然者貌。借日无知，亦幸既髦。

　　般若无知，涅槃无名。实相无相，当生不生。

　　气聚则生，缘离则灭。形溃返原，如水中月。

　　形固可使如槁木，朝彻而后能见独。

　　常寂光中时一现，非同色身迭相见。

　　假借四大以为身，吾犹昔人非昔人。

　　行若遗，坐若忘，宇泰定，发天光。

　　黜聪明，绝言思，守寂默，顺希夷。①

1959年梦中题影为：

　　非相无相，示有人我。示此相者，如飞鸟影，如水中月。毕竟空寂，无有实义。

并附记曰："己亥大寒夕，梦中题影相如是，醒时不遗一字。平时梦中作文字，未有如此之晰者，未知是何祥也。且起映雪记之。蠲戏老人。"②

又1961年农历二月自题影像是：

　　土木尔形骸，尚澡雪尔精神猗。形与神其俱敝，殆将返其真猗。③

---

① 马一浮：《题七十九岁时摄影》，《马一浮集》第二册，第271—272页。
② 马一浮：《一九五九年梦中题影》，《马一浮集》第二册，第272页。
③ 马一浮：《一九六一年自题影像》（春二月），《马一浮集》第二册，第272页。

同年五月自题影为：

> 入于寥天一，见吾衡气几。因我始有尔，无相谁名予。
> 渠今谓是我，我今乃非渠。或有忘形者，无劳睹影疑。①

1961年夏五月另一自题影像作：

> 槁木今犹在，流波去复还。百年容易过，万事莫如闲。宴坐唯观树，冥行不见山。金丹空有诀，无意驻衰颜。辛丑夏五月，蠲戏老人自题。②

另还有自题近影：

> 其神凝，其容寂。尔为谁，吾不识。③

这些对自我影像的题词固然是哲人的睿智之思，但更是马先生佛禅思想的真情流露。

六 "花开正满枝"

这里需要特别提到1967年马一浮逝世前夕所写的《拟告别诸亲友》。实际上这是马先生的遗嘱。全文如下：

---

① 马一浮：《一九六一年自题影像》（夏五月），《马一浮集》第二册，第272—273页。
② 同上，第273页。
③ 马一浮：《自题近影》，《马一浮集》第二册，第273页。

乘化吾安适，虚空任所之。
形神随聚散，视听总希夷。
沤灭全归海，花开正满枝。
临崖挥手罢，落日下崦嵫。①

如果把这首诗译解为语体文，意思应该是：我愿意顺化自然，因此无所谓归宿。反正宇宙只是个虚空，哪里都无不可。人的生死，不过是形神的聚散而已。但不论是聚是散，我都视而不见听而不闻了。如同浮在水面的圆泡破了一样，最后总要流归到大海里去。你看满枝盛开的鲜花，似乎都在为我送行。落日已经下山，正好是悬崖撒手的时候。

这篇辞世的告白，空灵顺化，穷神知化，无减无增，非始非终。但必须承认，这也是马先生佛禅境界的最后表达。"乘化"、"虚空"、"聚散"、"沤灭"、"花开"、"落日"、"临崖挥手"这些词语，无一不深涵佛氏义学禅学之理蕴。并非巧合的是，弘一法师的《辞世二偈》里，也有"华枝春满"的句子，此见于第二偈："问余何适？廓尔亡言。华枝春满，天心月圆。"②而马一浮悼弘一法师的哀诗里，如前所引，也有"春到花枝满"句，此可见马一浮与弘一律主，可谓心同理同，词同义同。

马一浮是1967年6月2日辞世的，卒年八十五岁。四十年前的同月同日这一天，恰好是中国现代学术的开山王国维昆明湖自沉的日子。而当1965年他八十三岁的时候，已经写过一首《预拟告别诸友》，全诗也是八句："吾生非吾有，正命止于斯。梦奠焉能拟，拈花或可师。优游真卒岁，谈笑亦平时。遍界如相见，无劳别后思。"③同样禅味十足。

---

① 马一浮：《拟告别诸亲友》，《马一浮集》第三册，第758页。
② 弘一大师：《辞世二偈》，《弘一大师全集》第八册，福建人民出版社1992年版，第31页。
③ 马一浮：《预拟告别诸友》，《马一浮集》第三册，第745页。

"花开正满枝"也好,"华枝春满"也好,"拈花微笑"也好,都是指佛教信仰者的生命摆脱诸执束缚之后,所获得的大自在,大欢喜,也即涅槃之境。涅槃之境的精神型态标志,是寂静和极乐。马一浮在《法数钩玄》一书"释常乐我净四德"时写道:"安稳寂灭之谓乐。离生死逼迫之苦,证涅槃寂灭之乐,故名乐。"又说:"经云:诸行无常,是生灭法,生灭灭已,寂灭为乐。"[1]赵朴初居士《遗嘱》也有"花开花落,水流不断"句。易地移时,同此一理,即在佛家看来,人之生死,犹如"花开花落","死"的同时,也就是"生"。换言之,如果说是"无生,无死,无来,无去"(龙树菩萨语)亦无不可。小乘佛教把涅槃视做个体生命对烦恼的解脱,所谓"五蕴皆空"。大乘佛教主张"诸法无我",通过涅槃看到了"实相"的大光明。

　　《维摩诘经》写道:"譬如高原陆地,不生莲花,卑湿淤泥,乃生此花。"生命达至涅槃,犹如在淤泥中培植出莲花。马一浮是大乘佛教的推奉者,他面对死亡,体验到了生命的欢乐、光明与尊严。"沤"虽然"灭"了,但水还在向大海的方向奔流不息。再看看满池淤泥里的莲花,不是开得越来越灿烂吗?"花开正满枝"句,实亦涵有普度众生的义谛。

(原载《文艺研究》2005年第4期,嗣后有增补)

---

[1] 马一浮:《法数钩玄》卷一,《马一浮集》第一册,第883页。

中国现代史学人物一瞥

史学在中国自有不间断的传统，由传统史学转变为现代史学，应是顺理成章之事。然而向传统史学置疑容易，提出史学的新概念、真正建立新史学，殊非易易。

已故经学史家周予同先生，在一九四一年写的《五十年来中国之新史学》一文中，有如下的论述："学术思想的转变，仍有待于凭借，亦即凭借于固有的文化遗产。当时，国内的文化仍未脱经学的羁绊，而国外输入的科学又仅限于物质文明；所以学术思想虽有心转变，转变的路线仍无法脱离二千年来经典中心的宗派。"[①]事实确是如此。单是新史学与经今文学的关系有所厘清，已是困难重重。按周予同的说法，晚清治史诸家中，崔适、夏曾佑都是经今文学兼及史学。只有梁启超是逐渐摆脱了今文学的羁绊，走上了新史学的道路。

一

就此点而言，任公先生对现代史学的贡献可谓大矣。而现代史学中的学术史一目，也是任公先生开其端的。《论中国学术思想变迁之大势》、《清代学

[①] 周予同：《五十年来中国之新史学》，见朱维铮编《周予同经学史论著选集》，上海人民出版社1983年版，第517页。

术概论》、《中国近三百年学术史》三书,就是他研究学术史的代表作,至今还经常被学者所引用。诚如梁之好友林志钧所说:"知任公者,则知其为学虽数变,而固有其紧密自守者在,即百年不离于史是矣。"[1]但梁之史学,前期和后期的旨趣不尽相同。一九〇一至一九〇二年写作《中国史叙论》和《新史学》的梁启超,对传统史学的态度甚为决绝,他总结出旧史学的"四蔽"、"二病"、"三难"[2],摧毁力极大。后来写《清代学术概论》《历史研究法》和《历史研究法补编》,则表现出对传统史学不无会意冥心之处。但不论前期还是后期,梁之史学都有气象宏阔、重视历史整体、重视史学研究的量化、重视科际整合的特点。他把中国历史分为三个阶段:从黄帝到秦统一,为上世史,称作"中国之中国";秦统一至乾隆末年,为中世史,称作"亚洲之中国";乾隆末年至晚清,为近世史,称作"世界之中国"[3]。这是一种着眼于大历史的分期方法,颇能反映中国历史演化的过程。

胡适的史学在梁的基础上又有所跨越,《白话文学史》、《中国哲学史大纲》,在专史方面已是开新建设的史学了。但胡适实验的多,完成的少,他的作用主要在得风气之先和对史学研究的"科学方法"的提倡。二十世纪二十年代兴起的古史辨学派,除了受康有为所代表的晚清今文学的影响,与胡适的《中国哲学史大纲》直接"从周宣王以后讲起"[4]有很大关系。所以当

---

[1] 林志钧:《饮冰室合集序》,《饮冰室合集》第一册,中华书局1989年版,第3页。

[2] 梁启超揭櫫之传统史学的"四蔽"是:知有朝廷而不知有国家;知有个人而不知有群体;知有陈迹而不知有今务;知有事实而不知有理想。"二病"是:能铺叙而不能别裁;能因袭而不能创作。"三难"是:难读,难别择,无感触。参见《饮冰室文集》之九第3—6页,载《饮冰室合集》第一册。

[3] 梁启超:《中国史叙论》,《饮冰室合集》第一册,《饮冰室文集》之六,第11—12页。

[4] 顾颉刚在《古史辨》第一册的自序里写道:"第二年,改请胡适之先生来教。'他是一个美国新回来的留学生,如何能到北京大学里来讲中国的东西?'许多同学这样怀疑,我也未能免俗。他来了,他不管以前的课业,重编讲义,开头一章是'中国哲学结胎的时代',用《诗经》作时代的说明,丢开唐禹夏商,竟从周宣王以后讲起。这一改,把我们一班人充满着三皇五帝的脑筋,骤然作一个重大的打击,骇得一堂中舌挢而不能下。"《古史辨》第一册,上海古籍出版社1982年版,第36页。

一九二三年顾颉刚在《读书杂志》上发表《与钱玄同先生论古史书》，提出著名的"层累造成说"，胡适给予支持；而钱玄同和傅斯年也作有力的回应，疑古思潮遂掀起波澜。顾的"层累造成说"包括三方面的意思：

> 第一，"时代愈后，传说的古史期愈长"。如这封信里说的，周代人心目中最古的人是禹，到孔子时有尧舜，到战国时有黄帝神农，到秦有三皇，到汉以后有盘古等。第二，可以说明"时代愈后，传说中的中心人物愈放愈大"。如舜，在孔子时只是一个"无为而治"的圣君，到尧典就成了一个"齐家而后国治"的圣人，到孟子时就成了一个孝子的模范了。第三，我们在这上既不能知道某一件事的真确的状况，但可以知道某一件事传说中的最早的状况。我们即不能知道东周时的东周史，也至少能知道战国时的东周史；我们即不能知道夏商时的夏商史，也至少能知道东周时的夏商史。①

这些观点他想在一篇叫作《层累地造成的中国古史》的文章中论述，文章未及写，先在致钱玄同的信里讲了出来。备受争议的禹大约是"蜥蜴之类"的一条"有足蹂地"的虫，就是此信中的名句。

顾的这封信在学术界引起巨大的震撼。他后来回忆起这段往事时说："信一发表，竟成了轰炸中国古史的一个原子弹。连我自己也想不到竟收着了这样巨大的战果，各方面读些古书的人都受到了这个问题的刺激。因为在中国人的头脑里向来受着'自从盘古开天地，三皇五帝到于今'的定型的教育，忽然听到没有盘古，也没有三皇、五帝，于是大家不禁哗然起来。"②《读书杂志》系胡适主办，因为顾的这封信展开了一场历时八九个月的大讨论，直

---

① 顾颉刚：《与钱玄同先生论古史书》，《古史辨》第一册，上海古籍出版社1982年版，第60页。
② 顾颉刚：《我是怎样编写古史辨的》，《古史辨》第一册，上海古籍出版社1982年版，第17—18页。

到一九二四年年初方告一段落。而一九二六年出版的《古史辨》第一册，则是对这场讨论的总结，顾颉刚写了一篇六万余言的长序，"古史辨"作为学派因之而诞生。

二

当时与"古史辨派"相对立的是释古派和考古派。也有的概括为"泥古派"或"信古派"，指起而与顾颉刚、钱玄同论争的柳诒徵等文化史家，影响不是很大，且用"泥古"或"信古"字样概括他们的观点似不够准确，可暂置不论。考古派首功当然是罗、王、郭、董"四堂"（罗振玉号雪堂、王国维号观堂、郭沫若号鼎堂、董作宾号彦堂），还有李济、夏鼐等。当然考古者大都也释古。董的《殷历谱》和《甲骨文断代研究例》、郭的《中国古代社会研究》和《两周金文辞大系图录考释》、李济的《中国民族的形成》和《安阳》等，均堪称古文字与古史研究的典范之作。释古派可以王国维和陈寅恪为代表。如果认为梁启超提出的多，系统建设少；王、陈的特点，是承继的多，开辟的也多。

特别是陈寅恪的史学，是最具现代性和最有发明意义的中国现代史学的重镇。

他治史的特点，一是在史识上追求通识通解；二是在史观上格外重视种族与文化的关系，强调文化高于种族；三是在史料的运用上，穷搜旁通，极大地扩充了史料的使用范围；四是在史法上，以诗文证史、借传修史，使中国传统的文史之学达致贯通无滞的境界；五是考证古史而能做到古典和今典双重证发，古典之中注入今情，给枯繁的考证学以活的生命；六是对包括异域文字在内的治史工具的掌握，并世鲜有与其比肩者；七是融会贯彻全篇的深沉强烈的历史兴亡感；八是史著之文体熔史才、诗笔、议论于一炉。他治史的贡献，主要表现在对"中国境内之古外族遗文"的释证、对佛教经典不同文本的比勘对照、对各种宗教影响于华夏人士生平艺事的考证、对隋唐政治制度文化渊源的研究、对晋唐诗人创作所作的历史与文化的笺证、对明清易代所激发的民族精神的传写等等。而所有这些方面，他都有创辟胜解。他治史的精神，则是"独立之精神，自由之思想"①，这是他学术思想的力量源泉，也可以称做陈氏之"史魂"。

陈垣与陈寅恪并称"史学二陈"。陈垣的专精在目录、校勘、史讳、年表的研究，并兼擅词章之学。史源学一目，是他的创造，治史的显绩则集中在宗教研究和元史研究。从继承的史学传统来说，清代史家赵翼、钱晓征对他的影响最大。所以陈寅恪评赞其史学之贡献时说："近二十年来，国人内感民族文化之衰退，外受世界思潮之激荡，其论史之作，渐能脱除清代经师之旧染，有以合于今日史学之真谛，而新会陈援庵先生之书，尤为中外学人所

---

① 一九二九年陈寅恪所作《清华大学王观堂先生纪念碑铭》写道："先生之著述，或有时而不章；先生之学说，或有时而可商。唯此独立之精神，自由之思想，历千万祀，与天壤而同久，共三光而永光。"《金明馆丛稿二编》，第218页。《柳如是别传》之缘起部分也有如下的话："虽然，披寻钱柳之篇什于残缺毁禁之余，往往窥见其孤怀遗恨，有可以令人感泣不能自已者焉。夫三户亡秦之志，九章哀郢之辞，即发自当日之士大夫，犹应珍惜引申，以表彰我民族独立之精神，自由之思想。"参见《别传》上册第4页，上海古籍出版社1980年版。又陆键东著《陈寅恪的最后20年》披露的一九五三年十二月一日陈寅恪"对科学院的答复"，尤集中阐述了寅恪先生的这一学术精神。《答复》中写道："我的思想，我的主张完全见于我所写的王国维纪念碑中。王国维死后，学生刘节等请我撰文纪念。当时正值国民党统一时，立碑时间有年月可查。在当时，清华校长是罗家伦，是二陈（CC）派去的，众所周知。我当时是清华研究院导师，认为王国维是近世学术界最主要的人物，故撰文来昭示天下后世研究学问的人，特别是研究史学的人。我认为研究学术，最主要的是要具有自由的意志和独立的精神。所以我说'士之读书治学，盖将以脱心志于俗谛之桎梏'。'俗谛'在当时即指三民主义而言。必须脱掉'俗谛之桎梏'，真理才能发挥，受'俗谛之桎梏'，没有自由思想，没有独立精神，即不能发扬真理，即不能研究学术。学说有无错误，这是可以商量的，我对于王国维即是如此。王国维的学说中，也有错的，如关于蒙古史上的一些问题，我认为就可以商量。我的学说也有错误，也可以商量，个人间的争吵不必芥蒂。我、你都应该如此。我写王国维诗，中间骂了梁任公，给梁任公看，梁任公只笑了笑，不以为芥蒂。我对胡适也骂过，但对于独立精神，自由思想，我认为是最重要的，所以我说'惟此独立之精神，自由之思想，历千万祀，与天壤而同久，共三光而永光'。我认为王国维之死，不关与罗振玉的恩怨，不关满清之灭亡，其一死乃以见独立自由之意志。独立精神和自由意志是必须争的，且须以生死力争。正如词文所示，'思想而不自由，毋宁死耳。斯古今仁贤所同殉之精义，其岂庸鄙之敢望'。一切都是小事，惟此是大事。碑文中所持之宗旨，至今并未改易。"见该书第111—112页，三联书店1995年版。

推服。盖先生之精思博识，吾国学者，自钱晓征以来，未之有也。"①但陈垣二十世纪五十年代以后世潮润及己身，没有再写出重要的著述。陈寅恪则挺拔不动，愈到晚年愈见其著述风骨，尤其一九五三年至一九六三年积十载之功撰写的八十万言的《柳如是别传》，是他一生之中最重要的著述，是我国现代文史考证的典范，是"借传修史"的明清文化痛史的杰构，置诸二十世纪的史林文苑，其博雅通识和学思之密，鲜有出其右者。

现代史学家中包括"二陈"在内的一批大师巨子，所涉猎和所建树的史学实际上也可以视作文化史学。所谓文化史学，是指著者不仅试图复原历史的结构，而且苦心追寻我华夏民族文化传承的血脉，负一种文化托命的职责。

文化史学的集大成者是钱宾四先生。

宾四是钱穆的字，无锡人，自学名家。始任教于无锡、厦门、苏州等地的中学，一九三〇年起北上京华，执教鞭于燕大、北大、清华、师大等高等学府。钱之著述，早期以《先秦诸子系年》、《中国近三百年学术史》、《国史大纲》为代表。治国史而以学术流变为其基底，直承儒统，独立开辟，不倚傍前贤时俊，是钱氏史学的特点。其抗战时期在西南联大撰写的《国史大纲》，特地提出应把"我国家民族、已往文化演进之真相，明白示人，为一般有志认识中国已往政治社会文化思想种种演变者所必要之智识"②，作为修撰新通史的必备条件；并昭示国人树立一种信念，即对"本国已往历史有一种温情与敬意"③。他强调："历史与文化就是一个民族精神的表现。所以没有历史，没有文化，也不可能有民族之成立与存在。如是我们可以说，研究历

---

① 陈寅恪：《陈垣元西域人华化考序》，《金明馆丛稿二编》，上海古籍出版社1980版，第219页。
② 钱穆：《国史大纲》（修订本）上册"引论"第7页，及卷前"凡读本书请先具下列诸信念"第1页，香港商务印书馆1989年版。
③ 同上。

史，就是研究此历史背后的民族精神和文化精神的。"[①] 钱穆晚期的代表著作是《朱子新学案》，其价值在重新梳理整合理学和儒学的关系，把援释入儒的宋学，收纳回归到儒、释、道合流统贯的传统学术思想的长河中去。国学大师之名，章太炎之后，惟钱穆当之无愧。

三

中国现代学术之史学一门最见实绩，真可以说是人才济济，硕果丰盈。梁、王、胡、顾和二陈、钱穆之外，张荫麟、郭沫若、范文澜、翦伯赞、吕振羽，都是具通史之才的史学大师。郭的恣肆、范的淹博、翦的明通、吕的简要，为学界所共道。就中张荫麟的史学天才尤值得注意。虽然他只活了三十七岁，留下的史学著作最重要的竟是一部没有最后完成的《中国史纲》（只有上古部分）。

张荫麟，自号素痴，一九○五年生于广东的东莞，十六岁考入清华学堂，十八岁发表《老子生后孔子百余年之说质疑》于《学衡》杂志，批评梁启超而得到梁启超的激赏。一九二九年赴美国斯坦福大学研习哲学和社会学，四年后回国，任教于清华，兼授哲学、历史两系的课程。他试图把哲学和艺术与史学融合在一起，提出要用感情、生命、神采来从事历史写作。他说：

> 史学应为科学欤？抑艺术欤？曰：兼之。斯言也，多数积学之专门史家闻之，必且嗤笑。然专门家之嗤笑，不尽足慑也。世人恒以文笔优雅，为述史之要技。专门家则否之。然历史之为艺术，固有超乎文笔之上矣。今以历史与小说较，所异者何在？夫人皆知在其所表现之境界一为虚一为实也。然此异点，遂足摈历史于艺术范围之外者乎？写神仙之图画，艺术

[①] 钱穆：《中国历史精神》，台北东大图书公司1976年初版，第7页。

也。写生写真，毫发毕肖之图画，亦艺术也。小说与历史之同者，表现有感情、有生命、有神采之境界，此则艺术之事也。惟以历史所表现者为真境，故其资料必有待于科学的搜集与整理。然仅有资料，虽极精确，亦不成史。即要经科学的综合，亦不成史，何也？以感情、生命、神采，有待于直观的认取，与艺术的表现也。①

他认为正确充备的资料和忠实的艺术表现，是理想的历史写作的两个必要条件。他自己的史著和论文，把他的这一史学写作理想变成了现实。谓予不信，请试读《中国史纲》以及《明清之际西学输入中国考略》和《北宋四子的生活与思想》等专书和论文，你无法不被他的"忠实的艺术表现"所感染。你甚至可能忘记了是在读史，而以为是在阅读文学家撰写的饶有兴味的历史故事。但他那不掺杂繁引详注的历史叙述，又可以做到无一字无来历，无一事无出处。

包括梁任公、贺麟、吴晗在内的熟悉他的学界人物，无一例外地称赏他为不可多得的史学天才。熊十力说："张荫麟先生，史学家也，亦哲学家也。其宏博之思，蕴诸中而尚未及阐发者，吾固无从深悉。然其为学，规模宏远，不守一家言，则时贤之所凤推而共誉也。"又说："昔明季诸子，无不兼精哲史两方面者。吾因荫麟先生之殁，而深有慨乎其规模或遂莫有继之者也。"②以熊之性格特点，如此评骘一位先逝的比自己小整整二十岁的当代学人，可谓绝无仅有。

另外在专史和断代史领域，汤用彤、柳诒徵、萧公权、岑仲勉、朱谦之、雷海宗、陈梦家、侯外庐、孟森、萧一山、向达、杨联陞、罗尔纲等，都有足可传世的代表性著作。而陈梦家的学术成就和遭遇，尤令人感到震

---

① 张荫麟：《论历史学之过去与未来》，《张荫麟先生文集》下册，台湾大学出版委员会1984年初版，第1059页。
② 熊十力：《哲学与史学——悼张荫麟先生》，见《张荫麟先生文集》上册，台湾大学出版委员会1984年初版，第3页。

撼。他是浙江上虞人，一九一一年出生，十六岁考取中央大学法律系，二十岁就是闻名遐迩的新月派诗人了。一九三二年上海"一·二八"事变，他投笔从戎，参加著名的淞沪抗战。后来师从容庚，成为研究古文字学、古史的专家，先后执教于燕京大学、西南联大、清华大学等学府，二十世纪五十年代以后转到科学院考古所。《殷虚卜辞综述》、《尚书通论》、《六国纪年》、《西周铜器断代》等重要著作，都写于一九五七年以前。

他的诗人气质和学者的风骨，使他未能逃过一九五七年"不平常的春天"那一劫。他被下放到甘肃，但他那双神奇的眼睛和神奇的手，似乎接触什么就可以研究什么，而且都能结出果实。他在甘肃接触到了汉简，他撰写了《武威汉简》和《汉简缀述》两部涉猎新的学科领域的专著。他的文笔是优美的，优美到可以和张荫麟相颉颃。谁都知道通解甲骨文的发现和研究过程是一件多么繁难的事情，但如果阅读他的七十余万言的《殷虚卜辞综述》，不仅可以轻松地实现你的学术目标，而且得到史学与艺术的美的享受。

但陈梦家的悲剧人生并没有到此结束，还有更惨烈的一幕等待着他。一九六六年，当迎面而来的掀天巨浪不仅残害知识精英，而且残害文化的时候，他自己结束了自己的生命，年只五十五岁，正值学术的盛年。当然还有翦伯赞，一位一向被称作马克思主义史学家的通史之才，也在那股掀天巨浪面前选择了最简便的结局。只是，也许他并不孤单，因为陪伴他同行的还有他的夫人。这些史学天才，是太知道历史还是太不知道历史？

四

疑古、释古、考古，足以代表中国现代史学的三个学术派别了。钱穆分近世史学为传统派、革新派和科学派[①]，似不够准确；还有的区别为史观派、

[①] 钱穆：《国史大纲》（修订本）上册"引论"，香港商务印书馆1989年版，第3页。

史建派、考证派、方法派等等①，也未见科学。疑古、释古、考古三派，都有自己的史学观念和史学方法，也都离不开史料和考证，其目标也是为了建设。惟一例外的是以傅斯年为代表的史料学派，虽也可以划分在释古一派之内，但在史学观念上确有自己的特色。况且讲中国现代史学如果不讲到傅斯年，不仅不公正，而且是严重的缺失，因为二十世纪的历史学，他是一位有力量的带领者和推动者。

傅斯年字孟真，山东聊城人，一八九六年出生，十七岁考入北京大学预科，后转为国文门。他是五四新思潮的学生领袖，他当时办的刊物就叫《新潮》。陈独秀、胡适之都很赏识他的才干，李大钊的思想对他也很有影响。一九一九年五月四日那天的爱国大游行，他担任总指挥，扛着大旗走在队伍的最前面。但火烧赵家楼的意外行为发生后，他退而回到学校。当年年底考取官费留学，赴英国伦敦大学研究院学习。一九二三年转赴德国柏林大学文学院，比较语言学和历史学成为他倾心钻研的新的学科领域。赵元任、陈寅恪、俞大维、罗家伦、毛子水、金岳霖、徐志摩等青年才俊，是他在德国期间经常往还的朋友。一九二六年回国，应中山大学之聘，担任文学院长兼文史两系之系主任。一九二八年就任国家最高学术机构中央研究院历史语言研究所所长。陈寅恪、赵元任、李济，分别是史语所第一、二、三组的组长。他的"拔尖"政策使他有办法聚集全国最优秀的学人。

他的最有影响力的文章是就任史语所所长后撰写的《历史语言研究所工作之旨趣》。他的经常被引用的名言是："上穷碧落下黄泉，动手动脚找东

---

① 许冠三：《新史学九十年》（上下册），香港中文大学出版社1986年版。按许著爬梳勾勒百年史学，提纲挈领，每有特见，乃研究近世史学史的先发之著。即对史学各派别的归纳，亦自可成说。惟"考证学派""方法学派""史观学派""史建学派"的提法，窃以为稍有未安。

西。"①他说:"凡一种学问能扩张他研究的材料便进步,不能的便退步。"②他说:"我们反对疏通,我们只是要把材料整理好,则事实自然显明了。一分材料出一分货,十分材料出十分货,没有材料便不出货。"③他说:"史学便是史料学。"④他说了这么多容易被断章取义、容易被误解的话,但真正的学术大家、史学重镇,都知道他的苦心孤诣,很少发生误解。不仅不误解,反而承认他的权威地位,感激他对现代史学的建设所做的贡献。

其实他是受德国朗克史学的影响,有感于西方汉学家的独特建树,目睹中国历史语言学的衰歇,提出的振兴救弊的主张。他说:

> 西洋人做学问不是去读书,是动手动脚到处寻找新材料,随时扩大旧范围,所以这学问才有四方的发展,向上的增高。中国文字学之进步,正因为《说文》之研究消灭了汉简,阮、吴诸人金文之研究识破了《说文》。近年孙诒让、王国维等之殷文研究更能继续金文之研究。材料愈扩充,学问愈进步,利用了档案,然后可以订史。利用了别国的记载,然后可以考四裔的史事。在中国史学的盛时,材料用得还是广的,地方上求材料,刻文上抄材料,档库中出材料,传说中辨材料。到了现在,不特不能去扩张材料,去学曹操设"发冢校尉",求出一部古史于地下遗物,就是"自然"送给我们的出土的物事,以及敦煌石藏、内阁档案,还由他毁坏了好多,剩下的流传海外,京师图书馆所存摩尼经典等等良籍,还复任其搁置,一

---

① 均见《历史语言研究所工作之旨趣》,《中国现代学术经典·傅斯年卷》,河北教育出版社1996年版,第340—350页。
② 同上。
③ 同上。
④ 傅斯年:《史学方法导论》,《中国现代学术经典·傅斯年卷》,第243页。

面则谈整理国故者人多如鲫,这样焉能进步?①

可知他是痛乎言之、有感而发。他还说:"在中国的语言学和历史学当年之有光荣的历史,正因为能开拓有用材料。后来之衰歇,正因为题目固定了,材料不大扩充了,工具不能添新的了。不过在中国境内语言学和历史学的材料是最多的,欧洲人求之尚难得,我们却坐看他毁坏亡失。我们着实不满这个状态,着实不服气就是物质的原料以外,即便学问的原料,也被欧洲人搬了去乃至偷了去。我们很想借几个不陈的工具,处治些新获见的材料,所以才有这历史语言研究所的设置。"②

何以要把史料的作用强调到如此的地步,他讲得再清楚不过,不需要我们再添加什么了。

傅斯年一生的壮举,办《新潮》、"五四"扛大旗、创建史语所,固也;但他还有炮轰宋子文、攻倒孔祥熙两项壮举。

一九三八年抗战开始后,傅斯年对国民党高层的腐败非常愤慨,他直接上书给蒋,历数当时任行政院长职务的孔祥熙的诸种贪赃劣迹。蒋不理睬,他便再次上书,态度更坚决。国民参政会也成了他抨击孔的舞台,使得社会同愤,舆论哗然。蒋不得已设宴请傅,问傅对他是否信任,回答信任。蒋说:"你既然信任我,那么就应该信任我所任用的人。"傅说:"委员长我是信任的,至于说因为信任你也就应该信任你所任用的人,那么,砍掉我的脑袋我也不能这样说。"③这成了傅斯年"史学便是史料学"之外的又一名言。孔祥熙后来终于被罢去了一切职务。傅与蒋在维护特定的政治利益上自无不同,

---

① 见《历史语言研究所工作之旨趣》,《中国现代学术经典·傅斯年卷》,河北教育出版社1996年版,第344、346页。
② 同上。
③ 屈万里:《傅孟真先生轶事琐记》,转引自李泉:《傅斯年学术思想评传》,北京图书馆出版社2000年版,第259页。

所以一九四五年"一·二一"昆明惨案发生后，傅直接受蒋之命处理学潮而未负所托。蒋对傅的能力胆识是欣赏的，但傅本质上是一名书生，抗战胜利后蒋邀请他出任国府委员，他坚辞不就。北大校长一职，他也不愿担任，为等胡适返国，只同意暂代。对胡适面临国府委员兼考试院长的要职犹豫不决，他大动肝火，写信给胡适说："借重先生，全为大粪上插一朵花。"劝胡一定不要动摇。并说蒋"只了解压力，不懂任何其他"①。

另一方面，毛泽东对傅也很欣赏，一九四五年七月傅等文化界参政员到延安考察，毛泽东如对故人，整整和傅畅谈一个晚上。临别毛应傅之所请写一条幅相赠，附书："遵嘱写了数字，不像样子，聊作纪念。今日间陈涉吴广之说，未免过谦，故述唐人语以广之。"条幅写的是章碣的一首咏史诗："竹帛烟销帝业虚，关河空锁祖龙居。坑灰未冷山东乱，刘项原来不读书。"两人谈话时，毛称赞傅在五四时期的功绩，傅说我们不过是陈涉、吴广，你们才是刘邦、项羽。刘、项显指国共两党的领导人。毛所书诗句"古典""今典"均极对景，回答了傅的谦逊，也称赞了傅的以学问自立。

傅斯年一九五〇年十二月二十日因突发脑溢血死于演讲台上，终年五十四岁，当时他担任台湾大学校长的职务。他以耿直狷介著称，他以脾气暴躁著称，他以疾恶如仇著称，他以雄才独断著称。史语所的人私下里称他为"傅老虎"，但都服他尊敬他。他对学问充满了眷爱，对有真才实学的学者充满了温情。他与陈寅恪的特殊关系就是一显例。对曾经帮助过影响过自己的人，他不忘旧。一九三二年陈独秀被捕，他为之辩诬，说陈是"中国革命史上光焰万丈的大彗星"。一九二七年李大钊就义，报纸上发表消息有谓李在北平"就刑"。傅斯年反驳说，不是"就刑"，是"被害"。难怪陈寅恪对他那

---

① 《傅斯年致胡适》，《胡适来往书信选》下册，中华书局1980年版，第190页。

样服膺感佩，写诗称："天下英雄独使君。"①

我们了解了傅斯年，可以了解所谓学者的性格为何物，可以深层地了解陈寅恪的史学，可以了解那个特殊的史语所，可以了解中国现代史学所谓"史料学派"的怀抱与旨归。

（原载《文汇报》"学林"专版，2003年7月27日）

---

① 陈寅恪《寄傅斯年》诗为两首，第一首为："不伤春去不论文，北海南溟对夕曛。正始遗音真绝响，元和新脚未成军。"第二首为："今生事业余田舍，天下英雄独使君。解识玉珰缄札意，梅花亭畔吊朝云。"见《陈寅恪集·诗集》，三联书店2001年版，第18页。又一九五〇年十二月傅斯年逝世，陈寅恪当时亦有诗为之追念，只不过写得很曲折，通过说傅青主（傅山）之诗句从而悼念之。陈诗题为《〈霜红龛集·望海诗〉云'一灯续日月，不寐照烦恼，不生不死间，如何为怀抱'，感题其后》，诗为："不生不死最堪伤，犹说扶余海外王。同入兴亡烦恼梦，霜红一枕已沧桑。"见三联版《陈寅恪集·诗集》第74页。

学兼四部的国学大师

——张舜徽先生百年诞辰述感

今年，2011年，是张舜徽先生诞辰一百周年。他1911年8月5日生于湖南省沅江县，没有进过学校，完全靠刻苦自学，成为淹贯博通、著作等身的一代通儒。我曾说章太炎先生是天字第一号的国学大师。章的弟子黄侃，也是当时后世向无异词的国学大师。章黄之后，如果还有国学大师的话，钱宾四先生和张舜徽先生最当之无愧。

一 一代通儒

钱和张为学的特点，都是学兼四部，而根基则在史学。但同为史学，钱张亦有不同，钱为文化史学，张则是文献史学。古人论学，标举才学识三目，又以义理、考据、辞章分解之。义理可知识见深浅，考据可明积学厚薄，辞章可观才性高下。学者为学，三者能得其二，士林即可称雅，兼具则难矣。盖天生烝民，鲜得其全，偏一者多，博通者寡。三者之中，识最难，亦更可贵。无识则学不能成其大，才亦无所指归。张先生的识见是第一流的，每为一学，均有创辟胜解，这有他的《周秦道论发微》可证。

道为先秦各家泛用之名词，但取义各有界说。儒门论道，一以贯之，忠恕而已，性与天道，孔子罕言。韩非论道，则云明法制，去私恩，而以儒家之圣言为"劝饭之说"（《韩非子·八说》）。管夷吾论道，无外无内，无根无茎，万物之要。老聃论道，强名曰大，道法自然。庄生论道，无为无形，可生天地。先秦诸家之道说，异同异是，释解缤纷。而《荀子·解蔽》"人心之危，道心之微"一语，尤为历来研究心性之学者所乐道。《尚书·大禹谟》"人心惟危，道心惟微，惟精惟一，允执厥中"十六字，虽出自"伪古文"，亦堪称中国思想的语词精要，至有被称作"十六字真传"者。

然张舜徽先生别出机杼，曰："余尝博考群书，穷日夜之力以思之，恍然始悟先秦诸子之所谓'道'，皆所以阐明'主术'；而'危微精一'之义，实为临民驭下之方，初无涉于心性。"（《道论通说》）经过博考群书、日夜思之，而认为先秦诸家之道论，乃帝王驭民之术，亦即统治术，这是张先生对于先秦思想文化史的一项极大判断。此判可否为的论？思想史学者必不然。但在张先生，足可成一家之言。因为它的立说，是建立在精密比堪抽绎诸家文本基础之上的，以诸子解诸子，旁征博引，巨细靡遗。即如道和一的关系，老云"抱一"，庄云"通一"，韩非云"用一"，管子云"执一"，《吕览》云"得一"。此何为言说？张先生写道："皆指君道而言，犹云执道、抱道、通道、用道、得道也。'道'之所以别名曰'一'者，《韩非·扬权篇》曰：'道不同于万物，德不同于阴阳，衡不同于轻重，绳不同于出入，和不同于燥湿，君不同于群臣，凡此六者，道之出也，道无双，故曰一。'韩非此解，盖为周秦时尽人而知之常识，故诸子立言，率好以'一'代'道'之名，无嫌也。"（《道德通说》）不能不承认纂解有据，而绝非腹笥空空之贸论也。

张舜徽先生的独断之识，见于他所有著述，凡所涉猎的领域与问题，均有融会贯通之解。以本人阅读张著之印象，他似乎没有留下材料之义理空白。他的学主要表现为对中国固有典籍烂熟于胸，随手牵引，无不贯通。如果以考索之功例之，则张氏之学，重在典籍之文本的考据比勘。义宁之学的诗文证史，古典今情，宜非其所长。但二百万言的《说文解字约注》，又纯是清儒《说文段注》一系的详博考据功夫。《约注》一书，可见舜徽先生积学之厚。至于文法词章，置诸二十世纪人文大师之列，他也是可圈可点的佼佼者。他文气丰沛，引古释古，顺流而下，自成气象。为文笔力之厚，语词得位适节，断判出乎自然，五十年代后之文史学人，鲜有出其右者。这既得力于他的学养深厚，也和年轻时熟读汉唐大家之文有关。他尝着意诵读贾谊《过秦论》、《陈政事疏》等长篇有力之文，以培养文气。虽然，张先生长于为文，却不善诗词韵语，或未得文体之全，但亦因此使张学无纤毫文人之气，实现了《史通》作者刘知几说的"耻以文士得名，期以述者自命"的"宏愿"。

二 学兼四部

古人为学所谓通，或明天人，或通古今，或淹通文史，或学兼四部。诸科域博会全通，则未有也。张先生于通人和专家之分别，规判甚严。他说以汉事为例，则司马迁、班固、刘向、扬雄、许慎、郑玄之俦，为通人之学；而那些专精一经一家之说的"博士"们，固是专家之学也。对清代乾嘉学者，他也有明确分野，指戴震、钱大昕、汪中、章学诚、阮元诸家为通人之学；而惠栋、张惠言、陈奂之、胡培翚、陈立、刘文淇，以治《易》、《毛诗》、《仪礼》、《公羊》、《左氏传》等专学名家，则为专家之学。即以张先生界定之标准，我也敢于说，他是真正的通儒，所为学直是通人之学。

张先生为学之通，首在四部兼通。他受清儒影响，从小学入手，即从文字、声韵、训诂开始，此即清儒所谓"读书必先识字"。再经由小学而进入经学。先生所治经，以郑学为圭臬，可知其起点之高。汉代经学发达，有五经博士之设。然家法成习，碎义逃难，终至经学为经说所蔽。逮汉末大儒郑康成出，打破今古文之壁垒，遍注群经，遂为"六艺之学"立一新范。故张先生之《郑学丛著》一书，未可轻看。此书正是他由小学而经学的显例。书中《郑学叙录》、《郑氏校雠学发微》、《郑氏经注释例》三章，尤为后学启发门径。但张先生虽治经，却不宗经，以经为史、经子并提，是他为学的习惯。要之许（慎）郑（玄）二学，实为先生为学之宗基，故能得其大，积其厚，博洽而涯岸可寻。张之洞《书目答问》谓"由小学入经学者，其经学可信；由经学入史学者，其史学可信"，已由张先生为学次第得到证明。至于子学，《周秦道论发微》为其代表，前已略及。明清思想学术，亦为先生所爱重，则《顾亭林学记》、《清代扬州学记》两书，是总其成者。集部则《清代文集别录》（上下册）、《清人笔记条辨》，识趣高远，宜为典要。

当然张先生学问大厦的纹理结构还是乙部之学，也可以说以文献史学为其显色。斯部之学，其所著《汉书艺文志通释》、《史学三书评议》、《广校雠略》、《中国文献学》、《中国古代史籍举要》、《中国古代史籍校读法》等，均堪称导夫先路之作。所以然者，因先生一直自悬一独修通史之计划，终因年事，未克如愿。晚年则有创体变例之《中华人民通史》的撰写。一人之力，字逾百万，艰苦卓绝，自不待言。仅第六部分"人物编"，政治人物21人、军事11人、英杰12人、哲学19人、教育15人、医学15人、科学18人、工艺技术10人、文字学7人、文学16人、史学12人、文献学8人、地理学8人、宗教4人、书法12人、绘画12人。各领域人物共得200人，逐一介绍，直是大史家功力，其嘉惠读者也大矣。而史标"人民"，复以"广大人民"为阅读对象，用心不谓不良苦。但以舜徽先生之史识史才，倘不如此预设界域，也许是书之修撰，其学术价值更未可限量。

三 沾溉后学

张舜徽先生一生为学，无论环境顺逆，条件优劣，从未中辍。每天都早起用功，又读又抄。抄是为了加深记忆。小学的根底，得其家传，是自幼打下的。十五六岁，已读完《说文段注》。中岁以后益增自觉，竟以十年之功，将三千二百五十九卷的"二十四史"通读一过。晚年，学益勤。至二十世纪八十年代，先生已年逾七旬，仍勤奋为学，孜孜不倦——

> 天热，就在桌旁放一盆冷水，把湿毛巾垫在胳膊下；汗流入眼睛，就用毛巾擦一下再写。天冷，手冻僵了，就在暖水袋上捂一下，继续写下去。雨天房子漏水，就用面盆接住；水从室外灌进屋里，就整天穿上胶鞋写作。

每晨四点起床，晚上睡得很晚。就是这样，经过十年苦干，整理出了一大批研究成果。[1]

意志、勇气和毅力，是张先生为学成功的秘诀。他认为"才赋于天，学成于己"。识则一半在天，一半在己。勤奋努力与否，至为关键。为将己身之经验传递给后学，1992年初冬，当其八十一岁之时，还撰写《自学成才论》上下篇，交拙编《中国文化》刊载，此距他不幸逝世，仅两周时间。

《自学成才论》之上篇写道："自隋唐以至清末，行科举之制达一千三百余年之久，而事实昭示于世：科举可以选拔人才，而人才不一定出于科举。以高才异能，不屑就范，而所遗者犹多也。清末废科举，兴学校，迄于今将百年矣。而事实昭示于世：学校可以培育人才，而人才不一定出于学校。以出类拔萃之士，不必皆肄业于学校，而奋起自学以成其才者济济也。"又说："自来豪杰之士，固未有为当时制度所困者，此其所以可贵也。"更标举孟子"待文王而后兴者，凡民也；若夫豪杰之士，虽无文王犹兴"之义，提出"虽无学校犹兴"才是廓然开朗、有志有为的"伟丈夫"。

张舜徽先生本人，就是"虽无文王犹兴"的豪杰之士，也是廓然开朗、有志有为的"伟丈夫"。《自学成才论》下篇，叙列王艮、汪绂、汪中等孤贫志坚的学术大家，开篇即云："自来魁奇之士，鲜不为造物所厄。值其尚未得志之时，身处逆境，不为之动，且能顺应而忍受之。志不挫则气不馁，志与气足以御困而致亨，此大人之事也。盖天之于人，凡所以屈抑而挫折之者，将有所成，非有所忌也。其或感奋以兴，或忧伤以死，则视所禀之坚脆，能受此屈抑挫折与否耳。"所陈义固是先生一生为学经历之总结，深切著明，气势磅礴，字有万钧。"自来豪杰之士，固未有为当时制度所困"、"自来魁奇之士，鲜不为造物所厄"，屈抑和挫折预示着"将有所成"。试想，这些论断，是

---

[1] 张君和编：《张舜徽学术论著选》，第635页。

何等气魄，何等气象！真非经过者不知也。

张舜徽先生为学的这种大气象和真精神，垂范示典，最能沾溉后学。所谓学问之大，无非公心公器也。学者有公心，方能蓄大德；视学术为公器，才能生出大智慧。我与先生南北揆隔，未获就学于门墙之内。然我生何幸，当先生晚年董理平生著述之际，得与书信往还，受教请益，非复一端。八十年代末，《中国文化》杂志筹办之始，即经由先生弟子傅道彬先生联系，函请担任学术顾问一职，蒙俯允并惠赐大稿《中华人民通史》序，刊于《中国文化》创刊之第一期。九十年代初，拙编《中国现代学术经典》启动，尝以初选诸家之列目呈请教正，先生很快作复，其中一节写道：

细览来示所拟六十余人名单，搜罗已广，极见精思。鄙意近世对中国文化贡献较大者，尚有二人不可遗。一为张元济，一为罗振玉。张之学行俱高，早为儒林所推重，实清末民初，大开风气之重要人物，解放前一直为中央研究院院士。其著述多种，商务印书馆陆续整理出版。罗于古文字、古器物之学，探究广博，其传布、搜集、刊印文献资料之功特伟，而著述亦伟博精深，为王国维所钦服。王之成就，实赖罗之启迪、资助以玉成之，故名单中有王则必有罗，名次宜在王前。罗虽晚节为人所嗤，要不可以人废言也（六十余人中，节行可议者尚多）。聊贡愚忱，以供参考。闻月底即可与出版社签下合同，则选目必须早定。此时合同未立，暂不向外宣扬。如已订好合同，则望以细则见示。愚夫千虑，或可效一得之微也。京中多士如云，不无高识卓见之学者，先生就近咨访，收获必丰，亦有异闻益我乎？盼详以见告为祷。

张先生对罗振玉和张元济的推重，自是有见。我接受他的意见，罗后来列入了，但张未能复先生命。张先生此信写于1991年5月23日。至次年1月16日，仍有手教询问《丛书》之进展情形。而当我告知近况之后，张先生喜慰非常，又重申宜包括张元济的理据。现将张先生这封写于1992年4月13日的来示抄录如下,以资纪念,并飨读者。

梦溪先生大鉴:

得三月二十五日惠书,藉悉《中国现代学术经典丛书》之编纂,布置就绪,安排得体,以贤者雄心毅力为之,必可早望出书,甚幸事也!承嘱补苴遗漏,经熟思之后,则张菊生先生(元济)为百年内中国文化界之重要人物,而其一生学问博大,识见通达,贡献于文化事业之功绩,尤为中外所推崇。其遗书近由商务整理出版甚多,可否收入,请加斟酌。往年胡适亟尊重之,故中央研究院开会,必特请其莅临也。承示《中国文化》第五期即可出书,此刊得贤者主持,为中外所瞩目,影响于学术界者至深且远,我虽年迈,犹愿竭绵薄以贡余热也。兹录呈近作二篇,请收入第六期,同时发表。好在文字不多,占篇幅不多,并请指正!专复,即叩近安。

张舜徽上 四月十三日

此可见张舜徽先生对《经典丛书》的悉心关切。可惜他未及看到丛书出版,就于1992年11月27日遽归道山,终年八十一岁。他其实还在学术的盛期。他走得太早了。张先生写给我的最后一封信,落款时间为1992年11月9日,距离他逝世仅十八天。

(原载《光明日报》国学版2011年6月20日)

附：

张舜徽

自学成才论

士之立志奋厉自学，欲有所成者，非特不可高视阔步、睥睨一世也，而必小心谨慎，卑以自牧，埋头刻苦以求之也。荀卿有言："无冥冥之志者，无昭昭之明；无惛惛之事者，无赫赫之功。"岂不信然！自来魁奇之士，鲜不为造物所厄。值其尚未得志之时，身处逆境，不为之动，且能顺应而忍受之。志不挫则气不馁，志与气足以御困而致亨，此大人之事也。盖天之于人，凡所以屈抑而挫折之者，将有所成，非有所忌也。其或感奋而兴，或忧伤以死，则视所禀之坚脆，能受此屈抑挫折与否耳。孟子曰："天将降大任于是人也，必先苦其心志，劳其筋骨，饿其体肤，空乏其身，行拂乱其所为，所以动心忍性，曾益其所不能。"古今豪杰之士，诵斯言以自奋厉，克底于成者，何可胜数！其具体国经野之才，济世安民之略，如历代大政治家之所为，姑置勿言；言其刻苦治学，卒成一代儒宗者，若明代大思想家王艮，一灶丁耳，处境贫困，而志学益坚，自强不息，后竟成为明代理学家开宗立派之人物。清初婺源汪绂，自力于学，家贫无以自活，乃之江西景德镇，为烧窑者佣工，以画碗自给。旦夕作苦，不废读书。后竟著书数十种，教书数十年，成为远近仰慕之大师。乾隆中，江都汪中，幼苦孤贫，随母行乞于外，稍长，入书肆为学徒，因乘暇取店中书读之，因得博览群书，学识渊广，终成为当时第一流通儒，为世所尊。若斯数家，特立拔起，可谓豪杰之士矣。近世列邦人才辈出，其出身工农，不经师授，而成为科学家、文学家、艺术家者，尤不可胜数。有为者，亦若是。士患无弘远之志，不能耐苦耳。苟有志于斯矣，而能济之以毅力、恒心，积微末以至高大，何往而不可以自成其才哉！

卷三

百年以来我们已经有过三个关于国学的定义：一是国学为国故学，二是国学为我国固有学术，三是国学为"六艺之学"。比较起来，我更倾向于第三个定义，即马一浮提出的国学是"六艺之学"。这个定义能够更准确地反映国学的基本义涵，也更容易和现代人的精神世界相连接。这是与东西方任何一国的学术区别开来的原初学典，是我民族文化精神的自性之原，既可以为道，又可以为教，又可以育人。

中国传统文化的特质及其价值取向

一 "文化传统"和"传统文化"

"文化传统"和"传统文化"是两个不同的概念。

"传统文化",是指传统社会的文化。一般把周秦以降直至清朝最后一个皇帝退位,也就是1911年辛亥革命之前,称作传统社会;辛亥革命后,中国社会的现代型态逐渐凸显。当然无法用1911年把传统与现代作一截然划分,文化与社会的变迁比政治事变要复杂得多。宽泛一点看这个问题,也许讲清末民初是中国传统社会向现代社会过渡的转折时期,在语义和事实上比较恰当。总之晚清以前的中国文化可称为中国传统社会的文化,也就是传统文化。

传统文化的内容,取决于我们对文化一词如何定义。

人类学家对文化一词的解释是多种多样的,美国人类学家克罗伯(Kroeber)和克拉孔(Kluckhohn)在他们50年代合著的《文化:关于概念和定义的检讨》一书中,列举出160多种西方学者关于文化的定义。70年代以后,符号学盛行,对文化的定义就更多了。我个人使用的定义,是自己在研究中抽绎出来的看法。

我倾向认为,文化应该指一个民族的整体生活方式及其价值系统。这是广义的用法;狭义的用法,可以指人类的精神生产及其成果的结晶,包括知识、信仰、艺术、宗教、哲学、法律、道德等等。因此广义地说,中国传统文化就是指中国传统社会中华民族的整体生活方式和价值系统。

但如果说到文化传统,就是另外的概念了。

文化传统是指传统文化背后的精神连接链，并不是所有的文化现象都能够连接成传统。有的文化现象只不过是一时的时尚，它不能传之久远，当然不可能成为传统。按照美国社会学家希尔斯的观点，传统的涵义应该指世代相传的东西，即从过去传衍至今的东西（至少应该传衍三代以上）。文化传统当然存在于传统社会的文化现象之中，但它更多地是指这些文化现象所隐含的规则、理念、秩序和所包含的信仰。

能够集中地体现具有同一性的规则、理念、秩序和信仰的文化现象，就是传统的文化典范。我们面对一尊青铜器、一组编钟、一座古建筑或一个古村落，人们有时也说看到了中国文化的传统，其实这样说并不准确，实际上看到的是传统的遗存物，这些遗存物所涵蕴的规则、理念、秩序和信仰，才是传统。但能够留存至今的遗存物本身同时也是一种文化典范，里面藏有该民族文化传统的一系列密码。

对于文化传统来说，信仰的因素非常重要。因为传统之所以被称为传统，往往由于这些传统有一种神圣的感召力，希尔斯把这现象叫作传统的克里斯玛 (Charisma) 特质[①]，即传统所具有的某种权威性和神圣性。可以说，如果没有信仰的因素掺入，能否形成真正的传统，都不是没有疑问。即使缺少信仰的成分，也必须融进崇拜的精神，才能凝结为传统。中国传统社会用儒家思想编织起来的纲常伦理，对家庭的结构和文化传承来说就是一种具有权威性的传统，但它里面崇拜的成分大大超过信仰。

二 文化传统的更新与变异

传统不是一个凝固的概念，在连接和传衍中它会发生变异，会不断被赋予新的内容。例如儒家思想，在先秦、在两汉、在宋明、在清代，都有所不同，

---

① [美] E. 希尔斯：《论传统》，傅铿等译，上海人民出版社1991年版，第305—309页。

都有新的成分添入。希尔斯说，对传统而言，"增添是一种最常见的形式"（见希氏之《论传统》）。事实上，只有后来者不断为既存的传统增添新的内容和新的典范，传统才更充实、更有价值，才有可能不着痕迹地融入现在，成为活着的传统。但新增入的成分在大多数情况下只能处于边缘状态，而且会遭致固守既存传统人士的反弹。除非已经进入传统变异的另一情境，即固有传统和新成分实现高度融合，人们已经无法分清楚传统构成的新与旧，甚至以为新成分原来是旧相知，传统就成为既是现在的过去又是现在的一部分了。

文化传统在传承的过程中，不仅需要增添新的内容新的典范，而且需要对异质文化的吸收和融合。传统往往不是单一的，而是一种综合。对不同质的文化传统的吸收和融合，可以使固有传统因注入新的血液而勃发生机，并变得更健康、更有免疫力。唐代文化气象博大、心胸开阔、仪态轻松，就和大胆吸收西域文化、旧传统中融入了异质的新成分有直接关系。其实这一过程就是传统更新的过程。这一过程一般是缓慢的、渐进的、不知不觉的，因此也可以看作是一种文化的濡化过程。这种濡化过程一般不会引发激烈的冲突，也不破坏既存的文化秩序。但这需要充当异质吸收的文化主体强大，有自信力和包容精神。汉朝和唐朝的时候，中国文化的主体是具备这种条件的，所以有佛教的传入，有和西域文化的交流。

到了晚清，国家处于被东西方列强瓜分的境地，有亡国灭种的危险，民族文化的主体性完全弱化，失去了与西方文化平等对话的条件，更不要说文化的濡化了。张之洞算是有心人，提出"中学为体，西学为用"，说到底也不过是"应变"的一种方式而已。其实处于晚清时期的中国社会与文化，与当时西方的社会与文化，彼此之间有好大一个时间差。西方已经是建构了现代文明的社会，中国还没有从几千年的传统社会里转过身来，双方没有站在同一水平线上。这种情况，不可能有中国文化传统对西方异质文化的正常吸收，必然爆发激烈的文化冲突，冲突的结果大家知道，是中国文化打了败仗。

我们常说的中国文化，就包括中国传统文化和文化传统两部分。中国古代并没有中国文化这个直接的概念。只有到了晚清，西方文化大规模进来了，与之相比较，才有中国文化之说。换言之，"中国文化"这个概念，是晚清知识分子自我反省检讨传统的用语，它既包括传统社会的文化现象，又包括传统文化背后的精神连接链即文化传统。现在我们使用中国文化这个概念，已经把传统文化和文化传统、古与今、传统和现代，都连接在一起了。

三 中国传统文化的特质及其价值取向

中国传统文化是一个非常大的概念，是一个包涵着诸多类分的综合概念。我们讲中国传统文化的特质，只能找出一些共通性的问题，从一个方面、一定角度、一些类型，来看中国传统文化的特征，而且只能理出一些最主要的特征。

那么，中国传统文化都有一些什么样的特质呢？

第一，是历史悠久。中国传统文化的历史，自夏、商、周三代的夏朝算起，有四千多年，所以号称五千年的历史文明。从周秦算起，有三千多年。世界四大文化圈：古希腊罗马文化、阿拉伯文化、印度文化和中国文化，其中中国文化是世界最古老的古文明之一。

第二，中国传统文化是在一不间断的同时也是较少变化的传统社会型态框架内生存的文化系统。梁漱溟先生说："百年前的中国社会，如一般所公认是沿着秦汉以来，两千年未曾大变过的。"秦汉到晚清都是皇权制度，说社会型态没有发生根本的变化或较少变化，应该能够成立。但这不妨碍不同历史段落的文化有不同的特色。如殷周时期的青铜器文化、秦汉的制度文化、唐的多元繁荣、宋的思想、明代的城市生活、清的学术等等。就文化的形上型态学术思想而言，不同历史阶段都有不同类型的高峰期，如春秋战国时期的子学、两汉的经学、魏晋南北朝的玄学、隋唐的佛学、宋代的理学、明朝的心学、清代的朴学等。

第三，中国传统文化是一多元文化型态。就其发生来说，是多元的。过去说中国文化是黄河文化。现在学术界的看法，长江文化是与黄河文化不同的一源。就其族群的构成来说，华夏文化为主体，同时包括众多民族的文化。就文化思想来说，儒、释、道三家主要思想学说，呈多元互补之势。

第四，中国文化是富有包容性的文化。它的同化的功能很强，孔子说："夷狄之入中国，则中国之。"各民族之间的融合，文化是最好的溶解剂。中国文化对异质文化的吸收和消化能力是惊人的，明显的例证是对佛教的吸收。华夏民族不排外，即使穷乡僻壤，也懂得尊重外来者的文化习俗。

第五，就生活型态来说，中国传统社会主要是一农耕社会，所以其文化精神，正面说有吃苦耐劳、生生不息的特点；负面说常常表现为自给自足的心理、缺少冒险精神、重农轻商等等。中国传统社会长期抑商，所以商品经济不够发达，这是中国传统社会的一个症结。晚清与外人打交道陷入被动，国力不强固然是主要原因，缺少商品意识和市场观念，也是问题的一个重要方面。

第六，中国传统社会属于宗法社会的性质。以家族为本位、家国一体，是传统的社会型态和文化型态的重要特征。家不仅是生活单位，而且是生产单位。家庭成员一般不远离家庭。孔子说："父母在，不远游。"如果一个家庭的成员长时间出离在外，就叫"游子"，"游子"如同幽魂离开躯体，其身份是很悲哀的。传统社会的家庭不只是一家一户的家，还要扩大、辐射出"家族"。因为家庭中以父亲为主轴，父的父是祖父、父的兄是伯，父的弟是叔，父的姐妹是姑；母亲方面，母的父是外祖父、母的兄弟是舅、母的姐妹是姨；父亲的兄弟姐妹生的孩子，又构成堂兄弟、堂姐妹系列；母亲的兄弟姐妹生的孩子，构成表兄弟、表姐妹系列。祖、父、兄、弟、伯、叔、舅都会娶妾，又会生育，于是又衍生出庶出的一大群。于是便有了嫡、庶的问题。而且每一枝系都有固定的名称。这和西方是完全不同的。所以中国传统社会的家族可以变得非常庞大，像《红楼梦》里的贾家那样。大的家族有族长、有管家、有佣工、有保安巡逻人员、有统一的祭祖活动，对有过失的家族成员可以刑讯处罚，甚至处死。俨然是一个"准"国家。

中国古代理念上（不是说事实上）没有"社会"这个概念，"家族"成为社会的基本单位，或者说家族的分布和联结网络就相当于社会，它是以血缘为纽带，而不是靠契约来维系。家族还有传宗接代的功能，娶妾的直接目的就是对家族传宗接代功能的补充（对男性亦有性调剂的作用）。家的横向辐射是家族，纵的联系就是世系。因此传统社会常把"家族"和"世系"并称，叫"家族世系"。因此传统社会非常重视家谱，谱牒学是一项专门的学问。宋代的范仲淹呼吁，要切实保护宗族的利益，因此宋朝有"义庄"之设。明清两代更为普遍，至于聚族而居成为风气，常常一个村庄只有一个姓氏，甚至几个村庄都是一个姓氏，所谓"六乡一姓"的现象，史不绝书。西方人类学家重视"族群"的概念，在中国主要表现为"家族"。

中国古代甚至很少使用"国家"这个概念，经常使用的是"家国"。研究者也有的说，中国传统社会只讲"忠君"，不讲"爱国"。至少中国古代并没有"爱国"这个概念。但重视"天下"。"天下"包含"社稷"和"苍生"两部分内容。"社稷"原意是对土神和谷神的祭祀，后来用来指国家政权。和社稷连用的是"江山"，"江山"指疆土、国土。社稷和江山加起来，相当于国家。"苍生"本义是指长得很乱的草木，后专指百姓。总之，在中国传统社会：

社稷＋江山＝国家
社稷＋苍生＝天下

这个公式是我个人总结出来的，却觉得颇能反映中国传统社会政治结构的特征。顾炎武说："天下兴亡，匹夫有责。""匹夫"指单独的男性个人，而且是很普通的男性个人；如果是念过书的男性个人，就叫"匹士"了。明末还有"天下兴亡，匹妇有责"的说法，陈寅恪表彰的柳如是就有此种信仰。值得注意的一点是，顾炎武说"天下兴亡"，没有说"国家兴亡"，为什么？也许"天下"这个概念，既包括国家政权又包括老百姓（苍生）？而国家只包括"社稷"和"江山"，老百姓没有包括在内。

第七，儒家思想是中国传统社会的主流意识形态，国家的政治结构和家庭网络主要靠儒家学说编织而成。因此儒家思想是中国传统文化的核心价值。具体地说，"三纲五伦"就是这一核心价值的主要道德规范。"三纲"是对君臣、父子、夫妇关系的行为规范，第一项关乎国，第二、三项都同时关乎家，可见"家"在中国传统社会的重要地位。"五伦"指君臣、父子、夫妇、长幼、朋友的关系。孟子说："父子有亲、君臣有义、夫妇有别、长幼有序、朋友有信。"孟子称这"五伦"及其规范为"人伦"。后来汉代又有"六纪"之说，包括诸父、兄弟、族人、诸舅、师长、朋友，对"五伦"作了外延性的扩大，其实就可以规范所有人与人之间的关系了。

"师长"和"朋友"，是家族以外的取项。传统社会重教育和教化，师的地位很高，这从孔子开的头。各级官吏实际上也担负着教化的任务。即使是王者，也需要有师。天、地、君、亲、师，师的排序仅次于君、父。师的含义不仅指直接的授业启蒙者，科举考试时代考取的进士，也称录取他的考官为师，考官视他录取的生员为门生，同榜进士则称同年。所以传统社会就是以家族为中心的一面大网，"三纲五伦"或"三纲六纪"是这面大网的纲，通过纲常伦理来维系家庭和社会的秩序。史学家陈寅恪甚至认为，"三纲六纪"就是中国文化的基本定义。他说："吾中国文化之定义，具于《白虎通》'三纲六纪'之说，其意义为抽象理想最高之境。"(《王观堂先生挽词》序)

"三纲六纪"所规定的伦理规范和语词概念，有越来越细化的趋势。光是孟子讲的"义"和"信"，觉得还不够完善，所以又发展、衍生出一系列对应性的伦理范畴。君臣关系使用"忠"、父子关系使用"孝"、夫妇关系用"义"、朋友关系用"信"。特别是"孝"，更居于核心位置。《孝经》上说："孝始于事亲、中于事君、终于立身。"把君、父完全连接在一起，所以古代文本语言，常常以"君父"和"家国"并提。当然这些是道德规范，同时如陈寅恪所说，也是最高境界的文化理想。所以传统士人的最高理想，是"修身、齐家、治国、平天下"。至于能否真正做到，是另一回事。但我有一个理念的同时也是经验的看法，就是如果了解了儒家思想及其道德规范，了解了家庭和家族的构成和来龙去脉，我们大体上可以了解中国传统社会和传统社会的文化。《红楼梦》所以重要，就在于它对传统社会的家族构成和文化结构作了一次总解剖。

第八，中国人的自然观、对自然的态度，是主张"天人合一"的，相信"人与天地万物为一体"。这点许多学者都有过论述，我主编的《中国文化》还专门就这个问题作过讨论。"天人合一"的思想可以使人与自然不那么对立，很适合现在的环保主张。但也有专家认为，中国人的这种哲学思想，是传统社会缺少系统的科学、科技不发达的原因。

"天人合一"这个命题，包括天和人两个方面，实际上说的是两个对立体彼此的关系。既然是两个方面、两个对立体的关系，就有孰强孰弱、谁占的成分大、以谁为主的问题。在中国传统社会，"天人合一"这个命题是"天"的势力大，还是"人"的势力大？是天为主导还是人为主导？在观念上，恐怕是要人往天那边靠而不是相反，所以古代有"顺天"、"听天命"等说法。当然这个命题也有要提升人的境界的意思，所以冯友兰讲"天地境界"。但要求太高，不容易达到。孔子讲的"五十而知天命"，已经是很高的境界了，也只是说应该知道能够做什么、不能够做什么，人的一生能够成就到怎样的程度，是天命决定的，不可强求——这就是孔子的意思，如是而已。

第九，中国传统社会有最完整的文官制度，这在世界文明史上绝无仅有。文官制度和科举考试有关，科举考试制度是中国独有的。唐代以诗取士，后来考八股文增加试帖诗，所以传统社会的文官大都会写诗。文官制度的最高表现是宰辅制度。相权对皇权有一定分解作用，他可以让皇帝少犯错误。

第十，关于中国文化背景下的宗教信仰问题，总的看中国人对宗教的态度比较马虎。孔子说："祭神如神在。"那么不祭呢？难道神就不存在了？宗教的态度是不允许对信仰的对象作假设的。佛教中国化之后演变为禅宗，宗教的味道已大为减弱。民间化、世俗化的佛教，随意的成分也很强。道教是自然宗教，操作性强，信仰的力度不是很坚实。中国人对待超自然的力量，信仰的成分不如崇拜的成分大，但崇拜不是宗教意义上的信仰。在中国人的眼里，天是至高无上的，是最大的神。但对天是崇拜而不是信仰，因为天并不总是能满足人的愿望。对祖宗也是崇拜而不是信仰。拜天祭祖是中国人的最高礼仪，近似宗教仪式，但绝不是宗教仪式。

第十一，中国传统社会有发达的民间社会，朝野、官府和民间界限分明。儒释道三家的思想，儒家学说成为占统治地位的思想，道教和佛教主要在民间。因为有发达的民间社会，有儒释道三家思想的互动互补，中国传统社会反而有较大的思想空间和活动空间。

第十二，中国传统社会的不同历史时期，都有不同风格的艺术与文学。古人的文章写得很好，记述不同的事情有不同的文体。诗学尤其发达。书法艺术很独特，中国文化的精神可以在书法中找到。

第十三，中国传统社会还有一些比较特异的社会现象和文化现象，比如阉官制度、有太监（明代和晚清的太监作恶多端）；施行变相的一夫多妻制，即法定的妻妾制度，男人可以娶妾。还有女人裹小脚等等。这些恐怕就是传统文化中不一定很好的东西了。

我仅仅是为了讲述问题的方便，把中国传统文化的一些标志性的现象列出了十三项内容，远不能概括于万一。这些可以说是中国传统文化的一些最基本的特征，换一个视角，还可以归纳出另外的特质，我无法在一次穷尽。我们可以看出，传统社会的文化，也就是中国传统文化，是有好有不好的，不能一概而论。

从上述中国传统文化的一些主要特征中，我们大体也可以明了中国传统社会文化型态的价值取向。比如，儒家思想是传统文化的核心价值；社会文化以家族为本位；政治文化的家国一体；道德文化则崇尚家族伦理；思想文化中的"仁爱"、"中庸"和"恕道"；自然哲学的天人合一；宗教文化的三教并存和三教合一等等，都可以看出中国传统文化的价值取向方面的特点。这些价值取向方面的特点，不仅属于过去，也是今天现代中国人文化哲学和文化性格的组成基因。

（原载《南京师范大学文学院学报》2004年第1期）

百年中国之文化传统的流失与重建

我所说的百年，是指清朝末年、民国初年，也就是清末民初，一直到今天这一历史段落，大体上相当于20世纪的一百年。具体时间应该是1895年前后至20世纪末年。我想探讨的是，这一历史时期的社会与文化的变迁。也可以说，是对这一百年的社会历史变迁过程作简略的文化解读。就切入角度来说，这是一个文化社会学的问题。

一 百年中国的文化问题为什么从晚清讲起

首先在理念上，如果我们研究中国的思想、历史和文化，"三晚"最重要：一是晚周、一是晚明、一是晚清。

晚周——东周末年的春秋战国时期，那是中国历史上鲜有的百家争鸣时期，孔、孟、荀、韩、墨、老、庄等中国最早的第一流的思想家，就产生于那个时期。那是中国的思想源头，是学术的经典时期。就世界历史而言，那是世界历史的轴心时代。

晚明——明清鼎革，那是一个文化冲突非常剧烈的时期。以汉族为中心的华夏文化经历了一次血和火的洗礼。再没有比剃发易服更令一个有上千年文化传统的民族更难堪的了。所以顾炎武有"亡国"和"亡天下"的说法。"亡文化"就是"亡天下"。

晚清——对中国的历史演进来说，就更重要了。那是中国社会从传统到走向现代的转折点,是东方文化和西方文化的撞击点和交汇点,是中国历史、文化与社会的大转变时期。

文化学家和历史学家都非常重视"历史时刻"这一概念。"三晚"都是中国历史上最重要的历史时刻,是研究中国思想、文化、社会、历史的最关键的历史时期。

其次在事实上,中国历史、文化和社会结构,到了晚清,真正开始了大变局。不是说以前没有变化,而是说以前的变化和晚清都不相同。到了晚清,中国历史的脚步不能照原来的样子走下去了,延续几千年的统治秩序不能照原来的样子维持下去了,本民族的文化传统和固有的社会结构遇到了前所未有的挑战。

"西人"与晚清的"大变局"

晚清时期开明的官吏、先觉醒的知识人士,已经直觉地感到了晚清时期这种社会与历史的不寻常变化,他们称这种变化为历史的"大变局"。下面试举几例,我们看晚清的一些政治敏锐人士是怎样看待这种历史的大变局的。

李鸿章(直隶总督、北洋大臣)说:"合地球东西,南朔九万里之遥,胥聚于中国,此三千余年一大变局也。"①又说:"今则东南海疆万余里,各国通商传教,往来自如,麇集京师及各省腹地,阳托和好之名,阴怀吞噬之计,一国生事,诸国构煽,实为数千年来未有之变局。"②

徐继畲(福建巡抚)说:"南洋诸岛国……明以前皆弱小番部,朝贡时通。

---

① 李鸿章:《筹议制造轮船未可裁撤折》,《李文忠全书·奏稿》卷十九,沈云龙主编:《近代中国史料丛刊续编》第70辑(695号)。

② 李鸿章:《筹议海防折》,《李文忠全书·奏稿》卷二十四,沈云龙主编:《近代中国史料丛刊续编》第70辑(695号)。

今则胥变为欧罗巴诸国埔头，此古今一大变局。"①

王韬（著《弢园尺牍》、学人）说："居今日而论中州大势，固四千年来未有之创局也。"②又说："合地球东西，南朔九万里之遥，胥聚于我中国之中，此古今之创事、天地之变局，所谓不世出之机也。"③

丁日昌（苏州布政使）说："西人之入中国，实开千古未创之局。"④

曾纪泽（出使英法大使）则说："泰西之轮楫，旁午于中华，五千年来未有之创局也。"⑤

郭嵩焘（广东巡抚、出使英法大使）也说："西洋之入中国，诚为天地一大变。"⑥

郑观应（著名实业家）："今泰西数十邦叩关互市，与我中国立约通商，入居内地，此乃中国一大变局，三千余年来未之有也。"⑦

他们在这种千古未有的大变局面前，感到惊愕，不知所从，束手无策。而出现这种大变局的最主要的标志，是"西人"大规模地进入了中国。

"西人"进入中国，本不自晚清始。汉代，佛教传入，可以叫"西天"。

---

① 徐继畬：《瀛环志略》卷二，上海书局1898年版，第16页。
② 王韬：《变法自强下》，《弢园文录外编》，上海书店出版社2002年版，第32页。
③ 王韬：《代上苏抚李宫保书》，《洋务运动》（一），上海人民出版社1961年版，第505页。
④ 宝鋆等编：《筹办夷务始末》（同治朝）卷五十五，中华书局1964年版。
⑤ 曾纪泽：《〈文法举隅〉序》，《曾纪泽遗集》，岳麓书社1983年版，第135页。
⑥ 郭嵩焘《复李次青》，《郭嵩焘诗文集》，岳麓书社1984年版，第225页。
⑦ 郑观应：《易言·论出使》，《郑观应集》上册，上海人民出版社1982年版，第125页。

明代，天主教入华，那是"西教"。晚清，可以称作"西潮"。但汉的"西天"和明朝的"西教"，与晚清的"西潮"均不相同。

佛教进入中国（西汉末年、东汉初年），是静悄悄地进入的（通过西域传入），起初是作为黄老方术的一种；后来也引起过争论（沙门不拜王者论），甚至出了好几个主张灭佛的皇帝，但都阻挡不住佛教在中国的传播，主张灭佛的皇帝远没有信佛、佞佛的皇帝多。佛教经历了漫长的中国化的过程，终于出现了最适应中国人心性的禅宗。宋代的思想大合流，是融佛入儒的结果，所以产生理学。然后是佛教的民间化和世俗化。佛教终于成为中国传统思想文化的一个重要分支。佛教传入中国的过程，是中国文化吸纳、消融外来文化的显例，是华夏民族文明的伟大之处。它的特点是充实主体、融化客体、思想再生、铸造新文明。

明代的西教，即天主教，一般以明朝的万历年间、万历十年（公历1582年）意大利人利玛窦来华为标志。西方的传教士带来了天文、历法、数学、火炮制造等西方的科技，也把中国的文化反馈回欧洲，对中西文化交流起到了早期的带领作用，但在宗教传播方面，始终表现为与中国文化的冲突。利玛窦曾经尝试着让天主教适应中国文化的特征，他的努力获得相当成功，后来由于罗马教廷的干预，引发了所谓"礼仪之争"（祭祖拜天），两种文化的冲撞占据了主要位置。但这次"西人"的进入中国，增加了双方的初步了解，就中国一方而言，自己文化的主体位置丝毫未发生动摇。

所以如此，是由于汉、唐、明直至清中叶，中国的国力是强盛的，"西人"带来的是文化，不过是"以文会友"，所以宾主分明，客人就是客人，无论如何成不了主人。

晚清就不同了。道光、咸丰以后，中国的国力日趋衰弱，社会问题严重，统治集团腐败。在这种弱势的情况下，"西人"来了，不再是"身怀绝技"的传教士只身远游，而是开着军舰、手持枪炮的大队人马前来叫阵。主人的态度也不是开门纳客，紧闭的大门是被人家用"坚船利炮"打开的。于是，有了1840年的鸦片战争和1842年的《南京条约》（中国近代史上的第一个不平等条约），有了1860年的第二次鸦片战争和《北京条约》（一个更加丧权辱国的条约）。英法联军于1860年9月9日火烧了圆明园（那是当时东方的第一名园）。

此时之"西人"已经反客为主，中国文化的主体位置、国家的主权地位，遭到根本动摇。

"夷务"和"洋务"

晚清时期先觉醒的知识分子、开明的官吏，也想出了一些对付洋人的办法，当时最流行的话语是"夷务"，如何处理"夷务"成为关乎国家根本利益的大问题。想出的办法包括"以民制夷"、"以商制夷"、"以夷制夷"、"师夷之长技以制夷"等等，但都没有多少效果。

朝野上下形成一致的看法，就是知道自己落后了，应该自强。所以晚清有长时间的"自强运动"。看到洋人技术先进、武器精良，意识到自己要有近代工业、要有洋枪洋炮，于是开始了"洋务运动"。"夷务"后来变成了"洋务"。

曾国藩、李鸿章、沈葆桢、左宗棠、张之洞等晚清大吏，是早期"洋务运动"的积极倡导者。特别是李鸿章，他是清季办洋务的最主要的代表人物。但1894年的中日甲午战争，李鸿章倾毕生心血建立的北洋舰队全军覆没。而且不是败在力量悬殊的"西人"手下，而是败给了同属东方的近邻、一向被称作"蕞尔小国"的日本，中国的面子丢大了，全国上下一片沸腾。

甲午战争的历史悲剧

中日甲午战争的悲剧性，不单是败在一个小国的手下，因为日本经过了明治维新，小国已经变成了强国。它的深层悲剧在于：不该战而与之战而且战败。翻检一下中日甲午战史，可以看到：战前、战中、战后，中方的应对策略，处处中日本的圈套。日本制造各种借口，想一举消灭北洋水师。李鸿章知道北洋水师不是日本的对手，本来想避免战争，但由于翁同龢为首的清流主战派挟光绪皇帝给李鸿章施压，李的具体布防措施也一再发生错误，还是不由自主地走上应战不敌的道路。

甲午战争的前三年、1891年，李鸿章在奏折里说：北洋有新旧大小船舰共25艘（大船只有镇远号、定远号等6艘），还要增加多只船舰，才能构成战斗系列。朝廷没有理会李鸿章的请求。甲午战争的当年、1894年，李鸿章又上奏折，要求添换新式快炮21尊，如果办不到，镇远、定远两舰的快炮12尊，无论如何应该购买，仍未获准。实际上自光绪十四年、1888年开始，北洋水师就没有添加任何装备（史书上说"未增一械"或"未增一船"），原因是购买军械的银子被慈禧太后移做修颐和园用了。

甲午战争八月打起，七月李鸿章上奏折再次陈述：中国的7艘大船，即镇远号、定远号、济远号、经远号、来远号、致远号和靖远号，只有镇远号、定远号是铁甲船，可用，但时速仅15海里，而日本可用快船有21艘，9艘是新船，时速20至23海里。双方海上力量对比悬殊。李鸿章因此明确表示："海上交锋，恐非胜算。"

已往研究晚清史事的人，大都把甲午战败的责任，全部算在李鸿章一人的名下，李不得不蒙受"卖国"的蔑称。但我的看法，甲午战争的失败，李鸿章固然有其不可推卸的责任，翁同龢、张謇、文廷式等清流主战派，也有误国之责。

值得注意的是，史学家陈寅恪的祖父陈宝箴和父亲陈三立，他们对李鸿章的罪责另有看法。陈氏父子在马关条约签订后立即致电张之洞，呼吁联合全国的督抚，请求将李鸿章斩首。而处治李鸿章的理由，则是作为勋旧大臣的李，没有尽自己的责任，以自己的生死去就坚决阻止战争。陈宝箴说：

> 勋旧大臣如李公，首当其难，极知不堪战，当投阙沥血自陈，争以死生去就，如是，十可七八回圣听。今猥塞责，望谤议，举中国之大，宗社之重，悬孤注，戏付一掷，大臣均休戚，所自处宁有是耶？ [①]

后来黄秋岳在回忆这段往事时写道：

[①] 陈三立：《湖南巡抚先府君行状》，《散原精舍诗文集》，上海古籍出版社2003年版，第852页。

盖义宁父子，对合肥之责难，不在于不当和而和，而在于不当战而战，以合肥之地位，于国力军力知之綦审，明烛其不堪一战，而上迫于毒后仇外之淫威，下劫于书生贪功之高调，忍以国家为孤注，用塞群昏之口，不能以死生争，义宁之责，虽今起合肥于九泉，亦无以自解也。①

所以，一百年前的中日甲午战争的悲剧在于：不是不当和而和，而是不当战而战。

中日甲午战争是1894年打起来的，第二年1895年签订马关条约。其直接结果是北洋舰队的覆没——这固然令人哀痛、非常重要；比这更重要、更令人哀痛的是割让台湾，把我们的第一宝岛送给了日本人。1905年日人占领台湾，直到1945年归还中国，日本占领台湾整整50年。直到今天这一百年前的结果还在影响着我们。我们常听到这样的说法：台湾问题是国共两党内战的遗留问题，是我们的内政。这样说并不错。但日本侵略者占领、统治台湾50年，同样是今天形成所谓台湾问题的一个历史因由。李登辉们的出现，显然与日本的统治、奴化、豢养，有直接关系。

这里，我想提出一个问题——在我国由传统走向现代的历史上，曾经有过三次现代化的努力：一次是清朝政府迫于列强的侵扰所做的初步现代化尝试，特别是洋务派的三十年的辛勤积累，但由于1894至1895年的中日甲午战争，被日本强行打断了；第二次是民国政府的现代化努力，由于1937年日本军国主义的全面侵华战争，再一次被打断；我们现在正在进行中的现代化进程，是中国共产党领导的现代化，是中国近现代历史上的第三次现代化努力，已经取得了令世界瞩目的成果，但我们的现代化进程还没有完成。我想问一句：我们这次的现代化进程，还会被打断吗？

---

① 黄濬：《花随人圣庵摭忆》，中华书局2013年版，第311—312页。

以上我简述了百年中国的文化问题为什么从晚清讲起，特别说明中日甲午战争是近代历史的一个重要转折点。因为百年中国的文化传统的流失与重建问题，正是在这样的社会背景下发生的。

二 中国传统文化在晚清社会遭遇的危机

中国的"近代"为什么开始得那样晚

晚清以还的百年中国，令人思索的问题实在太多。其中有一个无法回避的问题，就是：为什么西方早在16世纪就有工业革命、就开始了近代的进程？为什么我们的"近代"开始得那样晚？到1840年鸦片战争人家打我们才开始"近代"？

所以如此，是因为我们几千年的文化传统里面，没有为走向现代准备好充分的社会与文化的机制。我说的是"社会与文化的机制"，没有笼统地说中国文化本身。因为这是学术界的一个争论不休的问题。

宋朝和明朝，城市经济比较发达，手工业和商业相当繁荣，有的研究者论证已经有了资本主义的萌芽。说明朝的中叶开始有了资本主义生产关系的一定萌芽，历史材料可以找到一些证据。但也有一种观点说，如果没有外来势力的入侵，中国自己也会缓慢地发展到资本主义社会。我认为最多这只能算是学术上的一种假说，因为后来的历史发展没有给予验证。事实是，中国始终没能发展到资本主义社会。

学术界没有争论的是，与西方相比，中国传统社会历史演进的速度实在太慢。仅是一个封建社会的时代就走了三千多年。为什么如此？道理安在？我以为有两个因素，是中国传统社会发展缓慢的原因。

一是在中国历史发展的关键时期，生产力比较低下的具有游牧特点的少数民族占据中原并统治全国，典型的有两次，一是宋朝之后的元朝、一是明朝之后的清朝。两次都曾造成经济与社会的大破坏。元朝时间短，只有97年，这里先不去说它。清朝267年，有的研究者喜欢讲"康乾盛世"，但在所谓

"盛世"之前，清朝从1644年入关到康熙二十二年平定三藩，有半个多世纪的时间都是在圈地、劫掠、战乱中度过的，其对生产力的破坏可以想见。

"盛世"种下的祸根

就是所谓"盛世"时期，问题也堆积如山。满汉矛盾是个大问题，乾隆时期，任用官吏，督抚中不准许有汉人。再就是大兴文字狱。何况对外交往的"闭关"，就是"盛世"统治者的决策。乾隆五十八年（1793年），英国政府派马戛尔尼来中国，想以给乾隆皇帝祝寿的名义，与中国建立稳定的商务关系。带了许多礼物，据说价值1万5千英镑。两广总督郭世勋奏报，说英国人听说皇上八旬大寿，特来"叩祝"，并带礼品"进贡"。既然是"进贡"，当然可以接见。但在觐见时如何行礼，发生了争论。中方坚持，一定要行跪拜之礼。英方不同意，说只有对上帝才能下跪，对英国国王也才屈单膝，行吻手礼。马氏农历七月十五到京，争论一个多月，最后中方妥协，同意屈一膝觐见。对所提的贸易要求，清廷一律拒绝。

而当清代中期的统治者正陶醉于"盛世"的"繁华"之时，西方发生了什么事情呢？

1687年（康熙二十六年）牛顿发现万有引力定律；1709年（康熙四十八年）英国的达比发明焦炭炼铁技术；1764年（乾隆二十九年）英国哈格里夫斯发明珍妮纺织机；1769年（乾隆三十四年）瓦特发明蒸汽机；1776年（乾隆四十一年）北美独立宣言发表；1789年（乾隆五十四年）法国大革命成功。西方的科技革命带动的社会与文明的进步，可以说是一日千里般突飞猛进。

但中国还在为外国使臣要不要行跪拜礼争论不休。

到晚清，我们在近代科技文明方面与西方相比，中国已经落后差不多三百年。我很诧异：现在的我们的史学家，为什么要花那样多的气力去歌颂所谓的"康乾盛世"。即便是"盛世"，又和今天的我们以及我们的现代化建设有什么关系？须知：中国失去与外部世界平等对话、良性地吸收异质文化的机会，就是从康熙和乾隆的"盛世"开始的，是他们闭关锁国种下了祸根。

中国传统社会发展缓慢的另一个原因，是农民起义造成的改朝换代。推倒了前一个王朝，换上后一个王朝，一切又照原样重复一遍，历史并没有真的前进。农民起义实际上是传统社会的自我调节器。正面地看，农民起义对统治集团吸取教训减轻对农民的剥削程度，有一定的作用。但如此循环的结果，使得传统社会的生产关系不容易发生改变，新的社会因素不容易诞生。

当然中国传统社会发展缓慢还有其他一些综合因素，比如皇权过重，统治者虚骄、妄自尊大等等。还有更主要的，是长期只知有中国，不知有世界。等到江河日下、国将不国的时候，总算知道有世界了，还囿于传统、不肯放下架子。

曾纪泽在光绪初年出使英法之前，先写信给法国使馆，提出要求：说他此行带眷属，但他的夫人只可以与西国的女宾往来，不能与男宾"通拜"、"通宴"，尤其不能行握手之礼。他说此事与中国"名教攸关"，希望对方能"委屈商酌，立有一定规矩"。林畏庐有一首诗叫《瞌睡汉》，其中说："华人只争身份大，铸铁为墙界中外。挑衅无非在自高，自高不计公家害。"本来已经接受了地球是圆的说法，仍然认为中国是在地球的"中央"，其他国家不过是"四夷"。中国的关着的门户刚被打开的时候，有人甚至认为，英国人是鹰嘴、猫眼、腿长，只能站立、不能奔跑；眼睛呈绿色，畏惧日光，中午的时候不敢睁眼。中外通商，西方人买中国的商品，以丝绸、茶叶、大黄为主。于是有人说，大黄和茶叶关系洋人的性命，一旦没有了这些东西，洋人的肠子就会堵塞、眼睛就会瞎掉。

知道了有世界，还不肯正视，用臆想蒙骗自己。这样的文化，这样的社会机制，能不发生危机吗？

三 现代文明体系的建构与文化传统的流失和重建

中国20世纪的一百年，或者说自晚清到民国以来的百年中国，是中国固有的文化传统发生危机并逐渐解体的过程，也是现代文明体系建构的过程。这是一个混合着血和泪的极端痛苦的过程，中华民族为此付出极大。

换句话说，晚清时期的中国是被人家拉着拖着打着骂着羞辱着蛊惑着走上一条"情非所愿"的路。说"情非所愿"，是因为每一步都是人家逼出来的，是"应变"，不是自觉自愿地改变。这种情况除了国力虚弱、封建制度作祟，是不是还有国性问题？也就是在文化上是不是还有更深层的原因？

五四与反传统思潮

晚清大故迭起、亡国灭种的危险摆在每个中国人的面前，当时先进的中国人把保国、保教、保种放在第一位，来不及系统探讨中国打败仗的文化原因。1911年清帝逊位，到1916年，称帝不成的袁世凯也死了，国内陷入军阀混战局面。而国际上，1914年开始了第一次世界大战。正是在这样的历史时刻，中国的先进文化人和知识分子，有了畅所欲言、反思传统、检讨文化问题的时间和空间。

1915年，陈独秀创办《青年杂志》，第二年、1916年，改名为《新青年》，这是当时先进的文化人系统检讨传统文化、批判旧传统、提倡新文化的大本营。与此同时，章士钊在日本创办《甲寅杂志》，鼓吹现代政治思想。1917年俄国十月革命成功，又有了新的推动力。同年，蔡元培出任北京大学校长，聘请陈独秀担任文科学长，不久胡适也应蔡先生之邀到北大任教。1917年胡适的《文学改良刍议》和陈独秀的《文学革命论》，相继在《新青年》发表，大力提倡白话文、反对文言文，提倡新道德、反对旧礼教，高举起文学革命的旗帜，新文化运动轰轰烈烈地开展起来。

他们的方法之一，就是以西方文化作为参照系，来检讨、反思、批判中国传统文化。他们对传统的检讨，是无所顾及的；他们的反思，是不怕揭丑的；他们的批判，是不留情面的。后来学术界总结五四文化运动的精神，历史学者和思想史学者一致认为，五四文化运动带有彻底的不妥协的反封建的性质，这样评价确实符合当时的历史真实。

五四精英们在批判传统的时候，为了矫枉，不惜过正。原来不是讲中国传统文化历史悠久吗？现在则讲尧、舜、禹根本没有其人，"禹不过是一条虫"。家庭和家族不是传统文化型态的核心吗？现在说"家庭是万恶之源"。儒家思想不是传统社会占统治地位的思想吗？现在说儒家思想是最要不得的思想，应该"打倒孔家店"。本来用白话取代文言，已经是重大的文学革命的举措了，但还是有人(钱玄同)提出应该废掉中国文字。尽管蔡元培说，这是用石板条压驼背的办法，其向传统挑战的态度也是够激烈够激进的了。

应该说明，对本民族的文化传统进行检讨和批判，是传统更新的必不可少的步骤。中国的魏晋时期、明末清初，都曾有过知识人士检讨传统、批判传统的举动。魏晋的检讨传统，有的也很尖锐，例如孔融说儿子和父亲的关系，是由于父亲有情欲，才生出儿子，谈不到有什么"亲"。至于母亲，不过是儿子暂时寄存的一个瓶子，从瓶子里出来，双方就脱离了。明末的黄宗羲、王夫之、顾炎武、唐甄等思想家，对皇权和科举制度的批判，也有相当大的规模，史学家称当时是"天崩地解"的时代。但这些批判传统的言论，是在传统的主体性呈强势的情况下发生的，对传统有调适的作用。

五四精英们所做的，不是一般的对固有传统的检讨和批判，而是对几千年的传统文化和文化传统作一次总清理，是全面系统地攻击中国文化传统的一切规则、理念、秩序和信仰，包括力图摧毁集中藏有传统文化密码的一些文化典范。他们想彻底和传统决裂、想彻底抛弃造成中国落后的封建传统这个难堪的"包袱"，然后好走一条新的路。

他们认为可以引导自己走向新路的，只有西方文化。

可以说已经到了饥不择食的地步。举凡欧洲文艺复兴以来的理性主义、工业革命以来的科技成果、十八世纪的启蒙学说、十九世纪的写实批判主义文学思潮、日本的明治维新、德国的社会主义学说，以及哲学上的实证主义、政治上的无政府主义等等，都成为当时的先进人士检讨和批判中国固有传统的参照系、理论武器和实施的药方。

陈独秀说："吾人倘以新输入之欧化为是，则不得不以旧有之孔教为非；倘以旧有之孔教为非，则不得不以新输入之欧化为是，新旧之间绝无调和两存之余地。"(《答佩剑青年》)胡适说："新文化运动的根本意义是承认中国旧文化不适宜于现代的环境，而提倡充分接受世界的新文明。"后来他又直截了当地说:"我是主张全盘西化的。"

人们很容易凭感觉推断,传统是不会断的。但是,如果在特定的历史时刻,比如中国的清末民初到五四时期,一些具有克里斯玛(Charisma)特质的人物,即那个时代的具有权威性的人物,并且不是一个人,而是一大批时代精英,比如陈独秀、胡适之、李大钊、鲁迅、吴虞、钱玄同、傅斯年等,一起站出来挑战传统、向传统发起总攻,在整个社会形成风潮,纵使传统不致被折断,也必然大大的被削弱,或至少使"传统失去为其延传所必需的拥护"(希尔斯语)。

科学主义是把双刃剑

五四新文化运动高高举起的两面旗帜,是德莫克拉西(Democracy)和赛因斯(Science)两位先生,即民主和科学。他们的激烈反传统,也是想为德、赛两先生的通行无阻铺平路基。五四新文化运动彻底的反对封建专制的精神、彻底的反对帝国主义列强欺凌的精神,将永载史册。直到今天,我们仍需要这种精神,而且深感德、赛两先生的可贵。

但五四之后的20世纪中后期,科学主义形成一种新的思潮,在日常生活和学术领域占压倒之势,这当然是一种社会进步。可是科学不是万能的。在社会生活以及人文精神创造的一些领域,科学有时会显得无能为力。在涉及人类的细微情感问题,科学有时会插不上嘴。男女之间的爱情,靠恋爱双方的爱的信息传递,用爱来交换爱,而不是靠抽象的科学分析。科学是要把问题说清楚,爱情的特点恰恰是说不清楚。宗教与信仰问题,也不合于科学的旨趣。诗歌、音乐等艺术与文学的创作和欣赏,天分、体验和情感比科学还要重要一些。甚至一些陋习和不良嗜好,比如赌博和吸食毒品,法律和科学也不能完全从根本上解决问题。王国维曾写过一篇文章叫《去毒篇》,他认为解决这两个问题,对有文化的阶层可以通过艺术,对没文化的阶层,宗教能解决相当一部分问题。

科学主义对传统文化和文化传统也是有一定杀伤力的。如果用科学作唯一的标准,古代的许多东西都要不得了。老子、庄子、屈原、司马迁、杜甫、程朱、王阳明，都谈不上什么科学。朱子提倡的读书方法，是"虚心涵泳、切己体察"八个字，也不好用科学二字来衡量。宋代的司空图写的《二十四诗品》，雄浑、冲淡、典雅、旷达，列了一大堆，都跟科学没有什么关系。中国的写意画，也无所谓科学。中医，望气切脉，至今科学难以解释得通。20世纪的许多学者都不相信中医。鲁迅不相信，连家世显赫的大史学家陈寅恪，他的曾祖、祖父都擅长中医，他还是不相信。但中医的治疗效果不容置疑。完全用科学来解释传统文化，有时难免遇到困难。

所以科学是好的，但科学主义却是一把双刃剑，一方面对引导人们走向现代文明可赋予理性和方法，另一方面虽不一定割断传统，却足以让人们失去对传统的温情。以西方文化为主要参照系的五四反传统思潮和后五四时期的科学主义的盛行，对晚清以来本民族的文化传统的大面积流失，起了相当的推波助澜的作用。

大传统和小传统

五四反传统思潮打击的主要是传统文化的核心价值，即封建专制制度和维护封建制度的以"三纲五伦"为代表的儒家伦理，也就是封建礼教。

文化传统有大传统和小传统之分。人类学家一般把占据社会主流位置的文化型态及其衍传，叫作大传统；把民间文化和民间信仰的世代相传，叫作小传统。大传统被时代精英检讨、反思、添加、融合的几率比较多，而且受制于最高统治者的政策，因此相对变易得比小传统快一些（我说的是相对，无论哪一种传统，只要是传统，就是一种惰性力，就不容易变化）。

小传统则表现为地区与族群的风俗和习惯，是长期形成的，往往由一种集体无意识来维系，因此变易得就相当缓慢。就是说，小传统更具有超稳定的惰性力，改变起来不仅缓慢，而且困难得多。五四先进人物把家庭和家族骂得一塌糊涂，但五四时期和五四以后，中国的家庭和家族照样运转，看不出有什么根本性的变化。当时觉醒的青年离家出走，或追求爱情、或留洋、或投身革命，是后五四时期文学作品常见的主题，但悲剧往往发生在出走者的身上，家庭并没因之发生根本的变化。遭到五四精英痛批的"孝"这种家庭伦理的核心道德，在1949年以前以及以后的长时期，仍然是维系家庭血缘纽带的基本规范。

对小传统的大破坏，是五四过了50年之后的所谓"文化大革命"。这是一次以"革"文化"命"为目标的彻底摧毁传统的非理性的运动。五四反传统基本上是理性的运动。理性地反传统，是思想和思想的冲突，主要打击的是传统社会主流意识形态大传统。非理性地反传统，是情感的发泄，直接遭殃的是民间文化、民间习俗和民间信仰，使小传统遭到大的破坏。古人说："礼失，求诸野。"这是说当主流文化型态因社会权力结构的变迁而发生变化的时候，官方已经不再流行的礼仪秩序，还可以在民间找到。原因就在于民间文化和民间信仰，比大传统更具有稳定性。小传统和过去连接得更紧密，传统文化的密码在小传统里埋藏得更深邃。大小传统的关系，是互动互补的关系。如前面所说，特别有家庭的网络在伦理上把民间小传统和大传统连接到了一起。没有大传统，小传统得不到礼仪习俗的思想资源；没有小传统，大传统失去辐射全社会的功能，主流文化的根基就会不牢固。

如果一个民族的大传统被彻底清算而又不及时修补、小传统遭到根本的破坏却不知道破坏的严重程度，这个民族的文化传统就流失得差不多了。

本来由于中国人在信仰这个终极关怀的问题上，宗教情感比较薄弱。这不能说是我们的缺点，只能说是特点。宗教情感薄弱的结果，我们从来没有宗教战争。宋儒看到了这一点，所以特别强调"敬"这个范畴，认为"居敬"、"持敬"是为人行事的关键。20世纪的大思想家马一浮因此提出"主敬"的思想。他说："'礼仪三百、威仪三千'，一言以蔽之，曰'毋不敬'。""敬"这种规范，可以提升人的类似于宗教信仰的庄重和庄严的精神境界。但"敬"作为一种道德规范，还是不如宗教信仰来得坚实。由于信仰的原因，我们的文化是比较松散的，传统也是比较松散的。我有一个观点，我认为中国传统文化的历史虽然悠久，但不容易凝结为传统；有了传统，又不容易传衍。

所以传统社会大传统的传衍，并不是那么顺利，实际上从汉到清经过无数次变易，孔子也成了"圣之时者也"；倒是小传统传衍稳定而少变易。但

"文革"把小传统彻底破坏了，连每个家庭对传统文化遗存的零星收藏都大部分付之一炬了，更不消说鼓励子女揭发父亲、妻子揭发丈夫、学生揭发老师、同事揭发同事、朋友揭发朋友、街坊揭发邻里。稍带一点传统意味的道德，全部荡然无存。

中国的传统不要了，外国的传统也不要了。"封资修"三字概括得多么全面，"封"当然是指中国的过去的遗留，"资"是外国的西方的遗留，"修"是外国的东方的遗留。要把这些遗留全部彻底扫除干净。试想，我们还能剩下什么呢？剩下的是，女人穿男人的衣服、中学生穿农民的衣服、知识分子穿工人的衣服、工人穿军人的衣服。传统社会把"易服色"看成是文化礼仪变迁的大事，中国六七十年代，实际上是全民大"易服色"的历史时期。五四时期的反传统，是学问与知识的清理，纵使批判得过了头，也是有识之士的愤激；六七十年代的反传统，是无知者对传统的毁坏。

请大家想一想，在这样的历史背景下，我们的民族还能保留下什么传统呢？

当今的中国，我们中国人身上保留的本民族传统文化的痕迹是越来越少了，少到几乎看不见。香港中文大学校长金耀基先生是专门研究传统和现代化的社会学家，他在谈到中国文化的现代命运的时候有一句名言，他说："20年代不想看，80年代看不见。"确实如此。

中国何以"与自身脱离"

2003年的8月3日，法国《费加罗杂志》刊载联合国教科文组织驻中国代表汉学家让-吕克·多梅纳克的一篇文章（8月14日的《参考消息》译载了这篇文章），其中写道：

> 中国传统文化令人迷惑。对于一个经常接触中国传统文化的人来说，这种文化有时会给人以垂死的印象，有时又会让人感觉到他的活力。这种矛盾现象产生的原因何在？现在是什么使得中国与自身脱离？

文章还说：

> 只要到北京的任何一条街道走走，你就会明白这一点：中国人每个星期都在对城市过去的遗迹、对所有让人感觉是这个国家活遗产的东西进行着改造。能够逃过改造的只有那些官方公布的受到保护的古迹。此外还有大规模的社会破坏。

这位汉学家最后写道：

> 中国的传统文化在走向没落吗？现在人们更多看到的是，与房地产、官僚主义、致力于现代化有关的愚蠢行为同重新找回儒学过去的前民主主义之间在进行斗争。要消灭一种历史，必须真有消灭这一历史的愿望。也许正是中国的广袤无垠保护了自己，中国确实拥有恢复清醒头脑的机会。

我觉得联合国这位汉学家官员还是有点客气，或者说他所受的教育使他不愿失去作为客人的宾礼。他询问："是什么使得中国与自身脱离？"这个问题提得好，今天我讲的题目，就想探讨这个问题。只是我的看法，我们"恢复清醒头脑的机会"可能不多了。因为以前许多摆在我们面前的机会我们都轻松地放弃了，现在还能够抓住吗？

我住北京半个多世纪，我作为学人我想我知道什么是北京的好。但北京城市建设的不尽如人意处，实在比比皆是。我不反对有最现代化、最前卫的建筑耸立于北京，但一些特殊的街区，还是应该有传统文化的特征。我说的传统文化，不一定就是清朝的文化。北京虽然是元明清三代帝都，但元朝的时间短，文化发展的层次不是很高。明代在北京压根就没展开。清代最长，但文化偏执。我们应站在整个中国文化的大背景下来观照北京。五十年代初期，有围绕梁思成建筑思想的争论。毛泽东不赞成梁的穿西装戴草帽的设计。其实梁思成是有道理的，总带上了中国建筑文化的特点。

文化认同与文化传统的重建

我们自晚清到五四以来，就面临一项不能绕开的任务，就是需要更新和重建我们的文化传统。因为你既然觉得原来的传统有毛病、不那么好，那只有想办法去改造它、建设它、完善它，使它变好。因为你不能真正做到抛弃传统，你也无法重新选择自己的文化传统。因为你是中国人，你是华夏子孙，即使住到外国去，你的华夏血统也改变不了。

我们的前辈、那些20世纪的文化大师、中国的有心人，尽管20年代到40年代，混战、内战和外战占去了绝大部分时间，他们还是做了不少重建传统的努力。1921年梁漱溟的《东西文化及其哲学》的发表以及引起的东西方文化的论战，就是一例。1935年王新命、何炳松等十教授发表《中国本位的文化建设宣言》，是又一例。他们在《宣言》中慨叹："在文化的领域中，我们看不见现在的中国了。"对重建民族文化传统做出切实努力的，是新儒家对儒家传统的新诠释。梁漱溟、熊十力、马一浮，以及冯友兰、张君劢、方东美、牟宗三、唐君毅、徐复观，是新儒家的代表人物。他们直承宋明的理学和心学，在中国文化的"花果飘零"之际，慧命传薪，试图重建儒家的学统和道统。

清末民初到五四以来的批判传统和现代文明的建构过程，一直隐含着、存在着两个不容回避的问题：第一，如何重新诠释文化传统的价值？第二，实际上有一个民族文化的认同问题。

第一个问题比较好理解：要重建传统，就必须重新衡定固有传统的价值，通过重新诠释使传统得到再生。第二个问题似乎费解：难道作为中国人，对自己的民族文化还要提出认同的问题吗？然而确实存在这个问题。因为清末民初到五四、再到后来，骂自己的文化、骂自己的国家、轻贱自己的民族，一切都唯西方是举，只知有西，不知有东，已经成为时尚、成为潮流。那么作为中国人，你的文化认同究竟在哪一方呢？直到今天，这两个问题也没有得到解决。不仅没有解决，反而显得更加迫切了。

当今的世界，现代化的浪潮，使游戏规则国际化、经济全球化、市场一体化，中国如想在世界舞台上保留住自己的位置，更需要她的忠实的儿女学会如何适应国际环境、如何整合自己、健全自己、发展自己，而不是消灭自己。这就需要有中国传统文化的根基。不然的话，你将不知道自己是"谁"，行动的时候，不知道是"谁"在说、"谁"在做。

五四精英、上一个世纪的文化先进，他们虽然不留情面地批判传统，但他们又是受传统熏陶的有十足的中国文化味道的从业人员。令人忧虑的是六七十年代成长起来的现在的中青年一代，长时间处身于大小传统齐遭毁坏的环境，没有机会接受传统文化典范的熏陶，他们身上的文化含量累积得不够，难免精神气象显得单薄而不够从容不够厚重。

至于如今的少年和儿童，教他们的老师大都是民族固有文化的缺氧者，流俗的电视文化、浅薄的搞笑、逻辑错乱的"脑筋急转弯"，占据了他们大部分的课外时间。他们错把猪八戒、孙悟空当作中国的文化传统，以为"康乾盛世"比现在还要好。春节觉得没意思，喜欢过圣诞；中秋节不好玩，就过感恩节，也吃火鸡，虽然不知道感谁的恩。如今的生活时尚，是一切层面都追求和国际接轨，五四时期的"西化"主张反而成了光说不练的小儿科了。

前些时卸任的台北市文化局长、很有名的女作家龙应台，写了一篇极好的文章，题目叫《紫藤庐和星巴克之间》，她说：

> "现代化"是很多开发中国家追求的目标；"全球化"是一个正在急速发生的现实，在这个现实中，已开发国家盘算如何利用自己的优势，开发中国家在趁势而起的同时暗暗忧虑"自己不见了"的危险。那么，"国际化"是什么呢？按照字义，就是使自己变得跟"国际"一样，可是，谁是"国际"呢？变得跟谁一样呢？

龙应台长期住在德国，她为欧洲传统保护得完好感到震撼。她说满以为刚到欧洲会到处看见人家的"现代"成就的骄傲展现，但是不断撞见的，却是贴近泥土的默不作声的"传统"。

现代化和传统的重建，都不应该是表面文章，而需要扎扎实实地做，需要非凡的创造力，需要用文化搭建和传统衔接的桥梁。改革开放以来，随着国家经济实力的增强，在现代化建设过程中，实际上并行一个恢复记忆、连接传统、重建传统的过程。不能说我们在这一方面没有成绩，但由于长期与传统文化脱节，似乎一时还不能完全找到与传统衔接的最佳途径。"病笃乱投医"、"事急乱穿衣"的现象，每每有之。人们看到的，大都是比较浅层的模仿或没来由的怀旧，而缺乏民族文化传统的深层底蕴。何况一些影视作品不着边际的"戏说"，尤其"清宫戏"的泛滥，还把刚刚开始的重建传统的努力，弄得不明所以以至失去准绳。

文化传统的更新与重建，是民族文化血脉的沟通，如同给心脏病患者做搭桥手术，那是要慎之又慎的。总之我同意龙应台的观点："传统不是怀旧的情绪，传统是生存的必要。"如果我们走到、做到龙应台所期待的那种境界，传统就活在我们中间了，我们每个人既是现代的又是传统的，它的优秀者必成为涵蕴传统味道的现代人。

至于文化传统的重建，我们到底应该怎样具体实施、采用一些什么样的办法，当然可以列出一些可以着手的方面。例如中小学课程的内容设置、家庭成员的言传身教、文本的经典阅读、文化典范的保护和开放、礼仪文化的训练和熏陶，等等。特别是礼仪，可以帮助人们恢复对传统的记忆。但重建我们的文化传统，创新和想象力，非常重要。没有缘于传统的创新，重建传统不过是一句空话。缺乏想象力，会不伦不类、闹出许多笑话。除此之外，还需要有心人。

但比这一切更重要的是——我们的领导者、国家栋梁、文化从业人员、大多数民众，要有重建传统的愿望，要对我们民族几千年的文化传统有一份敬意与温情。

（原为部级领导干部文史讲座的一次演讲，此为演讲文稿，载《南京师范大学文学院学报》2004年第1期）

当代中国与传统文化

近年来传统文化越来越受到学术界、知识界甚至广大民众的关注。关于国学与传统文化涉及很多方面的问题，这次我想讲的是，在传统文化与国学热兴起的背景下，当代中国传统和现代之间的一种张力和互动。现在大家已经逐步意识到传统资源并不是现代化的障碍，而是它的有益补充。就是说，现代化建设离不开自己的传统。

当代中国传统与现代的关系，有点像交响乐一般的繁丽，它呈现的是传统与现代的多重变奏。如果比作贝多芬的交响乐，应该是第五交响乐《命运》。当代中国在传统与现代的这种交错互动和变奏的过程中，彰显出中国的现代以及未来的命运。

一 "知音"难觅：如何解读当代中国

当代中国有点像一个走红的明星，注意的人多了，谈论的人多了，称赞的人多了，挑剔的人也多了。报刊、传媒、网络对她的引用率大幅增加。但问题是应该怎样解读中国。

早期西方的传教士、汉学家，把中国说成是一个"谜"，所谓"谜一样的国家"。现在没有人说中国是谜了，但真正了解中国，并不容易。中国以外的人了解中国不容易，中国人自己也不一定对自己的国家有真正的了解。因为了解，特别是真了解，是很难的。不用说一个国家，就是真正了解一个人也是很难的。中国古代有一部书叫《文心雕龙》，南朝时期刘勰写的，是中国最早的一部成体系的文学理论批评著作，其中的一篇叫"知音"，开头第一句话就说"知音其难哉。"可见"知音"难得。

我们每个人在生活中都常常感到知音难求，《红楼梦》里的紫鹃姑娘不是也说"万两黄金容易得，知音一个也难求"吗？如果替我们国家着想，要找个知音就更难了。所以20世纪伟大的历史学家陈寅恪先生，在一篇文章当中特别讲到，对待古人的著作要具有"了解之同情"。这句话说得非常好。你要想了解别人，你就要设身处地，同情他的处境，对他不得不这样讲的话，不得不这样做的事，能够给予一种同情。假如我们每个人都具备这种态度，就容易处理好个人和他人的关系了。

中国确有不容易了解的一面。一方面，反差大，城市与乡村、东部和西部、富人和穷人，彼此的差异判若两极。另一方面，有多种面孔，高速发展、中国人有钱了、全民皆商、世界工厂、大工地、潜在威胁等等，对这些，不同的人可以作出完全不同的解读，但每个人只能截取自己感兴趣的一两个侧面，却不敢自称读懂了中国。其中无法回避的难题是：中国人口太多。在13亿人口面前，一切问题都有理由，任何弊病都非偶然。有一个真实的故事，中美刚建交的时候，美国总统卡特到了中国，跟小平同志见面，谈得很好。最后卡特提出来对中国的人权问题表示非常关注。小平问指哪一方面？卡特说比如迁徙权、流动权不能得到保证，很多人想来美国，他们不能得到中国政府的允许。小平说你要多少，一个亿够吗？卡特不说话了。如果真有一个亿到美国去，他受得了吗？故事是真的，版本可能不同，我不过取其意而已。

但在问题丛生的同时，当代中国也给人们提供了无穷无尽的机会。这是一个前所未有的大舞台。很多留学国外的人，包括和中国有工作或者文化关联的外国人，更不要说那些大大小小的企业经管和做生意的人，他们都感觉到、意识到，中国是当今世界可以一显身手的地方，用一句广告语，叫作"一切皆有可能"。

我的意思是说，当代中国是一个正在变化的中国，一个日新月异的中国。

问题是，这个日新月异的中国，往什么方向发展？总的来看，是走向富强之路，走向现代化之路，走向人类文明的共同方向。

梁启超曾把中国历史分为三个阶段：从黄帝到秦统一，为上世史，称作"中国之中国"；秦统一至乾隆末年，为中世史，称作"亚洲之中国"；乾隆末年至晚清，为近世史，称作"世界之中国"。任公先生是一家之言，这里我是借用他提出的"中国之中国"、"亚洲之中国"、"世界之中国"三个概念。

没有疑问，当代中国已经是"世界之中国"。现在的情况是，"世界的中国"正在走向世界。中国当代社会最凸显的特点，是处于转型期，包括传统向现代转型，计划经济向市场经济转型，自我的运行机制向与国际接轨转型，长期贫困的国家向小康社会转型等等。

转型期就是过渡期，是未完成式，一切都处于建构的过程中，是"人在旅途"。许许多多问题的症结就在这里。因此也有人说，"现代化是陷阱"。问题是，在当今世界，即使是"陷阱"，如果这个"陷阱"是中国走向现代化不可绕行的，我们也无以辞避。现代化是我们多少代人的梦想，实现梦想需要付出代价。正如1991年诺贝尔文学奖得主、墨西哥诗人帕斯(Octavio Paz)所说，发展中国家是"命定地现代化"[①]。当然我们是现代化的后发国家，许多先发国家的经验和教训，可以成为我们"攻玉"的"他山之石"，后发的好处是可以少走一些弯路。

中国走向现代化之路，是一个艰难的旅程，中间一再被打断。晚清政府从1860年至1890年三十年的早期现代化尝试，由于1894年至1895年的中日甲午战争，被打断了。民国政府初见成效的现代化努力，由于1937年的日本全

[①] 参见金耀基教授《中国现代文明秩序的建构》，《中国社会与文化》增订版，香港牛津出版社2013年版，第284页。

面侵华战争，再一次被打断。我们改革开放以来的现代化进程，已经三十年了，取得了令世人瞩目的成就，但仍然是在现代化的进程之中。鉴于百年以来的痛苦经验，中国人不能不有所警惕，从领导者到普通民众，都需要格外小心，要尽一切努力，不能让这一次现代化进程再次被打断，无论是出于自己的原因（比如没有做到"一心一意"和"不动摇"等等）还是由于他者的原因。

我们不能否认现代化的多元模式的可能。历史上的现代化模式，最早是欧洲的模式，后来是北美模式，而以北美模式对世界的辐射力最大。但这两个模式，基本上是一致的，至少同多于异。再后来亚洲的现代化浪潮兴起了，实际上日本模式、韩国模式、新加坡模式，已经和西方有所不同。不用说，中国作为独立的"文明体国家"，其现代化模式一定更带有自己的特点。已经走过的改革开放三十年的经验证明，我们走的是一条既不同于美国，也不同于欧洲，又不同于日本的现代化道路。但我必须强调，我们的现代化是"人在旅途"，是未完成式。对我们三十年来所取得的成就，包括经验和教训，世界上都很注意。

当然，现代性的一些最基本的指标，无论东方还是西方，都应该是共指的，不同的是现代性的文化形式，否则人类便无法互相了解，实现跨文化沟通。

当代中国是一个日新月异的中国，走向富强，走向现代化。这是一个艰难的旅程，中间一再被打断。中国作为独立的"文明体国家"，其现代化模式一定更带有自己的特点。

二 多元共生：中国文化的显著特点

就中国文化的发生来说，有黄河文化和长江文化不同的两源；就学术思想而言，也具有多元互补的特点，儒释道三家思想的相互包容和互动互补是其显例。传统中国还有发达的民间社会，主要以家庭和家族为中心，构成文化多元存在的社会依托物。

现代化的多元模式，主要是文化的民族内涵和现代性之间的张力问题。因此，在一个社会由传统向现代的转型过程中，中间呈现的诸多问题，常常离不开文化的思考。就是说，从文化的视角解读现代社会，有可能把很多问题说得更清楚一些，单一的政治解读、经济解读、军事解读，都不容易把一个国家和社会研究明白。

我的一个看法是：社会的问题在经济，经济的问题在文化，文化的问题在教育，教育的问题在文化。这是一个文化与社会与政治与经济之间的互动循环圈，这个循环圈为我们提供了对社会现象作文化解读的可能。我不是文化决定论者，但我觉得，当代中国文化方面的欠账太多。因为我们在较长一段时间内把文化混同于意识形态，以至文化排斥多于文化建设。殊不知文化建设是需要依赖社会的。经济的市场化自然是现代化的必经之路，但社会不能市场化，社会的教育与学术尤其不能市场化。人类的道德理性（譬如操守）和美好的情感（譬如爱情），不能市场化。总之，经济强国的建立，不能以牺牲文化的基本价值为条件。

现代性语境下的文化问题，有一个自我的文化身份和与他者的关系问题。走向现代，那么传统呢？走向世界，一切方面都试图与国际接轨，那么自己呢？所以，便有了对自身角色作文化辨认的需要，而角色离不开自己的文化传统。如果说一百年前、三十年前，可能还会有学者认为现代化和民族的文化传统是不相容的，但今天，已经很少再听到这种声音了。我们长期反思的结论是：现代化不能完全丢开自己的文化传统，不能离开自己的出发点，不能找不到回家的路。

中国是一个有悠久历史文化传统的国家。五千年的文明，三千年有文字可考的历史，曾经创造了辉煌灿烂的古代文明与文化。当欧洲还处于中世纪的时候，中国的唐代就已经迎来了自由歌唱的历史时期，唐代的多元繁荣是中国文化史的最辉煌的记忆。

多元共生是中国文化的显著特点。就中国文化的发生来说，它是多元的，具体可以说有黄河文化和长江文化不同的两源。我们过去讲中国文化，一般都讲黄河文化，以黄河文化为基准，因而黄土地文化、农耕文化、内陆文化、写实主义文化等等，成为人们概括中国文化的常用语言。但长江文化为我们提供了不同于黄河文化的范例。甚至长江上游、中游和下游所呈现的文化面貌也是如此的不同。

长江上游四川广汉的三星堆出土了大量的青铜器，这些青铜器的造型和黄河流域非常不同，有非常夸张的千里眼和顺风耳，充满了神奇的想象力，甚至使人怀疑这是中国人制作的造型吗？从这些青铜器的构造上，我们约略可以想象出四川人的性格似乎带有青铜器的刚性。而长江中游的楚文化完全是另外一番景象。有一年我参观河南的博物馆，看到黄河流域出土的大量青铜器，各种鼎器的造型浑厚庄严，有力度，感觉很震撼。后来馆长带我去看另一处存放的青铜器，一排的鼎器，但造型轻巧，下座虽大，腰身却很细，年代也跟黄河流域差不多。馆长让我想想是哪里出土的？我说可能是三楚。他说是啊，"楚王好细腰"嘛。宫廷的审美取向已经影响到了青铜器的造型。由这一点可以看出，楚文化确实有自己的特点。长江下游的浙江则有大规模的玉器出土，就是有名的良渚玉器，不光有人身上佩戴的饰物，而且有生产工具和军事器械，例如玉斧、玉刀、玉箭、玉剑等等。所以考古学家怀疑，我国古代是不是可能有一个玉器时期。这些洁白坚硬的玉器，或许也可以让人联想到浙江人的一些性格特征。

所以，不仅长江文化和黄河文化不同，长江上中下游的文化也有很多差异。黄河文化的那些人们熟悉的特征，不一定完全适用于长江文化。长江自古以来航运便利，可以直接和海洋联系起来，如果说黄河文化带有内陆文化的特点，那么长江文化已经在一定程度上带有了海洋文化的特点。长江流域南面的岭南文化，更是很早就直接跟海外建立了广泛的联系。

就学术思想而言，中国传统文化也具有多元互补的特点。学术思想是民族精神的理性之光，是最高形态的文化。儒释道三家思想的相互包容和互动互补是其显例。佛教是在东汉时期由印度传到中国的，这么一个外来宗教慢慢变成中国自己的宗教，是由于儒家的思想有极大的包容性。道教的产生也在东汉,当佛教思想刚刚传进来的时候,起来进行反驳和讨论的居然不是儒家而是道教。因为道教是宗教,所以对另一种宗教的理念不能认同。南北朝时期的范缜写过有名的《神灭论》,就是批评佛教思想的。他为什么写这个文章呢?据陈寅恪先生考证,范缜的曾祖父、祖父、父亲以及他自己,都信仰天师道,这是道教的一个分支,他反对佛教,是由于他有道教的家传影响。

历史上很多国家和地区都有宗教战争,但是中国这么长的历史,很少有宗教战争。这是由于中国的文化思想有极大的包容性,特别是儒家思想。所以然者,在于儒家不是宗教,或如陈寅恪先生所说,"儒家不是真正的宗教"。正因为传统社会占主流地位的儒家不是宗教,儒释道三家的思想才融合得很好。汉以后儒家是在朝的思想,道家和道教以及佛教主要在民间。对于一个知识人士而言,三家思想的互补使得精神空间有很大的回旋余地,进退、顺逆、浮沉,均有现成的学说依据,所谓"达则兼济天下,穷则独善其身"。儒家思想给人以上进的力量,修身、齐家、治国、平天下,是传统士人的共同理想。但是,如果仕途受到了挫折,乃至革职、斥退、罢官的时候,道家无为的思想便可以给他很好的支撑。道教崇尚自然,可以让他畅游于山水之间。甚至遭遇罪愆,如果信奉佛教,剃度出家,也可以避世完身。总之生命个体不会陷入完全的绝境。所以,多元性、包容性和自性的超越精神,是中国传统文化的价值理性的基本特征。

传统中国还有发达的民间社会,主要以家庭和家族为中心,构成文化多元存在的社会依托物。依据文化人类学的法则,文化传统可以区分为大传统和小传统。一个社会的主流意识形态,比如中国传统社会的儒家思想,就是大传统;而民间文化和民间信仰则是小传统。大小传统是互动和互相依赖的,当大传统遭遇危机的时候,我们仍然可以在民间文化中搜寻到它的碎片。所谓"礼失,求诸野",就是这个意思。我们今天到东南亚一带,看到那里的华族社会,其中国文化传统的根性仍然相当牢固,甚至比我们国内看得更重。

中国文化自有令人自豪的不间断的传统，原因很多，其中一个原因和汉字有关系。汉字我们使用了两三千年，从秦朝的统一文字到现在，一直是中华文化的载体，电脑盛行原以为会使我们的汉字遇到危机困难，实际结果却并非如此，现在汉字进入电脑极为方便，说明我们的汉字在现代背景下仍然具有强大的生命力，是我们文明不间断的有功之臣。相反，20世纪初前半期，许多志士仁人以为汉字将成为现代化的"累赘"的想法，未免是杞人忧天。

不过从清朝中叶以后，中国的发展落在了世界文明的后面。不少史学家喜欢讲清朝如何不可一世，喜欢讲"康乾盛世"，但是我个人的看法，中国落后的直接触点其实还是发生在清朝。由于康熙晚年到后来奉行闭关锁国的政策，不与外人建立正常的交流关系，使中国处于与世界隔绝的状态。唐朝为什么那样强大而且繁荣？胸怀宽广地与中亚以及其他国家建立稳定的文化商务关系，是重要的一因。十七世纪的时候，欧洲人很愿意跟中国交流，但是清朝统治者不接受他们伸出来的手。显例是1793年英使马戛尔尼以给乾隆祝寿的名义率船队来华，带有乔治三世国王给乾隆帝的祝寿信，希望与中方签署一项贸易协定，并在双方首都互设使馆。清朝认为根本无此必要，价值1.56万英镑的600箱礼物收下了，马戛尔尼则除了拿到一柄精美的玉如意，等于空手而归。我以为至少是此次，不是西方而是清朝统治者主动放弃了交流的历史机会。否则，如果当时能够主动打开和欧洲经商的通道，后续的发展也许就不是后来的面貌了。

到了晚清，中国的大门被西人的船坚炮利打开，欧风美雨狂袭而至，传统文化的核心价值发生了危机。1911年持续几千年的帝制解体了，最后一个皇帝被赶下了龙椅，以"三纲五伦"为代表的儒家思想，也就是传统社会的大传统，还能够继续发用吗？中国的固有文化能否在新的历史条件下重生？或者换句话说，中国传统文化与现代性应该是怎样的关系？传统中国经过怎样的途径才能顺利地进入现代中国？中国传统文化在今天还有意义吗？百年以来一直存在争论，直到今天仍不能说已经获致完全的解决。

三 回归原典：国学和经典阅读

　　百年中国以来的文化传统是处在流失与重建的过程之中。文本的经典阅读、文化典范的熏陶和礼仪文化的熏习，是重建中华民族文化传统的一些必要途径，行之有效。

　　晚清民国以来的百年中国，是我们民族的固有文化传统解体与重建的过程。这个过程一直隐含着、存在着两个真实的问题，即第一，到底如何重新诠释自己文化传统的价值？第二，实际上存在一个民族文化的重新认同问题。因为从清末到民初到五四乃至后来，长时期唯西方是举，只知有"西"不知有"东"，而且经常的口号是："要与传统彻底决裂"，结果使得中国自己固有的文化传统严重流失，流失到自己不能辨认自己。

　　九十年代初期，我和香港中文大学校长金耀基先生，有过一次文化对话，后来发表在我主编的《中国文化》杂志上。金先生是有名的文化社会学家，他长期致力于现代化问题的研究。他说，中国文化二十年代不想看，八十年代看不见。上世纪二十年代，反传统的思潮呈压倒之势，对传统当然不想看。可是到了上世纪八十年代，文化传统大面积流失，即使想看也不容易看到了。是不是现代化必然要告别自己的文化传统？人们发现，东亚的一些国家并不是如此。比如日本，虽然早期也有过"脱亚入欧"的潮流，可是后来，在现代化的过程中自己的传统保存得相当完好。甚至比我们的现代化先行一步的台湾，也没有和中华文化传统彻底脱离。早几年到台湾的时候看到浓浓的人情味，传统的特征非常突出。而我们自己的文化传统呈现于当代社会的，的确少之又少。所以"中国和自身脱离"是一个很大的问题。

　　五四反传统，主要检讨的是社会的主流文化，文化的大传统。五四精英、上一个世纪的文化先进，他们虽然不留情面地批判传统，但他们本身又是受传统熏陶的有十足中国文化味道的从业人员。胡适反传统算是很激烈了，但他的身上，仍然保留有十足的中国传统文化的味道。他们那一批人很小就留学国外，甚至十几年、几十年在国外，但他们不发生文化失重的问题，文化的根始终在文化中国。像陈寅恪先生在国外的时间非常长，到过很多国家，但是他的文化关切、学问的中国文化根基，始终没有变。1961年诗人吴宓自重庆赴广州探望寅恪先生，他的印象是："寅恪兄之思想及主张，毫未改变，即仍遵守昔年'中学为体，西学为用'之说（中国文化本位论）。"[①]

我们文化的小传统，即民间文化和民间信仰，后来也在相当一段时间遭到了破坏。我们一两代人都是在大小传统齐遭毁损的背景下成长起来的，很少有机会接受传统文化典范的熏陶，从而成为民族固有文化的缺氧者。特别是动乱时期，提倡学生揭发老师、子女揭发父母、同志揭发同志、街坊揭发邻里，全民大揭发，中国人的人性尊严丧失殆尽，对社会基本伦理价值的伤害是难以想象的，也是难以弥补的。我认为这个影响直到现在也不能说已经完全成为过去。

改革开放三十年来，随着国家经济实力的增强，政府和民间做了许多重建传统的努力，取得的成效昭昭可睹。但由于长期与传统脱节所造成的文化断层，一时还不能完全找到与传统衔接的最佳途径。人们看到的大都是比较浅层的模仿或没来由的怀旧，而缺乏民族文化传统的深层底蕴。

我认为当今文化传统的承续与重建，有三条途径比较行之有效。第一是文本经典的阅读，第二是文化典范的熏陶，第三是礼仪文化的熏习。

中国文本典籍之丰富，汗牛充栋不足以形容。中国很早就有修史的传统，各朝各代都有完整的史书，不包括《资治通鉴》，就有二十四史，加上《清史稿》，是二十五史。还有各种野史笔记，也都有丰富的史料价值。史书之外，还有丛书和类书。当然按传统的"四部之学"，史书是"乙部之书"，另还有经部之书、子部之书，以及数量更大的个人作品集，也就是"集部之书"。

这么多的典籍，专业的研究者尚且望洋兴叹，我们一般的公众，该读

[①] 《吴宓日记续编》第五册，1961年8月30日条，三联书店2006年版，第160页。

些什么书呢？过去做学问打基础，或者想积累自己的传统文化知识，最初步的是要读"四五四"和"百三千"。"百三千"就是《百家姓》、《三字经》和《千字文》，从前的发蒙读物。"四五四"是"四书"、"五经"和"前四史"。《史记》、《汉书》、《后汉书》和《三国志》是前四史，篇幅不是很大，如果不能全读，选读也可以。像《史记》，主要需要读传记部分，共七十篇，故事性强，不难读的。除了"前四史"，这几年我一直提倡读一点"经"。现在大家讲国学，什么是国学？国学这个词在《周礼》里面就有了，但是我们今天讲的国学，不是历史上的国学，历史上的国学是国家所立学校的意思。今天讲的国学这个概念，是晚清出现的，可以叫作现代国学。至少1902年黄遵宪和梁启超的通信里，已经在使用国学的概念，还不一定是最早。讲国学最多的是章太炎先生。他一生有四次大规模地讲国学，他是当之无愧的国学大师。

国学是做中国学问的一种根底，最重要的是经学和小学。什么是小学？小学包括文字学、训诂学、音韵学，是过去做学问的基本功。也就是清儒常说的"读书必先识字"。章太炎先生就是研究文字学的大专家。还有一个是经学，就是指《诗》、《书》、《礼》、《易》、《乐》、《春秋》"六经"。诗是《诗经》，书是《尚书》，礼是《周礼》（还有《仪礼》、《礼记》，称"三礼"），易是《易经》，也叫《周易》，乐是《乐经》。《春秋》也叫《春秋经》，因为是极简短的史事记载，必须借助于几种"传"方能看得明白。有《左传》、《公羊传》、《谷梁传》，我以为《左传》最重要，最便于阅读。由于《乐经》后来没有传下来，空此一"经"，所以便有了"五经"的说法。

现在关于国学有几种说法，有一种说国学就是"国故之学"的简称，后来大家觉得这个范围太大，比较一致的看法，是说国学是指中国的固有学术，包括先秦的诸子百家之学，汉代的经学，魏晋南北朝的玄学，隋唐的佛学，宋代的理学，明代的心学，清代的朴学等，这是学术史的一个流变过程。可是我觉得，要是把国学看成中国学术史，很多人会望而却步，一般的民众怎么可能进入呢？因此我很赞成20世纪的大儒马一浮的观点，他说所谓国学，就是"六艺之学"，也就是"六经"。马先生的定义的好处，是抓住了中国学问的源头，把中国文化的最高形态称作国学，这是天经地义之事。中国人做人和立国的基本精神，都在"六经"里面。而且可以和国民教育结合起来。所以我主张我们的中小学、大学的一二年级，应该设立"国学课"，内容就是以"六经"为主。由于"六经"的义理较深，可以从《论语》和《孟子》入手。《语》、《孟》实际上是"六经"的通行本。熟悉了《语》、《孟》，也就熟悉了"六经"的义理。高中和大学的一二年级，应适当增加文言文的写作练习。如此长期熏陶，循序渐进，百年之后，"六经"就可以成为中华儿女的文化识别符号。

所以今天讲文本的经典阅读，我想包括《论语》和《孟子》的"四书"是首先该读一读的典籍。《论语》、《孟子》再加上《大学》、《中庸》合称"四书"，是南宋大儒朱熹把它们合在一处的。《大学》相传为孔子的弟子曾参所作，《中庸》的作者据说是孔子的孙子子思。《大学》和《中庸》文短理深，其实并不易读。我的看法，主要还是要先读《语》、《孟》。当然，开始阶段，"百三千"即《百家姓》、《三字经》、《千字文》等蒙学读物，读一读也是有百利而无一弊的。以前这些都是生之为中国人的必读书，现在读这些书，很大程度上是文化补课，是为了改变百年以来的文化断层增补的几门必要的传统文化课。至于老庄、诸子、古文、诗词、戏曲、小说，还有佛道经典，应该如何选读，是另外的问题，这里就不一一谈及了。这是我讲的关于文化传统重建的第一点，文本的经典阅读。

第二是关于文化典范的熏陶。一个文明体国家，在其发展过程中留下了无穷无尽的文化典范。文本经典也是一种文化典范。此外古代的建筑，包括宫廷建筑、百姓民居、佛道教的寺庙和道观，大量的地下发掘文物，以及各种物质的和非物质的文化遗产，能够流传到今天的，许多都是各个历史时期的文化典范。还有历史上的杰出人物，也是文化典范的代表。中国是讲究人物的国度。三国人物，魏晋人物，盛唐人物，晚清人物，都是有特定内涵的人物群体。我们通过和这些文化典范的接触与对话，接受文化典范的熏陶，是文化传承和重建文化传统的一条重要途径。

第三是礼仪文化的熏习。礼仪文化的提倡,可以唤起人性的庄严,可以帮助人们恢复对传统的记忆。中国是礼仪之邦,可是实事求是地讲,当代中国也是礼仪文化流失得最多的国家。礼仪的核心是一个"敬"字,所谓无敬不成礼。所以孔子说:"为礼不敬,吾何以观之哉!"朱熹对这句话的解释是:"礼以敬为本。"礼敬,礼敬,如果没有了敬,礼就不存在了。因此中国人的习惯,拜佛也称作"礼佛"、"敬佛"。其实"孝"的内核也是一个"敬"字。孔子认为如果没有了"敬",人类的"孝"和犬马的"能养"便无所区别了。如果联系我们的节日庆典和日常生活,随处都可以看到礼仪缺失的情形。比如中小学生的校服,大都是质量很差的运动装,根本和校服不是一回事。校服必须是礼服,国家典礼、学校开学和毕业的典礼,以及学位的授予等庄重的场合,学生应该穿上校服,又好看又精神,很合乎礼仪。

总的来看,百年中国以来的文化传统是处在流失与重建的过程之中。我说的文本的经典阅读、文化典范的熏陶和礼仪文化的熏习,是重建中华民族文化传统的一些必要途径。包括于丹对《论语》的解读,我个人也并不轻看,因为她旬日之间把儒家最基本的经典《论语》送到了千家万户。当人们对传统的文本经典已经陌生的时候,她让大家对《论语》重新产生了一种亲近感。她帮助普通民众拉近了与本民族文化传统的距离。

我的愿景是,希望正在走向世界的中国,同时也走向自己文化的深处,是世界的中国,同时也是中国的中国。

(原载《光明日报》2010年3月25日)

中国传统价值理念的现代意义

民族的伟大复兴，应该以文化复兴为前提为标志。换言之，社会的发展不能以牺牲文化的基本价值为代价。我想探讨一下，中国传统文化中都有哪些价值理念，今天仍然可以发用？诸子百家，各有各的理念。但作为中华传统文化主轴的价值理念，主要在"六经"。国学大师马一浮和熊十力都讲过，"六经"中蕴涵的理念，是中国人立国做人的基本依据。"六经"的文本，经过孔子修订，总其大成。孔子和孟子讲的义理，就是"六经"的基本义理。

我近年一直在研究"敬"这个价值理念。"敬"不仅是对他人的尊敬，更是人的自性庄严。中国人的精神信仰，光说有道教，有佛教，还不够。作为中华文化主流的儒家思想，不是宗教，但是它有信仰层面。我认为"敬"就是儒家用来补充宗教信仰的价值理念，"敬"已经进入中华文化的信仰之维。很多人讲"孝"和"礼"。孝这个概念当然很重要，"百善孝为先"。孔子的弟子问，到底什么是孝，孔子说，现在人们以为能养就是孝，可是犬马也能养，如果没有敬，何以别乎？孝的精神内核其实是敬。

"礼"，包括社会的各种礼仪制度，精神内核也是一个"敬"字。孔子说，"为礼不敬"，"吾何以观之哉"。所以，无敬不成礼。"敬"这个概念在中国文化里面，特别在儒家思想里面，是核心价值。敬与诚与信相连接。诚敬，诚敬，无诚则不敬。没有诚敬，也就没有信。大家试想，诚信在当下社会，该有多么重要！"六经"的精神义理，主要是敬、诚、信。孔子把"六经"的义理化作日用常行，变得简单亲切，每个人都能明白。宋儒对敬有进一步的发挥，提出"主敬"的思想。

"恕"，也是中华文化的核心价值理念。就是"己所不欲，勿施于人"。这是个内涵极为丰富的概念，可以见出中华文明的高贵精神和异量之美。"恕"就是设身处地，也就是陈寅恪讲的"了解之同情"。二程子认为，可以采取一种方式来培养恕，即"易子而抱"，把他人的孩子当作自己的孩子来养。"己所不欲，勿施于人"，设身处地，换位思考，不强加于人。这是"恕"这个价值理念的深厚内涵。二程子认为，恕是进入仁的一个途径，是仁的门庭设施。做到恕，离仁就不远了。

"和"，同样是中华文化价值理念中的了不起的概念。宋代的张载张横渠，宋四家里面关学的代表，我们都知道他的有名的四句话："为天地立心，为生民立命，为往圣继绝学，为万世开太平。"学术界习惯叫"横渠四句教"。他还有另外的"四句教"："有象斯有对，对必反其为，有反斯有仇，仇必和而解。"这是张载的"哲学四句教"，表达的是对整个宇宙世界的看法。我的理解是，宇宙间万事万物，不过是对待、流行、反正、和解而已。对待与流行的结果，不是吃掉、消灭，而是反正、和解、共生。鲁迅的一首诗说的"度尽劫波兄弟在，相逢一笑泯恩仇"，最能得张载义理的真传。

张载的哲学启示我们，世界各种文明之间，虽然存在差异，却不必然发展为冲突。世界历史的大趋势，总的是走向文明的融合，而不是走向文明的冲突。我相信，人类的"同"，远大于"异"，正如《易经》上说的："天下同归而殊途，一致而百虑。"在这个问题上，陈寅恪先生立说最为透辟。他用孔子的"有教无类"来阐释这个问题，认为"文化高于种族"。不分民族，不分种姓，可以在人类文明的精神层面上合流共享。有此一面，人类才能共生于同一世界。

中国文化的精神，主张仇对的双方在互相校正中实现化解，达到"和解"，走向"太和"。是"和而解"，而非"仇而亡"，这是人类本性所应该趋向的目标。在国际交往中，我们不必设想哪个国家一定会成为我们的敌人。强权、暴力干涉、漠视主权，我们是反对的。但反对有各种方式，中间地带无比广阔，不必逼向非此即彼的对立两极。重视对话，避免对抗，化干戈为玉帛、不战而屈人之兵，是国际博弈的上上策。

中国30年的改革开放，给社会带来了活力。但社会的泛商业化、泛市场化，会冲击文化的基本价值，使社会变成失范失德失敬的价值紊乱的社会。一个"文明体国家"的基本文化价值理念，是不会成为过去的。按照康德的说法，道德理性具有绝对价值。我们中国文化中的敬、恕、和、耻等价值理念，都是具有永恒性、具有绝对价值的理念。也可以说，这些价值理念具有普世价值，可以成为和西方的价值理念对话互阐的资源。

我主张读一点经。建议在中小学设立国学课，主要以"六经"的内容为主，从《论语》、《孟子》入手，化繁为简，循序渐进。期以百年、几百年之后，使中华文化的源头经典"六经"，成为中华儿女的文化识别符号。晚清的大学者沈曾植说过，年轻人没读过《论语》，不大好对话。不懂《论语》，就不懂敬、恕、和，也不懂仁、孝、忠、信。当然还有"耻"，孔子讲"行己有耻"，《中庸》讲"知耻"，孟子讲"羞恶之心"。顾炎武说，一个人如果不知"耻"，将无所不为。这些价值理念，在今天仍然重要而没有过时。

晚清五四以还，要不要读经有很大争论。五十年代以后，我们的教育，不仅不读经，而且反经。"文革"就更不用说了。在我看来，国民教育取消读经是很大的失误。如果抛弃中华文化的这些精彩的价值理念，中国人将找不到自己未来的精神归宿和文化家园。

（原载《光明日报》2011年10月31日暨《中国文化报》2012年5月1日）

论国学

近一个时期，具体说自2005年夏天以来，"国学"一词的报刊使用率越来越高了。有的大学正式成立了国学研究院，小学生的国学班时有开办，互联网上遴选"国学大师"的举动如火如荼。因此有人说如今已经出现了"国学热"。其实九十年代中期也有过一次关于"国学热"的讨论。评估今天的"国学"景况，需要从上世纪九十年代讲起。

一 九十年代的"国学热"

上世纪九十年代中期的中国思想文化界，曾围绕四个问题展开一场相当热烈也可以说是激烈的讨论、争论和辩论。第一个问题，是在市场经济的背景下，人文精神的失落与重建问题；第二个问题，是所谓"后现代"的问题；第三个问题，是八十年代和九十年代文化思潮的异同问题；第四个问题，就是所谓的"国学热"问题。

但九十年代讨论国学，不像今天这样能够始终保持学术的向度。一些讨论文字刚一出手，就带有意气（我正面用此词、魏征诗"人生感意气"）和锋芒，而且往往与当时的"后现代"话语联系起来。香港中文大学《二十一世纪》1995年2月号发表的赵毅衡的《"后学"与中国新保守主义》一文，把当时的所谓"国学复兴"，作为"一个强大的新保守主义思潮正在中国知识界翻卷起来"的直接证据。而锋芒最著的，要属何满子的《"后国学"的虚脱症》。现在流行"酷评",何当年的一些批评文字,已带有"酷评"的味道。他说:"近年来国学已被炒得很烫手,看模样好像是里应外合,由海内外新儒家们一起鼓噪起来的。"他还讥讽道:

> 十足的国粹、国学绵延不绝,正规的研究也进行得好好的,突然金鼓齐鸣地大喊大叫起来。又不曾听说从《老子》书里发现了高能量的芯片,《墨子》书里发现了信息高速公路,或《易经》发现了太空火箭,定要劳动书斋里的大师、准大师们声嘶力竭地弘扬?此理实不可解。

何的文章刊载于广东《随笔》杂志1995年第7期。在这之前,陈漱渝发表在《哲学研究》1995年第5期上的文章,对"国学热"同样作了非常激烈的指责——他文章开头的第一句话就写道:"八十年代文化热,九十年代国学热。"然后说:"在国学之中,热门的热门是儒学。"但特别值得引起我们注意的是,陈漱渝对孔子仁学的解释,他说:

> 从字面上看,"仁"就是"爱人",就是"济众",即提倡所谓人类之爱。在仅把奴隶当成"会说话的工具"的奴隶社会末期,这种思想当然具有不容抹煞的历史进步性。但我们必须看到这种说法是以"严等差、贵秩序"为前提,以"礼"为道德规范;也就是说,它从根本上是为了维护血缘基础与宗法等级。

这是自改革开放以来,很少能够看到的一篇在国策中已经取消了"以阶级斗争为纲"的背景下,对孔子思想再次作"阶级分析"的文章。

1995年第5期《哲学研究》在刊载陈漱渝先生文章的同时,还刊出一篇署名的《五四精神与传统文化学术座谈会述评》(署名李登贵),这篇述评有下面的一些话:

新儒学和国学目前热过了头。一些昔日频繁出入马克思主义武库的人如今已幡然易帜，一些昔日的全盘西化论鼓吹者也加入到海外势力的文化保守主义大合唱中。

《述评》对座谈会上没有批评国学研究中的"非意识形态化"感到些许遗憾。这位作者说，现在有人"巧妙地打起'非意识形态化'的盾牌，以推销其自身的意识形态"。他说当时的国学"带有某种政治寓言的成分"。其实早在此前一年的1994年第6期《哲学研究》上，也曾刊有署名文章提出："来自西方的秋波，使穷于经济和政治落后的国粹论者找到了精神自慰的方法所在，他们从韦伯把资本主义兴起归因于宗教伦理的文化决定论中受到鼓舞，热衷于用观念文化来解释东西文化的差异，打中国文化牌。八十年代以来时起时落的文化热以及目前行情看涨的国学热，使东方文化的神话再度复活。"这篇文章还说："一些人宣扬中国需要孔夫子、董仲舒，需要重构与马克思主义并列的中国哲学新体系"，"不排除有人企图以'国学'这一可疑的概念，来达到摒社会主义新文化于中国文化之外的目的。"

后者所谓的"企图以'国学'这一可疑的概念，来达到摒社会主义新文化于中国文化之外的目的"之措辞，可视为"某种政治寓言的成分"的一个注脚。可以看出，这篇文章的作者已经为了批评而忘记其余，连中国人复兴东方文化的绵薄愿望，也被置于扫荡之列。比较起来，今天的国学提倡者有充分理由为自己的好运气感到庆幸，因为大学校长公开站出来号召国学，也不再有人怀疑其中是否"带有某种政治寓言的成分"了。

弹指十年过去，讨论国学的环境气氛不能不让人有不能同日而语的沧桑之感。九十年代中国学术界谈国学，推动对固有学术的研究，看来受到来自两个方面的批评：一是被指为保守主义思潮，一是被指为非意识形态化。但究其实，那时的"国学"，认真说来也不见得有什么"热"，更谈不上"过热"。所谓"热"其实是传媒炒出来的。报纸电视倒是不乏夸饰的报道，例如《人民日报》1993年8月16日的整版文章《国学在燕园悄然兴起》、10月14日《光明日报》文章《国学与国学大师的魅力》等等。主要是媒体热，研究者并没有热。据我所知，当时涉足此一领域的学人大都比较谨慎，他们尽量想与传媒的渲染划开一些界限，他们没有，或者不愿大张旗鼓地打出"国学"的旗号，这是九十年代中国试图推动"国学"的学人的一个特点。

北京大学陈平原、陈来、阎步克以及我们中国文化研究所的梁治平等几位中青年学人，他们在九十年代曾有一个不定期的学术联谊活动，在内部有时他们叫这个联谊活动为"国学所"，实际上从未正式成立。对"国学"一词，他们在使用时同样表现得相当审慎。他们的刊物开始想叫《国学论丛》，后来改叫《学人》。当然，北京大学成立了一个与国学有关的学术虚体，就是袁行霈先生主持的中国传统文化研究中心，出版《国学研究》专刊。而此前汤一介先生在深圳大学也成立过一个正式立名的国学研究所，但后来未能运转起来。至于汤先生创办的中国文化书院，在旨趣上已越出了所谓"国学"的范围。

我个人主持的中国文化研究所，虽然是学术实体，但所内研究人员专业上各有擅场，有学术思想史、法学、政治学、艺术人类学和当代文学等研究方向，是人文与社会科学的综合研究机构，国学的概念未能进驻我们的学术视野。我主编的《中国文化》杂志尽管以"深研中华文化，阐扬传统专学，探究学术真知，重视人文关怀"为期许，但国学的概念我们很少使用，只是愿意给推动传统研究的朋友以了解之同情而已。

二 章太炎与国学

曾经有朋友问我，"国学"这个概念产生在什么时候。我说其实很晚，汉朝人、唐朝人、宋朝人、明朝人都不讲国学，清朝的早期、中期，中晚期也不闻有此说法。张之洞《劝学篇》标举"中学为体，西学为用"，他所说的"中学"与"国学"多少有些相近之处，但他并没有使用"国学"的概念。当然"国学"这两个字，或者连起来作为一个语词，古代载籍中多有，但与我们现在探讨的国学这个概念全然不同。说到底还是由于晚清以还,欧风美雨狂袭而至,谈论西学、介绍西学成为时尚,相比较之下,才有了国学的说法。因此可以说国学是与"西学"相对应而产生的一个概念。这就如同"中国文化"一词,也是晚清知识分子面对域外文化的冲击,起而检讨自己的文化传统所使用的语词。

研究晚清国学发生的著作当下多有,桑兵的《晚清民国的国学研究》、罗志田的《清季民初关于国学的思想论争》、喻大华的《晚清文化保守思潮研究》、何晓明的《返本与开新》等,都是资料颇翔实的著述。我个人接触到的材料,黄遵宪在1902年9月写给梁启超的信中,曾提到任公先生有办《国学报》的设想,虽然他并不赞成此议。他在信里说:"《国学报》纲目,体大思精,诚非率尔遽能操觚。仆以为当以此作一《国学史》,公谓何如?"又说:"公谓养成国民,当以保存国粹为主义,当取旧学磨洗而光大之。至哉斯言,恃此足以立国矣。"只不过在黄遵宪看来,此事还不是当务之急,他认为"中国旧习,病在尊大,病在锢蔽,非病在不能保守",所以他说:"公之所志,略迟数年再为之,未为不可。"①梁启超当时尚被清廷通缉之中,其对国家命运未来的关心,自不待言。尽管我不能断定,任公先生1902年关于《国学报》的构想,是否就是晚清之时"国学"一词的最早出现,但在时间上应该是非常早的。论者或谓晚清国粹派代表人物邓实在《政艺通报》上发表的《国学保存论》,应该是很早使用国学一词的人,但那已经是1904年,比梁任公1902年《国学报》的构想,晚了两年。

另外梁启超在《中国学术变迁之大势》一文中,其结尾处也明确使用了国学的概念,他是这样说的:

> 虽然,吾更欲有一言,近顷悲观者流,见新学小生之吐弃国学,惧国

---

① 《黄遵宪全集》上册,中华书局2005年版,第433页。

学之从此而消灭。吾不此之惧也。但使外学之输入者果昌，则其间接之影响，必使吾国学别添活气，吾敢断言也。但今日欲使外学之真精神普及于祖国，则当转输之任者，必邃于国学，然后能收其效。以严氏与其他留学欧、美之学僮相比较，其明效大验矣。此吾所以汲汲欲以国学为青年创也。①

梁启超《中国学术变迁之大势》的一至六章，撰写于1902年，第七章阙如，第八章写于1904年。以此该文结尾谈国学的一段文字，应是1904年所写。他在行文中明确把国学与"新学"、"外学"相对应来使用的。"新学"一词，晚清颇流行，甚至有时还与康有为的《新学伪经考》的"新学"混同起来。但梁启超使用的"外学"一词，则不经常见到。"外学"就是域外之学、外国之学，因此中国的学问，自然可以叫"国学"了。

章太炎使用国学概念的时间也很早，且终生未尝或离。不过国学以至国粹在太炎先生那里，是作为革命的一种手段来使用的。晚清国粹派，章太炎、刘师培实为最主要的代表人物。国粹派长期被当作保守派的代名词，而究其实，太炎先生是学者兼革命家，虽在学术上坚执古文家的立场，但于文化于思想于政治却并不保守。只不过他是一个特异的天才，论人论文论学，迥异时流而已。他生于清同治七年，即1688年，浙江余杭人，是清季大学者俞樾的弟子。早期赞同变法，而不同于康有为和梁启超；1898年秋天慈禧政变之后，力主革命，与孙中山的旨趣亦不相合。也许是他的超乎侪辈的传统学问的根底和不可有二的语言文字方式，使得他的同志们既赞赏他又感到格格不入。没有人能够不为他的雄文硕学和凛然激昂的气节所折服。清廷惧怕他的影响力，1903年当他36岁的时候将他下狱，就是所谓的"《苏报》案"。案由是太炎先生发表在《苏报》上的《驳康有为论革命书》一文，里面有"载湉小丑，未辨菽麦"的语句。载湉是光绪皇帝的名讳，太炎先生直

---

① 刘梦溪主编：《中国现代经典丛书·梁启超卷》（夏晓虹编校），第120页。

呼其名，而且指其为小丑，清廷便以大逆不道罪将太炎告上法庭。讼案发生在上海租界，法庭由外国人操持，太炎得以不被清廷引渡。但最后还是处以三年徒刑，关在上海西牢，罚做裁缝之事。和章太炎一起被关的有写《革命军》的邹容，罚做苦力，不及刑满，便瘐死狱中。以一国讼一人，近代以来，不知有第二人。太炎因此声名大噪。1906年章太炎刑满出狱，孙中山派人迎至日本，成为《民报》的主角。清廷迫压，日人限制，《民报》不久遭遇生存危机。

正是在这种特殊的情境之下，章太炎在日本东京开办了平生第一个国学讲习会（邀请函简上写"国学振起社"），1906年秋天开始，一直持续到1909年。鲁迅、周作人、钱玄同、沈兼士、马幼渔、朱希祖、许寿裳等后来的学界名流，都曾前往听讲。讲授内容包括诸子和音韵训诂，而以段玉裁《说文解字注》为主。讲习会开始设在《民报》社，后移至东京小日向台町二丁目二十六番地，门楣上直署"章氏国学讲习会"，这是中国历史上第一个挂牌的国学研究团体。太炎先生所以这样做，是缘于他的理念，就是他1906年到日本时发表的那篇有名的《东京留学生欢迎会演说辞》，提出唤起民众首在感情，而途径则有二事最为紧要：一是"用宗教发起信心"，二是"用国粹激动种性"。可知太炎先生倡扬国学，非关于保守不保守，而是要激发起国人的民族感情和精神。

三 章氏的国学"四讲"

因此之故，章太炎一生有过四次"兴师动众"的国学讲演。

第一次，就是上面所说的东京国学讲习会。第二次，是1913至1916年在北京，太炎先生被袁世凯软禁之时，他再次做起了国学讲习事业，自己说是"以讲学自娱"、"聊以解忧"（《家书》），实则所讲内容都是有所为而发。当时袁氏当国，谋立孔教为国教，康有为亦以孔教会为倡，乌烟瘴气不足以形容。所以他把批评孔教作为讲习的重要内容，《驳建立孔教议》就写于这个时候。讲堂的墙壁上张贴着《国学会告白》，写道："余主讲国学会，踵门来学之士亦云不少。本会专以开通智识，昌大国性为宗，与宗教绝对不能相混。其已入孔教会而后愿入本会者，须先脱离孔教会，庶免薰莸杂糅之病。章炳麟白。"听讲的人数比以往更多，大都是京城各大学的教师和学生，北大的傅斯年、顾颉刚也前来听讲。后由吴承仕记录成《菿汉微言》一书。

第三次，1922年夏天章太炎先生居上海时，应江苏省教育会的邀请所作的国学演讲。与前两次不同的是，这次是系列演讲，前后共十讲，并有《申报》为之配合，规模影响超过已往。首次开讲在是年的4月1日，讲"国学大概"，听讲者有三四百人。第二次4月8日，续讲前题，听讲者也有约四百人。第三次4月15日，讲"治国学的方法"。第四次4月22日，讲"国学之派别"。第五次4月29日，讲"经学之派别"。第六次5月6日，讲"哲学之派别"。第七次5月13日，续讲"哲学之派别"。第八次5月27日，讲"文学之派别"。第九次6月10日，讲"文学之派别"。第十次6月17日，讲"国学之进步"。持续一个半月，每次演讲上海《申报》都作报道，并刊载记者写的内容摘要。曹聚仁整理的章氏《国学概论》一书，就是此次系列演讲的记录。另还有张冥飞整理的《章太炎先生国学讲演集》，是另一个听讲版本。

太炎先生演讲之前，1922年3月29日的《申报》，特地刊出《省教育会通告》，对国学讲演的缘由作了说明，原文不长，全录如下：

> 敬启者，自欧风东渐，竞尚西学，研究国学者日稀，而欧战以还，西国学问大家，来华专事研究我国旧学者，反时有所闻，盖亦深知西方之新学说或已早见于我国古籍，借西方之新学，以证明我国之旧学，此即为中西文化沟通之动机。同人深惧国学之衰微，又念国学之根柢最深者，无如章太炎先生，爰特敦请先生莅会，主讲国学，幸蒙允许。兹经先生订定讲题及讲演日期时间，附开如后，至希察阅，届期莅会听讲为盼。专颂台安。江苏省教育会启，三月二十八日。

邀请章太炎先生主讲国学的原因，是鉴于当时的风气"兢尚西学，研究国学者日稀"，因此"深惧国学之衰微"。太炎先生演讲的目的，也在于此。这是国学大师讲国学，有传媒配合，影响最大的一次。

第四次，是晚年的章太炎在苏州，成立了更为正式的国学会。成立时间为1933年1月，并以《国学商兑》作为会刊，太炎先生为之撰写宣言。后来太炎先生认为《国学商兑》在词义上雷同于方东树的《汉学商兑》，建议以"商榷"代替"商兑"，最后遂改作《国学论衡》。1933至1934年，章太炎的演讲都是在国学会的名义下所作的，地点在苏州公园的图书馆，先后有二十多次，有时也在无锡国学专修学校演讲，盛况空前。可能由于在旨趣上太炎先生与国学会诸发起人之间，有不合之处，所以太炎先生于1935年，又以向所使用的"章氏国学讲习会"的名义，作国学演讲，虽重病在身，亦不废讲论。国民政府最高人物蒋公且于1935年3月，派员到苏州看望章氏，"致万金为疗疾之费"，太炎先生将此款项悉数移做讲习会之用，同时也使讲习会的刊物《制言》半月刊，有了短暂的经费支持。晚年的太炎先生在苏州的讲学活动，一直持续到1936年6月14日病逝。因此不妨说，章太炎作为学者兼革命家，是为学问的一生，也是为国学的一生。

我们在章太炎的著作和通信中，也经常看到他频繁使用国学的概念。1907年致刘师培函："鄙意提倡国学，在朴说而不在华辞"[1]；1908年有《与人论国学书》之作[2]；1909年《与钟正懋》书："仆国学以《说文》、《尔雅》为根极。"[3]1911年《与吴承仕》："仆辈生于今世，独欲任持国学，比于守府而已。"[4]1912年与蔡元培同刊寻找刘师培启事，称："今者，民国维新，所望国学深湛之士，提倡素风，任持绝学。而申叔消息杳然，死生难测。如

---

[1] 《章太炎书信集》，河北人民出版社2003年版，第77页。
[2] 同上，第217页。
[3] 同上，第251页。
[4] 同上，第294页。

身在地方,尚望先一通信于《国粹学报》馆,以慰同人眷念。"①如此等等,例证多多,不能尽举。可以说,国学这一概念,章太炎不仅使用得早,而且使用得多,终其一生都为此而抛尽心力。章氏本人也以"独欲任持国学"自命。他的学问大厦的两根支柱,一是小学,就是文字学和音韵学,二是经学,两者都是太炎先生所钟情的国学的范围。当然太炎先生同时也喜欢并精研佛学,他主张为学要摈弃孔、佛的门户之见。而对儒学传统,早年倡诸子而诋孔学,晚年则有所变化。

所以回观整个二十世纪,如果有国学大师的话,章太炎先生独当之无愧。

四 胡适和梁启超的"国学书目"

国学在上个世纪二十年代,可以说是一种流行。许多与国学有关的比较大的事件,都发生在二十年代。章太炎的上海系列国学讲座,在二十年代之初,已如上述。然而几乎在章氏上海演讲的同时,两位当时最著名的文化闻人各自开列一份自己认可的国学书目,并因此引出一番争论,这在上世纪二十年代,不能不认为也是关乎国学的一件不小的事情。

主要是两位当事人的身份影响不比寻常。一位是大名鼎鼎的胡适,一位是鼎鼎大名的梁启超,他们在1922年和1923年,分别开了两个不同的国学书目。胡适开的书目,题目是《一个最低限度的国学书目》,刊载在1922年《读书杂志》第七期上,是应清华学校胡敦元等四人的要求而开列的。所列书籍共184种,其中工具书14种,思想史92种,文学史78种。此书目刊布后,首先受到《清华周刊》的一位记者的来信置疑,认为胡适所说的国学的范围太窄,只包括思想史和文学史,而单就思想史和文学史而言,又显得太深。这

---

① 《章太炎书信集》,河北人民出版社2003年版,第82页。

封来信说:"先生现在所拟的书目,我们是无论如何读不完的。因是书目太多,时间太少。而且做学生的,如没有读过《大方广圆觉了义经》或《元曲选一百种》,当代的教育家,不见得会非难他们,以为未满足国学最低的限度。"①我们今天来重新检讨胡适开的这个书目,不能不承认《清华周报》记者的置疑是有一定道理的。

可是胡适并没有被说服,他写了《答书》,重申只列思想和文学两部分,是考虑到"国学的最低限度",拟的是一个"门径书目",如果还要把"其余民族史、经济史"一一列出,"此时更无从下手"。他针对来书所提意见,作了反驳,他写道:

> 先生说:"做留学生的,如没有读过《圆觉经》或《元曲选》,当代教育家不见得非难他们。"这一层,倒有讨论的余地。正因为当代教育家不非难留学生的国学程度,所以留学生也太自菲薄,不肯多读点国学书,所以他们在国外既不能代表中国,回国后也没有多大影响。我们这个书目的意思,一部分也正是要一班留学生或候补留学生知道《元曲选》等是应该知道的书。②

虽然如此,我们还是无法不觉得胡适之先生有一点"强词夺理"。所以他说,如果一定要拟一个"实在的最低限度的书目",那么不妨在原书目上圈出一些,于是他圈出了38种,包括《书目答问》、《中国人名大辞典》、《中国哲学史大纲》、《老子》、《四书》、《墨子间诂》、《荀子集注》、《韩非子》、《淮南鸿烈集解》、《周礼》、《论衡》、《佛遗教经》、《法华经》、《阿弥陀经》、《坛经》、《宋元学案》、《明儒学案》、《王临川集》、《朱子年谱》、《王文成公全

---

① 《胡适全集》第2卷,安徽教育出版社2003年版,第125页。
② 同上,第126页。

书》、《清代学术概论》、《章实斋年谱》、《崔东壁遗书》、《新学伪经考》、《诗集传》、《左传》、《文选》、《乐府诗集》、《全唐诗》、《宋诗钞》、《宋六十家词》、《元曲选一百种》、《宋元戏曲史》、《缀白裘》、《水浒传》、《西游记》、《儒林外史》、《红楼梦》等，另加上《九种纪事本末》。

梁启超的国学书目，是应《清华周报》记者的要求所开，题目叫《国学入门书要目及其读法》，写于1923年4月26日。他说是在独居翠微山，"行箧无书"，"竭三日之力，专凭忆想所及草斯篇"。我必须说，以我个人读饮冰主人的著作所达成的了解，他是最有能力在"行箧无书"的情况下，能够开出几百种适当书目的人。他的书目包括五大类：甲、修养应用及思想史关系书类，39种；乙、政治史及其他文献学书类，21种（廿四史算作一种）；丙、韵文书类，44种；丁、小学书及文法书类，7种；戊、随意涉览书类，30种。总共141种。不仅列出书名，每种书之后大都有导读式的说明。

例如在《论语》和《孟子》书名后写道："《论语》、《孟子》之文，并不艰深，宜专读正文，有不解处方看注释。注释之书，朱熹《四书集注》为其平生极矜慎之作，可读。但其中有堕入宋儒理障处，宜分别观之，"说来不好意思，我在读任公书目前，也是这样主张。读先秦经典，细读白文最重要。任公先生对朱熹《四书集注》的评价也极精到，一是大大好书，二是不免有时为"理"所障。又如对于《老子》，他说这是"道家最精要之书，希望学者将此区区五千言熟读成诵。注释书未有极当意者，专读白文自行寻索为妙。"诚哉斯言，自是白文细读慢悟最妙。对《周礼》，任公先生写道："此书西汉末晚出。何时代人所撰，尚难断定。惟书中制度，当有一部分为周代之旧，其余亦战国秦汉间学者理想的产物。故总宜一读。注释书有孙诒让《周礼正义》最善。"对《管子》，他概括说："战国末年人所集著者，性质颇杂驳，然古代各家学说存其中者颇多，宜一浏览。注释书戴望《管子校正》甚好。"关于《管子》一书的来路、性质、价值及传注之优者，一一道明，虽只几句话。又如对顾炎武《日知录》和《亭林文集》，他说："顾亭林为清学开山第一人，其精力集注于《日知录》，宜一浏览。读文集中各信札，可见其立身治学大概。"对曾国藩和胡林翼的文集,任公先生说:"信札最可读,读之见其治事条理及朋友风义。"只此一句,即给人无限回味。又如于《张太岳集》说:"江陵为明名相,其信札益人神智,文章亦美。"于《水经注》:"六朝人地理专书,但多描风景,记古迹,文辞华妙,学作小品文最适用。",等等。列举书目的同时,并概述源流,撮以精要,给出阅读门径。

因此就其实用性和有效性来说,"梁目"显得道高一丈。如果我是读者,要我对"胡目"和"梁目"作出选择,我肯定投梁的票。"梁目"及其读法,即使在今天仍有参考价值。不是因为别个,主要就读中国载籍的多寡而言,胡适之先生不能不把座位让给梁任公先生。但"梁目"同样存在列目过多的问题,与"初学"所需不能吻合。所以任公先生在开毕上述书目之后,也拟了一个"真正之最低限度"的国学书目,计有《四书》、《易经》、《书经》、《诗经》、《礼记》、《左传》、《老子》、《墨子》、《庄子》、《荀子》、《韩非子》、《战国策》、《史记》、《汉书》、《后汉书》、《三国志》、《资治通鉴》或《通鉴纪事本末》、《宋元明史纪事本末》、《楚辞》、《文选》、《李太白集》、《杜工部集》、《韩昌黎集》、《柳河东集》、《白香山集》,其他词曲集随所好选读数种。任公先生说,如果连这个"真正之最低限度"的书也没有读,"真不能认为中国学人矣"。

大书目不必说,即以"真正之最低限度"的书目为例,胡、梁书目的不同处亦甚明显。"胡目"有佛经四种;"梁目"一种没列。"胡目"的文学部分,有《乐府诗集》、《全唐诗》、《宋诗钞》、《宋六十家词》、《元曲选一百种》;"梁目"却不具大的类书,只列《楚辞》、《文选》、《李太白集》、《杜工部集》、《韩昌黎集》、《柳河东集》、《白香山集》几种。"胡目"有小说四大名著;"梁目"则根本不列小说。"梁目"的子书部分,孔孟之外,老、墨、庄、荀、韩均有,"胡目"则没有墨子。"梁目"有前四史,"胡目"一史也无。"梁目"全列诗、书、礼、易、春秋(左氏传)"五经";"胡目"只列诗、礼、左传,而缺易经和书经。照说开列国学书目,"五经"、"四书"、诸子、前四史,无论如何不能或缺,但"胡目"缺失得令人诧异,竟然乙部之书,一部全无。至于集部之书，当然是"梁目"的举要的办法更好些，对于初步接触国学者，李、杜、韩、柳、白诸家，远比笼统的《全唐诗》、《宋诗钞》、《宋六十家词》来得真切便利。尤其将《水浒》、《西游记》、《儒林外史》、《红楼梦》列为国学书，更属拟于不伦。

我们今天感到有趣的是，梁在开列自己的书目同时，对"胡目"还作了尖锐的批评。任公先生在《评胡适之的〈一个最低限度的国学书目〉》一文中，开首就明确地说："胡君这书目，我是不赞成的，因为他文不对题。"所以然者，是因为胡适本来的目的，"并不为国学有根底的人设想，只为普通青年人想得一点系统的国学知识的人设想"，但他却开了那样一大堆一般青年人无法卒读的书。而如果是为国学研究者开的书目，则又嫌不够专门。所以梁任公责备胡适"把应该读书和应备书混为一谈"了。对"胡目"的不著史书，却列出许多小说家言，梁启超尤致不满，他质问说：

> 胡君为什么把史部书一概屏绝？一张书目名字叫做"国学最低限度"，里头有什么《三侠五义》、《九命奇冤》，却没有《史记》、《汉书》、《资治通鉴》，岂非笑话？若说《史》、《汉》、《通鉴》是要"为国学有根底的人设想"才列举，恐无此理。若说不读《三侠五义》、《九命奇冤》便够不上国学最低限度，不瞒胡君说，区区小子便是没有读过这两部书的人。我虽自知学问浅陋，说我连国学最低限度都没有，我却不服。[①]

任公先生上述这些辩难，平心而论胡适是无法反驳的。"胡目"中还有《正谊堂全书》六百七十余卷，以及戏曲《缀白裘》和小说《儿女英雄传》，于是一并成为任公先生批评的把柄："《尚书》、《史记》、《汉书》、《资治通鉴》为国学最低限度不必要之书，《正谊堂全书》、《缀白裘》、《儿女英雄传》

---

① 《胡适全集》第2卷，第152页。

反是必要之书，真不能不算石破天惊的怪论。"文章最后梁启超总结道："总而言之，胡君这篇书目，从一方面看，嫌他挂漏太多；从别方面看，嫌他博而寡要，我以为是不合用的。"等于否定了"胡目"。

但胡适之先生的学者风度却是了不起，虽为梁启超所痛驳，却在1924年11月出版的《胡适文存》二集里，全文附录了"梁目"和梁的批评。这种风度今天已经不容易看到了。两位文化领军当年开列的国学书目和关于国学书目所作的讨论，对二十年代的国学推动产生的影响作用，自然可想而知。虽然，对"梁目"也不是全都赞成，一位叫徐剑缘的就以《评胡梁二先生所拟国学书目》为题，在批评"胡目"的同时，也批评了"梁目"。另外还有陈钟凡也开了一个《治国学书目》，以及李笠的《国学用书撰要》，影响益发扩大了。

五 二十年代的"新国学"

不过上世纪二十年代关乎国学的两件最大的事情，还是北京大学成立国学门和清华大学成立国学研究院。

先说北大国学门。蔡元培先生1917年掌门北大之后，他的学术理念之一是建立分科的研究院所。1921年通过《北大研究所组织大纲提案》，第二年，即1922年1月，北京大学研究所国学门宣告成立。所长由蔡先生兼任，主任是太炎弟子、研究文字训诂的沈兼士，委员包括胡适、李大钊、鲁迅、周作人、钱玄同、朱希祖、蒋梦麟、马衡、陈垣、沈尹默等硕学、健将、老师，阵容不可谓不强大。国学门下面设歌谣研究会、明清史料整理会、考古学会、民俗调查会、方言研究会等分支机构。国内外一些大儒被聘为国学门导师，有钢和泰、伊凤阁、柯劭忞、夏曾佑、陈寅恪。开始也聘了王国维，已经获允，后来王退出。并按照国外高等研究机构的惯例，施行通信员制度，请世界知名的汉学家担任，例如法国的伯希和，德国的卫礼贤，日本的田边尚雄等。罗振玉也被邀请，但后来罗亦退出。我们从机构设置和人员组成可以看出，北大国学门是一个开放的重视与国外汉学界交流的研究机构，显然这与蔡元培先生的思想和胸襟有关。

北京大学国学门的影响似乎大于建树，下属各学会做的实在的事情比较多，真正具体的国学研究，反做得不尽如人意。到国学门从事研究的研究生，人数也并不很多，1922至1927六年之间，审查合格的研究生只有46人。这些数字我根据的是台湾陈以爱女士所著《中国现代学术机构的兴起》一书（江西教育出版社2002年版），这是一本征引资料丰富、学风严谨的著作。因为她的论说是以北大研究所国学门为中心加以探讨，所以当我涉及相关材料时，不能不佩服她叙论的精当。

北大国学门的大举措是1923年创办《国学季刊》，而尤以胡适执笔撰写的《发刊宣言》影响最著。胡适在《宣言》中首先对明末迄于民初三百年中古学研究的历史给以检讨，肯定三百年来整理古书、发现古书、发现古物三方面所取得的成绩，而缺点则是：（一）研究的范围太窄；（二）太注重功力而忽略了理解；（三）缺乏参考比较的资料。然后提出研究古学应该注意的问题，也有三个方面，一是扩大研究范围，二是注意系统的整理，三是博采参考比较的资料。特别对如何系统整理的问题作了详尽阐释。最后以三个方向的期待作为治国学的互勉条件："第一，用历史的眼光来扩大国学研究的范围。第二，用系统的整理来部勒国学研究的资料。第三，用比较的研究来帮助国学的材料的整理与解释。"[1]当胡适晚年的时候，回忆起这篇《〈国学季刊〉发刊宣言》时，他明确说，这是一篇"主张以新的原则和方法来研究国学的宣言"，是"新国学的研究大纲"[2]。因此不妨说，上世纪20年代以北大国学门为代表的国学研究，应该属于新国学的范畴。

除了《国学季刊》之外，北大国学门后来还有《国学门周刊》和《国学门月刊》的创办。《周刊》于1925年出版，因经费和稿源都存在问题，第二年即1926年改成了《月刊》。但也只出版了一年的时间，到1927年的年底，《国学

---

[1] 《胡适全集》第2卷，安徽教育出版社2003年版，第17页。
[2] 唐德刚译注：《胡适口述自传》，广西师范大学出版社2005年版，第205页。

门月刊》也停刊了，而且北大国学门也在这一年陷于停顿。

再说清华国学院。认真说来，当时清华大学的正式名称叫清华学校，还没有定名为清华大学，直到1928年，才定名为国立清华大学。而国学研究院的正式名称，也应该叫清华学校研究院。那么何以又称国学研究院？因为清华研究院之设，略同于北大设研究所国学门，本来想涵盖自然科学、社会科学等各个学科，由于经费的限制，也有学科的成熟程度的问题，最先办起来的只有国学一科。所以就把清华学校研究院，简称而偏好地叫作清华学校国学研究院了。吴宓担任清华研究院主任，他几次提议正式定名为国学研究院，都未能获准。可是约定俗成的力量是不可抗拒的，虽未获准，人们还是那样叫，而且叫开了，到后来大家以为当时成立的就是清华大学国学研究院。

清华国学研究院成立于1925年，与北大国学门的不同之处，是清华国学院的设计和建制更周详细密，更便于实施。它没有请一大堆名流、教授，导师只王国维、梁启超、赵元任、陈寅恪四人，人称"四大导师"。讲师一人，考古学家李济。助教三人，陆维钊、梁廷灿、章明煌。助理员一人，事务员一人。再加上主任吴宓。就这么几个人。同时导师和学员都必须住校，四大导师亦不能例外。王国维住西院，梁启超住北院2号，赵元任住南院1号。陈寅恪报到的时间比较晚，1925年9月9日国学院开学，第二年7月8日他才来到清华。他开始住工字厅的西客厅，与吴宓一起，后来与赵元任同住南院。学员的水准比北大国学门的学员似乎也要高一些，共招生四届，毕业人数为74人，其中王力、吴其昌、姚明达、周传儒、徐中舒、姜亮夫、陆侃如、刘节、刘盼遂、谢国桢、罗根泽、蒋天枢等，日后都成为我国20世纪人文学术的中坚力量。

至于清华国学研究院的课程设置和研究范围，可以说不仅和章太炎先生倡导的国学不同，与北大国学门的设定也有区别。四大导师授课的内容为：王国维讲《古史新证》、《说文练习》、《尚书》和《最近二三十年来中国新发现之新学问》，梁启超讲《中国文化史》、《史学研究法》，陈寅恪讲《西人东方学之目录学》、《佛经翻译文学》，赵元任讲《方言学》、《普通语言学》和《音韵学》，李济讲《民族学》和《考古学》。可见讲授之内容已经超越了一般所谓国学的范围。事实上王国维、陈寅恪的学问途径，与西方汉学的方法多有一致之处，他们原本就是国外汉学界最看重的中国学者。赵元任的语言学研究，也属于现代语言学的范畴。李济的民族学和考古学，更直接运用了人类学的方法。所以，如果北大国学门被胡适视为新国学的话，那么清华国学研究院就更应该是新的国学了，而且是与西方汉学联系在一起的新的国学。

清华国学研究院持续的时间不长，1925年成立，1929年就停办了，只有短短四年的时间。1927年王国维自杀、1929年梁任公病逝，导师后继乏人，固然是清华国学院不得不停办的理由，但深层原因，应和传统学术向现代学术转变过程的学科整合及学科建设有关。北京大学国学门持续的时间也是四年，1923年至1927年，两者恐怕不完全是巧合。陈寅恪《王观堂先生挽词》的结尾有句写道："但就贤愚判死生，未应修短论优劣。"清华国学院作为二十世纪直接和国学相关的一件大的事情，作为世纪话题，它的学术创生的地位和它所播撒的学术种子，其影响力八十年后亦未见其少衰。

六　历史的"文化创举"能否复制

回观20世纪头二十年的国学景观，对当时一些有影响的国学刊物和重要的国学出版物，不能不稍加留意。单是以"国学"两字入名的刊物就有好多种。当然1905年印行的《国粹学报》，创办者是邓实、黄节等在上海成立的"国学保存会"，虽没有以"国学"名刊，"国学"二字的义涵已在其中。梁启超设计的《国学报》，应该是最早的一个以"国学"为名而未获实施的刊物。尔后就是罗振玉创办的《国学丛刊》。罗振玉和王国维辛亥革命前均供职学部，《国学丛刊》即创办于此时，原拟每年出版六编，结果只在1911年出了两编，便不再办下去。所以王国维写于1911年正月的那篇有名的《国学丛刊序》，反而比《国学丛刊》本身影响还大。罗亦有序，曾经王的润正。再就是北大国学门的《国学季刊》，因胡适撰写宣言而名声远播，上面已经谈到。清华国学研究院的刊物是1927年出版的《国学论丛》。此外还有地址在北京的中国大学办的《国学丛编》，上海国学昌明社的《国学杂志》，上海国学研究会的《国学辑林》，南京东南大学和高师国学研究会的《国学丛刊》，以及厦门大学的《国学专刊》等。其实厦门大学1926年也有国学研究院之设，只不过因人事纠葛，事未成而先已停办。此一过程桑兵先生《晚清民国的国学研究》一书[①]考订至详，大家可参看。

至于以"国学"入名的书籍，亦复不少。曹聚仁记录整理的章太炎1922年上海讲演的书名叫《国学概论》，钱穆1928年以讲义成书，也题书名为《国学概论》。我的看法，章、钱这两种《概论》，是上世纪二十年代最重要的综论国学的著作。其余三十年代出版的谭正璧的《国学概论讲话》、顾荩臣的《国学研究》、马瀛的《国学概论》、蒋梅笙的《国学入门》、张振镛的《国学常识答问》、李冷衷的《国学常识述要》、叶北岩的《学生国学答问》、谢苇丰的《国学表解》等等，立名虽多，学术含量及影响不过聊胜于无耳，可不置论。

因此如果说上世纪二十年代曾经有过一阵子"国学热"（曹聚仁曾以"春雷初动"四字加以形容），于事实恐怕是相符的。不过处此"国学热"中的核心人物，还是章太炎、梁启超、胡适之，没有这三位大儒的鼓动，国学研究纵加力而行，也不会有"国学热"出现。如今历史的挂历已翻过九十个年头，令人感到惊讶的是，去夏以来的国学"热动"，和二十年代颇有相似之处，连历史转换的背景也感到雷同。1917年以《新青年》为表征所开启的新文化运动，这似乎是我们的二十世纪八十年代；二十年代初胡适提倡"多研究些问题，少谈些主义"，号召大家进研究室，很像我们的九十年代；然后就是上面说的二十年代的"国学热"，也就是我们的今天了。只不过当年历史转换得快，三种思潮轮替才用了七八年的时间，我们呢，用了二十多年。历史有时是会"重复"的，但重复不应该是"蚁蝗磨转"，原地踏步，而应该是螺旋式上升。

[①] 上海古籍出版社2001年版。

然则我们今天的"国学热动",其学术水平是否已经高过二十年代?恐怕谁也不敢这样说。时下热卖的相关图籍,不还是当时的那些著作吗?大家感到最具参考价值的,仍逃不脱章太炎和钱穆的两种《国学概论》,只不过印制得更精美罢了。即使有的大学办起了国学研究院,能够和当年的北大国学门、清华国学研究院相比肩吗?最大的不同是,我们今天已经没有章太炎、梁启超、胡适之这三位有资格当众说点"胡话"的国学大家了。更不要说,不愿与"热",只肯一意深研的王国维和陈寅恪,我们能读懂他们的书,已非一件易事。

历史可以重复,历史的文化创举却是不能重复的。何况北大国学门也好,清华国学研究院也好,都只存在了四年的时间。

七 国学与国粹

前面几部分我主要对国学的发生和流变作了一番梳理,重点在述史,现在则需要对国学这一概念本身作一些学理的探讨。其实国学一词,是与另外两个相近的词汇联系在一起的,检讨国学,不能不提到另外两个词汇,这就是"国故"和"国粹"。

"国粹"一词出现最早,专事此一领域研究的郑师渠先生,且在其《晚清国粹派》一书中,考证出该词的中文文本出处首推梁启超的《中国史叙论》,也就是说,是在1901年。而任教美国康奈尔大学的马丁·伯纳尔(Martin Bernal)教授,在1976年撰写的《刘师培与国粹运动》长篇论文中,对国粹一词1887至1888年在日本流行的情形,作了丰富的引证。他写道:

> 1887年,国粹一词开始在日本普遍使用。这是针对明治维新而发的一种反动。他们企图说服西方势力,日本已经文明——也就是西化——地足以重订条约、废止外国租界的治外法权。其实,自1850年代开始逐渐

扩展的西化浪潮,由于政府积极地推动各种欧式习俗而达于巅峰。①

又说:

在这种气氛下,以维护国粹为职志的团体也形成了。在知识分子方面的斗士首推三宅雪岭与志贺重昂。1888年后者发表新刊物《日本人》的出版方针时表示:"长久以来,大和民族的成长是有目共睹的事实,它玄妙的孕育出自己独有的国粹(nationality),此一国粹在日本本土发长,随着环境而有不同的回响。从孕育、出世、成长到发扬,经过不断地传承与琢磨,它已经成为大和民族命脉相系的传国之宝。"②

然而如果把"国粹"一词用更明白的语词加以置换,它到底是什么涵义呢?志贺主张将"国粹"解释为民族性,但伯纳尔认为解释为"民族精髓"也许更合适一些。后来日本的国粹派们寻找到一种容易被广泛接受的解释,即国粹指一个国家特有的财产,一种无法为其他国家模仿的特性。

伯纳尔毫不怀疑,1898至1905年这一时期活跃于中国政治文化舞台的知识分子,比如梁启超等,明显接受了日本国粹派的影响。他引用了任公先生1902年写给黄遵宪的信,其中直接使用了"国粹"的概念。梁的观点系黄致梁的信中所保留,我在前面已经引录,关键语句是:"养成国民,当以保存国粹为主义,当取旧学磨洗而光大之。"黄有出使日本的经验,他给梁的信里也曾略及日本"国粹之说起"的原因。这里,我附带作一个说明,伯纳尔教授引录的关于任公先生的这条材料,是从杨天石先生1965年发表在《新建设》第2期的《论辛亥革命前的国粹主义思潮》一文转引的,现在有的研究此一

---

① 傅乐诗等:《中国近代思想人物论·保守主义》,台北时报出版公司1985年版,第94页。
② 同上。

问题的著作引录伯纳尔，却遗忘了杨天石，可谓舍近求远。我也同乎此病，也是在看了傅乐诗等著的《中国近代思想人物论·保守主义》之后，才得知天石兄的贡献。天石是我多年的好友，他送我的《杨天石文集》就在手边，如今翻开一看，论国粹主义思潮的大著赫然在目。古人有贵远贱近之讥，吾辈已无可逃遁矣。天石兄的文章里，还征引了清政府1903年颁布的《学务纲要》，其中有"重国文以存国粹"字样，以及张之洞1907年使用"国粹"一词的情况。①章太炎1906年《东京留学生欢迎会演说辞》提出的"用国粹激动种性"，也为他所引录。就不要说围绕《国粹学报》1905年创刊前后国粹学派的言论，更没有被天石所遗漏。

国粹派重要代表人物之一的黄节，在写于1902年的《国粹保存主义》一文中，也明确表示，他们倡议此说是受到日本明治维新时期保存国粹思潮的影响："夫国粹者，国家特别之精神也。昔者日本维新，欧化主义浩浩滔天，乃于万流澎湃之中，忽焉而生一大反动力焉，则国粹保存主义是也。"（《壬寅政艺丛书》"政学编"卷五）可知"国粹"一词确乎来自日本。但一种思潮能够引起广泛响应，光是外来影响不足以成为原动力，主要还是晚清时期中国自己的文化环境使然。西潮来得太猛烈了，国人迎之不暇，退而无路。故重新从自己文化传统中寻找精神的支点，是再自然不过的事情。

对此有天然自觉的是章太炎，他自称："上天以国粹付余。"（《绝命书》）1903年写给宋恕的信里也说："国粹日微，欧化浸炽，禳禳众生，渐离其本。"②同年致刘师培论经学云："他日保存国粹，较诸东方神道，必当差胜也。"③而早此五年的1898年2月，在《与李鸿章》书里，太炎先生已然提出："会天下多故，四裔之侵，慨然念生民之凋瘵，而思以古之道术振之。"④流

---

① 《杨天石文集》，上海辞书出版社2005年版，第146、147页。
② 《章太炎书信集》，第17页。
③ 同上，第71页。
④ 同上，第19页。

露出以古学起今衰之意。至于国粹的内涵，章太炎认为主要在历史，具体说包括语言文字、典章制度和人物事迹三项，也就是历史和文化。章的学问根基在小学，故一向重视文字语言的研究，以为："董理方言，令民葆爱旧贯，无忘故常，国虽零落必有与立。"①不过太炎先生的"故常"，是不把满清算在内的。所以唐以前的历史舆地，他格外看重，认为可以作为"怀旧之具"，而其"文章之雅驯，制度之明察，人物之高量，诵之令人感慕无已"②。至于周秦诸子，太炎先生认为"趣以张皇幽眇，明效物情，民德所以振起，国性所以高尚"③。要之历史文化和学术思想，在章太炎那里，被视做国粹的主要内容。《国粹学报》的另一作者许守微，曾试图给国粹下一明了的定义，曰："国粹者，一国精神之所寄也，其为学，本之历史，因乎政俗，齐乎人心所同，而实为立国之根本源泉也。"④与太炎先生所论实无不同。

但揆诸历史，我国精神之所寄也多矣，语言文字、典章制度和人物事迹也多矣，难道都可以称做国粹吗？所谓粹者，应该是同样事物里面的特别优秀者，也即精华部分。世界上所有文明国家，都有自己的语言文字、典章制度和人物事迹，但并不都一律以"粹"相许。所以许地山1945年连载于《大公报》上的一篇文章，对此一问题提出了自己的看法。他的意思，既然叫粹，就不能太降低条件，标准应该是很高的，不能光是特有的事物就叫作粹，久远时代留下来的遗风流俗不必是粹，一个民族认为美丽的事物也不一定是粹。他举例说，比如当年北平的标准风俗，少不了六样，即天棚、鱼缸、石榴树、鸟笼、叭狗、大丫头，如果把这看作是北平的"六粹"，那只不过是俗道而已。因此他说："我想来想去，只能假定说，一个民族在物质上、精神上与思想上对于人类，最少是本民族，有过重要的贡献，而这种贡献是

---

① 《章太炎书信集》，第250页。
② 同上。
③ 同上，第151页。
④ 《国粹学报》1905年第1期。

继续有功用，继续在发展的，才可以被称为国粹。"①明显地把有没有功用和国粹联系了起来，而且侧重物化的文明型态方面，比如书画、雕刻、丝织品、纸、筷子、豆腐，以及精神上所寄托的神等等，完全不同于太炎先生的立说。所以许地山又说：

> 国粹在许多进步的国家中也是很讲究的，不过他们不说是"粹"，只说是"国家的承继物"或"国家的遗产"而已（这两个词的英文是National Inheritance, 及 Legacy of the Nation）。文化学家把一国优秀的遗制与思想述说出来给后辈的国民知道,目的并不是"赛宝"或"献宝"，像我们目前许多国粹保存家所做的，只是要把祖先的好的故事与遗物说出来与拿出来，使他们知道民族过去的成就，刺激他们更加努力向更成功的途程上迈步。②

许地山是小说家兼比较宗教学学者，燕京大学神学院毕业，曾在美国哥伦比亚大学和英国牛津大学研究宗教、哲学和民俗学。长期执教燕大，逝世前任教香港大学，1941年逝世，只活了49岁。《国粹与国学》就是他逝世的前一年所写，《大公报》为之连载。许对国粹问题发言，他讲的肯定不是外行的意见。他没有完全否定"国粹"一词，但学理和事实上的保留态度昭然可见。他强调要把"粹"和"渣"分别开来，再把"粹"和学分别开来。

对"国粹"的概念赞成也好，不赞成也好，何以要用"渣"这个不甚雅驯的概念来和"粹"相对应？而且并非许地山一人，包括鲁迅、胡适在内的许多文化身份显赫的批评者，都有此想。关键是国粹一词传到中国，它的词义已发生变化。日本明治维新时期以志贺为代表的本国主义者，是将"国粹"解释为

---

① 许地山：《国粹与国学》，台湾水牛出版社1987年版，第162页。
② 同上，第165—166页。

民族性的，或者他们更愿视为一种无形的精神。如果把这样的解释移用到中国，我认为会发生困难。因为我们无法把中国或者中华民族的精神，用最简洁的话语来加以概括。已往人们常挂在嘴边的"地大物博、人口众多、吃苦耐劳"，以及"天行健，君子以自强不息"，或者现在说的"中庸为大"、"和而不同"、"天人合一"等等，当然都是有根据的好的语词，但如果说这就是中国的无形或者有形的精神，这就是中国的"国粹"，我们自己能认可吗？我们的历史太长了，期间民族与文化的变迁太频繁了。本来是汉族为主体的社会，可中间却多次被少数民族客换主位。因此唐朝、宋朝的精神和元朝、清朝就大不一样。尤其清朝，已经让民族精神的托命人知识分子没有了精神。另外的一些概括，例如说中国传统社会是以家族为本位、家国一体，儒家思想是中国传统社会的核心价值，三纲六纪是中国文化抽象理想的通性，这倒是真实不虚，学术界未尝有疑义。但这些可以称作我们的"国粹"吗？

清末民初以来，随着传统社会的解体，现代社会的始建，"家国"早已不"一体"了。儒家思想的核心价值地位已经崩塌。"三纲五伦"在没有皇帝的社会里，还能够发用吗？孔、孟、荀，易、老、庄，管、孙、韩，的确是我们的伟大的思想家，是我们的骄傲，是我们民族的荣誉，是中华文化的经典之源，但他们是我们的，也是整个人类的，如果我们仅仅视为自己的"国粹"，不是太小气了吗？况且学术思想就是学术思想，哲学就是哲学，作为文明体国家，那都是题义之中的事情，无非你有我也有，我的和你的"心理攸同"，思想的理性表现型态却不相同——何"粹"之有。

所以，自太炎先生开始，中国早期谈"国粹"的学人，已经悄悄把"国粹"的内涵，置换成与中国传统更相吻合的内容。章太炎的语言文字、典章制度、人物事迹"国粹"三项说，已经不能简单用民族精神或中国的无形精神来范围，与其称这三项为"国粹"，不如叫"国故"更为恰当。事实正是如此，章太炎最喜欢的语词是"国故"，而非"国粹"。所以他自己颇看重的一本书是《国故论衡》，而没有叫《国粹论衡》。"国粹"一词来到中国以后，如同明以后的儒学，走的是下行路线（余英时先生的观点），其精神价值层面逐渐淡薄，物化的价值大大提升。这就是为什么许地山尽量想举一些可以称作"国粹"的例证，却只举出书画、雕刻、丝织品、纸、筷子、豆腐等少数几项的原因。而吴稚晖则说："这国故的臭东西，他本同小老婆、吸鸦片相依为命。"此本不学之诳语，不作数，但思考的方向，是下行而不是往精神层面走应是事实。如今有把京剧、中医、国画作为我们的"三大国粹"的流行说法，也体现了同样的意思。当然京剧、中医、国画这三项，我想是可以叫作国粹的。也可以再加上中国功夫。这样看来，许地山也许说对了，是否活着还真的是构成"国粹"的一个要件。光是作为遗产保存的文物，比如甲骨文、青铜器、秦砖、汉简、兵马俑、宋版书、武则天墓，还真的没有人叫他们"国粹"。

八　国学与国故

现在来说"国故"。这是章太炎先生发明的概念，解释起来比"国粹"、"国学"都容易。易言之，我们中国、中华民族所有过去时代的典故和故事，都可以叫作国故。典故和故事有口头的，有纸面上的，当然纸面上的多。所以谈国故离不开文字。太炎先生是货真价实的文字学家，他最有资格谈国故。可是国故这个词，现在也几乎不用了。你听哪一位以传统资源作为研究对象的从业人员，自称自己是研究国故的。其实章太炎先生也没有向别人说他是研究国故的，而是纸面行文，他选择了这个特殊的词汇。所以传扬开，是由于两个特别的契机：一是1919年年初，傅斯年办的《新潮》出刊后，刘师培办了一个旨趣相异的《国故》月刊，两刊就国故问题展开过讨论，傅斯年、毛子水一起上阵；二是1920年胡适在他那篇纲领式的文章《新思潮的意义》里，响亮地提出："我们对于旧有的学术思想，积极的只有一个主张，——就是'整理国故'。"他说：

> 这叫作"整理国故"。现在许多人自己不懂得国粹是什么东西，却偏要高谈"保存国粹"。林琴南先生做文章论古文之不当废，他说，"吾知其

理而不能言其所以然！"现在许多国粹党，有几个不是这样糊涂懵懂的？这种人如何配谈国粹？若要知道什么是国粹，什么是国渣，先须要用评判的态度，科学的精神，去做一番整理国故的工夫。①

试想胡适在五四过后的新文化运动的当口，是何等权威地位，他这样睥睨一切地大叫大嚷，能不发生影响么。何况两年之后北大国学门就成立了，"整理国故"成为国学门的基本旨趣。

胡适不同于章太炎的地方，是他明确提出了用科学的方法"整理国故"的口号。但对太炎先生，他不忘给予尊礼。他说："自从章太炎著了一本《国故论衡》之后，这'国故'的名词，于是成立。"（《研究国故的方法》）顾颉刚也说："整理国故的呼声倡始于太炎先生，而上轨道的进行则发轫于适之先生的具体的计划。"（《古史辨》第一册自序）尽管如此，上世纪二十年代还是因了"国故"两字而有许多讨论，单是许啸天编的《国故学讨论集》，就有足足的三册。大家一致的看法是，国故就是我们已往历史文化的那些东西，对国故进行研究，就是国故学，也可以简称为国学。如同胡适在《国学季刊》的"发刊宣言"中所说：

"国学"在我们心眼里，只是"国故学"的缩写。中国的一切过去的文化历史，都是我们的"国故"；研究这一切过去的历史文化的学问，就是"国故学"，省称为"国学"。②

胡适之先生果然讲的明白，我想我们对国学这一概念的义涵，完全可以达成一致了。

---

① 胡适：《胡适全集》第1卷，安徽教育出版社2003年版，第699页。
② 胡适：《胡适全集》第2卷，安徽教育出版社2003年版，第7页。

九 国学与现代学术分科

但事情还没有那样简单。当我们探讨国学的时候,有一个问题时时伴随着我们不肯离去,这就是国学和现代学术分科的关系问题。正是鉴于此,百年以还对国学的概念提出置疑的学人亦复不少。最具代表性的是何炳松先生,1929年他发表的《论所谓"国学"》一文,提出的口号是:"中国人一致起来推翻乌烟瘴气的国学!"理由有四:一、来历不明;二、界限不清;三、违反现代科学的分析精神;四、以一团糟的态度对待本国的学术。何炳松讲的要推翻国学的这"四大理由",能否都站得住脚,是另一个问题,我们不妨先看两段他的论述文字,然后再作价值判断。第一段文字:

> 我们知道德国对于世界学术上最大的贡献是科学和史学,法国对于世界学术上最大的贡献是文学和哲学,美国对于世界学术上最大的贡献是各种新的社会科学,英国对于世界学术上最大的贡献是文学、经济学和政治学,日本对于世界学术上最大的贡献是东洋的史地学。他们对于世界的学术都是各有贡献,但是他们都绝对没有什么国学。我们试问自己既然自命有一种国学,那末中国国学的特质是什么?他的真价值究竟怎样?他们对世界学术究竟曾经有过一种什么贡献?假使我们自问对于中国国学的特质、价值,和他们对于世界学术的贡献,我们都一点不知道,那末所谓国学究竟是什么东西?[①]

第二段文字:

> 我们研究史学的人,为什么不愿专心去研究中国的史学,而要研究国学?我们研究文学的人,为什么不愿专心去研究中国的文学,而要研究国学?我

[①] 《何炳松文集》第2卷,商务印书馆1997年版,第382页。

们研究哲学的人,为什么不愿专心去研究中国的哲学,而要研究国学?我们研究天算的人,为什么不愿专心去研究中国的天文和算学,而要研究国学?我们当现在分工制度和分析方法都极发达的时代,是否还想要做一个"大坛场"上的"万物皆借于我"的朱熹?中国的史学还不够我们的研究么?史学家我们不屑屈就么?中国的文学还不够我们的研究么?文学家我们不屑屈就么?中国的哲学还不够我们的研究么?哲学家我们不屑屈就么?中国的天文算学还不够我们的研究么?天文学家算学家我们不屑屈就么?[1]

何炳松上述第一段文字,意在探讨国学与世界各国学术的互动问题。既然德、法、美、英等学术发达并且对世界学术有过重要贡献的国家,他们都不以本国学问笼统自命,该是哪一学科领域的贡献就是哪一学科领域的贡献,哲学就是哲学,史学就是史学,文学就是文学,经济学就是经济学,政治学就是政治学,科学就是科学,我们却以一个国学概括自己的全部学术,何炳松认为"在现今科学昌明的时代,决不容许的"。他当然说的有些绝对,但基本义涵不见得全无道理。

世界各国的学术,其为"学",是相通的,甚至是相同的,不同的是完成"学"的方法、途径和型态。中国哲学和德国、法国以及英国的哲学,研究对象和试图解决的问题,都离不开人、生命、宇宙、自然秩序,都想深入到"玄"或曰"真际"的世界,并希望用玄理给出攸深的结论。中国哲学的"近譬诸身"的讲求实际的特点,固然也,这在先秦儒家那里表现得最为明显。但中国哲学也是从不回避对"玄理"的探究的,这有《易》、《老》、《庄》"三玄"经典为证。朱熹哲学其实已经"玄"得可以了,他说的那个"理",你能看得见摸得着吗?只不过还有些"拖泥带水",在纯哲学家眼里还不够彻底而已。但中国哲学的论理型态又是与西方不同的,比如说中国先哲并不以

---

[1] 《何炳松文集》第2卷,商务印书馆1997年版,第387页。

追求体系为能事，而西方哲学恰恰需要体系化。但这丝毫不影响《易经》、老子、庄子、孔子、墨子，在世界哲学史上的地位。那么又何必用一个笼统的国学与人家各个学科相对应，而不是以哲学对哲学，文学对文学，史学对史学，然后加以比较研究，透过表现型态的"异"，寻找人类智慧结晶的"学"和"理"的大"同"呢。

何炳松的上引第二段文字，说的是现代学术分科的结果，已经使得国学独立义涵的应用性大为减弱。中国传统学术是经史子集"四部之学"，向现代学术转变以后，已为艺术、文学、史学、哲学诸学科所置换，总称作人文学科。中国古代原无社会科学，经济、法律等社会科学，民国以后才开始重建。现代社会国际间学术互动频繁，而学术互动都是分学科进行的，如果人家来的是哲学方面的代表人物，我们对之以国学，来的是史学或者文学团体，我们也对之以国学，岂非笑话。其实胡适当年在号召"整理国故"的时候，就已经提出，要文学的归文学，哲学的归哲学，史学的归史学。因此对中国传统学问作分学科研究，比拢在一起的国学概念要切实得多。实际上也没有哪个现代学人以研究国学自许。假如你向一位研究古典文学或者哲学史或者历史学的学者发问，请教他如今治何学，他大约连古典文学、哲学史、历史学这些现成的概念都不肯用，而是更具体的或唐代文学或明清小说，以及宋明理学或晚清诸子学，乃至宋史、明史、清史等等，已经自己觉得不免空阔。他绝对不敢说，他老先生是研究国学的。如果他讲了，你即使不会被吓着，也会蓦地一惊。

国学这一概念其实是有局限的，我们使用的时候，需要小心小心，切不可你也国学，我也国学，大家彼此一下子热起来。更不要花费心思去选举"国学大师"。我们晚学不敢与闻是自然的，我们的长辈恐怕也会望而却步。"国学大师"的名号，不是谁都可以接过来的，二十世纪至今这一百年，能够荣此称号者，除了章太炎和他的弟子黄侃（还可以加上王国维），惟钱宾四、张舜徽足以当之。鲁迅诚然是大作家，大学者，但如果你尊他为国学大师，他会站起来骂你一通。钱锺书先生，我们都认为他的学问着实了得，可是你要称他为国学大师，他肯定不会接受。还不是谦虚不谦虚的问题，很可能他并不认为这是一项荣誉。即使陈寅恪，还是径直称他为史学家更为恰当。九十年代初，百花洲出版社有《国学大师丛书》的拟议，来京约请部分涉足传统学问领域的学人座谈，我当时就觉得名单开列得过宽，鲁迅、蔡元培、贺麟、林语堂、张元济、欧阳渐，都算作国学大师了。这些人当然都是了不起的大家，可就是不宜于称他们为国学大师。盖国学有宽窄两重义涵，宽的就是胡适所说的，凡研究一切过去历史文化的学问，就是"国故学"，也就可以简称为国学。后来大家普遍接受的国学就是中国传统学术的说法，其实也是比较宽的义涵。国学的窄一些的义涵，应与经学和小学联系在一起。不通经学，不明小学，国学大师的称号宜乎与其无缘。

曹聚仁在分疏二十年代的国学的时候，曾把北大国学门和无锡与上海的国学专修馆区以别之，他写道："国学之为物，名虽为一，实则为三。北京国学研究所之国学，'赛先生'之国学也。无锡之国学专修馆，冬烘先生之国学也。上海之国学专修馆，神怪先生之国学也。三者在理决无合作之余地，吾辈认明商标，庶不致误。"[①]他对上海、无锡两地国学专修馆的谥语，也许有偏因而不足为据，但说北大国学门的国学是"赛先生"的国学，即科学的国学，是完全没有错的。我们今天是否已经发生了与"赛先生"成截然反对的国学，限于闻见，我无法判断，但如果国学"热"得失却章法，乱了方寸，预期"神怪"、"冬烘"之"国学"一定不会出现，则我不敢必也。引曹不必尽信曹，前朝历史，去之未远，诚之可耳。

十 "国学"立名的考察

国学是一个历史的概念。清末民初，二十世纪头一二十年，东西方文化冲突剧烈，传统和现代的整合漫无头绪，当时第一流的知识人士如章太炎如

[①] 曹聚仁：《国故学之意义与价值》，许啸天编：《国故学讨论集》第一集，群学社1927年版，第85页。

梁启超如胡适之，遂倡国学以激发种性的文化自觉，以至于北大、清华我国现代学术的重镇也起来推动。他们这样做是有充分理由的，历史作用早已昭然于当时后世。

现代的学科划分和学术分类是越来越细了，一个人能够在某个单独细小的子门类里做出学术贡献，就已经很不错了，哪里还能够真正做到明小学而且通四部。不仅不能，甚至也不一定需要。现代科学知识和东西方多元文明的吸取，仍然是青少年进学的基本需要。本民族传统文化资源的掌握自然必不可少，但中国传统文化和文化传统的概念，或两者加起来的中国文化的概念，比国学要开阔明朗得多。我们要把国学和传统文化区别开来，这是两个不同的概念。我们讲中国文化的特质，世界各个地方的朋友都喜欢听愿意看，也看得明白听得懂。但一笼统地讲国学，人家就懵懂了。

钱穆先生在他的著名的《国学概论》中，第一篇第一句话就说：

> 学术本无国界。国学一名，前既无承，将来亦恐不立。特为一时代的名词。[1]

可以称作国学大师的钱宾四先生，都说国学这个名词是一个有时代性的名词，历史渊源既无从承继，将来恐怕也就难以成立。他说得再明白不过，像胡适给国学下的定义一样明白无误。不过，说国学的名称将来恐难以成立，未免太过于悲观。名称还是能够成立的，问题在于赋于名称以什么样的内涵。

不仅钱穆先生，还有一位我本人敬之为二十世纪最大的儒者，其为学的本我境界让梁漱溟、熊十力稍逊一筹的马一浮，也持有与钱穆近似的看法。马先生深于玄言义理，讲求立身本末，论学不入讲舍，儒佛兼通。蔡元培1916年请他到北大任文科学长一职，他谢绝了。但抗战时期，国家处于危难之中，他不得已应浙江大学校长竺可桢的邀请，先后在江西泰和、广西宜山开国学讲

---

[1] 钱穆：《国学概论》"弁言"，商务印书馆1977年版。

座，阐扬"六艺之学"。《泰和宜山会语》一书，就是他在两地讲论的结晶。

因所立之名叫"国学讲座"，所以讲论伊始，马一浮便先对国学的概念作了诠释。他说

> 国学这个名词，如今国人已使用惯了，其实不甚恰当。照旧时用国学为名者，即是国立大学之称。今人以吾国固有的学术名为国学，意思是别于外国学术之谓。此名为依他起，严格说来，本不可用。今为随顺时人语，故暂不改立名目。然即依固有学术为解，所含之义亦太觉广泛笼统，使人闻之，不知所指为何种学术。①

马一浮先生同样说得再明白不过，即国学在他看来是一笼统不明确的概念，而且此一概念的产生是"依他起"，因此马先生连续给定了两个否定语词，一曰"不甚恰当"，二曰"本不可用"。这并不难理解，因为国学所"依"的那个"他"，是变化着的，"他"变化了，国学这个概念势必随之发生变化。马一浮先生对我国传统学术的名理以及佛学的义理，有极深湛的造诣，解一词名一物，都能从学理上疏证得令人信服。

果如马一浮先生所言，如今国学所依的那个"他"，即外国的学术早已发生不知凡几的变化，中国固有学术和中国传统文化，也已经在现代诠释中获得新的生命。国际间的学术文化的交流互动到了一个全新的时期。学术乃天下之公器的理念，从来没有像现在这样获得几乎全世界学界人士的认同。钱锺书先生喜欢的话语是："东海西海，心理攸同；南学北学，道术未裂。"言内之意也是表述的此情此理。

总之国学这一概念，是当我国近现代历史转型时期应时而生的一个特指名词，是"一时代的名词"（钱穆），甚至是"不甚恰当"的名词（马一浮）。

---

① 《马一浮集》第一册，浙江古籍出版社1996年版，第9页。

如今历史已进入二十一世纪，我们在扬榷古今、斟酌中西、权衡利弊之后，主张"广泛笼统"的"国学"应该慎用。换言之，我们在新的历史文化背景下，须赋于国学以新的内涵。区区之意，尚待明学之君子正之。

十一 我的设想

不过在结束此长文的时候，我想提出一项建构国家未来学术以及文化教育大厦的设想。这就是学术界和传统资源研究的从业人员，在使用国学的概念的时候，应该审慎，至少不应泛化和笼统化，尤其不应该把国学和整个历史文化混为一谈，也不必将国学等同于文史哲诸人文学科的综合。

我认为马一浮先生对国学的解释最符合国学的本义。他说国学就是"六艺之学"，亦即《诗》、《书》、《礼》、《乐》、《易》、《春秋》"六经"，此为超越于各人文学科之上的最高的学术经典，是中国文化最高的型态，是吾国人精神义理的原初结晶，是千百年来入于教、化于人的宝典而常读常新。因此我建议小学生的课程设置，应增加国学一科，名称就叫作"国学"，逐渐变成中小学生必修的一门课程。内容以"六艺"为主，就是孔门之教。"六经"虽难读，但可以从《论语》入手。因为孔子讲的思想和"六经"是一致的。实际上"六经"都经过孔子的删订，甚至《春秋》相传即为孔子所作，所谓孔子作《春秋》，乱臣贼子惧。当然入于小学的课本，采择应该精要，注释宜于简明，不妨以白文为主。这样将来终会有一天，所有中国人的知识结构里面，都会有我们华夏民族最高端的文本经典为之奠基，使之成为中华儿女的文化识别符号。

马一浮岂不云乎："国学者，即是六艺之学。"

2006年10月15日凌晨2点15分竣稿

（原载《中国文化》2006年秋季号，同年10月23日《21世纪经济报道》以《国学缘起：民族的回望与内省》为题予以连载）

国学辨义

一 何谓国学

讨论国学，首在辨义。

到底何为国学？胡适说："自从章太炎著了一本《国故论衡》之后，这'国故'的名词，于是成立。"（《研究国故的方法》）又说："'国学'在我们心眼里，只是'国故学'的缩写。中国的一切过去的文化历史，都是我们的'国故'；研究这一切过去的历史文化的学问，就是'国故学'，省称为'国学'。"（《国学季刊》"发刊宣言"）这是胡适给国学下的定义。他把国学等同于国故学。问题是这个定义能不能成立？如果成立，则举凡研究一切过去历史文化的学问，都是国学。但历史文化这一概念所包含的内容未免太庞杂，哲学、法律、宗教、艺术、文学、语言、文字、风俗、习惯、礼仪、制度、工艺、服饰等等，都可以囊括在内。对所有这些内容的研究都可以叫作国学吗？胡适的定义，外延过于宽泛，内涵不够确定，所以没有被广为采纳。

后来大家比较一致接受的定义，是把国学和我国的固有学术直接联系在一起。以此，钱宾四先生《国学概论》之弁言提出："用意在使学者得识二千年来本国学术思想界流转变迁之大事，以培养其适应启新的机运之能力。"马一浮先生抗战期间在江西泰和讲国学，开宗明义也标示："今人以吾国固有的学术名为国学。"（《泰和会语》）这已经是给定的与胡适不同的国学定义了。相当长时间以来，学界使用的事实上是后一个定义。不难看出，只就这两个定义所涵蕴的范围而言，国学概念的界定，已经经历了内涵收缩的过程。

　　盖一个概念的成立，其涵义不应过宽过泛，否则将造成概念的流失。因此之故，马一浮又给出了国学的新的定义。他认为定义国学为固有学术，内涵还失于宽泛笼统，仍然不容易把握，使人不明白是何种学术。所以他提出："今楷定国学者，即是六艺之学，用此代表一切固有学术，广大精微，无所不备。"（《泰和会语》）也就是说，马一浮先生认为，所谓国学，就是"六艺之学"。"楷定"一词是佛家用语，马先生说："每下一义，须有法式，谓之楷定。"（《泰和会语》）所以马一浮给出的国学即"六艺之学"的定义，态度既俨然郑重，学理意味也极深厚，惜时人未予重视耳。

　　"六艺"亦称"六经"，就是孔子删订的六门学问，包括《诗》、《书》、《礼》、《乐》、《易》、《春秋》。我国学术的源头即在于此，中华文化的原典精神亦出于此。《乐经》不传，但《礼记》中有《乐记》一篇，其内容似尚可为继。其他"五经"的现存文本，中经秦火，不免有汉儒的整理增窜，很难说与孔子手订旧稿为同一物（孔子所删订主要为《诗》、《书》、《礼》、《乐》）。但"六艺"文献的原真性质和原典精神，终无可疑。我们今天讲国学，重要的一点是回归"六经"。至于"六艺"在国人的精神世界可能发生的作用，《礼记·经解》引用孔子的话，有如下的概括："其为人也，温柔敦厚，《诗》教也；疏通知远，《书》教也；广博易良，《乐》教也；絜静精微，《易》教也；恭俭庄敬，《礼》教也；属辞比事，《春秋》教也。"概括的固是"六艺"本身的精神旨趣，但也都关乎生之为人所必须具备的各种修养和品德。换言之，"温柔敦厚"是人的品性，"疏通知远"是人的学识，"广博易良"是人的和乐，"絜静精微"是人的玄思，"恭俭庄敬"是人的礼敬，"属辞比事"是人的正见。《庄子·天下篇》解"六艺"又曰："《诗》以道志，《书》以道事，《礼》以道行，《乐》以道和，《易》以道阴阳，《春秋》以道名分。"马一浮先生认为上述孔、庄两家对"六艺"的解释，简明而得其宗趣。

　　马一浮还说："有六艺之教，斯有六艺之人。故孔子之言是以人说，庄子之言是以道说。《论语》曰：'人能弘道，非道弘人。'道即六艺之道，人即六艺之人。"(《泰和会语》)从今天的角度言之,我们作为现代人,尽管为各种闻见的知识所包围,可是我们的精神血脉里亦不可没有"六艺之道"。而虽为现代人,又何妨也是受过"六艺"熏陶的"六艺之人"。所谓"六艺之人",就是人的自性和"六艺之道"融而为一。长期受"六艺"熏陶濡染,可以使"六艺之道"回归人的性自体。因此在马先生看来,"六艺之教"应该成为中国人的精神血脉,如果条件具备,不排除也有可能成为人类的共同精神资源,使蒙尘已久的人类,革除习气,变化气质,回归本然之善。

马一浮先生是迄今最重视"六艺之学"的现代学者,当然也是将中华文化的最高典范"六艺"楷定为国学的现代学者。

由此可见,百年以来我们已经有过三个关于国学的定义:一是指国学为国故学,二是国学为我国固有学术,三是国学为"六艺之学"。比较起来,我个人更倾向于第三个定义,即马一浮提出的国学是"六艺之学",这个定义能够准确反映国学的基本义涵,也更容易和现代人的精神世界相连接。这是完全可以与东西方任何一国的学术区别开来的原初学术典范,是我国独生独创独有的民族文化的自性之原,同时也是中华学术的经典渊薮。既可以为道,又可以为教,又可以育人。熊十力也说过:"六经为中国文化与学术思想之根源,晚周诸子百家皆出于是,中国人做人与立国之特殊精神实在六经。"[①]熊、马学术思想各有取径,但他们对"六经"的看法,属于"异"中之"同"者。马一浮也曾说过:"六艺之教固是中国至高特殊之文化。"(《泰和会语》)与熊的看法完全相通。

当然一般人士研习"六艺之学",需要有一定"小学"的根底,即要懂文字、音韵、训诂。也就是清儒说的,读书必先识字。所以经学和小学,应该是构成国学的两根基本支柱。所以我一再说,如果不懂经学,不明小学,便无法与国学结缘。而决不是背几首唐诗,念几篇古文,看过《三国

[①] 熊十力:《论六经》,中国人民大学出版社2006年版,第104页。

演义》，读过《红楼梦》，就可以沾边国学。古诗文词，那是另外的修养，兹不具论。

二 国学和西学

我们现在所使用的国学的概念，实发生于晚清。至少梁启超和黄遵宪1902年的通信中，就已经使用国学一词了，但还不一定是最早。不久前看到余英时先生在中央研究院院士会议上的演讲，他说国学这个概念系由日本传来。"国粹"一词来自东瀛，拙《论国学》考订甚详，兹不重复。但国学是否也是舶来品，迄今还没有看到具体的证据。但英时先生提示的重要性在于，等于重新认定了国学是现代学术的概念，而绝非"古已有之"。

可是中国古代的典籍文献中，又确确实实有"国学"这个名词。例如《周礼·春官宗伯第三》里有"乐师掌国学之政，以教国子小舞"的记载。《文选》卷十六潘岳《闲居赋》李善注引晋人郭缘生《述征记》也有："国学在辟雍东北五里，太学在国学东二百步。"又引《尔雅》："国学教胄子，太学招贤良。太学在国学东。"另《唐大诏令集》所载《令蕃客国子监观礼教敕》亦云："夫国学者，立教之本。"这类记载上起先秦两汉下迄魏晋唐宋的典籍里多有。但这些文献记载里的"国学"一词，都是指国立学校的意思。也就是马一浮所说的："照旧时用国学为名者，即是国立大学之称。"（《泰和会语》）而现代国学的概念，则纯然是由于西学的传入，相比较之下才有此一新的语汇。这就如同中国文化，秦汉、魏晋、唐宋迄于明朝，何来"中国文化"这个名称？中国文化的内容内涵历史渊源，当然有而且富，但这个词这个概念本身原来却不曾有。晚清西方文化大规模进来中土，欧风美雨狂袭而至，知识人士重新检讨自己的传统，才有中国文化的概念的提出，用以和西方文化对比为说。"国学"一词虽为旧有，内涵却迥然有别。也可以说，如果没有西学在清季的流行，国学的概念根本就不会以学术科目的面目出现。所以马一浮说国学是"依他起"，"意思是别于外国学术之谓"（《泰和会语》），不愧为学理明通之见。

我们还可以梁任公1902至1904年撰写的《论中国学术思想变迁之大势》为例，旁证这一点。其最后一节写道："近顷悲观者流，见新学小生之吐弃国学，惧国学之从此而消灭。吾不此之惧也。但使外学之输入者果昌，则其间接之影响，必使吾国学别添活气，吾敢断言也。"[①]其将"国学"与"外学"与"新学"相对应，这和将国学与西学并立相应，是同一机杼。今天探讨国学问题，首先须要别择区分厘清国学的这一品格，即把现代国学的取义和古代的"国学"一名，严格地毫不含混地区分开来，否则便一部十七史不知从何说起。

我所以特别强调此点，是因为相混淆的情形已经发生了。前些时，在2008年6月24日《文汇报》上，看到张汝伦先生一篇题为《国学与当代世界》的文章，其中援引朱熹的一段涉及国学的文字，并有如下评述："说'国学''前既无承'也不妥当，朱熹就已说过：'国学者，圣贤之学也，仲尼孟轲之学也，尧舜文武周公之学也。'只不过'国学'只是偶然为他提及，而未成为一个普遍流行的名词而已。"张文所谓"前既无承"云云，是钱穆先生的观点。钱穆在《国学概论》的卷首曾说："国学一名，前既无承，将来亦恐不立。"国学这个概念将来是否能够成立，显然是可以讨论的问题，汝伦先生尽可以畅述己见。但钱穆说国学一名"前既无承"，这是历史的全相本真，吾未见此前有任何学人提出过置疑。

然则张汝伦先生引来朱熹的一段话，是否就能够证明现代国学的概念是"古已有之"或"前既有承"？其实朱子笔下出现"国学"一词，例证正多。如《朱子文集》卷十七"备据国学进士唐季渊等状"、卷二十"因建书院，买田以给生徒，立师以掌教导，号为国学"、卷二十二"张世亨、刘师舆、进士张邦献、待补国学生黄澄四名出米赈济"、卷六十八"其有

[①] 梁启超：《中国现代学术经典》，河北教育出版社1996年版，第120页。

秀异者，移于乡学；乡学之秀，移于国学"、卷八十六"江南李氏因以为国学"、卷八十六"孝伯，国学进士"等，也都是国立学校之义。我取的是简引法，只凸现国学二字，但于文意无损。另外朱熹《四书集注》注《孟子》"滕文公章句上"，在"夏曰校，殷曰序，周曰庠，学则三代共之，皆所以明人伦也，人伦明于上，小民亲于下"句下注曰："庠以养老为义，校以教民为义，序以习射为义，皆乡学也。学，国学也。共之，无异名也。"无论是"校"是"序"是"庠"，指的都是"国学"，即国家所属的教育机构。张文所引朱子语，我读书不细，竟不曾看到，请朋友电脑搜索也未果。但审其语意，当是就国家所设学校的教授内容和精神取向而言，与晚清以还和西学相对应的那个"国学"并非为一物。又近承友人陈斐先生见告，张文所引并非朱子语，而是一位名朱宗熹的民国人士所言，曹聚仁刊于1923年5月29日《民国日报》上的《审定国学之反响》一文，引用了该朱宗熹氏的一封来信，此语即出自此信中。特予补注，并在此向陈斐先生致谢。

"西学"在欧美西方世界也是一不存在的名词，完全是明清以还中国知识人士"重新发现"西方的一个发明。1898年张之洞发表《劝学篇》，提出"旧学为体，西学为用"，后来梁启超转引成为"中学为体，西学为用"，这里的"旧学"和"中学"，就相当于胡适最初概括的国学即国故学的义涵。"旧学"、"中学"、"国故学"、"国学"、"西学"，共同的毛病都是太宽泛笼统。所以百年以来使用的情形已发生极大的变化。"旧学"偶尔还用，"中学"已完全弃置不用。为何？笼统故也。国学就是国故学之说，也是因为太笼统，后来才有了经过分疏的国学定义，即国学指中国固有学术。但固有学术也还嫌宽泛笼统，于是精通儒佛义理的马一浮先生，重定"六艺"为国学的确指内涵。应该说，这是马先生的一大学术发明，惜时人未予重视耳。

"西学"这个名词虽未经学理分疏，但随着内涵和使用语境的变迁，跟初起之时早已义不同周。现在使用西学一词，对一般人文学者而言，主要体现为一种学问根底，包括英文等外域文字的掌握，德、法、英、意、美等国家的历史、文化、哲学、宗教、艺术的知识累积。还没见过一个学人称自己是研究西学的，如同也没见有人说自己是研究国学的一样。何兆武先生是人们熟识的学术大家，可是他对这一类问题另有看法。他说："我不赞成'中学'、'西学'的提法，所以我也不赞成所谓的'国学'。每个国家都有'国学'，都要去宣扬它的国学吗？马克思是哪国学？他本人是德国人，但著作却是在英国写的，它应该属于'英学'还是'德学'？我同意这样的说法，真理是放之四海而皆准的，不应该戴中学、西学、国学这种帽子。"何兆武先生的西学根柢世无异词，他对中学、西学以及国学的看法，我个人虽亦未必完全赞同，但资深学者的反思不见得没有一定的参酌价值。

三 王国维、陈寅恪如是说

其实一百年前，王国维就说过："学无中西也。"而且说："中国今日实无学之患，而非中学西学偏重之患。"还说："京师号学问渊薮，而通达诚笃之旧学家，屈十指以计之，不能满也。其治西学者，不过为羔雁禽犊之资，其能贯串精博终身以之如旧学家者，更难举其一二。风会否塞，习尚荒落非一日矣。"（《国学丛刊》序）然则百年后的今天，我们是否敢于说，现在已经不是"无学之患"，而是"中学西学偏重之患"？吾未敢必也。连今日之京师，"旧学家"和"西学家"的数量，是否已多于百年前，吾亦未敢必也。

如果沿用静安先生的限制词，在旧学家前面加上"通达诚笃"四字，在西学家前加"贯串精博终身以之"的定语，则我又敢必矣——绝赶不上百年前的京师。甚至，我们现在的京师，还能否以"学问渊薮"称命，已然成一问题。兹还有一例，北伐后罗家伦掌校清华，前去看望陈寅恪先生，并以所辑之《科学与玄学》相赠。寅恪先生口述一联："不通家法科学玄学，语无伦次中文西文。"上联义显，可不置论，其下联的"中文西文"，我以为是就中国文化和西方文化为说。实际上博雅如义宁，也是不以大而无当的文化中西为然的。当然学术思想是文化之幽深潜邃部分，不可与一般所谓文化划等号。文化的中西之说，喧嚣纷挠百有余年而终无结果者，就在此说过于笼统而不切于事情。

陈寅恪一生标举圣人"有教无类"之义,以文化高于种族的学说,化解胡汉,化解华夷,自然也可以化解吾人所谓之"中西"。其向罗氏所赠联,殆非出于学理之自然欤?虽然,一国有一国之文化,一族有一族之文化,异说固然异是,而同说,毕竟都是人类的文化,未尝不有尚同之一面。否则学者多有共识的比较文化学所谓"跨文化沟通",岂不成了虚说呓语?就更不要说学问的研究方法的相互比较参证的必要了。

静安先生的《国学丛刊序》还有下面的话,亦值得我们深长思之。

> 特余所谓中学,非世之君子所谓中学;所谓西学,非今日学校所授之西学而已。治《毛诗》、《尔雅》者,不能不通天文、博物诸学;而治博物学者,苟质以《诗》、《骚》草木之名状而不知焉,则于此学固未为善。必如西人之推算日食,证梁虞𠠎、唐一行之说,以明《竹书纪年》之非伪;由《大唐西域记》以发见释迦之支墓,斯为得矣。故一学既兴,他学自从之。此由学问之事,本无中西,彼鳃鳃焉虑二者之不能并立者,真不知世间有学问事者矣。[①]

何以我们古人的学术成果非要待西土的学说来证明?静安岂非重西轻中乎?自然非此。而是人类在面对共同的宇宙与社会人生的疑难问题时,其探索解决的办法,常有不约而同的奇思妙想,也就是其为学也,所探讨的真理应该是一个,只不过途径和形式容或不同罢了。也就是《易·系辞》引孔子的话所说:"天下何思何虑?天下同归而殊途,一致而百虑。"所以,当寅恪先生把静安为学之方法概括为三目的时候,除地下实物和纸上遗文互相释证一目,其余两目,即取异族之故书与我国旧籍互相补正,取外来的观念与固有

[①] 王国维:《〈国学丛刊〉序》,《观堂别集》卷四,《王国维遗书》第四册,第8页。

的材料互相参证，均与西学有关。

如果有人提出问题：我中华五千年文明，吾国学术自有传统，何以我们现代学术大家的研究，还要取资外域的典籍和学术观念？我只能用上引静安先生的话回答："此由学问之事本无中西，彼鳃鳃焉虑二者之不能并立者，真不知世间有学问事者矣。"可是我们现在的许多学术中人，已经痛感当今的中国是中西学问"偏重之患"了。其实学问研究，只要精深有创获就好，无所谓偏重不偏重。中国学问研究得精深固然好，外国学问研究得精深同样好。因为无论从数量还是从质量上看，中国学人中还是研究中国学问的多而且成果明显。相比之下研究域外之学的少之又少，这与今天我国在世界上的地位以及国际间的交往对话的需求很不相称。

四 国学和分科

国学和现代学术分科问题，始终是探讨国学不能绕开的问题。胡适不是说国学就是国故学的省称吗？但他同时也说，用科学的方法整理国故，就是文学的归文学，史学的归史学，哲学的归哲学。文史哲已经划分为三科，那么国学属于哪一科？所以提倡国学最力的朋友，不得不向现代学术分科发出置疑。也许张汝伦先生是置疑行列里最强烈的一位。他在刊于《文汇报》的文章中写道："近代以来，我们在接受西方现代的学术分科的同时，也逐步接受了与之相应的僵硬的学科壁垒，以为文史哲是完全不同的三种学科，没有贯通研究的可能。"

文史哲分为三种学科，就会形成"僵硬的学科壁垒"，致使贯通研究成为不可能吗？

文史哲不分家，是就一个具体学人的学养和知识结构说的。作为研究对象，它们还是要分开的。20世纪中国现代学术之文学的、史学的、哲学的各专业领域的研究，可以说是硕果累累，现代学术分科与有功焉。所谓如果坚持用学科区分来看待研究对象，就会导致对希罗多德和修昔底德及其著作，对索福克勒斯的悲剧《安提戈尼》，无法作政治学的、历史哲学的、美学的、思想史的、古典学的、社会学和法学的综合研究。我认为此种担心缺少学理和事实的依据。中文系的学人，就不能对《安提戈尼》作政治学和哲学的研究吗？历史专业的学人如果研究希罗多德和修昔底德，就不可以对之作哲学和伦理学的研究吗？莫非只有国学院的学人可以综合，其他系科的研究者就不能综合？事实上，分科后的文史哲学人，也必须有综合的学问根柢，这是人人都晓得的经验和道理。

张君还举中土载籍为例，说《汉书·艺文志》"也很难说它只是史学的文献而不是哲学的文献"。对文史学者来说，这是一个无意义的判断。岂止《汉志》、《左传》、《国语》、《史记》，哪个不既是历史著作，又是文学著作？张文还说："《庄子》显然既是哲学也是文学。可是，按照现代的学科区分，这些文本的有机意义被人为分割了。中文教授可能会对学生说，我只把《庄子》作为文学文本来研究，它的哲学思想可以去问哲学教授。而哲学教授同样会不管《庄子》的文字，而只管所谓的哲学。"我怀疑这些描绘更多是汝伦的想象之词。世间如果真的有这样的"中文教授"和"哲学教授"，则学术分科不仅不能代人受过，大学的聘师礼贤制度已然根本失去了准绳。所谓文本和文献的研究，无非是要对文本和文献进行分疏，打开来，拆开来，或者"分割"开来，作多角度的诠释，既分析，又综合。何止《庄子》，先秦诸家，孔、孟、荀、韩、老的著作，都有哲学的、思想的、文学的、美学的、语言学的多重义涵，文史哲各科谁可以得而专之？又岂止诸子，"四部"典籍，还不是文史学者和社会科学学者甚至自然科学学者，共同取资研究的对象吗？退一步说，索性我们不作"现代的学科区分"，那么例如对《庄子》，我们又可能作怎样的研究呢？难道只能作笼统的"国学"的研究吗？

元稹和白居易的《新乐府》，当然是文学研究的对象，可是史学家陈寅恪恰好写出了《元白诗笺证稿》这样的史学的和文化社会学的著作。《柳如是别传》自然是史学著作，但所依据的资料反而以钱（谦益）、柳（如是）、陈（子龙）的诗文为主。"诗史互证"是史学的方法，也是文学的方法。这又是文史哲的分又不分的特点。学科是分开的，但研究对象和取资的材料以及研究方法，显然又不必也不可能截然分开。学文学者可以不读哲学和历史吗？治史学者可以不熟悉哲学和文学吗？文史哲不分家，固然。但中国的学问传统，更主要是强调文史不分家，所以才有读书人无人不晓的文史之学。老辈许多学人，例如缪钺、程千帆等，所精通者都是文史之学。而出文入史也就成了通常的为学次第。甚至还有源自东方朔的"文史足用"一说。文最简，史要深一层，经更深一层。经史高于文史。"哲"是被遗漏的，因为中国古代无哲学的名谓。说到底文史哲的分科不过是研究和知识整合的需要，总是分中有合，合中有分。但不分，以国学一科取而代之，又万万不可行。

何谓现代学术？何谓传统学术？我们可以给出很多分野，作不同的界说。其中，重视学术分类应该是区别传统学术和现代学术的一个标志。我称王国维是中国现代学术的开山，原因之一是他对学术分类有充分的自觉。他曾说："今之世界，分业之世界也。一切学问，一切职事，无往而不需特别之技能，特别之教育。一习其事，终身以之。治一学者之不能使治他学，任一职者之不能使任他职，犹金工之不能使为木工，矢人之不能使为函人也。"[1]又说："凡学问之事其可称科学以上者，必不可无系统。系统者何？立一统以分类是矣。分类之法，以系统而异。有人种学上之分类，有地理学上之分类，有历史上之分类。"[2]拙著《中国现代学术要略》之第九章"传统学术向现代学术转变：通人之学和专家之学"[3]，专门探讨的就是此一问题。可以说，没有学术的现代分科就没有现代学术本身。对现代学术分科采取决绝的态度，我认为是非常危险的，因为它可以直接导致学术的倒退。

现代学术分科的代价自然不是没有，但分科主要带来的是学术进步这一

---

[1] 王国维：《教育小言十三则》，周锡山编校：《王国维集》第4册，中国社会科学出版社2008年版，第18页。

[2] 王国维：《〈欧罗巴通史〉序》，周锡山编校：《王国维集》第4册，中国社会科学出版社2008年版，第473页。

[3] 三联书店2008年版，第103—109页。

点无论如何不能否定。弥补分科代价的方法，在学人是提倡厚植兼通，在学子是加强通识教育。也没有听说索性大家都回到前清以前，继续用四部标名，要求今天的学子必须通四部，窃以为这是天大的笑话。张汝伦先生说："中国传统的学术虽分经、史、子、集四部，但却要求学者能贯通这四部。在古代，只通一部或只治一部的人大概是没有人会承认其'有学'的。"这些大判断问题不少。即使传统社会，不通四部者也不在少数。中国古代的学科分类，最早是孔门德、言、政、文"四科"，《汉志》载刘向、歆父子标为《七略》，南朝阮孝绪分为《七录》，《隋志》始称"四部"。不论是"四科"抑或"七略"、"四部"，能通者也鲜矣。孔门弟子虽号称"皆异能之士"，其于"四科"，也是各有专长，如"德行"为颜渊、闵子骞，"政事"为冉有、季路，"言语"为宰我、子贡，"文学"则子游、子夏。然后是"问题生"一大堆，包括"师也辟，参也鲁，柴也愚，由也喭"等等。还没有一个能通"四科"。其实通四部的说法，是相当晚近的现代语文的说法。古代通儒多有，通四部则未也。故通儒不一定通四部。例如汉代列入《儒林传》的，是博士之学，即当日的经学专家。太史公、刘向、扬雄等，《汉书》里各自有专传，享受的是通儒的规格。但即使史迁、刘向、扬雄三大儒，和通四部也没有因缘。

我们不妨再以晚清以还的中国现代学术为例，本人虽然称那是乾嘉之后吾国学术的又一个高峰期，对一个个老师宿学的学养实绩赞美有加，但又有几人堪称通四部？我在《大师与传统》一文中说："古代的通儒，是通古今。现代的通儒，还要通中西。现代学者的所谓通，具体说包括三目：一是中西会通，这是20世纪大师的共同特征；二是四部兼通，可以钱穆、张舜徽为代表；三是文史打通，陈寅恪、钱锺书的学术理念堪称典要。"语及兼通四部，我只举出了钱宾四、张舜徽两人，当然还应该包括章太炎，其他未可必也。真正说来，严（又陵）、康（有为）、梁（启超）、王（国维）、陈（寅恪）、胡（适之）、蔡（元培）诸通儒，通则通矣，但所通在文史、在中西、在天人，而非在四部。细详通四部所悬置的鹄的未免过奢，准确地说，应该是学兼四部。但是，如果因为强调通人之学而贬低甚至抹煞现代学术学科分类的意义，也会陷入了学术史流变的严重误区。

现代学者的所谓通，主要不在于兼通四部，更主要是中西会通。一个国家的学术，如果离开了域外学术思想的参照与交流互动，自身的发展几乎是不可能的。还不简单是学术研究的分类问题，大学的学科建制也与此一问题息息相关。现在综合大学的文史哲各科大都单独立系立所，文学、哲学、历史三科系各有自己独立的渊源和师资力量。如果每个大学都设立国学研究院，那么和同一学校的文史哲各系科是什么关系？综合研究和分科研究的分工论不能构成正当理由。因为文学、哲学、史学领域的从业人员，也需要综合研究，也有成为通儒的学术追求。实际上凡以学术为职业者，不管何种类科，都是既需要专精，又需要会通。所谓国学"可以松动和消解由于现代学术分科产生的学术壁垒"，此义何解？是不是要根本取消大学文史哲等人文学的分类分科分系，而以国学一科系取代之？我虽不谋食于大学，亦不能不为大学忧也。

况且现在还是专家之学的时代，如果弃专业分工于不顾，大力推演所谓通人之学，势必凌虚蹈空，倡大言于天下，不知为学何似矣。我们的政学两界，本来有假大空的传统，难道欲以国学之名推波助澜乎？其实国学根柢好的学人，也未必就是通儒。也许恰好相反。如果泥于古而轻于今，只解释文句而不讨论问题，只知有中，不知有西，已是大大的不通。再将学术分科与通识教育对立起来，专家为专业所误，更是不通加上不通。

兹有一事，不能不予辨识。就是上个世纪二十年代的"国学流行"，特别是北大、清华的国学专门研究机构，到底因何而中断？人们不察，很容易以为是"由于国难而中断"，事实并非如此。北大国学门1922年成立，1927年停办，清华国学研究院1925年设立，1929年停办，并不是由于国难的原因。相反，1927年至1937年的十年间，正是我国各大学学术进入秩序状态的比较好的时期，许多成果都在这一时期出现。陈寅恪一生为学最稳定的时期，也是这十年。北大、清华两校国学专门研究机构的停办，非为他因，而是二十年代末、三十年代初两校的学科设置基本构建完成，文史哲各系科分工并立于当世，国学作为独立系科的位置遂发生动摇。

现在大学设立国学院，同样有此问题。或曰现在的国学院之设，意在培养通儒、培养国学大师。其不知通儒的造就与分科与否并无直接关联。国学大师百不一遇，那是时代知识系统与个人学养结构双重累积的结果，岂体制化的设计所能达致哉？

五 国学的"有用"和"无用"

国学有用吗？这要看对"用"如何理解。如果以能否推动现代化的建设，是不是有利于科学技术的发展，人们的生活质量可否因之而提升，将这类指标作为衡量的标准，我可以肯定地说国学无此用。那么对于人文精神的建构，对于当代人伦理德行的提升，对现代背景下人类寻找迷失的精神家园，是不是有用呢？这也要看对国学如何定义。如果定义为国故之学，那是专门从业人员整理研究的事情，于一般民众也不见得有直接的用处。如果定义为我国固有学术，那么进入此学术史领域的人就更少了。高深的专家之学，与普通大众何与？但如果定义为"六艺之学"，学理深了，但文献少了，而且有千年流行的"六经"的简要读本《论语》和《孟子》，人们可以通过各种方式直接阅读，也包括于丹的方式。这样的国学，当然有用。不仅有用，而且须臾不可离也。但其效果，也绝非速效，而是长期熏习陶冶培养，"百年树人"的事情，而且主要是见诸于从中小学开始的教育。

至于国学作为人文与社会科学从业人员的必要的学问根抵，其用处不言自明，无须赘论。就是其他领域以学问为职志的专业人员，包括对传统文化有兴趣的一般人士，如果有机会增益自己的国学修养，也是有百益而无一害的。除此之外国学是不是还有其他更宏伟的用处？我就不得而知了。

但前面提到的《文汇报》上张汝伦先生的文章，却出人意表地提出了国学和人类命运的关系问题。兹事体大，转述怕违原意，兹抄录全部相关段落，以飨读者——

　　国学就是我们古人对他们面临的种种问题的思考和回答。其中有的只有历史价值，但也有的有永恒的价值，具有相当的现代相关性。人类今天生活在现代性危机之中，这个危机的最无可否认的表征就是人类第一次具有整体毁灭的可能，或用美国学者贾雷德·戴蒙德的话说："我们第一次面临全球崩溃的危机。"这并不仅仅因为现代科学技术提供了这种全体毁灭的手段，更是因为现代性已经将毁灭的价值因子渗透进人类生活的方方面面。现代性有其自身的逻辑，从它自身的逻辑是无法跳出它的毁灭进程的。好在我们的古人（并不只是中国古人，而是所有人类的古人）给我们留下了另外的可能性，给我们提供了另外一种思维的逻辑。今天提倡国学，已经不是为了要保国保种，而是为了避免人类集体毁灭，探索一种新的生存可能性。这当然不是说国学能救人类，而是说国学还能够提供今天人们需要的思想和智慧。

　　这就是说，当人类正面临"第一次具有整体毁灭的可能"的历史时刻，我们的国学可以扮演"为了避免人类集体毁灭，探索一种新的生存可能性"（虽然作者特别解释说"这当然不是说国学能救人类"）的历史角色。如果说学术思想终归有益于世道人心，人们应无异议。但如果说国学可以"避免人类集体毁灭"，则是一个尚待验证的假设的命题。

　　只有宗教家认为，宗教所扮演的是救赎人类的角色。佛教、印度教、犹太教、天主教、基督教、东正教、伊斯兰教，理论上都担负此种功能。但事实上宗教只能使个体生命的灵魂获得超越性解脱，也就是赐给泥于尘世的个人以天国或者来世的福音，至于整个人类因此全部得到救赎，尚未之见也。人类已经走上了不归路，是不可救的。而一国之学术思想可以有拯救人类的功能，足以"避免人类集体毁灭"，如此大胆的假设，我们在惊愕之余，只剩下无言以对了。

张君的文章还说："从上个世纪到今天，反对或质疑国学的人，归根结底都不是出于学理或学术的理由，而是出于政治的理由，就是认为国学不但无助于中国的现代化，反而有碍于中国的现代化。"此论未免过于独断。我举两个人，他们对国学概念的分疏与置疑，绝无法归入"出于政治的理由"一类。两位真正的国学大师：钱宾四和马一浮。他们说的"前既无承"和"本不可用"，都纯然出于"学理或学术的理由"。即使置疑最强烈的何炳松，曾与王新命等十教授发表《中国本位的文化建设宣言》，也全然是出于如何处理国学和现代学术分科的关系的考虑与权衡，反对摆"大擅场"，提倡"由博反约"的学问态度，何尝有一丝学术之外的"政治的理由"。还有拙《论国学》引录的许地山的《国学与国粹》，也纯然是出于学理和学术，绝无现在常见的那些"间杂"。可见汝伦先生不仅独断，显然也是以偏概全了。

至于国学的学理义涵，我国传统的学术思想，特别是"六艺之学"是否也具有普世价值，这在今天应不成为问题。孔子的"仁者爱人"、"忠恕"、"己所不欲，勿施于人"，当然应该是人类的共德。还有源于孔孟而由宋儒集大成的"主敬"，也是属于全人类的德律资源。不过西方传统中，同样有近似或者相同的价值资源。不是孰好孰不好的问题，而是对话互阐的问题。只不过我们的德律施行起来并不容易。连朱熹都发牢骚说："尧舜三王周公孔子所传之道未尝一日得行于天地之间。"(《朱子文集》卷三十六) 陈寅恪的祖父陈宝箴也发为疑问："孔子之教，自为至中至正，而后世之真能效法以传其教者，复有几人？"(1898年4月3日南学会演讲) 本来文化的"大传统"和"小传统"是互补互动的关系，但在中国，民间的"小传统"总能滋生出一种误读乃至消解"大传统"的力量，把"道德的人"复位为"自然的人"。这种情形，作为"大传统"的托命人的知识人士是不是也负有一定的责任？比如尚高、好为大言等等。平心而论，张汝伦先生的文章就稍嫌言大尚高。为国学投身立命，其情可悯。但立为言说，竟然提出："今天提倡国学，已经不是为了要保国保种，而是为了避免人类集体毁灭，探索一种新的生存可能性。"这言论不是太大太高了吗？年轻人固然无法信服，年长的人就能服膺吗？那么外国人呢？尽管他们的聪明不在我们之上，也大体能够明白此大言颇接近于宗教的警示语。

又不仅此。张君文中还有更具概括性的判语："青山遮不住，毕竟东流去。"此语不仅言大了，也言重了。钱穆、马一浮、何炳松、许地山几位对国学有所置疑的学者，他们可是真懂国学的大家，即使有些许微辞，也不至于被蒙上欲"遮住"国学这清江碧流的罪名。"纣虽不善，未如是之甚也。"司马长卿岂不云乎："非常之原，黎民惧焉。"

六 国学和宗教

尽管近来国学大热，还没有看到把国学和宗教直接联系起来为说。但如果谈论国学带上宗教的警示意味，距离国学的"宗教化"亦非邈不可期。这导源于和国学有关的一些概念之间的混淆而未加分疏。

首先是国学和中国传统文化，这是两个不同的概念，在使用的时候宜有分别而不应加以混淆。盖传统文化的涵容面大，而且是一个"松散的整体"（史华慈语），国学的涵容面要小得多。文化是指一个民族的整体生活方式及其价值系统，因此中华民族在传统社会的整体生活方式及其价值系统就是传统文化。但文化有物化的层面和精神的层面，国学自然属于文化的精神层面，但精神层面的文化包涵的内容依然很多，宗教、道德、艺术、哲学、风俗、习惯等等，都在其中。我们不妨采取排除法，至少宗教、道德、艺术、风俗、习惯，不属于国学的范围。因此可以得一结论，即中国传统社会的两大宗教佛教和道教，虽然是中国文化的重要构成，却不能认为是国学。也就是说，需要把"学"和"教"区别开来。宗教在一个民族的文化系统中所占的地位，人所能知。一个民族可以没有发达的哲学，却不可以没有宗教和信仰。

正因为如此，研究者在概括中国传统文化的特点时，常常以儒释道"三教"作为显例。不过这里产生一个问题，即儒家是不是宗教？我本人的看法是否定的。恰好我在研究陈寅恪对儒释道的"判教"态度时，发现寅老在

《陶渊明之思想与清谈之关系》一文中，明确地写道："中国自来号称儒释道三教，其实儒家非真正之宗教，决不能与释道二家并论。"[①]其态度断然而决绝。站在"判教"的立场，陈寅恪不能容忍把儒家和释、道二家同以宗教视之。但作为文化的历史叙述，"三教"之说，仍然是真实的存在。那么儒家何以有时也以"教"称？主要在于儒家虽然不是真正的宗教，但重视"教化"却是儒家贯彻始终的信条。"儒教"一词，实来源于儒家的"重教"。然而"教化"的"教"，教育的"教"，"重教"的"教"，易言之，《论语》"子以四教"的"教"、"有教无类"的"教"，和宗教的"教"名言虽一，义理内涵则完全不同。

兹有一历史事例可补正拙说。这就是1913年，康有为、陈焕章等曾在上海发起成立"孔教会"，尊孔子为"教主"，同年9月27日（农历八月二十七孔子诞日）聚会曲阜，祭祝大成节，12月12日向袁世凯大总统寄报"孔教会公呈"，并"准予立案"。如果历史上的儒家一向是宗教，何必到民国以后才有此大倡孔教之举？此一事例反证儒家不是真正的宗教。而同年12月9日，章太炎被袁世凯软禁京城期间，开办"国学讲习所"，特于讲所之墙壁张贴通告曰："本会专以开通智识、倡大国性为宗，与宗教绝对不能相混。其已入孔教会而后愿入本会者，须先脱离孔教会，庶免薰莸杂糅之病。"此亦可见"学"与"教"的性质上的分庭而不能混而为一。

进而言之，儒释道三家各自都存在"学"与"教"的关系问题。儒家其作为"学"的义理内涵，就是通常所谓儒学，原发自先秦，整合变异于两汉，集大成于宋代。儒家的"教"的作用，则主要见之于以家庭为本位的社会结构之中，特别是历代公私所立之各级学校，其所施教，即为儒家之教。因此儒家本身的"学"与"教"是统一的，只是如视儒家为宗教，则儒学和"儒教"便不能统一了。而佛教作为信仰的对象的宗教，自有其独立的组织

---

① 陈寅恪：《金明馆丛稿初编》，三联书店2001年版，第219页。

设施和场所,有固定的信众,有自己的戒律清规,是一单独的王国。至于佛教的义理,通称为义学和禅学,也可以称作佛教哲学,简称佛学,蕴致高深幽渺,学者研求尚且难入,普通信众应可信而无与。道教是中国的本土宗教,其为"教",组织、设施、活动,自成一规定之体,虽不及佛教严密,徒众的信仰主要通过禳灾祈福或符丹铅的方式来呈现,而其作为"学"之义理,则又与"借来"的教主老子的思想二而为一,然而道家和道教又不宜混为一谈。

我引来这些"理"与"故",意在说明儒释道三家固然是中国传统文化的思想基干,却并非都属于国学的范围。若以国学称之,则此种学说必须是本国所创生固有。因此佛学能不能全部纳入"国学"的范围,应尚存疑问。佛教是外来宗教,其学说之义理,至少大乘唯识之学的义理,应不在国学的范围之内。职是之故,陈寅恪在探讨外来学说能否发生"重大久远之影响者",特以玄奘唯识之学为例。事实上,如果以佛学为国学,不仅离一般民众,离一般知识人士,也会变得邈远不可即及。还可以换位到当下思考此一问题,如果今天之国学热,假如变成了佛学热,恐怕也不是国学提倡者所预期。所以马一浮先生不满意国学是固有学术的说法,认为这种主张"所含之义亦太觉广泛笼统,使人闻之,不知所指为何种学术"(《泰和会语》)。换言之,如果等同国学为固有学术,则儒乎?佛乎?道乎?将国学等同于任何一种单一的学术思想,则无论是指佛学或儒学或老庄之学,都不能满足国学之根本取义。说开来只有马一浮先生提出的国学即"六艺之学"的定义,于学理于学术流变过程均若荷符契。

国学的诠释其实还有一个避免学问义理的俗世化的问题,这在今天亦值得引起我们的注意。我所以特别强调,要把国学和传统文化区别开来,把"学"与"教"区别开来,其初意即有鉴于此。现在什么都成为"国学"了,连古代的所谓"胎教",也被认为是"国学"的一个范例。苟如是,则雕刻、泥塑、参禅、测字、占卜、医药、百戏,更不要说武术、书法、绘画,无一不可以成为国学。这在学理上是混淆了道与器、形上之学和形下之学的分别，无异于置国学于沙尘瀚海，结果是淹没乃至消解了国学。

七 国学无须"热"

我近来对国学和相邻概念所作之辨析，是为了将国学的真正内涵还给国学，而不赞同人为地将国学炒得太热，太热了，反而不利于国学的生长。二十年前的1988年12月15日，我在《中国文化》创刊词里写道："与学界一片走向世界的滔滔声不同，我们想为了走向世界，首先还须回到中国。明白从哪里来，才知道向哪里去。文化危机的克服和文化重建是迫临眉睫的当务之急。如果世界同时也能够走向中国，则是我们的私心所愿，创办本刊的目的也在于此。"盖目睹当时之学界，搬抄西方之观念方法已成一时之时尚，故本人有此刊之创办和此语之发出。不意我的浅学之见，竟与二十年后如今高倡国学之时贤所论，不无针芥之合。

不过我在创刊词里同时还提出："《中国文化》没有在我国近年兴起的文化热的高潮中与读者见面，而是当文化热开始冷却，一般读者对开口闭口大谈文化已感觉倦息的情势下创刊，也许反而是恰逢其时。因为深入的学术研究不需要热，甚至需要冷，学者的创造力量和人格力量，不仅需要独立而且常常以孤独为伴侣。"时光虽已过去了二十年，现在我仍然是这样的主张。因此我不赞成国学过热。

如果承认国学是一种学术，则不论国故学的定义也好，固有学术的定义也好，"六艺之学"的定义也好，都无须也不可能太热。无论何种学问，太热了，绝非好事。当年的"鲁迅热"如何？过去以及如今的"红学热"又如何？前车侧辐之鉴，为学者不可不察。钱锺书先生说："大抵学问是荒村野老屋中，二三素心人商量培养之事。朝市之显学，必成俗学。"这当然是现代条件下不容易达致的境界。但"朝市之显学，必成俗学"的警语，却不能不认真看待。近年又有所谓"钱锺书热"、"陈寅恪热"，本人向所置疑。如果大家真心实意地喜欢国学，爱护国学，就请各位高文博学毋为时下这虚张的国学热多所推波助澜，尽量使国学的概念减肥瘦身，尽量以朱子"旧学商量加邃密，新知培养转深沉"为旨归。或至少做到，我们大家都莫以"避免人类集体毁灭"的"终极关怀"相期许，也不必用"青山遮不住"一类跨越时空的豪语为警吓。

上世纪二三十年代国学流行，而有钱宾四、马一浮诸大儒的冷静声音。他们哪里是反对国学，他们是在讲国学的时候，凭借学理来作概念的分疏。1936年，浙江大学竺可桢校长，多次拜访马一浮，欲聘为讲座，因各种原因未果。其中一个偶然因素，是最后在几乎达成的情况下，科学家竺可桢校长不愿接受马先生的一个不高的条件，即如果担任讲座，应称他为"国学大师"。1936年8月1日的《竺可桢日记》对此有如下记载：

> 九点至青年路晤张圣征，应子梅之邀。谈及马一浮事，适圣征之兄天汉亦在座。据张云，一浮提出一方案，谓其所授课不能在普通学程以内，此点余可允许，当为外国的一种Seminar。但一浮并欲学校称其为国学大师，而其学程为国学研究会，则在座者均不赞同，余亦以为不可。大师之名有类佛号，名曰会，则必呈请党部，有种种麻烦。余允再与面洽。[①]

竺校长所记自是信史应无疑问，可是于今思之，不免妙理玄规，迹近吊诡。马先生无非想有个名义。到大学去授课，讲者为谁呀？"教授"，马先生没有这个职称。"博士"，马先生更没有念过学位。称"马先生"，说他自学成才，听闻不雅。出于无策，他才想出了国学大师的名目。同时此演讲人也得有个单位呀？他显然借鉴了太炎先生讲学东京的办法，请柬下款写的就是"国学研究会"。不料两项提议均被拒绝。"国学大师"的不予采纳，是由于类似佛号。看来大度如竺可桢也不愿他的教师与二氏的法号相混。至于后一

[①] 《竺可桢全集》第6卷"日记"，1936年8月1日，上海科技教育出版社2005年版，第121页。

项，竺校长应该没有责任。因为当时他们都处身"党国"，每所大学都设有国民党的党部。"国学研究会"名涉社会团体组织，而国民政府的戡乱法还没有解禁，自然是不可用了。这第一项是"能诠"，本该解决的。第二项是"所诠"，情涉法理，以校长之尊，亦爱莫能助。

我引来这段掌故是想证明，马一浮先生虽置疑国学的立名，却并没有反对国学。实际上，他给出的国学乃是"六艺之学"的定义，是绝大的学术命题，是为民族文化血脉的传承拟千秋万代之计。此点，不是热不热的问题，而是需要现在就着手做起来的问题。

做什么？主要是一件事，即在小学、初中、高中、大学一二年级，正式开设国学课。课目的名称就叫"国学"，内容则以"六艺之学"为主。本来我在《论国学》文章的最后一部分，提出的是只在小学开设国学课。后收到香港中文大学原校长、国际著名的文化社会学家金耀基先生的函示，其中涉及此建议的一段他是这样写的：

> 尊文《论国学》中"一点设想"，建议在小学设国学一科，内容以六艺为主。读来叫我又惊恐，又欢喜。此是文化教育绝大事情。此涉及为"价值教育"（或"伦理教育"）在今日（中西均然）垄断的"知识学"外寻求一位置，也是在今日学校（特别是大学）的课程中寻求一位置。我最欣赏尊文所说"这样将来终会有一天，所有中国人的知识结构里面，都有我们华夏民族最高端的文本经典为之奠基，使之成为中华儿女的文化识别符号"一段话。鄙意与尊见略有不同者，以为学校应不限于小学，中学、大学或更重要。国学内容则以《四书》（尤其是《论语》、《孟子》）为主。不知先生以为如何？

此信写于2008年3月8日，是他收到我寄呈的《论国学》一书之后，写来的回示。我完全赞同耀基先生的高见。的确不应限于小学，中学、大学应更为重要。而且他把此议提升到教育学的学理层面，认为此举是在垄断的"知识学"外，为"价值教育"或"伦理教育"寻觅一席之地。我之初意，不过冀图在未来中国人的知识结构中注入中华文化的原典精神,俾便日后每一个中华儿女的身上都带有中华文化的识别符号,经耀基先生这样一讲,其理据更加充分,而且还有教育之学理存焉。

何谓中华文化的原典精神?要之其神韵典要具在"六经"。也就是马一浮先生所说的"六艺"。马一浮说:"学者当知六艺之教固是中国至高特殊之文化。惟其可以推行于全人类,放之四海而皆准,所以至高。惟其为现在人类中尚有多数未能了解,'百姓日用而不知',所以特殊。故今日欲弘六艺之道,并不是狭义的保存国粹,单独的发挥自己民族精神而止,是要使此种文化普及的及于全人类,革新全人类习气上之流失,而复其本然之善,全其性德之真。方是成己成物,尽己之性,尽人之性,方是圣人之盛德大业。若于此信不及,则是于六艺之道犹未能有所入,于此至高特殊的文化尚未能真正认识也。"[1]马一浮倡六艺之学、六艺之教、六艺之道,无异于寻找到一条既连接古今又能够沟通中西的对话途径,此不仅我华夏民族文化传承的需要,也是构建全球精神伦理的需要。马先生是鉴于对"六艺"精神脉理的研几深微,向国人和世人发出的一种现实的期许。故所谓国学者,乃是"六艺之学"也,经典之学也。

因此,如果现在的小学、中学和大学的一二年级设"国学课"而施"六艺之教",窃以为可行。问题是如何化难为易,编订出合适的教材。原则应该是简而不繁,由浅入深,以选本以白文为主,然后渐及于注。所深者理也,所繁者文也。入手还是通过《论语》、《孟子》、《大学》、《中庸》"四书",而尤其以《语》、《孟》为取径,更为便捷。盖"四书"既是"六经"的引桥,又是将"六经"化难为易的范本。因孔、孟所论,均不出"六艺"之范围。二程子就曾说过:"于《语》、《孟》二书知其要约所在,则可以观"五经"

---

[1] 马一浮:《泰和宜山会语》,《马一浮集》第一册,第23页。

矣。"①所以，小学应以诵念"四书"为主，初中巩固"四书"，同时初涉"六经"简选本，使诵念和讲解适当结合。高中"四书"、"六经"之外，应兼及庄老诸子。都是简读、选读，并不复杂，也无须花太多的时间。大学一二年级可稍稍接触经解，顺便寻览学术史，包括宋明儒的著作，老庄佛学的代表著作，及前四史等。科目都叫"国学"，也都是选读选学，简读简学，并非要花很多时间，且以不影响其他学科和现代知识的吸取为条件。高中、大学一二年级宜适当增加文言文的写作练习。

苟能如此循序渐进，持之以恒，潜移默化，长期熏习，则中国文化的源头经典、固有的文化传统、民族的精神义理、古贤往圣的德传血脉，就和当代人不期然地连接起来了。显然这是教育部门应该及早做起来的问题。所以我认为，现在不需要"国学热"，而是需要"国学做"。

八 国学与诗学

国学不能扩大化。所有东西都变成国学，等于没有了国学。在我看来，国学首先是学问的根底问题。这个根底主要表现在两个方面：一个是小学，一个是经学。经学就是"六经"，再扩展，是十三经。其实十三经已经推衍开了，基本的还是"六经"。"乐经"不传，实际上是"五经"。宋代重视义理，重视的是"六经"的义理和思想。濂、洛、关、闽四大家，基本上都是回到"六经"，重构儒家的思想体系。所以要说国学，最主要的应该是经学和小学。要懂经学，就得懂小学。小学是工具和路径，不懂小学，通经之路就走不过去，就没有能力研究经学。

至于一般的诗文写作，我认为不应该包括在国学的范畴之内。古人把诗看成学的别体，不看成学的本身。宋代理学根本的贡献，在于它不单是对孔

---

① 《二程集》下册。中华书局1981年版，第1204页。

孟的继承，还吸收了佛教特别是禅宗的思想，也吸收了道家和道教的思想，成为宋代的新学说理学。陈寅恪把宋代理学称作"新儒家"，因为它跟先秦，跟汉代不一样。新在哪里？在于它吸收了各家思想，形成中国思想史上的一个奇观，一个大的思想汇流。朱子的学问，包括二程、周、张，都了不起。这是宋代思想的大格局。以诗来讲，宋诗的地位同样是很高的。讲中国诗的历史，唐了不起，宋也了不起。元代的诗其实也很了不起。明诗能轻视吗？明诗又是大家辈出。明诗有什么特点？明诗是返唐的，重新回到唐。明代的诗有唐诗的余韵。清诗又开一新局，清诗是返宋的。从清诗可以看到宋诗的神韵，最典范的代表就是晚清同光体诸大家。

作为"六经"之一的《诗经》，跟后来文人雅士写的诗，是不同的概念。《诗经》是中国人文的源头，博大渊雅，是后来任何一个单独个人无法达到的。《诗》三百篇，已经成"经"了。它不仅是儒家的基本经典，也是中国学术的基本经典。不管是李白和杜甫的诗，还是苏东坡和黄山谷的诗，它们都不能叫"经"。区别就在这里。《诗经》所以被称为"经"，是中国文化的基本礼义德范、精神价值在里面，是可以作为中国人修身的教材的。古人蒙学开始，一般先念《诗经》。《诗经》跟后来的学者文人写的诗，完全不能相提并论。《诗经》是中国文化的一个渊薮，是诗学的源头。唐诗、宋词、宋明诗、清诗，只能说是《诗经》的流裔，或者扩而言之是《诗》、《骚》的流裔。诸子百家、四部的学问，则是"六经"的流裔，后世诗文更是流裔的流裔了。

2008年7月4日初稿，8月16日改定

（简稿原载《文汇报》2008年8月4日，全文载《社会科学报》2008年8月28日）

卷四

张载的《西铭》为人类描画出一幅仁慈博爱的世界图景，天地、家国、圣贤、老幼、病残、孤寡共为一家，仁孝为准绳，彼此相友爱，交信和睦，体用不二。而且推而扩之，由人及物，"民吾同胞，物吾与也"。民胞物与，这一放着光辉的的哲学思想由此诞生。其实就是赋予生之为人以义理良知，合异返同，仁民爱物，归原大公。

为生民立命
——"横渠四句教"的文化理想

我们中国文化研究所学术厅，一面墙壁上镶嵌着大幅的"横渠四句教"："为天地立心，为生民立命，为往圣继绝学，为万世开太平。"已故大书家顾廷龙先生的篆体书法，高古苍劲，不可一世。凡莅临本所的承学之士，无不抬头默念此教。我平时当所内学人例聚之时，也每以此教相勖勉。

一 张载和《西铭》

张载字子厚，号横渠，就是宋儒濂、洛、关、闽四大家的"关"，因生于陕西而以地望名。另外三家，周敦颐是湖南道州濂溪人，以地望称濂溪。程颢、程颐为河南洛阳人，故称"洛学"。朱熹原籍徽州婺源，他本人生于福建龙溪县，学者因此以"闽学"括概。年辈周敦颐最长，张载次之，周比张大三岁。张比二程的明道大12岁，比伊川大13岁，张是二程子父尊程珦的表弟，两家有亲缘关系。但张载对二程子的学问非常钦服，嘉祐初年他在京师讲《易经》，以虎皮为座垫，可是听了明道和伊川的见解之后，他撤掉虎皮，停止讲论，对听讲的人说："比见二程深明易道，吾所弗及，汝辈可师之。"[①]

[①] 《宋史》本传有载，参见《张载集》，中华书局1978年"理学丛书"版，第386页。又《河南程氏外书》卷第十二"传闻杂记"亦载："横渠昔在京师，坐虎皮，说《周易》，听从甚众。一夕，二程（转下页）

二程子对张载的学问也深具了解之同情。明道说:"只是须得他子厚有如此笔力,他人无缘做得。孟子以后,未有人及此。"①伊川说:"横渠道尽高,言尽醇,自孟子后,儒者都无他见识。"②

张载最被二程子等同时诸大儒称许的是他的《西铭》。其实是他的著作《正蒙》最后第十七篇"乾称"中的一段文字,他自己视为可以张之墙牖的座右铭,曾以《订顽》为题录之于书室,程颐改称《西铭》,学者悉宗之。《正蒙》中的另一段文字,张载以《砭愚》为题也曾书于墙牖,伊川改为《东铭》。但《西铭》影响最著,全文只有二百五十二个字,兹全录以共饷。

  乾称父,坤称母。予兹藐焉,乃混然中处。故天地之塞,吾其体,天地之帅,吾其性。民吾同胞,物吾与也。大君者,吾父母宗子,其大臣,宗子之家相也。尊高年,所以长其长。慈孤弱,所以幼吾幼。圣其合德,贤其秀也。凡天下疲癃残疾、茕独鳏寡,皆吾兄弟之颠连而无告者也。于时保之,子之翼之。乐且不忧,纯乎孝者也。违曰悖德,害仁曰贼,济恶者不才,其践形唯肖者也。知化则善述其事,穷神则善继其志。不愧屋漏为无忝,存心养性为匪懈。恶旨酒,崇伯子之顾养;育英才,颖封人之锡类。不弛劳而底豫,舜其功也;无所逃而待烹,申生其恭也。体其受而归全者,参乎?勇于从而顺令者,伯奇也。富贵福泽,将厚吾之生也;贫贱忧戚,庸玉女于成也。存,吾顺事;殁,吾宁也。③

(接上页)先生至,论《易》。次日,横渠撤去虎皮,曰:'吾平日为诸公说者,皆乱道。有二程近到,深明《易》道,吾所弗及,汝辈可师之。'横渠乃归陕西。"《二程集》上册,中华书局1981年"理学丛书"版,第436—437页。

① 《河南程氏外书》卷第二上,《二程集》上册,中华书局1981年"理学丛书"版,第39页。
② 《二程集》上册,中华书局1981年"理学丛书"版,第196页。
③ 张载:《正蒙·乾称篇第十七》,《张载集》,中华书局1978年"理学丛书"版,第62—63页。

《西铭》为人类描画出一幅仁慈博爱的世界图景,其基本假设是天地、家国、圣贤、老幼、病残、孤寡共为一家,仁孝为准绳,彼此相友爱,交信和睦,体用不二。而且推而扩之,由人及物,"民吾同胞,物吾与也"。民胞物与,这一放着光辉的哲学思想由此诞生。其实就是赋予生之为人以义理良知,合异返同,仁民爱物,归原大公。不止二程,朱熹以及后来的王夫之,都极看重张载的这一思想。朱熹说:"盖以乾为父,以坤为母,有生之类,无物不然。所谓理一也。而人物之生,血脉之属,各亲其亲,各子其子,则其分亦安得而不殊哉。"[1]因此他赞同二程子认为《西铭》是明"理一分殊"之理的看法。因有学者名杨时者尝致函伊川,认为《西铭》所论仅存"理一",而无分殊,与墨子兼爱之义无别。伊川答函纠正了杨氏的看法[2],朱子亦为《西铭》一辩。

王夫之论《西铭》,亦直中肯綮:"张子此篇,补天人相继之理,以孝道尽穷神知化之致,使学者不舍闺庭之爱敬,而尽致中和以位天地、育万物之大用,诚本理之至一者以立言,而辟佛老之邪迷,挽人心之横流,真孟子以后所未有也。"[3]可谓与程、朱诸子的看法如出一辙。宋儒的充满豪气的使命,就是承接孔孟开启的道统,为儒家打开一片新天地。朱熹于此点讲得最为明白,只不过他总是把周、张、二程放在前面,而谦表自己的私淑之怀。不过宋代新儒学的集大成者,还是非朱元晦莫属。

至于《西铭》是否也辟了佛老,王夫之未免因循宋儒的惯常之见。濂、洛、关、闽诸大儒,无一不曾吸收佛道二氏的思想,但同时他们也不约而同地辟佛。张载《西铭》与释氏有无关系,近人张君劢氏的诠解甚具

---

[1] 朱熹:《西铭论》,《朱熹集》第九册,四川教育出版社1996年版,第5667页。
[2] 程颐:《答杨时论西铭书》,《二程集》上册,第609页。
[3] 王夫之:《张子正蒙注》,中华书局1975年版,第314—315页。

理趣。张氏援引佛典维摩诘问疾品为说,其中维摩诘答何以生病一段为:"从痴有爱,则我病生。以一切众生病,是故我病。若一切众生得不病,则我病灭。所以者何?菩萨为众生故,入生死。有生死,则有病。若众生得离病者,则菩萨无复病。比如长者,唯有一子,其子得病,父母亦病,若子病愈,父母亦愈,菩萨如是。于诸众生,爱之若子,众生病,则菩萨病,众生愈,菩萨亦愈。是疾何所因起?菩萨病者以大慈悲。"张氏认为此一佛家义理和《西铭》之义理,有缘生缘起的若荷符契之处。他在《新儒家思想史》一书里写道:

>儒家的目的并不是宣扬爱以摆脱生死轮回,然而,儒者对整个人类则是充满着仁爱之心的,因为众生之病者甚多,不得不需要仁爱以减少众生之病痛。因此,如果不重视对人类之爱,儒家的复兴就是不可能的。这就是张载写作《西铭》的动机。[1]

我们自然无法重新进入张载写作的历史现场,他是否在看了维摩诘问疾品的佛典之后才开始写作《西铭》,已全然不可知,因此写作动机究竟怎样,只能是一种推测。但其所表达的民胞物与、仁民爱物的博爱思想,应该是儒佛合一的普世价值,当无可疑。二程子每以"不杂"方张载之学,理据之重心乃在张子的博爱思想至为单纯,所谓"极醇无杂"和"意极完备"的"仁之体也"[2]。

《西铭》的语言词气也别具文简、意永、气醇的特色。所用都是成典,从《周易》、《诗经》、《左传》、《礼记》,到《论语》、《孟子》、《中庸》和《颜

---

[1] 张君劢:《新儒家思想史》,台北弘文馆出版社1986年版,第150—151页。
[2] 《元丰己未吕与叔东见二先生语》,《二程集》,中华书局1981年版,第15、22页。

氏家训》,均有所取义,的确如朱熹所言,"大抵皆古人说话集来"[1]。但往圣昔贤之故实,已化作新思巧构之美文,似述犹创,虽旧弥新。《孟子》里多处记载关于舜的发迹和他的一家的传奇故事,包括弟弟象试图加害于他,他仍然善待其弟,以及设想他的父亲瞽瞍如果杀了人,他应该如何处置等有关社会政治伦理和家庭伦理的讨论。然而舜又是以至孝著称的。孟子以此发为议论说:"舜尽事亲之道而瞽瞍底豫,瞽瞍底豫而天下化,瞽瞍底豫而天下之为父子者定,此之谓大孝。"[2]所谓"底豫",就是使之高兴欢愉。舜尽心竭力孝敬父母,使得父亲瞽瞍很开心。而能够让老父亲开心,舜便为天下人立下一个典范,使规范父子关系的伦理规则有所遵循。《西铭》对此典只用"不弛劳而底豫,舜其功也"一句概括之。"恶旨酒,崇伯子之顾养;育英才,颖封人之锡类"两句,尤清通隽永。崇伯子是夏禹,禹的父亲鲧因封于崇而称崇伯。《孟子·离娄下》对禹有"恶旨酒而好善言"的称誉[3]。"育英才"来自《孟子》的君子有"三乐",一是父母俱存,兄弟无故,二是仰不愧于天,俯不怍于人,三是"得天下英才而教育之"[4]。"育英才"至今还是一个活着的充满生命力的词汇。颖封人则指《左传》隐公元年记载的颖考叔的故事,所谓"颖考叔,纯孝也,爱其母,施及庄公",并引《诗》赞其"孝子不匮,永锡尔类"。[5]故《西铭》的引成典,述旧句,并不是述而不作,而是以古为新,增加义理的原典力量。而结尾"存,吾顺事;殁,吾宁也",更堪称文简意永的修辞范例。

---

[1] (宋)黎靖德编:《朱子语类》卷第九十八,第七册,中华书局"理学丛书"版,第2520页。
[2] 《孟子·离娄章句上》,朱熹:《四书章句集注》,中华书局1983年版,第287页。
[3] 《孟子·离娄章句下》,朱熹:《四书章句集注》,第294页。
[4] 《孟子·尽心章句上》,朱熹:《四书章句集注》,第354页。
[5] 《春秋左传正义》,《十三经注疏》标点本第七种,上册,北京大学出版社1999年版,第56页。

二 宋儒的集体文化纲领

现在我们回到"横渠四句教"。须是了解了《西铭》,方能理解"四句教"。此"四句教"一般依据的是黄宗羲、黄百家父子编纂的《宋元学案》,百家在卷十七"横渠学案"所加的按语中写道:"先生少喜谈兵,本跅弛豪纵士也。初受裁于范文正,遂翻然知性命之求,又出入于佛老者累年。继切磋于二程子,得归吾道之正。其精思力践,毅然以圣人之诣为必可至,三代之治为必可复。尝语云:'为天地立心,为生民立命,为往圣继绝学,为万世开太平。'自任自重如此。"①这四句话既是张载一生为学的归宿,也可以看作是宋儒的集体文化纲领。

何谓"为天地立心"?天地岂有心乎?《周易》"复"卦的"象传"曰:"复,其见天地之心乎?"这应该是"天地之心"一语的最早出处。盖天地本无心,有心在人耳。张载在《诗书》一篇里就是这样写的:"天无心,心都在人之心。"②他还说:"大抵言天地之心者,天地之大德曰生,则以生物为本者,乃天地之心也。"③程颢、程颐二先生也说:"一人之心即天地之心。"④明道则说:"夫天地之常,以其心普万物而无心;圣人之常,以其情顺万事而无情。"⑤伊川解《易》时写道:"天地无心而成化,圣人

---

① 《宋元学案》第一册(卷十七"横渠学案上"),中华书局1986年版,第664页。又《张子语录》和《近思录拾遗》的文字稍有出入,作"为天地立心,为生民立道,为去圣继绝学,为万世开太平",分见《张载集》,中华书局1978年"理学丛书"版,第320、376页。

② 张载:《经学理窟》,《张载集》,中华书局1978年版,第256页。

③ 张载:《横渠易说》,《张载集》,第113页。

④ 《二程集》上册,中华书局1978年版,第13页。

⑤ 同上,第460页。

有心而无为。"①伊川还曾说过："合而听之则圣，公则自同。若有私心便不同，同既是天心。"②伊川又说："天心所以至仁者，惟公尔。人能至公，便是仁。"③陆九渊也说："在天者为性，在人者为心。"④这也即是张载《西铭》里说的"乾称天，坤称母"，亦即天地乃万事万物的父母，而天地之心，就是"民吾同胞，物吾与也"的仁民爱物之心。换言之，为天地所立之心，就是使生之为人能够秉具博爱济众的仁者之心，和廓然大公的圣人之心。

所以孟子说："仁，人心也。"⑤所以，马一浮解释"为天地立心"的义涵，特别标举孟子的"四端"说，即"恻隐之心，仁之端也；羞恶之心，义之端也；辞让之心，礼之端也；是非之心，智之端也。人之有是四端也，犹其有四体也。"⑥提出："天地以生物为心，人心以恻隐为本。孟子言四端，首举恻隐，若无恻隐，便是麻木不仁，漫无感觉，以下羞恶、辞让、是非，俱无从发出来。"⑦实则，恻隐之心，就是不忍之心，也就是孔子的"己所不与，勿施于人"，也就是仁所由出的起点。以此马一浮先生总结道："学者之事，莫要于识仁求仁，好仁恶不仁，能如此，乃是为天地立心。"⑧

"为生民立命"句，直接来源于孟子的"立命"的思想。《孟子·尽心上》有云："尽其心者，知其性也。知其性，则知天矣。存其心，养其性，所

---

① 《二程集》下册，第1029页。
② 《二程集》上册，第145页。
③ 同上，第439页。
④ 《象山语录》下，《象山语录　阳明传习录》，上海古籍出版社2000年版，第72页。
⑤ 《孟子·告子章句上》，朱熹：《四书章句集注》，第333页。
⑥ 《孟子·公孙丑章句上》，朱熹：《四书章句集注》，第238页。
⑦ 马一浮：《泰和会语》，《马一浮集》第一册，浙江古籍出版社1996年版，第5页。
⑧ 同上，第5—6页。

以事天也。夭寿不二，修身以俟之，所以立命也。"①这段话中所涉及的心、性、天、命，在孟子的思想中居于核心位置。中国哲学的"心性论"思想，孟子所阐发最见完备精微。人心即"仁心"，这是孟子的"性善论"假设。因此"尽心"，就是让心体之"仁"得到充分发挥。"知性"就是明白心性的义理。而能够明心性的义理，也就知道天命了。所以《中庸》说"天命之谓性"。二程子也说："只心便是天，尽之便知性，知性便知天。"②而只有"知天"，才能"事天"，亦即知道怎样做才能履行对天的承顺不违的使命。但"性"不是凝固不变的，它可得可聚，也可失可散。只有进之于"道"的境界，才不致散失。故二程子说："顺其性而不失，是所谓道也。"③而"道"需要修为，需要学习，需要教育。这就是《中庸》讲的"修道之谓教"。通过修身致教，最后如果能达到这样一种境界，即不管一个人的寿命是长是短，都能保持自己的性体全德，那么这个生命个体就可以说已经安身立命了。

　　孟子还有"正命"的思想。《尽心篇》又云："莫非命也，顺受其正。是故知命者不立乎岩墙之下。尽其道而死者，正命也。桎梏死者，非正命也。"④所谓"非正命"，就是尚未安身立命；"正命"，是已然安身立命。在孟子看来，人之生死之大端，也有"正命"和"非正命"的分别。犯罪或者因其他意外（例如岩墙的覆压之祸）的死亡，可以经由理性的自律来避免，人类应该不让这种"非正命"的事情发生。孟子的这一思想，是不是可以说已为后世的人权思想预留下早期的萌端，我不敢断言，但如果认为它是一种维护人性不受损伤的思想，应无任何问题。其实这也就是《西铭》"凡天下疲癃残疾、茕独鳏寡，皆吾兄弟之颠连而无告者也"句义的来源。

---

① 《孟子·尽心章句上》，朱熹：《四书章句集注》，第349页。
② 《二程集》上册，第15页。
③ 同上，第30页。
④ 《孟子·尽心章句上》，朱熹：《四书章句集注》，第349—350页。

因此张载在其所著《正蒙》之"诚明篇"里写道:"尽性,然后知生无所得,则死无所丧。"又说:"天所性者通极于道,气之昏明不足以蔽之。天所命者通极于性,遇之吉凶不足以戕之。不免乎蔽之戕之者,未之学也。性通乎气之外,命行乎气之内。气无内外,假有形而言尔。故思知人不可不知天,尽其性然后能至于命。"①此又为四句教之"为生民立命"提供了另一诠释。"至于命"就是"立命",其前提条件是"尽其性",而学以解"蔽",方能"尽其性"。所以张载所标示的"为生民立命",实即为"民吾同胞"来"立命",其立命在于教,"修道之谓教",此之谓也。故马一浮先生诠释此句,融古典今典于一炉,不觉痛乎言之:"今人心陷溺,以人为害天赋,不得全其性命者,有甚于桎梏者矣。仁人视此,若疮痏之在身,疾痛之切肤,不可一日安也。故必思所以出水火而登衽席之道,使得全其性命。"并引孔子"老者安之,朋友信之,少者怀之"之义教,提出:"学者立志,合下便当有如此气象,此乃是为生民立命也。"②诚哉斯言。

三 被误读的宋学

"为往圣继绝学"之句义,本文一开首即已语及,即这是宋儒自愿担负的集体使命,他们不约而同地认为,孟子以后儒家的道统已然断绝。这就是为什么"四句教"以及《西铭》集孟子义最多的缘由。熟悉思想史的人会问,那么韩愈呢?韩愈的《原道》不是最早提出了同样的问题吗?"尧以是传之舜,舜以是传之禹,禹以是传之汤,汤以是传之文武周公,文武周公传之孔子,孔子传之孟轲,轲之死,不得其传焉。"韩愈的《原道》如是说。但二程子却另有自己的解释:"孟子而后,却只有《原道》一篇,其间语固

---

① 张载:《正蒙·诚明篇第六》,《张载集》,第21页。
② 马一浮:《泰和会语》,《马一浮集》第一册,第6页。

多病，然要之大意尽近理。若《西铭》，则是《原道》之宗祖也。《原道》却只说到道，元未到得《西铭》意思。据子厚之文，醇然无出此文也，自孟子后，盖未见此书。"[1]韩愈在唐，而张载在宋，张之《西铭》反而成了韩的《原道》的"宗祖"，其褒贬抑扬的态度昭然可见。此无他，盖由于韩愈只是提出了问题，并没有着手去解决问题。对此一问题从学理上给予解决的是宋儒。故"往圣"者，孔子、孟子所代表的先儒也；"绝学"者，孔、孟先儒所弘扬之道统也。在周、张、程、朱的眼里，儒学只有先秦，"不知有汉，无论魏晋"。因汉之儒学杂以阴阳谶纬，已近妖氛，而南北朝隋唐之世，道教兴盛，佛法方炽，真能阐扬承继孔孟先儒之道统者，惟有宋儒。当然汉儒整理儒家文本典籍的功劳，也未可轻量，如果不是他们的搜求比勘，秦火后的儒家经典还不知轶落何似呢。何况经生们对文本的沉醉，解经的迷狂，也为日后学者的兴趣研究和为学术而学术的单纯之心，肇始一萌端。

其实此理真实不虚。对儒学而言，孔子固然是集大成者，而宋的濂、洛、关、闽诸大家，则把儒学拓展提升到一个全新的阶段，使儒释道三家为基干的思想大汇流在此得以呈现。而朱熹则是新儒学的集大成者。宋儒的特殊可贵在于，宁可跨越百代，也要直接与孔孟对话，他们让千年前的圣人活泼泼地站在他们的当下。他们是讲孔孟和接着孔孟讲。复活孔孟和回归"六经"，是他们的学术旨趣，也是文化理想。他们重新解释《论语》，让人们看到一个亲切活泼的孔子；重新解释《孟子》，让"好辩"的孟轲向宋人大展谈锋。他们希望人们通过《语》、《孟》的桥梁，接受并认同"六经"的义理。为此他们建构了"理"的世界。先儒主要讲"礼"，很少讲"理"。宋儒既讲"礼"，又讲"理"，主要讲"理"。中国由唐代的"诗性王国"进入到宋代的"理性王国"，那是宋儒的孤明先发的盛举。

---

[1] 《二程集》上册，第37页。

但中国传统文化的诗性特质，天生不愿与抽象的"理"相纠缠。所以先儒宁愿讲"道"，也不多所及"理"。老、庄更是如此，宁可多方曲喻拟道，也要尽量避开对"道"的直接诠释。先秦各学派都认定道是无形的、集虚的、玄秘的、不可知的。因此"言多伤道、理多害道"，似乎是各家默认的共识。但人们宁愿体悟不可知测之道，也不愿深入论理。纯理的思考与中国思想的渊源不深，也不合普通中国人的思维习惯。陆九龄、陆九渊兄弟当时已经对朱熹的"理"感到不耐烦了，说朱子"着意精微"，难免"支离"①。阳明心学成立的前提，不也是鉴于朱熹的理学太过麻烦吗？其实朱子的思想抽象得远远不够，很多情况下仍难于避免"拖泥带水"。他从不离"事"来谈"理"，而且在世时他的学说并未能畅行其道。余英时先生的《朱熹的历史世界》一书②，探讨的就是此一问题。中国人的文化心理结构，属于直观易简的类型，不愿意按规范程序走完事物的全过程，不是中途而废，就是试图"曲径通幽"。大乘佛学之不能在中国流行，其与我民族固有文化的思维惯性不能呈相适应之势，不排除是重要一因。所以陈寅恪谈到鸠摩罗什所译的《维摩诘所说经》的原典，在中土流传过程中所发生的变异，特别是故事演义一系的孳孕添加，离开原典义涵越来越远，于是他发出一极深沉的文化思考："岂以支那民族素乏幽渺之思，净名故事纵盛行于一时，而陈义过高，终不适于民

---

① 南宋淳熙二年（公元1175年），朱子与陆九龄、陆九渊兄弟有"鹅湖之会"，实为吕伯恭（东莱）的雅意，祈以辩异求同。但效果并不尽如人意。彼此刚晤面，陆氏兄弟即举诗，复斋（陆九龄）诗为："孩提知爱长知钦，古圣相传只此心。大抵有基方筑室，未闻无址忽成岑。留情传注翻榛塞，着意精微转陆沉。珍重友朋勤切琢，须知至乐在于今。"象山（陆九渊）诗为："墟墓兴衰宗庙钦，斯人千古不磨心。涓流积至沧溟水，拳石崇成泰华岑。易简功夫终久大，支离事业竟浮沉。欲知自下升高处，真伪先须辨只今。"诗中"着意精微"、"支离事业"等句刺朱子之意甚显。朱熹亦有答诗云："德义风流夙所钦，别离三载更关心。偶扶藜杖出寒谷，又枉篮舆度远岑。旧学商量加邃密，新知培养转深沉。却愁说到无言处，不信人间有古今。"朱诗系三年后所写。均见《宋元学案》第三册，中华书局1986年版，第1873页。但鹅湖之会并未影响彼此的情感，此后朱陆两方的关系反而更觉亲近了。

② 余英时：《朱熹的历史世界》，上下二册，台湾允晨文化实业股份有限公司2003年出版。

族普通心理所致耶？"①我自然无意以宋学比附于大乘佛学，但在传布的过程中，是否也曾被目为"陈义过高"而发生障碍？未尝不是历史上真实存在的问题。朱熹在中国文化的背景下，能够建立起以理学标名的哲学体系，已经算得上中国学术思想的异数了。

  清朝中叶乾嘉诸学者不是宋儒的知音。他们用冰冷的语言，借助文字、音韵、训诂的外壳，窒息了宋儒的真切的思想。他们只解释文句，不讨论问题。他们的思想在文字狱面前屈服了。清初顾炎武、黄宗羲、王夫之三大家，和宋儒的义理是相接的。但他们的"经世致用"的思想，和程朱的其实还不够"空"的哲学的"空架子"发生了矛盾。至于清统治者的尊仰程朱，主要看重"理"可以搭建使社会安定的政治伦理秩序，而不是"理"本身的生命秩序。当科举考试也要以"四书"的文句来命题，《语》、《孟》就失去了生气。一朝一代的统治者，如果到了只能依靠前代的思想家来充当自己统治合法性的辩护神的时候，这个统治秩序就已经不合法了。戴震作为特殊重视义理的考据学大师，他的《孟子字义疏证》谴责"以理杀人"②，这个话当然不是只对着宋儒

---

  ① 陈寅恪：《敦煌本维摩诘经文殊师利问疾品演义跋》，《金明馆丛稿二编》，三联书店2001年版，第209页。

  ② 戴震《孟子字义疏证》的相关段落是这样写的："故今之治人者，视古贤圣体民之情，遂民之欲，多出于鄙细隐曲，不措诸意，不足为怪。而及其责以理也，不难举旷世之高节，著于义以罪之，尊者以理责卑，长者以理责幼，贵者以理责贱，虽失谓之顺。卑者、幼者、贱者以理争之，虽得谓之逆。于是下之人不能以天下之同情、天下所同欲达之于上。上以理责其下，而在下之罪，人人不胜指数。人死于法，犹有怜之者；死于理，其谁怜之！呜呼，杂乎老释之言以为言，其祸甚于申韩如是也。六经、孔孟之书，岂尝以理为如有物焉，外乎人之性之发为情欲者，而强制之也哉？"见《孟子字义疏证》卷上，中华书局1961年版，第10页。又该书《孟子私淑录》之"与某书"则云："圣人之道，使天下无不达之情，求遂其欲，而天下治。后儒不知情之至于纤微无憾是谓理，而其所谓理者，同于酷吏之所谓法。酷吏以法杀人，后儒以理杀人。浸浸乎舍法而论理，死矣，更无可救矣。圣贤之道德，即其行事，释老乃别有其心所独得之道德。圣贤之理义，即事情之至是无憾，后儒乃别一物焉与生俱生而制夫事。古人之学在行事，在通民之欲，体民之情，故学成而民赖以生。后儒冥心求理，其绳以理严于商韩之法，故学成而民情不知。天下至此多迂儒，及其责民也，民莫能辩，彼方自以为理得，而天下受其害者众也。"见《孟子字义疏证》卷上，中华书局1961年版，第174页。"后儒"即指宋儒。"酷吏以法杀人，后儒以理杀人"的断判，即出自此处。东原对宋儒的批判可谓严苛而不留情面矣。

讲的，而是冲着清统治者的强势思想镇压发出的抗争的声音，但程朱却顺便成了他笔下的"牺牲品"。清的尊程朱，是害了程朱，更害了理学。就如同汉的尊孔，既害了无辜的孔子，尤其害了孔子学说。

正因为如此，韩愈和宋儒才有理由惊呼"道断"。如果汉代在传承儒家学说方面没有出现杂以阴阳五行的曲解谬说，韩愈何至于口出此言？宋儒何至于口出彼言？王国维把历代的思想区分为"能动时代"和"受动之时代"，称诸子百家争鸣竞放的春秋战国为"思想之能动时代"，称汉至宋以前为"吾国思想受动之时代"，称宋为"由受动之时代出而稍带能动之性质"，称宋以后至清为"思想之停滞略同于两汉"时期①。我认为这是完全符合中国学术思想史演化实际的高明之见。所谓"能动"，即思想的自由创生时期，所谓"受动"，就是外来的思想势力高过本国思想的时期。值得注意的是，静安先生把清代的思想和两汉的思想相提并论，认为两者都是停滞而非创生的时期，而认可宋的思想虽仍有受动的性质，但已经开始了思想的创生，其对宋儒的评价已然不低。而陈寅恪对宋代儒学的评价尤堪注意。他写道："中国自秦以后，迄于今日，其思想之演变历程，至繁至久。要之，只为一大事因缘，即新儒学之产生，及其传衍而已。"②佛教经典把佛祖释迦牟尼出世视作"一大事因缘"，寅恪先生把宋代"新儒学"的产生，也看作我国思想演变史的"一大事因缘"，可见其对宋代新儒学是何等地重视。

这里涉及宋儒的另一特殊可贵之处，即朱子学说的哲学系统化，实际上是儒释道三家思想汇流的产物。尽管宋儒口吻上不愿承认有此事实，但他们的语汇和论说方式，以及所以和先儒的不同之处，均由于有佛道之参与。这就如同成书于南北朝时期的《文心雕龙》一书，其体系的构筑，也受影响于佛典及

---

① 王国维：《论近年之学术界》，《王国维遗书》第五册之《静安文集》，第93页。
② 陈寅恪：《冯友兰中国哲学史下册审查报告》，《金明馆丛稿二编》，三联书店2001年版，第282页。

其翻译过程一样①。对此一问题看得最通透的是马一浮。他说:"先儒多出入二氏,归而求之六经。佛老于穷理尽性之功,实资助发。"②事实上,正是由于有佛老的"助发",宋代的新儒学才能够得以产生。因此,真能够理解宋儒的现代学者,应该首推马一浮。他对"横渠四句教"的解释,我们也无法绕行。马先生解释"为往圣继绝学"句,是这样写的:"濂、洛、关、闽诸儒,深明义理之学,真是直接孔孟,远过汉唐。'为往圣继绝学'在横渠绝非夸词。"③我们须注意"直接孔孟"和"远过汉唐"的断判,这与宋儒应具的历史地位完全相符。"四句教"中笔者独对此"继绝"一句旁引多证,切切为说,盖由于此句对了解被后儒误解的宋学,实为一大关键。

四 宋儒的永恒政治理想

最后一句"为万世开太平",所表达的是先儒也是宋儒的永恒政治理想。其理至简,其事至繁。我想引录马一浮先生的一段论述以为嚆矢。他写道:

> 程子曰:"王者以道治天下,后世只是以法把持天下。"又曰:"三代而下,只是架漏牵补,过了时日。"孟子曰:"以力假仁者霸","以德行仁者王"。"以力服人者,非心服也,力不赡也。以德服人者,中心悦而诚服也。"从来辨王、霸莫如此言之深切著明。学者须知孔孟之言政治,其要只在贵德而不贵力。然孔孟有德无位,其道不行于当时,而其言则可垂法于万世。故横渠不曰"致",而曰"开"者,"致"是实现之称,"开"则期待之谓。

---

① 参见刘梦溪:《汉译佛典和中国的文体流变》,《文艺研究》1992第3期。
② 马一浮:《致张立民》第九函所附之"说明"(1938年农历九月二十九日),《马一浮集》第二册,浙江古籍出版社和浙江教育出版社1996年版,第830页。
③ 马一浮:《泰和会语》,《马一浮集》第一册,第7页。

苟非其人，道不虚行。果能率由斯道，亦必有实现之一日也。从前论治，犹知以汉唐为卑。今日论治，乃惟以欧美为极。从前犹以管商申韩为浅陋，今日乃以孟梭里尼、希特勒为豪杰，以马格斯、列宁为圣人，今亦不暇加以评判。诸生但取六经所陈之治道，与今之政论比而观之，则知碔砆不可以为玉，蝘蜓不可以为龙，其相去何啻霄壤也。中国今方遭夷狄侵陵，举国之人，动心忍性，乃是多难兴邦之会。若曰图存之道，期跂及于现代国家而止，则亦是自己菲薄。今举横渠此言，欲为青年更进一解。养成刚大之资，乃可以济蹇难。须信实有是理，非是姑为鼓舞之言也。①

虽系针对抗战时期的具体环境所发之论议，其义理亦绝非仅适用于当时而不及后世。国家之"现代化"不应该成为一个民族的最后目标。"为万世开太平"，实现张载《西铭》描述的文化理想，民胞物与，全体归仁，才能让蔽惑无明的现代人重新回归率性诚明的人类精神家园。

马一浮对"横渠四句教"的体悟非同一般。1938年他应浙江大学竺可桢校长之聘，在江西泰和为流离中的浙大师生举办国学讲座，开篇首讲的内容就是张载的这四句话。他说："昔张横渠先生有四句话，今教诸生立志，特为拈出，希望竖起脊梁，猛著精采，依此立志，方能堂堂的做一个人。"②而当1938年6月26日，浙大在江西泰和举行第十一届毕业典礼，马先生事先请好友丰子恺觅人谱曲，典礼上正式唱诵了"横渠四句教"。他在写给丰子恺的信里说："顷来泰和为浙大诸生讲横渠四句教，颇觉此语伟大，与佛氏四弘誓愿相等。因读新制诸歌，谓此语意天然，似可谱之成曲。"又说："其意义光明俊伟，真先圣精神之所托。"又说："欲令此间学生歌之，以资振作。"又说："吾

---

① 马一浮：《泰和会语》，刘梦溪主编、马镜泉编校：《中国现代学术经典》马一浮卷，河北教育出版社1996年版，第9页。

② 马一浮：《泰和会语》，《马一浮集》第一册，第5页。

国固有特殊之文化,为世界任何民族所不及。今后生只习于现代浅薄之理论,无有向上精神,如何可望复兴?"[1]

我们今天重新研读诠解"横渠四句教",不独为"温故",同时为了"知新"。亦即朱子鹅湖会后的答诗所谓:"旧学商量加邃密,新知培养转深沉。""为天地立心",我们得一"仁"字,"为生民立命",我们得一"教"字,"为往圣继绝学",我们得一"理"字,"为万世开太平",我们得一"治"字。

2008年7月26日凌晨于中国文化研究所
2010年4月13日晚十时校改补注于东塾

(原载《中华读书报》2008年9月3日,增补后重刊于《中国文化》2010年春季号)

---

[1] 马一浮:《致丰子恺》第四函,《马一浮集》第二册,第563—564页。

汉译佛典与中国的文章体制

通过翻译的媒介将一国的文学作品介绍到另一国，多少有点像生活中的男婚女嫁，称为"文学因缘"是很适切的。苏曼殊就曾把他的汉译英文诗集题作《文学因缘》[①]。佛教的传入中土，对我国思想文化的影响至深至巨，当然更是中外思想接触史上的重大文化因缘。陈寅恪先生曾援引佛教经典为言："佛为一大事因缘出现于世。"又说吸收了佛教思想的"新儒学"的产生和传衍，也是"一大事因缘"[②]。但本文想探讨的，是此一文化因缘的一小部分，即佛典翻译对中国文章体制的理念表达所产生的影响。

一

公元五世纪初叶的佛典翻译大师鸠摩罗什曾经说过："天竺国俗，甚重文制。"[③]我想什公所说一定符合印度的情况。但中国古代对文体的重视绝不逊

[①] 钱锺书：《林纾的翻译》，参见《七缀集》第68页及91页注八，上海古籍出版社1985年版。
[②] 陈寅恪：《冯友兰中国哲学史下册审查报告》，《金明馆丛稿二编》，三联书店2001年版，第282页。
[③] 释僧祐撰：《出三藏记集》卷十四之《鸠摩罗什传》载："沙门僧睿，才识高明，常随什传写。什每为睿论西方辞体，商略同异，云：'天竺国俗，甚重文制，其宫商体韵，以入弦为善。凡觐国王，必有赞德；见佛之仪，以歌叹为尊。经中偈颂，皆其式也。但改梵为秦，失其藻蔚，虽得大意，殊隔文体。'"笔者看到的《出三藏记集》系自汤一介先生处借得的大正藏本，为其尊人汤用彤佛学大师藏书，其中"天竺国俗，甚重文制"一语，朗然可睹。又释慧皎《高僧传》卷第二译经中"晋长安鸠摩罗什"亦作"天竺国俗，甚重文制"，见汤用彤校注本：《高僧传》，中华书局1992年版，第53页。但1995年中华书局校点本《出三藏记集》作"天竺国俗，甚重文藻"（见该书第534页），不知何本。

于印度，甚至我们还没有发现世界上有哪一个国家在这方面可以与中国相比肩。为了说明这一点，无须求助于具体文章品类的举证，只消看看中国古代的文论家把文体问题置于何种位置就够了。

魏晋南北朝是我国文学思想最活跃的时期，一时间专篇论文和专门著作层出迭现，不一而足。而每位文论作者都要对文体问题发表意见。魏文帝曹丕在《典论·论文》里说："夫文本同而末异，盖奏议宜雅，书论宜理，铭诔尚实，诗赋欲丽。"[1]不经意中举出了四科八体。陆机《文赋》论述"体有万殊，物无一量"一节，更一口气说出诗、赋、碑、诔、铭、箴、颂、论、奏、说等十种文体[2]。与陆机同时的挚虞，著有《文章流别集》和《文章流别志论》，今两书虽佚，从后人称引的残文可以看出，前者是文章分类选集，后者是论述文体的专著应无疑问。而且仅残文涉及的文体种类，就有十四品之多，比魏文帝、陆机所举更为扩大。[3]

到南朝梁代昭明太子萧统编《文选》，标列各种文体三十七种，包括赋、诗、骚、七、诏、册、令、教、文、表、上书、启、弹事、牋、奏记、书、檄、对问、设论、辞、序、颂、赞、符命、史论、史述、赞、论、连珠、箴、铭、诔、哀、碑文、墓志、行状、吊文、祭文，此为目录所列，与书前萧统所撰《文

---

[1] 魏文帝曹丕：《典论论文》，参见《文选》卷五十二，上海古籍出版社1986年校点本第六册，第2271页。

[2] 陆机《文赋》论"体有万殊，物无一量"一节云："诗缘情而绮靡，赋体物而浏亮。碑披文以相质，诔缠绵而凄怆。铭博约而温润，箴顿挫而清壮。颂优游以彬蔚，论精微而朗畅。奏平彻以闲雅，说炜晔而谲诳。虽区分之在兹，亦禁邪而制放。"参见张少康：《文赋集释》，人民文学出版社2002年版，第99页。

[3] 诸书称引的挚书残文涉及的文体包括诗、颂、赋、乐府、七、箴、铭、诔、符契、哀辞、哀策、对问、碑、图谶等十四种。此可参见严可均辑《全上古三代秦汉三国六朝文》之《全晋文》卷七十七，河北教育出版社1997年标点排印本第四册，第801—803页。又《晋书》"挚虞传"载："虞撰《文章志》四卷，注解《三辅决录》，又撰《古文章类聚》，区分为三十卷，名为《流别集》，各为之论，辞理惬当，为世所重。"见中华书局校点本《晋书》第五册，第1427页。

选序》的指称不尽相同①。而且在大类之中又分若干小类，如序中所说："凡次文之体，各以汇聚，诗赋体既不一，又以类分，类分之中，各以时代相次。"②刘勰的《文心雕龙》论及的文体，标篇列名者为三十四种③，但涉类则倍之。例如《文心雕龙》第十四篇"杂文"，实际上包括对问、七、连珠三种文体，第二十五篇"书记"，书包含牍，记包含牋，此外该篇还列有谱、籍、簿、录、方、术、占、式、律、令、法、制、符、契、券、疏、关、刺、解、牒、状、列、辞、谚等二十四品，加在一起，共六十三类④。梁代的任 还撰有《文章缘起》一卷，原书在隋朝亡佚，今本系唐张绩补撰，宋人王得臣的《麈史》称其"自诗赋、《离骚》至于艺，凡八十五题"⑤，未免过于繁杂。后来吕祖谦编《宋文鉴》，列品六十一，黄宗羲编《明文海》，分体二十八，每体之下各有子目，如赋之目十六，书之目二十，序之目五，记之目十七，传之目二十，墓文之目十三等等，已愈演愈烈矣。即使以精审著称的姚鼐的《古文辞类纂》，也将文体区分为十三大类，每类又根据文章的不同功用分为上、下编。

---

① 参见上海古籍出版社1986年版《文选》，第一册第9至31页之目录部分。萧统在《文选序》中所列之文体为36种，顺序为赋、骚、诗、颂、箴、戒、论、铭、诔、赞、诏、告、教、令、表、奏、牋、记、书、誓、符、檄、吊、祭、悲、哀、答客、指事、篇、辞、引、序、碑、碣、志、状，与目录所列文体之种类及书目，不尽相同。目录中的七、册、文、上书、弹事、设论、史论、连珠、史述赞八种文体，序中未载；而序中列出的指事、戒、篇、引、碣、悲、誓七种文体，目录未见。此亦可以理解，盖序文是解题取义，无须具列所选文体的全部类型。故研究《文选》的文体种类，宜以目录所列为准。

② 萧统：《文选序》，《文选》第一册，上海古籍出版社1986年版，第3页。

③ 《文心雕龙》第六至第二十五篇专论文体，第六明诗，第七乐府，第八诠赋，第九颂赞，第十祝盟，第十一铭箴，第十二诔碑，第十三哀吊，第十四杂文，第十五谐隐，第十六史传，第十七诸子，第十八论说，第十九诏策，第二十檄移，第二十一封禅，第二十二章表，第二十三奏启，第二十四议对，第二十五书记，共二十篇论及三十四种文体。

④ 《文心雕龙》"书记篇"极言其所包容甚广云："夫书记广大，衣被事体，笔札杂名，古今多品。是以总领黎庶，则有谱籍簿录；医历星筮，则有方术占试；申宪述兵，则有律令法制；朝市征信，则有符契券疏；百官询事，则有关刺解牒；万民达志，则有状列辞谚。并述理于心，著言于翰，虽艺文之末品，而政事之先务也。"参阅范文澜《文心雕龙注》下册，人民文学出版社1958年版，第457页。

⑤ 王得臣：《麈史》卷中，《宋元笔记小说大观》第二册，上海古籍出版社2001年版，第1352年。

再看唐宋以降的诗人和作家的别集，每个人名下都可以说是一部文体大全。宋刻世彩堂本《柳河东集》，外集除外，共四十五卷，文体类别包括雅诗歌曲、赋、论、议、辩、碑、铭、行状、表、碣、诔、志、墓表、墓志、对、问答、说、传、骚、吊、赞、箴、戒、题序、记、书、启、奏状、祭文、古今诗等三十种[1]。《白氏长庆集》基本上是白居易自己编定，除古调诗、新乐府、律诗、歌行、杂体等各类诗体之外，还有铭、赞、箴、谣、偈、哀祭文、碑碣、墓志铭、记、序、书、颂、议、论、状、策问、制、诰、诏、奏状、策林、判、表、论衡、解、志、辞、传、吟等二十九大类[2]。这种情形在外国作家是不能想象的。尽管印度、希腊等文明古国和近代欧洲不乏文坛巨匠，像中国古代作家那样一人精通几十种文体，用多种不同的风格写作，却百世不一见。

中国古代文论中"体"的概念有两重含义：一指文章的体裁、样式，一指作品的体貌即风格。在作为文体分类的依据这点上，两方面是相辅相承，互相统一的。就是说，不同的文体需要表现出不同的风格特征。所以曹丕的《典论·论文》才提出"奏议宜雅，书论宜理，铭诔尚实，诗赋欲丽"，实际上是必须如此的一种规定，不这样奏议书论铭诔诗赋八种文体便不能成立。刘勰在《文心雕龙》中说得更明确："夫才童学文，宜正体制。"[3]强调文体问题须从初学的儿童抓起，可见其重视。当然中国古代区分不同文体的界标是否无懈可击，是值得探究的问题，至少今天来看，不无琐细之嫌，而且对同一文体的要求虽然是统一的，但在不同作家笔下，即使同一文体也有不同的

---

[1] 可参见《柳河东集》（全二册），上海古籍出版社2008年版。
[2] 参见顾学颉校点：《白居易集》（全四册），中华书局1979年版。
[3] 《文心雕龙·附会篇》："夫才童学文，宜正体制。必以情志为神明，事义为骨髓，辞采为肌肤，宫商为声气，然后品藻玄黄，摛振金玉，献可替否，以裁厥中。斯缀思之恒数也。"篇中"才童"一词，黄（叔琳）注纪（昀）评本作"才量"，范注本从之。后诸家如杨明照《文心雕龙校注拾遗》、詹锳《文心雕龙义证》、周振甫《文心雕龙译注》等，皆以《太平御览》五百八十五所引校为"才童"，并引《辨骚》篇"童蒙拾其香草"、《养气》篇"童少鉴浅而志虚"为内证。按诸家之说甚是。

表现。所以陆机在《文赋》里说："体有万殊，物无一量，纷纭挥霍，形难为状。"已经意识到区分文体的困难。

不过话说回来，由于中国古代对文体的特殊重视，对于在什么情境下以何种文体写作，要求是极为严格的，绝不允许马虎从事。宋朝兴四六文，公私文告一律规定用四六体，能否作四六成为当时做官的一项条件。苏轼撰写的《司马温公行状》里，有一段关于司马光"不能为四六"因而辞官不受的记载：

> 神宗即位，首擢公为翰林学士，公力辞，不许。上面谕公："古之君子，或学而不文，或文而不学，惟董仲舒、扬雄兼之，卿有文学，何辞为？"公曰："臣不能为四六。"上曰："如两汉制诏可也。"公曰："本朝故事不可。"上曰："卿能举进士，取高等，而云不能四六，何也？"公趋出，上遣内臣至阁门，强公受告，拜而不受。趣公入谢，曰："上坐以待公。"公入，至廷中。以告置公怀中，不得已乃受。①

由于不善于写四六文，而百般坚辞翰林学士的职务，也算得官场抑或文场的趣话了。这桩轶事出自同时僚友大文豪苏东坡之手，应属可信。但今天的读者也许会怀疑，司马光力辞不受翰林学士的任命书，是否出于另有隐情，"不能为四六"可能只是一种借口。神宗皇帝不是对他提出的理由也感到惊异吗？其实，司马光说的是无隐无欺的大实话，为此他在一封信里还专门作了解释，说明科举之前曾学过四六文，但"仅能牵合，终不甚工"，后来便舍置不作了，连"答亲旧书启"也时时"假手于人"。他说："今知制诰之职，掌为天子作诏文，宣布中外，岂可使假手答书启者为之耶？"②神宗在这个问

---

① 苏轼：《司马温公行状》，《苏轼全集》标点本中册，上海古籍出版社2000年版，第969页。
② 《司马温公文集》卷九：《上始平庞相公述不受知制诰书》。

题上倒比较变通，可能是爱重司马温公其人的缘故，但温公本人却不敢违拗"本朝故事"的惯例，纵使皇帝老子为之撑腰，也不敢轻率逾越文制。

如果说"天竺国俗，甚重文制"，那么我国古代重视文制的程度，比之印度应有过之而无不及。司马光的轶事只不过是一个小例证，千百年来，由于文体的递嬗蜕变，不知含孕历代臣工士子的多少辛酸。

二

《文心雕龙》的作者刘勰探讨问题，主张"振叶以寻根，观澜而索源"（《序志》）。我们如果追溯中国古代何以重视文章体制的根源，还是需要回到魏晋南北朝时期，具体地说，需要回到两部特殊的著作，即《文心雕龙》和《文选》。对《文心雕龙》究竟成书于齐还是成书于梁，学术界有不同看法。不管怎样，《南史》和《梁书》刘勰传记载的，其"深被昭明太子爱接"、"昭明太子好文学，深爱接之"[①]，应是无可怀疑的事实。也就是说，在刘勰由齐入梁"兼东宫通事舍人"之时，他有充分机会与作为太子而又雅好文学的萧统在一起"讨论篇籍"、"商榷古今"，因而两个人的文学思想互为影响肯定不成问题。这从《文选》的编辑思想和文体分类的特征，与《文心雕龙》存在着异乎寻常的相似这一点上，就可以约略看出来。

萧统死于梁大通三年（公元531年），只活了三十一岁，《文选》的编辑估计在他逝世前的四五年左右，这时刘勰刚好在太子的东宫充任舍人，虽不能断定刘勰直接参与了《文选》的编选工作，但《文心雕龙》"选文定篇"的基本原则，事实上已为昭明太子无保留地接受。《文心雕龙》研究中有一种说法，即认为刘勰的出家与昭明太子之死有关，如此说可以成立，则舍人与太子之

[①] 见《南史》卷七十二《列传》第六十二，中华书局校点本第六册，第1781页，及《梁书》卷五十《列传》第四十四，中华书局校点本第三册，第710页。

间不仅文心相契，而且情感甚笃。总之中国文学史上最具代表性的两部著作——《文选》和《文心雕龙》，就这样在两位友人之间接踵问世。两部书各开一代风气，分别建立了选理和文论的传统，使得吾国艺文胜事，除了《诗经》和《楚辞》开创的"风"、"骚"传统之外，又多了选理和文论两个脉系，虽传之百代仍不乏经典意涵。但笔者认为，《文选》和《文心雕龙》的意义，最称典要的是文体的建构与梳理，在此一方面两书的作用互补而趋同。

我们看《文心雕龙》，五十篇中除前面五篇总论，自第六篇《明诗》开始至第二十五篇《书记》，都是对各种文体的论述，几乎占去全书篇幅的一半。其他诸篇，也屡陈文体之义，如《神思》篇提出"文之制体，大小殊功"；《体性》篇主张"摹体以定习，因性以练才"；《风骨》篇说，要文学创作具有新意必须"熔铸经典"、"曲昭文体"；《通变》篇说，"设文之体有常，变文之数无方"；《定势》篇认为，"文章体势"是"因情立体，即体成式"，如一味标新立异可能导致"失体成怪"；《熔裁》篇对"熔"、"裁"二字的解释是"规范本体谓之熔，剪截浮词谓之裁"；《总术》篇警告作者，"文体多术，共相弥纶，一物携贰，莫不解体"；《知音》篇阐述"六观"之义，第一"观"就是"位体"等等。特别《序志》篇谈到作书缘起时，刘勰把"去圣久远，文体解散，辞人爱奇，言贵浮诡，饰羽尚画，文秀鞶帨，离本弥甚，将遂讹滥"，因而需要匡正，作为他"乃始论文"的动因[1]，愈见出文体论在《文心雕龙》一书中居于中心位置。难怪《梁书》、《南史》本传都用"论古今文体"一语来概括刘勰《文心》一书的主要内容。《梁书》写道：

初，勰撰《文心雕龙》五十篇，论古今文体，引而次之。[2]

---

[1] 本文所引《文心雕龙》文字，曾参照黄（叔琳）注本、范（文澜）注本、杨（明照）校注、周（振甫）译注、詹（锳）义证等诸家之说，均非难觅之书，不一一注出。

[2]《梁书》卷五十，中华书局校点本第三册，第710页。

《南史》此段文字少"引而次之"四字，余与《梁书》全同①。这两部史书都是唐初人编纂，是足可征信的参证材料。说明在唐代人们还把《文心雕龙》当作论述古今文体的专书看待。

问题是《文心雕龙》这部以论述古今文体为主要内容的文学理论著作，为什么出现在南北朝时期，而不是其他时期。中国历代的文评诗话固然汗牛充栋，但没有一部像《文心雕龙》这样真正形成了"体大而虑周"的完整的理论体系。当然也可以理解，因为中国古代的思想家并不以构建体系为职志，相反，观照文学现象的基本方法，是近取诸身，连类取譬，而不是像西哲那样，动辄就要建立自己的理论体系。然而《文心雕龙》实在是个例外——它不仅有体系，而且很完整，特别在逻辑结构上，堪称则例清晰，敷理举统，笼圈条贯，首尾呼应，秩序井然，不啻为理性的审美和词采的华章。《序志》篇归纳说：

> 盖文心之作也，本乎道，师乎圣，体乎经，酌乎纬，变乎骚，文之枢纽，亦云极矣。若乃论文叙笔，则囿别区分，原始以表末，释名以章义，选文以定篇，敷理以举统，上篇以上，纲领明矣。至于割情析采，笼圈条贯，摛神性，图风势，苞会通，阅声字，崇替于时序，褒贬于才略，怊怅于知音，耿介于程器，长怀序志，以驭群篇，下篇以下，毛目显矣。位理定名，彰乎大易之数，其为文用，四十九篇而已。②

这是刘勰自己对《文心雕龙》总体结构所作的一种概括，意在说明每一篇都恰当其位，自有其特殊功用，而篇与篇之间也做到了互相照应，榫接无

---

① 《南史》卷七十二，中华书局校点本第六册，第1782页。
② 《文心雕龙》"序志"篇，"若乃论文叙笔，则囿别区分"，"囿"字有异文，从诸本。

隙，甚至总篇数也取的是"大易之数"①，即天地的数字。他显然不无自我欣赏之意，因此这段概括篇章结构的文字，格外激情荡漾，充满自信。今天看来他自信是有道理的，因为就综合多篇的系统文学理论著述而言，《文心雕龙》的理论体系和结构艺术，不仅空前，而且绝后。

陈寅恪先生对此有过极精辟的论述，他写道：

> 综观吾国之文学作品，一篇之文，一首之诗，其间结构组织，出于名家之手者，则甚精密，且有系统。然若为集合多篇之文多首之诗而成之巨制，即使出自名家之手，亦不过取多数无系统或各自独立之单篇诗文，汇为一书耳。其中固有例外之作，如刘彦和之《文心雕龙》，其书或受佛教论藏之影响，以轶出本文范围，故不置论。②

此段文字出自陈寅恪先生1953年撰写的《论再生缘》一文，其中谈到《再生缘》一书的结构艺术实为弹词体中的第一部，并认为，总的看来中国古代小说不如西洋小说的结构精密，包括《水浒》、《红楼梦》、《儒林外史》等名著，也甚有可议之处。比较言之，倒是人们并不看重的《儿女英雄传》，其结构艺术反大有胜于人人口耳能详的《红楼梦》者③。因此寅老深感《再生缘》的可贵以及《文心雕龙》的独出也。

可惜囿于文章题旨的范围，寅恪先生没有进一步加以说明。但最主要之点他都讲到了，即《文心雕龙》在逻辑结构和理论体系的建构方面，宜带有空前绝后的特征。而此点极有可能与佛教论藏的影响有关，这是我们最感兴

---

① 《易》"系辞"上传："大衍之数五十，其用四十九，分而为二以象两。"
② 陈寅恪：《论再生缘》，《寒柳堂集》，上海古籍出版社1980年版，第60页。
③ 陈寅恪先生在《论再生缘》中写道："寅恪读此类书甚少，但知有《儿女英雄传》一种，殊为例外。其书乃反《红楼梦》之作，世人以其内容不甚丰富，往往轻视之。然其结构精密，颇有体系，转胜于曹著。"《寒柳堂集》，上海古籍出版社1980年版，第60页。

趣并愿意深入探讨的一个问题。

三

刘勰本人生当佛教盛行的南朝齐梁之世，自幼受其熏陶，很早就到南京附近的定林寺，跟随佛学大师僧祐学习佛法，整理经藏，并以"为文长于佛理"[①]著称一时。都中许多寺塔和名僧碑志都出自他的毛笔。为反驳道教徒对佛教义理的攻击，曾撰有《灭惑论》一文。而且一生不曾婚娶。晚年更"燔须发自誓"，真正出家为僧，终老佛寺之中。这样的身世经历，说明《文心雕龙》的作者不仅自己谙熟佛教思想，而且是佛门教理的自觉维护者。很难想象，他的潜心之作《文心雕龙》的写作会与佛教思想了无关涉。

可是细按舍人之书，却看不出有多少佛教色彩，除《论说》篇的"动极神源，其般若之绝境乎"句中的"般若"二字系佛家术语，其余则踪迹难寻。不过，笔者认为还有一例，即前引《序志》篇归纳篇章结构一段，有"文之枢纽，亦云极矣"一语，此一"极"字，不简单是状态形容词"甚也"的意思，而是有佛典来源。具体地说，是来自慧远《阿毗昙心序》的"推至当之极，动而入微"一语。原序文字不长，现全录如下：

> 《阿毗昙心》者，三藏之要颂，咏歌之微言，管统众经，领其宗会，故作者以心为名焉。有出家开士，字曰法胜，渊识远鉴，探深研机，龙潜赤泽，独有其明。其人以为《阿毗昙经》，源流广大，难卒究寻，非赡智宏才，莫能毕综。是以探其幽致，别撰斯部，始自界品，讫于问论，凡二百五十偈，以为要解，号之曰心。其颂声也，拟象天乐，若云龠自发，

[①] 见《南史》刘勰本传，中华书局校点本第六册，第1782页，及《梁书》，中华书局校点本第三册，第712页。

仪形群品，触物有寄。若乃一吟一咏，状鸟步兽行也；一弄一引，类乎物情也。情与类迁，则声随九变而成歌；气与数合，则音协律吕而俱作。拊之金石，则百兽率舞；奏之管弦，则人神同感。斯乃穷音声之妙会，极自然之众趣，不可胜言者矣。又其为经，标偈以立本，述本以广义，先弘内以明外，譬由根而寻条，可谓美发于中畅于四肌者也。发中之道，要有三焉：一谓显法相以明本；二谓定己性于自然；三谓心法之生，必俱游而同感。俱游必同于感，则照数会之相因；己性定于自然，则达至当之有极；法相显于真境，则知迷情之可反。心本明于三观，则睹玄路之可游。然后练神达思，水镜六府，洗心净慧，拟迹圣门。寻相因之数，即有以悟无；推至当之极，每动而入微矣。罽宾沙门僧伽提婆，少玩兹文，味之弥久，兼宗匠本，正关入神，要其人情悟所参，亦已涉其津矣。会遇来游，因请令译，提婆乃手执胡本，口宣晋言，临文诫惧，一章三复。远亦宝而重之，敬慎无违。然方言殊韵，难以曲尽，傥或失当，俟之来贤。幸诸明哲，正其大谬。晋太元十六年出。①

这篇序文载录在僧祐编纂的《出三藏记集》里，刘勰多半参加了《记集》的编纂工作，对慧远的《阿毗昙心序》他自当烂熟于心。范文澜在《文心雕龙》序志篇的注释中，曾援引此序开始至"以为要解，号之曰心"一段，认为刘勰"采取释书法式而为之"，"自《书记》篇以上，即所谓界品也，《神思》篇以下，即所谓问论也"②。饶宗颐先生虽不赞成范说，却不否认《阿毗昙心论》为刘勰所夙习，而且提出："《文心》一名与《阿毗昙心》之用心字，作为书名，用意相同，值得作比较研究。"③其实慧远该序文所阐述

---

① 慧远：《阿毗昙心序》，《出三藏记集》卷第十，中华书局1995年点校本，第378页。
② 范文澜：《文心雕龙注》下册，人民文学出版社1962年版，第728页。
③ 饶宗颐：《文心与阿毗昙心》，《中国文艺思想史论丛》，北京大学出版社1988年版，第103页。

的思想及遣词用语的特点，如"其颂声也，拟象天乐，若云龠自发，仪形群品，触物有寄。若乃一吟一咏，状鸟步兽行也；一弄一引，类乎物情也。情与类迁，则声随九变而成歌；气与数合，则音协律吕而俱作。拊之金石，则百兽率舞，奏之管弦，则人神同感。斯乃穷音声之妙会，极自然之众趣，不可胜言者矣"，此段文字与《文心雕龙》原道篇"日月叠璧，以垂丽天之象，山川焕绮，以铺理地之形"至"龙凤以藻绘呈瑞，虎豹以炳蔚凝姿，云霞雕色，有逾画工之妙，草木贲华，无待锦匠之奇，夫岂外饰，盖自然耳"，简直心同理契，如出一辙。

又如《序志》篇的"振叶以寻根，观澜而索源"和《体性》篇提出的"沿隐以至显，因内而符外"，与慧远序中的"述本以广义，先弘内以明外，譬由根而寻条，可谓美发于中畅于四肌者也"，固不仅是语词相类，思想也阖合无间。而序中的"己性定于自然，则达至当之有极"和"推至当之极，动而入微矣"，实际上是远公的非常重要的佛学思想，其所著《法性沦》一书对此析论甚详。据《高僧传》本传披载的该书的残文写道："至极以不变为性，得性以体极为宗。"[①]所谓"至极"，就是观深悟彻，"名实俱玄"，"心不待虑，智无所缘"，此种情形远公谓之"识空空之为玄，斯其至也，斯其极也"[②]。而"体极"，则是"法性无性"，也就是指的是诸法的最后根源，亦即法性，也就是泥洹，即涅槃。而"体极"则是指"冥符不变之性"，亦即"不可坏"也"不可戏论"的法性。"不变至极之体，即为泥洹"，也就是大乘的涅槃[③]。刘

[①] 参见《高僧传》卷第六慧远本传所征引，汤用彤校注本：《高僧传》，中华书局1992年版，第218页。

[②] 慧远：《大智论钞序》，见《出三藏记集》卷第十，中华书局点校本1995年版，第389—390页。该序诸本之文字异同互见，笔者参考了汤用彤先生的校正文字，见汤用彤：《汉魏两晋南北朝佛教史》，《汤用彤全集》第一卷，河北人民出版社2000年版，第272—273页。

[③] 参见汤用彤：《汉魏两晋南北朝佛教史》，《汤用彤全集》第一卷，河北人民出版社2000年版，第271—272页。

勰穷究文心的原本，探寻为文的枢纽，在运思方法上和远公所论是一致的。因此《文心雕龙》序志篇"盖文心之作也，本乎道，师乎圣，体乎经，酌乎纬，变乎骚，文之枢纽，亦云极矣"之"极"，当是"至极"、"体极"之极。远公《阿毗昙心序》中的"己性定于自然，则达至当之有极"和"推至当之极，动而入微矣"两句，以及《大智论钞序》的论"至"论"极"，可作为舍人"极"字义涵的学理渊源。那么，佛教思想影响于《文心雕龙》的写作，就词语的运用来说，"般若"之外，又可以增加一个例证了。

四

但《文心雕龙》所受佛教思想的影响，更主要还在思维方式方面。范文澜即认为由于"采取释书法式而为之，故能思理明晰若此"，为"往古所无"。[①]杨明照、陆侃如、王利器诸先生的说法也颇类似，都主张刘勰的既深刻而又明晰的论述，得之于佛教经典分析理论的方法。日本学者兴膳宏对《出三藏记集》和《文心雕龙》所作的比较释证，是很见功夫的，他得出结论说："刘勰从少年时代开始在释僧祐身边作了长达十余年的钻研，说刘勰把僧祐的治学方法和思想方法极为忠实地学到了手。那是毫不足怪的。"又说："由于《文心雕龙》在中国的文学理论作品中具有无与伦比、独一无二的体系性，这可以视为暗示了中国传统文明在受到异质文明培育时其精神世界的广袤性。"[②]这些说法与陈寅恪先生的论断同一旨归。

总之，《文心雕龙》所受佛教思想的影响，一是理论的系统构造，二是全书组织结构的严密无隙，这两方面所达至的成就，没有汉译佛典的借鉴和启迪，是不可能的。陈寅恪先生在1930年撰写的《敦煌本维摩诘经文殊师利问

---

① 范文澜：《文心雕龙注》下册，人民文学出版社1962年版，第728页。
② 彭恩华编译：《兴膳宏文心雕龙论文集》，齐鲁书社1984年版，第13、91页。

疾品演义跋》里，曾谈到华梵不同语言的思维特征，认为与印度相比，我们似乎缺乏"幽渺之思"[①]，可作为一个反证。此外还有第三点，即文体方面的影响。兴膳宏先生的文章接触到了这个问题，但只限于《出三藏记集》序和《文心雕龙》文体格调的互比，认为两者"有某种共通之处"[②]，没有涉及《文心雕龙》的文体论是否和汉译佛典也有一定关系。

刘勰一生之中三次在定林寺学习佛法，整理经藏。第一次以少龄给僧祐当助手，前后达十余年之久，今传出自僧祐名下的《出三藏记集》、《弘明集》、《法苑集》、《世界记》、《释迦谱》、《萨婆多部相承传》等著述，即使不是如范文澜、杨明照等先生所说系"舍人捉刀"[③]，也多有他的劳作在内。第二次在梁武帝天监七年，他以记室身份参加由僧　牵头的奉敕钞撰众经之役。第三次是在昭明太子死后，与沙门慧震一起受梁武帝之命到定林寺撰经，直至以慧地为法名，变服出家，"未期而卒"[④]。可以说，刘勰的一生都在与佛教经典打交道。

因此东汉以来佛典翻译和传播的历史，以及围绕汉译佛典的文体中外高僧所展开的妙趣横生的讨论，他必定了若指掌。包括鸠摩罗什与僧睿论印度文体时所说的："天竺国俗，甚重文制，其宫商体韵，以入弦为善，凡觐国王，必有赞德，见佛之仪，以歌叹为尊，经中偈颂，皆其式也。但改梵为秦，失其藻蔚，虽得大意，殊隔文体，有似嚼饭于人，非徒失味，乃令呕哕

[①] 陈寅恪：《金明馆丛稿二编》，上海古籍出版社1980年版，第185页。
[②] 参见《兴膳宏文心雕龙论文集》，第41页。
[③] 范文澜《文心雕龙注》卷十注《序志篇》云："僧祐宣扬大教，未必能潜心著述，凡此造作，大抵皆出彦和手也。"参见人民文学出版社版，第730—731页。又杨明照在《梁书刘勰传笺注》一文中也写道："舍人依居僧祐，博通经论，别序部类，疑在齐永明中僧祐入吴试简五众，宣讲十诵，造立经藏，抽校卷轴之时。僧祐使人抄撰诸书，由今存者文笔验之，恐多为舍人捉刀。"并引清严可均《全梁文》卷七释僧祐小传自注"今定林寺经藏，勰所定也"等旧说作为参证。见杨著《文心雕龙校注拾遗》，上海古籍出版社1982年版，第393页。
[④] 参见《梁书》卷五十刘勰本传，中华书局标点本第三册，第712页。

也。"①这说得相当严重,谙熟佛典的刘勰必深有所感。因为鸠摩罗什之前,从安世高、支谶、竺法护到释道安等翻译大师,都未能解决好印度和华夏文体相隔的问题。道安在翻译《大品般若经》的过程中,提出"五失本,三不易"的翻译原则②,固然是经验总结,同时也反映出翻译的难度。

至鸠摩罗什汉译佛典进入了新的境界。史载后秦国君姚兴待什公"以国师之礼",经常亲临逍遥园译经场,观会其盛,亲览旧典,察其得失。史载当时的盛况是:"法师手执胡本,口宣秦言,两释异音,交辩文旨。秦王躬览旧经,验其得失,咨其通途,坦其宗致。与诸宿旧义业沙门释慧恭、僧䂮、僧迁、宝度、慧精、法钦、道流、僧睿、道恢、道标、道恒、道悰等五百余人,详其义旨,审其文中,然后书之。"③此情此景,实属空前,即使玄奘主持的唐代长安的译场也不过如此。许多旧译佛典都经什公之手重新厘定过。但他并不以此为满足,弟子中虽不乏高人,仍不免有"秦地深识者寡,折翻于此"之叹④。可见其对佛典翻译的要求何等严格。而症结是文体问题。我们看《出三藏记集》卷六至卷十一收录的一百一〇篇经序,许多都涉及翻译过程中的文体转换问题。刘勰作为此书编纂过程的直接参与者,自己也曾长时

---

① 《出三藏记集》卷十四,中华书局校点本,第534页。
② 释道安在《摩诃钵罗若波罗蜜经抄序》中提出:"译胡为秦,有五失本也:一者胡语尽倒,而使从秦,一失本也。二者胡经尚质,秦人好文,传可众心,非文不合,斯二失本也;三者胡经委悉,至于咏叹,丁宁反覆,或三或四,不嫌其烦。而今裁斥,三失本也。四者胡有义说,正似乱辞,寻说向语,文无以异,或千五百,刈而不存,四失本也。五者事已全成,将更傍及,反腾前辞,已乃后说。而悉除此,五失本也。"又说:"圣必因时,时俗有易,而删雅古以适今时,一不易也。愚智天隔,圣人叵阶,乃欲以千岁之上微言,传使合百王之下末俗,二不易也。阿难出经,去佛未久,尊者大迦叶令五百六通迭察迭书。今离千年,而以近意量裁,彼阿罗汉乃竞竞若此,此生死人而平平若此,岂将不知法者勇乎? 斯三不易也。"见《出三藏记集》卷八,中华书局校点本,第290页。又笔者当时所用之《出三藏记集》,系汤一介先生赐借其尊人汤(用彤)老先生的藏本,文词断句为本人之心解,容或与后来的校点本不尽相同,还望知者正焉。
③ 僧睿:《大品经序》,《出三藏记集》卷八,中华书局校点本,第292—293页。
④ 《出三藏记集》卷十四《鸠摩罗什传》,中华书局校点本,第535页。

间地从事佛典的整理和翻译，无论从学理方面的修养来说，还是从历史经验和个人的经验出发，他都不能不重视文体问题。

五

这也就是说，汉魏两晋以来佛典转译过程中不断发生的令人困扰的文体问题，实际上成为一种刺激的力量，促使刘勰下决心将"论古今文体"作为《文心雕龙》的主要内容。另一方面建安以后文人们"率好诡巧"，"厌黩旧式"，"穿凿取新"的风气①，更使文体面临"解散"的危局②。面对此种情况，刘勰感到有必要站出来承担匡正文体的责任。因为他知道，如任其发展下去，"势流不反，则文体遂弊"（《定势》）。前此虽然有过一些探讨文体的著作，譬如魏文帝曹丕的《典论论文》，陈思王曹植的《与杨德祖书》，应玚的《文质论》，陆机的《文赋》，挚虞（仲洽）的《文章流别论》，李充（弘范）的《翰林论》等等，但刘勰并不满意。他一一给以批评说：

> 魏典密而不周，陈书辩而无当，应论华而疏略，陆赋巧而碎乱，《流别》精而少功，《翰林》浅而寡要。又君山、公干之徒，吉甫、士龙之辈，泛议文意，往往间出，并未能振叶以寻根，观澜而索源。不述先哲之诰，无益后生之虑。③

---

① 《文心雕龙》定势篇云："自近代辞人，率好诡巧，原其为体，讹势所变，厌黩旧式，故穿凿取新，察其讹意，似难而实无他术也，反正而已。"

② 《文心雕龙》序志篇写道："唯文章之用，实经典枝条，五礼资之以成文，六典因之致用，君臣所以炳焕，军国所以昭明，详其本源，莫非经典。而去圣久远，文体解散，辞人爱奇，言贵浮诡，饰羽尚画，文绣鞶帨，离本弥甚，将遂讹滥。盖《周书》论辞，贵乎体要，尼父陈训，恶乎异端，辞训之奥，宜体于要。于是搦笔和墨，乃始论文。"

③ 见《文心雕龙》序志篇"详观近代之论文者"一段。

君山即桓谭，公干是刘桢，吉甫为应贞，士龙是陆机（士衡）的弟弟陆士龙。不仅曹丕、曹植、应场、陆机、挚虞诸文论大家，他无法认可，桓谭等泛议之辈，也没有放过。兹可见《文心》作者眼光之高和抱负之大。所以《征圣》篇提出"文成规矩，思合符契"。《宗经》篇对文体风格的要求是："一则情深而不诡，二则风清而不杂，三则事信而不诞，四则义直而不回，五则体约而不芜，六则文丽而不淫。"《正纬》篇主张存真而反对伪凭。《辨骚》篇提出"酌奇而不失其真，玩华而不坠其实"。《史传》篇反对"任情失正"。《诸子》篇提倡"览华而食实，弃邪而采正"。《奏启》篇赞美能"矫正其偏"的谠言。篇篇都有立论旨趣的现实针对性，目的是为了矫正文弊，使面临"解散"的齐梁文体归之于正。故《文心》之作，置诸当时的历史文化环境，事实上应不无拨乱反正的作用。

饶宗颐先生谓："彦和之文学主张，处处以正为依归。"又说："正之观念在《文心》书中实居领导地位，此与梁时'文章且须放荡'之风气，大相径庭。"因此他认为这"与其谓有合于儒家，不如是亦得到佛家'正道'之启示。"[①]这是笔者所见到的诸家研究舍人书中，至为深刻的一种认知。只不过需要补充一点，就是刘勰在佛家"正道"的启示下，首要的目标是正其文体，《文心》一书的旨归即在于此。因而其书中居于中心位置的文体论，自亦不能与佛典翻译所衍生出来的文体问题无有渊源。

而匡正文体的使命所以落在刘彦和而不是其他人的身上，还由于《文心雕龙》的作者具有足堪其任的自身条件。这就是他"长于佛理"，是造诣深湛的佛学学者，虽于晚年"燔须发自誓"，但时间甚短，主要的是一个"博通经论"的佛学大家，而不简单是一个佛教徒。可以肯定，对刘勰来说，佛学义理所引起的兴趣远远大于对宗教本身的兴趣。因此他师法僧祐十几年而不易

---

① 参见饶宗颐：《文心与阿毗昙心》一文，载《中国文艺思想史论丛》第3册，北京大学出版社1988年版，第104页。

服，只是勤勉地从事"造立经藏搜校卷轴"的工作。据说慧远听道安讲《般若经》，豁然而悟，慨叹说："儒道九流，皆糠秕耳。"[1]这种情况终刘勰一生从未发生过，相反，他对儒家思想的迷恋不亚于对释氏的爱好。

他的学术理想是化通梵汉，孔释归一。其所著《灭惑论》写道：

> 至道宗极，理归乎一；妙法真境，本固无二。佛之至也，则空玄无形，而万象并应；寂灭无心，而玄智弥照。幽数潜会，莫见其极；冥功日用，靡识其然。但言万象既生，假名遂立，梵言菩提，汉语曰道。其显迹也，则金容以表圣；应俗则王宫以现生。拔愚以四禅为始，进慧以十地为阶。总龙鬼而均诱，涵蠢动而等慈。权教无方，不以道俗乖应；妙化无外，岂以华戎阻情。是以一音演法，殊译共解；一乘敷教，异经同归。经典由权，故孔释教殊而道契；解同由妙，故梵汉语隔而化通。但感有精粗，故教分道俗；地有东西，故国限内外。其弥纶神化，陶铸众生，无异也，固能拯拔六趣，总摄大千。[2]

不妨把此段文字视作刘勰的比较文化论，可以看出他是站在儒佛统一的立场来解释道这个概念的，殊没有将两者对立起来的意思。"权教无方，不以道俗乖应；妙化无外，岂以华戎阻情"、"经典由权，故孔释教殊而道契；解同由妙，故梵汉语隔而化通"，表达得再清楚不过。

同样，《文心雕龙》的撰写，也体现了他的"孔释教殊而道契"的思想。因此强来分解哪些是佛家的影响，哪些是儒家的影响，也许是完全不应该的。因为舍人之书已到了"弥纶神化"的境界，强为之区分，难免劳而无

---

[1] 汤用彤校注：《高僧传》卷第六"晋庐山释慧远"，中华书局1992年版，第211页。
[2] 《弘明集》卷八，《四部丛刊》影印本，又石峻等编：《中国佛教思想资料选编》第1卷，中华书局1981年版，第323—327页。

功。何况《灭惑论》说得明白："妙化无外，岂以华戎阻情？"千古《文心》，实际上是亦佛亦儒、儒佛通体的大著述。但其立论的格外重视文体、全书谨严的逻辑结构、体系的圆融、语词的运用，又真实地证明，如果没有佛教思想的影响，没有汉译佛典的经验过程，要之如果没有刘勰其人，这部奇书是不会产生的。那么面临"文体解散"而使之归之于正这个时代使命，也许便没有合适的人来勇力担承。而中国文学思想史乃至文化史上如果少了《文心雕龙》，我们中华的文脉义理将蒙受怎样的缺憾呵。大哉文心，妙哉雕龙，天地辉光，道蕴永恒。

（2010年4月校改，原载《文艺研究》1992年第3期）

汤若望在明清鼎革之际的角色意义

汤若望本人是一名传教士，但他在明清鼎革这一特殊历史背景下具有多重的角色意义。他因擅长天算推步和掌握制造火炮的技术而见重于中国最高当局。明朝最后一个皇帝崇祯和清初的顺治都与他建立了极密切的关系。特别在顺治亲政时期他获得了一名西士在中国所能获得的最高荣宠。他是明清鼎革的历史见证人，同时也是顺治崩逝以后清朝上层权力攘夺的牺牲品。作为一个历史角色，汤若望本身的角色意义常常为衍生出来的外在角色担当所掩盖，在角色与角色期望之间充满了矛盾。

汤若望整整四十年的曲折丰富的在华经历为研究者留下不可穷尽的课题。论者有的訾议他在华的工作不够理想，甚至责难他没有利用自己的方便条件促使崇祯和顺治两位帝皇皈依上帝，这种看法恰好是未能理解汤若望的本身角色和角色期望之间的矛盾。如果说他没有成功，那不是他的过错，而应该从中西不同的信仰原则中去寻找原因。

如同许多学者所指出，中国人的宗教观念一直没有得到充分的发展。能不能叫没有宗教，尚待商榷，但认为中国文化的人文特点并不以确立终极信仰为条件，则是无可争辩的事实。也可以说我们重视崇拜，不重视信仰。不敬祖宗的罪过比亵渎神明要严重得多。从根本上说，中国缺少有利于宗教发展的合适的土壤。佛教所以能够在中国立足，那是因为佛教经过了漫长的中国化的过程。佛教的本义是使未觉悟者获得觉悟，基督教则可以说是觉悟后的信仰。佛教是自性假定，从自我出发；基督教是他性假定，从上帝出发。

佛教追寻的是果，基督教追寻的是因。比较起来佛教更接近中国人的传统思维特性。

职是之故，我们宁愿撇开困扰明清之际各派传教士之间的"礼仪之争"，而对利玛窦开其端、汤若望继其后的探索基督教与中国固有文化相融合的尝试，给予高度评价，并充分肯定汤若望在这探索的路上所扮演的多重角色的意义。

一

我们所纪念的这位历史人物把我们带进了一个时代——中国历史上最为纷乱、动荡而又充满辛酸和潜伏无穷变数的时代。

1592年，即我们这位历史人物诞生的那一年，明朝的万历皇帝已消极怠工五年之久，史家称为"醉梦时期"①。1620年，当我们的历史人物远涉重洋、抵达澳门的第二年，万历帝在临而不御四十八年后崩逝，承继大统的明光宗在位仅一个月，就被人用一种红色铅丸毒死，旋即又由明熹宗继位，是为天启元年。一年之中，两帝同殁，三易其号②，为世界历史所罕见。而到1666年我们的历史人物离开人世，明清易代已二十有三年。这中间李自成攻入北京，明朝最后一个皇帝崇祯吊死煤山，清兵入关，以代人雪耻伐罪的名义夺得政权，并于第二年举兵南下，扬州十日，嘉定三屠，演出中国历史最

---

① 见孟森：《明史讲义》第二编之第五章"万历之荒怠"，其中写道："万历在位四十八年，历时最久，又可分为三期：前十年为冲幼时期，有张居正当国，足守嘉、隆之旧，而又或胜之。盖居正总揽大柄，帝之私欲未能发露，故其干济可观，偏倚亦可厌，而若穆宗之嗜欲害政则尚无有，纯乎阁臣为政，与高拱之在穆宗朝大略相等。至居正卒后，帝亲操大柄，泄愤于居正之专，其后专用软熟之人为相。而怠于临政，勇于敛财，不郊不庙不朝者三十年。与外廷隔绝，惟倚阉人四出聚敛，矿使税使，毒遍天下。庸人柄政，百官多旷其职。边患日亟，初无以为意者。是为醉梦时期。"中华书局2006年版，第275页。

② 明神宗朱翊钧于公元1620年崩逝，时为万历四十八年；光宗常洛同年八月即帝位，旋即死去，改由明熹宗朱由校继统；廷议采纳左光斗的意见，以八月前为万历，八月后为泰昌，明年为天启，三个年号均为1620年这一年所议改，鲜有前例。

惨烈的一幕。

如果说明朝中后期的几个皇帝大都懦弱无能，致使后妃与阉官交相专权，朝政不可收拾，清初的顺治和康熙则是以稚龄登基，开始一段时间，内外政令悉出自辅臣之手。所不同者，清人以北方强悍之血，尚存生机；明室撑废弛之躯，尽显灭相。但明清易代，掺杂有种族的因素，满汉之间的文化冲突，在有清一朝，始终没有停止过。

问题是我们的历史人物汤若望在如此纷乱动荡的明清鼎革之际，处于何种位置，作为一个历史角色，他的活动具有怎样的意义，本文想循绕历史演变的轨迹略加追寻。

二

汤若望个人的身份当然是传教士。但他1623年到达北京，除1627至1630年在西安传教，直到逝世，前后有四十个整年基本上都是在政治中心北京度过的，明清两朝的种种变局为他所目睹亲历，因此可以说他扮演了明清易代的历史见证人的角色。

他撰写的《生活回忆录》，对1644年甲申之变有极详尽的记载。包括李自成的队伍在这一年的四月包围京城，太监曹化淳敞开彰仪门作为内应，崇祯帝带领护从欲逃无路，于是回到宫中逼令皇后自尽，自己则登上宫后面的煤山，自缢于寿皇亭。汤若望不无哀悼地写道："竟这样耻辱，这一代君王崩殂。他或许是世界上最伟大君主的，而在性格的优良上，决无可疑，他不落于任何人之后。然而殂落时，竟这样凄惨孤独，为一切的人所撇弃，年龄仅三十六，为他愚昧可叹的行动之所牺牲。他的崩殂，因之也使有二百七十六年历史之大明帝国，与约近八万人口之大明皇族，悉行沦亡。"[①]迄今为止，

[①] 魏特：《汤若望传》第一册，杨丙辰译，商务印书馆1949年版，第207—208页。

堪称搜集材料最完备的《汤若望传》的作者魏特证实,汤若望对甲申之变京城状况的叙述,"一切的都经他由最近处所目击目睹"①,看来此说可信,因为与其他史料参证,大体上都能符合。

当然这位传教士的同情在明代朝廷和崇祯皇帝一边,因此对农民军进城以后的作为,叙述中不时掺有偏见。农民军撤离时焚烧劫掠严重,但初入城时尚比较规矩,特别对皇室成员,也还保持一定礼遇。计六奇撰《明季北略》对内臣献太子一事有如下记载:

> 内臣献太子,自成留之西宫,封为宋王。太子不为屈。初,太子走诣周奎第,奎卧未起,叩门不得入,因走匿内官外舍,至是献之。自成命之跪,太子怒曰:"吾岂为若屈耶?"自成曰:"汝父何在?"曰:"死寿宁宫矣。"自成曰:"汝家何以失天下?"曰:"以误用贼臣周延儒等。"自成笑曰:"汝亦明白。"太子问曰:"何不速杀我?"自成曰:"汝无罪,我岂妄杀?"太子曰:"如是,当听我一言:一不可惊我祖宗陵寝,二速以皇礼葬我父皇母后,三不可杀戮我百姓。"又曰:"文武百官最无义,明日必至朝贺。"次日,朝贺者果一千三百余人。自成叹曰:"此辈不义如此,天下安得不乱。"②

史载崇祯帝自缢前在衣襟上写有"逆贼直逼京师,皆诸臣误朕也",以及"可将文官尽皆杀死,勿坏陵寝,勿伤我百姓"③等语,与太子所申说如出一辙,而李自成并不以此为怪。但汤若望《生活回忆录》中的记述,对李自成的这一面似有意略而不取。

---

① 《汤若望传》第一册,商务印书馆1949年版,第206页。
② (清)计六奇撰:《明季北略》卷之二十"内臣献太子"条,下册中华书局1984年版,第458页。
③ 见萧一山:《清代通史》卷L之第二篇"明清之兴替与满洲典制述要",中华书局影印本第1册,第265页。

对汤若望本人，李自成采取的也是优遇的态度。坐落在宣武门附近的耶稣会所竟然未受到大的骚扰，虽有起义军进入，并没有破坏性的举动，拿走一条毛毡，也是在经允许后拿走的。第二天，"勿扰汤若望"的警示牌就挂在会所的门口了。又过了几天，汤若望被一主帅请去待以茶酒，殿堂外面有人拍手欢迎，纷传"大法师来了"。事后汤氏解释说，"大法师"的意思是指被揭发藏有财宝的人①，其实他误会了。在明清这一称呼是对道教掌坛者的尊称，丝毫不含贬义。

按中国传统道德，如何对待故国旧君，成为考验士人特操的一块试金石。明朝对汤若望虽非故国，崇祯帝却相当于旧君，以特操论，汤之所为应属于不失忠厚。只是这样一来，他自身的角色与作为历史见证人的角色期望之间，便有了一定程度的矛盾。

三

汤若望在明清鼎革之际的另一重角色意义，是他曾协助明军制造大炮，这在当时可不是一件小事，直接关系到交战双方军事力量的消长问题。他造的大炮也许没有用于实战。1626年宁远之役，袁崇焕用大炮守城，击毙后金兵一万七千多人②，致使努尔哈赤愤愧而死，是为明清攻伐史上第一次使用这种武器。大炮的来源系徐光启派人从澳门购得。第二年后金以复仇为动员，大举进攻宁远和锦州，也是慑于这种火炮的威力而败溃。从此努尔哈赤的继承人皇太极决心造炮，终于在1631年造成，取名为"天佑助威大将军"③，并很快改变了明清战局。

---

① 魏特：《汤若望传》第一册，第211—212页。
② 《徐光启集》上册，上海古籍出版社1984年版，第116页。
③ 《清太宗实录》卷八"天聪五年三月"载："造红衣大炮成，镌曰天佑助威大将军，天聪五年孟春吉日造。监造官总名官额附佟养性，监造官游击丁启明，备御祝世萌，铸匠窦守俭，铁匠刘计平。"

皇太极所造之炮，系佟养性所监造，参加者为丁启明、祝世萌、窦守俭、刘计平等四人，尤以丁启明对造炮技术最为娴熟。丁原是明朝的副将，在战场上被俘，因造炮有功，1633年授以二等参将之职。他的造炮技术据信是从传教士那里学来的。而佟养性一家，更与天主教关系密切，子侄弟兄中接受洗礼者多有其人[①]。

总之决定明朝与后金战局的西洋武器大炮，与传教士的活动是分不开的。虽然1631年以后，构成后金主要火力的大炮，一部分为自己制造，另一部分是孔有德、耿仲明等明朝降将所携归。但携归这一部分，与信仰耶教的山东名将孙元化直接相关[②]。归根结底还是来自荷兰、葡萄牙等国，具体途径是徐光启通过传教士多方努力的结果。汤若望造炮的时间，在崇祯十五年，即1642年，当时火炮已不算神秘，"敌不但有，而今且广有之矣"[③]，因此他造的二十尊大炮试验成功后，在战场上发没发生作用，人们不得而知。重要的是，他亲自制造了火炮，并著有《火攻挈要》二卷，由焦勖译纂，刊行于崇祯癸未即1643年[④]，是书讲述诸种制炮技术甚详，实际上是他指导制炮的操作技术总结。这样一来，身为传教士的汤若望又扮演了火炮专家的角色。

可以想象，当崇祯末年，面临建州和张、李双重威胁之际，朝廷上下可能更看重他的火炮专家的身份，连天算推步的专长也降到了次要地位。果不其然，制炮工作尚未结束，崇祯帝又派汤若望察看北京城外的防御工事，希

[①] 关于佟养性家族的宗教信仰和制造西洋大炮的关系，方豪著《中国天主教史人物传》中册第49—54页、牟润孙《注史斋丛稿》第431—439页考订甚详，两书由中华书局分别于1988年和1987年出版，可参阅。

[②] 参见徐光启崇祯四年十月二十一日《钦奉明旨敷陈愚见疏》，《徐光启集》上册，第313—314页。

[③] 汤若望授、焦勖纂：《火攻挈要》卷上，"概论火攻总原"，北京图书馆善本室藏嘉业堂藏书。

[④] 北京图书馆善本室藏嘉业堂本《火攻挈要》，卷前的墨笔说明有"是书明崇祯癸未曾刊行"字样。

望他这位军事专家提出改进意见①。至少1642和1643这两年，汤若望在人们眼里，与其说是传教士，不如说是技术娴熟的军事专家。

问题在于应该怎样看待他的教士以外的身份和行动。我们不妨看看《汤若望传》的作者魏特对这个问题是怎样回答的。他在书中写道：

> 在这里有一个根本问题应行提及。就是汤若望以天主福音之使者，可以做这种以屠杀为目的的军事工作么？当在他于长久的拒绝之后，终于拜命受招时，在他的心里对于这件事情在教会方面之容许，他决定有把握的，甚至他还是视这种工作为一种间接传教方法。连一些同他一起传教的弟兄们也都觉得，这没有什么不合教规之处。在当时的一切传教报告中，我们连一句责难的和疑虑的言词也发现不出。根据他在此项工作上已经一年多，用去了他全部时间上的大部分的理由，我们也可以假定，他曾获有传教会各会长之明文赞成的。即我们今日之下，亦可完全了然原谅他这种教士以外的行动。②

《汤若望传》的作者显然非常重视程序的合法性，即使史料难以证实，也宁愿假设传主的参与军事工作获得了教会会长的批准。接着又从道德与文化的角度给予论证："汤若望是中国国家的公民，皇帝的臣属。中国是一个有高度文化的国家，这文化的高度是在非基督教的世界内，自希腊与罗马以后从未曾有其他的国家能达到的。而当时中国军事防卫的工作，又系目的在防止盗匪与文化低劣之游牧民族之侵袭。况且皇帝又不是一位不堪当他的地位的人物。如果他的力量过于软弱，不能铲除宦官的恶势力和改良恶劣腐败的官僚政治，那这便不足为离弃他不辅助他的理由。"③站在维护中国当时的统

---

① 《汤若望传》第一册，第166页。
② 同上，第167—168页。
③ 同上，第168页。

治秩序和传统伦理的立场，自然会认同于魏特所阐述的理由，而且与汤若望当时实际处境和思想状况，亦没有什么不相符合之处。

但魏特的这种解释也存在着危险，因为没过多久，汤若望就成为代明而立的清初帝皇的近臣，如果过分强调文化与道德的价值判断，势必陷入阐释上的矛盾。不如换一个角度，改从角色转换的理论加以说明，也许更为稳妥。

实际上，明清易鼎之后，汤若望的角色意义已经发生了变化。他来华的头几年，主要是学习所在国的语言和风俗习惯，积累有关的历史文化知识，然后赴西安传教。1630年，经徐光启推荐，特调来北京参加修改历法的工作，包括译书和推测日月食。后来边事紧张，又让他去制造火炮，这对一个传教士来说，已经是衍生出来的角色负荷。只不过异国传教，不能不走迂回曲折的道路，角色虽有转换，却未失去自身的主动。入清以后，情况有所不同，已经有新的角色等待他去扮演了。

四

研究汤若望的学者不约而同地遇到一个难以绕开的问题，就是他在清初何以获致那么多的荣宠。

1644年清兵入关，同年十一月诏封汤若望为钦天监监正。1646年即顺治三年，"加太常寺少卿衔"。1651年，"诰封汤若望为通议大夫，又谥封若望父、祖为通奉大夫，母与祖母为二品夫人"。1652年，御赐"钦崇天道"匾额。1653年，赐号"通玄教师"，后为避康熙的名字玄烨之讳，改称"通微教师"。1657年，又授以"通政使司通正使加二品又加一级衔"，并赐给御书"通微佳境"堂额。1658年，"诰授汤若望光禄大夫，并恩赏若祖先三代一品封典"。历来外臣在中国做官，很少达到如此高位。还不要说摄政王多尔衮死后，顺治亲政，与汤若望之间建立的关系有多么密切。据汤若望回忆，光是1656和1657两年，顺治帝曾二十四次到过他的住处，有时随便地吃饭、喝茶①，称他为"玛法"，这在汉语中相当于"尚父"，亦即爷爷的意思。遇到重要事情，汤若望进谏，顺治也比较地能听得进去。此时的汤若望事实上已兼有近侍辅臣的角色。

至于汤若望与顺治帝建立起超乎寻常的密切关系的依据是什么？也许可以从心理学的角度求得解释。顺治七岁登基，十四岁亲政，到1661年驾崩，也不过刚二十四岁。与汤若望关系最密切时期，正值顺治的少年时代，可以想象，他对蔼然长者的西方传教士一定充满了好奇心。别的不说，汤若望会舍的那些奇巧之物，也会让一个住在深宫里的少年人感觉到兴趣。另外与汤若望交谈，可以得到平时接触不到的知识，包括日食和月食的道理，彗星和流星问题，以及琥珀油是如何采制的等等②，如此有趣的交谈，显然可以满足少年人的求知渴望。顺治的性格，与明朝的万历皇帝有些相像，他们都有一种崇尚自由的精神，不愿意为宫廷的清规戒律所束缚。万历的办法是自己给自己放了假，顺治则迷狂于狩猎，或者干脆到汤若望会舍的园子里摘果子玩。他从汤若望的独立直言的性格里，能够感受到一种可以激活自己的平等意识。这在汤若望，可是不曾想到的。当然心理的原因，并不是他与顺治关系密切的唯一依据，因为在顺治亲政之前、多尔衮摄政时期，汤若望的地位就已经很稳固了，因此还必须从另外的角度探究我们的历史人物在清初获致特殊荣宠的原因。

就汤若望本人而言，他身怀长技，掌握天文历算的推步知识，固然是一个基本条件，但胆识同样重要。李自成攻入北京时，全城一片混乱，官员离

---

① 汤若望《修历纪事》1942年拉丁文、法文版第256页写道："在两年中，也就是本世纪的56年、57年中，他亲自到我住处来了二十四次。他在我的住处耽了不少时间，并且他还在我的住处吃饭、喝茶。这是他之前任何一个皇帝也没有这样做过的。"见《汤若望传》第二册，第277页。

② 魏特《汤若望传》第二册第274至275页记载："有一次正值冬日，皇帝召汤若望携带一仆人至游猎苑囿，为的是要知道，那一种为人所极珍视的琥珀油是怎样采制法。仆人一方面在工作着，皇帝和汤若望则翻阅书籍，以研究其制法。"

散，百姓喋声，任何人都难以保证不会有不测发生。但汤若望一个人坚守北京耶稣会所，镇定自若，毫不动摇。而傅泛济、龙华民两位传教士则事先离开了。清兵入关，汤若望应对有法，迅速改善了自己的不利处境。多尔衮下令东、西、中之城居民一律迁移至南北二城，谁敢不遵？独汤若望奏报新朝，要求仍在原地居住。他的奏疏写得很巧妙，不妨抄录如下：

> 修政历法臣汤若望谨奏，为恳乞圣明垂鉴远旅孤踪，格外施恩事。臣自大西洋八万里航海来京，不婚不宦，专以昭示上帝、阐扬天主圣教为本，劝人忠君孝亲、贞廉守法为务。臣自购买天主堂、圣母堂共一所，朝夕焚修，祈求普佑，迄今住京二十余年。于崇祯二年间，因旧历舛讹，奉前朝教修政历法，推测日月交食、五星躔度，悉合天行。著有历书表法一百四十余卷，测天仪器等件向进内廷，拟欲颁行。幸逢大清圣国俯念燕民遭贼荼毒，躬行天讨，伐罪吊民，万姓焚顶，没世难忘。乃天主上帝宠之四方，降以君师之任，救天下苍生于水火者也。臣仰读内院传示令旨，中、东、西三城君民搬移于南北二城，以便大兵憩息。是诚圣明轸恤便民至意，敢不即便钦遵。但念臣住居宣武门内城下中城地方，房屋半为贼火焚烧，仅存天主、圣母二堂并小屋数椽，朝夕在内，虔诚诵祷。况臣八万里萍踪，一身之外，并无亲戚可倚，殊为孤孑堪怜。五堂中所供圣像，龛座重大，而西方带来经书不下三千余部，内及性命微言，外及历算屯农水利，一切生财之道，莫不备载。至于翻译已刻修历书板，数架充栋，诚恐仓猝挪移，必多散失。而臣数十年拮据勤劳，无由效用矣。伏乞皇上斡念孤忠，特赐柔远之典。倘蒙俯准微臣仍旧居住，使臣得以安意精修，祝延圣寿，而保存经典书籍，冀图报于异日，洪德如天，感恩无地矣。臣为此激切冒渎天聪，惟圣明俯宥，垂察施行，臣不胜瞻仰惶悚待命之至。为此具本亲赍，谨具奏闻。①

---

① 见明崇祯清顺治间刻本《西洋新法历书》第一册，北京图书馆善本室藏。

具奏的日期是顺治元年五月十一日，信是由汤若望亲自交给宫廷的，第二天就有摄政王颁给的清字令旨一道，准予汤若望仍住原处。这封奏疏的起草人不一定是汤若望自己，然而措词得体，既介绍了自己的身份和在前朝所做贡献，又说明包括"备载""一切生财之道"的书籍和"已刻修历书板"等贵重物品所在多有，如"仓猝挪移，必多散失"，后果无法弥补。而且还提及"贼火焚烧"问题，表示曾遭受过李自成军队的侵扰，对新朝则"冀图报于异日"。

这样一封奏疏，必定为多尔衮所欢迎，自不成问题。何况接待汤若望的是事清已久的边疆大吏范文程，在掌握政策方面，考虑得肯定比较周详。十二天以后，即顺治元年五月二十三日，汤若望又题写一篇奏疏，具陈修历公署的来历和在编官生的状况，属工作汇报性质。随后又把八月初一日京师所见日食限分秒和起复方位，及各省所见日食多寡先后不同诸数，一并按西洋新法开列进呈。还进呈一批仪器，计有浑天银星球一座、镀金地平日晷一具、窥远镜一具、舆地平图六幅、诸器用法一册。七月初九日进呈，初十日即获旨："这测天仪器准留览，应用诸历，一依新法推算"[①]。新法推步有了钦定的合法性。待到八月朔日的月食经大学士冯铨率钦天监官员，亲临观象台得到验证，汤若望的声望更为高涨，宜乎有钦天监监正之授。

我们从汤若望在甲申之变前后的种种表现，可以明了这位历史人物的性格特征。他有条不紊，不动声色，轻而易举地完成了从效力前朝到供职新朝的过渡。他对自己充满了自信，还是在明朝灭亡之前他就说："如果这个皇帝不在了，会再来一个，对我也许比他更好。"[②]话虽这么说，历史事实的演变可比历史人物的主观意志冷静得多。这话用于从崇祯到顺治，可谓不幸而言

[①] 本文所引汤若望奏疏及御批均见北京图书馆善本室藏《西洋新法历书》第一册和第二册。
[②] 转引自张力、刘鉴唐：《中国教案史》，四川省社会科学院出版社1987年版，第53页。

中，用于从顺治到康熙幼年四辅臣执政，就适得其反了，否则汤若望为什么会陷入"历狱"？不过这是后话，留待下面再谈。

五

汤若望在清初获得特殊荣宠，就执掌权力的朝廷一方来说，也不是没有深层的缘由。角色的选择是相互的，而且选择的主动权始终在清廷方面，而不是由汤若望来决定。明清易代，原本是一个生产力低下的文化落后的民族用武力夺得了全国的统治权，鼎革之际对生产力的破坏和对固有文化的摧残，都极其严重。但清所以代明而兴，特别是入关以后势如破竹，很快控制全国，实得力于武力与怀柔相配合的两手政策。清兵进北京，纪律相当严明。多尔衮与诸将誓约："此次出师，所以除暴救民，灭流寇以安天下也。今入关西征，勿杀无辜，勿掠财物，勿焚庐舍，不如约者罪之。"[①]范文程更向一般民众发表文告："义兵之来，为尔等复君父仇，非敌百姓也。今所诛者惟闯贼。官来归者，复其官；民来归者，复其业，必不尔害。"[②]结果逃匿之民众，纷纷归来，明朝的文武百官则迎出五里之外。公平地说，清兵入京比李自成攻入北京然后又撤出，其破坏程度要小得多。而这些政策的制定，又得之于范文程、洪承畴等明朝降将。没有任何朝代能够像清朝那样重用降臣。这样来看，汤若望在清初得到重用，被任命为钦天监监正，就不为偶然了。降清的明臣尚且委以重任，多年来华的西士不是更可以放心委用吗？

顺治十年诏赐汤若望为"通玄教师"，为此发布的圣旨写道："国家肇造鸿业，以授时定历为急务。羲和而后，如汉洛下闳、张衡，唐李淳风、僧一行，于历法代有损益。元郭守敬号为精密，然经纬之度，尚不能符合天行，

[①] 参见萧一山：《清代通史》第一册，第278页。

[②] 同上。

其后晷度遂以积差。尔汤若望来自西洋，精于象纬，闳通历法。徐光启特荐于朝，一时专家治历如魏文魁等，实不及尔。但以远人，多忌成功，终不见用。朕承天眷，定鼎之初，尔为朕修大清时宪历，迄于有成。又能洁身持行，尽心乃事。今特锡尔嘉名，俾知天生贤人，佐佑定历，补数千年之阙略，非偶然也。"①行文中特地把清代的用人政策和明代加以对比，说明本朝宽大，野无遗贤，明代褊狭，有才不用。因此汤若望在这里又扮演了一个新的角色，即成为一代新朝的胸襟阔大的用人政策的象征。

清初用汤若望，实在是聪明的办法。有的研究者认为，顺治初年西南七省尚在永历治下，永历两宫皇太后、皇后、皇太子都是受过洗的教徒，教友瞿式耜、焦琏等仍在致力于复明活动，波兰教士卜弥格奉太后之命曾远使教廷，西士在西南各省仍具有影响力，而汤若望在西士中最称杰出，给他以荣宠可以收其他教士之心②。如此说可信，那么汤若望作为清初政策的一种象征的角色意义，更可以确定无疑。

六

汤若望晚年的"历狱"，人们对其原因的看法，多归之于杨光先的陷害及与此相联系的中西历法之争和宗教信仰的不同。不能说这种看法没有事实依据。还是在明崇祯初年，徐光启奉命修改历法，一些守旧人士就对用西法治历持有异议。对他推荐汤若望和罗雅谷参加历局的工作，更心存疑忌。所以当崇祯七年，徐光启已死，继任者李天经在书器告成的奏疏中不得不加以解释："远臣罗雅谷、汤若望等，译书撰表，殚其夙学；制仪缮器，掳以心法；融通度分时刻于数万里外，讲解躔度交食于四五载中，可谓劳苦功高矣。说

---

① 《清史稿》列传五十九"汤若望传"，中华书局校点本第33册，第10020页。
② 见方豪：《中国天主教史人物传》中册，第12—13页。

者动以异域视之，不知皇上君临万邦，覆载之下，莫非王臣；法取合天，何分中外？"①希望按徐光启生前的请求，奖给汤若望、罗雅谷以田宅。可见使用西法治历阻力之大。

待到顺治十四年，汤若望处在荣宠的峰巅之时，被革职的回回科秋官正吴明炫还上疏弹劾汤若望的"舛谬三事"。②至于杨光先其人，一直是新法治历的反对派，攻讦固未尝少停，但并未动摇汤若望的地位，反而使自己遭受贬黜。吴明炫亦因奏事诈妄，部议当死，后来得到赦免。而汤若望在被弹劾之后反而授予光禄大夫，恩赏先世三代一品封典。因此汤若望的"历狱"，不发生在顺治朝，也不发生在康熙亲政之后，而发生在顺、康交替过程中的索尼、苏克萨哈、遏必隆、鳌拜四人辅政时期，此一时间涵度大可究诘。

笔者认为，中西历法之争构不成陷汤若望于囹圄的充分理由，宗教信仰的冲突也不致导此结局。康熙三年七月杨光先上《请诛邪教状》，主要以谋反罪构陷汤若望，所以状中有"若望借历法以藏身金门，窥视朝廷秘密，若非内外勾连，谋为不轨，何故布党立天主堂于京省要害之地，传妖书以惑天下之人"③等语。而这些"罪状"，在顺治十七年十二月杨光先所具呈的《辟邪论》中已有所陈述，但顺治帝并没有听信他的话。只是在顺治崩逝之后，索尼等四大臣辅政康熙，杨的目的才得以实现。于是在康熙三年八月，即杨光先呈状后一个月，辅政大臣鳌拜发旨将汤若望等系狱，复经几个月的审讯，议决当斩。

很明显，这是朝廷内部一场权力攘夺的结果，其矛头指向为顺治皇帝。所以太皇太后悉知案情后立即大怒，说："汤若望向为先帝所信任，礼待极

---

① 方豪：《中国天主教史人物传》中册第4页，并《徐光启集》下册第427至428页所载之崇祯六年十月初六日"治历已有成模恳请思叙疏"。
② 《清史稿》列传五十九，中华书局校点本，第10021页。
③ 参阅张维华：《明清之际中西关系简史》，齐鲁书社1987年版，第134页，及《中国教案史》，第134页。

隆，尔等欲置之死地毋乃太过。"①后来为昭雪冤案，南怀仁、利类思等受康熙旨意写的申诉书中，也强调："世祖章皇帝数幸堂宇，赐银修造，御制碑文，赐若望嘉名。若系邪教，先帝圣明，岂能如此表彰？"②进一步透露出此案的政治背景。实际上，我们的历史人物在晚年遭逢的冤狱中又出演了一个新的角色，即朝廷权力的牺牲品的角色。四辅臣上台，在很多方面改变了顺治的政策，康熙亲政又是对四辅臣的挑战，因此汤若望在顺治朝荣宠独高，四辅臣为他制造冤狱，康熙替他平反，看起来曲曲折折，其实并不难理解。后来雍正代替康熙和乾隆代替雍正，不是把历史的曲折又重演了一遍吗？

七

写到这里，我们需要回过头来审视一下汤若望作为一名传教士的本身角色的问题了。自耶教东传以来，传教士中最重要的人物当然是利玛窦。但利玛窦之后，最重要的人物要推汤若望。如果说利氏是中国天主教事业的奠基者，那么汤氏则是在南京教案之后，在明清易代的特殊历史条件下，把此项事业重新固基并加以推进的人物。他自己对其角色担当的意义甚为明了，请看顺治七年北京天主堂落成后他撰写的碑记：

> 自昔西汉时，有宗徒圣多默者，初入中国传天主正教。次则唐贞观以后，有大泰国西士数人，入中国传教。又次明嘉靖时，圣方济各入中国传教，至万历时西士利玛窦等，先后接踵入中国传教，译有经典，著有书籍，传衍至今。荷蒙清朝特用西法，定造时宪新历、颁行历务告竣，谨于都城宣武门内虔建天主新堂，昭明正教。时天主降生一千六百五十年，为大清

---

① 参阅张维华：《明清之际中西关系简史》，齐鲁书社1987年版，第134页，及《中国教案史》，第134页。
② 见《正教奉褒》康熙八年条及《圣汉实录》。

顺治七年，岁次庚寅。修正历法汤若望记。①

利玛窦之后其他传教士的名字碑记中没有具列，这不是汤若望不谦逊，而是利氏之后确没有另外的人能和他的历史作用相比。陈援庵先生在《三版主制群微跋》中写道："综其在中国四十余年，其半在明，其半在清，实明末清初圣教会绝续安危之所系，所以与利玛窦称为耶稣会之二雄也。"②诚为的论。继利玛窦掌管在华教务的龙华民，对祀天、祭祖、拜孔等中国传统礼俗持否定态度，企图厉禁，结果事与愿违，终酿成南京教案，反而影响了耶教的传播。

汤若望的思想直承利玛窦而来，主张尝试走一条与中国固有文化相融合的道路。利玛窦在他的《中国札记》中写道："为了使一种新宗教的出现在中国人中间不致引起怀疑，神父们开始在群众中出现时，并不公开谈论宗教的事。在表示敬意和问候并殷勤接待访问者之余，他们就把时间用于研习中国语言、书法和人们的风俗习惯。然而，他们努力用一种更直接的方法来教导这个异教的民族，那就是以身作则，以他们圣洁的生活为榜样。"③他相信他的想法终有一天会得到中国皇帝的认可。他说："当已经有了相当数量的基督徒时，向皇帝进呈备忘录不是不可能的，其结果至少能达到允许基督徒按基督教律法生活，只要这不违反中国的法律。"④在一定意义上，汤若望称得上实践利玛窦主张的完美的楷模，利氏没有实现的目标，有的在他身上得到了实视。

至于有人认为他的工作成绩尚不够理想，甚至责难他没有利用自己的方

---

① 魏特：《汤若望传》第一册，第253页。
② 《陈垣学术论文集》第一集，中华书局1980年版，第81页。
③ 《利玛窦中国札记》，中华书局1983年版，第167—168页。
④ 汾屠立：《利玛窦神父的历史著作》第2卷，第381页，见[法]谢和耐：《中国文化与基督教的冲撞》，辽宁人民出版社1989年版，第3页。

便条件促使崇祯和顺治两位帝皇皈依上帝,这未免求之过苛。魏特的《汤若望传》援引大量翔实的史料,介绍我们的历史人物极尽一切可能向崇祯和顺治布道的情形。如果说他没有成功,那不是他的过错,需要从中西不同的信仰原则中去搜寻原因。

崇祯皇帝和顺治皇帝,作为治理国家的帝王来说,实在谈不上是什么英主,但他们个人的禀赋和资质不差,具备皈依宗教的先天条件。《烈皇小识》一书关于崇祯命人毁掉佛像、第五子悼灵王死后又幡然悔悟的记载是否可信,可以不去管它,但崇祯十三年以后,因丧皇子而疏远了与汤若望的关系,则是事实。顺治与汤若望的关系,其密切程度远在崇祯之上,一度朝夕相处,不乏传教布道的绝好机缘。但结果是越到晚年顺治与汤若望越疏离,不仅未皈依天主,反而自行剃发,产生了出家之念。

陈援庵先生所著《汤若望与木陈忞》一文,对顺治晚年佛教僧人与汤若望争夺之战考订甚详,并从各个角度缕析汤不敌木的原因[①]。不过归根结底还是不同的信仰原则在起作用。顺治十四年的《御制天主堂碑记》写道:

> 若望素习泰西之教,不婚不宦,衹承朕命,勉受卿秩,浮历三品,仍赐以通玄教师之名。任事有年,益勤厥职。都城宣武门内向有祠宇,素祀其教中所奉之神,近复取锡赉所储,而更新之。朕巡幸南苑,偶经斯地,见神之仪貌,如其国人,堂牖器饰,如其国制。问其几上之书,则曰此天主教之说也。夫朕所服膺者,尧、舜、周、孔之道,所讲求者,精一执中之理。至于玄笈贝文,所称《道德》、《楞严》诸书,虽尝涉猎,而旨趣茫然。况西洋之书,天主之教,朕素未览阅,焉能知其说哉。但若望入中国,已数十年,而能守教奉神,肇新祠宇,敬慎蠲洁,始终不渝,孜孜之诚,良有可尚。人臣怀此心以事君,未有不敬其事者也。朕甚嘉之,因赐额名

[①] 《陈垣学术论文集》第一集,中华书局1980年版,第500—513页。

曰"通玄佳境",而为之记。①

顺治在这篇碑记中明确表示,他对佛教和道教均不感兴趣,天主教当然更不在话下,而只信服中国传统的儒家之道,但对汤若望个人的"守教奉神"精神给予高度评价。这就是说,我虽然不信仰你提倡的宗教,但对你的信仰我表示尊重。到康熙执政的后期,对基督教的态度更为随便,在一条给传教士的谕旨中这样写道:"朕因轸念远人,俯垂矜恤,以示中华帝王不分内外,使尔等各献其长,出入禁廷,曲赐优容致意。尔等所行之教与中国毫无损益,即尔等去留也无关涉。"②几乎是无所谓的态度了。

八

这种无所谓的比较随便的态度,恰好从一个侧面反映出中国传统文化中宗教观念的特征。

如同许多学者所指出,中国人的宗教思想一直没有得到充分地发展③。至于能否叫作没有宗教,尚待商榷,但认为中国文化的人文特点并不以确立终极信仰为条件,则是无可争辩的事实。在大多数情况下,我们的信仰总是和怀疑联系在一起的,很难分辨信仰中的肯定成分和否定成分到底哪一方更占优势。也可以说我们重视崇拜,而不那么重视信仰。按传统礼法,不敬祖宗的罪过比亵渎神明要严重得多。

中国的人文环境从根本上说不利于宗教的生长。来自印度的佛教所以立

---

① 魏特:《汤若望传》第二册,第315—316页。
② 参见陈垣辑录:《康熙与罗马教皇使节关系文书》,影印本。
③ 见熊十力:《论中国文化与中国哲学》一文,载《中国文化》第3期,北京三联书店、香港中华书局、台湾风云时代出版社联合版,又此期之"编后"系笔者所撰,略及中华民族的原始崇拜和宗教的关系,亦可参阅。

住了脚跟，那是因为经过了佛教中国化的过程。当然与基督教相比，佛教精神更接近中国人的思维特性，也是它得以植根中土的一个原因。佛教的本义是使未觉悟的人获得觉悟，基督教则可以说是觉悟后的信仰；佛教是自性假定，从自我出发，基督教是他性假定，从上帝出发；佛教是感性假定，基督教是理性假定；佛教追寻的是果，基督教追寻的是因。两厢对比，佛教的传播简便少障，基督教则繁复多障，显然是佛教而不是基督教更容易与中国人的思维惯性一致起来，因而两教在中国的影响势力悬殊，就不难理解了。

　　正因为如此，我们宁愿撇开困扰明清之际各派传教士的"礼仪之争"，而对利玛窦开其端、汤若望继其后的基督教与中国固有文化相融合的尝试，给予高度评价，并充分肯定汤公在这条具有开辟意义的道路上所扮演的多重角色的意义。

1992年4月23日竣稿

　　（本文系1992年5月4日至5日，出席德国《华裔学志》研究所召开的"纪念汤若望400周年诞辰国际学术研讨会"提交的论文，5月4日研讨会开幕之当天下午在大会宣读，《中国文化》杂志1992年第七期首载）

《牡丹亭》与《红楼梦》
——他们怎样写"情"

汤玉茗和曹雪芹生不同时，但同为文化巨匠、文学大师、写情能手，则地不为隔、易时可通。《红楼梦》作者并不回避自己的写作曾受到《牡丹亭》的影响。曹雪芹之于汤显祖的《牡丹亭》，应该不愧为"有缘"的"后世知音"。

《牡丹亭》所写之情是美丽、圆融而又比较容易舒解之情。"寻梦"虽苦，但不小的篇幅都是对前日所遇的"鸳梦重温"。更重要的是，杜丽娘死后还可以和柳梦梅"幽媾"，两性之间情感的欢悦过程并未因当事人之一的死亡而中断。情和欲、灵和肉、情爱和性爱、爱情和婚姻，是合一的，而不是分离的。《红楼梦》则完全不如是。《红楼梦》里的爱情故事，情和欲、灵和肉、情爱和性爱、爱情和婚姻，恰好是分离的而不是合一的。《红楼梦》里的婚姻，大都是失败的、残缺的，尤其少有与爱情的结合。中国传统社会男女之间的爱情感受，婚姻与爱情分离，足以成"痛"，情爱与性爱分离，足以为"苦"。《红楼梦》既写了有爱情却不能结合的"痛"，又写了有情爱而不能实现性爱的"苦"，还有大量的既无情爱又无性爱的"悲"。

总之《牡丹》之情轻快，《红楼》之情沉重；《牡丹》之情偏于喜，《红楼》之情偏于悲；《牡丹》是单色的爱情，《红楼》是复调的爱情；《牡丹》之情愉悦，《红楼》之情悲哀；《牡丹》对情的写法让人感到满足，《红楼》对情的写法让人感到缺憾。

汤玉茗和曹雪芹生不同时，一个生于明嘉靖二十九年（公元1550年），一个约生于清康熙五十四年（公元1715年），生年的时间差为165年。而卒年，汤卒于明万历四十四年（公元1616年），曹卒于清乾隆二十九年（公元1764年），一为明晚期，一为清中叶。两人所处的社会、历史、文化环境有别，使用的文学手段也不同，一为戏曲，一为小说。但同为文化巨匠、文学大师、写情能手，则地不为隔、易时可通。以上为文本的提要。

一

《红楼梦》作者并不回避自己的写作曾受到《牡丹亭》的影响。第二十三回标题大书特书："《西厢记》妙词通戏语，《牡丹亭》艳曲惊芳心。"而且描写得极细致，写出了林黛玉聆听《牡丹亭》曲文达致共鸣的全过程。背景是众姊妹和宝玉已奉元春之命，搬入大观园，都是年轻女孩儿，就一个男性贾宝玉。大家"坐卧不避，嬉笑无心"。结果静中生动，宝玉忽然有一天不自在起来。于是便读起了《西厢记》。黛玉看到也读，而且读得"余香满口"，两个人"连饭也不想吃了"。正在这时袭人来找，说老太太唤宝玉有事。林黛玉一个人闷闷地回潇湘馆，路过梨香院，恰好里面正在排练《牡丹亭》。"原来姹紫嫣红开遍，似这般都付与断井颓垣"两句曲文传入黛玉耳朵，她感到"感慨缠绵"。待听到"良辰美景奈何天，赏心乐事谁家院"，她由不得"点头自叹"。又听到"则为你如花美眷，似水流年"两句，黛玉"不觉心动神摇"。再听到"你在幽闺自怜"等句，她已经"如醉如痴，站立不住"，一蹲身坐在一块山子石上，反复细嚼"如花美眷，似水流年"八个字的滋味。这时黛玉又联想起唐人诗句："水流花谢两无情。"以及刚刚读到的《西厢记》里的"花落水流红，闲愁万种"。最后她"不觉心痛神痴，眼中落泪"。[①]

[①] 本文所引《红楼梦》原文系根据中国艺术研究院红楼梦研究所校注本《红楼梦》，人民文学出版社1982年版。

《牡丹亭》与《红楼梦》

《红楼梦》里这段情节是描写艺术欣赏达致共鸣境界的绝妙文字。起因、渊源影响，主要来自《牡丹亭》的艺术感染作用。第四十回"史太君两宴大观园，金鸳鸯三宣牙牌令"，作者让林黛玉在念酒令时，再次诵读《牡丹亭》的成句。鸳鸯充当令官，一个一个"考"下去，轮到黛玉，鸳鸯说："左边一个天。"黛玉接念："良辰美景奈何天。"可见《红楼梦》作者曹雪芹对《牡丹亭》是何等地别具慧眼特识。史学家陈寅恪总是期待"后世相知或有缘"[①]。曹雪芹之于汤显祖的《牡丹亭》，应该不愧为"有缘"的"后世知音"。

二

庚辰本《红楼梦》第三十二回回前的一页纸上，曾引录一首汤显祖的诗："无情无尽却情多，情到无多得尽么？解到多情情尽处，月中无树影无波。"[②]此诗见于《汤显祖诗文集》卷十四，题为《江中见月怀达公》[③]，作于明万历二十七年（公元1599年）。"达公"就是真可和尚（字达观、号紫柏），汤显祖的好友，对汤的思想有过重要影响。

抄本《红楼梦》录存此诗，是因为诗的内容和《红楼梦》第三十二回的情节内容互相映衬，故诗前有小引写道："前明汤显祖先生有怀人诗一截，读之堪合此回，故录之以待知音。"《红楼梦》第三十二回是有名的"诉肺腑"，

[①] 陈寅恪1963年《旧历壬寅六月十日入居病院疗足疾至今日适为半岁而足疾未愈拟将还家度岁感赋一律》："不比辽东木蹋穿，那能形毁更神全。今生所剩真无几，后世相知或有缘。"又同年《壬寅小雪夜病榻作》："任教忧患满人间，欲隐巢由不买山。剩有文章供笑骂，那能诗赋动江关。今生积恨应销骨，后世相知倘破颜。疏属汾南何等事，衰残无命敢追攀。"屡为自己学问和文章不能见容于当代而发为慨叹。两诗均见《陈寅恪诗集》，北京清华大学出版社1993年版，第119、118页。

[②] 见《脂砚斋重评石头记》（庚辰本）第三十二回回前附页，影印本第二册，人民文学出版社1975年版。又己卯本《脂砚斋重评石头记》第三十二回前亦有此诗。

[③] 汤显祖：《江中见月怀达公》，《汤显祖诗文集》上册，上海古籍出版社1982年版，531页。

即贾宝玉第一次直白地向林黛玉表达爱情,并郑重告诉林黛玉:"你放心!"这一情节,在《红楼梦》里是极大的关目,是宝黛爱情故事的转折点——

  这里宝玉正忙忙的穿了衣裳出来,忽见林黛玉在前面慢慢的走着,似有拭泪之状,便忙赶上来,笑道:"妹妹往那里去?怎么又哭了?又是谁得罪了你?"林黛玉回头见是宝玉,便勉强笑道:"好好的,我何曾哭了。"宝玉笑道:"你瞧瞧,眼睛上的泪珠儿未干,还撒谎呢。"一面说,一面禁不住抬起手来替他拭泪。林黛玉忙向后退了几步,说道:"你又要死了!作什么这么动手动脚的!"宝玉笑道:"说话忘了情,不觉的动了手,也就顾不的死活。"林黛玉道:"你死了倒不值什么,只是丢下了什么金,又是什么麒麟,可怎么样呢?"一句话又把宝玉说急了,赶上来问道:"你还说这话,到底是咒我还是气我呢?"林黛玉见问,方想起前日的事来,遂自悔自己又说造次了,忙笑道:"你别着急,我原说错了。这有什么的,筋都暴起来,急的一脸汗。"一面说,一面禁不住近前伸手替他拭脸上的汗。宝玉瞅了半天,方说道"你放心"三个字。

  林黛玉听了,怔了半天,方说道:"我有什么不放心的?我不明白这话。你倒说说怎么放心不放心?"宝玉叹了一口气,问道:"你果不明白这话?难道我素日在你身上的心都用错了?连你的意思若体贴不着,就难怪你天天为我生气了。"林黛玉道:"果然我不明白放心不放心的话。"宝玉点头叹道:"好妹妹,你别哄我。果然不明白这话,不但我素日之意白用了,且连你素日待我之意也都辜负了。你皆因总是不放心的原故,才弄了一身病。但凡宽慰些,这病也不得一日重似一日。"

  林黛玉听了这话,如轰雷掣电,细细思之,竟比自己肺腑中掏出来的还觉恳切,竟有万句言语,满心要说,只是半个字也不能吐,却怔怔的望着他。此时宝玉心中也有万句言语,不知从那一句上说起,却也怔怔的望着黛玉。两个人怔了半天,林黛玉只咳了一声,两眼不觉滚下泪来,回身便要走。宝玉忙上前拉住,说道:"好妹妹,且略站住,我说一句话再走。"

林黛玉一面拭泪，一面将手推开，说道："有什么可说的，你的话我早知道了！"口里说着，却头也不回竟去了。

这一情节将贾宝玉和林黛玉之间的爱情纠葛写得撕心裂肺，令天下有情人不忍足观。而且，《红楼梦》一般读者也许不一定注意到，宝黛两人在此前经常是吵吵闹闹、哭哭啼啼、互相怄气，但从这第三十二回"诉肺腑"以后，两个人忽然不再闹别扭、吵架了。这是为什么？原来恋爱的双方互相交了底，表了决心，彼此心领神会，只剩下互相"怔怔的"傻看着，一句话也说不出来。试想，两人话都不需要说了，还需要吵架吗？

甚至黛玉和宝钗的矛盾也因之平静下来。黛玉得到了宝玉的心，就不必处处以宝钗为意了。宝钗心理纠葛的解决，是第二十八回，贾妃从宫里送礼物，独宝钗和宝玉的一样多。这是个重要"暗示"，说明贾府的权力执掌中枢选中了宝钗做未来的宝二奶奶。当时宝玉大惊，以为传错了，说："这是怎么个原故，怎么林姑娘的倒不同我的一样，倒是宝姐姐的同我一样？"敏感的林黛玉只好向宝玉发脾气："我没有这么大福气禁受，比不得宝姑娘什么金什么玉的，我们不过是草木之人。"而宝钗何等聪明，她岂能不意识到这一特殊举动的含义？这等于元妃的一次公开表态，使得贾母也不便另作主张。此情此境之下，"慧宝钗"还需要放黛玉在心里吗？

宝钗要的是婚姻，黛玉要的是爱情。到第三十二回"诉肺腑"，她们都得到了自己想要的，因此就不必互相猜疑戒备了。后来钗黛二人甚至表现得很亲密，弄得宝玉莫名其糊涂，问黛玉："是几时孟光接了梁鸿案？""几时"？宝钗是在书中第二十八回，黛玉是三十二回[①]。第三十二回就是宝玉和黛玉的"解到多情情尽处"，所以后来他们的爱情就是"月中无树影无波"了。汤显祖虽不可能看到晚他百余年出世的《红楼梦》，但他的《江中见月怀达公》诗

[①] 参阅刘梦溪：《红楼梦新论》，中国社会科学出版社1982年版，第109—117页。

所表现的"情心",却可以为宝黛爱情故事的转折预做解人。

三

《红楼梦》庚辰本第三十二回引用的汤显祖这首诗,不必是曹雪芹所引,也许是脂砚斋或畸笏叟。第二十一回庚辰本的另页上也有一首诗,叫作《有客题〈红楼梦〉一律》,写的是:"自执金矛又执戈,自相戕戮自张罗。茜纱公子情无限,脂砚先生恨几多。是幻是真空历遍,闲风闲月枉吟哦。情机转得情天破,情不情兮奈我何。"①题这首诗的"客"是谁?可能是脂砚斋,也可能是畸笏叟,还可能就是曹雪芹自己。诗后有批语说:"凡是书题者,[无]不可(以)此为绝调。诗句警拔,且深知拟书底里。"这首诗和汤显祖的"解到多情情尽处,月中无树影无波"诗,可说是有异曲同工之妙。不过细详,两首诗又尽有不同。这个不同,正是《红楼梦》和《牡丹亭》写"情"的不同之处。

《牡丹》所写之情是美丽、圆融而又比较容易舒解之情。杜丽娘身处闺房,虽不免为情所困("在幽闺自怜"②),但为时甚暂。她去游园,"姹紫嫣红开遍"的自然景观,既可令她"因春感情",又可为她暂舒闺房闭处之困。她一个官府小姐居然可以园中畅游,她的处境够优越的了。而且游而能梦,梦而有遇,遇则成欢,杜小姐的情感生活够顺利的了。她自己也承认:"今日杜丽娘有些侥幸也。"玉成此节的条件:是她生在正当红的官宦之家,又是独生之女,杜老爷忙于利禄,母亲对她娇纵溺爱。这样适宜的"小环境",特别是构成小环境的"硬件",《红楼梦》里的林黛玉完全不具备。"寻梦"虽苦,但不小的篇幅都是对前日所遇的"鸳梦重温",尽情回忆在湖山石边、牡丹亭畔,

---

① 见《脂砚斋重评石头记》(庚辰本)第二十回回后之附页,影印本第一册,人民文学出版社1975年版。按庚辰过录本将此附页置于第二十回后而不置于二十一回前,应是抄手误植。

② 本文具引之《牡丹亭》原文,悉本徐朔方先生校注本《牡丹亭》,人民文学出版社1963年版。

与"可意书生"的"美满幽香不可言"。她抱怨的是:"梦到正好时节,甚花片掉下来也!"就是"寻梦"不着而焦思,复因焦思而弃世,这个时间也不是很长,不过季春到初秋而已。

更重要的是,杜丽娘死后还可以和柳梦梅"幽媾",两性之间情感的欢悦过程并未因当事人之一的死亡而中断。实际上,死后的杜丽娘反而得到了灵魂的自由和情感的自由。她的"肉身不坏",灵魂可以"随风游戏",愿意飘到那里就飘到那里,至少可以"常回家看看"。所以从死亡学的观点,杜丽娘不过是"假死"。前生注定杜丽娘和柳梦梅的爱情过程是:"前系幽欢,后成婚配。"还魂以后,皆大团圆。情和欲、灵和肉、情爱和性爱、爱情和婚姻,是合一的,而不是分离的。这是《牡丹亭》写男女之情的最大特点。

《红楼梦》则完全不如是。《红楼梦》里的爱情故事,情和欲、灵和肉、情爱和性爱、爱情和婚姻,恰好是分离的而不是合一的。《红楼梦》里的婚姻,大都是失败的、残缺的,尤其少有与爱情的结合。"老祖宗"贾母的婚姻是否美满,不得而知,书中没有交代,反正作为文学角色出现的她,始终是孤身一人。研究者有的认为张道士是贾母的"老情人",也许证据还不够充足,不去说他。贾赦和邢夫人、贾政和王夫人等等,都是中国传统婚姻的常态,照例只有婚姻,没有爱情。贾珍和尤氏原本搭配得不错,但贾珍爱的是儿媳秦可卿。贾琏和王熙凤算是比较"般配"的一对了,但他们是权势与利益的结合,各怀鬼胎、勾心斗角,而且都另有所爱。反之有爱情的,又都不能结成婚姻。例如尤三姐爱柳湘莲,终因爱而自杀。最典型的是男女主人公贾宝玉和林黛玉,他们是真爱,爱得如醉如痴,但就是不能结合。只好镜花水月,咫尺天涯。《红楼梦十二支曲》中的《枉凝眉》:"一个是阆苑仙葩,一个是美玉无瑕。若说没奇缘,今生偏又遇着他;若说有奇缘,如何心事成虚话。一个枉自嗟呀,一个空劳牵挂;一个是水中月,一个是镜中花。想眼中能有多少泪珠儿,怎禁得秋流到冬,春流到夏。"这只曲写尽了普天下有情人爱情与婚姻分离、因而不能结为眷属的苦痛。

换言之,在曹雪芹看来,真正的爱情也许是永远无法结合在一起的,只不过是一种空幻。他摈弃了以往戏曲小说"有情人终成眷属"的老套。《牡丹亭》里杜丽娘和柳梦梅的爱情，所以有磨折而少苦痛，就因为有现成的圆满的结局等待着他们，甚至地狱的判官、人间的皇帝都可以站出来帮助他们成全好事。这与贾宝玉和林黛玉的爱情悲剧相比，杜小姐和柳公子够幸运的了。

四

中国传统社会男女之间的爱情感受，婚姻与爱情分离，足以成"痛"，情爱与性爱分离，足以为"苦"。现代社会不存在这些问题，婚姻不必是爱情的必然归宿，性爱也可以不与情爱完全结合，因此现代人较少爱情的苦痛。《红楼梦》既写了有爱情却不能结合的"痛"，又写了有情爱而不能实现性爱的"苦"，还有大量的既无情爱又无性爱的"悲"。

"金陵十二钗"的命运可以说都是不幸的。元、迎、探、惜四姊妹，元春号称"元妃"，不过是凤藻宫的一名"女尚书"，是以"才选"，不是以色胜，婚姻、爱情、情爱、性爱云云，根本谈不上。迎春懦弱，人称"二木头"，儿女之情与她无缘；后来嫁给如同"中山狼"般的"无情兽"，把她"作践的侯府千金如下流"。探春远适，那是后话，前八十回的探春，为维护正统地位的尊严，可以不认生母，"绝情"、"忍情"是她的性格特征。惜春好静、喜佛事，后来出家。李纨守寡，书中说她心如"枯木死灰"。史湘云爽朗大度，似乎爱自然而不解人事，所以《红楼梦十二支曲》说她"从未将儿女私情略萦心上"，而且是"云散高唐，水涸湘江"。薛宝钗则是只知有"礼"，不知有"情"。妙玉应该是既解情爱又解性爱的女子，但身处栊翠庵，自己断绝了发舒的条件，结局竟流落风尘。惟有黛玉，算是得到了难得的情爱，但始终与性爱绝缘。曹雪芹似乎有意要把情爱与性爱分离开来、对立起来。如果偶有例外，这两者有某种程度的结合，如司棋和潘又安，结果双双自杀，只能到另一世界实现他们的爱情与婚姻的理想了。

因为在曹雪芹的眼里，一旦拥有了性爱，就已经不是"爱"，而是"淫"。第五回贾宝玉梦游太虚幻境，警幻仙姑为他演《红楼梦十二支曲》，就是警示他情爱与性爱不过是虚妄空幻之事，万不可一意追求。但贾宝玉对这些警示不感兴趣，也就是警幻仙姑发现的"痴儿竟尚未悟"，于是便引领他与秦可卿幽会，并发表一番惊世骇俗的大议论：

> 尘世中多少富贵之家，那些绿窗风月，绣阁烟霞，皆被淫污纨绔与那些流荡女子悉皆玷污。更可恨者，自古来多少轻薄浪子，皆以"好色不淫"为饰，又以"情而不淫"作案，此皆饰非掩丑之语也。好色即淫，知情更淫。是以巫山之会，云雨之欢，皆由既悦其色，复恋其情所致也。

试想这是多么大的判断："好色即淫，知情更淫。"难怪吓的贾宝玉不知所措。然而警幻仙姑接着又对"淫"字作出了新的诠解。她说："淫虽一理，意则有别。如世之好淫者，不过悦容貌，喜歌舞，调笑无厌，云雨无时，恨不能尽天下之美女供我片时之趣兴，此皆皮肤淫乱之蠢物耳。如尔则天分中生成一段痴情，吾辈推之为'意淫'。'意淫'二字，惟心会不可口传，可神通而不可语达。"正是在这个意义上，贾宝玉被警幻仙姑称为"天下古今第一淫人"，以和"好色即淫，知情更淫"的流俗情事划清界限。贾宝玉作为文学形象的特点是："好色"而"知情"，"知情"而不淫。

秦可卿在《红楼梦》中是一极特殊的角色，作为文学形象，她是集情、色、淫、欲于一身的人物。书中描写她"鲜艳妩媚，有似乎宝钗，风流袅娜，则又如黛玉"，所以她的小名叫"兼美"，表字"可卿"。其实她才是情和性两者合一的化身，现代一点的话说，就是美丽而且性感。但这样的女性，男性会无法抗拒，结果不堪设想。她的判词是："情天情海幻情深，情既相逢必主淫。漫言不肖皆荣出，造衅开端实在宁。"《红楼梦曲》又说："擅风情，秉月貌，便是败家的根本。箕裘颓堕皆从敬，家事消亡首罪宁。宿孽总因情。"曹雪芹把"情"看做是"孽"的宿"因"，而且尤其是"家事消亡"的

"首罪"和"宿孽"。所以他宁愿塑造贾宝玉这样一个情爱和性爱、爱情和婚姻分离的"意淫"的形象。再没有人比贾宝玉更具备"知情更淫"的诸种条件了，但作者偏偏让他走到世俗理念的反面。

至于"造衅开端"之因、"家事消亡"之"罪"，何以都和一个"宁"字有干系？这个"宁"字是宁国府之"宁"，还是另有他指？红学专家也被弄糊涂了，至今没人解释得清楚。当然也许不仅仅指"家事消亡"，可能还包含着"国事"——这涉及《红楼梦》有没有反满思想问题，是另一话题，此处不能多讲。

五

《牡丹亭》写"情"的难能之处，是写出了男女之间的"至情"，所谓"情不知所起，一往而深。生者可以死，死可以生。生而不可与死，死而不可复生者，皆非情之至也"①。这是汤显祖作为戏剧家的伟大处。尽管如此，《牡丹》所写仍然是那种比较单纯的男女之情，即前引汤诗里描述的"解到多情情尽处，月中无树影无波"那种情境之下的"情"。《红楼梦》则写出了男女情事的诸种复杂型态，有"情情"，有"情不情"（脂砚斋评语），甚至包括因"情"而导致的"情的错乱"，以及因"情"而生成的"恨"等等。前引《有客题〈红楼梦〉一律》："自执金矛又执戈，自相戕戮自张罗。"应是《红楼》情事描写的真实写照。

汤玉茗标榜："第云理之所必无，安知情之所必有耶？"（《牡丹亭》卷前"作者题词"）有的研究者认为这是传统社会"以情抗理"的宣言。其实他的本意是说"情"可以创造出"理"无法解释的爱情现实，并非要对"理"的价值作蓄意的贬低。《红楼梦》则可说是向传统社会的"理"发出了比较系统的质

---

① 《牡丹亭》卷首"作者题词"，人民文学出版社1963年徐朔方先生校注本书前单页另排。

疑。对比两部作品的风格,《红楼》感到压抑,《牡丹》让人欢跃。《红楼》向往自由的爱情、向往人格的独立,但却是被笼罩在宗法制度大网中的向往,现实世界中无法得以实现。这缘于曹雪芹与汤显祖处身于不同的历史环境。天启、万历年间的明代社会,城市经济相对发达,物质条件充盈,中上层生活侈糜,加上王学后劲恣肆,知识人士有较大的精神空间,于是谈"情"说"性"成为时尚。袁宏道致龚惟长书提出的人生"五快活",可见晚明时代性之一般,兹抄录以飨读者。

> 然真乐有五,不可不知。目极世间之色,耳极世间之声,身极世间之鲜,口极世间之谈,一快活也。堂前列鼎,堂后度曲,宾客满席,男女交舄,烛气熏天,珠翠委地,金钱不足,继以田土,二快活也。箧中藏万卷书,书皆珍异。宅畔置一馆,馆中约真正同心友十余人,人中立一识见极高,如司马迁、罗贯中、关汉卿者为主,分曹部署,各成一书,远文唐、宋酸儒之陋,近完一代未竟之篇,三快活也。千金买一舟,舟中置鼓吹一部,妓妾数人,游闲数人,泛家浮宅,不知老之将至,四快活也。然一生受用至此,不及十年,家资田地荡尽矣。然后一身狼狈,朝不谋夕,托钵歌妓之院,分餐孤老之盘,往来乡亲,恬不知耻,五快活也。士有此一者,生可无愧,死可不朽矣。若只幽闲无事,挨排度日,此最世间不紧要人,不可为训。[①]

兹可见晚明社会是一道德秩序紊乱的极开放的社会,"目极世间之色,耳极世间之声,身极世间之鲜,口极世间之谈"犹嫌不足,还要以"恬不知耻"相标榜、相钦尚,以为知耻者不足以享受到"真乐"。史家称当时为"天崩地解"的时代,诚非虚言矣。特别是居身繁华之市的士、官、商等中上阶

[①] 袁宏道:《龚惟长先生》,《袁宏道集笺校》上册卷五,上海古籍出版社1981年版,第205—206页。

层，对情、性、利、欲的放纵和追逐，是公开的、无所顾及的。所以《牡丹亭》畅意地写情和欲、爱情和婚姻合一的男女之情，是顺理成章之事，当时的作者和读者均不以之为异。

而生活在乾隆统治时期的清中叶的曹雪芹，则没有汤显祖那样的精神气候的条件。清朝文化政策的严酷超过历史上任何一朝一代。皇室、八旗贵胄，可以恣意玩乐，士商等民间势力，则蒙受巨大的政治压力。处身高压之下，知识人士要么做顺民，要么被整肃。商人也失去了往昔的自由。所以《红楼梦》作者曹雪芹只好写情和欲、情爱和性爱、爱情和婚姻相分离的男女情事，写被压抑的、变态的、错位的爱情。至于他的这种写法是不是还隐含有对清初诸王南下征歌选色的批评，红学索隐一派的搜求是否也有一定道理，我们就不得而知了。

总之《牡丹》之情轻快，《红楼》之情沉重；《牡丹》之情偏于喜，《红楼》之情偏于悲；《牡丹》是单色的爱情，《红楼》是复调的爱情；《牡丹》之情愉悦，《红楼》之情悲哀；《牡丹》对情的写法让人感到满足，《红楼》对情的写法让人感到缺憾。

（原载《中华读书报》2006年7月23日）

陈寅恪与《红楼梦》

中国现代学者，很少有不注意《红楼梦》其书的，陈寅恪也不例外。早在青少年时期，他就关注《红楼梦》，同时也关注晚清以还很走红的红学一科。

说来此事还与他的家学渊源有关。他的伯舅俞明震，字恪士，晚清翰林俞文葆的公子，能诗，有胆略，重情义，与寅恪父尊散原老人不仅是姻亲关系，性分上也极相投。寅恪少年时期住在南京，与俞家比邻而居，自然受其影响。直到晚年他还特别回忆起这段往事："寅恪少时家居江宁头条巷。是时海内尚称乂安，而识者知其将变。寅恪虽年在童幼，然亦有所感触，因欲纵观所未见之书，以释幽忧之思。伯舅山阴俞觚斋先生明震同寓头条巷。两家衡宇相望，往来便近。俞先生藏书不富，而颇有精本。如四十年前有正书局石印戚蓼生抄八十回石头记，其原本即先生官翰林日，以三十金得之于京师海王村书肆者也。"[①] 此可见寅恪先生阅读《红楼》之早，且看的是精善之本。

而红学闻人俞平伯，很早以前就与寅恪先生结下了文字因缘。说来也巧，俞平伯的研究《红楼梦》，与戚本也有直接的关系。学者中俞先生是最早称引戚序本《石头记》的。俞平伯1921年与顾颉刚通信讨论《红楼梦》，

---

① 《柳如是别传》第一章"缘起"，上册，上海古籍出版社1980年版，第2—3页。

第二封信就提到了戚序本："我想有正书局抄本《石头记》，八十回后无文无目，却是原书真面目。"①这里所说有正书局抄本，就是戚蓼生序本。而且他对戚本和脂评庚辰本、己卯本、甲戌本，以及甲辰本、程高本等作过文字上的比勘。俞平伯整理校勘的《红楼梦八十回校本》，也是以有正本做底本的。看他的解释："用它做底本，却为事实所限，一则由于易得，便于丹黄涂抹；二则它也最完整。"②

一

一九二八年寅恪先生和俞平伯先生同在北京，寅恪任教于清华国学研究院，俞平伯原执教燕大，这一年的十月也来到清华，在大学部中文系担任讲席。当时寅恪先生正在研究韦庄的《秦妇吟》，故请平伯先生以小楷抄录《秦妇吟》长卷，并注明流传本文字的异同。俞并写有跋语称：

> 余与寅恪倾盖相逢，忘言凤契。同四海以漂流，念一身之憔悴，所谓去日苦多，来日大难，学道无成，忧生益甚，斯信楚囚对泣之言，然不自病其惑也。今岁丁香开后，嘱写此篇。明知字迹尘下，无以塞命，惟念古今来不乏鸿篇巨制，流布词场，而寅恪兄乃独有取于此，且有取于稚弱之笔法，则其意故在牝牡骊黄之外也。中和癸卯后千有四十五年岁次戊辰春三月俞平伯写跋于北京。③

《秦妇吟》是寅恪先生生平最重视的一篇作品，曾前后三次校笺，每次均有所增补。第一次在一九三六年，题目是《读秦妇吟》（后改为《秦妇吟校

---

① 《俞平伯论红楼梦》，上海古籍出版社1988年版，第6页。
② 俞平伯：《红楼梦八十回校本序言》，《俞平伯论红楼梦》，上海古籍出版社1988年版，第893页。
③ 见蒋天枢撰：《陈寅恪先生编年事辑》（增订本），上海古籍出版社1997年版，第70页。

笺》）；第二次在一九五〇年，题目作《秦妇吟校笺旧稿补正》；第三次是最后之定稿本，题目作《韦庄秦妇吟校笺》，收入一九八〇年上海古籍出版社出版之文集本《寒柳堂集》。请俞平伯书写长卷，可使我们追溯先生对韦庄此作发生特殊兴趣的初始之期，以及当时的理解。所以第一次校笺之时，寅恪先生提及："戊辰之春，俞铭衡君为寅恪写韦端己秦妇吟卷子，张于屋壁。八年以来，课业余暇，偶一讽咏，辄若不解，虽于一二字句稍有所校释，然皆琐细无关宏旨。"①那么"宏旨"何在？就在于："端己之诗，流行一世，本写故国乱离之惨状，适触新朝宫闱之隐情。所以讳莫如深，志希免祸，以生平之杰构，古今之至文，而竟垂诫子孙，禁其传布者，其故傥在斯欤？傥在斯欤？"②实际上俞平伯对陈之寓意已微有所知，故前面跋语写得非常含蓄，只是说"其意故在牝牡骊黄之外也"。

同是一九二八年这一年，陈寅恪也为俞平伯先生做了一件值得一书的事，就是应平伯之请，为平伯的曾祖父俞曲园的《病中呓语》写了一篇跋语，时间也是在"春三月"。寅恪先生语及的《病中呓语》第二首、第六首、第七首分别为：

　　无端横议起平民，从此人间事事新。
　　三五纲常收拾起，大家齐作自由人。

　　几家玉帛几家戎，又是春秋战国风。
　　太息斯时无管仲，茫茫杀气几时终。

　　触斗相争年复年，天心仁爱亦垂怜。

---

① 陈寅恪：《韦庄秦妇吟校笺》，《寒柳堂集》，上海古籍出版社1980年版，第112页。
② 同上，第125页。

六龙一出乾坤定,八百诸侯拜殿前。①

经学大师俞樾（曲园为其号）的《哭语》作于晚清庚子、辛丑（一九○○至一九○一年）之间,共九章,对后来家国政局的事变颇多预见性,因而为士林所传诵。寅恪认为这种现象并不奇怪,因此在跋语中申而论之曰:"人事有初中后三际（借用摩尼教语）,犹物状有线面体诸形。其演嬗先后之间,即不为确定之因果,亦必生相互之关系。故以观空者而观时,天下人事之变,遂无一不为当然而非偶然。既为当然,则因有可以前知之理也。"又说:"当时中智之士莫不惴惴然睹大祸之将届,况先生为一代儒林宗硕,湛思而通识之人,值其气机触会,探演微隐以示来者,宜所多言中,复何奇之有焉！"②真可以说,知俞樾者寅恪也。跋文还提到与俞平伯的思想交往:"尝与平伯言:'吾徒今日处身于不夷不惠之间,托命于非驴非马之国,其所遭遇,在此诗第二第六首之间,至第七首所言,则藐不可期,未能留命以相待,亦姑诵之玩之,比诸遥望海上神山,虽不可即,但知来日尚有此一境者,未始不可以少抒忧生之念。然而其用心苦矣。'"③《病中哭语》之第七首为:"触斗相争年复年,天心仁爱亦垂怜。六龙一出乾坤定,八百诸侯拜殿前。"④实为海宇澄清、江山一统之写照,寅老认为此一境界"藐不可期"。此跋语的结尾还说:"此诗末首曰:'略将数语示儿曹。'然则今日平伯之录之诠之者,似亦为当时所预知。此殆所谓人事之当然而非偶然者欤？"⑤《哭语》之第九首即最后一首作:"张弛由来道似弓,聊将数语示儿童。悠悠二百余年事,都入衰翁一梦中。"⑥钱仲

---

① 俞曲园:《病中哭语》,钱仲联编:《清诗纪事》道光朝卷,江苏古籍出版社1989年版,第10411页。
② 陈寅恪:《俞曲园先生病中哭语跋》,《寒柳堂集》,第146页。
③ 同上。
④ 俞曲园:《病中哭语》,钱仲联编:《清诗纪事》道光朝卷,江苏古籍出版社1989年版,第10411页。
⑤ 陈寅恪:《俞曲园先生病中哭语跋》,《寒柳堂集》,第147页。
⑥ 俞曲园:《病中哭语》,钱仲联编:《清诗纪事》道光朝卷,江苏古籍出版社1989年版,第10411页。

联校正本之第二句作"示儿童",依韵脚当不误。寅恪先生写为"示儿曹",应为笔误。此可见陈、俞二人的文字因缘并思想之默契,固有存于文字及话语之外者。

所以当一九五四年俞平伯与胡适一起遭受诬枉之灾,谨慎如寅恪先生也禁不住要为他的老友一辩。这就是写于同年的一首七律《无题》:

> 世人欲杀一轩渠,弄墨然脂作计疏。
> 猧子吠声情可悯,狙公赋芋意何居。
> 早宗小雅能谈梦,未觅名山便著书。
> 回首卅年题尾在,处身夷惠泣枯鱼。

研究者有的认为"轩渠"指胡适,实则此典更适合俞平伯的身份特点。《后汉书·蓟子训传》载:"尝抱郑家婴儿,故失手坠地而死,其父母惊号怨痛,不可忍闻,而子训唯谢以过误,终无他说,遂埋藏之。后月余,子训乃抱儿归焉。父母大恐,曰:'死生异路,虽思吾儿,乞不用复见也。'儿识父母,轩渠笑悦,欲往就之,母不觉揽取,乃实儿也。"[①]俞平伯一九四九年以后对新政权是认同的,而且似乎焕发了致力于学术的积极性,写作与研究格外勤奋。《红楼梦简论》、《读红楼梦随笔》等都成稿于那一时期。轩渠欲就父母怀抱的小儿情态,颇似俞平伯对新政权所采取的亲近态度。

诗的最后两句有小注:"昔年跋春在翁有感诗云'处身于不夷不惠之间'。"俞樾室名"春在堂",所著书称"春在堂全书",因此"春在翁"自是指俞曲园无疑,可证此诗的具体所指为俞平伯。当然三、四两句,如说也将胡适之包括在内,同样解释得通。第三句"猧子"后有注:"太真外传有康国猧子之记载,即今外人所谓'北京狗',吾国人则呼之为'哈巴狗'。元微

[①] 陈寅恪:《无题》,《陈寅恪诗集》,清华大学出版社1993年版,第88—89页。

之梦游春诗'娇娃睡犹怒'与春晓绝句之'狌儿撼起钟声动'皆指此物,梦游春之'娃'乃'狌'字之误,浅人所妄改者也。"陈著《元白诗笺证稿》第四章"艳诗及悼亡诗",释证"狌儿"、"猧子"及"娇娃"和"骄狌"甚详。①可见寅恪先生对批俞以及批胡适之不满,溢于言表,甚至用了责詈挖苦的讽刺词语。

　　五、六句"早宗小雅能谈梦,未觅名山便著书",是指俞平伯年轻的时候就发表诗作及研究《红楼梦》。俞平伯的《红楼梦辨》写于1921年,当时只有22岁;1923年由上海亚东图书馆出版,也只24岁。而开始发表新诗,在1918年,才19岁。②当时还很幼稚,并没想到传之后世。尤可证明批俞是以强凌弱,实不应该。试想,以平伯先生善良纯真之天性,也逃不脱遭受大规模批判的命运,岂不是"世人欲杀一轩渠"吗?

二

　　陈寅恪与吴宓的友谊,已为世人所共知。但他们友谊之初建,却和《红楼梦》不无关系。一九一九年三月二日吴宓应哈佛大学中国学生会的邀请,以《红楼梦新谈》为题,讲析《红楼梦》其书;陈寅恪当时也在哈佛留学,不知是否也听了吴的演讲,但三月二十六日他写了一首诗送给吴宓,诗题作《红楼梦新谈题词》,全诗八句为:

　　　　等是阎浮梦里身,梦中谈梦倍酸辛。
　　　　青天碧海能留命,赤县黄车更有人。
　　　　世外文章归自媚,灯前啼笑已成尘。

---

① 陈寅恪:《元白诗笺证稿》,上海古籍出版社1980年版,第91页。
② 孙玉蓉编著:《俞平伯年谱》,《俞平伯全集》第十卷,花山文艺出版社1997年版,第434—453页。

陈寅恪与《红楼梦》

春宵絮语知何意,付与劳生一怆神。①

第四句有注:"虞初号黄车使者。"虞初是汉武帝时期的一个有名的方士,尝著《虞初周说》九百四十篇,因而向有小说初祖之称。张衡《西京赋》也有"小说九百,本自虞初"的记载。《汉书·艺文志》亦载:"《虞初周说》九百四十三篇。"又称虞为"河南人,武帝时以方士侍郎",号"黄车使者",列入"小说家"之第十四家。颜注云:"《史记》云虞初洛阳人,即张衡《西京赋》'小说九百,本自虞初'者也。"②

诗中"赤县黄车更有人"句,显然是对吴宓《红楼梦新谈》的肯定。后来吴宓确写过多篇研讨《红楼梦》的文字,自成一家之言,受到学术文化界的重视。一九一九年三月二十六日他在日记中记下这首赠诗的同时,对寅恪先生人格和学养有所评价,写道:"陈君学问渊博,识力精到,远非侪辈所能及。而又性气和爽,志行高洁,深为倾倒。新得此友,殊自得也。"③可见二人之友谊确因《红楼梦》而相互结缘。而寅恪先生这首题红诗,比胡适发表《红楼梦考证》早两年,比俞平伯的《红楼梦辨》早六年,红学史上应有其不该遗忘的位置。

《吴宓日记》还记载有他们留学哈佛时,寅恪与吴宓日常交谈之中,提到的一些有关《红楼梦》的观点。如涉及爱情这个话题,寅恪认为:"(一)情之最上者,世无其人。悬空设想,而甘为之死,如《牡丹亭》之杜丽娘是也。(二)与其人交识有素,而未尝共衾枕者次之,如宝、黛等,及中国未嫁之贞女是也。(三)又次之,则曾一度枕席,而永久纪念不忘,如司棋与潘又安,及中国之寡妇是也。(四)又次之,则为夫妇终身而无外遇者。

---

① 陈寅恪:《红楼梦新谈题辞》,《陈寅恪诗集》,清华大学出版社1993年,第7页。
② 《汉书》,中华书局校点本,第六册,第1745页。
③ 《吴宓日记》第二册(1917~1924),三联书店1998年版,第20页。

（五）最下者，随处接合，惟欲是图，而无所谓情矣。"[1]此可见寅恪对爱情极富理想精神，而且随处举《红楼梦》以为例证，说明他对作品的稔熟以及对《红楼梦》爱情描写的高度评价。

三

陈寅恪先生在自己的史学著作中提到或援引《红楼梦》以取比，最多的是《论再生缘》和《柳如是别传》两部著作。后者释证钱柳因缘诗，以明清易代为其背景，涉及之人物与曹雪芹和《红楼梦》有旨趣方面的关联。前者所论之作者陈端生，更是乾隆时期的女作家，和曹雪芹同一时代环境，思想倾向也不无暗合之处。所以此两书中引证《红楼梦》之处非常之多。

值得注意的是，《论再生缘》里面对众说纷纭的《红楼梦》后四十回的作者问题，寅恪先生表示了自己的看法，而论证方式尤为独特。他认为世传百二十回本的《红楼梦》，是乾嘉时某个人参照各种版本糅合而成其书，所以书中试帖诗非常多。就《红楼梦》研究的常例而言，这是一种很特别的解释，反映出大史家的深厚学养。

他的历史故实的依据是，嘉庆修《大清会典事例》二十五礼部门乾隆二十二年条记载："本年钦奉谕旨，会试二场表文，改用五言八韵唐律一首。剔　科场旧习，务收实效。至将来各省士子，甫登贤书，即应会试。中式后，例应朝考。若非预先于乡试时，一体用诗，垂为定制，恐诸士子会试中式后，仍未能遽合程式。应自乾隆（二十四年）己卯科乡试为始，于第二场经文之外，加试五言八韵唐律一首。"[2]同时又引同书同卷乾隆四十七年条云："又议定二场排律一首，移至头场试艺后。其性理论一道，移至二场经文

---

[1] 《吴宓日记》第二册（1917~1924），三联书店1998年版，第21—22页。
[2] 陈寅恪：《论再生缘》，《寒柳堂集》，上海古籍出版社1980年版，第89页。

后。"然后寅恪先生申论道:

> 可知自乾隆二十四年己卯以后,八股文与试帖诗同一重要。故应试之举子,无不殚竭心力,专攻此二体之诗文。今通行本一百二十回之石头记,为乾隆嘉庆间人所糅合而成者。书中试帖体之诗颇多,盖由于此。①

陈寅恪先生认为百二十回本"为乾隆嘉庆间人所糅合而成",站在历史考证的立场,为《红楼梦》的作者问题增添了强有力的一说,而且引用的是当时最具权威性的法律文本"大清会典",其结论之根据的可靠性实不可移易又不容异议。以此则《红楼梦》前八十回和后四十回均出自一人之手的看法,便站不住脚了。

《论再生缘》也曾论及试帖诗写法上的要求,指出八股文是代圣贤立言,而试帖诗则必须颂扬今圣。至于怎样做才叫做颂扬今圣,他举《红楼梦》里面的两段故事为例:"如戚本《石头记》第十八回'庆元宵贾元春归省,助情人林黛玉传诗'中,林黛玉代倩作弊,为其情人贾宝玉所作'杏帘在望'五律诗,其结语云'盛世无饥馁,何须耕织忙',及第五十回'芦雪庵争联即景诗,暖香坞雅制春灯谜'中李纹李绮所联'即景联句'五言排律诗,其结语云'欲志今朝乐,凭诗祝舜尧'等即是其例。又悼红轩主人极力摹写潇湘妃子,高逸迈俗,鄙视科举,而一时失检,使之赋此腐句,颂圣终篇。若取与燕北闲人《儿女英雄传》第三十回'开菊宴双美激新郎,聆兰言一心攻旧业'中渴慕金花琼林宴及诰封夫人,而行酒令之十三妹比观,不禁为林妹妹放声一哭也。"②

《红楼梦》第十八回和五十回两个即景赋诗的例子,并不是作品的人物

---

① 陈寅恪:《论再生缘》,《寒柳堂集》,上海古籍出版社1980年版,第89页。
② 同上,第48页。

在作试帖诗,而是作者另有取意,让不适合颂圣的人物(宝黛)、不应该颂圣的地点(闺房闭处的芦雪庵),也莫名其妙地颂起圣来。不过这种写法具有极强的反讽意义,作者"干涉时事"的意图暴露无遗。寅恪先生引用此事例说明试帖诗在写法上必须以颂圣终篇,也是恰到好处。他当然深知《红楼梦》作者的构意,可偏要"为林妹妹放声一哭",其用意大约也是在"牝牡骊黄之外"罢。而且将平素为人"高逸迈俗"的潇湘妃子和如此颂圣"腐句"联系在一处,其强烈的反讽效果,惟《红楼》作者写得出,惟大史家寅恪先生捉置得住。我们读寅老书,常令人忍俊不禁,此特为一例耳。试想"腐句"之用语,慢慢咀嚼体会,能不暗发一笑乎!

寅恪先生另一特见,是他认为《红楼梦》中"不合事理者颇多"。例证之一,贾政放学差及任江西粮道,王夫人、赵姨娘、周姨娘等眷属皆不随同前往,实与乾隆时期放外官的制度风俗不合。例证之二,晴雯补裘所补之孔雀毛裘,书中说是出自俄罗斯,寅恪先生认为是无指妄说。相反,《儿女英雄传》描写的赵老学究赴安徽学政之任,并殁于任所,其才女戴苹南也曾跟随前往,倒是"实证实例"①。应该承认寅恪先生所论不无道理,《红楼梦》成书过程复杂,前后非出自一人手笔,且作者多所顾忌,真真假假之处多有。这样,以《红楼梦》作为证史的依据,宜乎分析具体情形之后再行去取。如果因为王、赵、周诸夫人没随贾政任,就得出结论,认为《再生缘》作者陈端生的母亲汪氏也不会随其生母侍父汪上 赴云南任,则未免武断。而《儿女英雄传》第二回描写的安太太因安老爷无侧室,便要亲身随往,以保管官印,实与当时的规定情境相符合,可作为考证《再生缘》作者经验依据的有力旁证。《儿女英雄传》第二回之相关文字,寅恪先生引录甚详,读者可参看上海古籍版《寒柳堂集》第91至92页之《论再生缘》本文。

寅恪先生还直接把《再生缘》与《红楼梦》对比,提出:"端生虽是曹

---

① 陈寅恪:《论再生缘》,《寒柳堂集》,上海古籍出版社1980年版,第93页。

雪芹同时之人，但其在乾隆三十五年春暮写成《再生缘》第十六卷时，必未得见《石头记》，自不待言。所可注意者，即端生杏坠香消、光阴水逝之意固原出于玉茗堂之'如花美眷，似水流年'之句，却适与《红楼梦》中林黛玉之感伤不期冥会（戚本《石头记》第二十三回'西厢记妙词通戏语，牡丹亭艳曲警芳心'之末节）。不过悼红仅间接想象之文，而端生则直接亲历之语，斯为殊异之点，故《再生缘》伤春之词尤可玩味也。"①《红楼梦》与《再生缘》都是乾隆时期的作品，其题旨、构意亦不无暗合之点。两部作品都表现出对自由爱情的想往与对女性的特殊期待。《红楼梦》人物的感会，是作者的想象；《再生缘》作者的感叹则是直接的生活实写。寅恪先生释证这一类作品，常作此虚实之比，下面还要具体谈到，此处暂不赘。

四

陈寅恪先生在《柳如是别传》里引证《红楼梦》的地方更其多多。兹分别问题义涵，请分别析而论之。

首先是《别传》第三章考订柳如是的《男洛神赋》究竟为谁而作。寅恪先生写道："细绎此赋命题所以如此者，当由于与河东君交好之男性名士，先有称誉河东君为'洛神'及其他水仙之语言篇什，然后河东君始有戏作此赋以相酬报之可能。"接下去有一夹注："寅恪偶检石头记四十三'不了情暂撮土为香'回，以水仙庵所供者为洛神。其三十八回为'林潇湘魁夺菊花诗'。盖由作者受东坡集十五'书林逋诗后'七古'不然配食水仙王，一盏寒泉荐秋菊'句之影响。至卧子则深鄙苏诗，所赋'水仙花'诗，与此无涉，固不待辨。但文选十九曹子建'洛神赋'题下李善注云：'汉书音义。如淳曰，宓妃，宓羲氏之女，溺洛水为神。'卧子或有取于此，而以'水仙花'目河东

---

① 陈寅恪：《论再生缘》，《寒柳堂集》，上海古籍出版社1980年版，第53页。

君，亦未可知也。俟考。"①这里，寅恪先生意在说明，河东君《男洛神赋》摹写之对象，不是汪然明，而是陈子龙；而卧子虽然写过"水仙花"诗，却不像《红楼梦》第四十三回和三十八回的两个章节，是从苏诗中获得的灵感。此说虽然是释证陈柳情缘的捎带之笔，亦可见寅恪先生对《红楼梦》的情节及其用典的谙熟。

同样，《别传》此章考证河东君离开与卧子同居之南楼，暂住于李舒章之横云别墅之后，李曾有横云观景之邀，而卧子托病未往。寅恪于此写道："不知是托病，抑或真病？若托病者，则其故虽不能确知，但必有河东君复杂之因素在内。若真病者，则崇祯八年首夏，卧子因河东君离去南园及南楼而发病，事后虽痊愈，然亦以有所感触，时复卧疾。如《秋居杂诗》第一首'药饵日相谋'者，即是其证。实世所谓'心病'，而非'身病'也。"②以此之故，则横云山赏秋之邀为雅聚，在李舒章可谓"天下良辰、美景、赏心、乐事，四者难并"，而卧子此时之心情，诚如寅恪先生所说："则转抱林黛玉过梨香院墙下，听唱牡丹亭'良辰美景奈何天，赏心乐事谁家院'及'如花美眷，似水流年'之感恨矣。"③又顺手拈出《红楼梦》的有关情节，对比两厢人物的心理活动，增加了释证的说服力量和文笔情趣。

甚至《别传》第四章论及崇祯时的郁林州知州刘渔仲和人参的关系，寅恪也要和《红楼梦》联系上。刘曾救助过董小宛，办法就是用人参作礼金，据说用去"数斛"之多。寅恪写道："人参在明季非仅限于药物之性质，亦可视为货币之代用品矣。渔仲于明季由北京至南方，挟此后起外来之奇货以当多金，岂为行侠救贫耶？抑或求利自济耶？寅恪非中医，且无王夫人'卖油的娘子水梳头'之感叹，故于人参之功效，不敢妄置一词。"④《红楼梦》

---

① 陈寅恪：《柳如是别传》上册，上海古籍出版社1980年版，第135页。
② 同上，第318页。
③ 同上。
④ 同上，第703—704页。

第七十七回写中秋过后，凤姐的病日渐好起来，为加快治疗，大夫开了新方子，需要二两人参配药。可是贾府上下，死活找不到二两人参，王夫人焦急得昏天黑地。这是《红楼梦》的一段非常重要的情节，占去了整整两个页面。寅恪先生未引原文，不妨增引其中一段文字如下：

一时周瑞家的又拿了进来说："这几包都各包好记上名字了。但这一包人参固然是上好的，如今就连三十换也不能得这样的了，但年代太陈了。这东西比别的不同，凭是怎样好的，只过一百年后，便自己就成了灰了。如今这个虽未成灰，然已成了朽糟烂木，也无性力的了。请太太收了这个，倒不拘粗细，好歹再换些新的倒好。"王夫人听了，低头不语，半日才说："这可没法了，只好去买二两来罢。"也无心看那些，只命："都收了罢。"因向周瑞家的说："你就去说给外头人们，拣好的换二两来。倘一时老太太问，你们只说用的是老太太的，不必多说。"周瑞家的方才要去时，宝钗因在座，乃笑道："姨娘且住。如今外头卖的人参都没好的。虽有一枝全的，他们也必截做两三段，镶嵌上芦泡须枝，掺匀了好卖，看不得粗细。我们铺子里常和参行交易，如今我去和妈说了，叫哥哥去托个伙计过去和参行商议说明，叫他把未作的原枝好参兑二两来。不妨咱们多使几两银子，也得了好的。"王夫人笑道："倒是你明白。就难为你亲自走一趟更好。"于是宝钗去了，半日回来说："已遣人去，赶晚就有回信的。明日一早去配也不迟。"王夫人自是喜悦，因说道："'卖油的娘子水梳头'，自来家里有好的，不知给了人多少。这会子轮到自己用，反倒各处求人去了。"说毕长叹。宝钗笑道："这东西虽然值钱，究竟不过是药，原该济众散人才是。咱们比不得那没见世面的人家，得了这个，就珍藏密敛的。"王夫人点头道："这话极是。"

我的引证已嫌过长。只是这段情节实在重要，是《红楼梦》作者创作构意的点睛之笔，不幸被大多数研究者所忽略。你看他说的："这东西比别的不同，凭是怎样好的，只过一百年后，便自己就成了灰了。如今这个虽未成灰，然已成了朽糟烂木，也无性力的了。"人们会问：这是讲人参吗？多么像讲一个家族或一个社会的命运！这且不论。回过头来再说陈寅恪先生考证刘渔仲其人与人参的关系，竟然顺手引来了王夫人的感叹之词，不能不令人佩服义宁之学的诗史互证包括用小说来证史的深厚功力。

《柳如是别传》考证陈子龙和柳如是的爱情过程，对河东君的《金明池·咏寒柳》一词特别予以重视。所以然者，不仅由于此词系直承陈子龙的《上巳行》之语意而作，同时钱牧斋于崇祯十三年秋间连作《永遇乐》词四章，也深受此词之影响，因而构成"陈柳关系及钱柳因缘转捩点"。而且词旨措意与寅恪先生己身之身世背景亦正相关合，也就是在古典之中又绾合着作者的今情。以至于后来寅老整理自己的著作，情不能禁地以"金明馆"和"寒柳堂"来标示书名。陈著《金明馆丛稿初编》、《金明馆丛稿二编》、《寒柳堂集》、《寒柳堂集梦未定稿》等即由此得名。现在让我们见识一下晚明女英河东君这首《金明池·咏寒柳》是如何写法——

> 有怅寒潮，无情残照，正是萧萧南浦。更吹起，霜条孤影；还记得，旧时飞絮。况晚来，烟浪斜阳，见行客，特地腰瘦如舞。总一种凄凉，十分憔悴，尚有燕台佳句。　春日酿成秋日雨，念畴昔风流，暗伤如许。纵饶有，绕堤画舸，冷落尽，水云犹故。忆从前，一点秋风，几隔着重帘，眉儿愁苦。特约个梅魂，黄昏月淡，与伊深怜低语。①

整首词把自己的凄苦身世，当时和陈子龙等几社胜流交往的美好情境，

---

① 原词根据《牧斋初学集·有美诗一百韵》之钱曾笺注所引，见《牧斋初学集》上册，上海古籍出版社2009年版，第630—631页。陈寅恪先生所引，"一点秋风"作"一点东风"，见陈寅恪《柳如是别传》上册，第336—337页。

以及忆往的淡淡哀愁和感伤，在在表露无遗。但这首词中的关键语句，引起陈寅恪先生共鸣的语句，则是下阕的首句："春日酿成秋日雨，念畴昔风流，暗伤如许。"寅恪先生写道：

> 昔时读河东君此词下阕"春日酿成秋日雨，念畴昔风流，暗伤如许"诸句，深赏其语意之新，情感之挚。但尚未能确指其出处所在。近年见黄周星有"云间宋徵舆李雯共拈春闺风雨诸什"之说（见前引沈雄江尚质编辑古今词话"词话"类下），及陈忠裕全集二十菩萨蛮"春雨"词（见前引），始恍然悟河东君之意，乃谓当昔年与几社胜流交好之时，陈、宋、李诸人为己身所作春闺风雨之艳词，遂成今日飘零秋雨之预兆，故"暗伤如许"也。必作如是解释，然后语意方有着落，不致空泛。且"念畴昔风流"，与上阕末句"尚有燕台佳句"之语，前后思想通贯。[1]

接下去寅恪先生还说："'酿成'者，事理所必致之意。实悲剧中主人翁结局之原则。古代希腊亚理斯多德论悲剧，近年海宁王国维论《红楼梦》，皆略同此旨。"[2]这里，寅恪先生引入了一条重要的悲剧美学的原理。

亚理斯多德在《诗学》第七章中写道："按照我们的定义，悲剧是对于一个完整而具有一定长度的行动的模仿（一件事情可能完整而缺乏长度）。所谓完整，指事之有头，有身，有尾。所谓头，指事件不必然上承他事，但自然引起他事发生者；所谓尾，恰与此相反，指事之按照必然律或常规自然的上承某事者，但无他事继其后；所谓身，指事之承前启后者。所以结构完整的布局不能随便起讫，而必须遵照此处所说的方式。"[3]亚氏这里所给定的悲剧构成

---

[1] 陈寅恪：《柳如是别传》上册，上海古籍出版社1980年版，第340页。
[2] 同上。
[3] 亚理斯多德：《诗学》，罗念生译，人民文学出版社1962年版，第25页。

的要件及头、身、尾三者之间的关联，特别是头与尾的因果关系，恰合柳词"春日酿成秋日雨"之构意。

而王国维论《红楼梦》则曰：

> 《红楼梦》一书，彻头彻尾的悲剧也。由叔本华之说，悲剧之中，又有三种之别。第一种之悲剧，由极恶之人，极其所有之能力，以交构之者。第二种，由于盲目的命运者。第三种之悲剧，由于剧中之人物之位置及关系而不得不然者。非必有蛇蝎之性质与意外之变故也。但由普通之人物，普通之境遇，逼之不得不如是也。彼等明知其害，交施之而交受之，各加以力而各不任其咎。此种悲剧，其感人贤于前两者远甚。何则？彼示人生最大之不幸，非例外之事，而人生之所固有故也。若前二种之悲剧，吾人对蛇蝎之人物，与盲目之命运，未尝不悚然战栗。然以其罕见之故，犹幸吾生之可以免，而不必求息肩之地也。但在第三种，则见此非常之势力，足以破坏人生之福祉者，无时而不可坠于吾前。且此等残酷之行，不但时时可受诸己，而或可以加诸人，躬丁其酷，而无不平之可鸣，此可谓天下之至惨也。若《红楼梦》，则正第三种之悲剧也。①

王国维所引叔本华之说，认为第三种悲剧产生之契机，系"由于剧中之人物位置及关系而不得不然者"，也就是悲剧形成的必然性，这和亚理斯多德提出的"按照必然律或常规自然的上承某事"，属同一机杼，因此在意象上也都略同于柳词"春日酿成秋日雨"的追忆悲剧成因的句意。

这也就是寅恪先生释证陈（子龙）柳（如是）情事，何以要与亚氏诗学和王国维论《红楼梦》连类取比的缘由。

---

① 王国维：《红楼梦评论》，《王国维遗书》第五册之《静安文集》，第50—51页。

五

《柳如是别传》第四章释证黄陶庵不和钱牧斋之催妆词，对黄的学品人品作了极为详尽的考证。

黄陶庵为嘉定人，名淳耀，字蕴生，人品刚正高洁，尤善八股文。朱鹤龄《愚庵小集》称："先生行谊节概，卓绝千秋，四子经义，既为有明三百年一人，其所作乐府，复旨远词高，义精响厉，真儒者之诗也。"[①]正因为如此，经程孟阳的推荐，钱牧斋决意聘请黄陶庵来家中坐馆，课其子孙爱，时间在明崇祯十二年至十四年。寅恪先生考证此事首尾的同时，对《四书文》有所评骘，始则引《四库全书总目》一百九十"钦定四书文"条，说明《四书文》所选之文"大抵皆词达理醇，可以传世行远"[②]；次则引《钦定四书文》卷首乾隆元年六月十六日上谕："有明制义诸体皆备，如王[鏊]、唐[顺之]、归[有光]、胡[友信]、金[声]、陈[际泰]、章[世纯]、黄[淳耀]诸大家，卓然可传。今朕欲裒集有明及本朝诸大家制义，精选数百篇，汇为一集，颁布天下。学士方苞于四书文义法，夙尝究心，著司选文之事，务将入选之文，发挥题义清切之处，逐一批抉，俾学者了然心目间，用为模楷。"[③]则乾隆帝于此明列黄陶庵为明代八大家之一，兹可见黄之文名和地位。寅老嗣后又引《钦定四书文》的"凡例"，标引韩愈"文无难易，惟其是耳"的关于古文的观点。

这都不足为奇。令人惊异的是，紧接着又引录《红楼梦》第八十二回的大段文字，标列潇湘妃子林黛玉对八股文的独特看法。这段见于后四十回续书的第二个回次的相关文字如下：

---

① 陈寅恪：《柳如是别传》中册，上海古籍出版社1980年版，第508页。
② 同上，第510页。
③ 同上，第511页

黛玉微微的一笑，因叫紫鹃："把我的龙井茶给二爷沏一碗。二爷如今念书了，比不得头里。"紫鹃笑着答应，去拿茶叶，叫小丫头子沏茶。宝玉接着说道："还提什么念书？我最厌这些道学话。最可笑的是八股文章。拿他诓功名，混饭吃也罢了，还要说代圣贤立言。好些的，不过拿些经书凑搭凑搭也罢了。更有一种可笑的，肚子里原没有什么，东拉西扯，弄的牛鬼蛇神，还自以为博奥。这那里是阐发圣贤的道理。目下老爷口口声声叫我学这个，我又不敢违拗，你这会子还提念书呢！"黛玉道："我们女孩儿家虽然不要这个，但小时跟着你们雨村先生念书，也曾看过。内中也有近情近理的，也有清微淡远的。那时候虽不大懂，也觉得好，不可一概抹倒。况且你要取功名，这个也清贵些。"宝玉听到这里，觉得不甚入耳，因想黛玉从来不是这样人，怎么也这样势欲熏心起来？又不敢在她跟前驳回，只在鼻子眼里笑了一声。

寅恪先生为什么要在这里引录大段的《红楼梦》的文字呢？且看寅老自己如何解释。他写道："清高宗列陶庵之四书文为明代八大家之一，望溪又举退之习之为言，尤与牧斋之语相符合。今检方氏所选陶庵之文多至二十篇，足证上引朱长孺'陶庵先生四子经义，为有明三百年一人'之语，实非过情之誉。至林黛玉谓'内中也有近情近理的，也有清微淡远的'，即四库总目所谓'清真雅正'及'词达理醇'者，如陶庵等之经义，皆此类也。噫！道学先生竟能得林妹妹为知己，可视乐善堂主人（清高宗御制乐善堂文集，初刻原有制义一卷，后来定本删去。见四库全书总目一七三别集类'御制乐善堂定本'条）及钱朱方三老之推挹为不足道矣。一笑！"[①]寅老言中之意，是说清高宗对黄陶庵的肯定，钱牧斋、朱长孺、方苞对黄的推挹，都没有林黛玉的一句"也有近情近理的，也有清微淡远的"恳切而重要。因为"道学先生"如果能得到林妹妹这个"知己"，其情其

---

① 陈寅恪：《柳如是别传》中册，上海古籍出版社1980年版，第512页。

景，自可聊资想象，故付之"一笑"。

寅恪先生此一段涉《红》文字，表面观之似乎是涉笔成趣，实则却是用小说来证史，通过宝黛之间对八股文的辩难，来提升论证的说服力。钱牧斋、朱长孺、方望溪以及乾隆帝推崇四书文之优秀者，固不待言。诗学修养甚好的性气孤高、目无下尘的林黛玉，对四书文也取分析的态度，而且是在与具反叛意识的情哥哥面前大胆陈言，这种释证方法，即便是对八股文体抱持顽固执拗态度的读者，也会被顺利说服而不再坚持己见。

六

《柳如是别传》第五章阐发钱柳暗中进行反清复明活动，涉及钱牧斋和彩生的关系。彩生系一妓女，刚烈而有民族气节。牧斋由是悬想，如果彩生也如董小宛似的因征歌选色被掠入京华，则清主的性命庶可掌握。当然这只不过是牧斋的一方想象之词，实际上根本没有此种可能。由此可见晚年的牧斋为反清已想入非非、无孔不入了。

钱牧斋写的《陆子玄置酒墓田丙舍，妓彩生持扇索诗，醉后戏题八首》，其第四首为："残妆池畔映余霞，漏月歌声起暮鸦。枯木寒林都解语，海棠十月夜催花。"诗中的"漏月"一典，即指荆轲刺秦事。牧斋诗遵王注本在另一首"十指琴心传漏月"句下有注，称引杨慎《禅林钩玄》云："漏月事见燕丹子，漏月传意于秦王，果脱荆轲之手。相如寄声于卓氏，终获文君之身。皆丝桐传意也。秦王为荆轲所持，王曰，乞听琴声而死。琴女名漏月，弹音曰：罗縠单衣，可掣而绝。三尺屏风，可超而越。鹿庐之剑，可负而拔。王如其言，遂斩荆轲。"[①]至诗中的"海棠十月夜催花"句，寅恪先生引谢肇淛《五杂俎》为证："大凡天地之气，阳极生阴，阴极生阳。当纯阴纯

[①] 陈寅恪：《柳如是别传》下册，上海古籍出版社1980年版，第1120页。

阳用事之日，而阴阳之潜伏者，已浸浸萌蘖矣。故四月有亢龙之戒，而十月有阳月之称。即天地之气，四月多寒，而十月多暖，有桃李生华者，俗谓之小阳春。"①

本来释证至此，诗句的含义已清楚无误，不会有人对"十月催花"再生疑窦。然而寅恪先生仍不罢休，还要引证《红楼梦》里贾母的话予以参证，事见第九十四回"宴海棠贾母赏花妖"：

> 大家说笑了一回，讲究这花（指海棠）开得古怪。贾母道："这花儿应在三月里开的，如今虽是十一月，因节气迟，还算十月，应着小阳春的天气，因为和暖，开花也是有的。"

我们不得不佩服寅恪先生的考证功夫，必得把牧斋诗中"十月催花"的花名海棠也找到有力的旁证，才感到惬意。《红楼梦》里的老祖宗贾母，是一极有经验阅历的老夫人，他对十一月犹见海棠开花的怪现象，作了富有说服力的解释。寅恪先生此刻引来《红楼梦》里最具权威地位的老人之言，给牧斋"十月催花"诗句作旁证，其说服力的程度可想而知。

七

河东君的形貌特点，据记载是"为人短小，结束俏利"，而身体特点则是耐寒。后者的依据是陈子龙的《蝶恋花·春晓》词："故脱余绵，忍耐寒时节。"以及钱牧斋《河东春日诗有梦里愁端之句，怜其作憔悴之语，聊广其意》诗，其中有句："早梅半面留残腊，新柳全身耐晓寒。"寅恪先生写道："此耐寒习惯，亦非坚忍性特强之人不易办。或者河东君当时已如中国旧日

---

① 陈寅恪：《柳如是别传》下册，上海古籍出版社1980年版，第1121页。

之乞丐，欧洲维也纳之妇女，略服砒剂，既可御寒，复可令面颊红润。斯乃极谬妄之假说，姑记于此，以俟当世医学考古学人之善美容术者教正。"①河东君当日是否已掌握此种美容技术，应不好遽然论定，因此寅恪先生只是作为假说，提出来供有兴趣之专家参与讨论。

但接下去寅老的论说，则直接关乎《柳如是别传》与《红楼梦》的人物之间的比较研究，值得我们格外注意。他说——

兹有一事可论者，吾国旧时妇女化装美容之术，似分外用内服两种。属于外用者，如脂粉及香熏之类，不必多举。属于内服者，如河东君有服砒之可能及薛宝钗服冷香丸（见《石头记》第七及第八两回），即是其例。前引卧子为河东君而作之《长相思》诗云："别时余香在君袖，香若有情尚依旧，但令君心识故人（寅恪按，此句用后汉书列传四十四杨震传'故人知君，君不知故人'之语，甚为巧妙，足见卧子文才之一斑），绮窗何必长相守。"然则河东君之香乃热香，薛宝钗之香乃冷香，冷香犹令宝玉移情，热香更使卧子消魂矣。②

《红楼梦》里薛宝钗服冷香丸之举，曾引起读者的极大兴趣，而且猜测不一。研究者的看法也不尽一致，大都以书中所写为依据，相信是为了疗治其胎里所带来的一种热毒。作者如此写，在我看来，实含对这位"金玉良缘"的女主的一种贬意。不料寅恪先生提出了全新的看法，指宝钗的目的是为了美容，并以此反证河东君有服少量砒霜的可能。《红楼梦》人物的趣事奥典，竟成为大史家释诗证史的随手拈来的有用资料，只有博雅如寅恪先生才能做得如此得心应手。呵呵！

---

① 陈寅恪：《柳如是别传》中册，上海古籍出版社1980年版，第562页。
② 同上。

八

另外一个例子是《别传》第五章,陈寅恪先生考证钱牧斋牵连于黄毓祺案被逮至南京,下狱四十天后,经过河东君的拼死营救,得以获释。黄毓祺系江阴人,乙酉清兵南下,倡议守城,城不守则起兵策应,实为一抗清英雄。顺治五年事发,囚黄于泰州狱,后转囚南京,凛然不屈而死。黄的门生即为常熟人,牧斋与黄毓祺相识并有所往还,应该是事实。虽然柳如是曾去海上犒赏黄毓祺的部队的说法不一定可靠,牧斋与黄案确有牵连,还是事出有因。

河东君营救牧斋,走的是梁慎可(维枢)的门路,她在南京住慎可家中,甚得梁母吴太夫人欢心。而慎可当顺治初年极有可能参与南下军帅马国柱或洪承畴的军府,寄寓江宁。因此极有可能是梁母的旨意,慎可出面与之说情,牧斋才得以获释。后来牧斋写"梁母吴太夫人寿序"以及"致镇台"手札,都对河东君在梁府曾得老夫人厚爱一事念念不忘,盖缘于此。寅恪先生一路考释,逶迤行进至此,然后归结道:

> 第三章引钱肇鳌质直谈耳,谓河东君在周道登家为群妾所谮,几至杀身,赖周母之力得免于死。观牧斋"梁母吴太夫人寿序"可证河东君与慎可母之关系,与应付周旋念西母者,正复相同。河东君善博老夫人之欢心一至于此。噫! 天下之"老祖宗"固不少,而"凤丫头"岂能多得者哉?牧斋之免祸,非偶然也。①

寅恪先生又引出了《红楼梦》的人物,比河东君以王熙凤。这一比拟是十分确切的,因为河东君身上确有王熙凤的特点,机智、幽默、灵活、懂

---

① 陈寅恪:《柳如是别传》下册,上海古籍出版社1980年版,第898页。

礼，美丽而又善解人意，很难讲这两个人谁更像谁。而王熙凤的善于博贾母喜欢，更是《红楼》笔法的大关目。寅老的"天下之'老祖宗'固不少，而'凤丫头'岂能多得者哉"一语，可谓鞭辟入里。亦即"凤丫头"我们从《红楼梦》里领教过了，然则历史上果有其人之原型哉？恰好身处明清之际的江南奇女子柳如是的身上，就有王熙凤的诸多性格特点。即单就讨"老祖宗"喜欢这一点来说，柳如是之外实看不到还有哪一历史生活中的人物，能与之相媲美。此亦可证，《红楼梦》里的人物并非全为空中楼阁，而是常常有历史乃至现实生活的真实依据的。虽然我们不便断定，生活在康熙、乾隆时期的曹雪芹，在其构思作品情节、提炼人物性格的时候，是否已经对百年前的钱柳因缘和陈柳情缘有所感会，因而取来作为素材来源的历史蓝本，但寅恪先生当其释诗考史之时，不经意而拈出《红楼》人物这一公案，无法不令我们赞叹不已。

九

写到这里，不能不顺便提到陈寅恪的《元白诗笺证稿》一书，其第四章论元稹的"艳诗及悼亡诗"，也曾以《红楼梦》与之比论。其中写道："微之梦游春自传之诗，与近日研究《红楼梦》之'微言大义'派所言者，有可参证者焉。昔王静安先生论《红楼梦》，其释'秉风情，擅月貌，便是败家的根本'，意谓风情月貌为天性所赋，而终不能不败家者，乃人性与社会之冲突。其旨与西土亚理斯多德之论悲剧，及卢梭之第雄论文暗合。其实微之之为人，乃合甄、贾宝玉于一人。其婚姻则同于贾，而仕宦则符于甄。"[1]

元稹一生热衷仕宦，在这一点上和甄宝玉相似。而在感情生活上，又极风流放诞，表现在对寒族出身的双文始乱终弃，转而娶出身高门之韦氏。这

---

[1] 陈寅恪：《元白诗笺证稿》，上海古籍出版社1980年版，第96—97页。

点和弃黛娶钗的贾宝玉存在形式上的相似，因宝玉是被动的，情非所愿，迫于环境的挤压欺瞒，不得不如是者。由于元稹的梦游春诗主要写自身的经历体验，因而可以发覆之处甚多。寅恪先生认为研究《红楼梦》的寻求"微言大义"的一派所使用的方法，也可以作为研究元稹的情感经历并其诗作的一种参考和比照，此在寅老不失为研究方法的一种开拓。所谓红学研究的"微言大义"派，即百年来影响甚大的索隐派，至今仍为众多研究者所乐道。刚好《红楼梦》第二回"冷子兴演说荣国府"，说有一种人系"间气"所生，聪俊灵秀是其特点。而在罗列此种历史人物的时候，其中竟有崔莺之名。则寅老释证元稹和莺莺的关系，而随手引来《红楼》故事，以甄、贾宝玉为譬，有何异哉，有何异哉。

至于寅老此处提到的王国维论《红楼梦》，以及亚理斯多德的论悲剧，上面已从别一角度谈及，此处不再深为之说。但寅老同时又语及卢梭之第雄论，是为何意？犹忆数年前，卢梭第雄论文的中译者何兆武先生，尝以所译之卢梭著《论科学与艺术》见寄，并附一便笺，抄示《元白诗笺证稿》中寅老所论之相关段落后，告知："第雄（Dijon）论文"即本文《论科学与艺术的复兴是否有助于敦化风俗》。盖卢梭此著系应第雄学院的征文而作，时间在1749年，是为卢梭最早的作品，何先生书前"译者序言"对此说明甚详[①]。但何先生译第雄学院为"第戎学院"。卢梭此著的义旨在揭破科学与艺术文明外衣之下的罪恶。对"科学与艺术的复兴是否有助于敦化风俗"这个命题，他的回答是否定的。所以如此，诚如陈寅恪先生所说，是由于人性与社会存在冲突。《红楼》所示的"秉风情，擅月貌，便是败家的根本"，其所寓意正是在此点上与"卢梭之第雄论文暗合"。在此谨向以之教我的何兆武先生深致谢忱。

总之《红楼》一书已成为寅老顺手取譬的"锦囊"，笔者解会的同时不禁

[①] 何兆武译、卢梭著：《论科学与艺术》，上海人民出版社2007年版，第1—9页。

为之赞叹惊喜。

十

更可注意者，陈寅恪先生在撰写《柳如是别传》的过程中，不仅随手牵引《红楼梦》人物的故事和语言，以为释解钱柳因缘诗和陈柳情缘之作的重要参证，而且直接把《别传》的传主柳如是和《红楼梦》的女主人公林黛玉联系起来，指证其人物性格之间具有并非偶然的一致性。问题的提出是由于河东君与钱牧斋结缡之后，很长时间都处于身体不适和精神不佳的状态之中，而原因不排除仍在思念旧情人陈子龙以及日常饮酒过量，所以牧斋诗有"薄病轻寒禁酒天"、"薄病如中酒"等句。寅恪先生于此写道：

> 今日思之，抑可伤矣。清代曹雪芹糅合王实甫"多愁多病身"及"倾国倾城貌"，形容张崔两方之词，成为一理想中之林黛玉。殊不知雍乾百年之前，吴越一隅之地，实有将此理想而具体化之河东君。真如汤玉茗所写柳春卿梦中之美人，杜丽娘梦中之书生，后来果成为南安道院之小姐，广州学官之秀才。居然中国老聃所谓"虚者实之"者，可与希腊柏拉图意识形态之学说，互相证发，岂不异哉！[①]

请注意，寅恪先生认为林黛玉这一形象，是糅合《西厢记》里莺莺和张生两个人物的特点塑造而成的，不啻为《红楼梦》研究百年以来的孤明先发之见。笔者涉猎红学有年，从未见有另外的研究者表述过如此的看法。同时寅恪先生亦明确提出，河东君就是林黛玉，只不过前者是生活中的实有人物，后者是生活中实有人物的文学理想；后者对前者而言，恰合于老子的

[①] 陈寅恪：《柳如是别传》中册，上海古籍出版社1980年版，第572—573页。

"虚者实之"之意,同时也与柏拉图的理念是最真实的哲学思想不期而合。

《别传》在释证和复原柳如是与当时吴越胜流往还交游的盛况时,也曾拿河东君等南国名姝与《聊斋志异》里的诸狐女相比,从而得出和以柳如是比林黛玉相同的结论。这段文字是这样写的:"寅恪尝谓河东君及其同时名姝,多善吟咏,工书画,与吴越党社胜流交游,以男女之情兼师友之谊,记载流传,今古乐道。推原其故,虽由于诸人天资明慧,虚心向学所使然。但亦因其非闺房之闭处,无礼法之拘牵,遂得从容与一时名士往来,受其影响,有以致之也。清初淄川蒲留仙松龄《聊斋志异》所记诸狐女,大都妍质清言,风流放诞,盖留仙以齐鲁之文士,不满其社会环境之限制,遂发遐思,聊托灵怪以写其理想中之女性耳。实则自明季吴越胜流观之,此辈狐女,乃真实之人,且为篱壁间物,不待寓意游戏之文,于梦寐中以求之也。若河东君者,工吟善谑,往来飘忽,尤与留仙所述之物语髣髴近似,虽可发笑,然亦足藉此窥见三百年前南北社会风气歧异之点矣。"①因此同样可以说,如果以河东君比之《聊斋志异》里的诸狐女,也可以用"虚者实之"一语笼括之。

我个人的看法,寅恪先生在把河东君与《红楼梦》里的人物相比较的同时(实际上还有《牡丹亭》里的人物),又与《聊斋志异》里的诸狐女相比较,这种释证古典文献的方法,不仅对所涉及的相关著作,而且对整个明清文化思潮的研究,也有重要的文献学之方法论的意义。不可否认清代的康熙、雍正、乾隆时期,在文化上是一极专制的时代,因而《红楼梦》作者才虚拟一个大观园,让十三四岁的小儿女勾心斗角、谈情说爱,还尽可能地掺杂着对君臣大伦以及圣贤经典的揶揄排击之论。很可能是预先打掩护,寓童言无忌之意。而蒲松龄则谈狐说鬼,把人间的不平、罪恶挪到非人间的世界,虽是给自己占地步,其"狼子野心"不免昭然若揭。

---

① 陈寅恪:《柳如是别传》上册,上海古籍出版社1980年版,第75页。

河东君等南国名姝与吴越党社胜流,生当明末,政治环境比曹雪芹、蒲松龄的时期要宽松一些,因此他们不仅谈情说爱肆无忌惮,而且结社议政、党同伐异、聚众闹事,也毫无顾忌。《别传》作者盛赞传主的"独立之精神,自由之思想",同时意在说明,这种精神与思想也需要相应的环境来支撑。

十一

"明清痛史新兼旧,好事何人共讨论。"[1]陈寅恪先生释证钱柳因缘诗作和论述《再生缘》及其作者陈端生,每每牵及小说《红楼梦》已如上述。其实并不偶然。这些作品的作者和人物,都活动于明清之际以及清朝的乾隆时期的社会舞台,也就是当政权更迭和新朝的统治特别严酷的时候,此种历史时刻,更能见出士人的出处进退与立身之大节。

如果说陈寅恪先生晚年撰写《论再生缘》和《柳如是别传》,是不得已在"颂红妆",[2]那么《红楼梦》的作者曹雪芹、《再生缘》的作者陈端生,早在三百多年前就在那里大"颂"特"颂""红妆"了。人所共知,曹、陈(端生)的"颂红妆"是有其历史时代的缘由的。那么寅恪先生呢?他何以要以衰病之躯,以千钧之力,来写《柳如是别传》和《论再生缘》?"点佛弟之额粉,久已先干。"[3]《论再生缘》后序如是说。"纵回杨爱千斤笑,终剩归庄万古愁"[4],《柳如是别传》第一章"缘起"第一首题诗如是说。

---

[1] 陈寅恪:《柳如是别传》第一章"缘起"之题诗,上海古籍出版社1980年版,第7页。
[2] 陈寅恪:《辛丑七月雨僧老友自重庆来广州承询近况赋此答之》,其中有句云:"留命任教加白眼,著书唯剩颂红妆。"陈著《诗集》,三联书店2001年版,第137页。
[3] 陈寅恪:《论再生缘》,《寒柳堂集》,上海古籍出版社1980年版,第96页。
[4] 陈寅恪:《柳如是别传》第一章"缘起"之《咏红豆并序》,上海古籍出版社1980年版,第1页。

人文与社会科学研究的几个问题

一 人文科学与社会科学的分别

中国现代学术思想的一个标志，是重视对学术作现代学科的分类。传统学术的分类方法，是按经、史、子、集来分别，也就是通常所说的四部之学。晚清西方学术思想大规模传入，当时呼吸到新鲜空气的学人，开始对传统学术重新整合与分类。王国维接触西方学术思想比较早，他比同时代其他学人更重视学术分类。他曾说，"现在的世界是分类的世界"。五四前后学术界提倡整理国故，方法之一，就是对传统学术作现代的类分，也就是胡适所说的，"文学的归文学，哲学的归哲学，史学的归史学"。但五十年代以后，中国的人文与社会科学经历了曲折的过程，长时期学术分类变得模糊而不明晰。人们只知道自然科学与社会科学，人文科学几乎消匿了。当时存在的倾向是，用马克思主义的一般原理代替社会科学，所以经济学只讲《资本论》，政治学只讲《共产主义运动史》，社会学、人类学、心理学等，根本不存在了。

重新反思和检讨五十年代以后的学科建设，问题之一是人文科学与社会科学不加区分，因此很多学科没有建立起来。近二十年人文与社会科学的学科建设得到不同程度的重视，出版、研究和大学的学科分类逐渐明晰起来。然则人文与社会科学的分别到底在哪里？

一般地说，社会科学应包括经济学、政治学、法学、社会学、心理学等；人文科学包括语言学、文学、历史学、哲学、考古学、艺术史、艺术批评等。我这样讲，也许有利于综合大学的学科建设。因为在大学的学科设置问题上，艺术史和艺术批评是相当重要的，而过去却得不到重视。国外的大学，据我所知，是非常重视艺术史课程的。艺术史和艺术批评，可以补充并有助于人文从业人员的鉴赏力和同情心理的形成与提升。

有一种说法，认为科学（包括社会科学）是从多样性、特殊性走向统一性，而人文科学则必须凸现其独特性、意外性、复杂性。我不能否认这种说法有一定道理。但不妨从另外一个角度来观察，即如果说人文科学与社会科学都离不开人和人的活动，那么比较起来，人文科学主要是以人为中心，甚至可以说是研究人本身的学科。语言是思维工具，文学是人的幻想，历史是人的记忆，哲学是人的思维成果。因此研究人文科学的从业人员应该是最富人文精神的群落。

二 专家之学与通人之学问题

学术二字，重点是学，学是根本。晚清学者如严复，把学看成是"体"，将术看作是"用"，也是强调学的重要。说一个人学问不好——不学无术，这是很严厉的批评。如果说有学无术，倒是褒义的说法。最不好的是不学有术，简直是恶评了。

世间的学问，各有不同的范围和研究对象，所以形成不同的学科，但学后面的理与道，又是相同或相通的。通人之学，不仅能明其学，而且能通其道。传统学问讲求通，认为通与不通是为学的大问题。不通，固然有时是指文字表达存在问题，但主要指的是理与道的不通。同时也指自划畛域，不能打通相邻的学术领域，局于一隅，不能把各种学问融为一体。

通人之学与专家之学的分别，在于专家之学是就某一研究领域、某一研究对象而言的，它不一定打通各界，达到通识通学；但通人之学必须打通古今，联结内外，甚至还要究天人之际。上一个百年，许多第一流的大学者都有通人之学的气象，如严复、蔡元培、梁启超、章太炎、王国维、陈寅恪、胡适之、钱宾四、张舜徽等。所以，我认为二十世纪的整体学问成就是很高的，是乾嘉之后的又一个高峰期。当然，现代学术的一个标志，是学科的分类越来越细密，不用说，这也是学术发展的需要，但代价则是通学之士越来越少了。而为学开始阶段的博取与专精问题，是日后走向通人之学和专家之学的起点。这是任何一个以学问为职志的人都无法绕开的问题。

三　借人讲话与借符号讲话问题

我是指学问的两种建构方式。当然学问的建构，有各种途径和方法，所谓借人讲话和借符号讲话，更多的是就人文学术的写作方式和表述方式来说的。哲学家，特别是那些擅于形上之思的纯哲学家，他们往往用符号讲话。对他们而言，最重要的是范畴、概念、逻辑。西方这类学者很多，因为西方有思辨的传统。中国学者单纯用符号讲话的比较少，只有一些佛学经典，另外还有金岳麟，他的《知识论》、《论道》，可以看作是用符号讲话的典范之作。

史学家一般借人讲话。因为历史是人物的活动，离开人物的活动，就无所谓历史。我个人大体上是借人讲话。我研究王国维、陈寅恪，研究现代学术人物，无法不借人讲话。现在学术界有一些青年学人，也试图借符号讲话，但是由于准备不足而往往流于空疏。急于说一大堆话来建构自己的体系，实际上体系并不因之而建立起来。这样的空疏之学，与其借符号讲话，还不如借人来讲话。

四　古今中西问题

做人文与社会科学研究，不可避免地会遇到古今中西的问题。一般地说，我们需要做到知古知今，知中知西。高一点的要求，应该是博古通今，学贯中西，这比较难，只有一些大师级的人物才能做到。上一个世纪的一些大的学者，他们的学问确实达到了这个境界。我们初学做学问的人，我认为至少应该做到知古知今、知中知西。而且应该明白，古今中西并不是扞格不相关的对立体，而是应该互相打通的文化区域。

晚清的时候，西潮汹涌，中国文化的传统价值受到冲击，把中西学问对立起来的现象非常普遍。"中体西用"之说的提出，作为因应之道，不能说没有一定理据，但本质上是一种防范性的文化主张。出发点是为了"防弊"，结果是把"中"、"西"对立起来。今天这种现象不应该再有了。如果没有西方文化作为参照系，只知有中，不知有西，对中国文化的界定容易失去准的。同样，作为中国的学者，重要的是不忘记本民族的历史地位，也就是要知道自己是从哪里来的。知道从哪里来，才知道到哪里去。也就是"数典"而不忘祖。相反，如果变成只知有西，不知有中，那就走向另一个极端了。而在古今关系问题上，"以古为新"是很多学者愿为的，因此学问的当代性问题显得非常重要。

五 人文写作的主客互动问题

社会科学研究讲究客观性，甚至需要汰去情感。情感的介入有时可能会影响研究的客观性。所以有"价值中立"的说法。乾嘉考据学有六个要素，其中有一个要素是"断情感"。研究中国学术史，我认为乾嘉学术中已经开始有现代学术思想的一些萌芽，就是指这样一些方面而言。人文科学虽然也讲究客观性，但研究者的主体性往往非常突出。哲学跟人的主体思想是合一的，文学更是人的情感和情绪的直接表露；即使如历史学这种以追求客观真相为目标的学科，在历史写作中史学家的角色也不容忽视。所以，陈寅恪的史学研究，有"古典"、"今典"的发明。我还提出陈著中有"近典"存在，即史家身边正在发生之事，有时会被不经意地带入书中。此即所谓"古典今情"是也。故《柳如是别传》卷前题诗有"明清痛史新兼旧，好事何人共讨论"的句子。

在这个问题上我提出过一个概念——"历史的现在时"。三联书店重新出版《柳如是别传》,邀我作文介绍,在文章的结尾我写道:"天壤之间,有了《柳如是别传》这部书,活的史学,有生命的学术,历史的现在时,从此成为可能。"历史的现在时这个观点,我自认为非常重要,它涉及史学家的角色和人文写作中的主客互动问题。

六 人文从业人员的人文修养问题

首先遇到的是文史哲三科的分与合的问题。人文科学的基础学科还是文学、哲学和历史。学文学的需要走向历史和哲学。中国传统做学问的方法,有个一贯的说法,就是"出文入史"。要求学文学的人应该进入历史,认为只有走入历史,学问才能有成,否则单纯的文学是否能够成学,还是一个问题。就是说,只有"出文入史"才能成其为学。但我个人的经验似乎有一个发现,我是学文学出身,后来确实进到了史学的领域,甚至有一段时间还颇有一点看轻文学。北京大学百年校庆的国际汉学会,我被分到历史组。有时与朱维铮先生通电话,我总是说在步他的后尘。但是在史与哲的领域逗留时间久了以后,慢慢发现,对文学还有一种不自觉的怀恋。不仅仅是怀恋,慢慢发现在史与哲的研究中有文学的参与,能使学问提升到一个新的境界。

现代性研究中有一个概念叫"情商",与"智商"相对的一个概念。研究者说那些最高的天才不仅智商高,情商尤其高。文学修养,其实是一个人情商的催化剂。当你全身心进入史学和哲学的研究后,偶尔会发现文学的添补和参与其作用有多大,以及多么有趣。所以一个人文从业人员,不仅应该通史通哲,而且应该有很好的文学修养和艺术修养。哲学家和艺术是结盟的,如果没有文学修养和艺术修养,那将是怎样的一种缺陷呵。起码不能成为一个好的哲学家。事实上我还没有看到一个伟大的哲学家而不具备好的文学修养和艺术修养。就连经济学家厉以宁先生,他的诗词写得也很好,而吴敬琏先生则喜欢古典音乐。

还有一个问题是"学与人"的问题，即做学问与做人的问题。这是个传统文化语境中的老问题。在西方不格外强调这个问题。西方学术界大都认为，做人与做学问没有什么特殊的关系，因为学问已经从主体分离出去，是客观的呈现，学问就是学问。中国的学问则常常与做人联系起来，倾向认为，如果一个人的人格精神品质不那么好，他的学问也未必真能够做得好。因此主张可以从文章中看出一个人的人格气象。做大学问要有大的胸怀、大的气象，然后有大儒、师儒之称。不仅讲究学问，还讲究学养。学养指学问的多方面的储备与修炼，不仅仅是知识储备。这其中有一项指标，叫学问味道。学问是何味道？如果定义难以解说清楚的话，我们确实在不同的做学问的人的身上，可以看出、感觉出、体会出不同的味道。既然是味道，就有好与不好、比较好和不那么好之分了。

七 论与史的问题

也就是材料和观点的问题。一般做学问、写论文，材料和观点结合得好，是初步的要求。因为只有把这两者结合好了，才能有说服力、自圆其说。过去有一个误区，就是一段时间强调"以论代史"，后来觉得不好，又提出"论从史出"。其实两种说法都有些简单化。

二十世纪中国现代学术发展中有另外一个派别，后来称为"史料学派"，以傅斯年为代表的原中央研究院历史语言研究所是此一学派的重镇。傅斯年特别重视史料的挖掘，把史料提到了第一位。他说什么叫学问？就是找材料，口号是"上沉碧落下黄泉，动手动脚找东西"。陈寅恪的基本方法，也是在史中求史识。总之用材料讲话。翦伯赞从前写过一篇文章，题目叫"反对放空炮"，同样是这个意思。我可能是受了傅斯年、陈寅恪他们的影响，我看前人的著作，很大程度上是看他们著作中涉及的材料，而不是寻求他们的观点。在材料与观点到底哪个更重要这个问题上，我想首先不能把两者分开，但我个人更喜欢前人著作中有价值的材料。

当然话说回来，如果一篇文章，一本著作，只是材料的堆积，铜钱一大堆，没有一条结实的线穿起来，也无法成其学问的统系。材料本身是需要甄别的，入于著述的材料，已经经过了作者的选择甄别过程，就中的观点和方法应该卓然可睹。主要是忌绝空论，宁可不说话，也不要空话连篇。

八 学术与思想问题

学术与思想是不能分开的。其实讲学术，很大程度上讲的就是学术思想。乾嘉学者的研究，他们一定程度上带有纯学术的特点，但他们的学术著作中难道没有思想吗？没有思想怎么能建构自己的学术呢？仔细追寻起来，实际上是学问结构的义理、考据、词章的关系问题。此学问之三要素，学者常常不能得其全，而是不同作者，各有偏长。有的长于考据，有的长于义理，有的长于词章。三者之中到底哪个最重要？显然更多的研究者会认为，考据最重要，因为这是学之为学的根基所在。乾嘉诸老就是以考据名重当时，而深远影响于后世。但乾嘉考据学的皖派代表人物戴震，对此三要素的排列顺序前后不无变化。早期他置考据为第一位，晚期改义理为第一位。我们读他的《孟子字义疏证》，明显看到戴氏的思想情不能禁地跳出了清代的思想牢笼。章学诚也是以义理见长，这有他的《文史通义》为证。戴、章同为乾嘉考据大师中的思想家，至少应得到后世的我们的承认。

就一个人文学术的从业人员而言，考据应该是打地基的工作，地基不牢，学问大厦无以为立。义理则是大厦的阳光和空气，缺此条件，大厦里的人会闷闷而死。换言之，材料考据是学问的躯干，义理则是学问的灵魂。没有思想义理的学问是死学问，没有躯干的义理只能成为无所依归的游魂。所以我认为，学术和思想是不能分开的。至于词章，古来有人认为不过是雕虫小技，不在话下。其实有所不然。"言而无文，行之不远"，圣人之所言也。"文质彬彬，然后君子"，亦圣人之所言也。岂可忽哉，岂可忽哉。

我的这个看法，涉及到近二十年中国学术界所谓八十年代和九十年代的分别问题。有人说八十年代重思想，九十年代重学术。对此我不敢完全苟同。在我看来八十年代的学术界有不够扎实的倾向，由于学风不扎实，因此思想也就难以立得坚实。九十年代以后学术界的风气比较扎实一点，因此有了一些不错的看得过去的著作。

九 发明与发现问题

从事人文与社会科学的研究，写论文、出版著作，总应该有属于自己的、别人没有涉猎过、没有讲过的东西，这就是学术研究中的发明和发现问题。发现指材料的发现，如甲骨文字、敦煌遗书的发现等等，这是二十世纪的学术大发现。小一些的如不时出现的考古新发现，以及每个研究者对课题范围之内的具体材料的发现。前些时我探讨陈寅恪的家学渊源，有诸多材料说明陈寅恪的曾祖父陈琢如对王（阳明）学最为倾服，他的祖父陈宝箴也兼治"姚江"（王学）。那么陈三立呢？一次翻检《散原精舍文集》，突然在一篇陈三立写的墓志铭中，分明看到下列字样："涉学派，三立意向阳明王氏，微不满朱子。"陈三立自己声明他倾向王学，再没有比这更可靠的证据了。这条材料，对研究义宁之学的渊源来说，应算作一个发现。

学术发明是指学理上的发明。钱大昕是清代的史学家，也是音韵学家。他在音韵学方面的一个重要贡献，是指出上古汉语没有轻唇音。这在学术上既是发现又是发明。钱锺书先生的《管锥编》，爬梳比较几百种中外典籍文献，他认为："东海西海，心理攸同；南学北学，道术未裂。"这个结论，在学术上就是重要的发明。人文与社会科学研究的一个重要目标，就是祈望在学术上有所发明和发现。一个人文与社会科学的从业人员，如果写了很多文章、著作，却没有一点发明和发现，这样的研究，其学术意义就大为降低了。但现在的文章、出版物很多，有发明、发现的却很少。

十 学术论文的文体规范问题

九十年代以来，学术界开始重视学术规范问题并且有所倡导，这与我个人有一点点关系。我主持的《中国文化》杂志，在九十年代初期有一段时间，相当重视学术规范的研讨，专门邀请在美国学习多年的几位中青年学人，举行学术规范的座谈。他们所受训练系统，学术上有自己独立的建树，包括现在执教于南加州大学做人类学研究的阎云翔等。陈平原、汪晖等主持的《学人》杂志，也有一段时期比较重视学术规范的讨论。邓正来主编的《中国社会科学季刊》和《中国书评》，也发表不少关于学术规范的探讨文章。这些探讨起到了带领性质，使九十年代的学术界开始有了重视学术规范的一定自觉。

但是还非常不够，现在的学风又趋于浮躁，失范现象越来越严重。学术规范的一个最大的问题，是如何对待前人和他人的成果问题。很多论文和著作吸收了前人或他人的学术成果，而不注明出处，这在学术上是大不德。学术论文写作，即使是从前人或别人那里受到了启发，也应该申明。大学有责任在这个问题上立下风范，如果发现掠夺了别人的学术成果，这样的博士论文、硕士论文，应该不予通过。国外学术界非常重视这方面的规范。一篇正规的论文，别人的意见总是规规整整地写在那里，别人研究到何种程度，而自己提出了什么不同的问题，清清楚楚。我们的一些论文写作，可以说完全不管别人怎么讲。比如我所关注的陈寅恪研究，我看到不少文章都是在重复叙述，完全不顾哪个问题谁最先提出、谁最先发现的。当然也有另外的情况，例如注明出处，被认为是论文写作的规范。因此有的学者提出，看一篇论文，不需要看文章本身，只要看后面的注释就可以知道文章的水平。结果现在有的文章，喜欢作大面积的注释，不该加注的也加注，徒增篇幅。

十一 学问有什么用

有一次，我在北大历史系给研究生讲课，那天天气特别冷，而且是在晚上，听我讲王国维和陈寅恪两个大学问家同时也是两个悲剧人物的故事。大家进入了学术人物与环境的特殊氛围，情绪显得低落。有个听讲者问："学问有什么用？"我说："我其实也觉得没什么用，首先解决不了你现在的情绪低落问题。这需要暖气和阳光一类的东西。"

社会科学，比如经济学、法学，用处是可以看得到的。人文科学如文学、哲学、历史学，它的用处在哪里？古人有"无用之学"和"有用之学"的说法，说"无用之用是为大用"。人文科学的作用，是眼睛不容易看到的。人文科学的作用不是现在时，而是将来时，它有潜移默化的作用。宋代大思想家、理学家、哲学家朱熹，认为读书可以变化气质，真是一语中的之言。如果很多人都有机会念书，就会形成集体的文化积淀，每个人都有人文方面的修养，这样的人群的气质就不同了。所以教育的普及非常重要。如果中国是一个实现了普及大学教育的社会，我们看到的就不是现在的中国人这个样子了。人文修养、读书，首先可以变化一个人的气质，然后蔚为大观，就可以慢慢转移社会的风气。

另外学术还是一种象征，一种文化精神的象征。我在过去文章中，讲过学术思想是一个民族的精神之光。王国维说一个国家有最高的学术，是国家最大的荣誉。而大学，就是拥有最高学术的学府。清华大学的梅贻琦校长，一九三一年发表就职演说，说"所谓大学者，非谓有大楼之谓也，有大师之谓也"。李大钊在纪念北京大学成立二十五周年的文章里也强调："只有学术上的发展，值得作大学的纪念。"陈寅恪的一个文化理想，就是希望国家能够尊礼大儒。总之人文科学的作用，对个人来说是变化气质，对国家和社会而言，则是可以转移风气。

十二 声名与沉寂

学问做得好，文章发表得多，著作出版得多，必然会相应地产生一定的名气即知名度。但名气、知名度和学问本身并不是一回事。大学问家往往是沉寂的。没有一个大的学者，没有一个学术上有大的成绩的人，没有经历过学术上的沉寂时期。我找不到反证的例子。王国维的学问，在很大程度上得力于一九一二年与罗振玉一起到日本，住在京都的乡下，几乎用了六七年的时间，系统读罗振玉大云书库的藏书，这个时候他几乎与世隔绝。郭沫若在甲骨文、金文方面的成就，没有人否认，然而这得力于他一九二七至一九三七年在日本的十年苦读。陈寅恪更不用说，他一生都在学问堆里，不求闻达，不求为世人所知。季羡林先生的学问，也是经常在极端的沉寂中做出的，他的最重要的译作、卷帙浩繁的《罗摩衍那》，是在十年动乱与浩劫之中翻译完成的，一边看传达室，一边在小纸条上翻译。李泽厚现在名气很大，其实他是一个喜欢独处、相当沉寂的人。他很少参加会议。他关于康德的书是在下放干校期间写成的。

而且人文与社会科学方面的著作，特别是那些学问深积的著作，并不一定很快得到人们的认识理解。所以古人有"藏之名山"的说法，把著书立说叫作"名山事业"。陈寅恪更是认定他的著作不会见容于当世，不止一次地说"后世相知或有缘"。对学人和学问的理解，不一定取决于研究领域的相近和相同，还有一个"学缘"的问题。总之声名和声望固然很好，但沉寂也是很美的。不为人所知也许比为人所知更有学问的力量。"老树著花无丑枝"，大学问家、大学者的声名，自然是美的。所以连学位都不要的陈寅恪，在给甘于寂寞的学者杨树达写的序中说道："一旦忽易阴森惨酷之世界，而为清朗和平之宙合，天而不欲遂丧斯文也，则国家必将尊礼先生，以为国老儒宗，使弘宣我华夏民族之文化于京师太学。其时纵有入梦之青山，宁复容先生高隐耶？然则白发者，国老之象征，浮名者，亦儒宗所应具。"可知声闻本身并没有什么不好，只不过比声闻本身更重要的，是要做到名实相符、实至名归。

（原载《文汇报》"学林"专版2002年7月13日，《新华文摘》转载）

卷五

《易》"系辞"云:"天下何思何虑?天下同归而殊途,一致而百虑。"这个意思是说,人类的不同,在于方法和途径,也就是"化迹"的不同,最终的结点总是要走在一起。与其标立彼此之"异",不如首先认同求同。《易》之"序"卦更为直接:"与人同者,物必归焉。"要达至众望所归,得到他人的认同,自己必须首先"与人同"。

"将无同"
——文化融合是人类未来的大趋势

一 "三语掾"

"将无同"这三个字，出现在中国历史上学术思想最活跃的魏晋时期，约为公元220年至420年。当时流行的学术思潮是玄学。学者们围绕"名教"和"自然"的主题，展开激烈的论辩。看法虽然不同，双方的风度很好。他们不轻视对手，只论理，而不在意对手地位的尊卑。

"竹林七贤"是当时一个有名的知识分子群体，诗人阮籍和音乐家嵇康是"七贤"的领袖。他们的立场倾向于与"名教"对立的"自然"方面，狂简任达和思想自由是他们追寻的目标。王戎是"七贤"最小的成员，比他大二十岁的阮籍，本来与王戎的父亲王浑友善，后来接触到王戎，相见大乐，此后便只愿意和这个年仅十五岁的"阿戎谈"，置他的尊人王浑于一旁而不顾。

清谈者的姿容仪态也很讲究，最尊崇有范儿的是王戎的从弟王衍，据说他清谈的时候，"神情明秀，风姿详雅"，手里拿的麈尾以玉为柄，因皮肤白皙，手和麈尾的玉柄浑然无有分别。另一位清谈名家乐广，以渊默简要著称。王衍和乐广，极尽当时名士风流之盛，成为魏正始时期的清谈领袖。

清谈在哲学层面发生的争论，是关于宇宙世界的"有"和"无"的问题。中国古代两位天才的思想家王弼与何晏，就活跃于此一历史时刻。关于"有"和"无"的争论，参与的人比较少，"名教"与"自然"的争论牵连面广，参与的人多，持续的时间相当之长。"名教"关乎政治伦理秩序，"自然"关乎个体生命的自由。王弼的观点主要见于他的《老子注》一书，何晏则注《论语》，两人都从儒家和道家的最高经典追溯自己思想的源头。哲学论争和"名教"与"自然"的争论互为表里，包括高人、雅士、名流在内的魏晋知识分子群体，鲜有置身于这一时代主题之外者。

但到了下一代，情况发生了改变。《晋书》记载，阮籍的从侄孙阮瞻，一次拜见当时已经位至"三公"的王戎。王戎问这位年轻人："圣人贵名教，老庄明自然，其旨同异？"阮瞻回答说："将无同。"当时圈内人士称阮瞻的回答为"三语掾"。"将无"是不含实义的语助词，"将无同"就是没有什么不同，也就是"同"。前辈们争论不休的"名教"与"自然"问题，到下一代人那里，已超越对立，摆脱执着，变成无须争论不必争论的问题了。

《世说新语》的有关记载，是王衍和阮籍的侄儿阮修的互相对问。诚如大史学家陈寅恪先生所说："答者之为阮瞻或阮修皆不关重要，其重要者只是老庄自然与周孔名教相同之说一点，盖此为当时清谈主旨所在。"[①]《晋书》记载，王戎听了阮瞻的回答，"谘嗟良久"，最后表示认同。当年持论甚坚的清谈领袖，在时代前行的年轻人面前低下了高贵的头颅。

二 破除"迷执"

事实上，人类历史上的许多惊心动魄或者惊天动地的争执和论争，到后来都因趋同而化解或由于折中而和合。人类的思维之路所以无限曲折，是由于人们有"执"：执于"一"，而不知有"二"；执于此，而不及于彼；执其始，而不知所终，未能做到孔子说的"扣其两端"。《华严经》上说："一切众生具有如来智慧德相，但以妄想执着而不能证得。"这是说，人类本身并非不

[①] 《陶渊明之思想与清谈之关系》，陈寅恪：《金明馆丛稿初编》，三联书店2001年版，第203页。

具备拥有"智慧德相"的条件,只是由于自身的"妄想"和"迷执",不能够实现"证得"。"证得"就是"证悟",亦即思想的"觉悟"。不能"证得",就是不得"觉悟"。

三 文化自觉

如何开启人类的"觉悟"?我国已故的老一辈文化社会学家费孝通先生,诉诸理性良知,晚年提出"各美其美,美人之美,美美与共,世界大同"的文化论说,即主张世界上各种不同的文化,都有其优长之处,我们既要看到自己的长处,也要看到他者的长处。所以需要"各美其美",也要"美人之美"。也就是尊重差别,尊重文化的多样性。"美美与共",指人类的文化最终会走向融合。这是费先生的关于"文化自觉"的理论,对陷入"迷执"的今天的人们而言,无疑是"润物细无声"的春日喜雨。

我国另一位百科全书式的大学者钱锺书先生,他在早年的著作《谈艺录》中,也说过:"东海西海,心理攸同;南学北学,道术未裂。"钱先生的意思,东方和西方,各个国家民族的不同人群,彼此的心理结构和心理指向,常常是相同的。已故的哈佛大学中国学学者史华慈教授,提倡"跨文化沟通",甚至提出语言对于思维并不具有人们想象的那样大的作用。所以有时尽管语言不通,也不是完全不能交流,甚至还可以发生爱情。人类的"同"其实远远多于大于"不同"。

强调人类的"不同",是因为"有执",包括"我执"和"法执"。还由于"理障"。各种预设的"论理体系",有时会成为隔断人类正常交往与交流的围墙。过多的强调人类的"不同",是文化的陷阱。

四 "与人同者,物必归焉"

中国最古老的文化经典《易经》,其"系辞"写道:"天下何思何虑?天下同归而殊途，一致而百虑。"这个意思是说，人类的不同在于方法和途径，也就是"化迹"的不同，最终的结点总是要走在一起。《易经》"睽"卦的"象辞"也说："君子以同而异。"所以不同，是因为有同。与其标立彼此之"异"，不如首先认同求同。这一道理，《易经》的"序"卦，有更为直接的论证："与人同者，物必归焉。"亦即要达至众望所归，得到他人的认同，自己必须首先"与人同"。大家熟知的孔子的名言："君子和而不同"，讲的就是这个道理。

不同也可以共处在一个统一体中，不同也可以达成"和"的泰局。

五 "仇必和而解"

对这个问题阐释得最深刻的是中国宋代的思想家张载。他在自己的代表著作《正蒙》中，用四句话表达了他对整个宇宙世界的看法。这四句话是——

> 有象斯有对，
> 对必反其为，
> 有反斯有仇，
> 仇必和而解。

我把这四句话，称作张载的"哲学四句教"。因为他还有另外的"四句教"，即"为天地立心，为生民立命，为往圣继绝学，为万世开太平"，表达的是宋儒的群体政治理想。

张载的"哲学四句教"意在说明：宇宙万物，山川河流，微尘草芥，个体生命，这一个个有形的物体，都可叫作"象"。"象"不重复，人有人象，物有物象。同为人，象也不同。所谓"佳人不同体，美人不同面"。而"有对"，就是指"象"的不同和不同的"象"，它们各自所处的位置。西哲说，"世界上没有完全相同的两个个体"，也是此义。"象"不是静止的，它运行流动，无往不在，无处不在。不同的"象"，流动的方向不必相同，因此象与象之间,"反其为"的情形时时会出现。第三句"有反斯有仇",不必理解为仇敌的仇。这个字的古写作"雠",校雠的雠,亦即两只短尾巴鸟,唧唧喳喳地争短论长。争论的结果,不是一个吃掉另一个,而是互相校正,你校正我,我校正你,或达成共识,或存异求同,和合共生,乐莫大焉。

关键是最后一句:"仇必和而解。"简单地说,宇宙间万事万物,不过是对待、流行、校正、和解而已。对待与流行的结果,不是吃掉、消灭,而是通过校正,达至和解、共生。"度尽劫波兄弟在,相逢一笑泯恩仇",这是中国大作家鲁迅一首诗里的话,最能得张载义理的真传。

六 结语

张载哲学启示我们,世界各文明之间,虽然存在差异,却不必然发展为冲突。人类的未来,世界历史的大趋势,是走向文明的融合而不是相反。因此我个人无法赞同前些年哈佛大学亨廷顿教授提出的"文明冲突论"。他把西方文明跟伊斯兰文明跟儒教文明,视为不可调和的"冲突体"。这个理论是站不住脚的。他只看到了不同文化不同文明之间的差异和纠结,没有看到不同文化之间的对话、沟通和"化解"的可能。只看到了"文明的冲突",没有看到文明的融合。

世界上不同的文化、不同的族群、不同的"文明体国家",需要通过交流与对话达成文化的互补与融合。冲突是人类文明的"反动",是礼仪文化的"弃物"。所以孔子说:"礼之用,和为贵。""和"才能成礼。冲突是愚蠢的失礼行为,为人类文明所不取。人类如果因文化的差异与"不同"而出现偶然的对立,彼此当事方应该采取"和而解"的态度,而不是走向"仇而亡"。这是中国古老文化的智慧,也是人类本性和人类理性所应该昭示的目标。

(原载《光明日报》2012年12月31日)

对话是人类的生活准则

——在中美文化论坛最后一次圆桌会议上的发言

今天圆桌会议讨论的主题，我的角色应该是"客串"，或者如佛教所说的"随喜"，总之属于边缘人物。因为我研究的领域，主要是中国文学和中国历史，而且主要是思想史和学术史。我并不研究国际关系，也不研究中美关系。按照学者的专业态度，我不应该作出位之思，在这里就中美关系的展望发表什么意见。但我对自己国家的前途，对人类的命运，包括中美关系，是有深深的关切的。因为我是学者，也是一名知识分子。我想所有的知识人和文化人，也都会关注我们今天讨论的这个话题。

一 中美不必然成为敌人

我觉得从中国和世界的关系来讲，我们对中美关系有很高的期待，希望这是一个健康的、有趣的、美好的关系。记得有一个数据统计，说近三十年来，中国的家庭里面，一共有多少家庭，有多少人，都来过美国。他们来美国，有的读书，有的工作，有的经商，有的观光旅游。总之这个数字，这个频率，是非常之高非常之大的。

而且事实上，中美自1972年尼克松访华以来，两国有过非常美好的时期，当时美国的很多人士，对中国那样看好，我们看到的问题，他们都看不到。有谁说几句中国的不好，立刻就被美国朋友用不一定准确的事实反驳掉了。但是不知为什么，也不知道出于什么理由，中美关系后来不那么好了，有时甚至很不好。然后再好一段，然后再不好。就像是一对不和睦的夫妻，他们说吵架就吵架，而且没有想象中的那么深层的原因。以为发生了什么大事，其实仔细一想，并没有什么了不起的大事。可是这样两个国家，就是喜欢不断地吵架怄气，甚至有时要摔东西，甚至剑拔弩张到要离婚。

真正说来，我看不到中美之间有那么多严重得不得了的分歧。差异，文化的，经济的，政治的，当然存在。但差异不等于一定要演化为论理的对立，更不必因差异而形成冲突。那么中美之间的问题来自何方？问题出在哪里？我以为来自不够了解。不是说中国对美国已经全部了解，不了解的地方依然存在，但问题主要不是由于中国对美国的不了解，而是美国对中国的历史文化，对中国人的文化性格，对近三十年中国的新发展和新思维，没有真实的了解和真正的了解。

我不明白，美国人，当然主要是政界，包括那些智库，我想不包括在座的各位教授，为什么会觉得中国是一个威胁呢？这不符合现实，也不符合历史，更不符合中国文化。中国文化的特点是富于包容性，而不具有侵略性。中国在历史上，即使非常强大的时期，比如汉代，比如唐代，那是非常强大的国家。可是，当时强大的汉代，在处理跟北方的民族的关系的时候，把中国皇宫里面一个漂亮的小姐送了出去，送给了北方的那个王，作他的王妃。这就是中国历史上有名的"昭君出塞"，那个小姐叫王昭君。那么唐代呢？同样是非常了不起的时期，非常的繁荣，文化上多元开放，艺术、文学、诗歌，灿烂辉煌，国力也非常强大。可是唐代的时候，你们了解，又把一位美丽的公主送到了西藏，就是文成公主入藏，这不是文学的虚构，是真实的历史。

昨天一位教授讲到，当中国弱的时候如何如何。其实在中国最强大的时期，把中国的非常美丽而有身份的女子送给偏远的部族，希望跟具有不同文化背景的民族建立良好的和平的关系，而不是互相冲突的关系。这是大家都知道的历史事实。我本人对中国历史文化还算比较熟悉，以我的历史知识，我不知道中国在历史上任何一个时期，大家可以举例，曾经威胁过美国、威胁过英国、威胁过法国、威胁过意大利、威胁过西班牙、威胁过荷兰？我想没有这样的事实。

因此现在很流行的一个假设，说中国居然可以成为美国的敌人，我认为这是一个没有根据的假设，没有理由的假设。错了，朋友！中国和美国不是敌人，或者不必成为敌人，而是应该成为朋友。你看今天上午几位学者的发言，一位是杜克大学研究中国戏剧史的教授，她讲到了英若诚。我虽然不研究戏剧，但戏剧我喜欢。你说的英若诚先生，我倒是认识他，他英文非常好，他能表演，也会导演，还懂文化，他是一位很有名的学者。他喜欢中国文化，也喜欢美国文化。还有欧建平教授讲的，中美在舞蹈方面的那些有趣的链接，我听了以后很感动，这是非常美好的影响互动。

我几次来美国，我接触的美国学者，他们都非常友好，我们可以很快成为朋友。如果说中美之间出现了分歧，我认为大部分是由于误解，由于美国对中国的历史文化不够了解。如果有更深一点的了解，怎么会得出"中国是美国的威胁"这样一个违背历史也违背常识的不真实的结论呢？

二 文化的"异""同"问题

但在众说纷扰的背后，的确还有我所关注的更为根本的学理问题，这跟我昨天的演讲有关，也可以说是人类的哲学认知的问题。具体说，是关于人类文化的"同"和"异"的问题。几乎所有的人，在中国也是如是，包括许多学业有成的学者，他们在涉及这个问题的时候，观察的重点和重心，主要是"异"，而不是"同"。可是他们忘了，学术研究对于"异"即"不同"的解释分疏，最终的结果是为了寻找到"同"。

我个人很尊敬的一位前辈学者，他是很了不起的学问大家，他已经故去了，就是钱锺书先生。他一生写了很多著作，他的太太杨绛先生，也是了不起的作家学者。钱先生有一个基本的观点，你可以看他晚年的四卷本的著作《管锥编》，或者早年的《谈艺录》，所有这些著作里面反复出现的一个理念，叫做"貌异心同"。长相不一样,心理是相同或相通的。他的《谈艺录》的开篇序言里,有一句很有趣也很经典的话,叫做:"东海西海,心理攸同;南学北学,道术未裂。"就是东方和西方,各个国家民族的不同的人群,大家的心理结构和心理指向,常常是相同或相通的。我们都不喜欢灾难,不喜欢挫折,不喜欢疾病,不喜欢丑恶。我们都喜欢美好和美丽,都喜欢大海和草地,都喜欢雨露和阳光,都喜欢健康,都喜欢美的艺术。

刚才讲舞蹈艺术的那位教授,我们大家立刻就学会了他的表演,不约而同地跟他翩翩起舞。世界上最美好的东西,我们的喜欢是相同的。我看不出人类有那样根本的南辕北辙的天上地下的彼此完全不能相容的不同。当然我说的是文化和族群的整体,不是指哪一个具体的个别的人。我觉得在哲学上要破除对"异"的偏执病。只有承认人类的共同性和共通性,文化的跨文化沟通才有可能。所以不同国家、不同民族的男女,即使语言不通,也可以发生爱情。爱情的依据是爱情本身和人类的爱情心理。这是共通的人性问题和哲学的共同性问题。

三 对话是人类的生活准则

我们作为人类的一分子,都需要面对我们共同的世界。人与人之间,族群与族群之间,国家与国家之间,最适合人类本性的文化态度,我以为是沟通与对话。我有幸结识哈佛大学的一位研究中国历史文化的学者,我称他为西方的大儒,就是很多人都不陌生的史华慈教授,Benjamin I. Schwartz。他已经故去了。他是犹太人,精通多种语言,早期研究日本,"二战"期间有过功劳,日本袭击珍珠港的那个信号密码就是他破译的,但未引起军方的重视。史华慈教授一生坚持不懈的一个文化理念,就是跨文化沟通。他说文化是一个松散的整体,里面充满了张力。为了论证跨文化沟通可以成立,他甚至提出,语言对思维并不像人们想象的具有那么大的作用。他说人与人之间是可以沟通的,不同的文化之间也是可以沟通的。而在我看来，人与人之间的沟通与对话，不同文化之间的沟通与对话，不仅是可能的，而且应该成为人类生活的共同准则，甚至对话与沟通就是人类生活本身，就是人类的一种生活方式，再没有其他方式比对话与沟通更有益心智，更有益于人类的健康。

我们做学问的人，经常离不开两个方面的沟通与对话：一是作为现代人，我们需要跟古人对话；二是作为中国的学人，需要跟不同文化背景的学人对话。古代的那些文化典范，是我们建构新的文化的灵感的源泉，我们离不开他们。不仅中国古代的典范具有此种作用，西方的古代典范同样有此作用。我们可以不了解古希腊罗马的文化吗？我在给我的学生开必读书目的时候，总是把苏格拉底、柏拉图、亚里士多德放在靠前的位置，下面还有康德、黑格尔，尤其康德的三大批判著作，那是必读而又必读的书籍。康德的了不起，在于他的著作永远不会过时。他的那句名言，他说道德理性具有绝对价值，这是真正经典的大判断，常读常新，永远不会成为过去。

今天的学人，如果只局限于本民族的文化背景，而不了解"他者"的文化，不与不同背景的文化交流对话，就不能成为一个通博的学人。国际间的关系，文化是最好的溶解剂。采取对话的方式解决分歧，处理争端，增加了解和理解，是再自然不过的事情。中美之间，为了两国人们的利益，为了人类的福祉，为了世界的安康幸福，难道还有比对话更好的交往方式吗？

四 人类面临空前的危机

我近来对我们这个世界的前途颇感忧虑，我觉得人类其实是太不聪明了。不是我们大家不聪明，主要是那些跟政治权力的杠杆连接在一起的人，他们太不聪明了。噢，也不是他们天生不聪明，是世俗的利益力势蒙住了他们的眼睛。他们是利令智昏！那些丝丝缕缕的私利，那些纠缠不清的利害得失，让他们的头脑变得傻瓜起来。他们竟然完全不了解这个世界已经或者将要发生什么事情。

世界气候的变化是惊人的。冰山在加速融化，企鹅很快就要失去家乡。地震频发，好几个大洲都接连有地震发生，七级以上的地震就有多起。地震引起海啸造成的灾难，大家都看到了。今年夏天中国的南部，南亚的好几个国家，出现了空前的洪水泛滥。而正当亚洲的南部陷入泽国的时候，亚洲北部的俄罗斯，莫名其妙地燃烧起了熊熊大火，持续近一个月的时间，人们由于眼睛盯着洪水，忘记了还有大火在北方肆虐。很多国家的天气预报都显示，2011年的冬季，欧洲、俄罗斯、中国北方，还有北美，将迎来寒冷的冬天。寒冷和冰雪给人类带来的影响，今年晚些时候我们能够看到。

大自然看来是不耐烦了，正在对人类的无限索取作出激烈的回应。可是人类自己呢？看不出有丝毫的醒悟。他们自己还在那里互相挤压，鸡声鹅斗，制造恐怖，兵戎相见。为什么不能够和平相处呢？为什么不作深层的反思呢？对十年前的那个事件，我不想使用那个事件的直接名称，当然那是人类都不愿意看到的巨大灾难，是大家共同反对的，而且严厉谴责它。但是怎么来解开事件的心理扭结呢？怎样做才能避免人类的仇恨重叠增加呢？我认为这是美国政治家需要认真考虑的问题。可是他们似乎并不想认真考虑。

他们以为武器的打击力可以解决人类的一切问题。是这样吗？武力能解决人们的感情问题吗？能解决人类的爱憎取向吗？具体说，武力能够改变人类的宗教信仰吗？没有任何一种强力可以消灭人类的宗教信仰。宗教情感是人类最神圣的情感，宗教信仰是个体生命的终极归宿。洲际导弹、航空母舰，能改变人类的信仰吗？为什么聪明的美国政治家不考虑这个问题呢？

我觉得中国的民众、中国的知识分子，在中美关系问题上受到了情感的挫折。中国人对美国够好的了。他们喜欢这个国家的开放现代，喜欢美国人的文化性格，直爽热情，而且诚实不撒谎，不像中国人有时候还要做一点小伪。为什么美国的政治家不能把美国人的文化性格在他们的身上反映出来呢？奥巴马总统的上台，一度给美国人也给世界带来了希望，他提出了化解仇恨的一些理念。他的支持率那么高啊！当然他的有一些想法，我要是美国人我也不会赞成，比如想在某一个特殊的地方建立某一个建筑，其实我不认为在那个地方建立那样的建筑是一个好主意。我想我不明确说大家也会知道，我讲的是哪个地方和要建什么建筑。奥巴马开始的一些理念，他没有继续，甚至现在全部都退回去了。有人说他退回去是为了中期选举，为了他的支持率能够得到提升。

但我们真是很遗憾，我愿意中美有很好的关系，有一切条件成为好朋友。假如彼此的感情有点不和的话，可以吵架，但不要摔东西，可以摔东西，但不要动手，实在不行，即使离婚，也应该好离好散，做不成夫妻，也不要做敌人。

五 现场互动答问

提问者：我想问刘梦溪教授一个问题，就是您昨天谈到的这个世界正面临很多危机，包括您也谈到，人类如何在这种非对抗性中重生，我想请您具体展开一下，我们应该怎么样面对这样的危机，从文化的角度我们能够做一些什么，谢谢。

刘梦溪：展开来谈这个话题，我想时间不允许。我昨天的演讲当中，今天的发言当中，这个问题的基本意思已经讲出来了。我觉得人类现在面临两方面的重大危机：一方面是大自然的反弹的危机，这是大家都看到的；另外一个重大的危机，也许还没有很多人意识到。我是指现在一些国家对大规模的杀伤性武器的拥有程度，大大高于历史上任何一个时期，第一次世界大战前和第二次世界大战前都是不能相比的。而且大规模杀伤性武器的拥有者，一个个跃跃欲试，动不动就以武力相威胁。大家都在威胁，大国威胁，小国也在威胁。这个危机非常现实，也非常严重。但人们视而不见，美国学者在这个问题上也没有发出理智的声音。我认为这个声音最应该由美国学者发出来，因为已往他们都是这样做的，赢得了人们的尊敬，可是最近几年，很少看到他们有这样的声音发出。

这个世界是非常危险的。在这个意义上，我也不是很赞成刚才一位教授讲的，中美关系有四根支柱，其中军事这根支柱，发生冲突是不可避免的。我觉得我们的责任，人类的理性，就是要避免冲突。为什么一定要冲突呢？粗暴的冲突，残暴的传统，那是不智的，是没有理性的表现，是不文明的，是野蛮的，是动物的低级形态，对谁都没有好处。世界上一些优秀的头脑，他们的大智慧，应该站出来呼吁人类不走向自绝之路。最近以来，我经常在我们中国文化研究所谈论我的这个忧虑，我这次提交的论文《21世纪人类能否在非对抗中得到重生》，探讨的就是这个问题。21世纪面临的大自然的危机，我们远远估量不够。人类本身荒唐不智的危机，很多人还没有看到。在座的各位，哲学家、文学家、学者、教授，应该发出声音，让人类的理智占上风，为人类的未来争取美好的前途。

附注：2010年10月在伯克利大学召开的中美文化论坛，最后一次圆桌会议的议题是"中美关系的展望"，因原定之中方演讲者因故未克与会，本人受命即席发言，没有文稿，亦无提纲，此系现场的录音记录，稍加整理，首发于此，敬请关心中美关系的博雅君子不吝指正。

（摘要刊载于《学习时报》2011年1月17日，此为全稿）

《中国文化》创刊词

　　《中国文化》没有在我国近年兴起的文化热的高潮中与读者见面，而是当文化热开始冷却，一般读者对开口闭口大谈文化已感觉倦怠的情势下创刊，也许反而是恰逢其时。因为深入的学术研究不需要热，甚至需要冷，学者的创造力量和人格力量，不仅需要独立而且常常以孤独为伴侣。

　　创办《中国文化》的宗旨是：深入地创造性地研究中国文化发生和发展的历史，并在当今世界文化的大背景下，通过不同文化系统的参证比较，探讨中华文化的特质和整合规律，促进文化复兴，推动现代化的进程。选题范围包括中国文化史、东西方文化比较研究、文化学理论、宗教文化、民俗文化、文化地理和国家文化发展战略，以及对艺术与文学的分学科研究和综合研究。着眼点在学术，即主要对文化现象作学术研究。艺术各学科与文化的关系、传统文化与现代化的关系、中国文化与外来文化的撞击和融合、我们在二十一世纪的文化发展战略，将作为重点研究课题。

　　《中国文化》系综合性学术专刊，总的以发表高水准的学术论文为主，同时也配以随笔、札记、书评；形式力求多样，提倡文体革新。明白晓畅的白话文和典雅雍容的文言文，均所欢迎。如果遇有确实不同凡俗而又饶有文化韵致的小说或诗歌，也考虑予以选登。

　　自创刊号开始，将陆续开辟中国文化发生学、中国的文化圈、专学研究、文史新篇、文化与传统、文化哲学、文学的文化学阐释、宗教与民俗、现代文化现象、古典新义、序跋与书评、学苑撷英，以及文化名人专访和学者答问等专栏，为慎思明辨的研究者提供充分的用武之地。并通过文字和图版，摘要报道我国学术界一定时期文化研究的新成果，包括最新的地下发掘，做到图文并茂，使刊物既有学术价值，又有历史文献的价值。

特别对具有中国学术特点的一些专学和绝学，如甲骨学、敦煌学、西夏学、周易学、许学、选学等等，以及为时尚淹没的学科和被冷落的学者，本刊将给予格外的重视。经过深入研究，观点上有创见的文章固所欢迎，学者们发现的新材料和拓展的新领域，同样会引起我们浓厚的兴趣。既重独断之学，也重考索之功。

本刊确认文化比政治更永久，学术乃天下之公器，只求其是，不标其异。新，固然是人心所向往；旧，亦为人情所依恋。关键是一切从学术出发，提倡独立的自由的学术研究，自由才能独立。即使物境不自由，学者的心境也应获得自由。为学之道，尚同比求异更重要而且深刻得多。诚如当代学术泰斗钱锺书先生所说："东海西海，心理攸同；南学北学，道术未裂。"

这就要求学术认知不唯上、不唯书、不泥古、不趋时，既不做传统观念的奴隶，又不做流行观念的牺牲品。贺麟教授1940年在《五伦观念的新检讨》一文中提出的："必定要旧中之新，有历史有渊源的新，才是真正的新。那种表面上五花八门，欺世骇俗，竞奇斗异的新，只是一时的时髦，并不是真正的新。"至今仍是不刊之论。

陈寅恪先生1933年在审查冯友兰先生的《中国哲学史》的报告中阐释的："窃疑中国自今日以后，即使能忠实输入北美或东欧之思想，其结局当亦等同于玄奘唯识之学，在吾国思想史上，既不能居最高之地位，且亦终归于歇绝者。其真能于思想上自成系统，有所创获者，必须一方面吸收输入外来之学说，一方面不忘本来民族之地位。"此论已为近半个多世纪的历史事实所验证。

因此我们主张，在学术上应特别重视中国传统，在广为汲纳国外的各种新观念、新学说、新方法的同时，刻刻不忘本民族的历史地位；在方法上，提倡从一个一个的具体问题入手，反对"狗比猫大，牛比羊大"一类抽象比较，主张宏观与微观结合、思辨与实证结合、新学与朴学结合。

"嘤其鸣矣，求其友声。"《中国文化》的优势，在于少，每年只出两卷；《中国文化》的特点，在于专，重视专门之学。与学界一片走向世界的滔滔声不同，我们想为了走向世界，首先还须回到中国。明白从哪里来，才知道向哪里去。文化危机的克服和文化重建是迫临眉睫的当务之急。如果世界同时也能够走向中国，则是我们的私心所愿，创办本刊的目的即在于此。

创刊在即，意绪怦怦，瞻彼前修，既恂且惊，不求闻达，但求友声。热切希望海内外学术界诸同道给我们以心援笔援，共同耕耘好《中国文化》这块新地！

1998年12月15日本刊主编谨识

（原载《中国文化》1998年创刊号）

《世界汉学》发刊寄语

我们又创办了一本新刊物。

现代社会交通便捷、传媒发达，地球变小了，地球和其他星球之间的距离拉近了。但人与人之间、族群与族群之间、国家与国家之间、不同文化系统之间，仍存在隔膜，甚或发生误解和冲突。如果冷战后文明的冲突愈益凸显之说无法得到广为认同的话，那么冷战的结束，并不意味着不同文化系统之间的沟通与对话变得更容易，而是增加了新的难度，应是可以接受的事实。

我们创办这本刊物，为的是给关切儒教文明为基底的中华文明的历史经验事实和未来发展前景的各国汉学家，提供一个自由论说的园地，祈望以汉语的方式建构不同文化背景、不同文化系统之间的沟通与对话，建构国际汉学研究的学术桥梁，为实现人类在21世纪的梦想稍尽绵薄。

中国是一个经常被误读的国家，所以如是，主位和客位各有其远因与近因。解读中国之难，犹如解读中国的汉字。长期以来西方人士视中国文化为解不开的谜团，也许正因为如此，外部世界的确不缺少了解中国的兴趣，即使是出于单纯的解谜的需要。世界上因而有了专门研究中国的学问"汉学"以及"中国学"。

同是研究中国，欧洲的、北美的、日本的，彼此很不一样。不同的国家有不同的汉学传统，同一个国家不同的历史段落的汉学也有区别。汉学和中国学，代表着研究中国的两种不同的传统。学术理念、研究方法、关注的问题，两者之间容或不同，但就办好广开文路的学术期刊而言，恰好可以彼此吸收、兼容互补，而不必有我无他、互为畛域。

何况，传统汉学与现代中国学的合流，已是大势所趋。现在国际汉学正进入一个转型期和整合期。本世纪许多有影响的老一代汉学家，有的故去了，有的退出了研究岗位，一些青年学人以传统汉学无法范围的新观念、新方法、新取径，跻身汉学领域。处此种背景之下，国际汉学界亟须整理传统，交流资讯，总结经验。而中国学术界，尤其有系统了解世界各国汉学的历史和现状的强烈愿望。一般民众也很关心外部世界怎样看自己国家的传统与文化。为此，我们决定创办一本专门介绍与研究世界各国如何研究中国的国际性学术刊物，取此一概念的宽泛义，名字就叫作《世界汉学》。

《世界汉学》是研究世界各国汉学的历史和传统，交流汉学研究的经验，传递汉学研究最新讯息的资讯性、知识性、研究性、国际性的学术刊物。选题包括：（一）研究与介绍世界各国汉学的历史渊源、发展过程，梳理传统，总结经验；（二）介绍世界各国主要的汉学机构、汉学期刊和相关的出版物；（三）推介世界各国著名的汉学家，包括介绍其生平、履历和学术成就；（四）介绍和推荐不同历史时期具代表性的汉学著作、研究论文；（五）介绍和交流各国汉学研究的最新资讯、学术动态；（六）对世界各国汉学的传统、资源、观念、方法作比较研究；（七）探讨世界汉学在21世纪的走向及发展前景展望；（八）刊载与汉学相关的历史文物及机构、人物、刊物、著作的图版和书影。

《世界汉学》是《中国文化》的姊妹刊物，但办刊宗旨和组稿范围两者互为区别。《中国文化》主要研究与整理中国本土的文化传统的资源，《世界汉学》则是对国外中国研究的介绍与研究。杜维明教授得知我们继创办《中国文化》之后，又要创办《世界汉学》，说这很像"太极生两仪"。杜先生的话鼓励我们不仅办好《中国文化》，也一定把《世界汉学》办好。本世纪最具个人魅力的大史学家陈寅恪先生毕生提倡、生死以之的"独立之精神，自由之思想"，将成为我们办刊的座右铭。

《世界汉学》是世界各国汉学家的园地，古老的汉学和现代中国研究将在这里自由驰骋、交相辉映。我们深深感谢法、德、英、俄、美、日、荷兰、瑞典、葡萄牙、新加坡，以及台湾、香港、澳门地区的汉学机构，乐于作为具名的合作单位，和许多资深汉学家欣然出任《世界汉学》的国际编委。

让我们携起手来，为耕耘好《世界汉学》这块学术新园地而尽心尽力。《世界汉学》属于我们和你们，属于东方和西方，属于整个学术界。

《世界汉学》是大家的！

1998年4月9日本刊主编谨识

（原载《世界汉学》1998年创刊号）

孔子为何寄望"狂狷"

——《中国文化的狂者精神》韩文版序

  本书作为中心题旨展开的对"狂者精神"的书写，是我研究中国思想文化史精神轨迹的一部分。中国自纪元前的汉代中期开始，直到清朝末年，前后两千年的时间，儒家思想始终占据社会的主流位置。儒家学说的创始人孔子，在人的性向品格的取向方面，主张以中道为期许、以中庸为常行、以中立为强矫、以中行为至道。但他的这一思想在他所生活的春秋时期并不行于时。即如中庸之说，孔子在力倡此说的同时，已经感到了施行的困难。相传为孔子的孙子子思所作的《中庸》一书，是专门阐述中庸义理的典要之作，宋代思想家朱熹将其与《论语》、《孟子》、《大学》合编为《四书》，成为和《诗》、《书》、《礼》、《易》、《春秋》"五经"并列的儒家经典。

  《中庸》频引孔子原话，一则曰："中庸其至矣乎！民鲜能久矣。"意即中庸是很高的思想境界，一般的人很难做到，即使做到，也难于持久。二则曰："人皆曰'予知'，择乎中庸，而不能期月守也。"此论似更为悲观，翻译成现代语言无疑是说，很多人都认为自己聪明，可是如果选择中庸作为自己的人生信条，大约连一个月也坚持不了。所以孔子非常失望地承认："道之不行也，我知之矣。"至于此道何以行不通？孔子想到的理由是："知者过之，愚者不及也"、"贤者过之，不肖者不及也"。聪明的人、智慧高的人，往往超过中道而走在前面；不够聪明的人、智慧不那样高的人，则落在了守中的后面。同样，品格优秀的人也会超过中道，而操行不端的人则达不到中道的要求。可惜很多人不懂得这其中所包含的奥妙，孔子不免为之惋叹，他称此种情况就如同"人莫不饮食"，却"鲜能知味"一样。看来真的是"道其不行矣夫"了。可是孔子仍然不愿放弃中庸理念所包含的人生理想，认为"依乎中庸"是君子必须具备的品格，即使"遁世不见知"也不应该后悔。

然则什么样的人有可能达至中庸的品格呢？孔子说："唯圣者能之。"这样一来，无形中提高了能够躬行中庸之道的人群的层级，不仅社会的普通人，甚至道德修为可圈可点的"君子"，也难于达到此种境界。孔子失望之余的一线期许是，看来只有圣人才能真正做到"依乎中庸"。问题是，揆诸春秋时期各国的实况和"士"阶层的状况，能看到几个可以称得上"圣人"的人呢！连孔子自己不是也不敢以"圣"自居吗？他说："若圣与仁，则吾岂敢。"（《论语·述而》）而且有一次感慨至深地说："圣人吾不得而见之矣！得见君子者，斯可矣。"（同前）这等于说，在孔子的眼里，现实中其实并没有"圣人"，能够见到"君子"已经很不错了。结果如此美妙的中庸之道，在人间世竟是没有人能够践履的品格。我们的孔子终于明白了这个矛盾重重的问题，为何不能最终显现出解套的光亮。他不得已只好愤愤地说："天下国家，可均也；爵禄，可辞也；白刃，可蹈也；中庸不可能也。"（《中庸》）孔子的意思，是说治理国家是非常困难的事情，但实现"治平"并非没有可能；高官厚禄的诱惑很大，但也可以做到坚辞不就；刀刃虽然锋利，必要时也还有人敢于在上面踏行；只有守持中庸，却无论如何没有做到的可能。

正是在此种情况下，孔子提出了打破原来宗旨的新的人格性向建构方案："不得中行而与之，必也狂狷乎。狂者进取，狷者有所不为也。"（《论语·子路》）中庸不能实现，中行不得而遇，只好寄望于"狂狷"了。"狂者"的特点是敢想、敢说、敢做，行为比一般人超前；"狷者"的特点，是不赶热闹、不随大流，踽踽独行，自有主张。"狂者"和"狷者"的共同特征，是特立独行，富于创造精神。如果对"狂者"和"狷者"试作现代的分梳，则"狂者"体现的更多的是意志的自由，"狷者"代表的更多是意志的独立。尽管求之学理，独立是自由的根基，自由是独立的延伸，两者无法截然分开。

置于诸位面前的这本规模不大的书，就是从疏解孔子的狂狷思想开始的。我在本书中提出，孔子的狂狷思想在中国思想文化史上具有革新的甚至革命的意义。特别是"士"阶层以及秦汉以后社会的知识人和文化人的"狂者精神"，事实上已经成为艺术与人文学术创造力自我发抒的源泉。我通过对"狂者精神"的历史考察发现，凡是"狂者精神"得以张扬发抒的历史时刻，大都是中国历史上创造力喷涌、人才辈出、艺术与人文的精神成果集中结晶的时代。而一旦"狂者"敛声，"狷者"避席，社会将陷于沉闷，士失其精彩，知识人和文化人的创造力因受到束缚而不得发挥。这也许就是西方思想家何以要把疯癫和天才联系在一起的缘故。希腊的圣哲柏拉图说过："没有某种一定的疯癫，就成不了诗人。"亚里士多德也说过："没有一个伟大的天才不是带有几分疯癫的。"德国哲学家叔本华更是对这种现象作了专门研究，详析古往今来各种天才与疯癫的案例，最后得出的结论是："天才"无一例外都具有某种精神上的优越性，"而这种优越性同时就带有些轻微的疯狂性"。他援引薄朴的话："大智与疯癫，诚如亲与邻，隔墙如纸薄，莫将畛域分。"并且补充说："这样看起来，好像是人的智力每一超出通常的限度，作为一种反常现象就已有疯癫的倾向了。"[①] 是的，天才的思维特点恰恰在于与众不同，在于"反常"。"反常"和反"中庸"可以作语义互释，因为复按各家义疏，大都认同"庸者，常也"的诠解。

不过孔子的寄望"狂狷"，实带有不得已的性质。孟子对此看得最清楚，当一次面对弟子万章的提问："孔子在陈，何思鲁之狂士？"他回答说："孔子岂不欲中道哉？不可必得，故思其次也。"（《孟子·尽心下》）可见"狂狷"在孔子心目中是退而求其次的选项，也可以说是被困境"逼"出来的思想。然而人类在学理上的发明，大多数情况下都是因"逼"而获得突破。孔

---

① 《作为意志和表象的世界》中译本，商务印书馆1982年版，第266页。

子思想的核心价值是忠恕仁爱，即仁者爱人，泛爱众而亲仁，己所不欲勿施于人。教育思想则为"有教无类"，也是要赋予每一个人以受教育的权利。孔子学说的伟大之处，是当"礼崩乐坏"的由周而秦的社会转型期，重新发现了"人"和人的价值。作为自然本体的"人"的特性，他固然没有忽视，所以提出"饮食男女，人之大欲存焉"（《礼记·礼运》）的绝大命题。但孔子最为关注的，还是"人"的性体如何在社会关系中得以展现。"仁者，人也"（《中庸》引孔子语），即为孔子"人"学思想的全提。在孔子看来，人只有在"二人"以上的和他人的关系中，才能彰显出"人"的本质特性。所以人需要知"礼"，需要懂得处身文明秩序中的自我的身份。必不可少的途径是诉诸教育。通过教育的手段，使每个"人"都成为有教养的文明人。孔子设定的具体目标，是使人成为文质彬彬、坦荡无欺的"君子"。他给出了"君子"应具有的种种品格特征，诸如严谨好学、不忧不惧、不拉帮结派、不以人废言，即使发达富贵也不骄矜，而是以义为旨归、行不违仁，以及能够知命、成人之美等等。跟"君子"相对应的是"小人"。小人的特点是不知命、不知义、斤斤计较、唯利是从，整个身心言动都是反忠恕仁爱之道而行之。归根结底，小人无非私也，君子无非公也。

孔子把人的性体品相分为中行、狂、狷、乡愿四个级次。他最不能容忍的是"乡愿"，称之为"德之贼"，即正义与德行的败坏者和虐害者。孟子解释为："贼仁者谓之贼，贼义者谓之残。"（《孟子·梁惠王下》）可谓得义。"乡愿"的特征，是"同乎流俗，合乎污世，居之似忠信，行之似廉絜"，总之是"阉然媚于世也者"（《孟子·尽心下》）。揆之世相，"乡愿"是小人的性体属性，君子则反"乡愿"。孔子所以深恶乡愿，在于乡愿具有"似而非者"的诡貌。正如孟子引孔子的话所说："恶似而非者。恶莠，恐其乱苗也；恶佞，恐其乱义也；恶利口，恐其乱信也；恶郑声，恐其乱乐也；恶紫，恐其乱朱也；恶乡愿，恐其乱德也。"（《孟子·尽心下》）可知"乡愿"之立义，其乔装伪似、阉然"乱德"之罪也大矣。难怪孔子不仅蔑称乡愿为"德之贼"，而且取譬为说云："譬诸小人，其犹穿窬之盗也与。"（《论语·阳货》）将乡愿与偷偷摸摸穿墙越货的盗贼为比，可见圣人之恶乡愿已经到了何等无以复加的地步。

然则"乡愿"所"似"者为何耶？没想到竟是孔子最为期许却又无法做到的"中行"。本书之写作，在我个人可为一大收获者，是发现"乡愿"和"中行"极有可能发生"不正常"的关系。此无他，盖由于乡愿的品相性体"貌似中行"。而"乡愿"和"中行"在对待"狂"、"狷"的态度上，不可避免地会结成联盟。此正如《文史通义》的作者章学诚所说："乡愿者流，貌似中行而讥狂狷。"（《文史通义·质性》）于是人的性体的"四品取向"，如果以价值理念的进（狂）、立（狷）、守（中）、反（乡愿）为宗趣，则排序应变为："狂、狷、中行、乡愿"，而不是原来理解的"中行、狂、狷、乡愿"。"狂者"和"狷者"对思想革新和社会进步所起的作用，犹如大地之于翱翔天空的雄鹰，大海之于涛头的弄潮儿，绝非其他选项所能比拟。人类文化人格的精彩，其要义亦在于不"媚于世"。中国现代史学大师陈寅恪所说的："士之读书治学，盖将以脱心志于俗谛之桎梏，真理因得以发扬。"亦即斯义。所谓"媚于世"，就是通常所说的"曲学阿世"，乃是学问人生之大桎梏也。

历史的哲学命题原来是这样：一个社会如果无狂了，也就是人的主体意志的自由失去了，那么这个社会也就停滞了。但狂有正、邪：狂之正者，有益于世道人心；狂之邪者，亦可为妖。所以需要"裁之"。正是在此一意义层面，中庸、中道、中行可以成为节制狂狷的垂范圣道。它可以发出天籁之音，警示在陷阱边冥行的人们，左右都有悬崖，前行莫陷渠沟。太史公岂不云乎："虽不能至，然心向往之。"其实宇宙人生的至道，都是可参可悟而不可行的绝对。本书对此一意义层面亦不无辨正。孔子"狂狷"思想的提出，使中国的圣人和古希腊的圣者站在了同一个水平线上。东西方共生的所谓思想文化的"轴心时代"，也许本书叙论的案例可以为之提供一个具体而微的证据，说明虽然文化背景悬隔，思维的心理是相通的，正所谓东圣西圣，"其揆一也"。

我不了解韩国的情况，不敢期待贵国的文化人士会对本书产生共鸣。但有机会得到不同文化背景的读者的阅读和和指正，是令人想往的。这要感谢本书的韩文译者韩惠京教授和李国熙教授，通过他们既忠实于原著又能化入化出的译笔，使我的这本小书得以"投胎转世"(the transmigration of souls)，并有机会与读此书的陌生朋友一结"文字因缘"，自是乐莫大焉。

（2014年5月23日初稿、2015年2月26日改润定稿，
曾刊《光明日报》2015年3月30日）

季羡林先生九十寿序

先生九十矣。九乃至大至博至祥至吉之数。谚云："九九十成。"《易》曰："乾元用九，天下治也。"今禹域之内、寰宇之中，凡承学之士，鲜有不知先生之名者。然知先生之名，未必知先生其人。知先生其人，未必知先生之学。知先生其人其学者众，真知先生其人其学者也稀。《礼》："上公九命为伯。"喻品阶之高也。《语》："君子有九思。"谓行远不迷也。《诗》："鹤鸣于九皋，声闻于天。"以其深泽也。《书》："洪范九畴，彝伦攸叙。"缘方法之多途也。《骚》："余既滋兰之九畹兮，又树蕙之百亩。"以见其生徒有繁，嘉惠后学之高情也。《书序》："九州之志，谓之九丘。"言风气所凝聚也。盖先生为学品阶之高、行谊之正、泽被之深、进径之广、桃李之众、风气之所凝聚，足为当代上庠学风之嚆矢。

吾国学术晚清为一大变局，五四一变，三四十年代又一变。现代学术之发端并结出果实，即集中于此一时期。美雨欧风，旧邦新命，整厘传统，会融新知，硕儒高学，应运凤鸣，乾嘉之后，耸立高峰。新学与旧学相斥相继，中学与西学相拒相融，驳杂多变，为此期学术之特异景观。新中有旧，首推绩溪胡先生；旧中有新，莫过海宁王先生。王之凤契托命为义宁陈寅恪先生。而陈、胡均先生之恩师，薪命相传，老而弥笃。王之学由新转旧，所发明在殷周制度暨古器物古文字古史，二重证据，为现代学术奠基；陈之学立足乙部，兼及梵夹道藏，诗史互证，今情古典，成一代通儒之象。王学开辟多，涓滴之续，即可成就。陈学精深兀立，几成绝响，惟我季先生最近义宁，而另有进境。先生东鲁临清人，生孔孟之乡，处奖励游学之世。幼承庭训，已知苦读向学，壮而负笈欧陆，厚植根基，十年艰辛，终于有成。

临清之学，不以传统小学之文字训诂入，而以异域之古文字、稀有文字立，故能独得国际东方显学之专学绝域之入室门径。二十世纪之国际东方显学，曰敦煌学、曰甲骨学、曰印度学、曰蒙古学、曰西夏学、曰藏学、曰现代佛陀之学。因入径至难，均称绝域。敦煌、甲骨吾国学人涉猎者众，绩学者也多。蒙古学胶县柯凤荪先生后，两宁（海宁又宁）继之辨之，再后，吾不知矣。佛学石埭杨仁山、宜黄欧阳竟无、崇德太虚、丹阳吕秋逸四大师学兼仰信，而黄梅汤锡予先生截断众流，自成知识统系，卓然大家，先生固师事之，且以《浮屠与佛》名篇鸣世。惟印度学一科，先生独辟而自立之，故存"前不见古人，后不见来者"之叹。吾国道咸以降，考史之学以治辽金元史及边疆史地为能事，因缘凑泊，为后续之中土学人切入二十世纪东方显学辟一特殊路径，即中西交通史研究是也。先生固二十世纪此学此科此一显学之余脉新枝之集大成者，且已开比较文化与比较文学之先河。

要之先生之学所专精之域区，一曰印度学、中亚古文字学，以其所著《印度古代语言》、《吐火罗文研究》为代表；二曰九译之学，以所译述之《罗摩衍那》、《五卷书》等梵文经典及《吐火罗文弥勒会见记译释》为代表；三曰佛陀之学，以两论《浮屠与佛》、三释大乘经典《妙法莲华经》和《玄奘与"大唐西域记"》为代表；四曰中西交通史事之学，以《糖史》为代表。故先生所治学，未尝不可视作经史之学，盖梵国异域之经、中西交通之史也；入径亦未曾超离文字训诂之属，为梵文、巴利文、吐火罗文诸异域稀有文字之训音转注也。而其方法，则辨音知字、转注转译、构筑文化原型。职是之故，称先生为二十世纪中国东方学之重镇、印度古学之泰斗、九译之学之大师、中西交通史之大家，明学之士其谁曰不然欤？

先生之所从事固绝域之学、出世之学也。因以入世之精神为出世之学，遂使所为之出世之学具入世之精神。异域僻典，不觉其冷；转音训字，不病其繁。然先生并不以钩索沉隐于绝学之域自划，犹沛沛然尽有不能放释之入世情怀。故心系家国，每作出位之神思；感时忧世，常鸣旁通之秘响。睹西方势强、国性不立，反对文化霸权，遂倡河西河东之说；因文化劫难、人性泯灭，为回挽人心世道，至有牛棚之记。前年，有私淑之学子请益于先生，云学位候选人资格已获，惟导师不堪师表，如何？先生曰：不妨虚与委蛇，俟通过学位，即弃而去之。先生性平易，望之温，即之也温，晚生后学，可以相亲。深情积郁，则笔之于文，或文化批评，或散文随笔杂记，七十年如一日，未尝稍辍。文如其人，一本自然。久已卓立于艺苑文坛，浑然而不自知。散文之于先生，乃学之别体，而非学之余事。先生为学不藉时会而得师缘，为人不深求世事以养性气。八十年代末，曾有预闻国政之高请，先生却之。晚年学益醇，思益新，笔益健。平生著书高一丈，八十后所著逾五尺。此固先生之勤、学术之幸，然亦国家之悲也。

陈寅老昔述杨遇夫先生之学于战乱之世曰："一旦忽易阴森残酷之世界，而为清朗和平之宙合，天而不欲遂丧斯文也，则国家必将尊礼先生，以为国老儒宗，使弘宣我华夏民族之文化于京师太学。其时纵有人梦之青山，宁复容先生高隐耶？然则白发者，国老之象征，浮名者，亦儒宗所应具。又何叹哉？又何叹哉。"固寄望于将来、有待于当道者也。若夫临清季先生，执教京师太学已逾半个世纪，弘宣我华夏民族之文化不遗毫发之余力，立足东方，笑对当世，头白年高，青山无梦，不待尊礼，已国老儒宗矣。岂敢述学，九秋颂九，为先生寿。

附语：《汉书·贾捐之传》："越裳氏重九译而献。"颜注引晋灼曰："远国使来，因九译言语乃通也。"文中"九译之学"一语本此。又此稿尝经吴小如先生润正，今先生已逝，不胜怅叹云尔。

岁次庚辰九月后学刘梦溪拜撰

（原载《中华读书报》2001年7月11日）